# 篮球运动教程

Basketball

《篮球运动教程》编写组　编

北京体育大学出版社

# 序

人才培养是高等学校的根本任务，对处于学校工作中心地位的教学工作来说，其质量建设是高等学校的永恒主题。作为传授知识、掌握技能、提高素质的载体，教材在人才培养过程中起着非常重要的作用，是高等学校提高教学质量，促进内涵发展的有力抓手。

一本好的教材，不仅要充分体现教材应有的基础性、示范性和权威性，还要正确把握教学内容和课程体系的改革和创新方向，充分反映学科的教育思想观念、人才培养模式以及教学科研的最新成果，集中展现教材体系的创新，教材内容的更新和教学方法、手段的革新，善于处理好理论与实践、继承与创新、广度与深度、知识与技能、利学与利教的关系，成为开拓学生视野、引导学生探索、鼓励学生奋进的学业与人生兼备的“工具书”。

从中央体育学院到北京体育学院再到北京体育大学，这60年的办学历程，是继承发展的60年，是改革创新的60年，也是教材建设硕果累累的60年。学校不断探索教材建设的内在规律，引领高等体育教育教材建设的创新之路，发展了具有自身特色的教材体系，形成了特色鲜明的三个发展阶段。第一阶段是20世纪50年代至60年代，我校教师在苏联专家的指导下，制定和编写了各专业的教育计划、大纲和主要教材。这批教师在主持和参与1961年国家体委组织的体育院校18门课程教材编著工作中发挥了重要作用；而这批教材也成为我国独立编写的、对苏联教材模式有所突破的第一批体育院校教材。第二阶段是20世纪70年代末至90年代，我校教师在大量承担第二次重编体育院校教材牵头组织工作的同时，针对学校“三结合”的办学目标和人才培养模式，开始了多学科、多专业的自编教材建设。第三阶段是进入21世纪以后，特别是国家体育总局于2002年下拨教材建设专款480万元之后，我校教材建设在数量和质量上都取得了重大突破。至2010年共立项建设了涵盖我校各专业课程的187项教材，其中有4项教材获得国家级优秀（精品）教材称号，14项教材获得北京市精品教材称号。可以说上述三个阶段的发展，使我校教材建设水平达到了一个空前的高度，为高等体育人才的培养发挥了重要的作用。

为全面提高高等体育教育质量，深化高等体育教育教学改革，继续加强体育学精品教材建设，2012年初，在北京体育大学教学指导与教材建设委员会的具体指导下，我们启动了高等教育体育学精品教材建设工程。学校遴选教育部新颁布的体育学类所属的体育教育、运动训练、社会体育指导与管理、武术与民族传统体育、休闲体育、运动康复、运动人体科学7个本科专业的部分基础课程和主干课程开展精品教材建设。我们整合了全校的优质资源，组织专家、教授全程参与教材的规划、编写、初审、终审等过程。按照精品教材的要求，以优秀的教学团队编写优质的教材，出精品、出人才为建设思路，编委会优选学术水平与教学水平兼备、具有创新精神的专家、教授担任教材主编，组织优秀教学团队成员参与教材编写：精确定位教材适用对象，准确把握专业知识结构、能力结构和综合素质要求，深刻领会课程内涵，简洁洗练地表达知识点、能力点和素质点：融入最新的教改成果和科研成果，吸收国外优秀教材的先进理念和成果，创新利于学生自学和教师讲授的教材体例：学校还投入专项资金，对教材进行一体规划、一体设计、一体编审：为全力保证教材编写质量，北京体育大学出版社资深编辑深度介入教材编写的所有环节。当这批教材展现在读者面前时，我们充满了期待。

岁月如流，薪火相传。60年的教材建设成绩斐然，推动着体育学教材建设步入新的起点、站在新的高度。展望未来，一批批体育学精品教材将随世界一流体育大学的建设进程应运而生，不仅在学校内涵式发展的改革进程中发挥重要作用，而且在全国高等体育院校人才培养中做出积极贡献，在高等教育教材建设中留下浓墨重彩的一笔。

北京体育大学校长

校教学指导与教材建设委员会主任

2013年9月

# 北京体育大学高等教育体育学精品教材编委会

# 教材编写组

组　长：毕仲春

成　员：（以姓氏笔画为序）

| | | | |
|---|---|---|---|
| 马　良 | 马潇曼 | 王　威 | 田　文 |
| 毕仲春 | 朱智勇 | 朱　峰 | 严元哲 |
| 李明达 | 李　征 | 李　辉 | 张军鹏 |
| 张承毅 | 张　勇 | 张培峰 | 苗向军 |
| 罗　勇 | 郑　磊 | 单曙光 | 练碧贞 |
| 姚淑琴 | 贾志强 | 徐校飞 | 崔鲁祥 |
| 潘　祥 | 薛　岚 | 薛　可 | |

# 前　言

重新编写体育院校运动训练和体育教育专业篮球本科教学、训练专业教材，已经咨询、酝酿、研讨数年之久，恰逢北京体育大学60周年校庆之际，编写组总结我校数十年教学、训练的经验，举篮球学科全体教师之力，聘请国内各体育院校的专家和教师参与工作，并在编写过程中悉心听取国外专家的意见和建议，将这本篮球运动教程编写而成，本教程同时也为从事大学篮球队训练的教师和从事青少年篮球训练的广大教练提供了有益的参考。

在教材的编写过程中，我们力争在教材体例、内容、形式等各个方面体现当今国际篮球先进水平。

首先，在教材内容方面力求反映当代篮球高水平训练和学科发展前沿，广泛汲取美国、欧洲等篮球强国的先进的教学和训练理念、方法和手段，采用当代篮球最新的科研成果，结合中国国情和中国篮球运动发展现实，使教材内容能够与篮球运动实践的发展同步，并起到相应的理论引领作用，力求使教材与国际接轨。

其次，吸收欧美等篮球强国该领域教材的先进理念，贴近篮球技、战术训练实践领域，加强直观性、实战案例比重内容。特别注重加大技、战术训练方法手段的内在联系和系统的组织与安排，做到理论分析与实践应用相结合，突出实用性和可参考性，便于教师、教练在教学与训练中借助教材的指引，更好地进行教学、训练的实践活动。

最后，追求创新性，提升篮球训练实践的理性水平和理论深度。本教材试图突破传统教材内容体系框架和编写思维定势，从创编符合我国体育院校实际需求的国际一流篮球教材的具体任务出发，大胆创新教材内容体系与编写体例，推陈出新，丰富和发展我国篮球教材体系，开创面向未来的、具有中国特色的、适应国际化发展的中国高等教育篮球教材。

本教材编写组组长由北京体育大学篮球教研室主任毕仲春教授担任，负责本教程的设计、列目、审定、修改、技术图片拍摄的全过程，并进行最后的串编定稿。

参与撰写的作者有（以姓氏笔画为序）

马　良　负责半场人盯人防守战术方法与训练部分的撰写

马潇曼　负责投篮技术与训练部分的撰写

王　威　参与外线队员进攻技术与训练部分的撰写
田　文　负责篮球的体能训练部分的撰写
毕仲春　负责篮球技、战术训练导论、篮球比赛中决胜时刻的进攻策略与方法部分的撰写
朱智勇　参与防守无球队员技术与训练部分的撰写
朱　峰　负责攻守挡拆配合方法与训练部分的撰写
严元哲　负责篮球科研教练基本原理与实践操作部分的撰写
李明达　负责快攻与衔接段进攻战术部分的撰写
李　征　负责突分和策应配合、参与篮球科研教练基本原理与实践操作部分的撰写
李　辉　负责运球技术与训练部分的撰写
张军鹏　负责外线队员进攻技术与训练部分的撰写
张承毅　负责防守无球队员、防守持球队员技术与训练部分的撰写
张　勇　负责进攻半场人盯人防守、进攻全场区域紧逼防守战术方法与训练部分的撰写
张培峰　负责防守快攻战术方法与训练部分的撰写
苗向军　负责防守基础配合部分的撰写
罗　勇　负责掷界外球战术部分的撰写
郑　磊　负责传切和掩护配合部分的撰写
单曙光　负责进攻队员的无球移动技术与训练部分的撰写
练碧贞　负责篮板球技术与训练部分的撰写
姚淑琴　负责传接球技术与训练部分的撰写
贾志强　负责区域联防、综合防守战术方法与训练部分的撰写
徐校飞　负责紧逼防守战术方法与训练部分的撰写
崔鲁祥　负责内线队员进攻技术方法与训练部分的撰写
潘　祥　负责进攻半场区域联防战术方法与训练部分的撰写
薛　岚　负责混合防守战术方法与训练部分的撰写
薛　可　参与篮球比赛中决胜时刻的进攻策略与方法部分的撰写

在教材的编写过程中，许多北京体育大学篮球专业研究生和本科学生参与到了教材技术动作图片拍摄、教材勘误、修订等各项工作中，他们是董美寅、朱智勇、叶天宁、张亦男、于浩洋、岳文、闵伟凡、李云镔、张艺琮等，对他们的辛勤工作表示诚挚的感谢。

《篮球运动教程》编写组

2013年8月

# 目录 CONTENTS

# 图 例

| | |
|---|---|
| ◯ ① ② ③ ④ ⑤ | 进攻队员 |
| X X1 X2 X3 X4 X5 | 防守队员 |
|  | 传球线路 |
|  | 运球 |
|  | 掩护 |
|  | 投篮 |
|  | 队员移动路线 |
| ①• | 1号持球队员 |
| Ⓒ | 教练 |
| Ⓡ | 抢篮板球队员 |
| △ ▲ | 标志物 |

# 符 号

| | |
|---|---|
| C | 中锋 |
| PF | 大前锋 |
| SF | 小前锋 |
| SG | 进攻后卫 |
| PG | 组织后卫 |

# 第一章 篮球技战术训练导论

## 内容概述

在本章节中重点讲述的是：篮球是怎样产生的，什么是篮球运动员的技术和什么是篮球技术；在实施和安排篮球技战术训练中需要考虑哪些因素及其之间的内在联系；当今世界篮球技战术发展的主要趋势和特点，现代篮球战术的构成和类型。

# 第一节　篮球技术训练基本原理

## 一、篮球的起源和初期的篮球技术

### （一）篮球产生的时代背景

19世纪下半叶，是美国近代工业大发展时期，也是美国宗教、教育发展较快的时期。美国独立前属于英国的殖民地，大量的英国移民把英国的科学文化、教育制度和一些体育竞技方式带到了美国；来自德国、荷兰、西班牙等地的移民又把欧洲的科学文化、教育制度和体育手段带进美国。移民中新教徒居多，他们大胆地发明了各种竞技运动和游戏，使美国成为欧洲文明与体育融合的实验场所。这一时期的美国在科学、文化、教育等方面得到了空前发展，具备了成为体育先进国家的基本条件。自1866年加利福尼亚州学校法中有了对体育的明文规定后，各州先后仿效，制定了关于实施体育与开展社会性体育活动的法律条文。这些规定对近代体育的发展起了很大的推动作用，也为一些新项目的产生开辟了广阔的前景。美国继1873年成立“全国业余体育运动竞赛委员会”后，于1878年成立“美国业余运动员协会”、1879年成立“美国业余运动联合会”。此一时期，还成立了一些地区性的各种单项运动协会。在培养体育师资和专业人才方面，继1866年成立“美国体育联合会附属师范学校”之后，大批培养体育师资的学校先后成立。具有代表性的是：1885年成立了“国际基督教青年会训练学校”(1953年正式更名为春田学院)。许多体育组织和培养体育专业人才的学校先后成立，大大推进了体育的开展和规范化进程，并出现了一些从形式到内容都富有生命力的体育游戏。有些体育游戏在具体开展、实施的过程中，通过不断地改革和吸取其他项目的优点，很快向着完善的阶段发展。篮球运动就是在这个时期、这种潮流中产生的，也是发展最快、最有代表性的近代体育项目之一。

### （二）篮球运动初创经过

1890年，国际基督教青年会训练学校（1953年更名为春田学院），体育系主任卢瑟·古利克教授为贯彻冬季体育课教学大纲，委托詹姆斯·奈史密斯博士设计了一项室内集体游戏。

奈史密斯博士在斯普林菲尔德市青年训练学校担任体育教师，但由于美国东部地区入冬较早，天气寒冷，因此面临冬季体育课难以应付的困难。1890年冬天，参加青年会活动的人明显减少，主要是因为缺少一项适合在冬季进行的室内运动项目。为了提高学员们对体育课的兴趣，他产生了发明一种适宜冬季，能在室内活动，且趣味性强的体育活动的想法。在古利克的大力支持下，奈·史密斯尝试了把各种室外运动项目搬进体育馆内，但都因各种弊端而失败：橄榄球运动中球的猛烈旋转和变向难以在体育馆内坚硬的场地上进行；足球运动使许多窗户的玻璃被踢得粉碎，使不少队员受伤；曲棍球运动因为场地的限制，学生们经常会搅在一起，用球棍互相击打。奈史密斯在剖析了各种球类项目后发现，凡是用小球的运动项目，都是用脚和器具间接控球，这会使技术复杂化。用手控制、支配球便于做出各种动作，因此他认为应该设计一种用手直接控制球的新型运动项目（图1.1.1）。在选择投射目标时，奈史密斯曾一度想使用足球等项目的球门。但是，用力将球射入与球场垂直的球门又不符合“限制队员粗野动作发生”的原则。于是，奈史密斯借鉴了公元700年，玛雅人发明的一种名叫“场地球”的球类游戏，也借鉴了少儿时期“打小鸭”游戏的启示，还受到了斯普林菲尔德当地人向桃篮里扔桃子投准比赛的启迪。这些启发和实验失败的教训，使他逐步对新创的运动项目有了一个清晰的轮廓，于是一项别有情趣的运动产生了。

图1.1.1　詹姆斯·奈史密斯博士

## （三）篮球初期的比赛规则和篮球技术

奈史密斯拟定了这个新设计的运动项目最初的十三条规则，他让秘书用打字机将其打印出来，并张贴在体育馆的布告栏上。奈史密斯把一对盛桃子的篮子，分别安装在体育馆看台两侧的栏杆上，桃篮上沿离地面正好10英尺(3.05米)。这项运动可以多人参加，不过要求双方上场人数相等。新的运动项目有规则而无名字，奈史密斯的一个学生建议叫它为“奈史密斯球”，但奈史密斯不赞同，因为使用“篮子”作为投掷目标，所以他决定将其取名为“篮球”。第一次篮球比赛是在1891年12月21

图1.1.2　1893年，在美国第一次出现了女子篮球比赛

日。比赛双方各上场9名队员（因当时奈史密斯班上的学生共有18名），比赛用球是足球。投中得1分——这是沿用足球的记分方法，按得分多少来决定胜负。球投射入篮后，要爬梯子将球取出来才能再继续比赛。随着篮球运动的开展，它逐渐由室内转向室外。最初在室外开展篮球运动时，需在场地上立起一根柱子，挂上一个篮子，对球场地面无具体要求，只要球场上无障碍物、地面平坦即可。后来，又逐步将室内室外的装水果的篮子改为铁制篮圈，篮网用绳子编制而成，并在网底连结一条绳子，通过球篮上沿或在上沿后方安装滑轮的方式将投入的球拉出，这样就减少了爬梯子所耽误的时间和造成的麻烦。室外的球篮改为铁圈后，柱子也改为金属管子，管子头上放置篮圈，似漏斗的形状，铁圈上捆有绳子组成的网子，篮子后面增设了遮板。到1893年，现代篮板、篮圈、篮网的雏形已形成。

图1.1.3

初期的投篮动作采用的是双手低手投篮，两只手像端水盆的动作由下往上抛投，后来演变成双手胸前投篮（图1.1.3），再由双手投篮变为单手投篮，在当今的世界篮球比赛中，双手投篮的动作也已不复存在，就连女子比赛也是如此。初期的运球技术也只是简单地用一只手在体前运球，两只手交替运球是比较少见的，而如今美国NBA的保罗、韦德等后卫的运球技术让人眼花缭乱。在对抗当中，人球一体、人动球动，篮球就像粘在手上一样，运球技术已经达到了炉火纯青的地步，是篮球初创时期人们难以想象得到的，其他的技术诸如传球、防守、移动等也都存在着同样的情况。

图1.1.4　早起的篮球比赛1891年，人们就是在这种环境下进行了最早期的篮球比赛。谁也不会想到100多年后的今天，篮球已经成为了让全世界人民为之疯狂的体育运动。

篮球技术经过了“简单技术—组合技术—衔接技术—对抗技术—高难度技术”的逐步发展、提升，从初始的“篮球游戏”（图1.1.4）经过一百多年的发展演变成今天世界顶级的体育赛事，使无数人为之疯狂和着迷，投身到这项运动中来，并且作为一个职业而执着追求。它内在的技术底蕴和外在的丰富多彩让人们如醉如痴。

## 二、篮球运动员技术概念的基本含义

基于自然科学中对技术概念的广义理解，我们运用这一视角分析篮球运动员的技术，把运动员的技术作为一个整体的技术系统来看待，分析篮球运动员技术系统的特性、构成要素、表现特点、评价标准，最后达到划清篮球运动员技术概念的内涵和外延的理论目标。

### （一）篮球运动员技术系统的主客一体性和动作表现性

在自然科学中，技术是由客观的物质手段和主观的精神因素两个方面组成的，这两个方面的要素都可以单独地挑选出来进行考察。同样，在篮球运动中运动员的技术系统也存在客观的物质手段和主观的精神因素这两个方面。但是，由于篮球运动员技术系统是以人的各个要素作为组成因素的，在考察篮球运动员的技术系统时比考察普通的技术系统复杂得多。

下面我们来分析一下篮球运动员技术系统的各个因素。客观的物质手段应包括以下几个方面：身体形态、身体机能、运动素质、掌握各种篮球技术（技术动作）的数量及质量（熟练程度）。主观的精神因素应包括心理品质、战术意识、知识智能及个性心理因素等。这两方面的因素如图1.1.5所示。

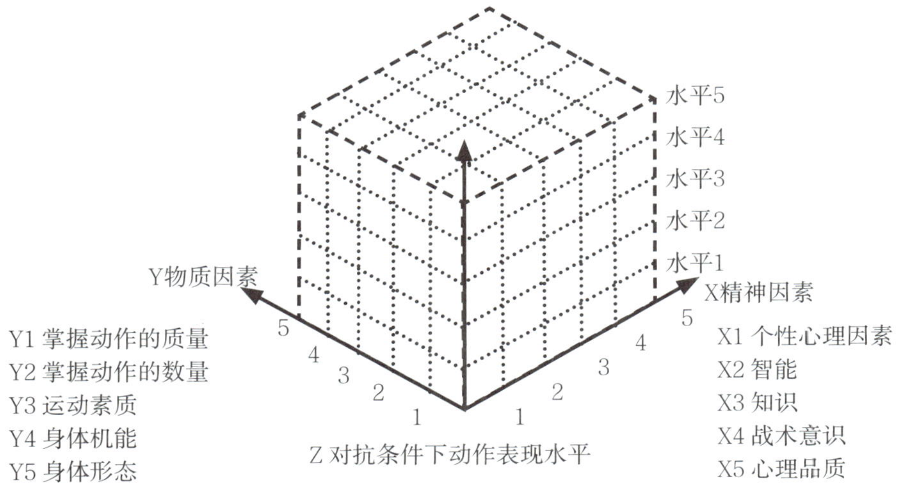


图1.1.5 技术结构模型

从技术结构模型（图1.1.5）可以分析出，运动员本身具有技术的客观物质手段和主观的精神因素，他既是技术的主体又是技术的客体，具有双重性技术的物质手段与精神因素是统一的，密不可分。离开了客体因素，主体因素就不存在，而没有主体因素，客体因素也无意义。在自然科学中，技术的主、客体因素是可以区分开来的。例如，当一个机床厂的工人在生产某一个汽车零件的时候，他所使用的工具设备、本身所具备的工艺、知识水平等因素都施加作用在所生产的产品——汽车零件上，就是说各种主体的因素都作用在它的客体——汽车零件上。但当一个篮球运动员在进行体能训练的时候，如在做边线到边线跑17次/分练习的时候，他所做的一切距离的、时间的功，都作用在他自身的肌肉、循环、血液系统上，改变的是自身各个系统的功能，他本身即是运动的主体，所有的能量都发自于本体，同时他也是主体作用对象的客体，他改变的是他自身呼吸、循环、血液等系统的功能，这一点是体育运动中运动员的技术区别于自然科学技术的根本性标志，即“运动员既是技术的主体，也是技术的客体”。主客一体性表明其本身就具有精神和物质两方面的因素，是两者结合的产物。

在图1.1.5中我们可以看到，仅仅有Y轴所代表的物质技术手段部分和X轴代表的精神技术因素部分是不够的，还需要有将技术各个要素组合在一起的组合方式，即Z轴代表技术在比赛中对抗条件下的动作表现水平，两者的组合方式通过技术动作表现出来，关于这一点需要从运动员技术系统的动作特性谈起。在篮球运动中，引用技术这一概念对运动员的技术系统加以评定，就必须注意运动本身的特殊性。它必须通过自身的身体练习来达到提高自身各技术系统要素的功能，从而表现为个体的整体技术水平，即运动员技术的动作表现性。运动员的技术要通过完成各种投篮、传球、运球、防守等技术动作表现出来。此外，这一表现形式一定要在比赛中、在处理与对手和同伴的关系中体现。

需要着重说明的一点是：篮球运动员的技术一定是在比赛对抗中体现的，这是实现技术的唯一环境。如果一名运动员自己进行投篮练习，这时对他的观察只能局限于投篮这个技术动作本身完成情况的好坏、是否符合标准、是否根据比赛的要求在进行练习等等。

技术是动作的内在依据，但不等于动作，只有在动作的比赛表现过程中，技术才能付诸于实施，才可以做客观的观察。

图1.1.5的三维结构图表明，技术的客体部分与主体部分是统一的，客体各要素的发展都包含主体各要素的参与，而客体要素的发展又有助于主体因素完成更加高难的动作。

### （二）篮球运动员技术表现的评价标准

篮球运动员技术的发挥不但受到自身技术水平高低的限制，还受制于对手技术水平发挥的限制，攻、守双方相互制约。篮球运动对技术的要求侧重点不同，它要求在规范化的基础上更加符合队员的个人特点、符合比赛中对抗的要求，与其所具有的身高形态、攻守位置、体能条件相适应。在与对手的对抗当中，通过完成动作的合理性、实效性与观赏性来体现。

例如，比赛中三攻二快攻推进到前场时，中间持球推进队员运用技术的合理、实效、观赏性可从其运用动作的时机、效果、精确等方面来考查：当左侧队员出现上篮时机时球是否可以及时传到，体现了技术的有效性；采用何种传球方式，体现了技术的合理性；如果能够采用妙传，并准确到位则体现了技术合理性与观赏性的结合。因此，运动员在比赛中完成技术动作的合理性、实效性和观赏性是评价运动员技术水平的客观标准。

运动员技术的表现形式，是通过各种技术动作在比赛时的运用，在与对手和同伴的关系中通过完成技术动作的合理性、实效性和观赏性体现的，如图1.1.6所示。

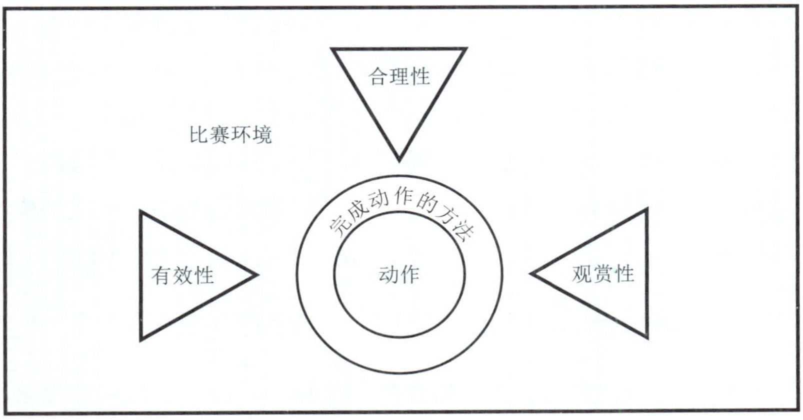


图1.1.6 篮球运动员技术概念解析图

由图1.1.6可以看出，动作是技术的核心，比赛是技术的环境，如何完成动作也就是完成动作的方法是由技术系统的效能决定的，而完成动作的有效、合理和观赏性是评价技术的标准。

## （三）篮球运动员技术概念的基本含义

在分析和明确了运动员技术的系统要素、表现特性和评价标准的基础上，我们定义篮球运动员技术概念的内涵是：在比赛中，运动员为了达到战胜对手的目的，而合理有效地完成各种进攻、防守技术（技术动作）的方法，是运动员掌握篮球技术（技术动作）的数量、质量，以及所具有的体能、智能、战术能力、心理品质的综合表现。

① 在篮球运动中，运动员的技术要通过比赛中运动员本身这一主客观因素的综合体，在对抗的条件下来体现，不同水平的比赛及技术统计指标反映了运动员不同的篮球技术水平。

② 以战胜对手为目的，反映了篮球运动技术这一根本属性，因此必须在对抗当中及与对手制约与反制约的较量中，表现出完成动作的有效性、合理性和观赏性。

③ 完成各种攻、守技术动作的方法。篮球技术的内涵是完成动作的方法，有关方法的概念含义相对较广，有必要对“方法”一词进行追溯。

哲学上认为“方法是一个泛概念，指为解决理论的、认识的、实践的、日常生活的等等特定任务所采用的一定的途径、手段和办法”[1]。从词源学角度来看，“方法”一词本源于希腊文的“方向”和“道路”，意为沿着正确的道路前进。中国古代的方法被称为“方中”或

[1] 李秀林，王于，李淮春. 辩证唯物主义与历史唯物主义原理[M]. 北京：中国人民大学出版社，1995：378.

“办法”。

方法是在比赛中完成技术动作的过程中所采取的一切方式、办法或手段的总和。

运动员在比赛中完成技术动作，我们可能会注意到方法采取的适当性与物质手段在技术动作实施过程中的重要作用。完成技术动作的方法与技术动作是两个截然不同的概念，方法是实现技术动作的途径、手段、办法或者方式，方法不是动作。方法同动作之间的区别事实上带有功能的性质，作为过去研究活动的理论形成，方法表现为以后研究的出发点和条件。

④ 完成各种攻、守技术动作的方法。这个方法的概念含义相对较广，一方面指完成动作本身的方法，如在持球突破技术动作的蹬、转、探、拍、蹬的动作方法方面；另一方面更主要的是指完成动作过程中在处理个人与对手，个人与同伴的关系中，完成动作的有效性、合理性与观赏性的行为方式。

### （四）篮球技术的概念及其与运动员技术的相互关系

通过上述分析可以看到，运动员技术概念的含义相对广泛，而篮球技术（技术动作）的含义则比较具体。

#### 1. 篮球技术(技术动作)的概念及评价标准

篮球技术（技术动作）是许多优秀运动员完成某一篮球动作的共同特征，将其归纳、综合而确定的动作范型，是规范化了的技术模型和标准。例如投篮、传球、运球等动作。

因此，篮球技术（技术动作）的概念是指符合篮球运动对抗规律，符合人体生理、解剖、生物力学特点的，各种通过运动训练而形成的特定的、规范化的身体动作。

篮球技术（技术动作）是对运动员所表现的技术的具体化、概念化的技术范型，它的评价标准是以在完成动作时，动作本身的规格、表现形式、运动节奏、身体姿势、动作轨迹、动作时间、动作速度、动作力量、幅度、速率、节奏、效果等。

根据自然科学中对技术概念的理解，可以把篮球技术（技术动作）理解为狭义的技术，也就是类属于“运动员技术的物质手段”的范畴。

#### 2. 篮球技术与运动员技术的相互关系

篮球技术（技术动作）与篮球运动员所具有的技术是两个不同的概念，两者的内涵、外延与评价标准都存在差别。它们之间既有联系又有区别，技术动作是运动员个人技术的表现形式，是个人技术的载体，个人技术是动作的内在属性、内在根据，运动员的技术必须通过动作表现出来，只有经过千锤百炼地训练，各种动作才能在比赛中表现出运动员的技术。

根据以上的分析，运动员的技术一定是在比赛中所完成动作的方法，具有运用的成分；而技术动作则是具体化、规范化的身体动作，是指动作本身的规格、表现形式、运动节奏、身体姿势、动作轨迹、动作时间、动作速度、动作力量、速率、节奏、准确等方面；当涉及运动员技术问题时不但要注意动作的本身各因素，而且要注意动作的效果，这种“效果”是运动员通过完成各种动作的方法，在对抗的环境下表现出来。

在篮球运动的教学与训练的实践过程中，人们很难将技术动作练习与运动员技术训练截然分开。因为人们一旦投入教学、训练的实践过程中，它必须符合体育运动的重要特性，即身体练习，在学习中有训练的因素，在训练中有运用的因素，所以，学与练、练与学、学与用是密不可分的，人们为了更加有效地从事教学、训练，才将运动员技术的表现形态——技术动作，单独抽象出来做为一个独立范畴加以考查，以利于做进一步的理论研究，但是技术的动作表现形式一旦与技术的主体相结合进入动态的教学、训练、比赛实践，它所考查的范畴，即是有关运动员技术的整体而不仅仅是动作。这就是运动员的技术与技术动作理论上区分与实践上密不可分的辩证关系。

在教学、训练的实践中，教师、教练需根据学生、运动员的体能条件、战术基础、心理品质及智能等各方面的实际状况，为达到训练和比赛的目标采取各种训练方法、手段，将各种单元的、组合的、衔接的技术动作转化为学生或运动员的技术，这一转化过程即是篮球技术教学与训练的核心：掌握规范动作——掌握组合动作——在对抗条件下完成动作——实现技术，并力求使运动员的技术系统达到最优化。

## 三、篮球运动中技术训练的基本理念

### （一）运动员技术训练的本质

在篮球运动中，篮球技术的教学与训练是学生、运动员在教师、教练的指导下学习、掌握技术动作、熟练技术、促进运动员技术全面发展的教育过程。它是教师、教练的“教”与学生和运动员的“学”与“练”的双边活动过程，其本质是掌握篮球技术的知识和技能。在这一过程中它必须遵循体育教学和运动训练的规律和原则，重点在于教师、教练根据学生、运动员所具备的技术水平，有针对性地加以运用与实施。例如，在学习、掌握技术动作的初级阶段，教师、教练关注的重点在于有关运动技能学习的教育学原理与原则，而在学生、运动员处于需要取得优异运动成绩，争取比赛的胜利的竞技能力提高阶段，教师、教练更多注重的是运动训练学的原理与原则。两者是相辅相成的，相互交织在一起，既有区别又有联系。

## （二）篮球技术教学与训练的理性思考

当教师、教练在开始进行篮球技术的教学、训练时必须明确以下几个问题：

**1. 篮球技术（技术动作）之间的系统性与内在联系（动作教学与训练的时间序列）**

篮球技术（技术动作）有单个的、有组合的、有简单的、有复杂的，许多动作是由多个动作组合形成的。例如，运球急停跳投，从动作结构角度分析，该动作由运球、急停、跳起、投篮四个部分组成，在练习这个动作之前，运动员已有的技术动作储备应有原地跳投、运球、运球急停等，并且要处理好各动作之间的衔接，即日常练习中提到的衔接技术，在此基础上进行行进间运球急停跳投的训练可以达到循序渐进，尽快掌握和熟练技术动作的目的。在运动技能学习中理解技术动作之间的系统性与内在联系，可以更加有效地利用动作迁移的最大可能性，提高学生和运动员掌握技术动作的速度，并可以在技术动作教学与训练中遵循由简到繁、由单个到组合、由组合到变化，最后达到提高对抗条件下完成动作的水平。

**2. 练习手段的系统性与内在联系（训练内容的逻辑序列）**

在篮球运动发展的一百多年历史中，人们总结出了成百上千种技术训练的方法与手段，并且出版了各种练习方法的专著。做为一名教师和教练，在实施技术教学与训练过程中学习并储备一定数量的练习方法和手段，并且在训练中选择恰当的练习手段提高训练效果是首先要面对的问题，对于各种练习手段本身来讲，并不存在先进与落后的区别。它只是一个工具，关键在于教师、教练为了达到训练的目标，选择恰当有效的练习方法和手段，达到事半功倍的效果。练习手段的选择、组合与运用是反映教师与教练训练水平的一个重要标志。

在具体的技术训练中，一种练习手段（形式）可以练习许多种技术，同样，几种练习手段都是在培养运动员的一种技术能力。下面以2001年ADIDAS训练营，美国教练来华讲学中运球技术训练和快攻战术训练为例加以说明。

（1）技术训练部分

教练：鲍比·琼斯，旧金山大学主教练，此次训练主要负责控制球和运球移动训练。

A.虚晃运球突破上篮

练习方法：如图1.1.7所示。

队员们于右侧中线处持球，运球至防守人处做虚晃动作突破上篮，而后抢篮板在底线处快速运球再做同样的过人动作到队尾，左侧动作同右侧，方向相反。

动作要求：眼睛目视防守人，运球时以上体虚晃动作吸引对方失去重心，然后突破上篮，运球时眼睛不看球，运球应有运拉的虚晃动作，突破上篮应降低重心、快速。

B.运球急起急停突破上篮

练习方法：如图1.1.7所示。

动作要求：运球队员至防守者身前急停，通过身体假动作使防守失去重心，突然起动运球突破上篮，运球时眼睛不看球。

C.运球碎步急起上篮

练习方法：如图1.1.7所示。

动作要求：急停采用碎步，运球到标志物处做碎步急停，然后快速起动上篮。

D.运球碎步急停急起体前变向突破上篮

练习方法：如图1.1.7所示。

动作要求：运球到标志物处做碎步急停急起体前变向，以左肩对着防守者右肩，侧肩降低重心，反之以右肩对着防守者左肩，以右手拨动球的右侧、前部，向身体的左侧后方变向运球，然后以左手推动球的后上方加速，突破上篮时尽量贴着对方，突破后挤占到防守者的前方。

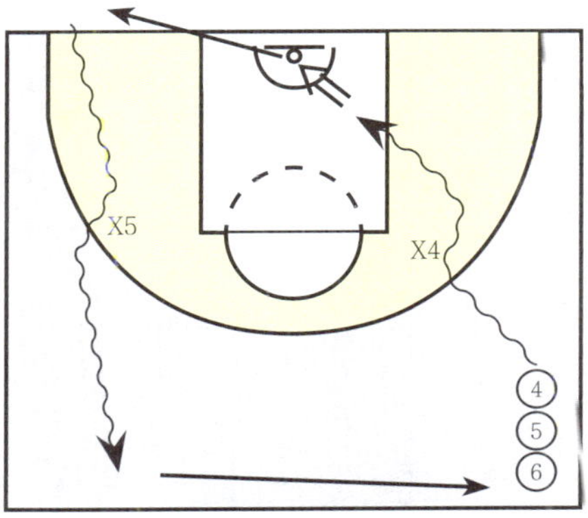

图1.1.7

E.背后运球突破急停跳投

练习方法：如图1.1.7所示。

动作要求：运球到标志物处做背后变向，过人时，以左肩膀对着防守者右肩，侧肩降低重心，突破斜插至防守者的前方挤占有利位置跳投，过人时尽量贴着对方，过人后斜插向前，不能横向移动。

F.全场运球至前场实战一对一

练习方法：如图1.1.8所示。

队员位于中线两侧，每半场有一名防守者，运球至防守人处做虚晃动作突破上篮，而后抢篮板在底线处快速运球到另一队的队尾，左侧同右侧动作相同，方向相反。

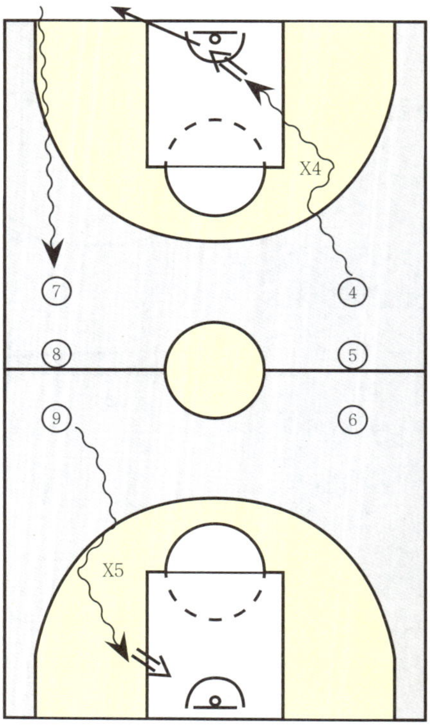


图1.1.8

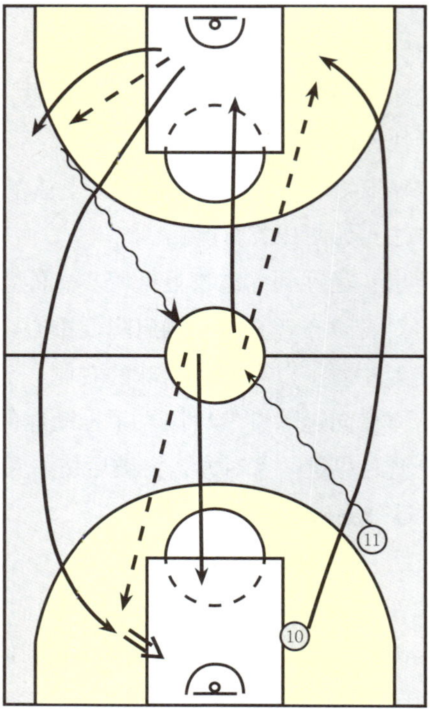


图1.1.9

动作要求：进攻者运用前面所练习技术力争快速突破对手。防守者开始一般防守，练习后期积极防守。如果进攻成功，防守者继续防守、如果防守成功，攻守交换。

从图1.1.7和图1.1.8的技术动作训练变化中可以发现，在一个练习手段（形式）中该教练将运球变向、转身、急停跳投等多项组合技术依次训练后，并且结合实战发展到一对一的攻守对抗训练，这种方式可以简化练习时间，提高训练效率，在以增加技术动作的全面性练习为主线的条件下逐步提高练习难度。

（2）快攻技术训练部分

● 如图1.1.9所示，队员两人一组，按纵向1/2场地站位，⑩持球，抛球碰篮板并冲抢篮板球，得球后传给边线接应队员⑪，同时快速沿边线快下，⑪接球后立即由中路运球推进，在推进中根据边线快下队员⑩的速度，与球篮的距离与角度，准确传球给⑩，使其接球投篮。投篮后立即移动至另一侧接应区，中路推进队员⑪传球后跟进抢篮板球，并立即传给接应的⑩，从另一侧依同样的形式进行练习。练习中要观察清楚，判断准确，传接球、运球、投篮之间要快速连贯。

● 如图1.1.10所示，两人交叉全场推进，队员按图站立。⑤持球，④向弧顶插上接⑤的传球后立即传给教练（C），并向教练左侧空切接球。⑤传给④后全速向教练右侧空切，接④的传球投篮，④跟进抢篮板球传给⑦、⑦和⑥同样方法依次练习。

● 如图1.1.11所示，全场二攻一快攻练习，队员按图站立。⑤持球，④向前推进，X防守。⑤和④传球推进到前场行进间投篮结束，推进中以传球为主，防止被X断到球。

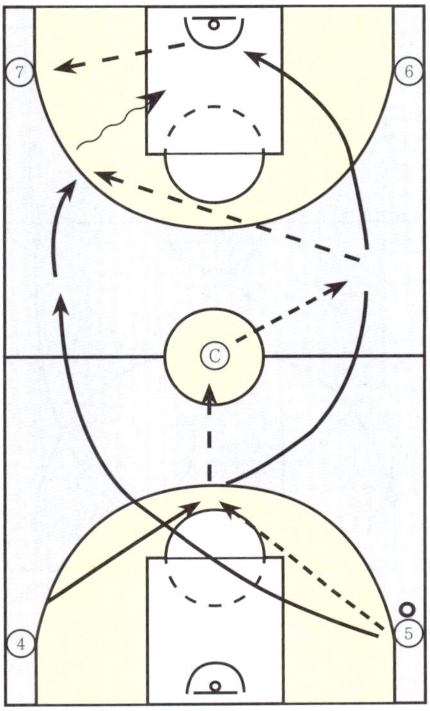

图1.1.10

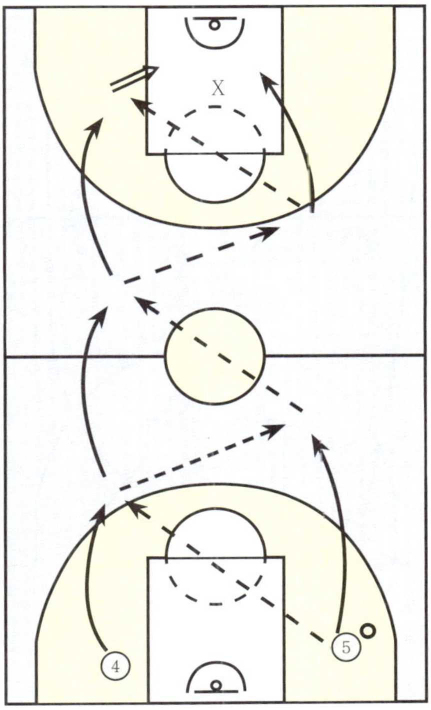

图1.1.11

● 如图1.1.12所示，队员分成3组按图站立。⑤将球传给⑥后和④交叉跑，④接应⑥的传球后传给⑤，⑤传给④，④传给延边线快下的⑥，⑥传给④，④传给⑤投篮，⑤和⑥端线交叉，④抢篮板球。

● 如图1.1.13所示，⑤传球给⑥，④向中间插上接⑥的传球，⑤继续沿右侧快下，⑥继续沿左侧快下，④从中间快速运球并传给⑤，⑤回传给④，④传球给⑥投篮。

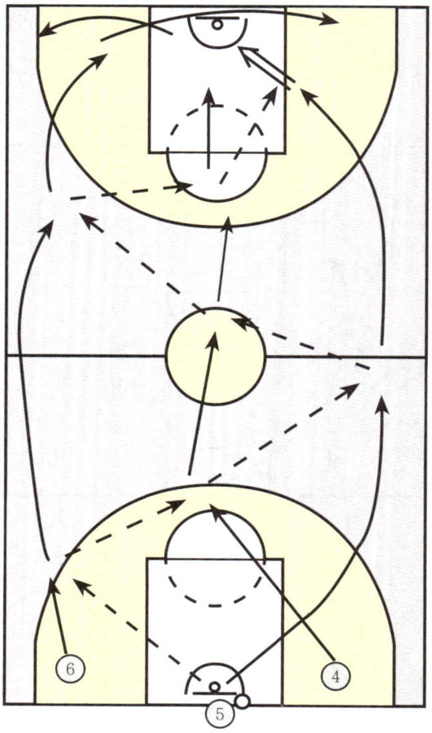


图1.1.12

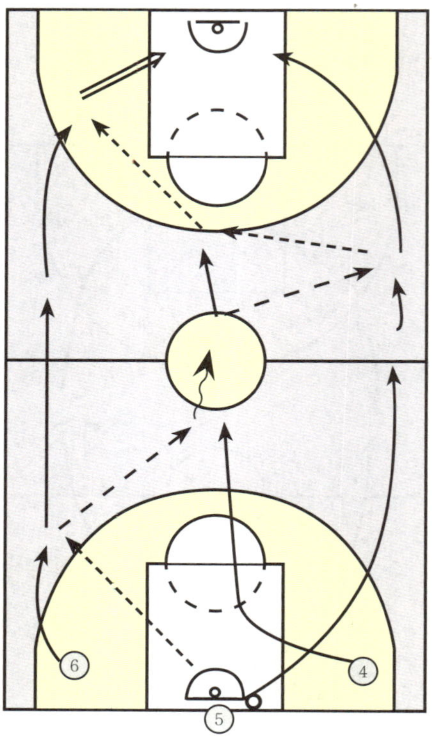


图1.1.13

● 如图1.1.14所示，⑤传给⑥后，立即向⑥的前方移动接⑥传球，⑥传球后向中路插上，接⑤的传球后再传给沿边线快下的④投篮。

● 如图1.1.15所示，⑤传球给⑥后，⑤与④交叉沿左边线快下，④向中间插上接⑥的传球后由中路运球推进，传球给⑤或⑥投篮，传球后跟进抢篮板球按同样的方法返回。

● 如图1.1.16所示，接上图，队员⑤投篮后立即转为防守，④跟进抢篮板球传球给⑥，⑥由中路运球推进，④由边线快下二攻一。⑤转守后快速退防，并选择合理的防守位置，阻止⑥和④的快速推进。

● 如图1.1.17所示，三人一组，站在端线外，④、⑤、⑥进攻时，X7和X8进行防守，④、⑤、⑥进攻后，⑦、⑧、⑨接着向相反方向进攻，X10、X11进行防守，往返进行练习。

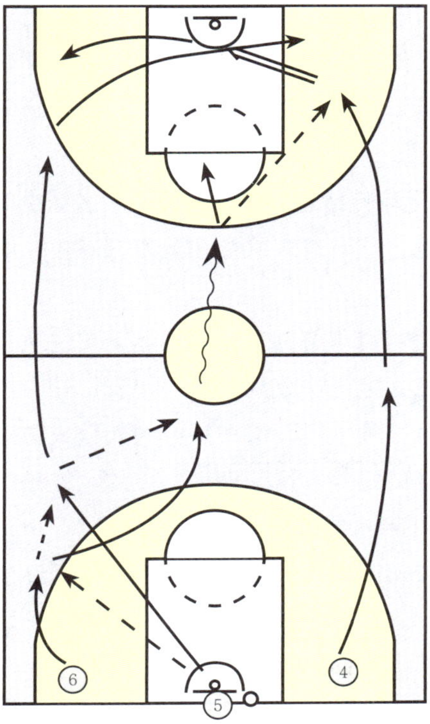


图1.1.14

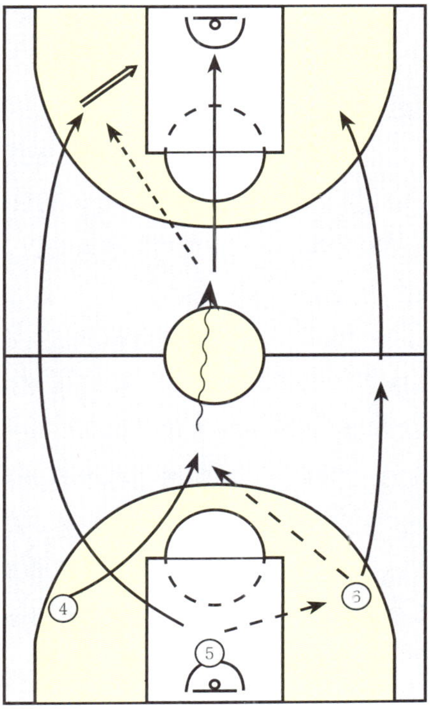


图1.1.15

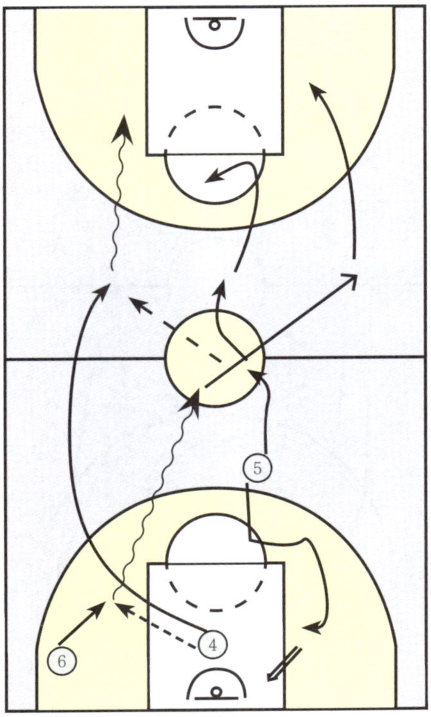


图1.1.16

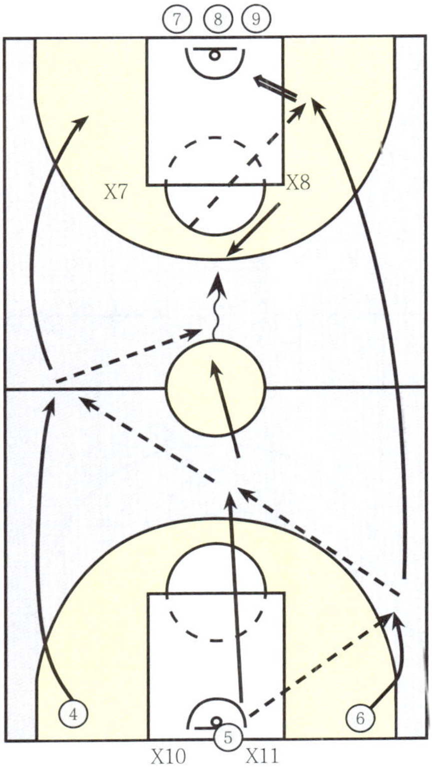


图1.1.17

● 如图1.1.18所示，三防三快攻追防，队员按图站立，三人进攻，三人防守。教练C持球开始时可把球传给④⑤⑥中任意一名队员，如果传球给⑥，防守X6就要向底线冲刺，④⑤⑥快速推进，进攻X4和X5，而X6在追防，进攻者快攻推进和进攻组织的好，在X6还未到之前就可结束进攻，如果稍慢就会形成三攻三的局面。

● 图1.1.19是三对三快攻追防练习，当教练把球传给进攻④⑤⑥任意一名队员时，与其对位的防守队员就需要做一个向底线冲刺的折返跑，这时进攻队员在全力打三攻二的快攻，折返跑的队员全力追防。

从图1.1.7~图1.1.19的快攻练习形式的变化中可以理解到，在培养运动员快速技术、对抗能力、临场应变等多项技能方面，练习手段由二人推进快攻到二攻一快攻、三人插上快攻到三攻二快攻，由原地防守到三攻三追防，每变换一种手段，参加练习的人数或防守的对抗强度都有所增加，呈现一个逐渐增加技术复杂程度的趋势。这一训练思想的主线是以逐渐增加练习的难度，达到逐步加强训练复杂程度，提高训练效果的目的。

综上所述，练习手段的选择就是要在以解决实际训练问题的前提下，体现逐步提高训练难度和训练全面性这一特点。在篮球技术训练中，任何一种训练手段都不是灵丹妙药，只有根据训练的需要选取恰当的手段，解决训练中的问题才是关键所在。

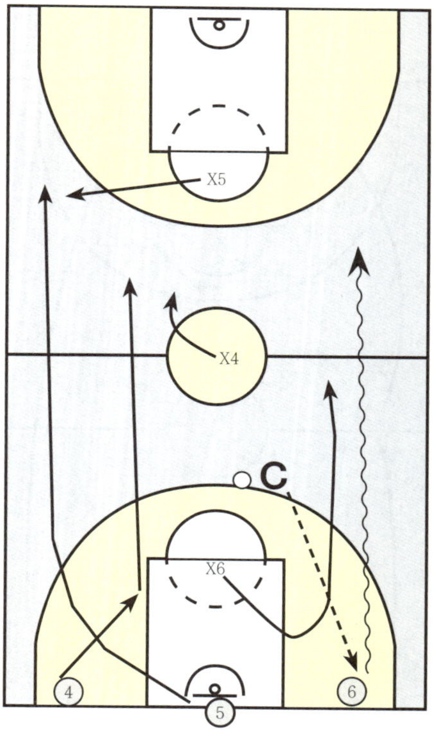


图1.1.18

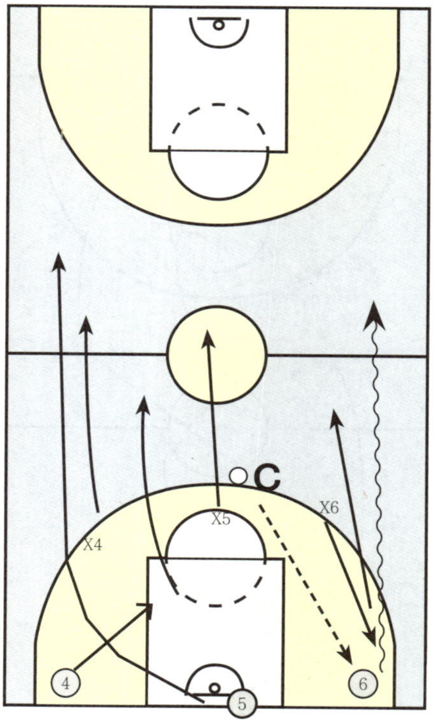


图1.1.19

### 3. 技术训练的系统性与全队战术背景的内在联系

技术训练总的指导思想是在以教练的攻守技战术理念指导下，整体、系统的观点进行，技术训练中要有战术训练的成分。

技术训练与全队配合和整体打法训练相一致，个人技术训练与整体战术打法紧密结合。篮球技术（技术动作）种类繁多、变化无穷。例如，胯下变向运球，由于速度、体位、球从不同的角度在两腿之间改变方向都可以产生许多变化，一个人很难在短时间内达到每项技术都精通的水平。所以，教练在使学生或运动员掌握基本技术动作的基础上应尽快将技术训练的主要内容放在与全队战术相一致的方向上，突出重点技术和位置技术。以美国大学篮球的Motion Offence移动进攻战术为例，在美国大学篮球队中，以移动进攻为主的球队很多，该进攻的主要特点是无球队员和无球队员之间、无球队员与有球队员之间的互相掩护、并加以传球切入上篮、攻击区域以掩护、传、切到篮下进攻为主，技术训练中则需要侧重篮下勾手投篮、各种篮下进攻技术和传球、掩护技术的练习。

如果全队是以配合后出现中投机会为主要进攻打法时，在技术或配合训练中，就要设定与比赛类似的场景进行中投练习。如图1.1.20所示，中锋④给后卫做掩护后向右拉开、后卫⑤向左侧运球过程中将球传给中锋④投篮。组成这一配合的各项技术必须纯熟，并在进行基础的运球突破、给持球队员的掩护、拆开后传球、投篮技术分解训练后进行组合配合训练，最后成为全队战术的一部分。

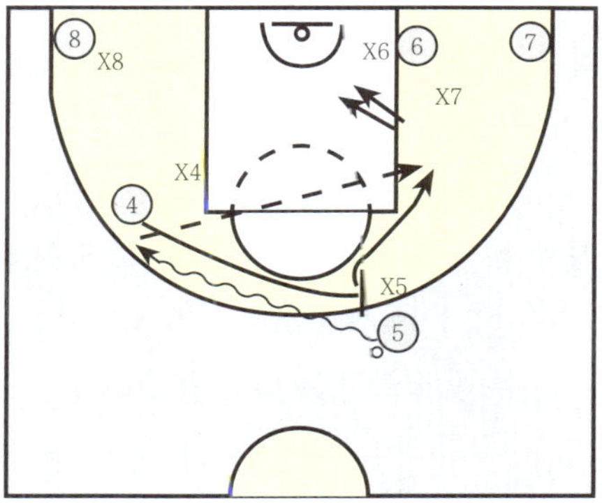

图1.1.20

所以，在使学生、运动员掌握各项基本技术的基础上、在技术训练中选择与本队主要战术形式相一致的技术练习方法，这是使全队尽快形成战斗力的有效途径之一。在这一问题上，防守练习更显突出，防持球队员的基本姿势、站位角度、移动方向、主要控制区与同伴的协防都要完整地进行练习。

### 4. 技术训练过程中负荷量、负荷强度和精细化要求的系统性与内在联系

技术训练的负荷量、负荷强度与技术训练要求的精细化问题是评定技术训练质量的客观标准，在运动训练领域中，训练负荷的量度是教师、教练再熟悉不过的问题了。但是，在篮球技术的教学训练中，技术训练的质量除了负荷的量度因素外还存在着特殊性。差别在于在完成同样负荷量度的情况下，完成动作的要求、规范化、精与细方面有严格的要求，它与训练质量存在巨大的相关性，篮球属于集体同场对抗性项目，与体能类项目有本质的不同。在短跑项目训练中（体能类），因其技术动作结构相对衡定，变化极小，强调体能的改进。以一个确定的时间11秒，完成15个100米的练习，每个练习间隔3分钟，它的负荷量度即已确定；然而在篮球技术训练中，训练负荷量度确定后，必须在完成动作的规格、质量方面提出严格的要求，才能达到训练的目的，否则事倍功半。举一个二人快攻练习的例子，如图1.1.21

所示。

二人短传快攻，要求：（1）每次三个往返；（2）时间40秒；（3）每组做8次；（4）每次间隔1分40秒。按照这4项要求，短传快攻的负荷量度即已确定，但是它还远远不够，还必须提出篮球专业化的技术要求。

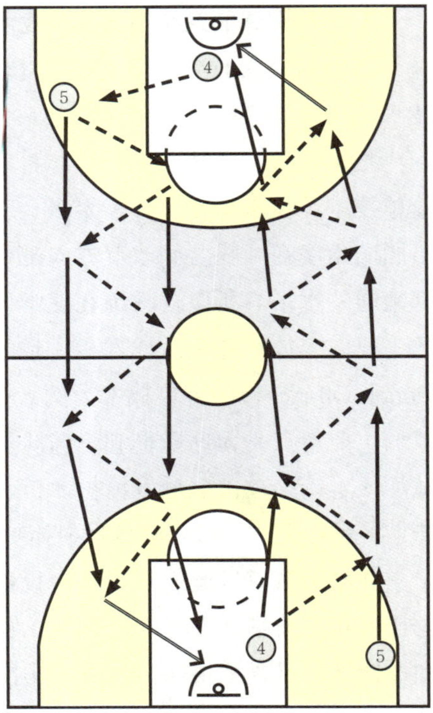

图1.1.21

（1）传球方面

A. 要提出准确的要求，不论以何种传球形式，必须传到同伴的胸前1米处。

B. 一个往返传球次数不得超过8次，就是说每4次传球后就必须上篮。这一要求确定运动员的速度与传球的速度有一个高强度的比例。

（2）投篮方面

A. 投中次数的要求，不同水平的运动员对投中次数可以提出不同的要求，高水平的运动员可提出6次投篮必须全中的要求，水平低一些的运动员允许有1～2次的失误。

B. 没有达到规定的投中次数，设立惩罚制度可以提高队员练习的心理压力，形成一定的紧张度，达到一定的心理品质训练和意志品质训练的目的。

（3）跑动方面

快攻跑动路线与角度要确定，形成有层次的梯型路线。

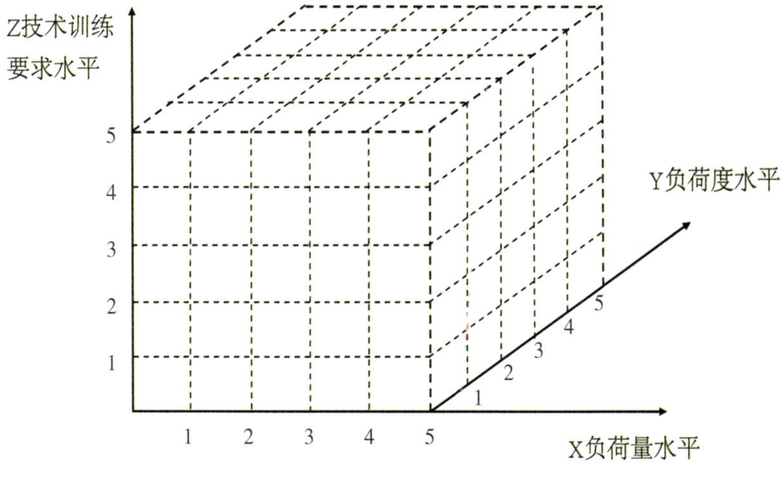

图1.1.22　篮球技术训练质量评定图

篮球技术训练的质量和效果，如图1.1.22中可以准确地表示，在负荷量X和负荷强度Y这两个横向坐标确定后，纵向坐标完成动作的要求Z越精、越细，越与实际比赛相符合，训练要求水平Z越高，训练的效能U（体积）越大，篮球技术训练的质量U是由负荷量X、负荷强度Y、技术要求Z这三方面因素构成的。

由数学关系得：

U代表训练的效能体积的大小，由于U受到X、Y、Z的影响，因此，U是X、Y、Z的三元函数。即：U=g（X，Y，Z）

当负荷量X和负荷强度Y确定时（$X=X_0$，$Y=Y_0$）时，则运动员训练效果U的高低，取决于Z完成动作要求的精细化水平。

用公式表示就是：

U=g（$X_0$，$Y_0$，Z），这时U也就成为一个一元函数。此时，U是关于Z的一元单调上升函数。

**5. 技术训练中贯彻体能训练的要求**

（1）技术训练中的基本要求是全力全速，最大限度接近比赛时的情景和条件，当一个练习具有量、度要求，多组重复后体能训练的内容也就涵盖其中。正如许多专业篮球教练所言："大量的篮球专项体能能力的提升是在专项的技术训练中解决的。"

（2）技术练习贯彻体能训练的内容，需要与篮球比赛的实际能量供应相匹配，"当今世界大赛各位置队员在比赛过程中，20%~50%最高速度下的较低速度移动是主要的运动方式。大强度的高速移动占的比例虽然较低，但却是比赛中的重要制胜要素"[2]。

（3）技术练习避免局部负担过重、产生伤病事故。例如，如果在周一、周二的技战术训练中安排了大量的防守个人、配合和全队的基础训练及对抗训练，下肢的负担量就比较重，这时在安排体能训练的内容方面就要考虑下肢辅助肌群、支持肌群、上肢及腰腹肌群的训练，给下肢主要肌群以恢复和调整，避免伤病的发生。

## （三）篮球技战术训练科学化、系统化的基石

在前面章节中我们讨论了技术训练中需要考虑的五个要素的内在含义，即：

第一，篮球技术（技术动作）之间的系统性与内在联系（动作教学与训练的时间序列）。

第二，练习手段的系统性与内在联系（训练内容的逻辑序列）。

第三，技术训练的系统性与全队战术背景的内在联系。

第四，技术训练过程中负荷量、负荷强度和精细化要求的系统性与内在联系。

第五，技术训练中贯彻体能训练的要求。

以往当我们在讨论训练科学化和系统化的问题时，往往不知从何入手，只停留在理论讨

[2]　池建，苗向军，米靖，张勇，郭永波．现代竞技篮球比赛负荷特征研究[J]．北京体育大学学报，2007（2）．

论的层面上进行分析，深入不到具体的技战术训练当中。其实当我们在讨论技战术训练的科学化和系统化时，它的出发点和落脚点就要从一堂课、一种训练方法、一个训练内容谈起，当我们在组织和实施一堂训练课时，是否考虑了技术训练中上述的五个要素。

从图1.1.23可以看出，每天的训练都需要将五个要素有目的地加以贯彻，假如我们以训练课的技术动作为例，今日训练课技术动作之间的内在关系和难易程度，而昨日训练课技术动作的训练内容为今日的训练做了哪些准备和铺垫，今日的训练又要为明日的训练课做了哪些的准备和铺垫，它们之间的系统性和内在联系如何。以此类推，上周的技术动作训练与本周的技术动作训练有哪些内在的联系，本周的技术动作训练又为下周的技术动作训练做了哪些准备，由周训练推演到月训练，我们训练周期的系统性安排就初见端倪了。

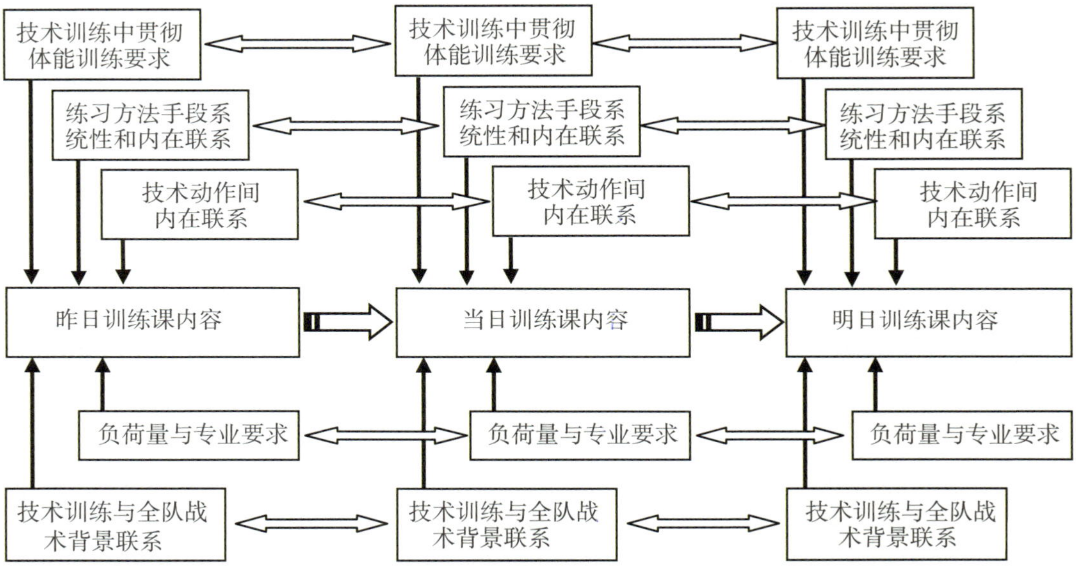


图1.1.23　技术训练科学化、系统化图示

以训练的负荷量和负荷强度为例，本日、本周的安排与昨日和上周负荷量与负荷强度安排的关系，再与明日和下周负荷量、负荷强度安排的联系，本月负荷量、负荷强度的安排与上个月和下个月负荷量、负荷强度安排的关系，就形成了小周期和一个中周期的负荷量和强度的完整计划。当把五个要素都以这样的思维方式加以考虑时，可以说，我们的训练安排已经开始进入了科学化、系统化的正确轨道上了，因为我们有了坚实的基础。

综上所述，技战术训练的科学性、系统性就扎根于每一堂训练课、每一个训练内容、每一个训练方法和手段及每一次负荷量和强度的安排。

## 四、当代篮球技战术发展的趋势和特点

### （一）场均9人以上参加比赛是世界强队的标志[3]

世界强队的关键比赛上场人数都在9人以上，从近年来的统计报告中可以看出，在世锦赛、奥运会、各个大洲的锦标赛中，关键比赛上场人数都在九人以上，且场均时间在10分钟以上。例如，在2010年第十六届男篮世锦赛中，前八强场均上场10分钟以上队员都在8人以上，并且在前四强中，除了美国队外，其他三个队都在10人以上，土耳其队在决赛中甚至达到了11人。

这一现象一方面反映了球队的板凳深度，另一方面反映了一支球队的攻守理念，高速度、高强度、强对抗，没有8~10个场均10分钟以上队员就难以完成。以当代篮球比赛的防守为例，高水平比赛80%以上的全场防守、本世锦赛防守的节奏特点：投进球后马上封底线发球——防接应、纠缠后卫推进、其他人迅速找人（消耗进攻时间，防止进攻队的行进间冲击）——半场整体的扩大紧逼防守——控制持球队员——所有的掩护、挡拆都是抢过、挤过、追防、延误，即使抢防守篮板球都开始面对面的挡人。

防守更加凶狠，更加激烈，身体接触不仅仅是零接触，已经达到像相扑队员在较力、像摔跤队员在摔跤，从地面4~5人争夺一个地板球到空中3~5人共抢一个球，在场上寸土必争，不仅对后卫采用全场领防，一过中线就进行夹击，甚至夹击出现在一过中线的中圈处，这在以前很少见到，而且对内线队员的夹击更狠，只要中锋拿球就有2~3人夹击，当中锋转身，后面的防守队员立刻把球打掉，球到半场对运球人进行半场扩大防守，不让其舒服的运球和传球，总是让进攻人别别扭扭。对无球队员向有球侧移动、掩护、接球进行全面控制。

以美国队为代表的防守（下三路防守）手快、脚下移动快，圆柱体范围内下手快（半决赛美国-立陶宛），在失去防守位置的瞬间，短促有力的快速下手，正常防守无法控制下，下手快、下手准，人到手到。

总之，篮球场上的平面和立体的空间，都已进入防守的范围。

### （二）外线技术水平的高低决定球队成绩的位置[4]

外线技术型是欧洲高水平球员具备的典型特征，不管是世锦赛还是欧洲冠军联赛，外线技术的好坏决定了比赛的走势。同时欧洲的内线球员也有着精准的三分球投射技术，令人防不胜防。2010年以来的统计数据显示，世界强队场均三分球命中率在40%以上的投手均有1~2名。得分方式更加丰富，类似抛投（如西班牙的纳瓦罗）和跑投（如希腊的斯潘）的得分方式越来越多地被采用，这显示了适应激烈的身体对抗的同时，世界各队同样也重视各位置的

[3][4] 毕仲春、单曙光、严元哲等. 中国篮球协会——2010年男篮世锦赛调研报告. 北京体育大学课题组.

技术训练。

传统意义上的内线，从位置上来说是中锋、大前锋（二中锋），一般为身高超过2.05m，身体强壮，以内线进攻为主的球员。而现代篮球不断发展的趋势下，内线、外线球员往往不能再以身高、体重等硬性指标来分类，如土耳其的特科格鲁、伊利亚索瓦身高都达到了2.08m，具备传统内线的身高和体重，但从比赛过程和个人风格来看，他们的打法更倾向于外线，并很好地利用自己身高的优势获得更好的外线投篮机会。纯粹的内线或外线球员已经逐渐消失，像斯洛文尼亚的主力控卫德拉季奇，除了拥有很好的控球、传球、外线投篮技术外，内线脚步动作也非常扎实，经常上演在内线以小打大的精彩场面。纵观本次世锦赛，大个子球员在各支球队中起到的作用逐渐被削弱。类似于2006年世锦赛大小加索尔、姚明、小鲨鱼等人在球场上纵横睥睨的情况已不再多见。

### （三）内线与后卫技术发展趋势的变化

当今世界强队都有两名身高在2.05～2.10米的内线，而且技术、速度和身体对抗能力很强，保证争夺篮板球和篮下强攻优势。但内线队员的进攻方式表中显示[5]，前八强内线队员的各种进攻方式，低位强攻仅仅占8.4%，分析原因：就是现在对于篮下有强攻能力的内线球员，都对其实施严密的压迫式防守，主要采用绕前防守，不让低位内线进攻队员顺利接球，防守人利用臂、肩、背、臀、腿和身体的“抢前、抢位主动发力”，把进攻队员堵、卡在身后，使其很难顺利接到球，即使接到球也会面临夹击和协防，加大了篮下强攻的难度。

现代篮球比赛中，欧许许球队在阵地进攻人盯人的时候，两名内线队员的落位多数采用“双中锋分别站于禁区顶端两侧”的落位方法，如图1.1.24所示。这种落位要求两名内线球员中，至少有一名很全面，既要具备外线远投能力，又要具备篮下强攻能力。因为两位内线队员与后卫之间做完高位掩护配合后，一名要拉开到外线空位进攻，另一名则要顺势切入篮下要位进攻。

在后卫位置方面，一名或两名后卫是一支球队的灵魂，他可以带动全队的攻防战术体系的运转。一名优秀的后卫在具备很强的攻击能力的基础上，助攻失误要明显低于其他队员。

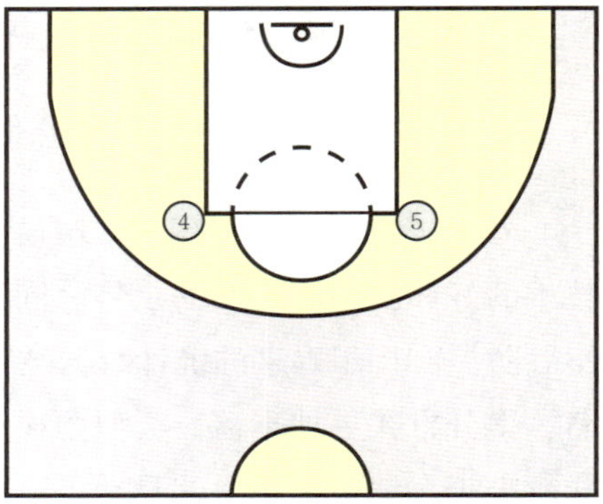

图1.1.24

2010年以来的统计数据表明，优秀后卫的助攻与失误比为4：1以上，优秀后卫在保证助攻数量和质量的同时，也最大限度地减少了失误。这也是成为世界顶级组织后卫所必须的条件。

世界强队的①号位——组织后卫中不乏得分高手，

[5] 毕仲春、单曙光、严元哲等. 中国篮球协会——2010年男篮世锦赛调研报告. 北京体育大学课题组.

出现了许多兼具组织能力和得分能力的优秀后卫，因此，他们所在的球队也围绕其设置战术。

现代篮球运动中，篮球技术动作种类繁多、变化多样，对于司职不同位置的运动员的技术也存在不同的要求，而每一名教练所形成的攻守战术理念与打法也各不相同，不同的战术理念与打法对运动员的技术提出了不同的要求，因此，需要运动员在熟练掌握各项基本技术动作后，训练中主要方向都要集中在与本队攻守打法联系比较紧密的那些技术动作应用的训练中。例如，在防守右侧锋线队员时，为了便于将进攻队员逼到右侧角落进行夹击，防守前锋的队员要采用堵中放边的防守技术动作，卡住进攻队员的中路，迫使其向右侧边线方向运球，这时防守低位中锋的队员积极向前滑动夹击，异侧防守中锋队员轮转补位。这一防守配合的训练，需要在技术动作的训练中解决本配合所需的特殊动作方法和要求，以满足配合的需要。

# 第二节　现代篮球战术论[6]

## 一、篮球战术的概念和要素

### （一）篮球战术的概念

篮球战术是篮球比赛中全体队员为战胜对手而合理运用技术，相互协调配合和组织整体配合所采取的合理有效的计谋和行动。它是队员充分发挥身体、技术水平的重要保证，也是凝聚和体现集体力量的纽带，往往在两队实力相当时，对比赛的胜负起决定性作用。灵活、机动、突然是篮球战术的本质特征。

进攻战术，指全队在进攻中以得分为目的的行动方法，它包括进攻速度、方法、方式、阵型，以及组织形式。进攻的速度分为快速反击、快速进攻、衔接段进攻、阵地进攻等形式；进攻的方法分为外围、内线、两侧等形式；进攻的方式有运球、突分、投篮等；进攻的阵型有“1—2—2”“1—3—1”“2—1—2”等；进攻的组织形式有个人进攻、局部配合进攻和全队进攻等。

防守战术，是指全队在防守中阻止对手得分，实行守攻转化所采用的行动方式。它包括防守的点、区域、方式、阵型以及组织形式。防守的点分为对持有球队员与无球队员的行动、路线、方位的控制；防守的区域分为对防守面的扩大、缩小以及点与点、点与面的连接；防守的方式分为人盯人、区域联防、对位联防、混合联防等；防守阵型分为“2—1—2”“2—3”“3—2”等；防守的组织形式分为个人防守、局部补防、协防、全队防守等。

[6]　节选自杨桦.现代篮球战术[M]．北京:北京体育大学出版社，2012.

### （二）组成篮球战术的要素

篮球战术是由技术、方法和形式三个基本要素组成。

技术是队员在比赛中完成各种技术动作的方法，是战术的基础。队员掌握技术动作的数量及质量愈全面、熟练、准确、实用，战术实现就愈有保证。就战术本身而言，也是队员之间完成各种技术动作组合的方法，需要通过队员和队员之间在一定的时机、地点、条件下运用，才能构成战术。从这个意义上讲技术是战术的基础。

方法是战术的具体内容，是组成战术的核心部分。方法表现在队员的个人攻守行动、队员之间的配合行动以及全队的整体行动的组织和动作配合上。方法包括人、球移动的路线、技术动作的选择与组合、动作时间与变化攻击区域、同伴的配合等具体内容。实质上战术方法就是队员和队员之间有意识、有组织、有步骤的攻守行动方案和过程。

形式是战术的外部表现。一定的战术形式必然反映一定的战术内容。例如，“∞”字进攻法，表现出队员移动路线的特点和进攻的连续性；区域联防有“2—1—2”“1—2—2”“2—3”“3—2”等阵型，以不同的位置与队形布阵来对付不同特长的进攻。形式还可以从对抗范围上、攻守节奏上、对抗程度上去理解。如全场的，半场的；快的，慢的；盯人的，区域的，紧逼的，松动的等，这些都体现了各种攻守战术各自不同的特点。

技术、方法、形式融为一体，它们紧密联系，互为依存，相互影响，相互促进，缺一不可。如果一支球队具有全面熟练的技术，掌握多种配合方法，他们在比赛中选择不同战术的可能性就多，个人与整体力量就愈能得到发挥，战术运用的灵活性也就愈强。

## 二、篮球战术观与特征

### （一）篮球战术观

篮球战术观是指参加篮球运动竞赛的教练和运动员对篮球战术的概念、战术的价值、战术形成的内容、战术的原理和规律等进行认识和思维后产生的观念形态。这种观念形态的东西是人脑思维的结果，一经形成，就会在一定程度上影响人的思维萌动、观点、立场和方法。

篮球战术观是教练、运动员对篮球竞赛战术认识的结果，它的形成与教练、运动员所具有的知识结构、竞赛经验、认识特点和思维方式有着密切的联系。一种战术观形成后，就会在战术思考、战术计划、战术决策、战术训练以及战术行动中得以全面体现。现代篮球提倡简洁、练达、实效高的战术运用。尤其以美国为首的世界强队，以简单、明快、实用著称，代表了一种新的潮流。对此我国有关专家则持另一种观点，其认为，简单的战术运用目前尚不能成为我国篮球战术的发展目标。首先，篮球战术水平的提高是从简单到复杂再到简单的过程，从战术训练的过程来说是这样，从在不同水平上比赛也是这样。世界强旅美国队是运用全面、准确的技术，将复杂的配合打得简练有效。目前，我国篮球队大致相当于美国的中等水平，这就更需要有丰富的战术训练体系和战术素养。其次，从我国篮球队员（特别是男子）的身体条件和力量素质来说，还缺乏与欧美强队相抗衡的实力。因此，我们的战术过程要复杂得多。我们完全可以以技术技巧、独具风格的战术形式和快速、灵活的打法获得世界的认可，只有从这点出发来发展篮球战术，才能在亚洲确保优势，在世界篮坛上占有席位。由此可见，篮球战术观对战术的实施和运用起着决定性的作用。

## （二）篮球战术的特征

篮球战术是在一定的时间和空间内，采取一种有目的的进攻与防守的战术行为。其特征主要表现在：进攻与防守的统一、配合行动与个人行动的统一、技术与战术的统一等方面。

### 1. 进攻与防守的统一

进攻与防守是篮球运动的一对主要矛盾，它们之间既相互对立、相互制约，又相互依存。进攻者想方设法击溃防守者，防守者绞尽脑汁阻止进攻者，在制约与反制约、对抗与促进中使进攻和防守战术的发展同步相长。尤其是现代篮球运动提出了“攻守平衡”的理论，极大地促进了进攻与防守战术的发展。

对进攻与防守战术的发展影响最大的要首推近年来兴起的全场贴身加紧逼防守技术。它一改过去进攻后消极退守、落位等攻、保持距离，不敢接近，随对手做应答动作，有球紧、无球松，等待对手投篮或失误后再抢球的被动挨打的防守旧观念，而采用紧贴对手、主动出击，合理运用手臂、腿、背和身体的运动，先发制人，每时每刻都给对手施加压力，力图迫使对手的技术无从发挥和失误。这种攻击性的防守技术带有明显的战术行动特征，促使了“以球为中心”的全场紧逼综合多变防守战术和每次从防转攻都要尽力争取快速反击的转化战术的发展。为了适应这种攻击性的防守战术，现代篮球进攻技术同样朝着敢于贴身进攻、能外能里，在外线具有准确的投篮，在内线有威力很大的强攻，杀伤力很强，使每次进攻都具有“双重性”，既可得分又能造成对方犯规的方向发展。在战术上，具有强烈的“抢攻”意识，善于捕捉快攻与阵地进攻形成之前一刹那，利用个人强攻和简洁实效的二至三人配合，在局部地区予以速战速决。即使进入阵地进攻，也运用灵活机动、快速多变、内外结合、进攻点多面广的多方位、大频率、大范围的横竖穿插移动换位进攻；同时奋力拼抢前场篮板球和力争获得第二次或第三次进攻。在进攻结束的瞬间，采取“封、堵、卡、夹、领防”等各种积极措施，向对手展开防守攻击，争取能尽早尽快地重新争得球权。

篮球进攻与防守统一的战术特征，在这种新型的攻击性防守和移动性进攻中表现得十分突出。

### 2. 配合行动与个人行动的统一

战术配合行动，是指战术在运用过程中两至三人以上的、有组织、有目的的协调行动的方法。它是以攻守的基础配合为基本手段，来达到规格化、标准化和通用化。由此上升到全队的配合，再达到高质量的全队配合。

个人行动，是指比赛中队员根据对方防守的特点和进攻战术的需要，所采取的带有策略性的行动。它是运动员在进攻中智力、体力、技术、战术素养和临场经验合理使用的综合体现。

战术配合行动目的明确，任务落实，易于操作，但同时也容易形成对情景的刻板化反应。而个人行动则正好相反。在体现篮球战术中，常将二者有机结合起来。在攻守的千变万化过程中，采用多种多样的战术配合行动的同时，又将战术个人行动运用其中，从而形成灵活多变的战术形式。目前在现代篮球运动中，运用较多的是移动进攻和破坏性防守两种攻、防战术。

移动进攻，是指运动员遵循有目的、有配合的人球连续移动与转移的原则，灵活运用各种基础配合的进攻战术。在运用移动进攻战术时，一般是依据队员的特长，以某种战术基础配合为主串联，同时以各种技术与战术配合交融组合运用，并在不断的移动中保持场上进攻阵式的位置平衡和攻守平衡。

破坏性防守，主要是通过有实效的防守动作和战术基础配合，达到使进攻者改变自己的习惯动作的配合，从而出现错误而达到防守的目的。破坏性防守需要防守队员具有很强的防守意识和战略观念，对进攻队员的进攻动作既能及时判断并做出抑制性的防守动作，又不违背规则的规定。这需要有高水平的训练基础、完好的防守基本功和协同配合能力才能达到。

移动进攻战术和破坏性防守战术较完美的体现了篮球战术中配合行动和个人行动统一的特征，从而形成了代表现代世界篮球战术潮流的两种现代进攻和防守战术。

### 3. 技术与战术的统一

篮球运动技术与战术的关系体现了辩证法中内容与形式的关系。技术是战术的内容，战术是表现技术的形式。队员掌握的技术愈全面、愈熟练、愈准确、愈实用，组成的战术和战术的变化就愈多，运用战术的把握性和灵活性就愈大。就战术本身而言，也是技术动作组合的方法，需要通过队员和队员之间在一定的时机、地点、条件下运用，才能有机地构成战术。因此，技术又是战术的基础，技术决定了战术，没有先进的技术，就不可能建立起先进的攻防战术体系。技术发展了，也促进了战术的发展，而战术的发展又对技术提出了更高的要求。

从篮球技、战术历史发展的四个阶段可以看出，技、战术相辅相成、相得益彰，共同促进现代篮球技术、战术新的发展。

第一阶段：站立式的固定配合

《原始规则13条》第3条规定不准持球跑。接球队员可在快速跑动中做急停接球，但必须在接球地点把球转出（意思是不准带球）。由于技术单一，绝大部分的技术动作都是在原地进行的。全队的进攻战术在1897年以前只有“沉底进攻”（现在的包投）和“人在球前”的进攻（现在的传切）。那时的进攻战术是站立式的固定配合进攻。

第二阶段：行进间的固定配合

由于运球技术的出现，1922年由美国匹兹堡大学教练H. C. 卡尔森首创“∞”字型进攻战术，这是进攻战术的一大变革，它把过去站立式的固定配合改变为行进间的固定配合。“∞”字型进攻战术如果是在原地定位投篮结束进攻，对对方的威胁不大。战术形式改变了，对技术内容也提出了要求。1928年由美国宾夕法尼亚的投篮名手路易斯·谢里弗赞首创“双脚离地腾空时出手”的跳起单手肩上投篮，使“∞”字型进攻战术的攻击性和突然性加强了。“∞”字型进攻战术在美国风靡一时，在国际上也很流行，一直延伸到20世纪40年代。

第三阶段：换位进攻战术

第二次世界大战时期，美国各种竞赛制度的迅速恢复，运动员的技术水平大幅度的提高，特别是跳投的运用，使进攻远远地超过了防守。进攻的“刺激”，使防守也相应有了“反应”。20世纪50年代初，紧逼防守在美国随之出现，用以对付连续跑动的进攻战术和跳投技术。新的防守技、战术又促进了进攻战术的发展，于是产生了“换位进攻”[7]。“换位进攻”战术的普遍运用，使美国的篮球运动水平又向前发展了一步，为运动员逐步打破位置分工的界限创造了条件，使运动员的技术水平日趋全面。

第四阶段：移动进攻

20世纪60年代中期，由于防守技、战术的发展和提高，从区域紧逼防守，发展到一场比赛乃至一个回合中多变防守的综合运用，不少教练探索着怎样用一套通用的进攻战术来对付各种变化的防守战术。60年代中期，由美国佩珀代因大学教练罗伯特·道尔首先提出了“移动进攻”的战术概念；到了70年代，“移动进攻”在美国大学中流行起来。[8]

篮球技、战术的发展历史说明，攻防的对抗，技术的发展，促进了战术的发展，而战术的发展对技术又提出了更高的要求。技术和战术是统一的、联系在一起的，我们必须做到技术和战术的辩证统一，使高超的技术融合在巧妙的战术配合中。

## 三、现代篮球战术的构成和类型

### （一）篮球战术的结构

#### 1. 战术目的与目标

在篮球比赛中，比赛双方总是通过自己的战术行动来达到战术的目的和目标。由于比赛过程是一个复杂并多变的过程，因此，在比赛尚未结束时，这个目的只是一个理想性的主体目标。在比赛活动的过程中，围绕着这一理想性的主体目标，将产生若干针对情景的具体目标。具体的战术行动就是为了实现这些具体目标。从理论上讲，当各层次的具体目标都达到

[7][8]　朱亚爱，邵冠群. 篮球进攻战术的新发展[J]. 体育科学，1981(3).

后，才能实现主体目标。但在实际的操作中，由于对抗双方都会采取一系列的反目标行动，从而造成对手的战术行动的延缓或破产，这就为实现主体目标带来了极大的困难。因此，一旦出现这种状况时，被动的一方就会迅速调整或改变自己的目标体系，重新设置具体的行动目标。例如，采用移动进攻战术使对手的“阿米巴”防守受挫时，对手就会改变防守战术，采取全场贴身加力防守战术来破坏移动进攻战术。由此可见，各种具体的行动目标都是围绕着主体目标应运而生的，具体目标完成得越好，理想性的主体目标就越容易实现。

### 2. 战术质量

战术质量，是指全队掌握和运用战术的优劣程度。战术质量包括进攻战术质量和防守战术质量，它们是紧密联系、相辅相成的，在提高进攻战术质量的同时，同样应该注重防守战术质量的提高，这两者是辩证统一的整体。战术质量是实现战略目的、取得攻守实效、争取比赛胜利的关键，也是衡量一支球队水平高低的重要标志。

战术质量的高低，取决于运动员的技术水平、战术素养、比赛经验、实战应变能力和队员之间相互配合的默契程度。例如，在比赛中进攻队员运用传切战术配合时，能够迅速地起动摆脱对手，及时准确地传球，最后以准确地投篮结束进攻，这就反映出进攻战术质量高。反之，如果运动员移动速度慢，摆脱不了对手或是由于同伴传球不及时，错过配合时机，这就反映出进攻战术质量低。

### 3. 战术数量

战术数量，是指在攻守的比赛中，能够极大地发挥本队队员攻守意识和技术特长的组织形式的数量。

在篮球比赛中需要多种二、三人及全队的配合方法，攻守是在多变的情况下进行的，因此没有足够的战术数量是不行的。不但要有数量上的累计，还要有质量上的保证，这样战术才是完美的。

一支训练有素并且表现出较强作战能力的球队，不但需要将现代五大攻守战术系统运用自如，而且还要掌握多种在特殊情况下的进攻打法与防守方法。例如，从比赛的自然过程可以看出，应该有开局、中场和终场前的一些攻守的战术方法；从比赛中彼我双方力量的对比中可以看出，领先与失分、平分相持或互有领先呈“拉锯”状态的攻守方法；在特殊情况下利用双方攻守过程中的强侧和弱侧、强点和弱点等，都属于战术数量中的内容。

### 4. 战术素养

战术素养，是指运动员和球队通过反复训练、比赛的锻炼与培养，在战术理论修养和实际运用能力方面所达到的一定水平。运动员个人的战术素养与球队的战术素养是相辅相成、互相制约、辩证统一的。前者是后者的基础，后者则是前者的总合。战术素养的好坏，决定了战术质量的高低，反映了球队的实力和整体水平。它是高水平球队必须具备的基本条件之一。良好的战术素养必须具备以下因素。

（1）深刻地了解、掌握篮球运动攻守的基本规律，以及各种攻守战术的完整概念、组织原则、基本方法和选择对策的方法。

（2）善于利用篮球运动攻守的基本规律，熟练掌握各种攻守技术、战术行动、基础配合和整体战术。

（3）具备强烈的战术意识，积累了丰富的经验，在比赛中能够敏锐地观察，准确地判断复杂的临场局势，能够恰当地处理攻与守、主与次、个人与全队的关系，灵活有效地运用针对性的技术、战术，并掌握好攻守节奏。

（4）具备稳定的心理品质和较好的应变能力。

上述各因素中，战术理论是先导，反复训练是基础，运用是前两者的融合升华与检验。良好技术素养的获得，必须经过循环往复地训练比赛、学习总结和改进、提高，逐步形成巩固的条件反射，达到自动化的程度。

**5. 战术形式**

战术形式是指按一定原则构成的具有不同组织方法和表现手段的战术的名称。由于各种战术组织的原则、阵式的结构、移动路线、技术动作的运用与衔接、配合方式的选择和攻守地区范围等各有所异，其性质、特点与内容也就不一样，由此构成了攻守作用和运用目的各不相同的、丰富多彩的攻守战术形式。例如，在篮球进攻战术系统中，由具有攻其立足不稳和争取以多打少的速战决战本质共性的进攻战术，形成了快攻战术类型。但由于发动快攻时是否有已摆脱防守突破到对方篮下的快下队员，以及组织快攻的表现手段是长传球、还是短传球结合运球的特殊性的不同，又可分为长传快攻和短传结合运球快攻两种快攻战术形式。又如在篮球防守战术系统中，在防守原则和方法上具有每个防守队员盯住一个进攻队员的共同性和特点的防守战术，形成了人盯人防守战术类型。但因在防守范围与队员配合手段上各具自己的个性，又可分为全场紧逼人盯人、全场三分之二人盯人、半场扩大人盯人与缩小人盯人4种防守战术形式。诸如此类，由于构成战术内在诸要素不同的排列组合，形成了门类齐全、各有所用的多种多样的攻守战术形式。

## （二）　篮球战术的类型

篮球战术形式多样、内容丰富，形成了结构复杂的战术体系。在篮球竞赛中，不同的战术运用具有不同的作用和效果。因此，只有把握不同种类的战术所具有的特点、作用和适宜的运用范围，才能正确地运用战术。篮球战术的类型有以下几种。

**1. 个人战术**

个人战术指运动员在比赛中采取的有意识的个人战术行动。个人战术行动是队员在比赛中能根据双方攻守的特点和临场情况的变化，解决全队所提出的个别任务或抓住战机针对性地运用技术的应答活动和方法。个人战术往往容易被混同于技术。实际上研究技术问题，主要侧重于掌握某一动作的方法和完成某一动作的能力，而研究个人战术则主要侧重于个人战术意识的合理与否，以及个人采用某一动作或行动对全队战术的影响；也是队员思想作风、战术意识、运动素质、身体能力、技术熟练程度的综合体现。个人战术行动是全队战术的组成部分，它区别于盲目地表现个人的单干，而是在与同队队员的合作、牵制、帮助等前提下，以整体战术方案为原则，以临场情况为依据，果断采取有针对性的措施，主动、灵活、创造性地运用技术的战术形式。个人战术分个人进攻战术与个人防守战术。

### 2. 局部战术

局部战术主要是指在两到三名运动员之间为解决同一战术任务，通过协同合作机动配合所完成的各种行动方法，它几乎贯穿于篮球竞赛过程的始终。局部战术的点和面不是固定的，是根据对手防守的形式和特点，机动灵活地进行转移和变化。局部战术分局部进攻战术和局部防守战术。

### 3. 全队战术

全队战术指参加竞赛的每一名队员按事先的分工和统一的布署共同完成各种战术行动。全队战术分为全队进攻战术和全队防守战术。

（1）全队进攻战术

全队进攻战术首先是充分利用由守转攻的有利时机，组织全队进行连续性快攻，运用追击打法并与阵地战相衔接。在阵地进攻中队员应立即根据战术原则和方法的要求进行落位布阵。在部署上明确主攻与佯攻区。当球在主攻区攻击时，处于佯攻区的队员要有意识地以个人战术行动与主攻同伴遥相呼应，主动配合。在打法上以内外结合、左右逢源、纵横交错、五点开花为原则，最大限度地组织五个人的力量利用半场宽阔地区纵横穿插，在频繁的移动中进行全面整体协同攻击。当第一次攻击配合失机后，组织第二次攻击配合，保持战术的连续性。形成不间断移动、不间断配合的攻击点和面，使进攻战术具有攻击性。同时，在战术的运用中应机动灵活，每一套战术不能打得太死，全队战术成功的关键取决于五个队员对战术意图的理解、整体战术的配合意识、协同作战能力，以及个人战术行为的强弱。

（2）全队防守战术

全队防守战术是在由攻转守时首先提前追防或领防自己看守的队员，坚决迅速堵截快攻的第一传和接应，组织合理的纵深防守队形，采用逼堵追夹、轮转补位、堵中卡边等手段，控制和延缓对方的推进速度，并在此基础上迅速组织稳固的防守战术。全队防守战术是建立在良好的防守意识、顽强的意志、充沛的体力和运动员个人积极防守行动基础上的组合体。全队战术是在以我为主积极防御思想的指导下，在强区始终对球形成包围性防守，防守的策略是紧逼、错位、打抢、夹击和协防。在弱区采取保护性防守，防守策略是回缩、协防、补漏和抢断。根据对手不同进攻战术采用综合多变的防守形式，将个人防守的点与点之间连接在一起，构成协同防守的面，再由各防守面连接形成一个坚固的防守整体。全队战术是将防守区域之间、队员之间相互联系起来，牵一发而动全局，表现出高度的集体性和协同性。

## 思考题

1. 简述篮球运动员技术系统的组成因素。
2. 简述运动员技术与篮球技术（技术动作）的区别和联系。
3. 组织、设计篮球技战术训练课需要考虑哪些因素？
4. 当代篮球技战术发展的趋势和特点是什么？
5. 试述篮球战术的概念和要素。
6. 试分析现代篮球战术的构成和类型。

## 参考文献


1. 钱令希.自然辩证法原理[M]. 中国科学技术大学等编. 长沙：湖南教育出版社，1984.
2. 毕仲春.篮球技术分类的研究[D]. 北京：北京体育大学，1987.
3. 毕仲春，宫鲁鸣，叶庆辉. 世界篮球技战术发展新趋势——以第16届世界男篮锦标赛为例[J]. 北京体育大学学报，2011（4）.
4. 苏天辅.形式逻辑[M]. 北京：中央广播电视大学出版社，1983.
5. 陈世骧.进化论与分类学[M]. 北京：科学出版社，1978.
6. 毕仲春.对我国篮球运动员防守攻击性能力的研究[J]. 国家体育总局科研所论文集，1988.
7. 杨桦.现代篮球战术[M]. 北京：北京体育大学出版社，2012.
8. 毕仲春，郭永波，陈丽珠.篮球技术的理论研究[J]. 北京体育大学学报，2004（8）.

# 第二章 篮球比赛中的攻守移动技术

## 内容概述

在本章节中重点讲述的是进攻队员的无球移动、摆脱接球技术和防守队员在防守持球队员和防守无球队员的情况下的防守动作和技术要求。相对于以往国内教材的内容，进攻队员的无球移动技术是新增加的部分，比较符合我国国内在这一方面训练的薄弱环节，希望对教学和训练提供有益的帮助。

# 第一节　进攻队员的无球移动技术与训练

很多人认为，只要学会了传球、运球、投篮、突破和篮板球以及对抗技术，就可以打好篮球了，但在篮球场上，队员平均80%的时间都是在无球状态下的。所谓一个人会不会打球，很大程度上决定于他的移动意识和技巧。

## 一、无球移动技术

下面介绍无球移动的方法以及相关技巧和要点，包括：传切或空切—Give and Go、闪切—Flashing cut、反跑—Backdoor、滑步抢位—Sliding、转身抢位—Turn、前进后退— Back cut、U形切入—U-cut、V形切入—V-cut、L形切入—L-cut、卷曲切入—Curl cut、扣勾切入—Button hook、浅切—Shallow cut、深切—Deep cut移动。

### （一）无球移动的传切或空切—Give and Go

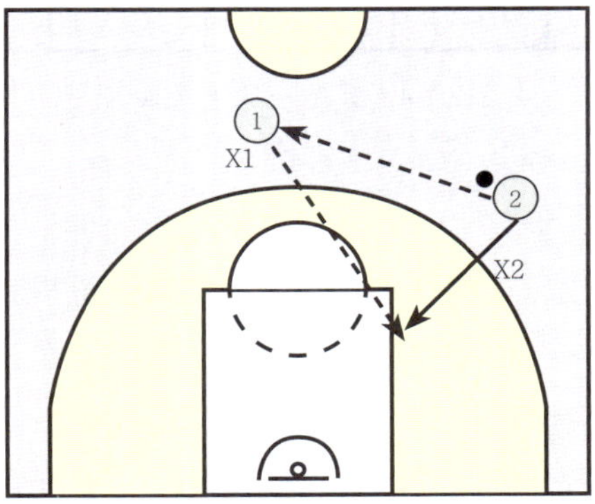


图2.1.1

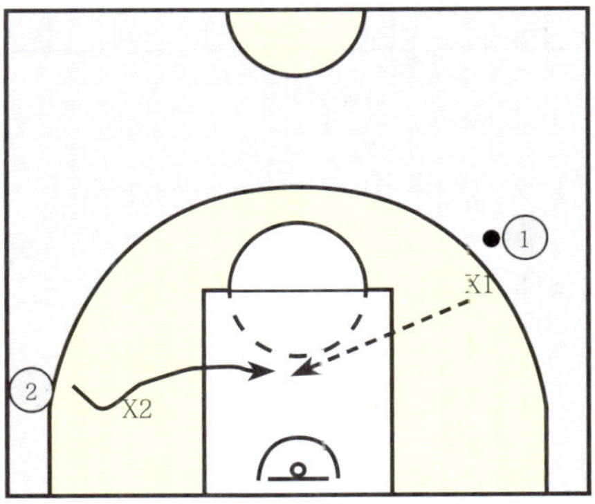


图2.1.2

如图2.1.1所示，传球人切入对把握时机要求很高，通常是球一传出手，②就要阅读防守人的移动，如果防守人没有及时向传球方向（即①的方向）的侧后方移动一大步，②就可以马上切入篮下接回传球投篮得分。

空切，在实战中多为从弱侧，即远离球的一侧无球切入。如图2.1.2所示，由于②在弱侧落位，防守他的人需要保持人球兼顾的位置，即一只手指向自己的防守人，一只手指向球的位置，形成一个钝角三角形，如果稍有疏忽，就会被进攻球员②从身前切入篮下接球投篮得分。

无论是传切还是空切，都与攻防双方的间距有很大的关系，如果进攻球员②具有很强的外线投篮能力，则防守人不敢远离他，那么他切入成功的可能性就大；反之，如果进攻球员②投篮能力较弱，那么防守人常常远离他防守，那么他切入成功的可能性就小。

### （二）无球移动的闪切—Flashing cut

所谓闪切，如图2.1.3所示，是上例所讲的空切的一种延续，如果防守人洞察了进攻人空切的意图并紧跟不舍，进攻者就可以利用防守者重心的向下移动，从而从防守者身前切入。

在高水平的篮球比赛中，防守无球人的一个重要原则就是严禁进攻人在向球移动的过程中占据防守者身前的位置接球，因为如果在三秒区附近被进攻人抢到身前的位置，这对防守的一方来说是非常被动的。

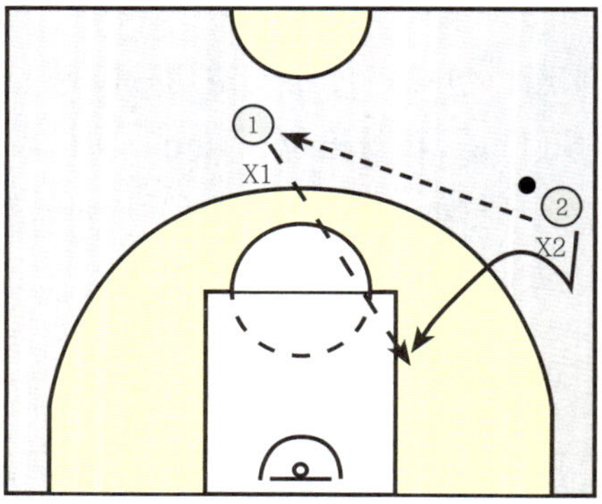


图2.1.3

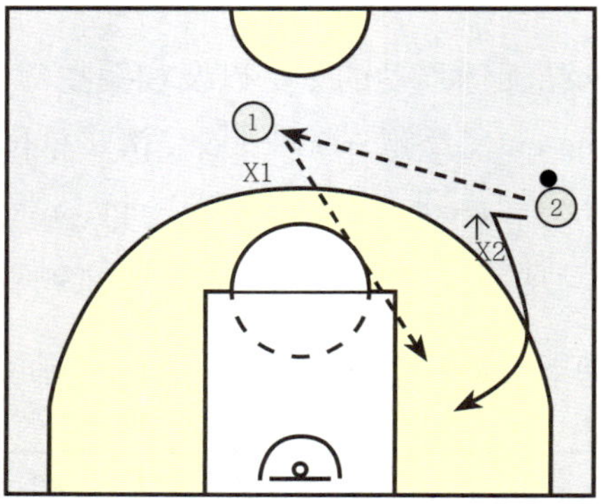


图2.1.4　反跑—从下线切入

### （三）无球移动的反跑—Backdoor

如图2.1.4所示，反跑切入是传切的另一个变化，这种移动是随着内线队员上提到高位后拉空内线而开始广泛应用的，这种移动方式在美国三大战术体系——三角进攻战术、普林斯顿战术和UCLA进攻战术中得到了大量使用。大家应该记得2002赛季萨克拉门托国王队和洛杉矶湖人队西部决赛的7场大战，国王队拥有全联盟最会传球的两位内线球员——迪瓦茨和韦伯，在他们上提到高位时，移动快的克里斯蒂和投篮准的斯托亚科维奇都会得到反跑的机会。二人虽然都是小前锋，但风格不同，克里斯蒂属于速度型的，佩贾属于射手型的，速度型的启动快，获得反跑机会可以理解，但同样，防守斯托亚科维奇的球员因为忌惮他的远投，不敢离他太远，他也同样容易获得反跑的机会。当今国际篮坛擅用反跑的经典，如西班牙男篮的费尔南德斯，本身速度就很快，常在底线附近迂回，经常利用惊人的弹跳上演空中接力。这一切都来源于对防守的阅读。只有良好地阅读防守，才能正确地做出进攻的移动，是空切还是闪切抑或反跑，统统来自对防守正确及时的阅读。

## （四）无球移动的内线滑步抢位—Sliding

内线技术分为内线抢位也就是获得球技术和内线投篮技术，两者相互依存不可分割。如果没有抢位获得球的技术，即使内线投篮技术再好，也无法在比赛中正常施展，在这里介绍两种最常用也最有效的内线抢位技术：滑步抢位和转身抢位。

无球移动的滑步抢位—Sliding：谈到内线的无球移动技巧，首先，解释低位的概念。低位是指篮下身体对抗的必争之地，由于内线位置离篮圈太近，同时需要免除三秒违例的限制。如图2.1.5所示，低位接球的最佳区域就在两侧30度左右的分位线位置，也就是限制区两个腰线上面的分位线区域，这个位置的优点是向上线前转身可以有很好的空间，可以运一两次球进行攻击，而向底线转身也可以有比较好的投篮角度以及运球攻击的空间。很多人在实战中很容易被防守人推挤所迫偏离这个位置，位置偏上离篮圈距离远，运球攻击时很容易被上线的防守人夹击；位置偏下很容易一转身转到篮板下方而被篮圈盖帽，从而失去良好的投篮角度，而即使角度合适但离篮圈稍远也不好，因为篮下攻击讲究迅速，如果运球超过两次，很容易被收缩协防的外线球员夹击，从而丧失最佳的攻击机会。

现在介绍滑步抢位接球的要领。如图2.1.6所示，一般来说，低位球员的接球需要罚球线延长线以下的前锋球员来传，这样角度最合适，但是当低位球员的防守者积极侧前防守使前锋难以顺利传球时，球往往回传到弧顶的进攻球员手中，这时候，低位球员的防守者往往会放松，这就是滑步抢位接球的最佳时机，只要抓住这个时机迅速启动，动作像防守滑步一样，降低重心，同时双肘打开，像投降的姿势一样，向传球者示意一个接球的面积，这时万事俱备，只欠传球了。这种对体格巨大且体重够份量的内线球员是绝对的必杀技，如果被奥尼尔这种球员在如此深的位置接到球，即使犯规也难以阻挡他们得分。

图2.1.5　低位要位区域示意图

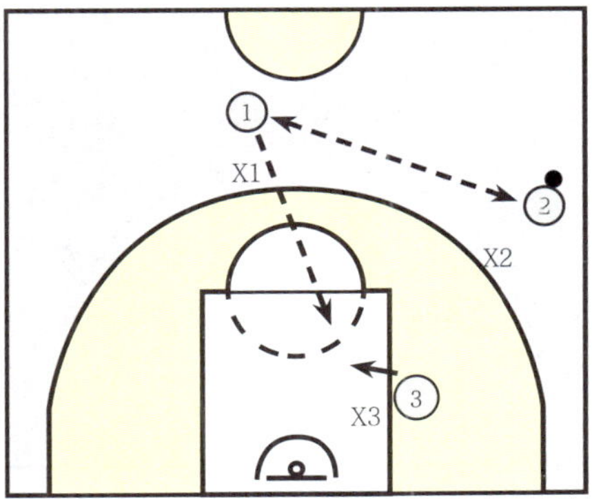


图2.1.6　滑步—横向内线要位

## （五）无球移动的内线转身抢位——Turn

内线低位移动——转身抢位（Turn）：如果防守自己的对手体重和身高都不比自己差，

那么如何在低位抢占到位置呢？首先，由于身体不占优势，你不需要和他拼身体，如图2.1.6所示，你可以面对防守人，在接近他1米左右时，用右脚放在他两只脚之间，然后左后转身，直接把对手卡在身后获得绝佳的位置，如果在左侧，则相反。为什么这种方法如此有效呢？做为防守者来说，进攻者的这种技术会迫使他后退，他让出的哪怕是半步空间，足以让进攻球员获得转身抢位的空间，从而获得位置争夺的主动权。在NBA中，肖恩·巴蒂尔是低位转身抢位的高手，他的身体条件和任何一名内线球员相比都不占优势，但他常常会运用这种转身抢位的技术在低位获得空间，顺利接到传球，然后用他娴熟的前后转身半勾手来结束战斗，令防守方无所适从。

## （六）无球移动的前进后退—Back cut

外线相对于内线来说，移动空间很大，为了在最适宜的位置顺利接到球实施攻击，首先要防守，然后根据防守人的反应来决定下一步的移动，这就是所谓的Read and React（伺机而动）。大家可以设想一下，防守人背对着篮圈来防守，进攻人对发生的所有情况可以尽收眼底，但防守人只能对眼前的情况做出反应，所以进攻人可以使用假动作来迷惑防守人，从而达到顺利接球攻击的目的。

无球移动的前进后退— Back cut：如图2.1.7所示，为了安全顺利地接到弧顶队友的传球，进攻人②向篮下快速切入，如果防守人反应很快，迅速回收防守切入，由于防守人重心难以及时调整，②就可以沿着切入方向的反方向撤回来，从而顺利接到传球，同时也与防守人拉开适宜的空间。这种移动方式对于速度快的外线队员很适用，因为防守人看不到身后的情况，忌惮进攻人的反跑移动，所以就降低了外拉接球的难度。

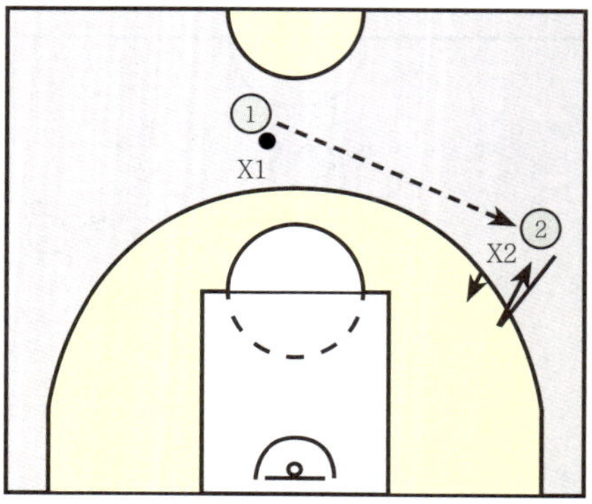

图2.1.7 前进后退——各位置都常用

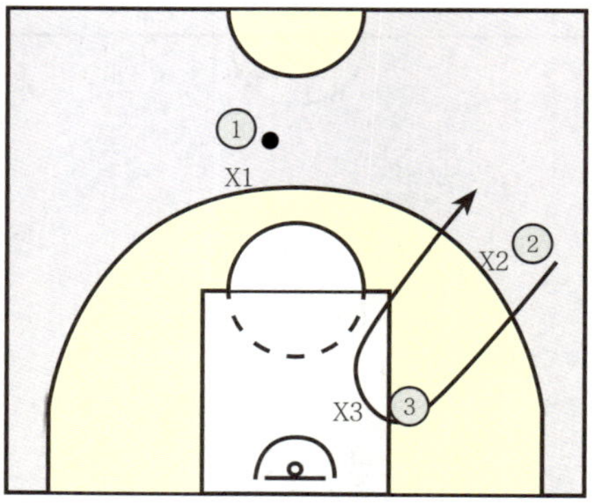

图2.1.8 U形切——内外线无球移动配合

## （七）无球移动的U形切—U-cut

如图2.1.8所示，U形切一般会借助低位的内线队员来完成，溜底线借助低位内线的掩护来接球是外线队员常用的移动方式，对于防守人来说，在防守进攻队员溜底的过程中，会有一个盲区，在这个区域里面，不能同时看到自己防守的人和球，对进攻方来说，就可以利用防守方的这个盲区来做文章。U形切就是在进攻人进入盲区时，在阅读了防守人移动后，借助掩护U形移动拉出接球。一般来说，这种借助低位掩护进行接球比较容易接到球，在体力不充沛或者遇到强硬的防守人时可以考虑采用。

### （八）无球移动的V形切—V-cut

V形切是外线队员最常用的移动之一，这种移动方式与前进后退Back cut相比，有一个角度上的变化，如图2.1.9所示，当阅读了防守人重心后移之后，为了更安全顺利地接球，进攻人②变换了角度弹出，向传球方向移动一大步来接球，需要注意的是，V形切一般要借助与防守者的身体接触来完成，借助作用力与反作用力，要求进攻队员要主动接触，这样防守人就不可能迅速调整重心来跟出去抢断球。这种移动方式很适合身体强壮的外线进攻队员使用，因为主动接触后巨大的反作用力造成了防守人更加难以跟上进攻人的移动。

### （九）无球移动的L形切—L-cut

如图2.1.10所示，L形切一般出现在从一侧零度角方向溜底线至另一侧使用的移动，同样是借助防守的盲区，在防守人不能兼顾人和球时，阅读防守人防溜底至另一侧的意图，上提接球攻击，NBA著名球星麦迪就经常使用这种移动方式来接球攻击，这对进攻队员的技术全面性要求很高，球员必须在弧顶以及45度角附近具备较强的持球进攻能力。

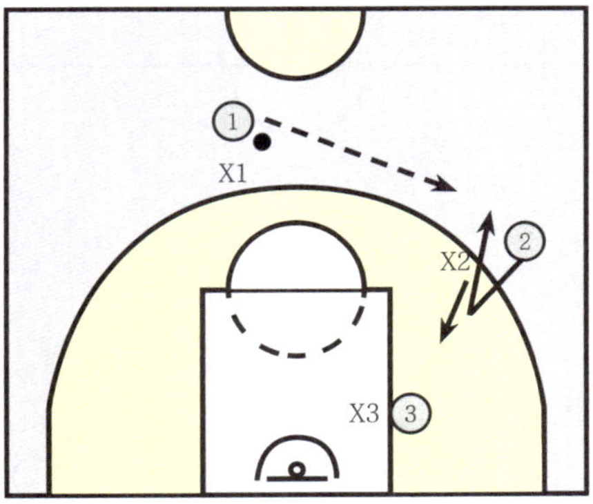

图2.1.9　V 形切

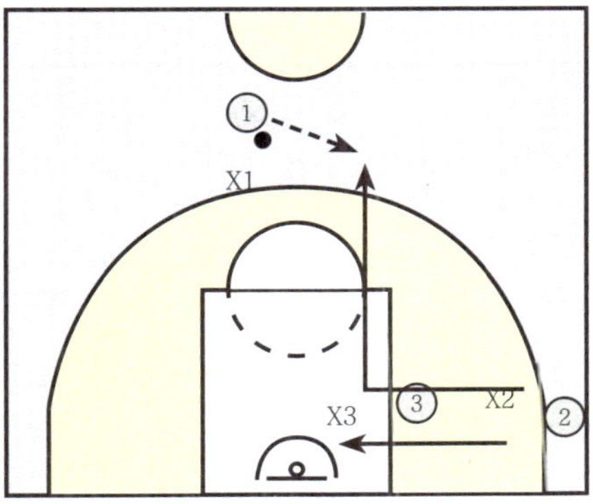

图2.1.10　L 形切

### （十）无球移动的卷曲切入—Curl cut

对于一名外线球员来说，不但要学会靠自己的移动能力来摆脱防守的纠缠，而且要借助掩护在有效区域内顺利地接到球实施攻击，更是衡量一名外线球员无球移动能力的重要方面。在此我们重点介绍借助队友的掩护进行无球移动的方式。

卷曲切的名字来源于它的英文名称Curl cut，之所以要卷曲，就是因为充分阅读了防守人的移动，并且针对防守人的移动进行了很好的应变。在实战中，卷曲切主要有两种形式的变化，如图2.1.11所示，一般来说，内线球员是做掩护的首选，世界各队常用的战术常常把内线球员放在限制区的分位线位置，内线球员面向被掩护外线球员移动过来的方向进行定位掩护。

在第一种卷曲切中，进攻队员②溜底线启动借助内线队友的定位掩护接球，如果防守队员忌惮②的速度紧跟不舍，②就可以借助队友的体积和面积优势迅速绕过掩护队友在同侧拉出接球攻击，在此时，防守②和③的两名队员往往会发生沟通方面的问题，在实战中②移动到外线时常常无人防守而获得从容投篮的机会。所以在训练中，教练应结合这种阅读防守的能力来训练进攻球员的投篮能力。

第二种卷曲切在实战中杀伤力更大。第一种形式的卷曲切主要适用于移动速度快的外线球员，而第二种卷曲切获得的进攻机会，主要由于防守方对溜底进攻队员投篮能力的忌惮。

如图2.1.12所示，当防守方选择追防时，对于进攻队员②来说，就可以借助队友④的掩护卷曲移动轻松上篮，如果防守方选择换防由内线球员来防守②，那么进攻队员④做完掩护就可以转身接球攻击。

但是，如果外线球员投篮很准，尤其是接球急停、转身和起跳一气呵成的技术娴熟，如雷阿伦，更是不敢绕过和穿过，否则会非常被动。 例如，2000年悉尼奥运会中国男篮遭遇法国男篮时被里加多3分钟内连中4记三分球，最终领先15分被翻盘的噩梦。应对这种投手的最佳方式是挤过、追防或换防，但是换防会造成以大打小和以小打大，对全队均衡的防守能力要求很高，一般来说不是最佳的防守选择。

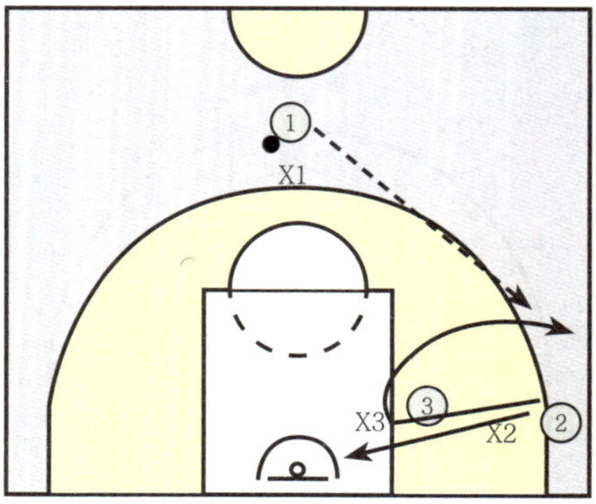


图2.1.11 卷曲切一

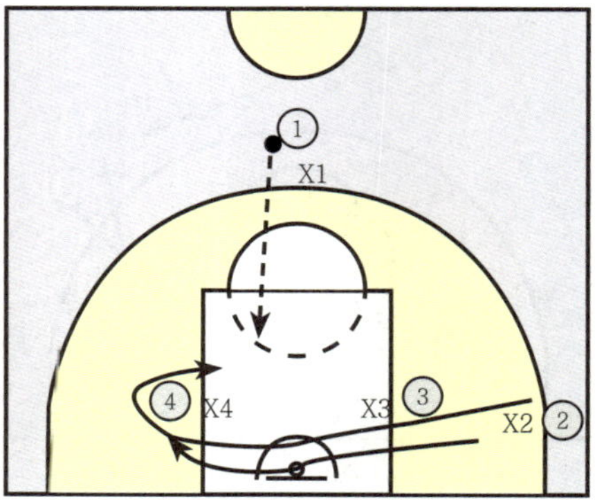


图2.1.12 卷曲切二

## （十一）全面型外线球员的无球移动利器—扣勾切入Button hook

扣勾切入—Button hook。

如图2.1.13所示，当外线进攻球员②遭遇防守球员的贴身防守，难以在外线顺利接到球时，可以顺势溜到盲区附近，也就是对于防守球员来说不能既看到球又看到防守人的区域，然后在低策应区域，也就是分位线附近利用转身把重点防守溜底的防守人卡在身后，同时弧顶的队友顺势运球到45度角附近，传球给低位的进攻球员，让他在内线完成攻击。

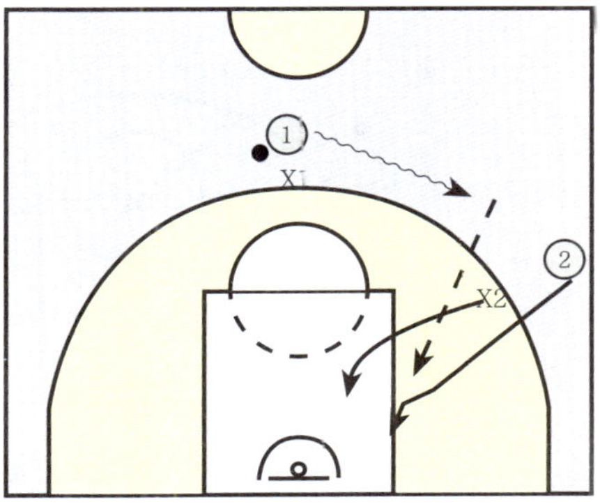

图2.1.13　扣勾要位—外线队员低位攻击

NBA球员巴蒂尔属于身材适中，身体素质不突出，但技术很全面的球员，由于2、3号位是NBA优秀人才很集中的位置，防守他的球员身体素质一般都优于他，他很难通过速度或者力量的优势来顺利接球，但是他的优势是内外线的技术很全面，所以他常常在外线接球未果后移动到低位接球进攻，由于他的转身勾手、半勾手技术很娴熟，命中率很高，许多教练甚至把他的内线进攻做为打破局面的手段加以运用，常常可以收到奇效。

## （十二）灵活多变的浅切和深切— Shallow cut and deep cut

浅切和深切是外线球员经常使用的无球移动技术。在比赛的焦灼阶段，需要打破攻守平衡的重要保障之一，自然就是球队主要得分手可以在适宜的位置上顺利接到球，这两种无球移动技术，就是为超级球星量身定做的接球方式。

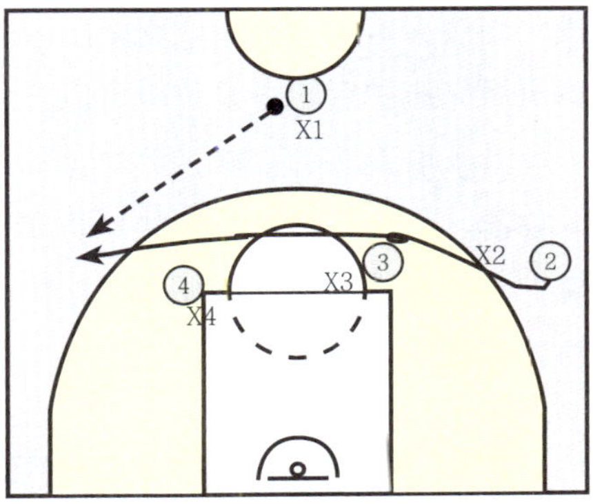

图2.1.14　浅切

如图2.1.14所示，所谓深浅，是指离篮圈的距离。浅切离篮圈远些，遭遇的防守强度自然也小些，移动的目的就是为了核心外线攻击球员可以在两侧45度的有效区域顺利接到球。

无球移动的浅切—Shallow cut：如图2.15所示，这是姚麦时期的火箭队常常为麦迪接球而进行的高位进攻配合，麦迪通过借助两名高策应位置的队友所设立的定位掩护，从一侧的45度来到另一侧，而另一名外线可以通过溜底与之进行换位，从而保证第一攻击点首先接到球延续进攻战术。而在接到球后，可以进行高位挡拆的配合，由于浅切时中锋上提到高位，所以内线空间很充裕，加上得分后卫麦迪和中锋姚明身高都有很大优势，两者之间的传球通道非常顺畅，所以，姚麦挡拆曾一度让各队防不胜防。

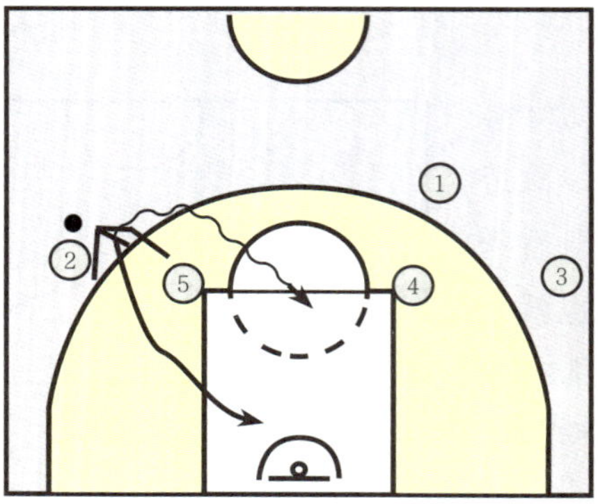


图2.1.15　浅切衔接经典姚麦高位挡拆

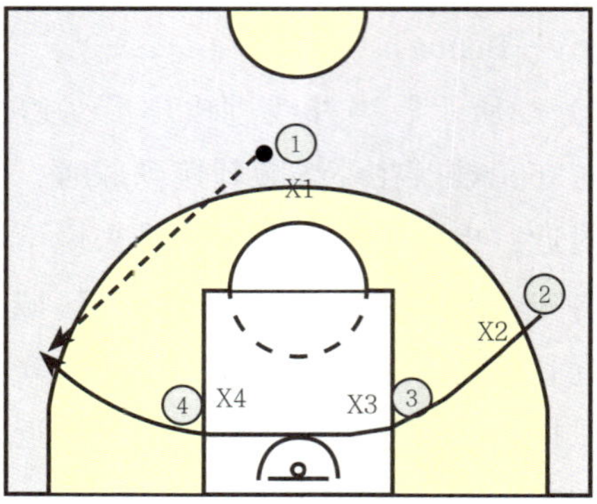


图2.1.16　深切

无球移动的深切—Deep cut：如图2.1.16所示，相对于浅切，深切是比较古典的进攻移动方式，2004年NBA总决赛，底特律活塞队击溃四大天王领衔的洛杉矶湖人队时，汉密尔顿就是借助深切溜底拉出接到球跳投得分。与浅切相比，深切的定位掩护位置更接近篮圈，所以在掩护后只要防守方应对无球掩护的沟通不够准确和及时，内线球员转身后很容易得到接球进攻的机会。这也是底特律深切一度无解的主要原因。

值得一提的是，深切还有三种变化。如图2.1.17所示，如果防守①的球员被④成功挡住，①可以直接跳投，当然，若防守方采取交换防守的策略应对，那内线球员做完掩护后转身要位也可以接球攻击。如果防守①的球员采取追防的策略，那么①球员就直接切入篮下接球攻击。最后一种情况，如果防守①的球员选择从定位掩护的上方绕过掩护，那么①球员可以选择移动到零度角三分线外接球远投。

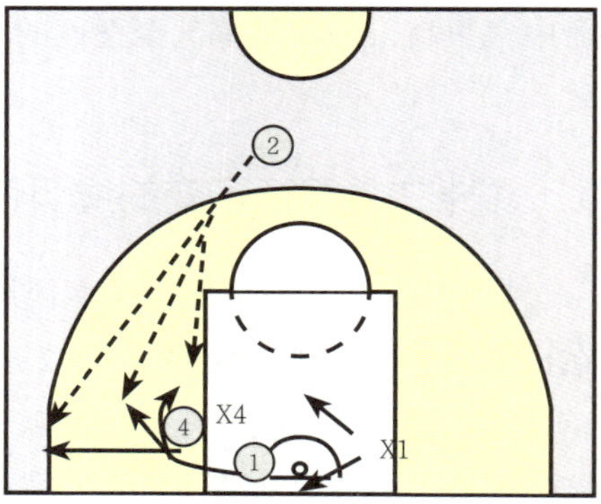


图2.1.17　深切的三种变化

## 二、无球移动技术运用要点

### （一）创造空间和摆脱防守

对于一名外线球员来说，无球移动的目的是为了在适宜的位置接到球，这个位置通常是在45度角附近，也就是罚球线延长线与三分线的交点附近，如图2.1.18所示。之所以要在这些区域获得球，就是因为这些区域与弧顶后卫以及与低位和高位中锋的距离适宜且角度良好，很容易与队友呼应进行配合。

### 1. 只有很小的空间可供移动时的无球跑位技巧

如图2.1.19所示，所谓很小的空间，是指由于进攻和防守人落位的密集，你不能大幅度移动来获得接球的空间。

阅读防守是我们针对性移动的基础，落位在侧翼的进攻队员，无论使用哪种移动来应对防守人，都需要预先做一种探步来诱使防守人移动，也就是向防守人更靠近球的一条腿的外侧迈步，以便针对防守人的移动决定进攻移动。在做出进攻探步后，我们把防守人的移动分为三种情况：防守人不随探步移动、探步后防守人贴身不让你接球和探步后防守人主动进行身体接触来防守。

图2.1.18　外线球员接球最佳区域

图2.1.19　无球跑位技巧

（1）如果防守球员不移动，可以用交叉步摆脱接球，如图2.1.20。

在45度角、三分线外，如果防守球员不跟随你移动防接球，你可以采用如图2.1.21的脚步，第一步向防守人前脚的外侧迈步，如果防守人不动，如图2.1.22，那么第二步做一个交叉步拉出，如图2.1.23所示，第三步接到球保护好球的同时转身面对篮。

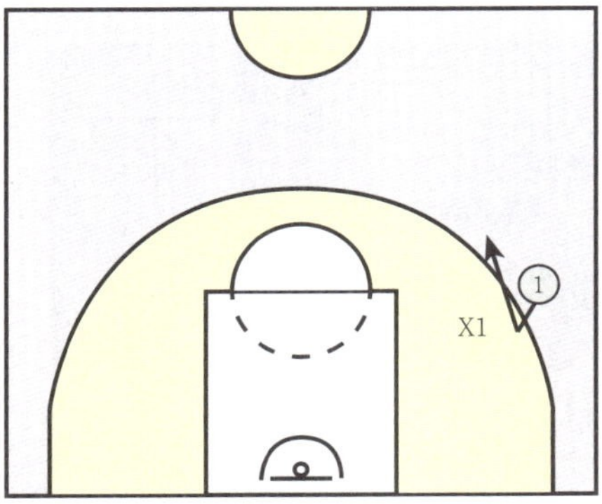


图2.1.20

图2.1.21

图2.1.22

图2.1.23

（2）防守人贴身不让你接球：变向跑摆脱接球，如图2.1.24。

如图2.1.25~图2.1.27，如果防守人贴身不让你接球，第一步可以采用向外移动的脚步诱使防守人移动，当防守人上步移动防守时，被防守人外侧脚迅速蹬地启动，反跑并向传球的队友示意接球的手，在接球前要注意卡住防守人。

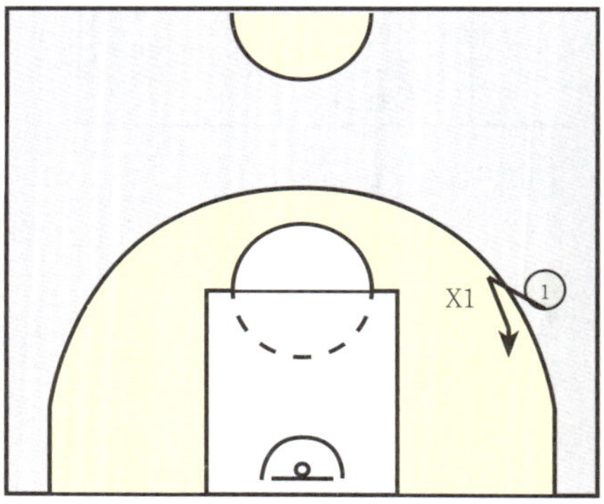


图2.1.24

图2.1.25

图2.1.26

图2.1.27

（3）防守人主动进行身体接触来防守：利用防守人的身体为轴，转身摆脱接球，如图

2.1.28。

如图2.1.29~图2.1.31，在进攻队员做出探步之后，防守人如果主动进行身体接触来防守接球，进攻人可以果断借助后转身来摆脱防守，以防守人的身体为轴滚动，从而获得接球的空间。

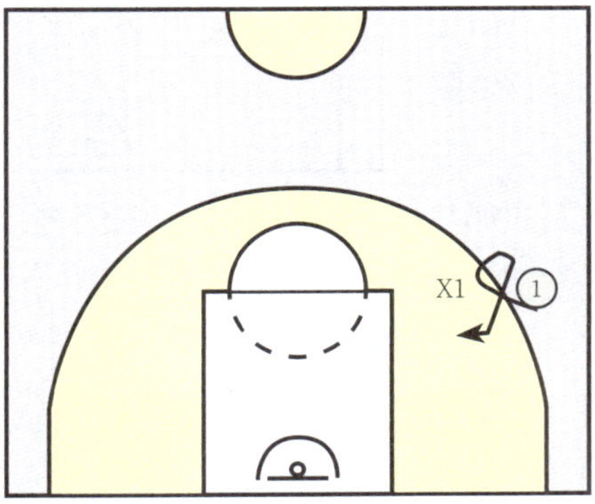


图2.1.28

图2.1.29

图2.1.30

图2.1.31

### 2. 在有足够空间时的无球移动技巧：缩短传球路线

传球的真理是，距离越短，传球越安全。所以，对接球者来说，接球时要尽可能地向来球的方向移动，在这个过程中，进攻者可以通过阅读防守人的移动来选择合理的进攻移动方式。总体来说，我们分为进攻人三分线外、沿着三分线以及在三分线内移动三种情况。

（1）进攻人在三分线外移动时：如果防守队员在三分线内防守，进攻队员可以直接传球。

如果防守人双脚都在三分线内，在接球者主动缩短传球距离的前提下，传球人可以大胆传球。

（2）进攻人在三分线外移动时：防守队员有一只脚在三分线上或者移出三分线外，进攻队员直接反跑或者空切到篮下。

如图2.1.32所示，当防守人有一只脚出了三分线，这时无球进攻队员就可以果断反跑，伺机接球进攻。在反跑时，要注意远离篮圈的脚需要爆发性用力突然启动摆脱防守人，从而利用反跑所带来的足够空间赢得进攻优势。

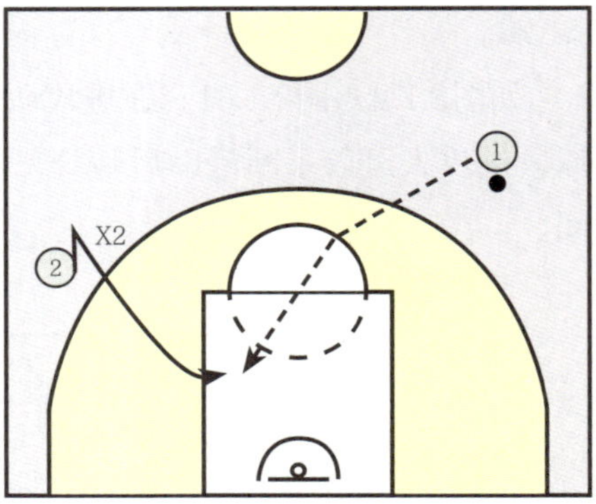

图2.1.32

（3）如图2.1.33所示，进攻人沿着三分线移动时，如果防守队员的一只手在传球路线上，进攻人应该变换角度直接向外弹出接球。

如图2.1.34所示，这时，进攻人靠近防守人的那只脚就要主动发力，以便变换角度弹出接球。

图2.1.33

图2.1.34

（4）进攻人沿着三分线移动时，如果防守队员肘部到头部之间的区域在传球路线上，进攻队员应该直接反跑接球。

如图2.1.35~图2.1.37，如果防守队员肘部到头部之间的区域在传球路线上时，进攻队员远离防守人的脚应该马上蹬地发力，直接反跑接球进攻。

图2.1.35

图2.1.36

图2.1.37

（5）进攻人在三分线内移动时：如果防守队员同样在三分线内收缩防守，进攻队员应该用V型移动（V-cut）来拉出接球。

如图2.1.38、图2.1.39，如果进攻队员向三分线内移动，防守队员也随之收缩防守，这时应使用V型移动来变换角度拉出接球。如果不变换角度出来接球，防守人就很容易利用移动速度来抢断球。使用V型移动时切忌推搡防守人而造成进攻犯规，同时要保持与传球人眼神的交流和及时伸出手来示意传球落点。

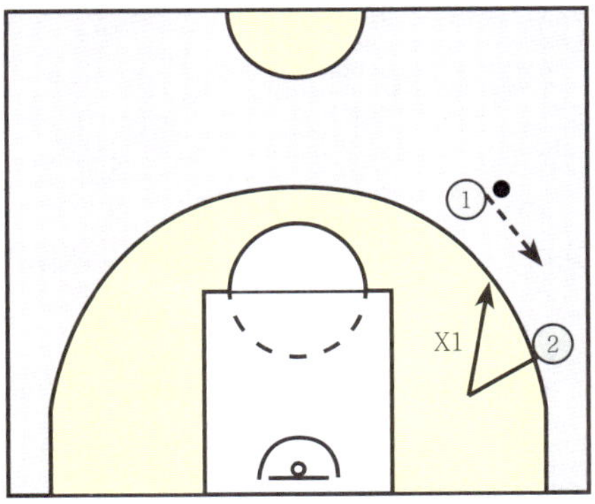


图2.1.38

图2.1.39

### 3. 防守人极端的贴身防守防接球时

当防守人采取极端的贴身防守防接球时，进攻队员可以采用L型移动（L-cut）来应对，如图2.1.40所示。

如图2.1.41所示，如果防守人采取极端的搂抱防守不让进攻人接球，首先双手上举的同时与篮圈平行移动到限制区附近（图2.1.42、图2.1.43），然后利用后转身使身体获得一定空间后迅速沿垂直于端线的方向从三分弧顶附近拉出接球。

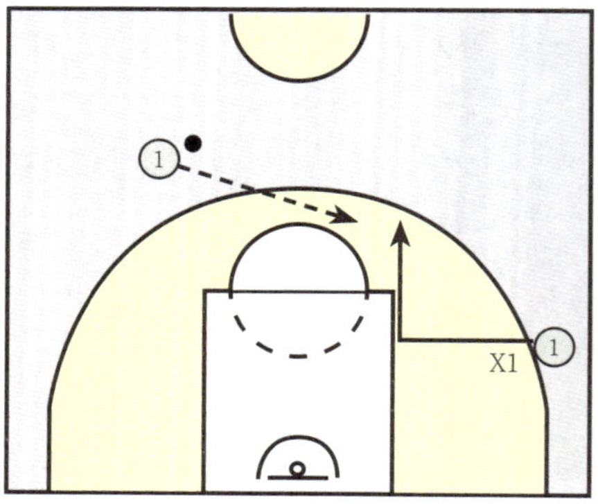


图2.1.40

图2.1.41

图2.1.42

图2.1.43

### 4. 当进攻人身后有空间可供移动时

如图2.1.44所示，当场角区有空间，进攻队员可以到此区域接球，这时传球队员应以吊球方式传出。

如图2.1.45、图2.1.46所示，这时要注意的是，要等球越过防守者的头时，接球的进攻队员才可以移动去接球，而且谨防习惯性的推人犯规。

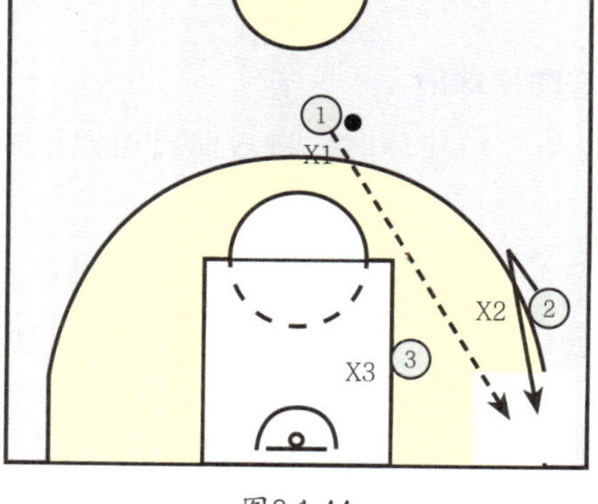


图2.1.44

图2.1.45

图2.1.46

### 5. 在内线低位向外移动接球时

如图2.1.47所示，由于低位的争夺非常激烈，许多进攻队员善于从低位启动向外拉出接球攻击，这时除了利用变速变向来外拉摆脱之外，也可以加上一个转身来摆脱防守人的身体接触外拉接球攻击。如图2.1.48～图2.1.50所示，需要强调的是，在接到球后，进攻队员往往会采用以外侧脚为中枢脚的转身方式来面向篮圈展开攻击，从而保证适宜的空间。

图2.1.47

图2.1.48

图2.1.49

图2.1.50

无球移动技术不只是让进攻队员顺利接到球，还要在接球后改变空间和距离、自身的位置以及对手对你的防守角度等，这样就逼迫防守人不断地判断和移动，很容易在这些预判和移动中犯错误而出现破绽，从而被进攻方抓住机会一举攻破。在这里，我们介绍一些接球、阅读防守并展开攻击的技巧。

阅读防守的三种简单判断技巧

● 当防守人紧跟你时，一定要接到球后迅速展开进攻，接球后马上放球突破，果断进攻。

● 当防守人试图抢断而失位时，要向防守移动的反方向，也就是你移动方向的反方向迅速突破。这时要注意使用球来带动身体加速，同时要在防守人的手以下放球突破。

● 如果防守人在你接到球的同时贴身防守，使你没有空间顺利放球突破，应该马上利用顺势的后转身放球突破。

## （二）从弱侧展开进攻——无球移动技术的运用要点

美国篮球有句名言："进攻的良机往往产生在球在强弱侧和内外线之间的转移过程中。"大家很容易理解，在球快速转移的过程中，弱侧的进攻球员在接到球的时候有足够的空间和时间展开进攻。

在弱侧落位，接到队友传球的同时，你可以使用两种弱侧进攻脚步：开放式接球进攻脚步和跳步接球进攻脚步。所谓开放式的接球进攻脚步，就是一只脚在前，一只脚在后的原地接球脚步。所谓跳步接球进攻脚步，就是说在接球的同时一步急停，衔接三威胁传球、运球、投篮姿势进行攻击。

### 1.开放式接球进攻脚步

如图2.1.51所示，当你（C）在弱侧无人防守时，如图2.1.52所示，球可能由队友大范围转移球直接传给你，如图2.1.53所示，也可能是由弧顶的队友快速转移球传给你。在第二种情况下，当球传给弧顶的队友时，你就可以采用双脚前后站位的开放式接球进攻脚步动作来接球攻击。

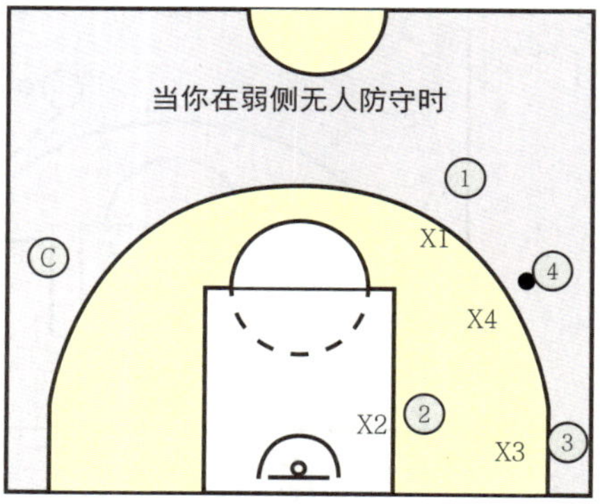


图2.1.51

图2.1.52

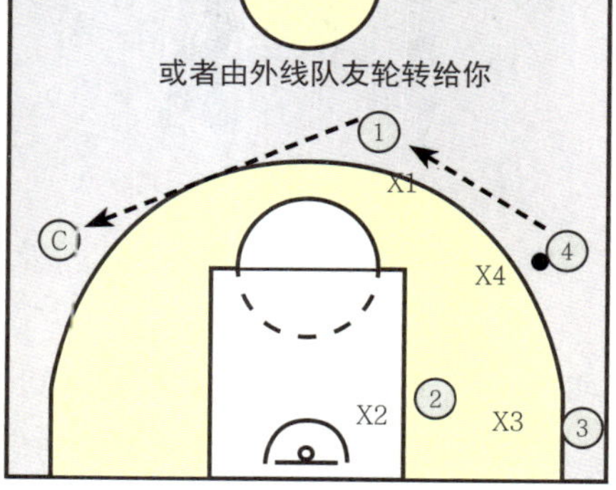


图2.1.53

在接球时要注意几点：

（1）要把手型调整成投篮的手型，伸手迎球准备接球，这样有利于最快速度地投篮出手。（图2.1.54、图2.1.55）

（2）接球时脚尖要指向投篮的方向。（图2.1.56、图2.1.57）

（3）接球时如果要投三分球，要事先在你与三分线之间留下一定空间，并要稍微弯曲膝盖和臀部。（图2.1.58）

图2.1.54

图2.1.55

图2.1.56

图2.1.57

图2.1.58

（4）在接球的同时要观察移动过来的防守人的动向。

### 2. 跳步接球进攻脚步（图2.1.59～图2.1.61）

图2.1.59

图2.1.60

图2.1.61

跳步接球三要点：

（1）当球还在空中时，保持接球姿势，让球落入自己准备好的接球姿势中。

（2）如果球传偏了，随时移动并保持三威胁姿势，通常可以使用碎步。不要懒于移动而伸手去接球，这样会让你浪费时间而使防守方赢得时间。

（3）当球还在空中时，就要准备好脚下的动作，等球入手的同时，脚也正好落地，可以马上进行投篮。

使用跳步接球的原因：

●可以帮助你自然形成三威胁姿势，这是进入进攻状态最好的姿势。

●可以使腿弯曲，这样有利于爆发性用力。

●实践证明这是最快的出手动作。

●这样可以用任意一只脚做为中枢脚。

●防守移动慢，上来不及时的时候，接球就投。

●接球的同时防守人起跳封盖时，从另一个方向突破。

●当防守人移动很快，碎步上来时，大胆果断地向另一个方向突破。

### 3. 把传偏的球变成得分

这里要注意的是，接投篮范围之外的来球，不要使用跳步接球的脚步动作，而且要在接到球后才阅读防守。这时，针对防守人不同的距离，可以采用直接投篮、直接放球突破或者转身放球突破等方式应对。

#### 4. 从弱侧切入（图2.1.62、图2.1.63）

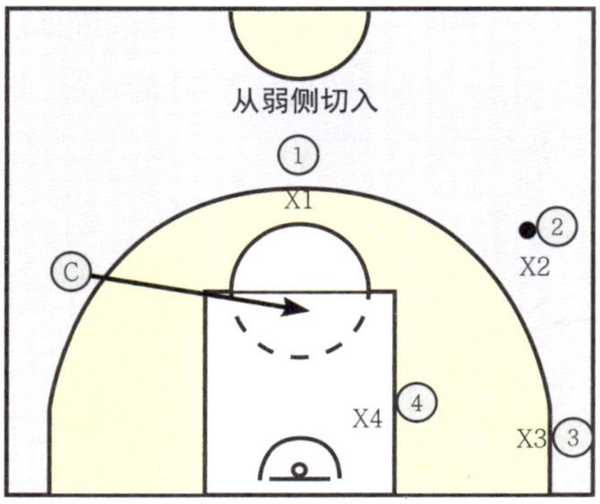


图2.1.62

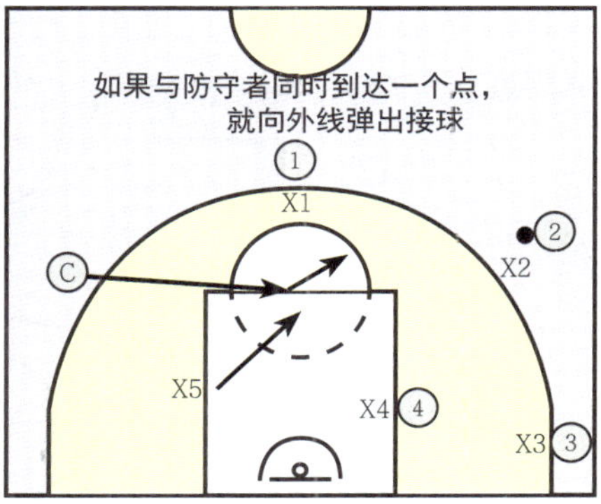


图2.1.63

从弱侧切入分两种情况：

（1）如图2.1.64所示，如果防守人肘部以及更多的肢体在传球路线上，果断反跑内切。

（2）如图2.1.65所示，如果防守人的手在进攻路线上，就果断弹出到弧顶接球。

图2.1.64

图2.1.65

### （三）传球后马上移动的运用要点

如果传球之后传球队员不移动，一方面让对位的防守队员很容易选位，另一方面，会让队友的进攻更容易遭遇协防甚至包夹，这对整体进攻无疑是一种损害。绝大多数的防守人更习惯于防守传球后站立不动的进攻人，所以他们会在传球后自然而然地放松警惕，这时往往是切入的最佳时机。

以下我们从两部分进行论述：传球给外线队员衔接的无球移动和传球给内线队员衔接的无球移动。

### 1.传球给外线队员衔接的无球移动

（1）闪切（Flashing cut）：“如图2.1.66～图2.1.68所示，如果在传球的同时，防守人没有第一时间随球移动，就应该马上从防守人的身前切入，同时伸出左手示意接球。”

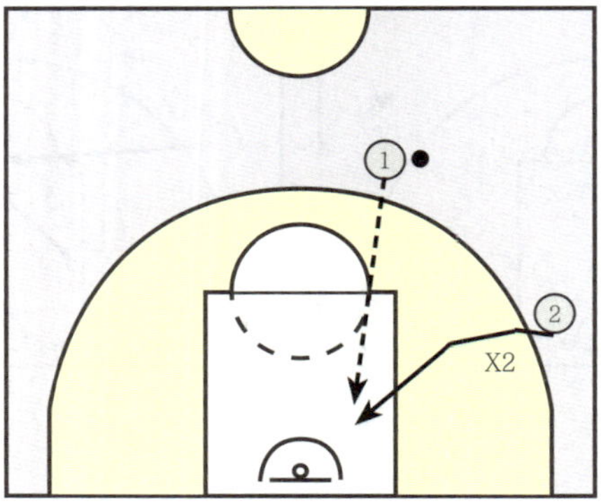


图2.1.66

图2.1.67

图2.1.68

如图2.1.69～图2.1.72所示，在切入时，可以直接启动从身前切入，也可以使用交叉步摆脱对手。但要注意两点：第一，在切入时要主动进行身体接触，内侧的肩膀要与防守人相切；第二，切入时要用内侧手向切入方向伸展，同时也可以向传球的队友示意传球的落点。

图2.1.69

图2.1.70

图2.1.71

图2.1.72

（2）反跑（Backdoor cut）：如图2.1.73所示，如果防守人靠前防守，应该从防守人的外侧切入，同时伸出左手做为接球的目标示意接球。

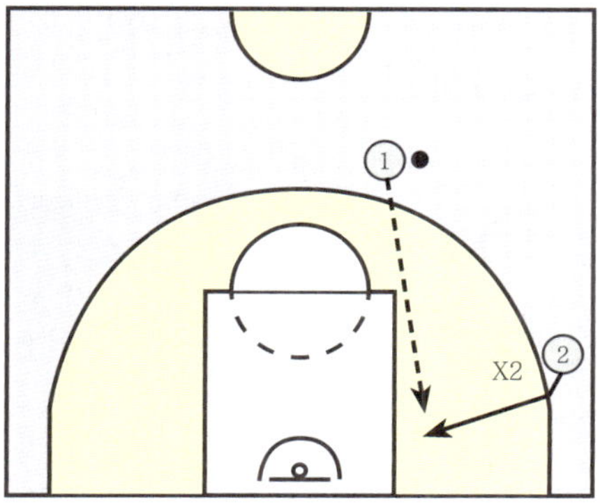


图2.1.73

如图2.1.74、图2.1.75所示，大多数的防守人懂得随球移动选位，在传球的同时，防守人会选择人球兼顾的位置，这时，传球人应该马上反跑启动从下线切入。

图2.1.74

图2.1.75

同样，反跑切入也需要进攻人伸手向同伴示意传球的落点，如图2.1.76所示。

图2.1.76

如图2.1.77～图2.1.79所示，如果第一时间传球人没有抓住防守人的第一反应进行切入，防守人常常会用他的内侧手贴在进攻人的身上，延缓进攻人的内切，而这常常是裁判认为合法的身体接触，这时，进攻人可以抡起内侧的手臂迅速切入。

简单地说，如果传球后防守球员没有第一时间移动，就果断从身前切入；如果传球后防守球员马上调整防守位置，就果断反跑切入。

图2.1.77

图2.1.78

图2.1.79

### 2. 向内线传球衔接的无球移动

如图2.1.80、图2.1.81，在传球给内线后，防守队员通常有两种选择：紧跟传球者，或者去包夹内线。下面分别进行分析。

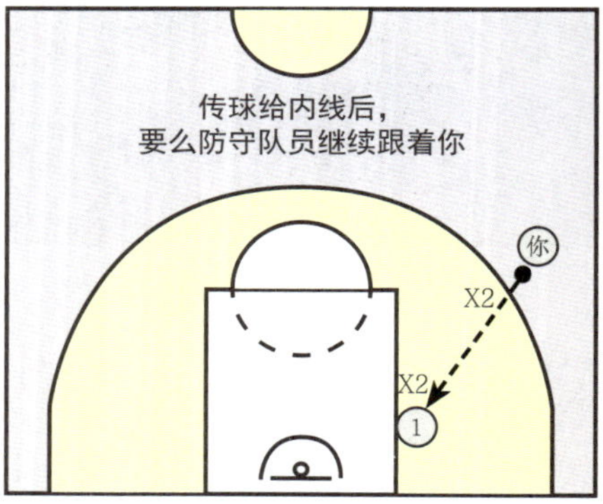


图2.1.80

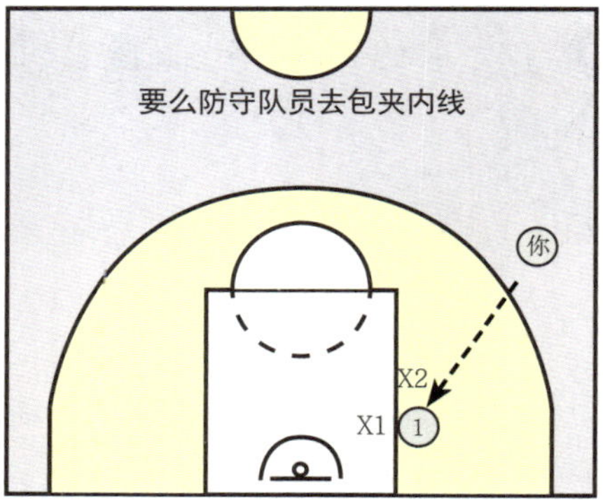


图2.1.81

（1）如果防守者紧跟传球人

A. 如图2.1.82所示，且内线队员在低位，传球后应该马上向队友的高位向内线切入。

B. 如图2.1.83所示，如果内线队员在高位，传球后马上向队友的低位切入。

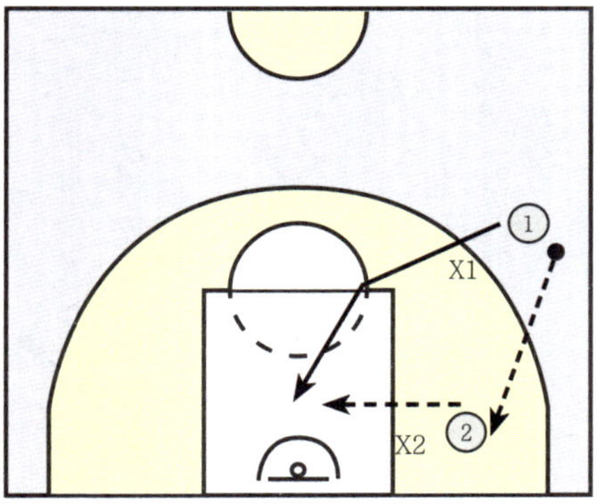


图2.1.82

图2.1.83

C. 如图2.1.84所示，如果内线队员在中位接球，太近的空切会让内线的防守队员容易同时防住球和切入者，为了确保在这种情况下有良好的空间展开进攻，需要注意以下几个问题：

- 如图2.1.85所示，如果传给中位的内线队友后从下线切入，要在协防的低位切入，有利于与协防队员拉开距离。

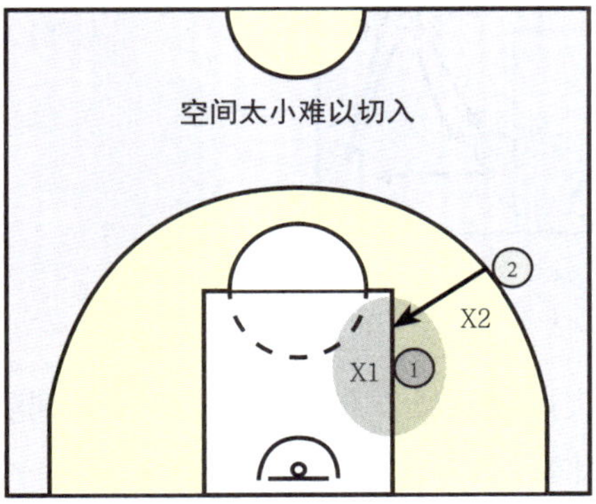


图2.1.84

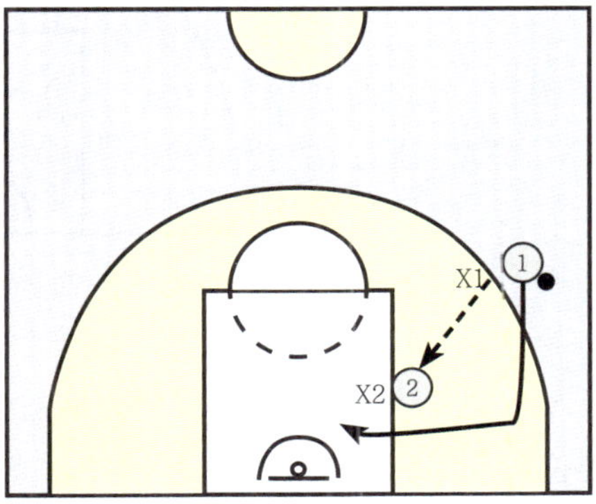


图2.1.85

- 如图2.1.86所示，如果传给中位的内线队友后从上线切入，要经过肘区（Elbow）。
- 如果防守者紧跟传球人且防守传球人的队友预判了你的移动，那么就要利用身体接触再向另外一个方向移动。

防守人预判到你要向上线移动，你可以通过身体接触向下线V型切入。

防守人预判到你要向下线切入，你可以通过身体接触向上线果断切入。

- 如图2.1.87所示，如果防守队员贴身防守：传球人可以与另外的无球同伴掩护之后再切入，也可以做一个假掩护后直接切入。

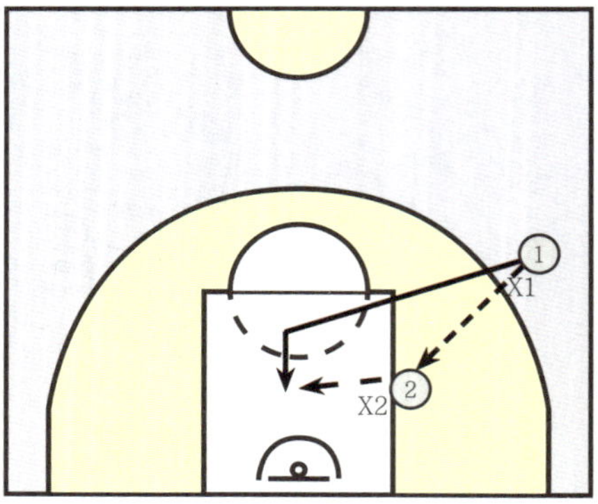


图2.1.86

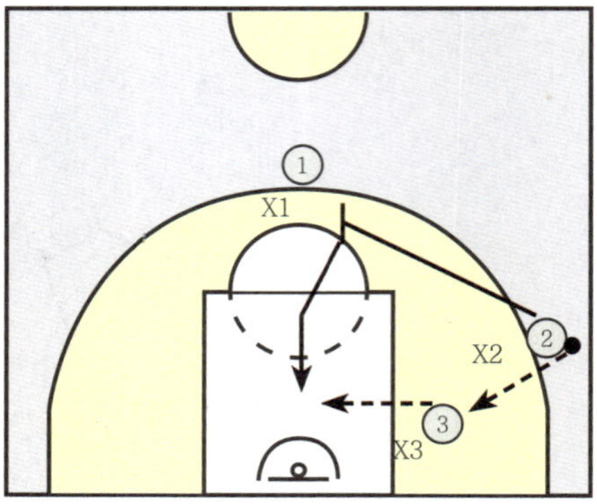


图2.1.87

（2）对手包夹低位队员，如图2.1.88所示。

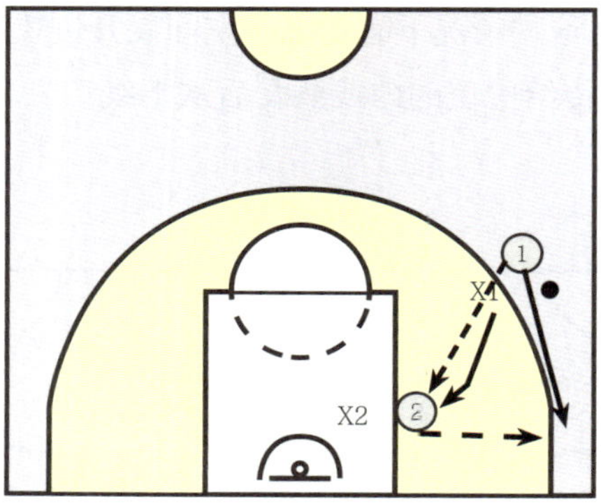


图2.1.88

如图2.1.89、图2.1.90所示，如果防守队员包夹内线队员，那么传球后要移动到防守队员的背后接回传投篮。因为防守队员必须转身才能向你移动，这样是最慢的。

图2.1.89

图2.1.90

如果防守队员包夹后快速回防，那么阅读防守从防守者前脚（也就是前手和前面的肩膀）一侧突破，也就是朝防守人背对的方向突破，之所以这样做也是因为防守者需要蹬地转体才能跟上进攻人，这样是最慢的。

如图2.1.91所示，外线队员传球给内线后，要以香蕉状的弧形跑动来接回传球投篮。

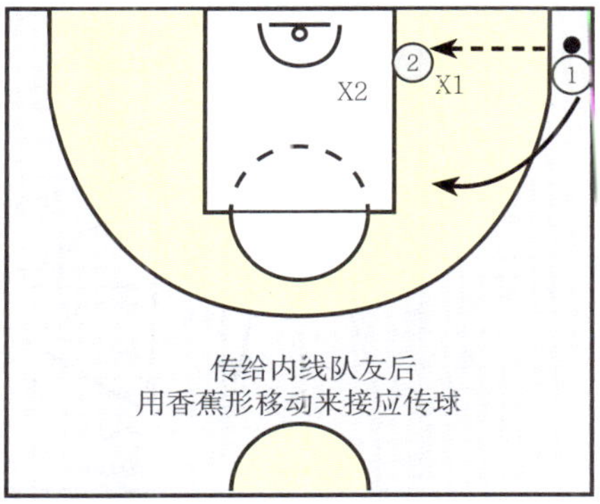


图2.1.91

# 第二节　防守无球队员技术与训练

## 一、基本要求

无球防守是最具挑战性也是最至关重要的个人防守技术，它对球队的整体防守起着至关重要的作用。因此，防守队员必须意识到无球防守的重要性。无球队员应迫使进攻队员远离球，并做到人球兼顾。这需要比防守持球人投入更多的精力。

无球防守的选位分为两种，分别是：开放式防守（离球远防守）和闭合式防守（离球近防守）。如图2.2.1所示，防守队员X2、X3、X5采取闭合式防守，防守队员X5采用开放式防守并协助防守队员X1盯住持球人。防守无球队员的原则是，防守者处在“对手–防守者–球”的位置上。

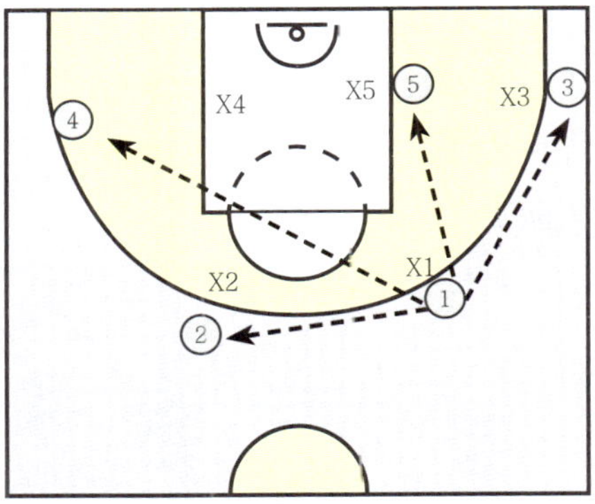


图2.2.1

在防守无球队员的过程中，尽量迫使对手远离球，并根据对手、自己和持球人的位置关系选择离球近则近，离球远则远的原则。防守队员需要与对手保持一定的空间，以给自己提供额外的反应时间。如图2.2.2、图2.2.3所示，当持球队员离防守队员近时，防守队员则选择离球较近的防守位置，相反，球远则远。

防守队员在对手接球之前所做的，决定了对手接球后能够形成的动作，防守队员应让对手远离最佳的接球点，削弱对手在持球或无球时对防守造成的威胁。

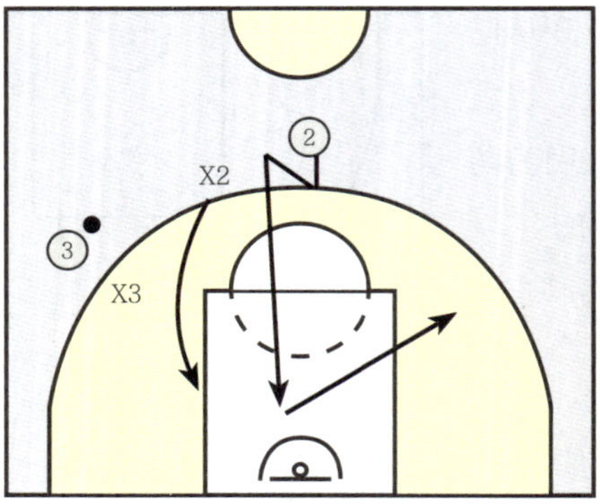


图2.2.2

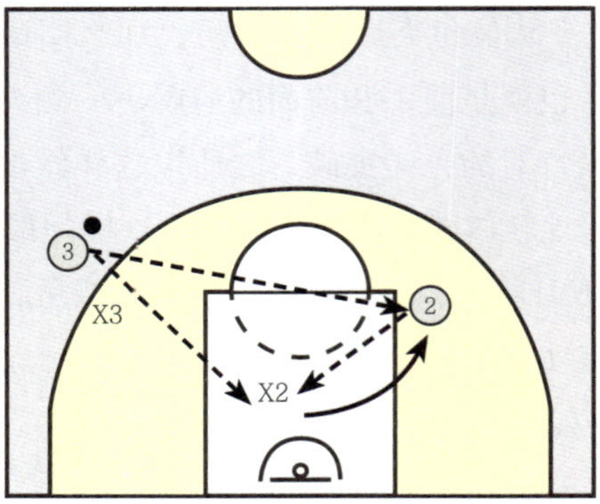


图2.2.3

防守队员应防止对手向球切入到中间的位置或限制区，形成直接得分的机会。教练应教会防守队员迫使对手始终处于摆脱防守状态，或让对手远离最佳的接球位置。一旦发生必要的身体接触，防守队员不能让对手移动到理想的接球点，并利用手臂的动作，阻截对手进入有利的攻击区域和位置，破坏对方的配合和区域间的联系，迫使对手移动至高位，并重新与对手建立防守空间。

防守人的视线随着球的移动而移动，预先判断进攻队员的切入和突然的传球。在观察球的同时，也应注意自己的对手，做到人球兼顾。

## 二、动作方法

无球进攻队员远离球时，通常采取开放式防守，能够让防守人看到球和对手。在这个防守位置时，防守人一只手指向球，另一只手指向对手，形成一个三角："球－防守队员－进攻队员"。（图2.2.4）

图2.2.4

无球进攻队员离球近时，通常采取闭合式防守，防守人应提高自身的防传球能力。防守队员应处于“球－防守队员－进攻队员”的防守位置。在闭合式防守中，防守人应身体一部分侧向持球一侧，既能看到球，又能盯住对手，同时近球脚和近球手处在传球路线上，近球手拇指向下，五指张开，手心冲球。防守队员降低重心，耳朵与对手的胸部保持在同一水平线上；随着手、肘、肩和头的不断变化给对手的传球施加压力。

靠近对手的后侧手可以感知对手，当对手向球切入时，可以利用手臂阻截对手，后侧手成拳状，避免拉拽等犯规动作。

在闭合式防守中，防止对手传球的过程中，进攻队员会做V形切入创造空间，因此防守人必须保持近距离位置，并持续地移动，保持“球－防守人－对手”理想的防守位置；此外，如果防守队员的移动位置过大，无球进攻队员可能会从防守人身后做反跑；当无球进攻队员做反跑时，防守人应跟随对手的移动，保持“球－防守队员－对手”的近距离位置关系，并迅速转头，变换防近球手；直到对手到达限制区，使对手远离球，防守者采用开放式防守观察持球人和对手，一只手指向球，另一只手指向对手，错位防对手接球。防守人不要跟随对手远离球。见图2.2.2，防守队员跟随无球队员移动；图2.2.3为防守队员对有球侧采取开放式防守。在所有的无球防守的情况下，防守队员要随时用声音和语言给同伴发出预警信号，起到本队防守队员及时进行沟通的作用。

## 三、训练方法

### （一）视野训练

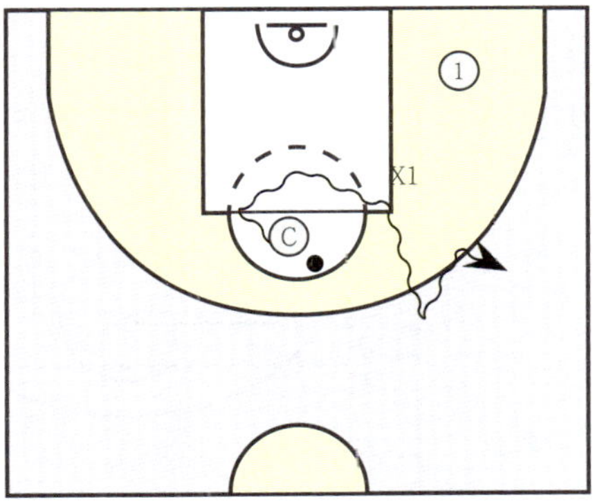

图2.2.5

1.如图2.2.5所示，这个练习试图帮助防守队员在防守进攻传球路线的移动中，球和对手不能离开防守者的视野。教练持球并移动，同时进攻队员保持不动。防守队员根据教练的移动调整自己的位置，并保持在传球路线上。

2.如图2.2.6所示，防守队员在视野训练中，运用同样的基本要求，此外，在这个练习中，当教练持球保持不动时，进攻队员进行移动。进攻队员可以上下移动，靠近或远离持球的教练。

3.如图2.2.7所示，防守队员运用同样的脚步和防守姿势要求，在防守对方传球路线的同时，不要使球和对手离开自己的视线范围。在这个练习中，教练和进攻队员都是移动着的，因此，对防守者来说更接近比赛情况。

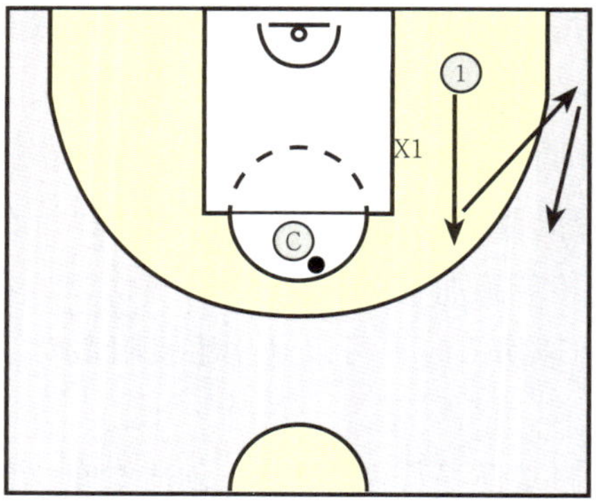

图2.2.6

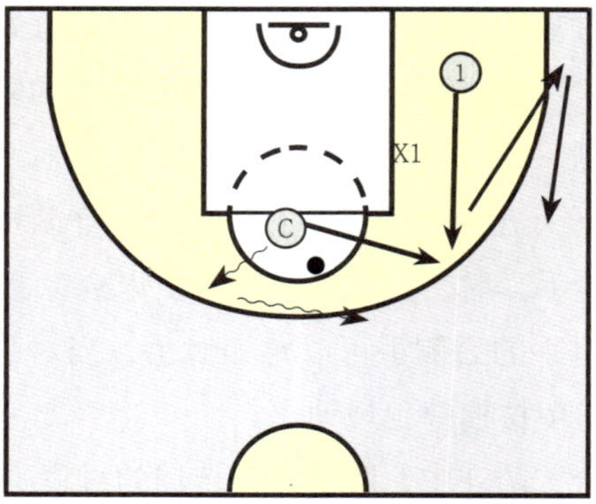

图2.2.7

## （二）协防练习

如图2.2.8所示，防守队员在侧翼对持球人进行防守，球转移到另一侧。当球在飞行过程中，防守者必须迅速移动至球场中间的位置，离对手有一大步的距离，形成一个新的防守空间。防守队员既能在防守传球线路，又能在无球防守时保持正确的防守位置。

## （三）防守向高位闪切

如图2.2.9所示，教练持球站在与进攻队员相反方向的一侧。当教练拍球或发出信号时，无球进攻队员向有球侧闪切；他开始在低位移动，在他直接向有球侧移动时，做一个小的V形切入。防守队员以无球防守姿势开始，防守传球路线，球和进攻队员都在防守者的视野范围内。

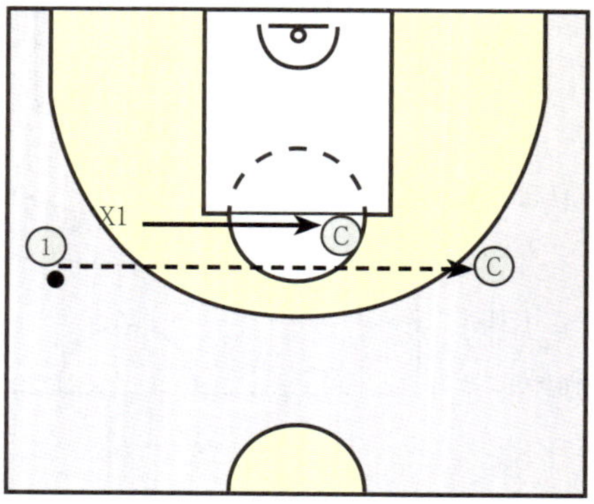

图2.2.8

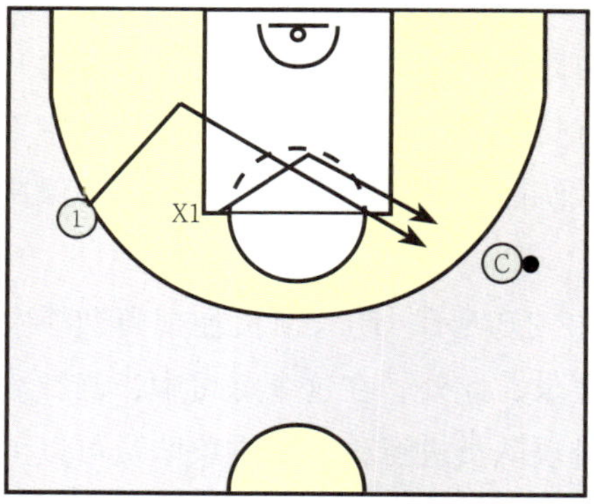

图2.2.9

当进攻队员进行V切时，防守队员必须调整位置，控制传球路线。当进攻队员向球移动时，防守者必须与对手保持一定的缓冲距离，并随着对手切入穿过顶弧的过程中，逐渐缩小两人之间的缓冲距离。

防守队员在防守向球移动的每一步中，要给自己留有一定的位置空间，并慢慢地缩小与无球进攻队员之间的距离。防守者不能让进攻队员贴住他的身体，防守者在做无球防守时，手臂要起到缓冲的作用。

防守者如果做到以下几条则意味着防守成功：（1）防守者没有跟在进攻切入队员的身后；（2）防守者限制并破坏对方想要去的接球点；（3）合理的身体接触，没有犯规动作；（4）防守队员能够阻止对方无球队员在一次传球后在高位策应区域接球。

## （四）防守向低位闪切

如图2.2.10所示，教练持球在无球进攻队员相反方向的侧翼；防守队员在关键区域选择正确的防守姿势和位置。无球进攻队员开始移动时向高位做V切，然后尽力地快速穿越防守区域，向低位有球一侧切入。防守队员运用先前同样的防守技术，阻止对手的低位切入。

## （五）防守闪切后回切

如图2.2.11所示，教练持球在翼侧，无球进攻队员在球场相反方向的一侧。进攻队员可以由低位向高位或由高位向低位有球侧做闪切。如果防守队员在开始时阻止了对手的闪切，进攻队员则返回到弱侧翼位接教练的大范围转移球，防守队员接下来运用扑出防守的原则和技术进行防守。

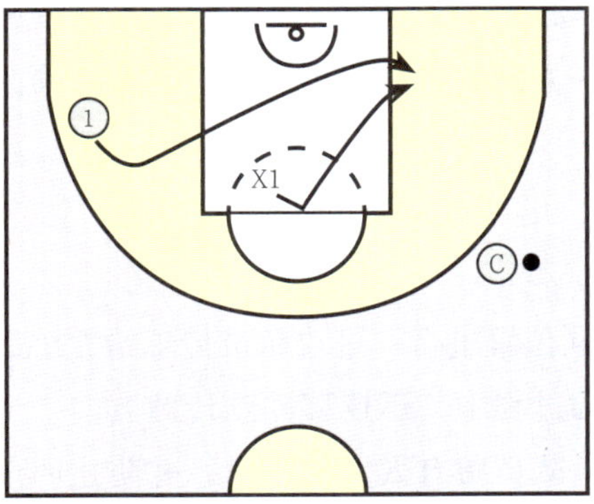


图2.2.10

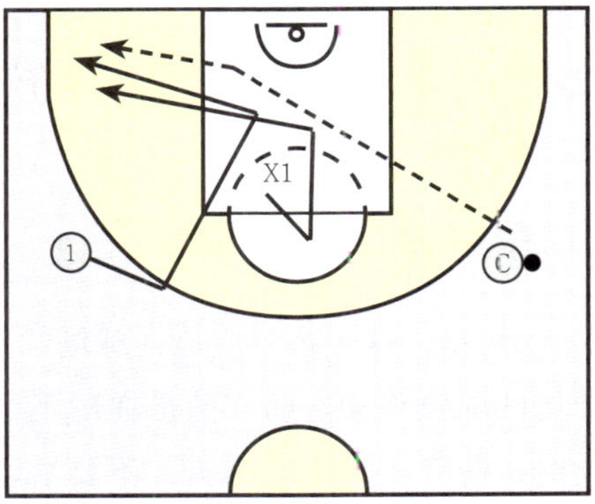


图2.2.11

## （六）快速向球移动练习

如图2.2.12所示，这个练习可以在半场内的不同区域进行训练。防守人开始防守持球队员。当持球进攻队员将球传给教练时，防守人观察传球队员，在球飞行的过程中，迅速向传球方向移动，及时调整自己的防守位置。他始终可以控制教练与传球人之间的传球路线。

## （七）防守传切

如图2.2.13所示，这个练习可以在球场上的不同区域进行训练。防守队员对其防守的持球进攻队员进行压迫式的防守。进攻队员传球给教练后向篮下切入。防守队员迅速向传球方向移动，并迫使无球进攻队员只能从防守者身后移动。防守者转动头部，保证防守视野，滑步跟随防守切入队员。

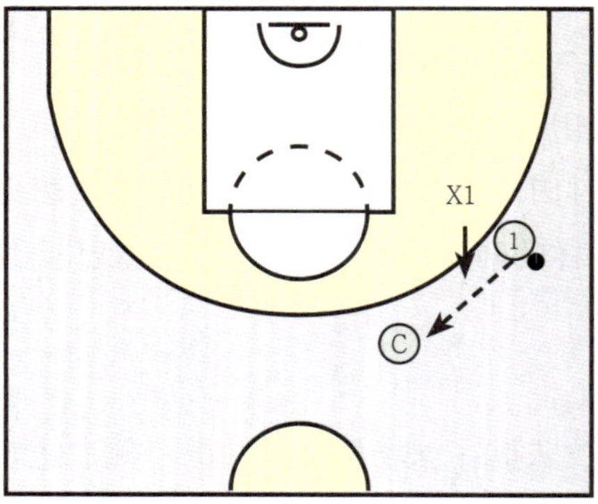


图2.2.12

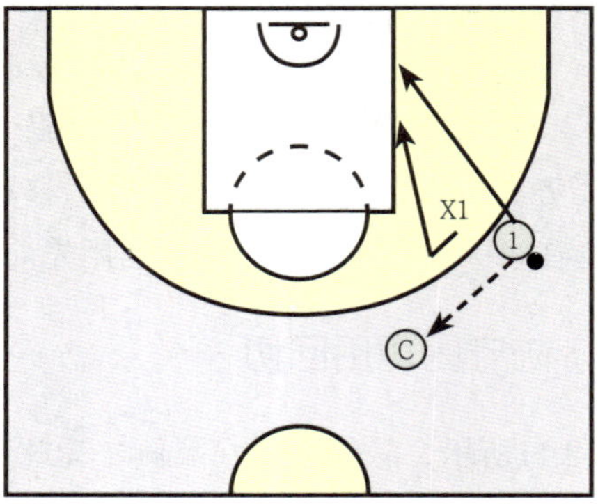


图2.2.13

## （八）防守任意侧传切

如图2.2.14所示，防守队员在这个练习中，要求和技术运用与之前的练习一样；此外，在练习中进攻队员可以接两边的传球或传给任一方向的进攻队员。防守队员必须阅读传球方向，并及时调整到正确的防守位置。

## （九）防守传球后反向移动

如图2.2.15所示，这个练习应该在球场的不同位置进行。进攻队员传球给教练后，向篮下切入后向球场的弱侧移动。防守队员在球飞行的过程中，迅速移动到传球方向。当切入队员向篮下移动时，防守队员迅速回头，不要给切入队员留有太大的距离，并防止回传球。一旦进攻队员移动到弱侧，防守队员在限制区内采用开放式防守观察持球人和对手，一只手指向球，另一只手指向对手，错位防对手接球。

图2.2.14

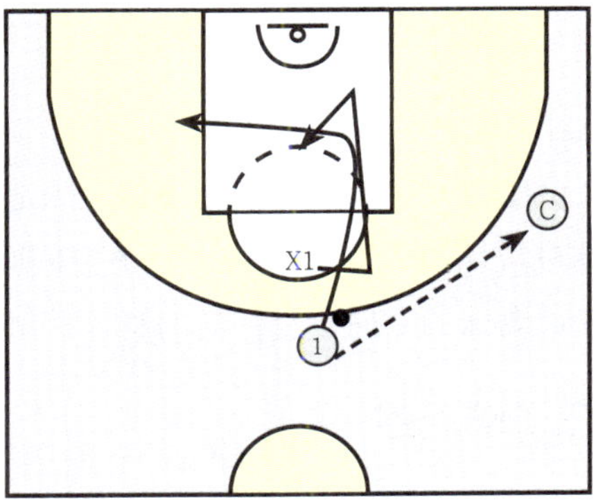


图2.2.15

## （十）防守传球后反向移动加闪切

如图2.2.16所示，这个练习采用相同的技术并模仿之前的练习；此外，在练习结束阶段，加入了防守闪切的练习。进攻队员传球后，切入并清空限制区移动至球场的弱侧区域，防守队员在限制区内成开放式防守的姿势，一只手指向球，另一只手指向对手，错位防对手接球。教练向进攻队员发出信号，进攻队员向有球侧闪切。

通过这个练习结合之前的练习，使防守者必须持续应对复杂的防守情况。

## （十一）防守传球后反向移动加向外弹出

如图2.2.17所示，同之前的练习一样，进攻队员只要传球就切向远离球的一侧，但是进攻队员向有球侧闪切换为教练大范围转移球给向外侧移动的无球进攻队员，在练习结束阶段，防守队员必须运用正确的扑出技术进行防守。

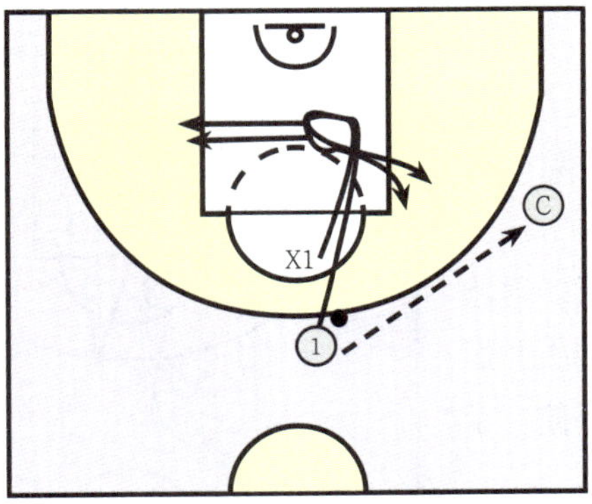


图2.2.16

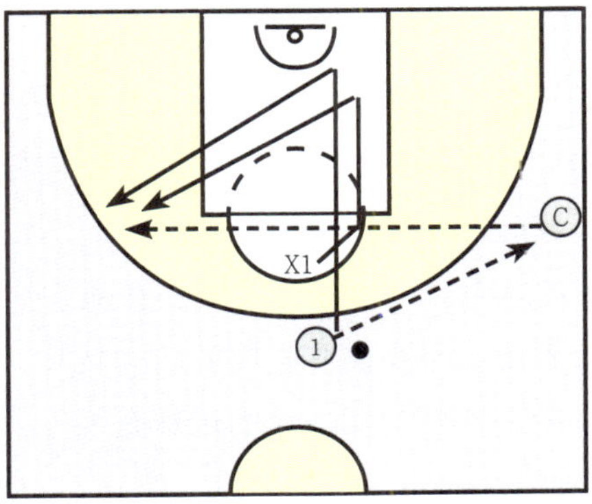


图2.2.17

## （十二）侧翼防守

如图2.2.18所示，由于我们试图让进攻队员将球带到侧翼区域，因此不会阻止侧翼的传球，反而会试图迫使进攻队员在远离篮筐的地方接到球。

当无球进攻队员开始向外弹出创造空间时，防守者应用他的手臂干扰对方的传球线路，避免对手在远离球的方向上有任何的身体接触。

## （十三）防返跑

如图2.2.19所示，进攻队员向外弹出到预先设定的边界附近后向篮下返跑。防守队员转头，后腿蹬地，盯住返跑队员，以至于只能让对手高传球。当逼近防守队员时，防守者挥动后臂，干扰对方的传球线路。

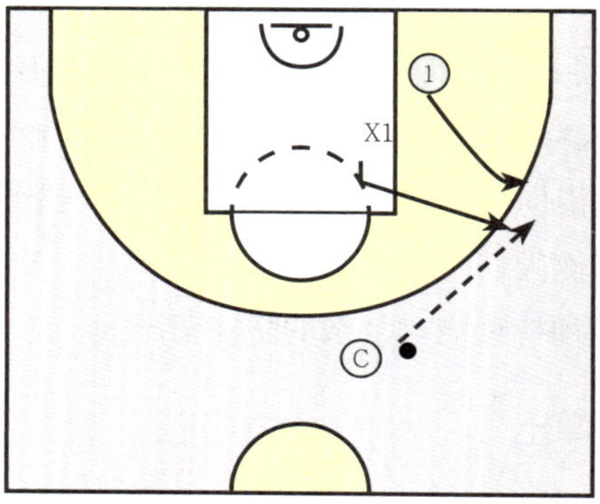


图2.2.18

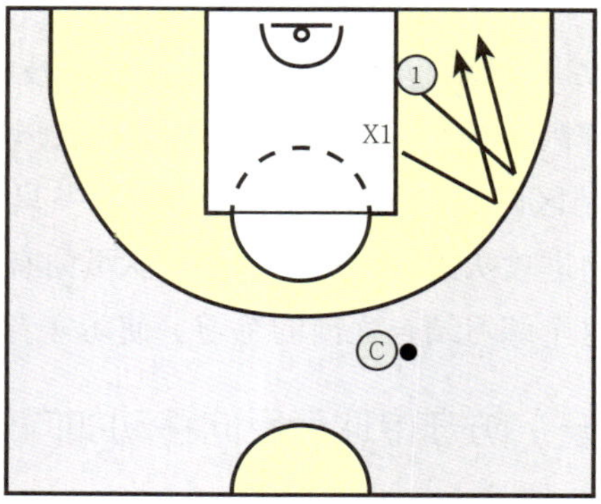


图2.2.19

## （十四）防守顶弧区域

消除进攻队员回传球最简单的方法是限制对手在弧顶接球。防守者像先前的练习一样，使用同侧手臂处在对方的传球线路这一技巧。

如图2.2.20所示，教练可以增加在弧顶区域的返跑练习，防守者使用与在翼侧相同的防守技巧，转头并后脚蹬地，后侧手臂挥动在进攻的传球路线上，迫使对手只可以高传球。

图2.2.20

# 第三节　防守有球队员技术与训练

## 一、防守姿势基本的要求

### （一）基本姿势

正确的防守姿势要做出非常有侵略性的站姿，膝关节要弯曲，略大于90°，绷紧全身，后背稍微弯曲，头部在膝关节和双脚垂直上方，重心不要太低，站位不要太宽，避免失去加速时的爆发力，防守人要让自己在任何时间都能够迅速起动。（图2.3.1、图2.3.2）

图2.3.1

图2.3.2

图2.3.3

当对手进攻时，降低重心可以让防守人马上获得加速度，低重心便于爆发的基本站姿，可以尽可能地让防守人跟上进攻人的节奏；如图2.3.3，当对手进攻时，防守人如果笔直地站着，必须先降下重心，然后再做出防守动作，这就形成了时间上的差别。因此，防守人应保持正确的防守姿势，可以从心理上帮助其保持警惕，节省其的反应时间。

### （二）分解动作

如图2.3.4所示，防守时，两脚间的距离要略宽于肩；移动时，要用脚内侧向下压地板，一只脚下压的同时，另一只脚踩地移动。

如图2.3.5，防守时，一只脚站在另一只脚稍靠前的地方，靠前的一只脚有它的匹配手，我们称之为靠前手。靠前手有三个作用：第一，可以判断你的防守位置是否合适，如果手可以碰到对方的肚脐，说明站位太紧容易被对手突破；如果对手能够从容地做运球动作或有机会让对手拿球出手，说明站位相对较远。第二，靠前手可以防备对手做变向运球，迫使持球人只能做缓慢的运球或转身等。第三，可以让对手难以做出“三威胁”的动作，对手必须把球藏于体侧，这样就失去了快速出手的能力。防守人靠后的一只手用来阻断对方的传球，因此，肩膀不要放松，要充分利用两只手来防守。

图2.3.4

图2.3.5

此外，头部应处在膝关节正上方的直线上，如果头部越过这条直线，则身体重心太靠前；如果头部太靠后，则脚跟承担起了体重，以上两种站位姿势，防守人重心都会失去平衡。防守时，防守人无论向任何方向加速移动，都需要很好的平衡能力。（图2.3.6～图2.3.8）

图2.3.6　头在膝盖正上方

图2.3.7　重心靠前

图2.3.8　重心靠后

## 二、防守移动技术的动作方法

### （一）蹬地滑步

在防守姿势的基础上，横向移动最快的方法是滑步，想要高速地横向移动，防守人需要蹬地-跨步-滑步。首先，用与移动方向相反侧的脚内侧蹬地；其次，另一只脚尽可能地跨大步，为了能加速滑步，防守人摆动相应的手臂获得速度；再次，直接滑步，不做交叉步，重心由一只脚转移到另一只脚。（图2.3.9、图2.3.10）

要点：在做防守滑步时，防守人的脚需贴近地面滑行，便于防守人在比赛中迅速地做出变向，也是最高效的动作；如果动作正确，防守人头部的移动轨迹会与地面平行，而重心不会上下起伏。

图2.3.9

图2.3.10

### （二）后撤步

当防守人用横向蹬地滑步防守时，进攻人可以转身或者交叉步变向，从另一个方向过掉防守人，防守人必须跟随其做变向，到达进攻人新的突破地点。（图2.3.11、图2.3.12）

图2.3.11

图2.3.12

以外侧脚为轴，然后转动另一只脚跟上进攻人的方向，防守人摆动脚和撤步脚对应手肘，便于手肘和膝关节的相互呼应，两者同时移动让防守人完成高效率的动作。

做完后撤步后，防守人可以适当调整脚步，然后再次做出蹬地滑步，根据进攻人的变向情况，防守人的靠前手和靠前脚也做出相应的调整。（图2.3.13、图2.3.14）

图2.3.13

图2.3.14

## （三）扑出防守

扑出防守就是要缩小防守人与进攻人的距离，既要防守对方投篮，也要防守对方突破。防守人必须快速冲向对手，但是如果防守人冲得太猛，对手会较为容易形成突破的机会。相反，如果防守人较为保守，确保对方无法突破，对方则有空位投篮的机会。

首先防守人要冲到距离对方一步的时候减速，然后做碎步移动保证身体重心的平稳，再小步向前移动，用靠前手干扰对方的投篮，但重心不要太靠前，避免身体失去平衡。同时保持低重心，一旦对方突破，防守人可以较为灵活自如地变向移动。（图2.3.15、图2.3.16）

图2.3.15

图2.3.16

## （四）防守屏障与卡位

如果进攻人在篮下投篮或快速出手时，防守人要保证在不犯规的前提下，迫使进攻队员投球失误并抢到防守篮板球，并阻止进攻人抢到进攻篮板球轻松补篮。

首先防守人双手垂直向上构建合法的圆柱体，干扰进攻人的投篮视线，迫使进攻人提高出手的弧度，并要保证裁判看到防守人的双手构建基础的防守位置，尽量避免犯规。防守人在干扰对方投篮后，必须马上卡位抢防守篮板球。（图2.3.17、图2.3.18）

图2.3.17

图2.3.18

## （五）制造进攻犯规

要成为顶尖的防守者，需要学会制造进攻犯规。

**1. 动作要合法**

为了避免吹罚阻挡犯规，防守人要直直地站在进攻人的前进路线上。制造进攻犯规的关键是，当攻防两者身体接触之前，防守人的双脚一定要在地面上。（图2.3.19、图2.3.20）

图2.3.19

图2.3.20

**2. 正确的技术**

防守人在制造进攻犯规时，很少会因此受伤，但被吹罚阻挡犯规的概率却很大。因此，当进攻人冲向防守人时，防守人应把身体重心放在脚跟处，颈部直立，臀部稍高，膝关节保持弯曲，这个姿势会让防守人的头部在膝关节的垂直线后方，影响其平衡，容易被对方轻易撞倒。（图2.3.21～图2.3.23）

图2.3.21

图2.3.22

图2.3.23

### 3. 保护动作

防守人可以用手或者手臂保护自己，一只手臂在上，一只手臂在下，可以同时保护防守人的下肢、躯干和脸部。但在制造进攻犯规时，不能因为保护而扭头，扭头会连带着身体转动，这样不但不能造成对方进攻犯规，反而会造成防守人自身的阻挡犯规。（图2.3.24、图2.3.25）

图2.3.24

图2.3.25

### 4. 时机及缓冲动作

当进攻人全速冲向防守人时，防守人死死地站住较易受伤；相反，当攻防两人身体接触的瞬间，防守人身体后仰、双脚松动，倒在地板上同时吸收对方的冲力，下颌向胸口靠近，从而保护防守人的后脑勺，倒地之后双手手掌撑地，继续向后滑，可以起到缓冲的作用。一定不要先用手掌撑地，避免手腕关节受伤。当与进攻人发生身体接触时，防守人应感觉到像是空气在推自己，自然地向后倒地。（图2.3.26 ~ 图2.3.29）

当防守者遇到进攻能力较强的对手时，不让他做最好的进攻选择，迫使他用弱势手进攻，让他去不擅长的进攻区域。如果无法用防守支配对手，则尽可能地干扰对方进攻。防守者不管用什么方法，一定要控制进攻人。

图2.3.26

图2.3.27

图2.3.28

图2.3.29

## 三、防守运球队员技术运用

### （一）控制运球者

**1. 在前防守**

防守者提前站在对手的突破路线上，用靠前手对着球，获得一步的优势，如果控球人变向，防守人则相应改变靠前手和靠前脚，因为防守人用靠前手对着球，有利于自己迅速变向防守。（图2.3.30、图2.3.31）

图2.3.30

图2.3.31

### 2. 空间把握

防守人不要让进攻队人直接面对自己，如果进攻人直接面对防守人，进攻人可以加速运球摆脱防守者。因此，有许多种方法可以不让其靠近篮筐，在防守时，应距离运球人稍近，迫使其只能做侧身运球，降低其进攻的速度，减少其进攻的选择性。（图2.3.32、图2.3.33）

图2.3.32 距离太宽

图2.3.33 合适的距离

### 3. 单人“包夹”

防守人迫使进攻人向边线运球，然后加速贴近，切掉进攻人的突破路线，利用边线的特殊性，让边线成为另一个“防守者”，来完成单人“包夹”。一旦对方停球，防守人便可贴上去，尽可能地逼迫进攻人的中枢脚移动造成其犯规，然后晃动双手寻求抢断。（图2.3.34～图2.3.36）

图2.3.34

图2.3.35

图2.3.36

### 4. 利用弱势手

防守人迫使或引诱进攻人用弱势手运球，同样可以限制其进攻手段。站在进攻人的突破路线上，改变防守人自身的站位角度，迫使进攻人用弱势手运球。

### 5. 逼迫对手转身

逼迫对手转身，尽可能地让对手在运球过程中多换手、多变向，首先在一侧靠前防守，然后当他变向时，防守人要摇摆撤步，快速回位；然后再向另一个方向靠前防守，如此循环。其优势在于，首先利用对方过多的运球，增加其失误的概率；其次，在对方运球过程中，防守人有较多的机会利用对方的弱点争取抢断的角度；再次，可以干扰持球队员观察空位的队友，不让他传出好球。

注意事项：向一侧逼迫对手时要小心，不要给他过多的空间，否则进攻人会利用空间突破防守人。防守人应把握好自己的位置，阻挡进攻人的一侧，应是干扰而不是完全放开。

## （二）回位

学会防守运球队员，用防守激怒对方是需要时间的。再好的防守者也会犯错误，也会让出色的进攻队员过掉。但防守人不能因为对手过掉了自己就放弃防守。

回位时，防守人用最靠近对方的手从下方打掉对方手中的球（图2.3.37、图2.3.38），不要斜着身子从上方打球，这样很容易被吹罚犯规。（图2.3.39、图2.3.40）

图2.3.37

图2.3.38

图2.3.39

图2.3.40

回位时，不要跟在进攻者的正后方，否则进攻人一旦停下，防守人会因撞到进攻人而被

吹罚犯规。（图2.3.41、图2.3.42）

图2.3.41

图2.3.42

在确立正确的防守位置之前，防守人要快速冲到进攻人通过的地点，而在回位时过快地紧逼运球队员，肩并肩地逼迫对手，99%是会被吹罚犯规的。（图2.3.43、图2.3.44）

图2.3.43

图2.3.44

如果在防守人回位之前，进攻人有得分机会，防守人应争取跑到对手前方切掉球，不要暴力地拉拽球，避免自身犯规；相反，应该把握好时机逼迫对手藏起球，破坏他的进攻的步法。（图2.3.45～图2.3.47）

图2.3.45

图2.3.46

图2.3.47

## 四、防守接球队员技术运用

### （一）防守外线接球队员技术运用

**1. 判断中枢脚**

防守人要根据进攻人的接球动作，决定自身的防守姿势。如果他的接球姿势很糟，防守人可以压迫他的中轴脚，贴上其身体不留任何距离，干扰他的中轴脚，防守人用腿部给对方腿部压力，从而破坏对方的平衡，如图2.3.48所示。由于进攻队员还可以运球，防守人要保持好自己的防守姿势，如果持球人用肩膀撞向防守人创造空间从而找回平衡，防守人顺势向后倒下，从而制造进攻犯规。（图2.3.49、图2.3.50）

图2.3.48

图2.3.49

图2.3.50

如果对方的接球动作很有威胁性，防守人需较为谨慎地逼迫对方，利用扑出防守，碎步移动扑出去做迎前防守，立刻抬起靠前手，第一时间干扰持球人的投篮，然后降低高度放到他的持球位置，从而把握与进攻队员之间的距离。（图2.3.51、2.3.52）

图2.3.51

图2.3.52

## 2. 调整距离

如果进攻人持球时重心较低，表明他在试图突破，由于他没有办法直接举起球投篮，因此防守人要用靠前手干扰进攻人的持球，由于对手重心较低，防守人相对应的也要降低重心，如果持球人投篮或传球就必须升高重心，这时防守人再作相应调整。（图2.3.53～2.3.55）

图2.3.53

图2.3.54

图2.3.55

如图2.3.56所示，如果对方把球高高举起，他就没有办法突破或投篮，而只能传球，此时防守人保持防守站姿，高举双手紧贴对手，挥舞双手干扰其传球视线；但持球人仍可以运球，当他把球放低时，防守人必须后退，恢复标准的防守站姿，如图2.3.57所示。

图2.3.56

图2.3.57

如图2.3.58、图2.3.59所示，如果对方可以直接出手投篮，特别是处在“三威胁”姿势中就相对危险，防守人应保持姿势用靠前手干扰对方，让他把球拿开无法直接出手投篮，记住不要和持球人靠得太近，能够触及对方的腹部就可以，当身体距离太近，容易被持球人突破过掉。防守人要保证不被进攻队员轻松过掉的前提下干扰对手，防止他直接出手投篮。

图2.3.58

图2.3.59

### 3. 支配运球人的方向

有些原则可以用来支配运球者的方向，也可以支配持球后的队员。如果有机会，迫使对方用弱势手。

如图2.3.60、图2.3.61所示，迫使进攻队员用弱势手，防守人把握好站姿和角度，迫使对手只能从另一侧突破，或者逼迫他运向边线，让边线成为另一个“防守者”，尝试单人“包夹”，或者迫使进攻队员进入队友的包围圈，最后还可以根据教练的喜好以及防守体系做出判断。

图2.3.60

图2.3.61

### 4. 防守突破

阅读进攻队员的非中轴脚，我们称之为“进攻脚”，如图2.3.62所示，这只脚的任何动作，防守人都需要留意，如果防守人没有后退，进攻队员就可以获得半步的优势，从而能轻松突破摆脱防守人。所以当持球人的进攻脚向前试探时，防守人需双脚向后退，帮助防守人预判对手的突破，进而让双脚做出快速的移动。

图2.3.62

如果进攻队员再做出“三威胁”动作，不要猛地扑上去，要留出合理的空间。

如图2.3.63、图2.3.64所示，当持球人向前突破，当他开始进攻第一步落地时，不管进攻队员向任何方向移动，防守队员要后退做出靠前防守，同时用靠前手对着篮球。

图2.3.63

图2.3.64

## （二）防守低位接球队员技术运用

如果对手在低位接到球，在防守时，防守队员相对困难，因为在离篮筐很近的地方，防守队员很难阻止对方得分。因此，防守低位的第一要务是阻止对手把球传到低位。

### 1. 抢占传球路线

如图2.3.65、图2.3.66所示，抢占传球路线意味着防守人要把双脚都踩在传球路线上，站在球和进攻人之间，用肘部触及对手的胸口感觉他的位置，用整个身体阻断低位的传球，如果对方想拿到球，就必须通过防守队员的防守；另一个抢占传球路线的原因是，对方在外围转移球时，防止被对手卡在身后，如果防守人仅仅用一只手干扰传球路线，当球转移时候，防守队员会被对手卡在身后而被对方得分。防守低位是一场争夺空间的战争，在对手向低位传球之前，防守人必须赢得这场战争。

图2.3.65

图2.3.66

### 2. 防守空切

当对手由低位向高位徒手空切时，用胸口挡住他的路线，如图2.3.67、图2.3.68所示，防守人不能拉住他，但可以改变进攻人的空切路线。

图2.3.67

图2.3.68

如果进攻人空切后半路变到低位，防守人要用手肘挡住对方的胸部，扭头用另一只手臂阻挡传球路线。（图2.3.69～图2.3.71）

如果进攻队员身体较为强壮，防守人无法对抗，则防守人举起双手，用胸口将对方挤出容易得分的区域。（图2.3.72）

图2.3.69

图2.3.70

图2.3.71

图2.3.72

如果对方想从身后挤过防守队员从底线空切，防守人则用臀部顶住对方，确保双臂展开。（图2.3.73、图2.3.74）

图2.3.73

图2.3.74

### 3. 脚步争夺

能否在禁区内获得有利位置，不取决于两臂，而要看能否通过脚步抢占传球路线，与在外围防守不一样，只用一只手阻挡传球是不够的，所以把脚跨在对方的腿前方，这样防守人的手和臂都在传球路线上，在防守中占据优势。（图2.3.75～图2.3.77）

图2.3.75

图2.3.76

图2.3.77

## 4. 绕前防守

在禁区内，采取绕前防守是唯一可以阻止对方接球的办法。防守人用外侧手绕着对方的手臂，同时防守人的胳膊和肩膀贴近对方，用臀部靠在对方身前，如果进攻队员无法推开防守人，防守人则滑到对方身前，降低重心张开双臂，做出绕前防守。（图2.3.78～图2.3.82）

图2.3.78

图2.3.79

图2.3.80

图2.3.81

图2.3.82

## 5. 迷惑传球者

有些内线队员非常善于在内线卡位，防守队员在应付低位进攻队员的同时，还要思考如何对付传球队员。防守队员要不停地变换防守，使传球人找不到合适的传球角度，让他感到迷惑，不敢贸然传球到低位，此时他只能将球转移走。

### 6. 当对手接球后

如图2.3.83所示，当对手接球后，防守人用前臂顶着他腰部，另一只手高举起来，使对手感觉防守人会封盖他的投篮；如果防守人试图用那只手干扰对方的运球，会失掉防守的位置和防守重心，此时进攻队员会转身过掉防守人。

防守人的任务是挡在低位进攻队员和篮筐之间，坚守自己的防守区域；如果对方向后强打篮下，防守人不要用下半身去阻挡对手，否则进攻队员会转身过掉防守人；防守队员要保持防守姿势，降低重心保持好与进攻队员之间的空间；如果进攻队员有比较擅长的进攻动作，防守人不容易防守，则在对方一接球就卡住他，不让他做出擅长的进攻动作。（图2.3.84）

图2.3.83

图2.3.84

### 7. 当对手投篮时

如图2.3.85、图2.3.86所示，任何时候当对手在内线投篮，防守队员都要建立起防守屏障后卡位，举起两只手臂，这样会极大地降低犯规的概率，防守人可以干扰对方的视线和投篮，最重要的是防守人可以马上转身卡位。

图2.3.85

图2.3.86

## 五、防守投篮技术运用

### （一）主要目标——逆动封盖

不管进攻队员传球，假动作投篮或接球时，99%的投手在投篮时都会把球从胸前举起，防守人可以把手放在这个关键区域，盖掉他的投篮。如图2.3.87、图2.3.88所示，防守人可以立刻切掉对手的球，或者干扰他的突破，用封盖改变他举球的路线；如果进攻队员突破防守队员后急停跳投，防守队员要迅速恢复防守打掉篮球。

图2.3.87

图2.3.88

## （二）第二目标——封盖或干扰跳投

如果防守人能在对方出手时盖掉他，则可以选择与对方一起起跳，要与对方保持一定可见的距离，让裁判看到防守人与进攻队员没有身体接触，同时也可以避免落地时与对方发生碰撞。如图2.3.89所示，这种情况最好是防守人能够干扰掉篮球，确定对方无法把球投进；如果碰不到球，则要努力改变对方的出手节奏，若做不到，就争取干扰他的投篮视线。

图2.3.89　起跳时与对方保持合适的距离

## （三）最后手段——飞过干扰

飞过防守用在防守队员恢复防守的时候。防守人的唯一目标是干扰对方的投篮，换句话说，扑出防守对方的投篮太晚，把握好方向避免撞上对方，然后直接飞过对方，尽可能近地挥动手臂干扰对方，快速的冲刺和猛烈的挥动或许没法影响投篮，但会分散对方的注意力，或让对方匆忙出手。（图2.3.90、图2.3.91）

2.3.90

图2.3.91

# 六、防守训练方法

## （一）训练防守敏捷性

### 1. 跨线左右跳跃练习

方法：如图2.3.92、图2.3.93所示，队员站在边线的一边，身体侧向边线，降低重心，双膝弯曲，双脚开立，双臂自然张开，当教练发出信号时，队员前脚掌发力，双脚同时向左（或向右）快速侧向跳跃至边线的另一侧，双脚着地后，迅速跳回至原点，如此反复。

要求：在练习中，队员要用双脚的前脚掌发力，跳跃至边线一侧时，双脚能够迅速发力，腰、髋等关节能够灵活，并注意身体重心左右的转移。

图2.3.92

图2.3.93

### 2. 跨线前后跳跃练习

方法：如图2.3.94、图2.3.95所示，队员站在边线的一边，身体面向边线，降低重心，双膝弯曲，双脚开立，双臂自然张开，当教练发出信号时，队员前脚掌发力，双脚同时向前（或向后）快速侧向跳跃至边线的另一侧，双脚着地后，并迅速跳回至原点，如此反复。

要求：在练习中，队员要用双脚的前脚掌发力，跳跃至边线一侧时，双脚能够迅速发力，并注意身体重心前后的转移。

图2.3.94

图2.3.95

### 3. “5”点单脚跳跃练习

方法：如图2.3.96～图2.3.101所示，以右脚为例，队员侧向站在边线一侧，身体侧向边线，右侧单腿支撑，当接到教练的信号时，右脚前脚掌发力，队员依次向左前方的边线上跳跃至左前方，脚掌与地面接触后，迅速跳跃至右前方，单脚着地后，向左横向跨越边线跳跃，着地后向右后方的边线上跳跃，继而跳跃至左后方，最后向右横向跳越回原点，如此反复。

要求：队员必须注意前脚掌的发力，在跳跃过程中能够控制好身体重心，并注意每一点单腿跳跃都能够迅速有力。

图2.3.96

图2.3.97

图2.3.98

图2.3.99

图2.3.100

图2.3.101

**4. “5”点双脚跳跃练习**

方法：身体侧向边线，双膝弯曲，双脚开立，双臂自然张开，当接到教练的信号时，双脚前脚掌发力，队员依次向左前方、右前方、左侧、右后方，继而跳跃至左后方，最后向右横向跳越回原点，如此反复。

要求：队员必须注意前脚掌的发力，使每一点的跳跃都能够迅速有力。

**5. “5”点双脚分腿跳跃练习**

方法：队员双膝弯曲，双脚开立骑跨在边线上，双臂自然张开，当接到教练的信号时，双脚前脚掌发力，队员双脚向前跳跃，双脚并拢着地，继续向前跳跃，双脚开立着地，落地后180度跳跃转身，继而重复之前的动作，如此反复。

以上 5 种练习主要强调脚步及膝关节的移动方法，可以练习防守者的直线移动能力，并帮助防守人迅速变向，每个练习做10 ~ 20秒，也可以分两组做；然后做其他部分的练习，练习时确保防守人的脚贴近地面，训练的重点是直线移动和快速变向能力。

### （二）综合之前练习

只有反复的训练才是自信的来源，才能成为一个好的防守者，反复的训练才能够在比赛中养成好习惯。好的习惯则会让防守人成为反应迅速且正确的球员。首先要正确地做出这些技术动作，然后集中注意力，加快动作速度，要提高个人技术，就要保证训练的质量和效率。在练习过程中可以先由蹬地滑步，摇摆滑步和扑出防守等单一的防守动作进行练习，并在后期进行动作的组合训练，如蹬地滑步和摇摆滑步的组合，蹬地滑步、摇摆滑步和扑出防守的组合等防守练习。

### （三）利用墙壁练球

方法：利用墙壁练习，着重训练蹬地滑步，把球掷向墙，调整好角度，让防守人滑动几步后可以拿到球；

要求：防守人要积极地滑步，随着动作和技术的熟练，掷球的角度越来越大，依靠自己大幅度的滑步才能接到球。

### （四）小范围及全场练习

在进行半场练习时，可以根据个人自身防守的情况以及教练的安排，对蹬地滑步、摇摆滑步、扑出防守等一系列的防守动作进行整合，并设计出针对比赛和队员自身情况的训练计划，也可在训练中加入防守屏障和卡位，以及制造进攻犯规等技术动作，方便队员在临场比赛中的应用。

这两种练习，防守人要用正常的节奏做出学过的防守方法；防守人可以记下完成训练所需要的时间，每次训练争取提高自己的成绩；防守人不用做全部的防守练习，要根据自身需要提高的方面，着重去练习。在完成防守练习之前要坚持下去。

### （五）与同伴练习

同伴练习可以在教学中完成，学习标准的扑出防守，然后调整成“三威胁”，然后是突破，最后做一对一的防守演练；在防守屏障练习中，防守人在防对方投篮的同时，也要防突破，这是模拟比赛中扑出防守的最好方法。

### （六）全场一对一

全场一对一地模拟比赛中的情况，防守人会用到蹬地滑步防守、摇摆后撤步、加速阻挡、突破路线、靠前防守以及合理把握空间，这是训练中最为出色的一个训练方法。

## 七、要点提示与建议

### （一）横肘挡人

如图2.3.102～图2.3.104所示，当防守人在外线时，对方投手建立了避开你扑出防守的空间，另外如果防守人用极具侵略性的卡位，可能会被裁判吹罚犯规。因此转动90度，然后使用横肘挡人。用肘挡在对方胸口当做防守屏障，防守人就可以扭头看球，当对方出手后，球打到篮筐防守人将动作收回，然后拿住篮板球或继续防守。

图2.3.102

图2.3.103

图2.3.104

## （二）防守注意力

当进攻队员拿到球之后，防守人要把注意力放到他的胸部。进攻者可以用头、用肩膀、用脚或者持球做假动作，防守人不需要注意这些。当其做预动时，防守人会看到对方的胸部是唯一没法做假动作的地方。

## （三）用双手帮助自己

有些教练会让队员们背着手做滑步或者其他防守脚步练习，防守确实取决于脚步和位置，所以这种训练确实不错。但真正帮助防守人提高步法速度的，是充分利用手臂的情况下的加速。想一想百米运动员，他们会背起手来跑步吗？不，他们跑步时会用摆臂配合着蹬腿。防守人可以利用双手去做任何防守的移动动作。

## （四）不要迎面防守

当防守人回防时，持球者加速冲向防守人，防守人不要迎头去防他，如果那么做，对方一个简单的体前变向就会过掉防守人。相反，在后退时把握好速度和角度，逼迫他到远离篮筐的其他地方。

### （五）防守假动作

在进攻时，每名队员都会经常使用持球假动作、脚步假动作或者投篮假动作。反过来想想防守中的假动作。例如，回防时对手加速冲过来，后退时防守人就可以利用假动作诱骗运球者。防守人可以进退自如，这会让对方降低重心选择其他方向，就没有获得轻松上篮的机会了。

### （六）利用对手转身的盲点

如图2.3.105～图2.3.107所示，进攻中，正规的转身过人需要用运球手把球拉过来。但是有些球员在转身时没有把球拉过来，而是采用换手转身过人的方法。在某段时间他的球是完全没有被保护的。此时用防守人的外侧手去敲击球争取抢断的机会。在这么做时一定要控稳球，否则就会失位被过掉。

图2.3.105

图2.3.106

图2.3.107

### （七）防守交叉步变向过人

在两种情况下，进攻球员会用交叉步变向过人。第一，控球者有足够的空间做动作；缩小与进攻人之间的距离，他就没法做出面对面的变向了。第二，当防守队员让控球队员既可以左边又可以右边过人时，对手就能在假动作后向一侧突破；防守人可以用靠前防守放对手任意一方，这样他的变向就没有用了。

### （八）控制脚尖方向

如图2.3.108～图2.3.110所示，要想在滑步时达到最大速度，不要让两个脚尖同时朝前，相反应该让前脚尖指向前进的方向。实际上通过计算练习的时间发现，当前脚尖指向前进方向时，移动速度要快很多，另外这对防守人的脚踝来说也会很轻松。

图2.3.108　注意脚尖方向

图2.3.109

图2.3.110　不要让两脚脚尖同时朝前

## （九）正面防守，交错防守，靠前防守

如图2.3.111～图2.3.114所示，如果防守人选择双脚平行正面防守，不管对手向哪个方向突破，在滑步之前防守人必须做摇摆后撤步。如果在阻止对手之前必须做后撤步，对方已经甩开防守人一步进攻得分了。然后防守人选择交错防守，但优秀的进攻球员会攻击防守人的靠前脚，逼迫防守人做摇摆后撤步从而过掉防守者。解决方法是靠前防守，这种防守使得对手没法攻击你的靠前脚。

图2.3.111

图2.3.112

图2.3.113

图2.3.114

## 思考题

1.简述进攻队员无球移动的运用要点。

2.简述防守无球人的基本方法。

3.简述防守有球队员移动的训练方法。

# 第三章　基本技术

## 内容概述

基本技术也可称为技术动作，包括投篮、传球和运球。在以往的教材中经常把原地持球突破单独列为一节进行论述，而根据运动实践的经验和国外篮球教材对这项技术的描述，往往都将其归纳到运球系列当中。所以在本教材中把持球突破列为运球的内容。而篮板球技术涉及攻守双方，经常与防守反击、篮板球快攻等战术衔接在一起，这里我们也把其归纳到基本技术范畴之内。

# 第一节　投篮技术与训练

## 一、投篮技术概述

投篮是进攻队员为了将球从篮圈上投入篮筐而采取的各种专门动作方法的总称。投篮是篮球运动的主要进攻技术，是得分的唯一手段。一切进攻技术、战术运用的最终目的，都是为了创造更多的投篮机会，力争投中得分。

投篮技术的基本环节：（以单手肩上投篮为例）（图3.1.1）

图3.1.1

投篮分为准备阶段（心理和身体的准备）、持球方法、瞄准点、投篮动作的发力顺序、球飞行的弧线、球的旋转六个环节。

### （一）准备阶段

首先在心理上要建立投篮的自信心，每次投篮之前都要有信心，确信自己能够将球投进，投篮时集中注意力，沉着冷静不要分心；在身体上要注意在不同的时刻选择不同的投篮方式，保持好身体平衡，控制好出手的力量和方向。

## （二）持球方法

### 1. 动作要领

持球翻腕于肩上，两脚左右或前后开立，手腕前屈，中指和食指拨球，腿、腰、臂自然伸直。上下肢协调用力，抬肘伸臂充分，用手腕前屈和手指柔和地拨球将球投出，中、食指控制方向。

### 2. 动作重点与难点

（1）持球手法

五指自然分开，用手掌外沿和指根以上部位托球的后方，手心空出，手腕后仰，肘关节自然下垂，另一只手扶球的一侧。

（2）屈腕和手指拨球

屈腕和手指拨球（中、食指拨球）是一个整体动作，手腕前屈结合手指拨球用力将球投出。

（3）全身协调用力

从准备姿势开始，由下肢蹬地发力，向投篮出手方向伸展身体，借助脊柱伸展的惯性促使下肢、躯干和上肢连贯并协调配合，最后将力量集中于手臂、手腕和手指部位，以伸展手臂、手腕的抖屈及手指的弹拨等动作将球投出。投篮时要做到肌肉用力和关节动作的协调一致，综合控制与调节身体力量。

## （三）瞄准点

瞄准点是投篮时眼睛注视篮圈或者篮板的某一点。它是为了更精确地预测投篮的距离和方向，从而决定投篮出手时的角度、用力的大小以及球飞行弧度的高低。

## （四）投篮动作的发力顺序

投篮是从准备姿势开始，重心下降，用下肢蹬地发力、手臂向前上方伸直、手腕前屈或翻转、手指拨球的全身综合协调的力量将球投出。

## （五）球飞行的弧线

从投篮的过程看，抛物线一般分为：低弧线、中弧线和高弧线。实践证明，中、高弧线是比较理想的入篮抛物线，命中率相对较高。

## （六）球的旋转

投篮时，球的旋转方向主要依靠手指指尖的最后用力动作，最主要的是中指和食指的拨球。正确的投篮方法会使球适宜的旋转。一般中、远距离投空心篮大都会使球沿着球的横轴向后旋转，这样会提高球在飞行中的稳定性，提高投篮的弧线。

## 二、投篮基本动作练习

投篮的动作方法有很多种，按照投篮持球方法不同，可分为双手投篮和单手投篮；按照投篮前持球置于身体的不同部位可分为胸前投篮、肩上投篮、头上投篮等动作方法；按照投篮时队员状态可分为原地投篮、行进间投篮和跳起投篮。现在介绍最基本的投篮动作练习。

### （一）原地投篮基本动作练习

#### 1. 原地抛球后接球做投篮的准备动作

方法：持球将球向前抛出，然后上前跨步急停接球后做投篮动作。（图3.1.2）

要求：接球时重心不要太高，拿住球做好投篮的准备姿势。

图3.1.2

#### 2. 原地徒手投篮动作模仿练习

方法：徒手准备姿势开始，跳起做出完整的投篮动作。（图3.1.3）

要求：投篮时动作舒展，动作从准备姿势开始，整个动作连贯协调。

图3.1.3

### 3. 原地投篮动作模仿练习

方法：持球做投篮的模仿动作，手臂向上方伸展投篮。（图3.1.4）

要求：由持球开始，注意肘部伸展的角度，最后向上方跳起，做出完整的动作。

图3.1.4

## （二）行进间单手肩上投篮

**掌握行进间单手肩上投篮基本动作的练习**

（1）行进间投篮步法练习，如图3.1.5所示。

方法：将学生分成若干组，从端线开始，依次做步法练习。

A. 徒手慢跑向前进，听老师哨音，响哨的同时迈出你的右脚为第一步，第二步为起跳，然后继续向前慢跑。

B. 向前抛球，跨步时接球，接球的同时迈步，第二步起跳并将球举至肩上。

C. 慢速运球，向前行进间的过程中完成迈步持球、起跳和举球的动作。

要求：做到第一步大，第二步小，第二步要向上跳，不要向前冲，有球练习时，注意迈步的同时将球拿起，不要走步，注意上下肢动作的协调配合。

（2）篮下单手肩上投篮练习，如图3.1.6所示。

方法：在球篮的侧下方，学生排成一队，依次做单手肩上投篮，体会在行进间最后的投篮出手动作。

要求：投篮要碰板，强调篮板上的打板点是靠近投篮学生的白色方框的上角，投篮动作要柔和，中指和食指拨球。

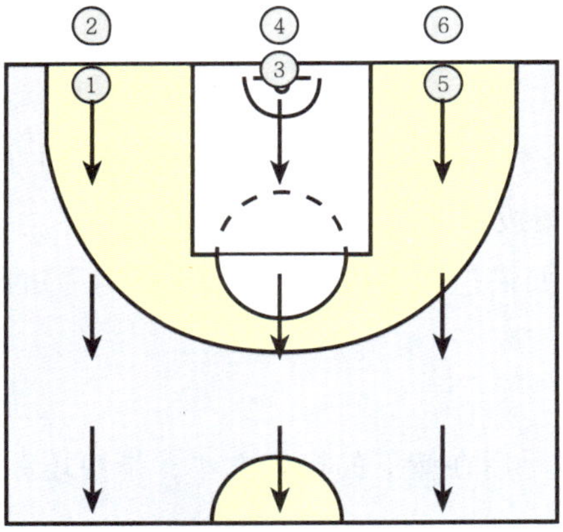

图3.1.5

图3.1.6

（3）接教师手中的球行进间单手肩上投篮练习，如图3.1.7所示。

方法：教师持球站在距离篮筐3～5米的合适位置，学生在三分线后排队站好，慢速跑到教师前面，拿教师手中球的同时迈出第一步，然后第二步起跳，打板投篮。

要求：注意拿球和迈步是同时进行的，第二步要向上起跳，注意投篮的打板点。

（4）运球行进间单手肩上投篮练习，如图3.1.8所示。

方法：学生站在中线处运球开始，直至篮下完成行进间单手肩上投篮练习。

要求：运球的速度可以慢一些，在熟悉动作后可以逐渐加快。选择好合适的起步位置，起跳，举球要连贯协调，最后起跳的时候要向上跳，不要向前冲。

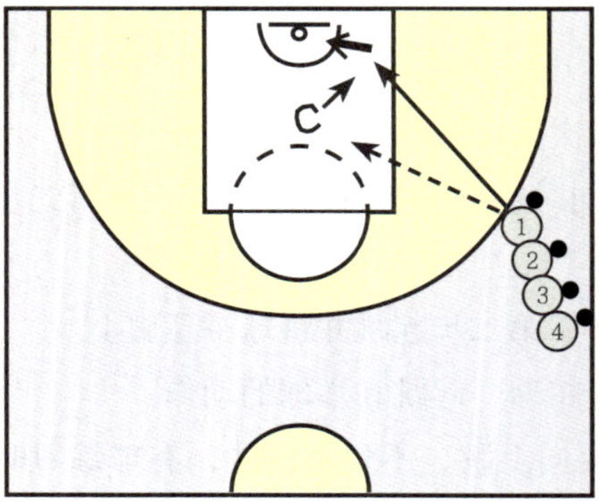


图3.1.7

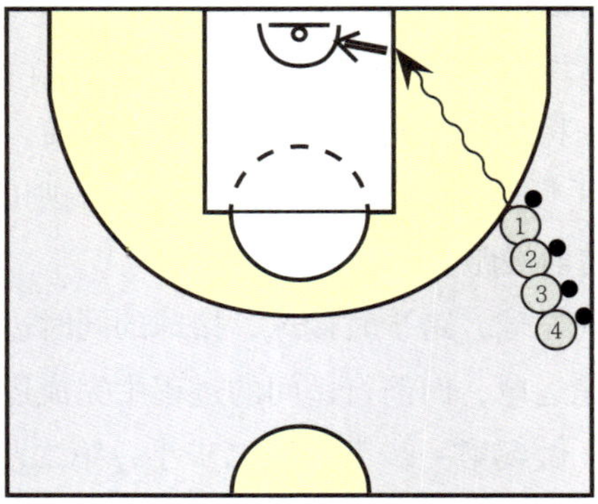


图3.1.8

## （三）行进间单手低手投篮

### 1. 动作要领

腾空时身体应向球篮方向充分伸展，保持托球的稳定性，手掌托球要稳，出手点高于自己的头部，腕指上挑动作要协调、柔和。

### 2. 动作重点与难点

（1）行进间单手低手投篮最后的出手动作是掌心向上托球，并充分向球篮的方向伸直手臂，当身体接近最高点时，要屈腕，用食指和中指拨球。

（2）跨步拿球动作要求手脚的协调配合，如果是右手投篮，在你伸出手脚的同时拿住球，向前迈出第一步。

### 3. 运用时机

行进间单手低手投篮是在快速或运球超越对手后在篮下的投篮方法，是快攻和突破接近篮下后最常用的方法。

### 4. 训练方法

（1）掌握行进间单手低手投篮基本动作的练习

A. 单手持球练习“挑球”的动作，如图3.1.9所示。

方法：学生每人一球，站在原地，反复做将球上举—提肘—手指上挑球—单手接球练习。

要求：掌心向上托球，手臂充分伸展开，球离手时用食指、中指和无名指拨球使球前旋出手。

B. 半场运球行进间单手低手投篮练习，如图3.1.10。

方法：学生每人一球，站在①的位置，开始运球做行进间单手低手投篮要求：投篮手法正确，步法清楚，手脚配合协调。

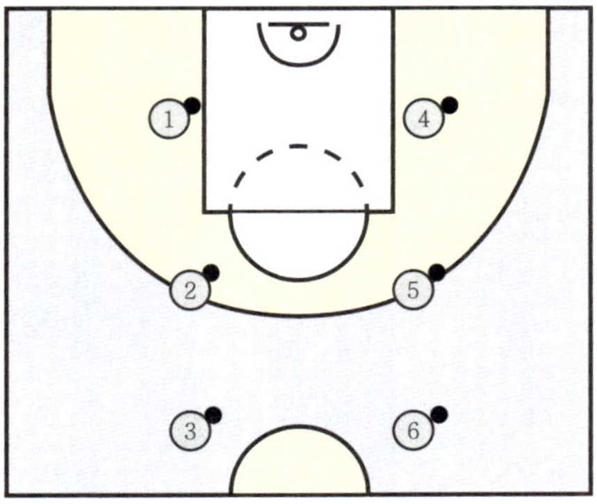


图3.1.9

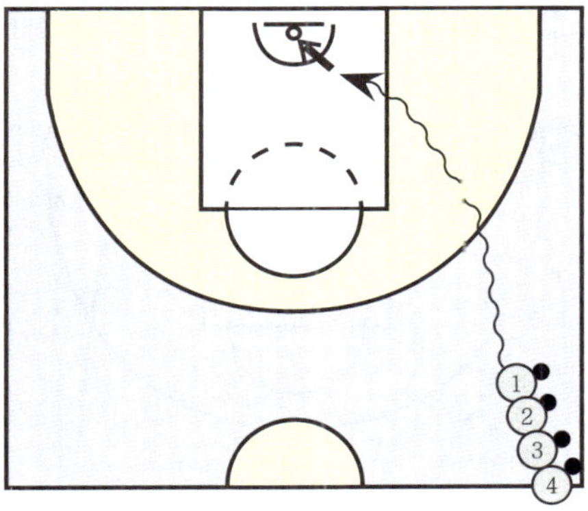


图3.1.10

（2）与其他技术相结合的行进间单手肩上投篮练习

A.结合运球突破做行进间单手低手投篮练习，如图3.1.11

方法：将学生分成两组，分别站在①和④的位置，一组持球，持球的队员①将球传给另一侧④，④接球后做运球快速突破低手上篮，另一名①抢篮板球后，两人交换位置排到队尾。

要求：突破的速度要快，接球和突破动作协调，不能走步。

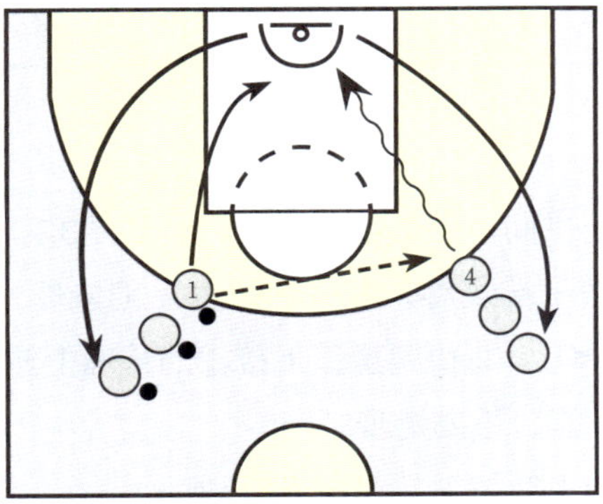


图3.1.11

B.结合全场传接球和运球的上篮练习，如图3.1.12所示。

方法：每人一球，①和⑤分别站在场地的两端，同时开始运球两次后传球给位于中圈附近的C，然后接回传球后再传给位于底线的③，最后接③的回传球做低手上篮，③抢篮板球后排到端线的另一侧，①完成上篮后，排到④的后面等待给后面的同伴传球。

要求：传球到位，接球跑篮不走步。

C.半场摆脱接球急停突破上篮，如图3.1.13所示。

方法：两人一组，位于弧顶的②持球，位于45度的①向下摆脱后提上来接球，运球突破上篮，自己抢篮板球，然后两人交换位置。

要求：传球到位，摆脱接球后急停要稳住，再做下一步的突破动作，不要走步。

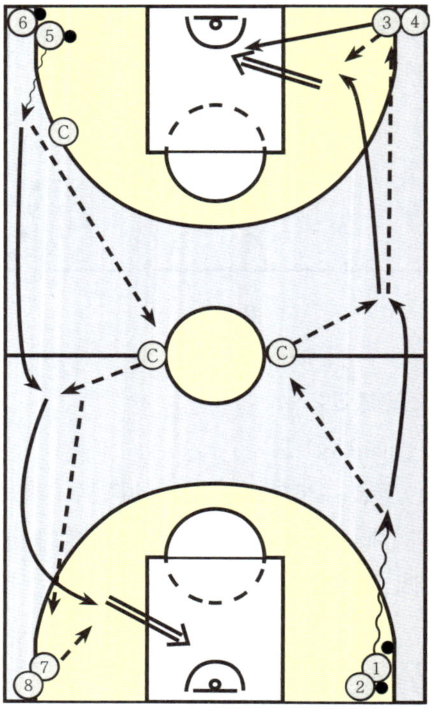

图3.1.12

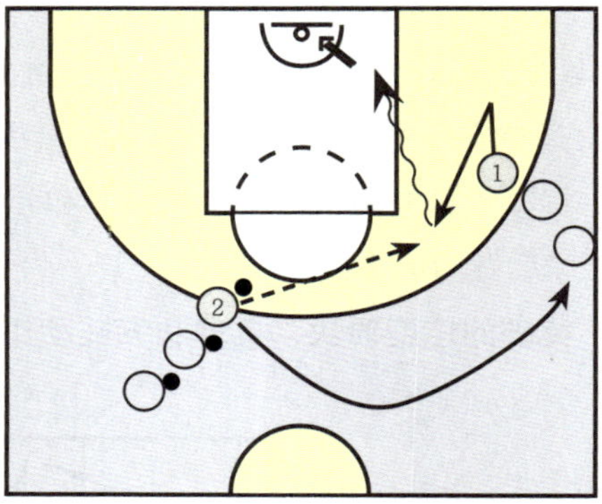

图3.1.13

D. 两人全场交叉传球做行进间单手低手投篮练习，如图3.1.14所示。

方法：将学生分成两队站于端线后①和②的位置，①持球，传球给②后交叉跑，②将球传给中线的教练C，C将球传给①，②快跑至篮下接①的传球上篮，①抢篮板球。

要求：传球到位，接球上篮，不要走步。

E. 两人全场插上接球长传上篮练习，如图3.1.15所示。

方法：一组持球队员位于篮下，另一组无球队员站在罚球线延长线处，插上接球运球，传球的队员快下，接运球队员的长传上篮。

要求：插入的队员要在罚球线以内接球，另一名队员快速沿边线侧身跑准备接球，传球到位，接球后做行进间单手低手上篮。

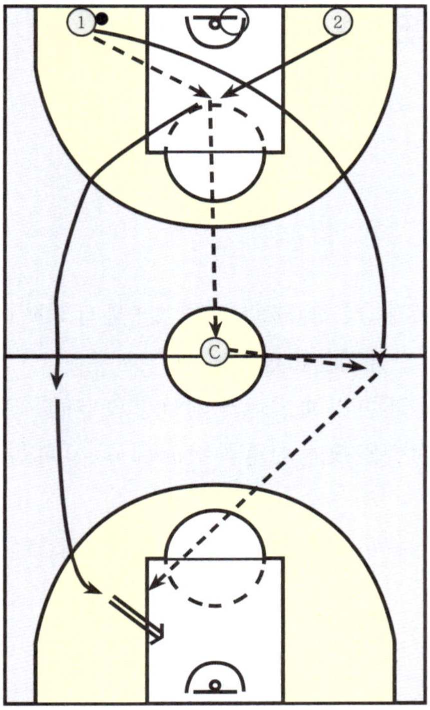


图3.1.14

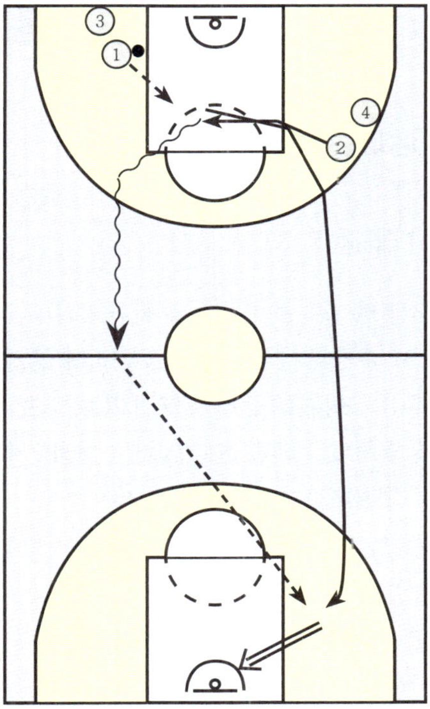


图3.1.15

**5. 易犯错误与纠正方法**

（1）易犯错误

A. 投篮时手腕翻转，手指用力不均。

B. 投篮过程中，大臂由下向上撩球。

（2）纠正方法

A. 原地模仿做手腕上挑的动作，出手时应该始终保持手心向上，用屈腕和手指上挑的力量投篮，手指拨球最后使球出手。

B. 单独将最后的出手动作做模仿练习，避免大臂向上撩球，要将手臂向上完全伸展开以后，再用手腕的力量挑球。

## 思考题

1. 投篮技术由哪几个环节组成？
2. 简述原地单手肩上投篮动作方法。
3. 投篮时应该选取怎样的弧线提高命中率？
4. 在比赛中如何创造良好的投篮机会？队员遇到哪些时机应果断投篮？

# 第二节　运球技术与训练

## 一、运球

### （一）概述

运球是篮球基本技术之一，是比赛中队员带球合法的移动方式，“是有球队员在原地或行进中，用单手连续按拍由地面反弹起来的球的一类动作方法”[1]。

在比赛中，娴熟的运球不仅可以减少失误，还可以通过运球调整进攻空间、调整进攻节奏、调整传球角度、转移进攻区域；另外，作为突破技术的重要组成部分，可以加大进攻威胁，破解紧逼防守。

在比赛中，应首先选择传球（给位置更好的队员）和投篮（在自己的投篮区域且防守者不能及时封盖）。

在运用运球技术过程中要注意以下几点：

- 抬头，注意观察场上情况；
- 能传球或投篮（在自己的投篮区域）就不运球；
- 运球中，没有传球和投篮的机会，不停球。

### （二）运球的种类

#### 1. 基础运球——高、低运球

高运球时，肩、肘、腕关节依次向前下方伸展，按压球的后上方，球的落点在身体的侧前方，球的反弹高度在胸腹之间。运球时，眼睛平视前方。手接触球时，五指微屈，自然张开，成球面附于球上，掌心空出。向前下方按拍球，始终保持球在前，人在后，移动速度越快，球的落点越往前。（图3.2.1、图3.2.2）

低运球时，非运球手架于身体侧前胸部高度，同侧的脚向前跨出半步，躯干挺直稍前倾，抬头保持眼睛观察场上情况。用运球一侧躯干和四肢挡住对手，使身体保持在球和对手之间。（图3.2.1、图3.2.2）

---

[1]　孙明治等. 篮球运动高级教程[M]. 北京：人民体育出版社，2002.

图3.2.1

图3.2.2

## 2. 变向运球

（1）体前变向换手运球

以右手换左手为例，右手运球开始，右手按拍球的右后上方，同时上身向左转体，右肩下压，右脚向左前方跨一大步，左手接反弹至左侧的球，向前下方按拍球，左脚蹬地加速推进。

（2）后转身运球

以左手运球为例，变向以右脚为中枢脚做背后转身，左手按球的前上方，随着后转身的动作，将球拉向身体的后侧方，然后换右手运球加速推进。（图3.2.3～图3.2.6）

图3.2.3

图3.2.4

图3.2.5

图3.2.6

（3）背后运球

以右手运球，向左侧变向为例，变方向时，用右手将球拉到身后，迅速按拍球的右侧后方，将球从身后向左脚侧前方按拍，并立即换左手运球。在向左前方按拍球的同时，右脚向左前方跨步。（图3.2.7～图3.2.11）

图3.2.7

图3.2.8

图3.2.9

图3.2.10

图3.2.11

（4）胯下运球

以右手运球为例，变向时，左脚在前，右手按球的右侧上方，使球从两腿之间穿过，右脚向左前方跨一大步，上体左转，右肩下压，左脚用力蹬地加速推进。（图3.2.12、图3.2.13）

图3.2.12

图3.2.13

## （三）教学与训练

教学要点

- 左、右手均可熟练运球。

教学时突出动作方法，正确规范的动作和发力、变速、变向的时机节奏，以及身体和脚步的配合。

变向或变速运球训练时，突出动作的速率、方向和速度变化的速率节奏、身体的对抗和多种技术的组合。

**1. 原地和直线运球教学与训练**

（1）教学

教学重点：按拍球的部位、手迎送球、球的落点、运球高度，低运球和后退运球要强调低重心的身体姿势。

（2）练习

**练习一：原地高、低运球练习**

原地快速低运球。

动作方法：见低运球。

注意事项：保持低重心，抬头眼睛不看球，最快速度按拍球，运球高度不超过膝关节。左、右手均衡发展。

**练习二：抛接网球运球练习**

队员一只手运球，另一只手持网球。一只手低运球的同时，另一只手向上抛接网球。接网球时，可掌心向上接住，也可掌心向前抓住。

**练习三：双手双球运球练习**

双手各持一球，做原地高运球或低运球，两球可同上同下，也可一上一下。

衍生练习：双手双球高、低转换运球练习。

**练习四：直线减速或急停后加速运球**

基础练习方法：队员每人一球在底线成一路纵队，直线运球至罚球线、中线、对侧罚球线时做减速或急停，然后加速直线运球。换另一只手以同样运球练习返回。

衍生练习：

- 双球练习。
- 急停后原地做3~5次低运球，然后加速向前推进。
- 急停后做后退运球，然后加速向前推进。

易犯错误：按拍球的部位不对、手按拍球后立即收回、翻腕携带球、手腕紧张。

**2. 变向运球教学与训练**

**练习一：原地体前“V”字换手运球**

基础练习方法：从低运球开始，右（左）手按拍球的右（左）上部使球向左（右）下方移动，经地板反弹，运行“V”字型轨迹至左（右）手，左（右）手以同样的方法运球。如此重复练习。

注意事项：运球高度不超过膝关节，换手运球时，快速用力，使球以尽可能短的时间经地板反弹至另一只手。保持低重心，抬头不看球。左、右手均衡发展。

衍生练习：

- 背后“V”字换手运球。
- 换手后各进行1~3次低运球，再做换手运球，如此反复练习。

**练习二：原地体前“V”字不换手运球**

基础练习方法：从原地低运球开始，右（左）手按拍球的右（左）上部使球向左（右）下方移动，右（左）手按拍球后迅速转移至腹前，待球练习经地板反弹至腹前，再快速按拍球的左（右）上部，使球经地板反弹至膝关节外侧位置，如此反复练习。

注意事项：运球高度不超过膝关节，“V”字运球时，快速用力，使球以最短的距离从体侧（腹前）经地板反弹至腹前（体侧）。保持低重心，抬头不看球。左、右手均衡发展。

衍生练习：

- 原地体侧前后“V”字运球。
- 原地体前“V”字换手运球和不换手组合运球。
- 原地体前“V”字运球和体侧前后“V”字组合运球。

**练习三：双手双球运球练习**

- 双手双球体前“V”字不换手运球（两球可同向，也可相向）。
- 双手双球体前“V”字换手运球（一球靠近身体，另一球稍远离身体，避免两球相碰）。
- 双手双球体侧前后“V”字运球。
- 双手双球，做体前换手运球和胯下换手运球。

**练习四：抛接网球运球练习**

基础练习方法：右（左）手低运球，左（右）手拿一个网球，右（左）手运球的同时，左（右）手将网球向上抛出，然后掌心向上接住球，右（左）手运球不停顿。

衍生练习：

- 抛接网球的手，掌心向前主动抓球。
- 抛接网球的同时，做体前“V”字不换手运球。
- 左（右）手向右（左）手抛网球，同时右（左）手向左（右）手做体前“V”字换手运球，右（左）手接网球。
- 抛接网球的同时做原地背后“V”字运球。
- 抛接网球的同时做原地胯下换手运球。

**练习五：全场变向运球**

如图3.2.14所示，在场内摆放8个标志物，队员从底角左手运球开始，按图示路线运球到标志物处做变向，然后向下一个标志物的方向运球。

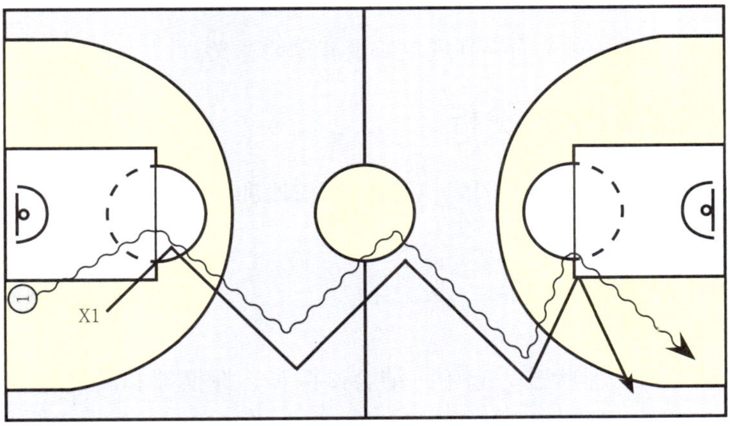


图3.2.14

练习要求：

变向前结合跨步动作减速或急停。

- 变向后脚步用力蹬地加速。

● 假想标志物处有一名防守队员，用躯干和四肢卡住对方。

运球至最后一个标志物处时，变向后可加速上篮，也可急停投篮。（图3.2.14）

初级阶段时可单独练习一个动作，每个变向动作都能较熟练地完成后，可在指定每个标志物前做特定的变向动作，然后可以在标志物前做两个变向运球的结合动作，如体前变向不换手运球接体前变向换手运球、体前变向换手运球接胯下运球、体前变向换手运球接后转身运球、体前变向接背后运球、胯下运球接体前变向换手运球、胯下运球接后转身运球等。第一个变向为假动作，控制好身体重心，身体不前倾加速，为下一次变向做准备；第二次变向后加速前进。在设计练习时，要确定好开始运球的手，在两个标志物之间尽量不做无目的的换手运球。

## 二、突破

### （一）概述

突破是身体动作结合运球摆脱防守创造投篮、上篮和助攻等得分机会的组合技术，是技术和身体素质的完美组合。

突破在快速推进、快攻和阵地进攻中广泛运用。不仅是个人进攻的重要手段，还是有球掩护和突破分球配合的重要组成部分，也是关键时刻特殊打法的重要手段之一。

突破技术的合理运用可以压缩和突破对方扩大人盯人防守，可以刺穿对方区域联防的屏障。合理运用突破技术发动进攻，做到你疏我突，你补我分，从而保证了进攻的灵活性、机动性和攻击性。

因此，突破能力的提高对全面提高进攻质量有重要意义。

### （二）突破技术（结构）分析

突破分为三个阶段：突破起始阶段、突破过程阶段和突破结束阶段。

**1. 起始阶段动作**

起始阶段技术有以下几种：

*（1）原地持球突破*

原地持球突破是以持球状态为起始，结合试探步、挥摆球和瞄篮等假动作创造突破空间，先起步再运球摆脱防守的进攻技术。多用于阵地进攻中。持球突破又分为持球交叉步突破、持球同侧步突破和持球转身突破。

*（2）运球突破*

运球突破是在运球状态中，结合原地或行进间变向、变节奏运球摆脱防守的进攻技术。运球突破组合性强，变化多。运球中利用体前变向换手、体前变向不换手、胯下、背后、转身等单一变向动作或组合动作，辅以虚晃假动作、速度和节奏的变化，诱骗防守，突然变化摆脱防守。

2. 过程阶段动作

在突破的初始阶段完全摆脱防守时，可直接向篮下加速运球。未摆脱防守，或是遇到补防、协防时，再利用变向、变节奏寻找新的突破路线，为突破结束阶段处理球寻找机会。过程阶段技术有以下几种：

（1）加速运球

起始阶段突破路线未被堵截，加速向篮下运球，不给防守队员追防、协防、补防的时机。

（2）变向

遇防守队员横堵突破路线或补防到位时，利用体前变向换手、体前变向不换手、胯下、背后、转身等变向运球改变突破路线摆脱防守。

（3）加减速

起始阶段未创造出合适的突破路线，利用加减速变化节奏，打乱防守脚步，摆脱防守。

（4）跳步、交叉跨跳步

跳步是摆脱超越个人防守，遇对方协、补防未到位瞬间，跳步半转身，避开协防、补防；交叉跨跳步是起始动作后，适时突然加速用力运用交叉跨步跳步抢占有利角度和位置。

3. 结束阶段动作

在突破的过程中，随时把握进攻机会，转入突破的结束阶段，根据防守情况选择直接出手攻击、转身跨步投篮和传球助攻。

（1）直接出手攻击

A. 直接上篮

对突破到篮下的出手投篮防守异常凶悍。因此，直接上篮是要合理运用肩、背、胯和非投篮手臂保护性顶靠防守，利用空中闪躲、时间差、高抛物线等避开封盖，完成出手动作。

B. 急停投篮

急停投篮动作贯穿与阵地进攻突破的全过程，突破起始阶段已造成有利的时间差和位置差，可直接做1～2次运球后果断选择急停投篮进入结束阶段。

突破过程阶段防守人虽然失去有利的防守位置，但仍然贴身跟随至篮下，或是在篮下遇到协防和补防，这时可利用动作引诱防守人移动重心，再利用跨步、转身、挤靠等技术创造投篮空间，出手投篮。

（2）突破分球

突破分球可贯穿突破全过程，突破的起始阶段、过程阶段和准备投篮的瞬间，都要注意观察队友的位置，随时将球传给进攻机会和位置更好的队友。

## （三）突破技术的种类和方法

### 1. 突破初始阶段持球突破技术

（1）交叉步突破

如图3.2.15～图3.2.19所示，以右脚做中枢脚为例，突破前两脚左右开立稍大于肩，两膝微屈，重心在两脚之间，持球于腹前。突破时，左脚前脚掌内侧用力蹬地，同时上体稍右转，左肩向前下压，重心向右前方移动。左脚向右侧前方跨出，将球引至右侧并用右手运球，右脚用力蹬地加速超越防守。

图3.2.15

图3.2.16

图3.2.17

图3.2.18

图3.2.19

（2）同侧步突破

如图3.2.20～图3.2.24所示。以左脚做中枢脚为例，突破前，两脚左右开立稍大于肩，两膝微屈，重心在两腿之间，持球于腹前。突破时，右脚向前方跨一大步，同时转体探肩，重心前移，右手放球于右脚侧前方，左脚迅速蹬地并向右前方跨出，加速运球超越对手。

图3.2.20

图3.2.21

图3.2.22

图3.2.23

图3.2.24

（3）持球转身突破

持球转身突破多用于内线低位背向篮筐进攻时。持球转身突破一般为前转身，以从右侧突破为例，防守队员偏重左侧防守时，背部倚靠防守队员，左脚蹬地，将重心转移到右脚上，双手持球跟随身体转动。然后，左手向防守队员身后拍按球，右臂撑住防守队员，右脚蹬地加速超越防守队员。

（4）持球突破辅助假动作一：试探步

当防守队员采用平步防守，不好选择突破路线时，或防守队员采用斜步防守，没有好的投篮或突破的机会。持球队员可采用试探步将防守人的重心骗到一侧，然后从另一侧突破。

以球在身体右侧“三威胁”姿势持球开始，左脚向前有力且攻击性地跨一小步（以右手持球为例）并用前脚掌着地。右脚脚跟离开地面，这样有助于迅速起动做下一个动作。做试探步时要左肩稍向内侧转以保护球，给防守队员要突破的感觉。左脚在右脚前15～20厘米处着地，两腿微屈以保持平衡，头部与躯干保持正直（或稍向前倾），眼睛不能盯着地面而是盯着防守队员身后的某一处位置，从而使对方以为你要向此方向突破，同时也能使你观察整个球场的情况。（图3.2.25～图3.2.27）

图3.2.25

图3.2.26

图3.2.27

（5）持球突破辅助假动作二：挥摆球

当防守队员偏重一侧紧逼防守时，如持球队员右手持球，防守队员右脚向前贴近持球队员，不给其投篮的空间。这时可使用挥摆球技术将球尽可能快地挥摆到左侧。接下来可连接右脚交叉步突破或左脚顺步突破。

以防守队员右脚在前，进攻队员左侧持球向右侧挥摆球为例，将球从身体左侧以尽可能快的速度从左腹部经髋部挥摆至右腿膝关节以下的外侧。（图3.2.28～图3.2.31）

图3.2.28

图3.2.29

图3.2.30

图3.2.31

### 2. 突破起始阶段运球突破技术

（1）后退运球接变向运球

当防守队员采取紧逼防守时，运球队员没有突破的空间，或是防守队员即将形成或已经形成夹击时，运球队员无法运球加速冲破夹击。这时，运球队员可先采用后退运球，与防守队员拉开可做体前变向换手运球的空间时，采用体前变向换手运球技术，改变前进方向超越防守人或摆脱夹击。

在后退运球后，变向加速超越防守时，视运球空间的大小，也可采用胯下运球和背后运球突破防守。

（2）体前变向不换手运球接体前变向换手运球

以右手运球为例，当运球队员采用体前变向不换手运球时，运球队员向左侧虚晃后，球回到右侧，防守队员及时将重心移至左侧。运球队员不能从防守队员左侧加速超越时，可快速运用体前变向换手运球从防守队员右侧加速超越防守。

（3）持球试探步、挥摆球、瞄篮接交叉步突破、顺步突破

防守队员站位合理，持球队员很难选择突破方向，也没有足够的空间投篮时，持球队员可运用试探步、挥摆球、瞄篮等持球突破辅助动作，将防守队员的重心骗到一侧，或者升

高，然后迅速运用持球交叉步突破或顺步突破，从防守薄弱的一侧加速超越防守队员。

以左脚做中枢脚为例，持球于身体右侧，右脚做试探步，防守队员如果移动重心防守其从左侧突破，持球队员可迅速运用挥摆球技术结合持球交叉步技术从防守队员右侧突破。如果防守队员对试探步没有做出防守反应，可直接从其左侧做顺步突破加速超越防守。

在持球过程中，如果防守队员重心后移，可做投篮动作，防守队员上前封盖并迅速采用持球顺步或交叉步突破技术加速超越防守。如果防守队员不上前封盖，而持球区域又为持球队员的投篮区域，则果断投篮。

（4）运球突破要点

- 时刻保持低重心，便于快速变向和变速；
- 运球快速有力，以缩短球不与手接触的时间，降低防守人破坏运球的风险；
- 利用好前脚掌内侧的蹬地发力完成变向和变速；
- 变向和变速相结合，变向后，如防守人不能及时调整重心，则果断加速超越防守人，如防守人及时调整重心占据有利防守位置，则快速进行第二次变向；
- 变向后，加速的时候，快速跨出靠近防守的脚，脚落在防守人的脚后，用同侧手臂躯干和腿挡住防守，不让其再次占据有利防守位置。

## （四）教学与训练

### 1. 练习步骤安排

运球和突破练习建立在熟练掌握规范原地和行进间直线运球的手法的基础上。先进行起始阶段技术练习，然后进行起始阶段技术接过程阶段技术练习，最后过渡到起始阶段、过程阶段和结束阶段完整练习。

最后可结合无球摆脱急停接球后突破技术的练习，结合有球掩护、突破分球等基本配合练习。

在整个练习过程中辅以摆放标志物、消极防守、积极防守、攻守对抗等练习形式进行练习。

### 2. 练习

分解动作练习，两人一组，持球人“三威胁”持球，防守人站于持球人身前20～30厘米处，持球人逐步做以下练习：

- 持球探肩、转体；
- 持球探肩、转体、跨步；
- 持球探肩、转体、跨步、推放球；
- 持球探肩、转体、跨步、推放球、加速推进。

练习要求：

- 向左（右）探肩转体时，右（左）脚前脚掌内侧用力蹬地；
- 跨第一步时中枢脚前脚掌内侧用力蹬地；

- 跨第一步要大，且脚步要指向篮框的方向；
- 转体时，背要挺直不前弓，背靠住防守队员；
- 第一步跨出后推放球要快。

易犯错误：

- 跨步远离防守人，脚尖不指向篮框；
- 弓腰，背未靠住防守队员；
- 推放球太慢，推放球前中枢脚离地。

### 3. 训练

**练习一：持球突破上篮或急停投篮**

方法：如图3.2.32所示，分别在标志物处做持球突破。

图3.2.32

练习要求：

- 跨步蹬地要用力，第一下运球要低且快速；
- 左、右两侧均进行练习。

衍生练习：

- 自己向前抛球，向前跨步接球后持球突破；
- 教练在一侧传球，队员做反跑摆脱跨步接球后持球突破；
- 将标志改为防守队员，从消极防守到积极防守，逐步进行练习。

**练习二：持球突破辅助技术练习**

试探步：原地“三威胁”试探步练习，如图3.2.33所示。

挥摆球：两人一组，防守队员紧贴持球队员，持球队员做挥摆球。

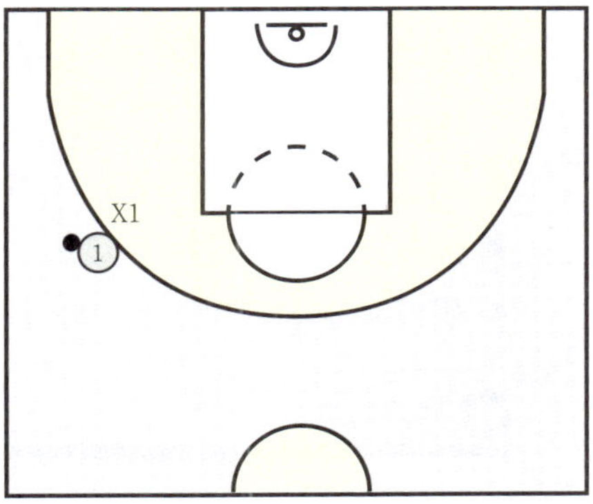

图3.2.33

原地挥摆球、试探步、瞄篮组合练习：两人一组，防守队员紧贴持球队员，持球队员做挥摆球创造突破空间，顺势做试探步，然后撤回试探步瞄篮。

**练习三：持球突破辅助假动作接持球突破练习**

练习方法：如图3.2.33所示，两人一组，①持球，做挥摆球、试探步、瞄篮组合练习。突破后急停投篮或上篮。在持球队员做试探步、瞄篮动作时，防守队员可适当做出相应的防守反应，移动重心、升高重心，以提高队员选择合适进攻技术的应变能力。

练习要求：

- 进攻队员的持球突破辅助动作，节奏要适中，不要太快，给防守队员一定的反应时间；

- 左、右的试探步、挥摆球和持球突破均衡练习；
- 两侧翼、弧顶都要进行练习；
- 挥摆球时可用肩膀顶靠防守人，以创造挥摆不过的空间。

练习熟练后，可组合无球摆脱、急停接球等技术动作进行练习。

**练习四：一对一持球突破**

练习方法：在弧顶、两侧翼做持球突破一对一对抗。

练习要求：

- 攻守队员都要敢于对抗；
- 防守队员要积极防守，利用快速的脚步移动堵截进攻队员突破路线，利用身体卡位占据合理、有利的防守位置；
- 进攻队员根据防守情况，灵活运用持球突破辅助技术、持球突破技术、以及投篮、上篮技术。

**练习五：个人突破组合技术训练**

如图3.2.34所示，此练习可将无球摆脱接球、持球突破、运球突破、急停投篮、上篮、跨步转身投篮、挤靠投篮组合起来进行练习。练习的位置在两侧翼、弧顶，突破路线左、右两侧均要练习。练习顺序安排如下：

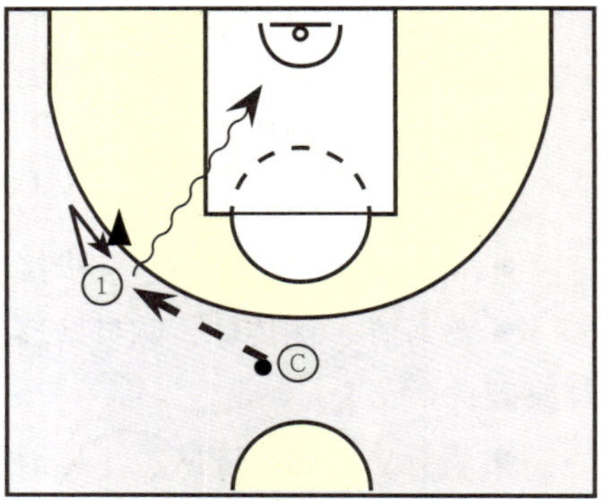

图3.2.34

- 持球突破接运球突破接上篮或急停投篮；
- 无球摆脱接球接持球突破接运球突破接上篮或急停投篮；
- 无球摆脱接球接持球突破接运球突破接跨步转身或挤靠投篮；

练习方式可按如下步骤：

- 标志物设置持球突破、变向运球点并指定规定动作；
- 消极防守下，按指定位置、指定动作练习；
- 积极防守下应变选择突破和出手方式（必须以持球突破开始）。

## 思考题

1. 运球技术在比赛中运用的要点是什么？
2. 突破技术在比赛中运用的要点是什么？
3. 突破技术的训练要点是什么？
4. 设计45分钟的突破技术训练安排。

# 第三节　传接球技术与训练

传、接球是篮球技术中的重要内容之一，熟练的接球和及时准确的传球能密切队员在进攻中的相互关系，并能为获得良好的进攻时机创造有利条件，所以传、接球技术是组织配合的纽带和桥梁。

## 一、传球的原则

运动员在传球之前需要先做好传球准备，当拿球时，先做“三威胁”，当运动员拿球在可处理的进攻区域内时，他应该拿球面对球篮寻找投篮，再看有没有向内线队员传球的机会，最后才是运球。一个队员的第一反应是运球，强调的是，投篮和传球在这种本能之上。因为运球是一种个人技术，每一个队员每次练习时都会接触球，提高运球是一种自然倾向，好的传球是建立在教练教授最基本的传球基础之上的。

**1. 双脚在地面上**　传球大多数情况下，脚是在地面上，并要有快速的脚步移动。

**2. 传球要干脆利落**　在防守者做出反应之前，传球应该利落，但不能太难或太简单，一个快速的移动通常会在传球的方向上产生一个额外的力量，当一个快速的传球产生，就会发出“砰”的声音；当传球太硬，接球的声音就和碰地的声音一样；当传球太软，接球就没有声音。所以这个传球原则就是要传出“砰”的声音（干脆，不要太硬和太软）。

**3. 选择一个目标**　每一个传球都必须精准地命中目标（通常是远离防守者），一个远离防守者举起的手通常做为目标，队员接球时应双手举起，一只手做为目标，另一只胳膊弯曲避开防守者。

**4. 时间选择**　当接球队员手打开时，球必须传到位，不能早或晚，传出“砰”的声响是在对的时间点，当开始学时，放大通过的时间。

**5. 假动作**　传球者必须用假动作特别是用眼睛迷惑做出预判传球的防守队员，用球假装，并保持传球者当看到目标时视线在整个全场。

**6. 缩短所有的传球**　通过手递手或在传球前，以运球来缩短与接球队友的距离，特别是要把球传给篮下区域或者是进攻区域联防的时候。

**7. 不要把球传到人多的地方**　先把球传给外围队友，来引开对方防守，然后，在防线瓦解后，再进到篮下区域。

**8. 动作不稳定时不传球**　传球前不要上下移动球，学会用身体保护球，学会用头、肩和眼睛做假动作骗过对方。

**9. 传简单的球**　许多时候，球员会犯这样的错误，即传超出自己能力的球，或者传的球超出队友的接球能力。

## 二、选择正确的传球方式

### 1.直传

最快的传球应是直传，简单的理论就是两点之间直线最短，因此，直传是用得最多的，所有基本的传球绕过防守应是直传。

### 2.高球

高球只适用在快速打破防守传给同伴（快攻），但高球允许队友在跑动中接球，当队友在快速行进中，这是最好的方式越过防守者，高球总是最慢的传球。

### 3.击地

击地传球只适用在队友在快速行进中但是比防守队员矮，开放的底线一侧，秘密的传球，紧急情况下进行。（图3.3.1）

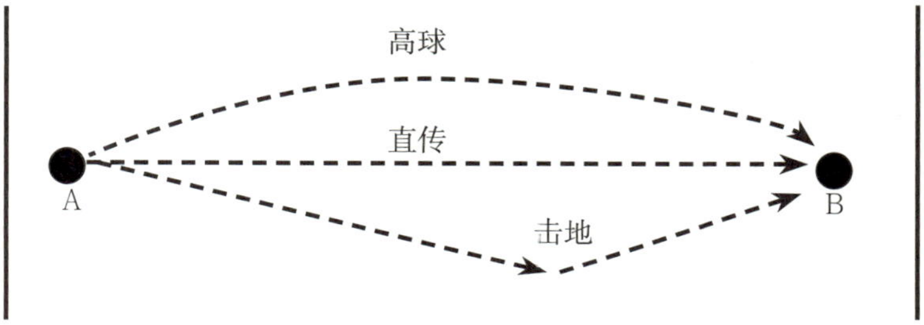


图3.3.1

## 三、传球的分类

五种基本传球方式是必须学会的。球员一旦掌握了这五种传球方式，就应该学习难度更大的传球技术。

### （一）胸前传球

如图3.3.2所示，这是篮球中基本的传球方式，应该在任何可能的位置使用这种传球方法。开始时，双肘靠近身体，三威胁姿势。大拇指推球时，手腕应稍向内侧转动。传球的目标是队友的腰部和肩部之间，要保证球传到离开防守的一侧。球出手时会稍向后旋转，手指全部指向传球的目标。

图3.3.2

## （二）击地传球

如图3.3.3、图3.3.4所示，这种传球主要用于穿插，通常是传给向篮下切入的球员。技术上大体和胸前传球相同，但是目标更低，只微微高于膝盖。球到击地点的距离大概是球到接球手距离的三分之二处。因为球有旋转，这种传球比直线传球难控制。因此，只是在不能进行胸前传球时，才使用击地传球。

图3.3.3

图3.3.4

## （三）头上传球

这种传球有两个目的：一是传球给篮下的队员；二是发动快攻。传球手握球在胸前，然后从面前将球举到额头上方，在这个位置上要保持上臂平行。然后，手腕稍向内侧旋转，用拇指推球。球出手时，拇指应指向目标方向，其余手指直指正上方。目标方向通常是高于接球手的肩部。（图3.3.5、图3.3.6）

图3.3.5

图3.3.6

## （四）单手肩上长传球

单手肩上长传球主要用于开始打快攻或传长距离的界内的传球。对右手球员来说，双手举球在右耳边位置，确保右手在球的后面。球被向前带时，由右肘带动动作。右腕迅速下压的同时，右拇指朝下，其余手指指向目标方向。这个动作可以避免把球传成弧线。（图3.3.7、图3.3.8）

图3.3.7

图3.3.8

## （五）双手肩部传球

双手肩部传球也是用于快攻的传球方式。在场地的右侧抢到篮板球时，双手举球在左耳边的位置，不要试图用右手传出三分线。上臂保持平行，球员以右脚为支点转身的同时，手腕稍向内侧旋转，拇指将球推出。其余手指在球出手的瞬间指向目标方向。球要传得与胸部同高，传给突破到罚球线延长线的队友。

### （六）低手传球

低手传球常常用在需要给距离自己较近或是空切到距离自己较近的同伴队员传球的时候。低手传球是帮助摆脱对方防守的同伴队员轻易得分的有效传球手段。低手传球的方法：单手托球靠近身体，向近距离的传球目标伸臂，轻轻地向传球目标抖动手腕，使球从传球手指尖旋转滚出。低手传球很像将篮球快速地通过手递手方式传到同伴手中。（图3.3.9）

图3.3.9

### （七）挑拨传球

常常用在从运球直接传球给同伴队员的情况下。挑拨传球的动作方法：用任何一只手运球，寻找一个接球目标（一个同伴或是一面墙）。当球从地上反弹到最高点时，快速转动运球手掌到球的后侧并向传球目标伸手臂拨球将球传出。拨球的同时抖动手臂来增加传球力度。传完球后，要重视随后的跟随动作。（图3.3.10）

图3.3.10

### （八）背后传球

常常用在为了避开防守人增加传球隐蔽性的情况下。传球方法：传球手持球，用传球手臂和手掌向身体背后拉球的同时向传球方向伸手臂，最后向传球方向抖动手腕增加传球力度将球传出。（图3.3.11）

图3.3.11

### （九）单手体侧反弹传球

常常用在需要横向移动越过防守人给一侧同伴队员传球的情况下。左手体侧反弹传球动作方法：左手持球，左脚向左侧横跨一步，慢慢地向着防守人的外侧横向伸展手臂，将球向距离传球目标三分之二的地方反弹传出，传球时抖动手腕加大传球力度。球会在反弹后传到接球队员手中。传完球后，传球手指指向传球方向，完成传球后的跟随动作。（图3.3.12）

图3.3.12

## 四、接球

接球是获得球的重要技术，比赛中获得球主要有三种途径，一是接同伴传来的球；二是抢篮板球；三是抢、断对方的球。这三种途径都依靠接球技术。因此，能否牢稳地接住球，对于减少传接球失误，弥补传球的不足，以及截获对方的球都是十分重要的。

接球有双手接球和单手接球，不论是哪一种，接球时眼睛都要注视球（对来球的方向、球的高度、球的旋转、球的速度和力量、球与自己的距离等都要准确地判断），肩部要放松，手臂要迎球伸出，手指自然分开。当手指触球的同时屈肘，臂后引，缓冲来球的力量后，两手握球，保持身体平衡，以便做下一个动作。

### （一）接球技术

当接球时机出现时，接球队员要通过喊："球！"，或者用手或手的移动作出信号要球。这时他要给传球者一个目标——通常是伸出离防守队员较远的那只手，手臂张开或者弯曲成45°。接球队员只要一触到球，另一只手就立即紧紧拍按并用手指紧握住球。前臂在胸前弯曲，肘部朝外与身体成T形。

双手接球技术动作方法：两手靠拢，形成一个半球形，这样就减少了漏接的概率。注意是用手掌接球，掌心空出。（图3.3.13）

篮下策应队员常常使用单手接球，如图3.3.14所示。单手接球的动作方法：在身体一侧举起一只手臂，手臂自然伸直示意同伴传球的路线。当同伴给你传球时，伸出手臂用手掌接住球，注意掌心空出。然后立即将球收回来防止防守人抢断。在投篮或者完成进攻之前另一侧手向球侧移动双手持球。

图3.3.13 双手在腰部

图3.3.14 单手接球

### （二）接球原则

接球时要求队员做好准备，接球队员应将双手举起，打开身体并在正确的时间给出接球目标。

1. 接球时要观察、了解场上情况，要积极移动迎前接球。

2. 接球时双脚应在空中。

3. 接球后身体要面对篮筐。

4. 尽可能用双手接球。

5. 摆脱接球时，要利用身体、上肢和脚步移动抢占空间位置，挡住对手可能断球的路线，以保证接球的安全。

6. 接球的同时要为下一个动作做好准备，要和下一个进攻动作衔接好。

7. 接球后要及时、快速地转入投篮突破和传球等，在人和球的移动中创造更多的进攻机会。

## 五、教学与训练

在传球前，球员必须先分析防守。有三个传球线路是防守方不容易截住球的：第一，防守队员头部正上方，在防守紧随带球队员时很难对这个位置进行保护；第二，防守队员的耳边，如果防守队员的一只手是下垂的；第三，防守队员举起的手下方的击地传球。可以利用两种简单的练习教队员。

**1. 练习一**

如图3.3.15所示，进攻球员之间相距4米，中间有一名防守队员。进攻队员之间相互传球。进攻方传球后变成防守方，试图把球打掉，或截住传球。在球传回来前，进攻方应该给防守方时间来拦截每个传球手。要强调利用头、肩、眼的假动作，强调进攻方在动作不稳定的情况下传球不要上下晃动球。

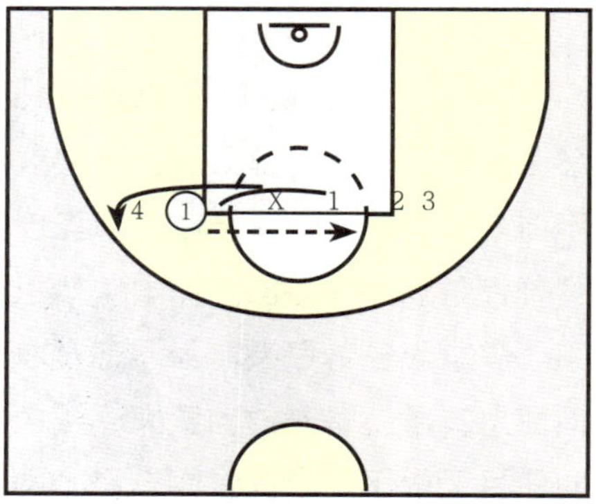

图3.3.15

**2. 练习二**

如图3.3.16所示：进攻球员①②③④⑤围成一个圆圈，防守队员X在圈的中间。进攻方可以把球传给任何一名队友，除了紧邻他身边的那名队员。要保证防守方有足够的时间，在下一个球被传出前，挡住传球手。

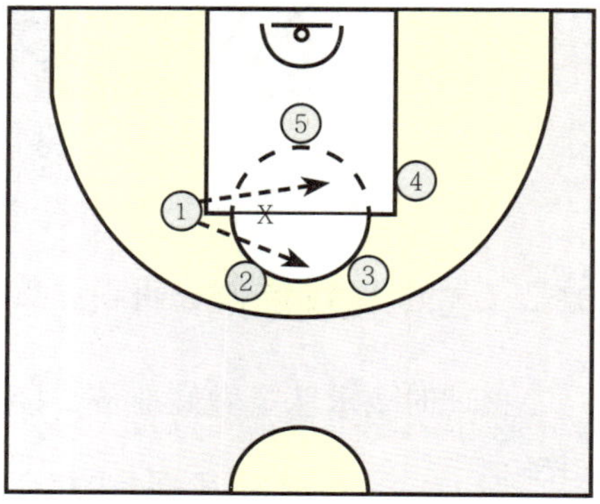

图3.3.16

**3. 练习三**

图3.3.17所示的是三种传球的练习和递球给队友的方法。队员在场地端线两侧各站成一队。球员①长传给③后，随着传球方向跟进，③快速用双手胸前传球回传给①。两名球员在场地中央相遇时，①传球给③，③朝边线继续移动，用击地传球把球传给②，②用单手肩上传球给处于场上另侧的④，这样一直练到两边的球员分别到达另一端线。

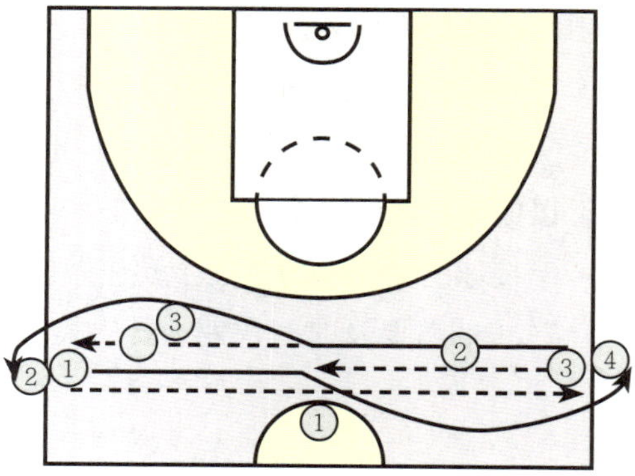

图3.3.17

教练将传球的基本技术传授给球员后，应该让球员在模拟比赛的条件下进行练习。还有一个更省时的方法是，给球员设计一个可以让他们在练习传球的同时，还可以学习进攻模式的一套训练教程。

### 4. 练习四：五人移动传球

目的：训练学生跑位传球的能力。

准备：场地一块、篮球若干个。

方法：学生5人一组，使用半个球场，5人站成“2-1-2”阵型。如图3.3.18所示，④⑤⑥⑦⑧如图站位，④持球。后卫向中锋传球必须用单手体侧反弹传球，中锋向前锋传球要用双手头上传球，前锋向后卫传球要用双手胸前传球。

练习的顺序是④将球传给⑧并跑向中锋的位置，⑧将球传给⑥并跑向右前锋的位置，④移动后，⑤立即移向左后卫的位置，⑦移向右后卫的位置；⑥将球传给⑤并跑向左后卫的位置，⑤将球传给④并跑向中锋的位置，④将球传给⑧并跑向左前锋的位置；⑧将球传给⑦并跑向右后卫的位置，⑦将球传给⑤并跑向中锋的位置，⑤将球传给④并跑向右前锋的位置。如图3.3.19～图3.3.21所示，如此以“8”字循环的形式进行移动传球，直至规定的时间练习停止。

要领：上述传球动作方法、要领同前所述。传球和移动要衔接紧密。

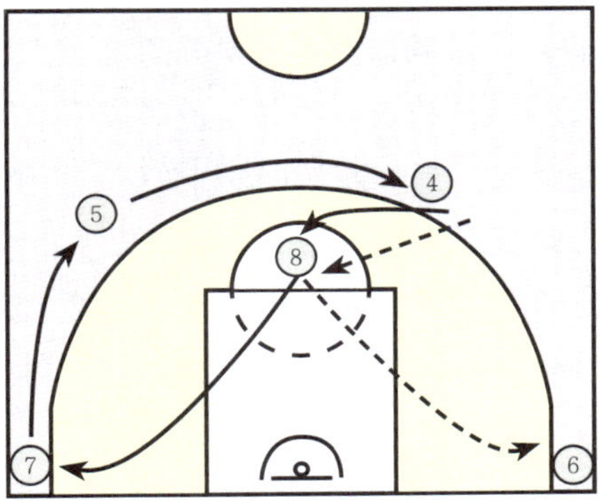

图3.3.18

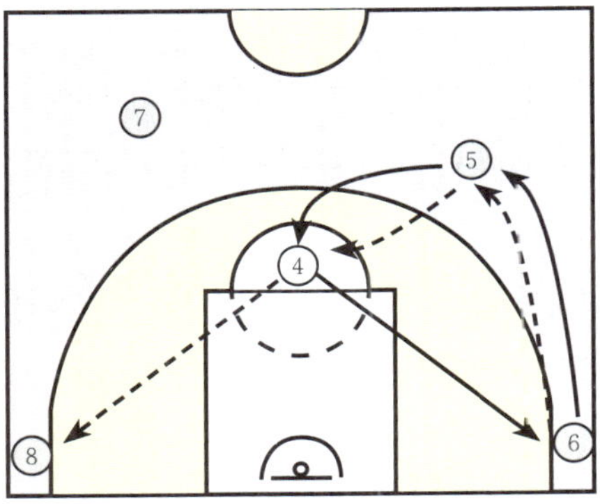

图3.3.19

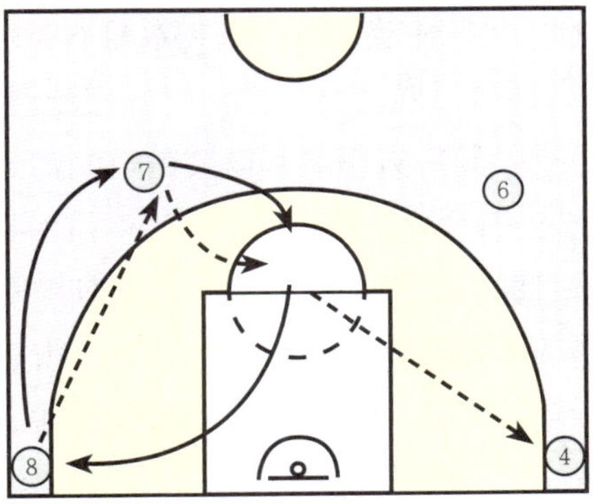

图3.3.20

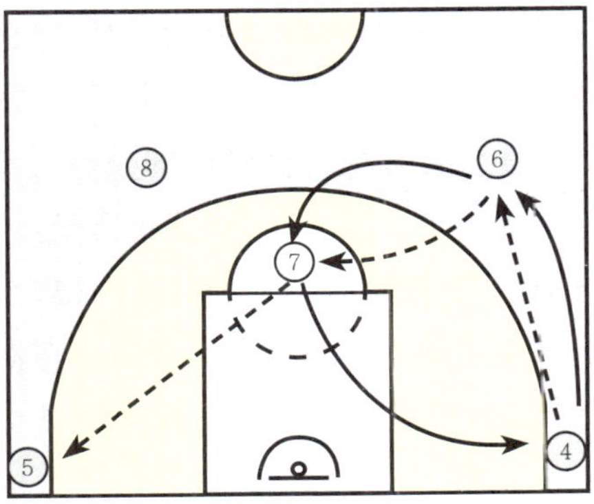

图3.3.21

## 思考题

1. 一个传球的过程由哪几个方面所组成？哪些是主要的？
2. 传球前的假动作有哪些？如何运用？
3. 传球的技术要求是什么？
4. 在比赛中，接球应注意哪些问题？
5. 传球在运用中应注意哪些问题？

# 第四节　篮板球技术与训练

人们常说：“进攻赢得票房，防守赢得比赛，抢篮板球赢得冠军。”因此一般来说控制了篮板球就控制了比赛的结果。

比赛的实践证明，哪一方抢篮板球能力强，抢篮板球次数多，哪一方就能掌握比赛的主动。如果进攻时抢篮板球占优势，不仅可以增加进攻次数和篮下直接得分的机会，增强投篮队员的信心，而且容易造成防守犯规，减少对方发动快攻的机会。防守时抢篮板球占优势，不仅能加重进攻队员投篮的心理压力，影响其投篮的命中率，而且能为本队创造更多的快攻机会。

在篮球运动中，抢篮板球通常被定义为双方队员在争抢投篮未中的球以获得控球权的行为。抢篮板球包括抢进攻篮板球和抢防守篮板球。抢进攻篮板球的目的就是在进攻队员投篮未中后要继续拥有控球权，而抢防守篮板球的目的则是试图在进攻队员投篮未果后夺取控球权。

## 一、抢篮板球技术分析

抢篮板球是一项较复杂的技术，虽然抢进攻和防守篮板球在具体方法上有许多不同，但主要由抢占位置、起跳动作、抢球动作和获球后的动作组成。

### （一）抢占位置

抢占有利位置是抢篮板球技术的关键，它对能否抢到篮板球起着重要的作用。无论抢进攻篮板球还是抢防守篮板球，都要抢占在对手与球篮之间有利的位置上。抢占位置时，应根据对手和投篮队员所处的位置，正确判断篮板球的反弹方向和距离。篮板球的反弹是有一定规律的，一般情况下，投篮距离与球的反弹成正比，即投篮距离远，反弹距离远，反之则近。另外，由于投篮位置、角度的不同，球反弹的方向也是不同的，一般来说，在场地一侧投出的球有很大可能会反弹到场地的另一侧，从篮板正前方投出的球会反弹到罚球线附近。准确判断篮板球的反弹方向、距离和运用快速的脚步动作、身体动作是抢占位置的关键。

### （二）起跳动作

抢篮板球以双脚起跳为主，要求能在各种情况下双脚起跳。起跳时双脚分开宽于肩，屈膝降重心，双肘尽量外展，利用双臂的摆动带动身体充分向上伸展，力争在最高点拿到球，并控制好身体平衡。如果离篮较远时可采用单脚起跳，单脚起跳抢篮板球是在判断球的落点后，向球的落点迈出，单脚用力跳起，手伸向球的方向。抢篮板球起跳时要结合各种步法起跳，防守队员一般多采用转身跨步和上步起跳方法，进攻队员则多采用交叉步摆脱上步双脚起跳的方法。

### （三）抢篮板球动作

空中抢篮板球动作有三种方法，一是双手抢篮板球，二是单手抢篮板球，三是点拨球。

**1. 双手抢篮板球**

当指端触球的瞬间双手用力握球，腰腹用力，迅速屈臂将球置于腹部，同时双肘外展，以保护好球。高大队员抢到球后，为防止对手围守，可双手将球举在头上。双手抢篮板球的优点是握球牢。

**2. 单手抢篮板球**

当身体跳到最高点时，单手向来球方向伸展，指端触球后迅速屈腕、屈指、屈肘，并用力收臂拉球于胸腹前，另一只手立即扶球。单手抢篮板球的优点是触球点高，控制空间面积大。

**3. 点拨球**

点拨球是在跳起最高点时，用指端点拨球的侧方、侧下方或下方，把球点拨给同伴或点拨到便于自己控制到球的位置以便获球。点拨球的优点是触球点高，可以直接补篮和缩短传球时间。

**4. 获篮板球后动作**

抢到篮板球落地时双脚分开宽于肩，屈膝降重心，上体稍前倾保持身体平衡，同时两肘外展保护球，如遇对方防守时，应把球放在防守的远侧，高大队员得球时，可将球置于头上，这样更易于保护球。

进攻队员抢到篮板球后，首先应补篮或继续投篮，如果没有投篮机会，则迅速将球传给处于有利位置的同伴投篮或重新组织进攻。防守队员抢到篮板球后，应迅速将球传给同伴，以便创造快攻的有利条件。如果不能传球，则应运球突破后及时传给同伴。

## 二、抢篮板秋技术运用要领

身材高大、弹跳能力好是抢篮板球的有利因素，但并不是唯一的因素。抢篮板球不仅需要身体素质好，还需要果断合理的抢篮板球技巧。

### （一）抢进攻篮板球

抢进攻篮板球是保持控球权的重要手段，抢进攻篮板球时要判断好球的落点，运用快速的移动步法，配合身体动作，摆脱对手进行抢球或补篮。抢进攻篮板球强调的是“冲抢”，运用时需注意以下几个环节。

**1. 观察判断，快速抢位**

当同伴投篮出手后，进攻队员要观察判断对手的行动以及球的落点，为下一步行动作准备。进攻队员不同的落位会有不同的起动与判断，在离球篮近的位置上，常先抢位再判断，处于外围的进攻队员往往是先判断再起动冲抢。

**2. 冲抢篮板**

冲抢是抢进攻篮板球的一个重要环节，在冲抢起跳的过程中要继续判断球的方向和高度，同时积极用力蹬地跳起，充分伸展身体和手臂，尽可能地在更高的空中位置上用手腕和手指的力量抢获球。

**3. 继续进攻**

队员抢到篮板球后首先选择投篮，一般来说防守队员既然没能挡住进攻队员抢篮板球，那么他们可能也失去了防守投篮的位置，所以抢到进攻篮板球的队员可以直接投篮或运球1～2次之后投篮。如果不行，应选择将球传给队友（传到外围投三分球也是个很好的选择），再不行就选择运球出来，重新进攻。

### （二）抢防守篮板球

抢防守篮板球是防守中极其重要的环节，是夺回控球权的重要途径，抢防守篮板球强调的是“挡抢”，运用时注意以下几个环节：

**1. 就近找人，挡人抢球**

当进攻队员投球出手，防守队员第一反应就是找到自己防守的队员或者离你最近的对手，并主动上步贴近对手，判断其行动（视觉接触要先于身体接触）。

**2. 保护好球**

当防守队员抢到篮板球时，首先将球引到下颌的下方，同时双肘外展，双手紧紧地握住球；也可以把球从一侧肩移到另一侧肩，把球放在一个远离防守队员的有利位置来保护球。

**3. 快速转移球**

一旦抢到篮板球，抢球队员必须快速把球传给没人防守的队友，争取打快攻。当抢到篮板球的队员遭到夹击时，可用1～2次运球向前推进冲出包围，或者等待控球好的队员来接应球。无论做何选择，队员都应该保持抬头注视前场，并且保护好球。

## 三、抢篮板球技术教学与训练

抢篮板球需要顽强的意志和刻苦的训练。虽然身材高大、弹跳能力强的球员在抢篮板球时有很大的优势，但决定抢篮板球的关键因素是抢篮板球的技术和顽强的拼搏精神。

### （一）教学中的重点

**1. 抢占位置方法的教学**

抢占有利位置是抢篮板球技术的关键，无论是进攻队员，还是防守队员都应设法抢占对手之间的有利位置，力争将对手挡在身后。而准确判断篮板球的反弹方向、距离和运用快速的脚步动作、身体动作是抢占位置的关键，因此教学中应给予重视。

**2. 起跳动作方法的教学**

在抢到有利位置后，身体应保持正确的起跳准备姿势，运用双脚或单脚起跳。起跳时要注意屈膝降低重心，利用肩、背主动与对手接触，两脚用力蹬地，手臂向上充分伸展。抢篮板球起跳应与各种步法相结合，要掌握向侧上方、后上方和连续起跳的动作。

**3. 抢篮板球动作方法的教学**

抢球动作可以分为双手抢篮板球、单手抢篮板球和点拨球三种。双手抢篮板球是跳起达到最高点时指端触到球后，用力握球，腰腹用力，迅速屈臂将球置于胸腹部位或头上；单手抢篮板球是指抢球时，单臂向球反弹方向伸展，五指张开，用力屈腕、屈指、屈肘、收臂拉球置于胸腹前；点拨球则是在对手身材高大或离球较远不能接触握球时，用挑、拨、捅方法将球拨给同伴，或者拨到自己便于控制的位置，再抢握球。

### （二）练习方法

**1. 起跳空中抢球练习**

（1）原地起跳空中抢球练习

方法：队员每人1球，体操队形站开，队员自已向空中抛球，（高度约3米左右），然后原地双脚起跳用单手或双手抢球，落地后保持身体平衡。

要求：双脚起跳有力，身体充分伸展，抢球动作正确。

（2）上步起跳空中抢球练习

方法：两人一组1球，持球者向前上方抛球（高度约3米左右），另一名队员上步起跳用单手或双手抢球，落地后保持身体平衡。两人交换练习。

要求：上步迅速，起跳及时，抢球动作迅速有力。

（3）空中抢球动作练习

方法：如图3.4.1所示，队员分成两组，分别站在篮板两侧，④拿球，其余队员不拿球。练习开始时，④抛球打板，使球反弹到另一侧，对侧⑤立即起跳做空中抢篮板球的动作，落地后再抛球碰篮板，使球反弹到对侧，如此轮流进行练习。两侧队员练习完成后交换位置。

要求：打板队员掌握好碰板力度和反弹方向，抢球队员要在空中拿住球。

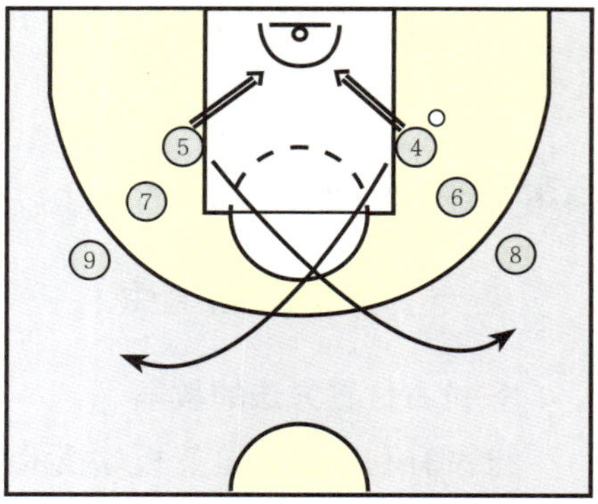

图3.4.1

## 2. 抢进攻篮板球练习

（1）抛球碰篮板起跳抢球练习

方法：如图3.4.2 所示，学生面对篮板站成一路纵队，每人持球，④向篮板自抛球后，上步起跳，单、双手在空中抢球后落地，排到队尾，⑤以同样的方法练习，依次进行。

要求：抛球后要及时判断球的反弹高度，然后及时起跳，在空中最高点接到球。

（2）摆脱防守抢篮板球练习

方法：如图 3.4.3所示，④投篮出手后，⑤先做出准确判断后，摆脱X5冲抢篮板球，获球后传球给⑥，然后排到⑧队尾，④投篮后，排在⑨队尾，⑥再投篮，依次进行练习。

要求：X5在练习初始可做消极挡阻④，到在熟练后，X5可积极顶挡④，加大练习的难度，④冲抢前要做假动作，诱使X5移动。

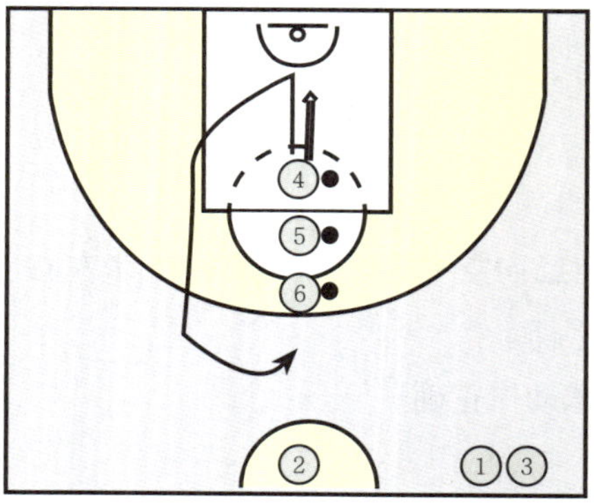

图3.4.2

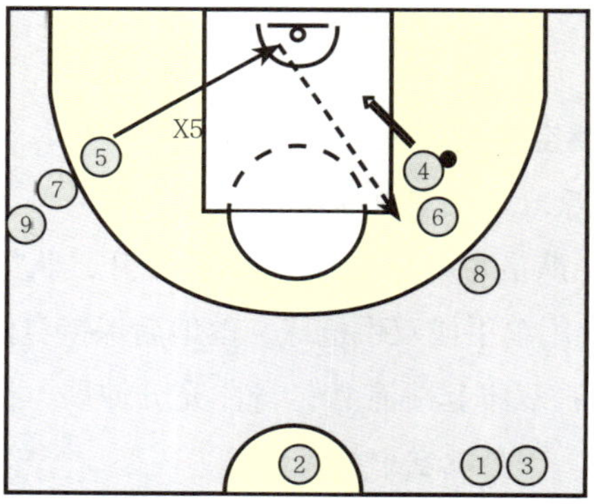

图3.4.3

## 3. 抢防守篮板球练习

（1）挡人抢位步法练习

方法：如图3.4.4所示，两人一组面对面站在圆圈外，圈内放一个篮球，教师发出信号后，防守队员应立即插步转身挡人，进攻队员则设法冲进圈内摸球，连续数次后，两人交换位置继续练习。

要求：防守队员只能用脚步移动挡住对手，不能用手推或拉；进攻队员只能用摆脱或紧贴对手转身进入圈内摸球，不得推人触球。

（2）挡人抢位抢球练习

方法：如图3.4.5所示，C投篮出手后X4、X5要根据④、⑤的抢球移动采取相应的移动步法阻挡进攻人员冲抢篮板球的路线，转身面向篮筐，背贴靠进攻队员进行抢篮板球，获球后传给C，X4、X5排到⑧、⑨队尾。④、⑤变为防守队员，⑥、⑦进场为进攻队员，依次练习。

要求：防守队员要在C投篮出手后，先观察和判断进攻队员的移动路线和动机，及时阻挡其冲抢篮板球路线，然后再去抢球。

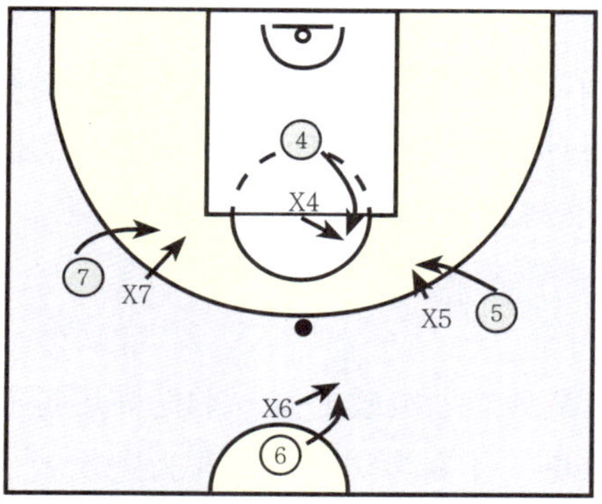

图3.4.4

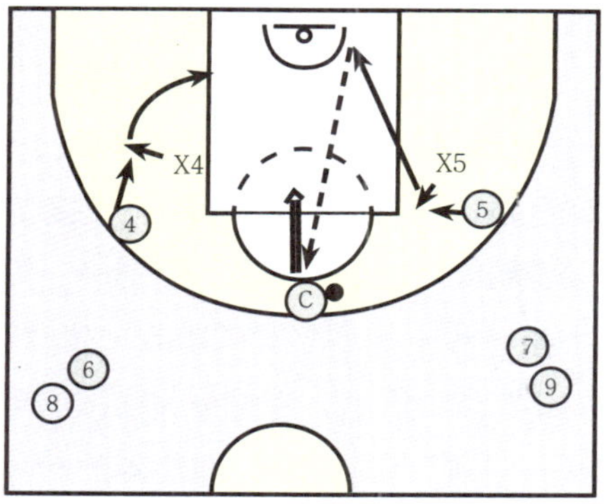

图3.4.5

### 4. 抢篮板球结合补篮练习

（1）投篮后抢篮板球补篮练习

方法：如图3.4.6所示，队员每人1球站在端线，④不拿球，站在罚球线上，练习开始时，⑤传球给④后，即刻上前防守④的投篮，④投篮出手后冲抢篮板球补篮，然后拿球排到队尾。⑤防守完后到④原来的位置，接⑥的传球继续练习，依次进行。

要求：拿到篮板球后可直接补篮，也可运一次球再投篮。

（2）二防二抢篮板球篮下补篮练习

方法：如图3.4.7所示，队员每人1球，两路纵队站于罚球线两侧，练习开始时④和⑤不拿球，⑥和⑦分别将球掷向篮板，此时④和⑤迅速找人，后背紧贴⑥和⑦，将⑥和⑦挡在身后抢篮板球。两人抢到篮板球后，各自在篮下做一次假动作，然后打板投篮。④和⑤练习完成后排到队尾，⑥和⑦与⑧和⑨继续练习。

要求：积极挡人，投篮假动作要逼真。

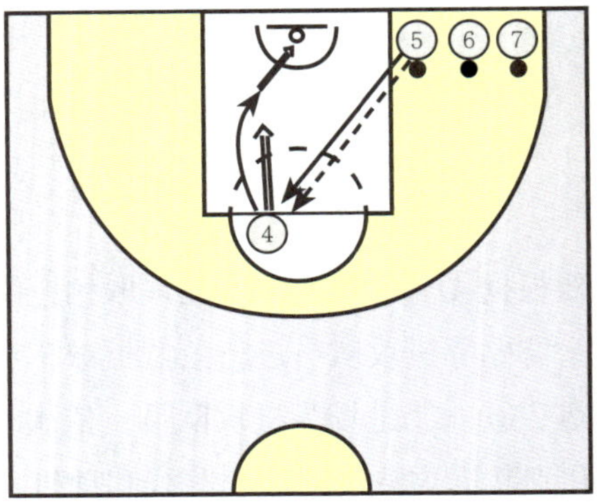


图3.4.6

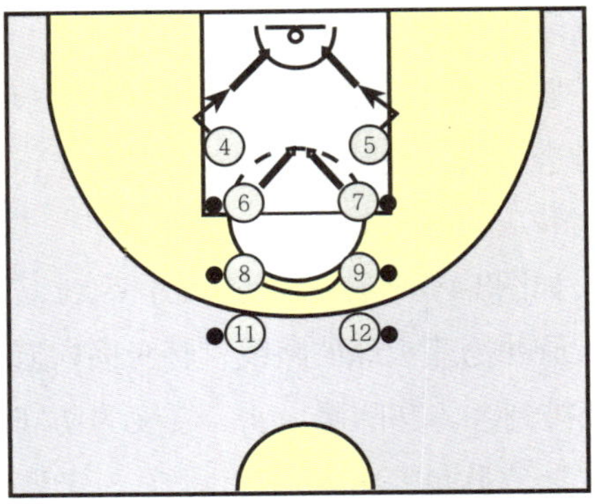


图3.4.7

### 5. 抢篮板球结合快攻一传练习

（1）抢防守篮板球后一传练习

方法：如图3.4.8所示，⑥传球给⑤然后上前防⑤的投篮，⑤投篮出手后⑥立刻转身挡人抢篮板球，然后快速一传给④，④接球后快速运球到中线然后排到⑧的后面。⑤投完篮后移动到④原来的位置，⑥站在⑤原来的位置接⑦的传球投篮以同样的方法继续练习。

要求：转身挡人抢篮板球后一传要快，传球要准确到位。

（2）半场一对一抢防守篮板球后一传练习

方法：如图3.4.9所示，④摆脱X4接C的球，然后运球突破上篮，X4防守后抢篮板球然后快速一传给C，④则干扰一传。X4传球后排到队尾，④变为防守人，⑤为进攻者，以同样方法继续练习。

要求：强调一传要尽量避开对手的干扰，快速准确传好球。可规定如果2~3秒内未传出球，即为失误，防守队员继续防守。

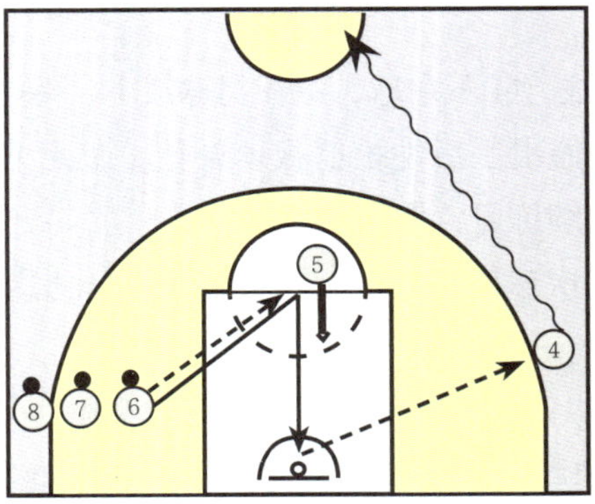


图3.4.8

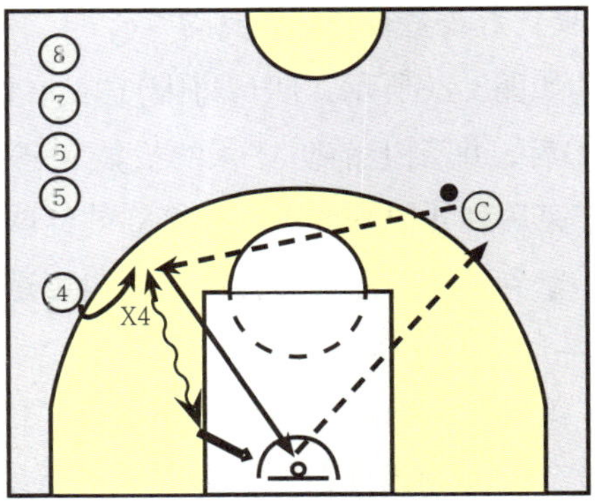


图3.4.9

### 6. 抢篮板球与补篮、快攻结合练习

（1）3人抢篮板球后一传与补篮练习

方法：如图3.4.10所示，3人一组，⑥为进攻队员，X4和X5为防守队员。3人在限制区内。练习开始时，C投篮，3人同时抢位抢篮板球，⑥抢到球则立即补篮，X4或X5抢到球则迅

速一传给C，另一人快速拉边接应与同伴快速推进上篮，⑥则迅速退守。

要求：队员各自任务明确，抢篮板球后动作转换要快。

（2）半场二对二抢篮板球后的补篮与快攻反击练习

方法：如图3.4.11所示，半场二对二，练习开始时，C投篮，攻守双方拼抢篮板球，进攻队员抢到篮板球立即补篮，防守队员抢到篮板球后快速运球推进到对面球篮上篮，原进攻队员④和⑤变为防守，⑥和⑦上来进攻，继续练习。

要求：攻守双方抢球要认真，拼抢要积极。

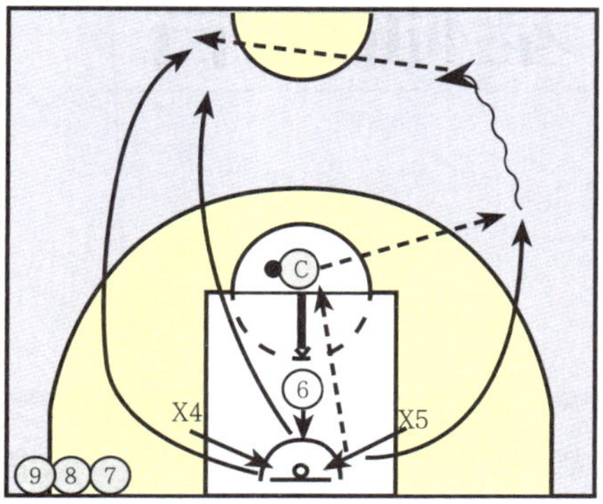


图3.4.10

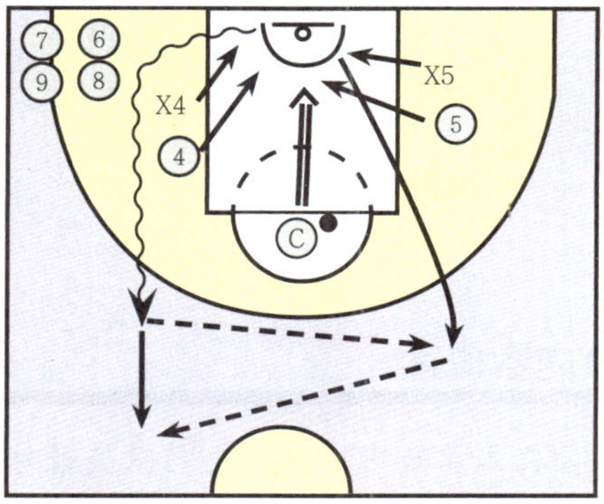


图3.4.11

## 四、易犯错误及纠正方法

### （一）易犯错误

1. 投篮出手后只看球而不挡人，或只顾抢位挡人而不顾球。
2. 抢到球后，未保护好球，被对手轻易打掉或抢走。

### （二）纠正方法

1. 多做一对一或二对二抢攻防篮板球练习，提高抢位和挡人能力。学生练习时教师可用语言提醒学生注意挡人或抢位。

2. 多做抢到篮板球后将球引到下颌的下方，同时双肘外展，双手紧紧地握住球的练习。提高保护球的意识和能力。

### 思考题

1. 试述抢篮板球技术的动作组成环节。
2. 简述抢篮板球技术的运用要领。
3. 分析抢篮板球技术教学重点与难点。

# 第四章　基础配合

## 内容概述

在本章节中，根据当前欧美篮球技战术发展的现实情况和训练实践中的实际需要，我们将挡拆这一配合单独列出来进行描述。在以往国内的教材中，挡拆都被归纳在掩护配合内容里，但在欧美教材中常常被拿出来作为独立内容。在欧美战术中挡拆是单独的战术体系，其进攻和防守的方式已经非常细致复杂。在防守基础配合中，我们将协防、补位和轮转加入进来，使内容更加完善，也可以给教师、教练提供实际的帮助。

# 第一节　进攻基础配合

## 一、掩护和挡拆配合

### （一）概述

掩护是试图延迟和阻碍对方队员到达其希望的防守位置，使队友到达战术部署位置而进行的合理身体活动。在掩护配合中，掩护者用自己的身体挡住同伴防守者的移动路线，使同伴借以摆脱防守，或利用同伴的身体或位置使自己摆脱防守。建立掩护后发生接触时，掩护队员应在其圆柱体内保持静止，合理的身体姿势应是双脚开立着地，大约与肩同宽，躯干直立，胳膊和肘部弯曲于身体圆柱体内，不可伸展。现代篮球中把为持球队员掩护也称做挡拆。

根据掩护者同防守队员位置关系，可分为前掩护、侧掩护和后掩护；按掩护的行动特征分类包括：定位掩护、行进间掩护、背向掩护、假掩护、反掩护和交叉掩护；按掩护的人数特征分类包括：单掩护、双掩护和连续掩护。

**1. 后（前）掩护**

后（前）掩护是掩护队员位于同伴防守者的后（前）面，用身体挡住其后（前）移动路线，使同伴得以摆脱防守获得进攻机会。图4.1.1是UCLA进攻发动阶段在罚球区进行的后掩护，⑤在①传球给②时移动至①的防守人身后做后掩护，①传球后向右做切入假动作，待掩护到位立即向左侧切入，准备接回传球进攻。

**2. 侧掩护**

侧掩护是掩护队员位于同伴防守者的侧面，用身体挡住其侧向移动路线，使同伴得以摆脱防守获得进攻机会，是篮球比赛中运用最多的掩护方式。如图4.1.2所示，⑤移动到④的防守者体侧进行掩护，④观察场上形势，向反向移动或待⑤到位后突然起动，摆脱防守切入篮下接球进攻。

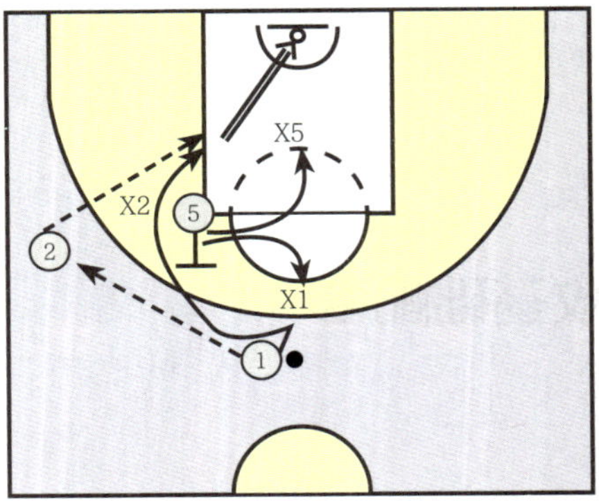


图4.1.1　后掩护（UCLA）

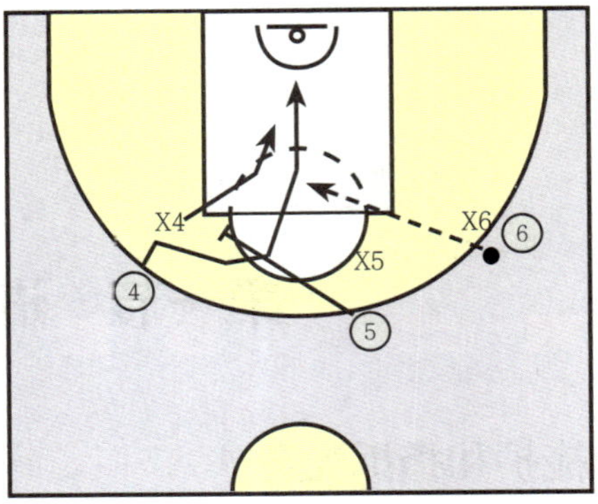


图4.1.2　侧掩护

### 3. 交叉掩护

交叉掩护是两名掩护队员分别占据队友移动路线上交错的位置，用身体挡住其防守人路线，使同伴得以摆脱防守获得进攻机会。图4.1.3是移动进攻中无球队员②沿罚球线横切，分别借助①和③的交叉掩护在场地另一侧获得进攻机会。

### 4. 运球掩护

运球掩护是控制球队员给同伴做掩护，造成传切或接球投篮等进攻机会。图4.1.4中，⑤运球向④的防守人移动进行掩护，④先向外侧做切入假动作，待掩护到位突然向右侧切入，准备接传球跳投或突破。

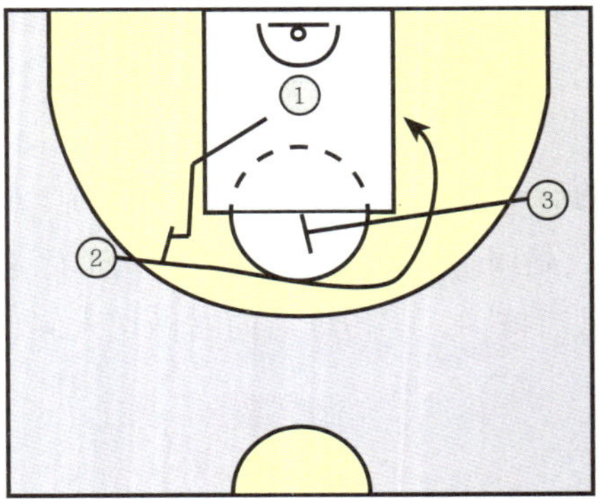


图4.1.3 交叉掩护

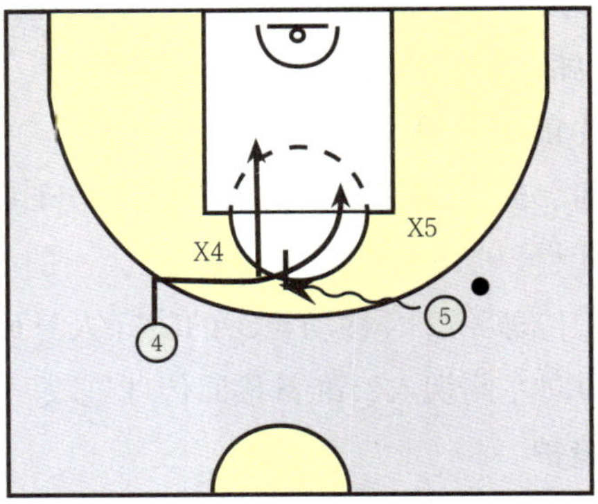


图4.1.4 运球掩护

### 5. 掩护要点

（1）观察队友情况，选择最佳时机在合适角度进行掩护；

（2）双脚开立，两膝微屈，两臂下垂置于腹部，以稳定姿势建立合法、有效的掩护。

### 6. 利用掩护要点

（1）观察掩护队友，保持静止或稍做反向移动以隐蔽意图，提高掩护质量；

（2）掩护到位时迅速摆脱对手，紧贴做掩护队友肩膀切入，观察防守并做出应对。

## （二）掩护配合的练习方法

### 1. 练习方法一

目的：学习利用反掩护进行切入的进攻基础配合，培养基本的掩护意识。

方法：如图4.1.5所示对弱侧队员的反掩护练习，三路队员位于三分线外弧顶位置，⑧位于球场右侧持球，教练在中间传球，位于弱侧的④⑥向端线下沉，⑧运球至罚球线延长线外侧，并将球传给弧顶处的教练，④利用⑥的掩护上提，接教练传球做跳投或者突破上篮，⑥和⑧负责抢篮板球，若球未中篮要进行补篮，按照顺时针轮转换位进行练习。

要求：

（1）所有练习中，队员首先在没有防守情况下进行练习，然后增加人盯人消极防守，再过渡到对抗情况，下同。

（2）利用掩护的④须阅读并引导防守队员意图，将其吸引至⑥的掩护范围内，迅速摆脱对手，发生接触时⑥应保持静止。

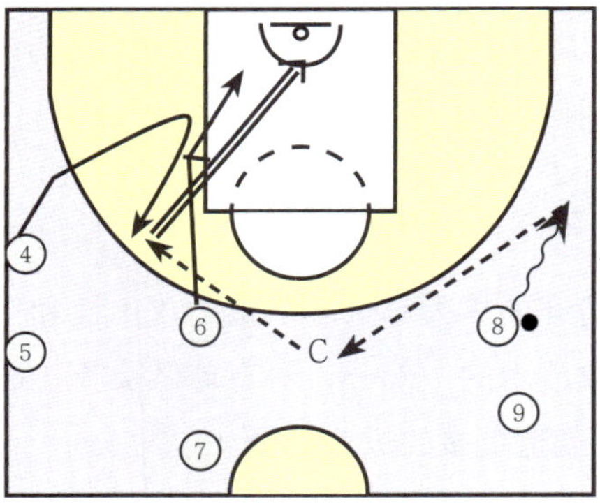

图4.1.5 弱侧反掩护

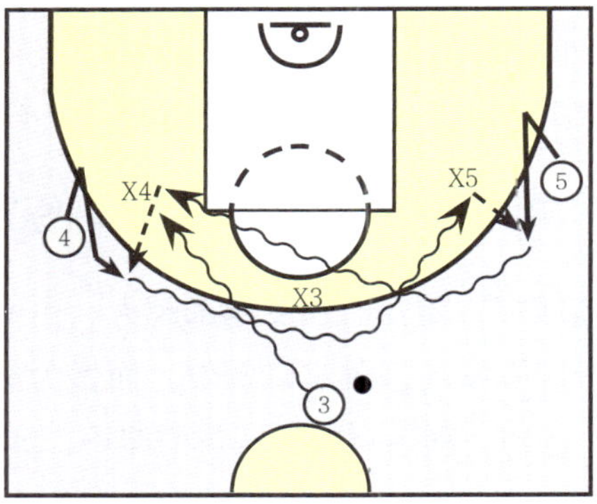

图4.1.6 运球“8”字围绕掩护

### 2. 练习方法二

目的：学习运球过程中进行掩护的基础配合，促进利用定位掩护配合意识的提高。

方法：如图4.1.6所示，外线运球“8”字围绕掩护练习。这是一种传统且依然有效的掩护配合，位于弧顶的③向左侧运球至④防守队员体侧为④做掩护并传球，④摆脱接球后运球至场地右侧给⑤做掩护，⑤摆脱接球后再运球至场地左侧为③做掩护，选择机会进行运球突破或跳投等进攻方式，球出手后另两名队员负责抢篮板球，若球未中篮要进行补篮，按照顺时针轮转换位进行练习。

要求：

（1）队员首先使用手递手的传球背向掩护方式，熟练后可使用点拨球等多种传球方式；

（2）根据防守人所采用挤过、绕过或换防等配合，进攻队员分别选择突破上篮、跳投或大个子队员在内线进攻等方式。

**3. 练习方法三**

目的：学习将多种掩护方式进行综合运用的配合，促进掩护配合意识多样性发展和想象力的提高。

方法：如图4.1.7多重掩护配合练习。多重掩护配合由两种掩护组成，一种是端线交叉掩护，另一种是为弧顶队员做的后掩护。端线交叉掩护中，内线进攻队员④将其防守队员吸引至端线，后借助③的掩护移动至对侧，掩护队员③不能在三秒区逗留时间过长，他应迅速上提为弧顶的②做后掩护，②利用向左侧跨步假动作摆脱防守，然后向迅速右侧切入篮下接球进攻。

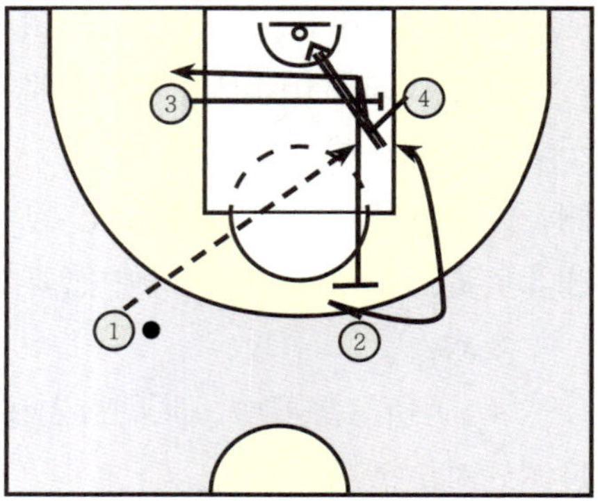

图4.1.7 多重掩护

要求：

（1）第一个掩护通常是假掩护，旨在使掩护队员能摆脱防守，以便从弧顶切入的队员完成接球投篮，以及球从强侧到弱侧的转移；

（2）外线队员①需吸引对手向强侧防守，以便打开其弱向传球的路径，向切入队员②的传球方式以高吊球为佳，最终进攻方式可以空中接力投篮结束。

## （三）挡拆配合的进攻策略与训练方法

现代篮球中，防守的强度越来越大，由于防守的扩大对进攻队员的攻击性和压迫性，仅靠空切、策应等发动进攻难以奏效。而做为进攻战术的一部分，对有球队员掩护越来越多地被一些球队运用，利用对有球队员的掩护，能够创造更多的进攻机会。

**1. 挡拆配合的进攻策略**

- 发动掩护前，掩护队员要隐蔽自己的行动，起动要突然。在低位区做掩护时，掩护的位置不要太低。
- 掩护队员可主动发出信号给持球队员，以使进攻点更明确。
- 持球队员注意观察防守情况，用动作、速度、节奏变化将防守带入掩护。
- 一次掩护不成功可通过连续掩护寻求战机。
- 所有进攻队员都要随球调整自己的进攻位置，拉开空间，从而破坏防守的协防。
- 在高位区域和边位区域进行挡拆配合时，进攻方式是掩护人下顺与拉开，持球人突破或投篮。
- 在低位区域进行挡拆配合时，进攻方式以拉开为主。
- 当防掩护队员向前跨步延误时，进攻方式是掩护人下顺、拉开或反切，持球人拉开或穿越突破。
- 当防守队员夹击持球队员时，进攻方式是掩护人选空位，持球人向后拉开。

## 2. 挡拆配合的进攻方法

（1）根据挡拆配合区域划分

A.高位挡拆

在现代篮球比赛中，绝大多数的挡拆配合都发生在高位区域，高位挡拆便于拉空内线，使进攻空间变得更大。

如图4.1.8所示：④上提至高位区为①做掩护，①利用掩护运球摆脱X1后根据防守队员的情况选择突破上篮、急停跳投或将球传给掩护队友、非掩护的第三名队友等进攻机会。

B.低位挡拆

低位挡拆发生配合的位置距离底线和边线较近，在配合过程中容易受到防守队员的夹击，因此在进行低位挡拆配合过程中，掩护队员要特别注意在进行掩护的过程中，起动要突然，用假动作迷惑防守队员并快速跑向防持球的队员进行掩护；持球队员在利用掩护后要迅速向上线运球并果断选择进攻机会处理球，不给防守队员形成夹击的机会。

如图4.1.9所示：④利用假动作突然起动为①做掩护，①利用掩护运球摆脱X1后应迅速处理球。如遭遇X4和X1的夹击应寻找传球空间将球传给下顺的④或在弧顶接应的②。④做完掩护应迅速下顺并积极创造出①的传球空间。当①遭遇夹击时，②应积极跑动主动接应①。

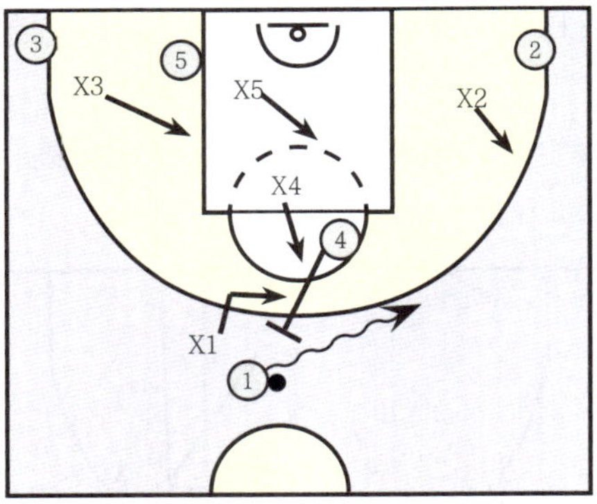


图4.1.8

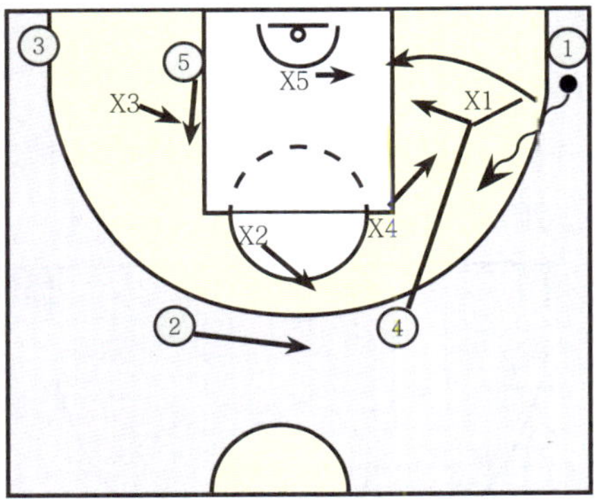


图4.1.9

C. 边位挡拆

边位挡拆是指发生在侧翼和边线附近区域的挡拆配合。边位挡拆易于掩护队员的下顺和拉开，因此在比赛中被各个球队广泛运用。

如图4.1.10所示：①在侧翼持球，⑤上前为①做掩护，①利用掩护运球摆脱X1：如果X5不上前补防，①可以选择突破上篮或急停跳投；如果X5上前补防，①应注意选择合适的传球角度和时机将球传给下顺或拉开的⑤。

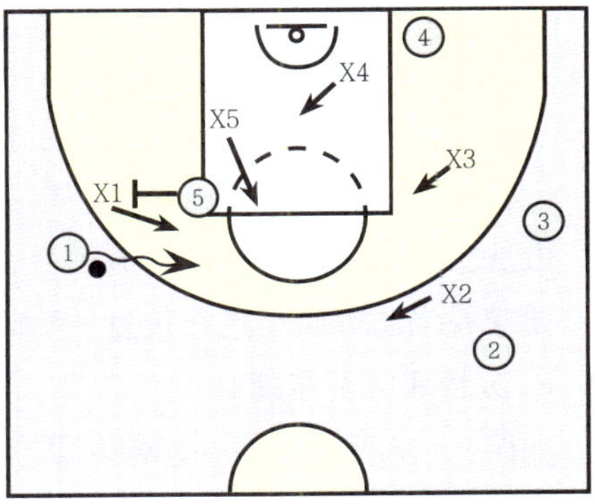


图4.1.10

（2）根据防守方采取的防守策略划分

A. 防持球队员抢过时

如图4.1.11所示：①在侧翼持球，⑤上前为①做掩护，在掩护过程中，当X1试图运用抢过继续防守①时，①可以迅速向边角变向，运球突破上篮或急停跳投。⑤做完掩护后应注意下顺或拉开准备接球攻击。

练习方法一：直接突破。

目的：使队员能够在防持球队员抢过时合理利用错位的时机突破从而提高挡拆配合后持球队员的突破能力。

方法：侧翼二对二直接突破练习

此练习由①在侧翼持球，⑤在罚球线落位，X1和X5分别防守①和⑤开始。⑤上前为①做掩护，X1运用抢过防守试图继续追防①，①利用⑤的掩护突破上篮，突破时注意尽量贴近⑤的身体，使①无法轻易抢过。⑤掩护后转身切向篮下。（图4.1.12）

要求：

● 控球队员根据防守情况，合理利用错位的时机进行突破。

● 控球队员在掩护形成前应当向掩护的相反方向做攻击动作，诱导防守队员调整防守位置。

● 控球队员应充分利用掩护，突破时尽量走直线不要绕弯。

练习方法二：变向突破练习。

目的：使队员能够在防持球队员抢过时选择合理的时机变向突破，从而提高挡拆配合后持球队员的突破能力。

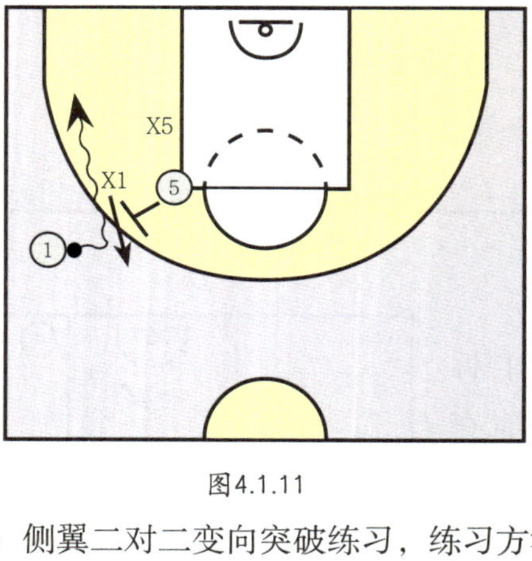


图4.1.11

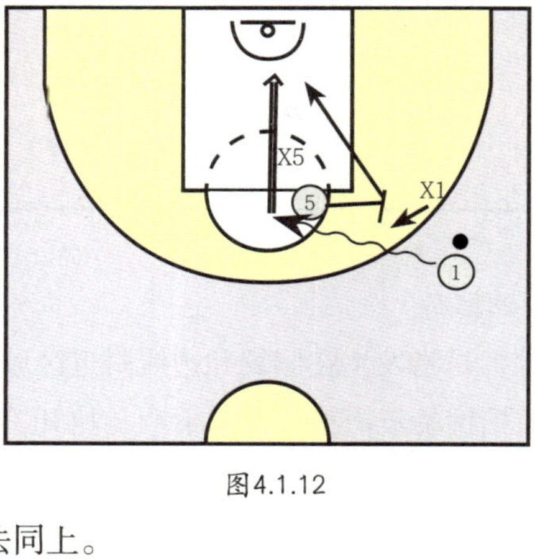


图4.1.12

方法：侧翼二对二变向突破练习，练习方法同上。

要求：当防守队员进行抢过的瞬间控球队员根据防守情况，进行变向突破。

B. 防持球队员穿过时

如图4.1.13所示：①在侧翼持球，⑤上前为①做掩护，在掩护过程中，当X1试图运用穿过继续防守①时：

● ①利用防守队员穿过过程中的空当进行投篮；

● ①在防守队员X1穿过过程中迅速向相反方向变向运球突破。⑤做完掩护后可以下顺或拉开准备接球攻击，也可以位置不变进行二次掩护。

练习方法：防守队员穿过时投篮练习。

目的：使队员能够在防持球队员穿过时选择合理的时机投篮，从而提高挡拆配合后持球队员的投篮能力。

方法：侧翼二对二穿过投篮练习，练习方法同上。

要求：持球队员应合理利用防守队员穿过时形成的投篮时机。

C. 防持球队员绕过时

如图4.1.14所示：①在侧翼持球，⑤上前为①做掩护，在掩护过程中，当X1试图绕过⑤和X5继续防守①时，①可以利用空当进行投篮。⑤做完掩护后应注意下顺或拉开。

练习方法同持球队员抢过时。

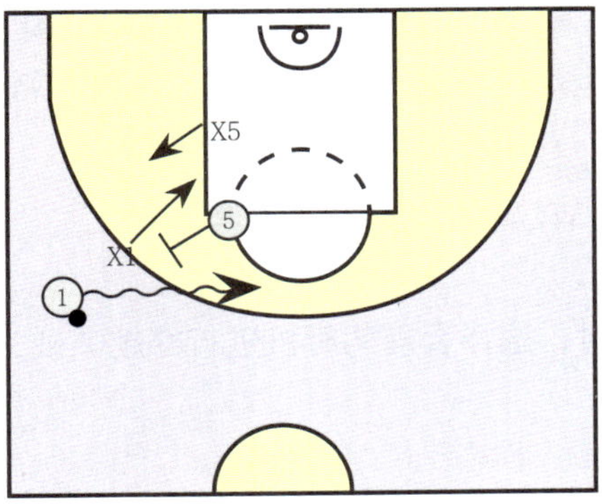


图4.1.13

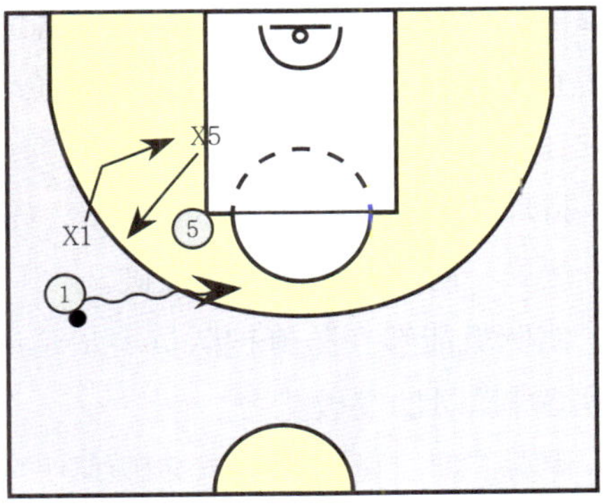


图4.1.14

D. 防掩护队员提前跨步延误时

如图4.1.15所示：①在侧翼持球，⑤上前为①做掩护，在掩护过程中，当防守掩护队员X5提前跨步延误①的运球速度时，⑤应迅速下顺或拉开为①创造出安全的传球空间，并准备接球攻击。①在遇到延误时应保护好球，可先向侧面或后面运球避开延误队员，在运球过程中选择合理的时机快速及时地将球传给⑤。

当防守掩护队员延误幅度很大，持球人无法安全、及时地将球传给掩护队员时，将球传给弱侧的第三名队友成为一个很好的选择。

如图4.1.16所示：当⑤为①做完掩护迅速下顺后，由于X5上前延误幅度很大，①无法安全及时地将球传给⑤。此时①可先向后运球避开X5，与此同时处在弱侧位置的②迅速向弧顶移动接应①，①快速将球传给②进行攻击。

练习方法一：向后拉球后突破。

目的：使队员能够在防掩护队员上步延误时，选择合理的时机进行向后拉球后突破，从而提高挡拆配合后持球队员的突破能力。

图4.1.15

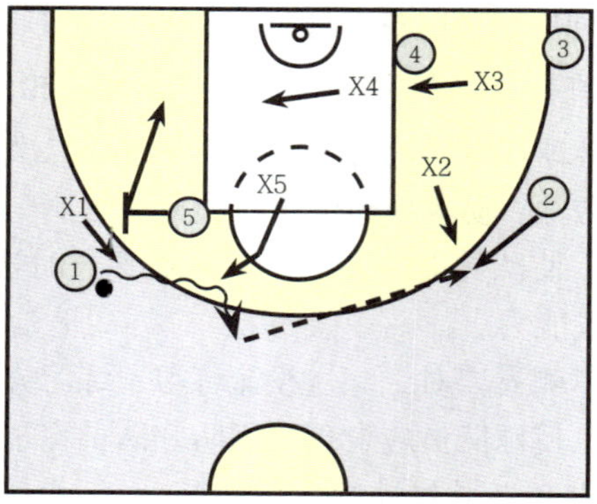


图4.1.16

方法：侧翼二对二延误时向后拉球后突破练习。

此练习由①在侧翼持球，⑤在罚球线落位，X1和X5分别防守①和⑤开始。⑤上前为①做掩护，X5提前上步延误①的运球，①向后拉球运球后再进行突破上篮。⑤掩护后转身切向篮下。（图4.1.17）

要求：持球队员遇到延误后不要慌张，先向后拉球然后快速起动突破。

练习方法二：防守队员间穿越突破。

目的：使队员能够在防掩护队员上步延误时，选择合理的时机进行穿越突破，从而提高挡拆配合后持球队员的突破能力。

方法：侧翼二对二延误时穿越突破练习。

此练习由①在侧翼持球，⑤在罚球线落位，X1和X5分别防守①和⑤开始。⑤上前为①做掩护，X5上步延误①未能及时到位，X1未能及时抢过继续追防①，①从防守队员之间穿越突破上篮。⑤掩护后转身切向篮下。（图4.1.18）

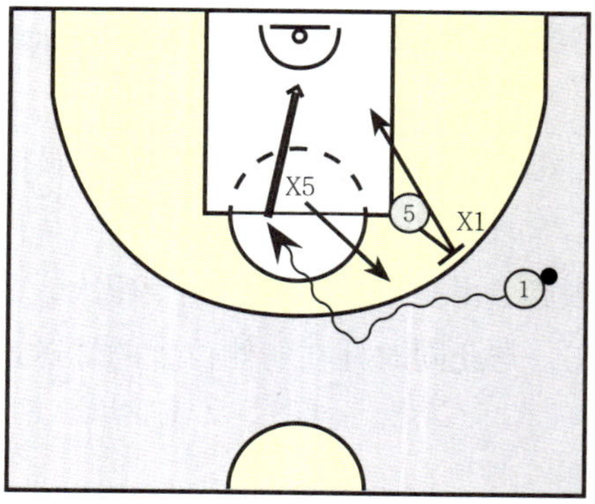


图4.1.17

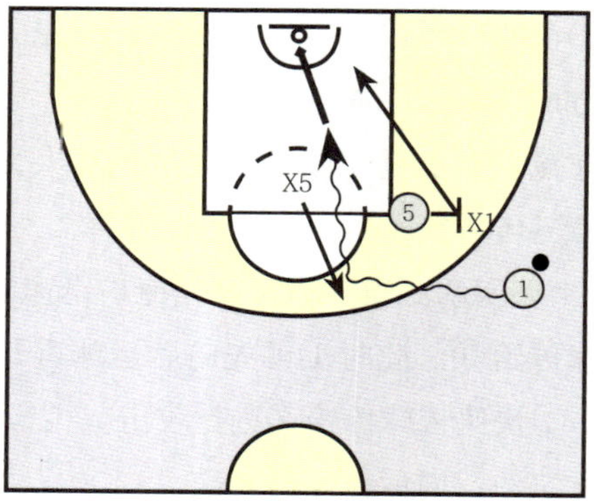


图4.1.18

要求：持球队员遇到延误后应选择合理的角度进行穿越突破，突破时起动要快速、突然，控制好向前放球的距离。

练习方法三：延误时传弱侧第三队友。

目的：使队员能够在防掩护队员上步延误时，选择合理的时机，将球传给弱侧队友，从而提高挡拆配合后持球队员给弱侧第三队友传球的能力。

方法：三对三延误时传弱侧第三队友练习。

此练习由①在侧翼持球，⑤在罚球线落位，③在弱侧三分线外落位，X1、X5和X3分别防守①、⑤、③开始。在⑤上前为①做掩护的过程中，X5提前上步延误①的运球，⑤采用“假掩真切”的方法快速拆开向内切入，X5封堵住①向内的传球路线，X3向内线移动协防⑤，X1抢过继续追防①，①运球后将球传给弱侧向上移动接应的③，③接球投篮。（图4.1.19）

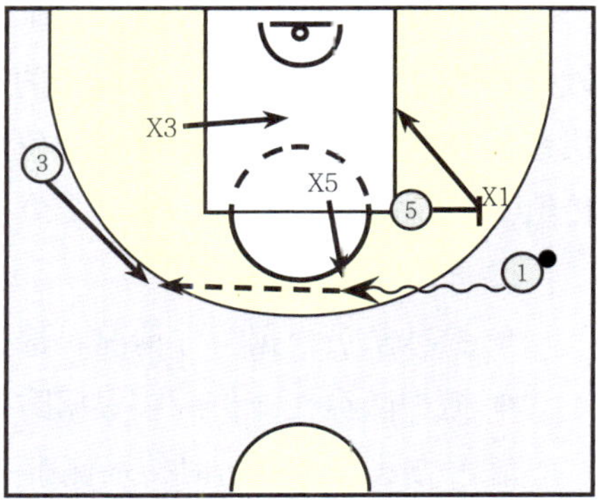

图4.1.19

要求：（1）控球队员应根据防守情况，选择合理的传球时机与方法将球传给弱侧第三队友。

（2）弱侧第三队员应根据防守情况选择准确的起动时机和合理的移动路线，切记不可移动过早。在移动接应时要随时准备接球，接球后要果断攻击。

练习方法四：掩护队员快拆后接球上篮，练习方法同二对二延误。

E. 防守队员换人

如图4.1.20所示：①在侧翼持球，⑤上前为①做掩护，在掩护过程中，当防守持球队员的X1与防守掩护队员的X5进行换人防守时，①运球越过掩护区域，选择合理的时机将球传给向篮下切入的⑤或自己利用错位“小打大”的速度优势进行攻击。⑤在掩护后要向篮下切入并将X1挡在外侧准备接球攻击。

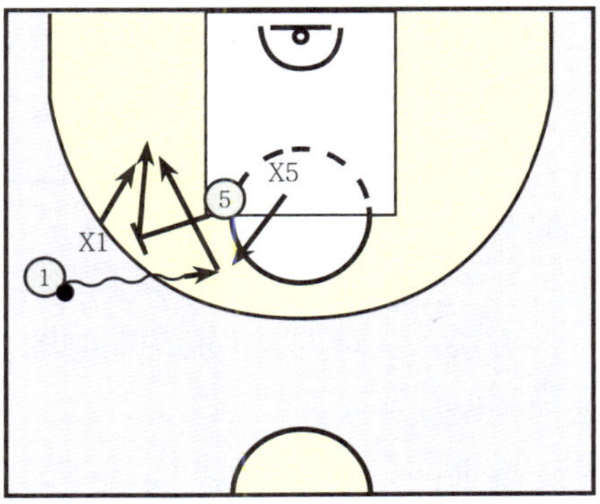

图4.1.20

练习方法同上。

目的：使队员能够在防守队员换防出现错位机会时，选择合理的时机传球，从而提高挡拆配合后持球队员给掩护队员传球的能力。

要求：持球队员遇到延误后不要慌张，先向后拉球，然后快速起动突破。

F. 防守队员夹击持球队员

如图4.1.21所示：①在侧翼持球，⑤上前为①做掩护，在掩护过程中，当X1和X5共同夹击持球队员①时，①向后运球拉开距离并选择合理的时机将球传给⑤。当夹击形成而无法将球传给⑤时，①可先将球传给弱侧上前策应的④，再由④将球传给⑤进行攻击。

练习方法一：掩护队员快拆后接球上篮。

目的：使持球队员能够在防守队员夹击时选择合理的时机传球以及掩护队员快速向内线切入后选择合理的位置接球攻击，从而提高挡拆配合后持球队员与掩护队员的配合能力。

方法：侧翼二对二快拆接球上篮练习。

此练习由①在侧翼持球，⑤在罚球线落位，X1和X5分别防守①和⑤开始。在⑤上前为①做掩护的过程中，X5上步堵截①的运球路线并与X1共同夹击控球队员①，⑤在夹击形成之前快速拆开向内切入并选择合理的位置准备接球，①运球遇到夹击后向后运球远离夹击并将球传给⑤，⑤接球上篮。（图4.1.22）

要求：

- 控球队员根据防守情况，选择合理的传球时机与方法进行传球。
- 掩护队员在掩护后应根据防守情况选择合理的位置随时准备接球攻击。

练习方法二：夹击时传弱侧第三队友。

目的：使持球队员能够在防守队员夹击时选择合理的时机传球，从而提高挡拆配合后持球队员给弱侧第三队友传球的能力。

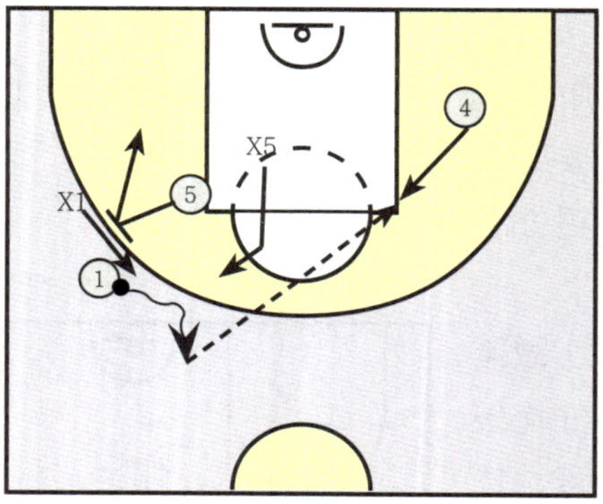


图4.1.21

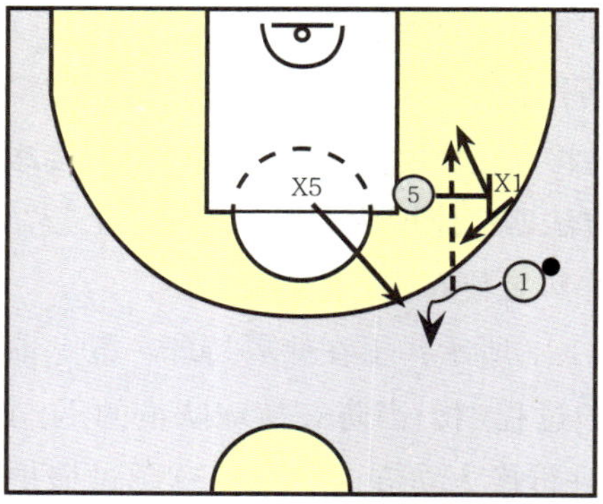


图4.1.22

方法：三对三夹击时传弱侧第三队友练习，练习方法同延误三对三。

要求：

- 控球队员应根据防守情况，选择合理的传球时机与方法将球传给弱侧第三队友。
- 弱侧第三队员应根据防守情况选择准确的起动时机和合理的移动路线，切记不可移动过早。在移动接应时要随时准备接球，接球后要果断攻击。

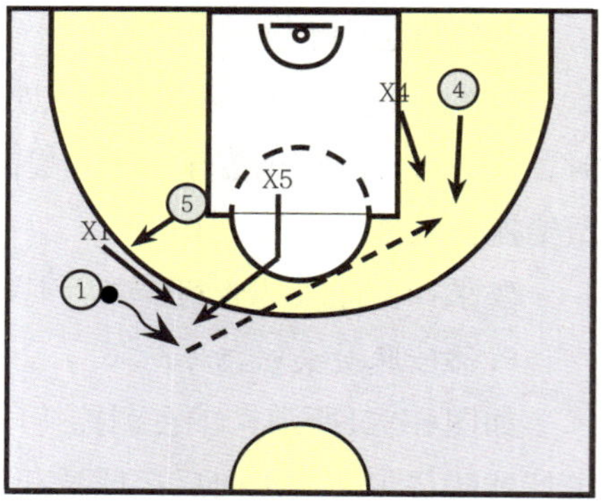


图4.1.23

G. 防守队员提前夹持球队员

如图4.1.23所示：①在侧翼持球，在⑤上前为①做掩护的过程中，防守掩护队员的X5提前抢前与X1共同夹击持球队员①。①此时应向后运球尽量避开夹击，并寻找时机将球传给弱侧上前接应的④。

练习方法：提前夹击时传弱侧第三队友。

目的：使持球队员能够在防守队员提前夹击时选择合理的时机传球，从而提高挡拆配合后持球队员给弱侧第三队友传球的能力。

方法：三对三提前夹击时传弱侧第三队友练习。

此练习由①在侧翼持球，⑤在罚球线落位，③在弱侧三分线外落位，X1、X5和X3分别防守①、⑤、③开始。在⑤向上移动准备为①做掩护的过程中，防守掩护队员的X5提前抢前与X1共同夹击持球队员①。⑤在夹击后向内移动注意选择角度接应①，X5和X1共同封堵住①向内的传球路线，X3向内线移动协防⑤，①遇到夹击后向后运球远离夹击并将球传给弱侧向上移动接应的③，③接球投篮。（图4.1.24）

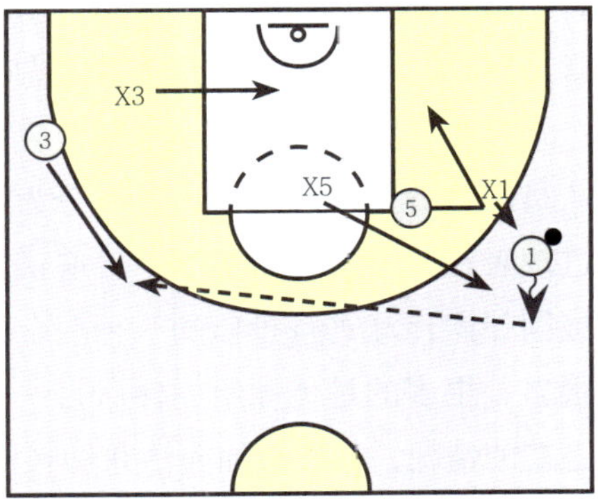

图4.1.24

要求：

（1）控球队员应根据防守情况，选择合理的传球时机与方法将球传给弱侧第三队友。

（2）控球队员在遇到夹击后不要慌张，首先向后运球远离夹击，然后再选择合理的传球路线与角度传球给弱侧第三队友。传球时要做到隐蔽、突然。

（3）弱侧第三队员应根据防守情况选择准确的起动时机和合理的移动路线，切记不可移动过早。在移动接应时要随时准备接球，接球后要果断攻击。

H. 防掩护队员拖后

如图4.1.25所示：①在侧翼持球，⑤上前为①做掩护，在掩护过程中，当防守掩护队员的X5拖后时，①应利用掩护创造出的空当果断投篮或利用自身的突破为队友创造进攻机会。⑤做完掩护后要注意下顺或拉开准备接球攻击。

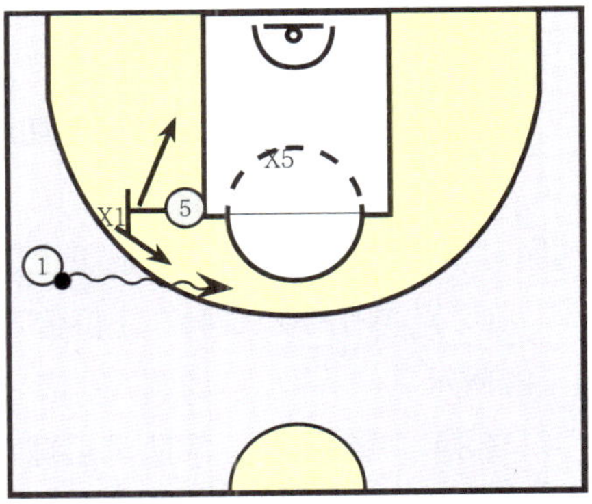

图4.1.25

练习方法同持球队员穿过时。

## 思考题

1. 掩护队员的掩护要点是什么？

2. 掩护配合中被掩护队员需要注意哪些技术细节？

3. 挡拆配合中，根据防守队员采用不同的防守策略，进攻队员需要采用哪些进攻方法？

## 二、传切配合方法与训练

### （一）传切配合

无球队员向篮圈方向切入，试图通过接传球来超越防守并投篮时所做出的一系列技术集合叫做传切配合。传切配合是最基本的基础配合，它在快攻战术、衔接阶段和阵地进攻中经常运用，它在破盯人、破紧逼、破联防等方面都有较大的威胁。

根据切入队员同场地空间位置关系，传切配合可分为横切和纵切；根据切入队员同防守队员的位置关系，传切配合可分为前切和后切，前切是进攻队员在防守者前面接球，后切是进攻者在防守者后面接球，普遍认为传统传切配合是持球队员在传球和切入后超越防守，并接同伴回传球进行投篮的一种配合方法，但当代竞技篮球中这种接回传球式传切配合并不是很多，更多的是传球给同伴后另一同伴切入或者是运球调整寻找切入篮下的同伴直接传接球上篮的情况，后者更加简洁并具有机动性和隐蔽性。

传切配合中所有的切入都应朝向球篮，并且都是以获球投篮为目的。

**1. 切入要点**

（1）开始移动时坚决迅速，充分利用假动作，背切要彻底；

（2）切入时将前面的手伸出来与传球者交流，以示接球的位置。

**2. 传球要点**

（1）观察全场，注意切入队友的情况；

（2）传球远离防守队员，并巧妙、利索，如需要可传高吊球。

**3. 根据传球人和切入者在传切配合过程中的担当角色和具体作用将传切配合划分为三类**

（1）“C-P-C”（传统型）：③队员传球给弧顶①队员，示意同伴，然后向下做假动作摆脱对手接①的回传球切入篮下上篮，如图4.1.26所示。

（2）“P1-P2-C”：③位传球给①位，④位摆脱切入篮下，接同伴的传球投篮。如图4.1.27所示。

（3）“P2-C”：③队员运球调整观察场上情况，①队员突然切入篮下，③传球给①，①接③队员的传球切入上篮（P-passer、C-cutter），如图4.1.28所示。

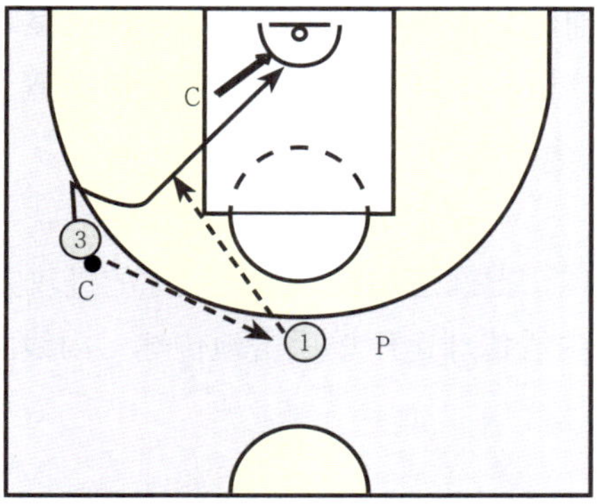


图4.1.26　传切配合的第一类“C–P–C”（传统型）

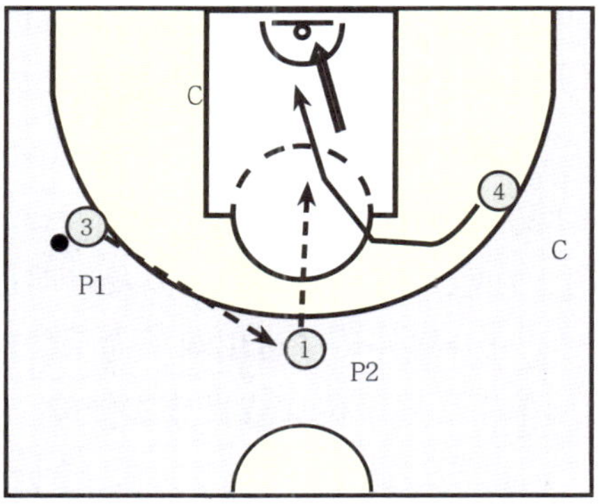


图4.1.27　传切配合的第二类“P1–P2–C”

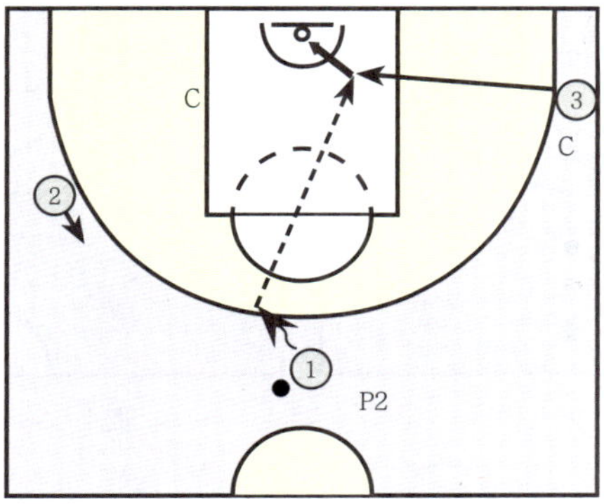


图4.1.28　传切配合的第三类“P2–C”

## （二）训练方法

**1. 目的：学习中路切入的基本传切方法，培养学生基础传切意识**

方法：如图4.1.29所示，内线传切配合练习（“C–P–C”传统型），两路队员分别位于三分线外弧顶处和罚球线延长线外站位，控球队员④传球给移动上来的⑦后，向左做切入假动作后快速从右侧切入，⑦快速向传球方向跨步双手接球后，立即将球回传给切入篮下的④，④接球后根据自身位置选择运球上篮或直接投篮，并移动至右侧队尾。⑦迅速冲抢篮板球并移动至弧顶队尾，全队依次进行练习。

要求：

（1）④传球和切入动作衔接需迅速紧密，在切入过程中时刻做好接球准备；

（2）⑦注意使用突破和投篮假动作来隐蔽传球的意图，并由双手胸前传球逐渐过渡到单手、击地等多种方式。

**2. 目的：提高内外线队员移动中传接球配合技术，强化传球和切入移动的意识**

方法：如图4.1.30所示，4次内外线传球配合练习，两路队员分别位于三分线外弧顶处和罚球线延长线外站位，控球队员④用外侧手击地传球给⑦外侧腿处后，跟随传球移动至⑦身后，⑦传球给④后跑向罚球区的右侧，以右侧脚为轴做交叉步切入，④接球后快速运球，在三分线外将球传给下顺到策应位置的⑦后继续向球篮切入，再接⑦的回传球直接上篮。⑦迅速冲抢篮板球并移动至弧顶队尾，两人交换位置继续练习。

要求：

（1）注意传球后立即切入以及移动过程中的接球，把握连续切入和传接球的进攻方式；

（2）三分线外传球运用双手递手传球，外线向内线传球运用单手击地传球，内线之间的传球运用单手手递手传球或投篮式传球。

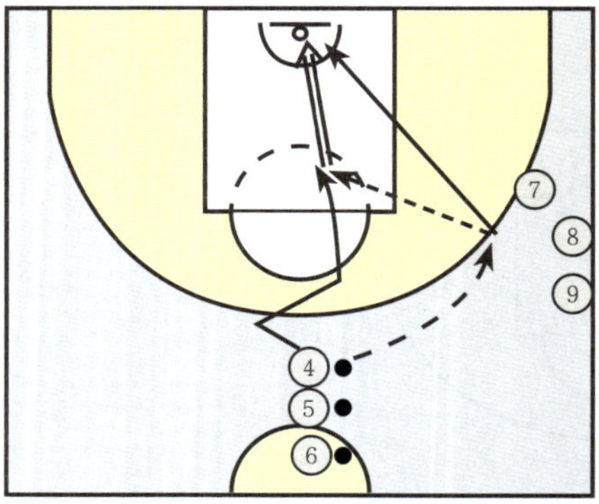

图4.1.29

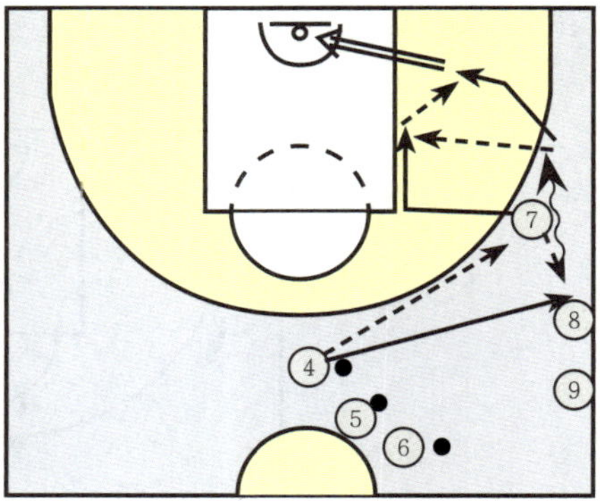

图4.1.30

**3. 目的：提高队员利用传切进行上篮和投篮等技术衔接能力，促进技术运用的变化能力，强化传切进攻意识**

方法：如图4.1.31所示三人传切投篮练习（“P1-P2-C” 的演变形式）。三路队员分别位于两侧罚球线延长线处和弧顶位置，⑥传球给④并向左做切入假动作后快速从右侧切入，在罚球区右侧接⑧传球原地投篮，⑧传球给⑥后迅速向罚球区做“L”型切入，接④传球直接上篮。④⑥迅速冲抢篮板球，若球未中篮要进行补篮，按照顺时针轮转换位进行练习。

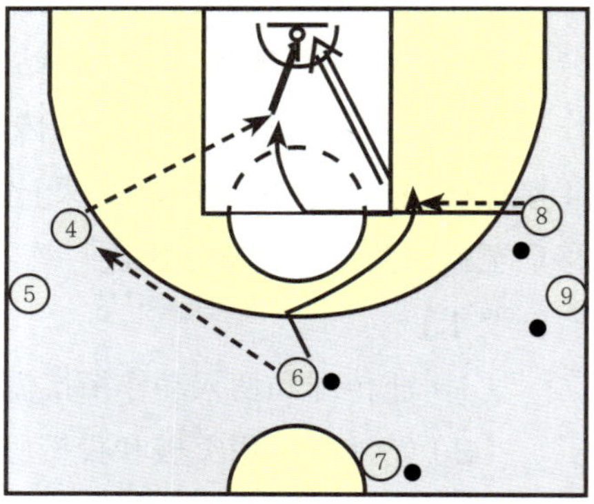

图4.1.31

要求：

（1）⑧要注意使用突破和投篮假动作来隐蔽传球的意图，所有队员由双手胸前传球逐渐过渡到单手传球、击地传球等多种传球方式。

（2）⑥投篮点扩大至三分线外后，⑧的切入路线也由罚球线的“L”型切入变化为从弱侧的溜底线切入。

## 思考题

1. 传切配合有哪几种类型？
2. 传切配合如何训练？

## 三、突分配合方法与训练

### （一）突分配合概述

**1. 概念和理念**

突分是突破传球的简称，顾名思义，它是由突破和传球组成，控球队员突破成功后遇到夹击或补防时主动或应变地将球传给处于空位队友的配合方法。当持球队员运球突破到限制区，防守由于要阻止其而产生了混乱。一旦防守混乱，运球队员将球传给无人防守的同伴，由其完成投篮。

利用个人突破压缩对手防区并吸引多人的注意和协防，及时准确地将球传给外线队友进行三分投篮是非常有效的进攻手段，世界强队甚至可以利用连续的突破和传球打乱对手的防守部署，为本队创造有利的得分机会。尤其是当组织后卫突破到篮下时，每个好的防守球员都会去协防。但是，进攻球员合理的分散，使协防变得困难，因为协防将会使一名进攻球员无人防守。

运球突破移动进攻是在高中、大学、职业联赛最流行的战术之一。后卫运球突破是关键，对于防守而言，阻止运球突破是最困难的事情之一。运球突破进攻是指一名球员（但不局限于组织后卫）向着篮筐运球突破。根据防守方的不同反应，运球球员可以上篮、将球传向限制区内球员，或者是将球传向一名外线球员。如果球传到了外线，接球队员可以三分投篮或者是再次运球向篮下突破，配合再次启动。在此过程中2～3人的突分配合成为整个战术的基石。

**2. 分类**

根据突破者突破时所处场地区域分为弧顶、两翼、底角突破。世界强队在运用突破时，绝大部分是从弧顶处开始发动，因为从此区域突破可以有左右两种突破方向的选择，且突破空间大，防守者难以补防，另外中路突破的队员可以轻易观察到球场上的情况，突破后有分外线、内线的多种传球选择，使对手难以防范。因此，突分配合的主要发起者就是球队的后卫，无论是组织后卫还是得分后卫，都需具备突破传球的能力，一个既有突破能力又有传球意识的好后卫就能带动整个球队。其次是从两翼开始，运用最少的是底角区域的突破。

根据突破者与接球者的位置分为外外与外内。世界强队运用突分配合时，其运用最普遍的形式是从外线突破后再向外传球。外线被突破后防守队员向篮下收缩，准备补防和协防，而此时外线无球队员通过合理的移动经常处于无人防守的情况，这就自然形成了突破传球的机会。外线突破后向内线传球是另一种重要的突分形式。外线队员突破后，防守方的内线队员常常需要补防，而进攻方的内线队员此时就处于空当，但突破后向内线传球需要突破队员有更好的传球技术和意识，传球要隐蔽、突然，因为向内线传球空当小、防守人数多，很容易失误，而对于内线接球队员也有很高的要求，需要合理的移动以及敏锐的洞察力，观察突破队员的突破位置和补防队员的空当。

## （二）突分配合方法

### 1. 配合方法

（1）①从弧顶右手侧突破，同侧的③向右下顺至底角接球投三分球。（图4.1.32）

（2）①从弧顶右手侧突破，异侧的②向上沿弧线移动填补①的位置，①突破后先做后转身然后传球给②，由其投三分球。（图4.1.33）

（3）②从右翼左手侧突破，弧顶的③沿弧线移动至左翼处接球投三分球。（图4.1.34）

（4）②从右翼左手中路突破，限制区的⑤先向外移动，若有接球机会再切入接球上篮。（图4.1.35）

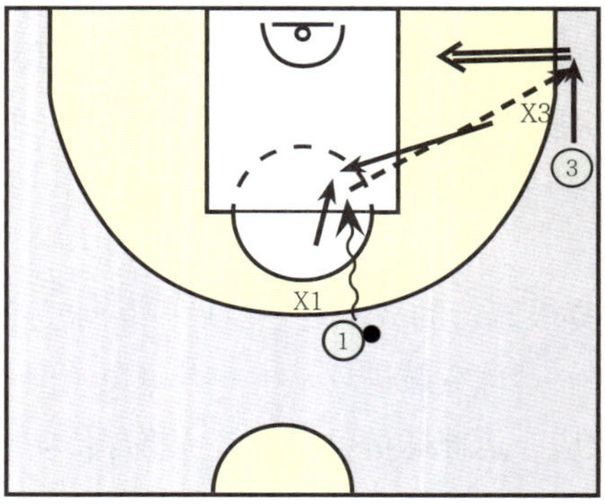


图4.1.32

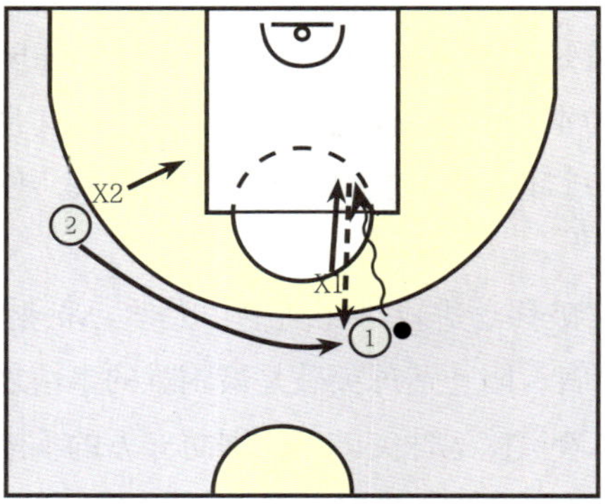


图4.1.33

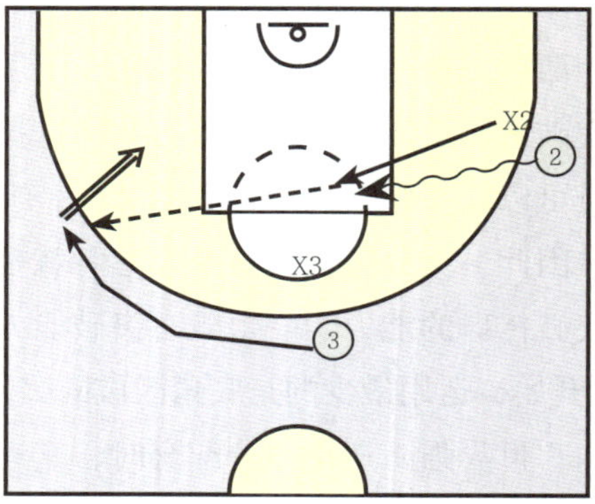


图4.1.34

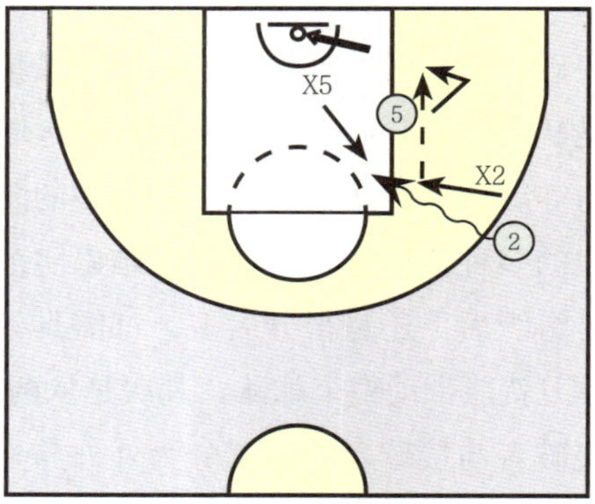


图4.1.35

（5）②从左翼左手底线突破，弱侧限制区的④向外移动，接球中距离投篮。（图4.1.36）

（6）③从右底角右手底线突破，限制区的⑤先向外移动，再向上移至罚球线附近接球投篮。（图4.1.37）

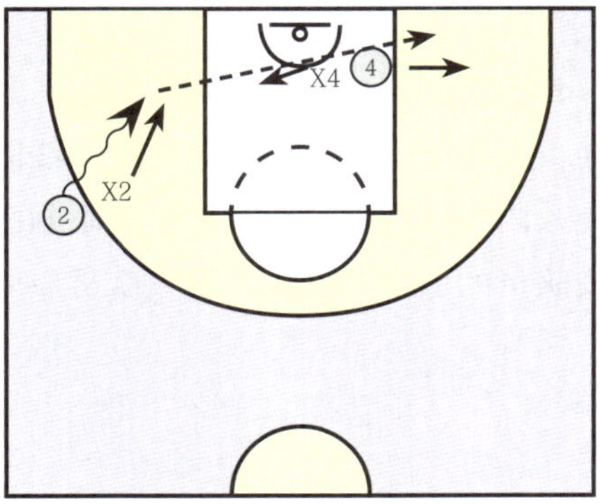


图4.1.36

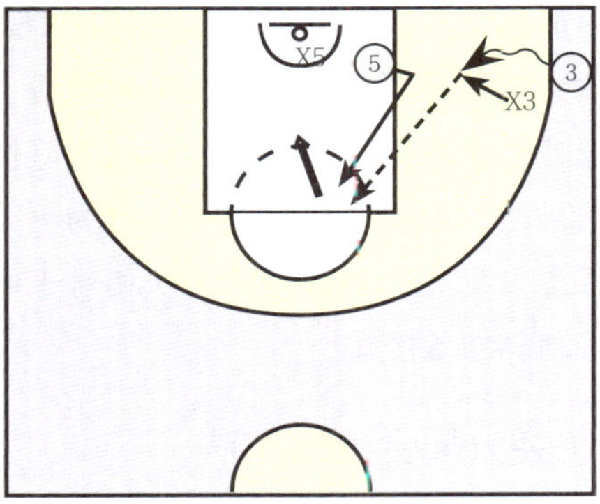


图4.1.37

### 2. 战术要点

对于成功的突破传球，接球球员必须是能跑空位的投手，突破球员不但能成功突破，还知道谁将协防，产生的空位将在哪里。当防守不协防时突破者能得分，当协防发生时，投手们已经获得空位并做好投篮准备。

（1）对于突破者而言，在突破前要保持“三威胁”的准备姿势，以便可以将突破、投篮、传球更好地相结合。通过投篮假动作，将防守吸引到跟前，然后进行突破。突破假动作不能太快，否则防守来不及反应，等突破时防守并未失去位置。做投篮假动作时，下肢保持不变、向上投篮动作幅度不宜超过头部高度（否则会阻止自己看到瞄准点），可以确保转变成快速突破。突破前要对防守者的特点以及自己与其之间的距离做出准确地判断，并抬头观察防守者的位置、距离、步法、重心以及整个防守的布局和同伴位置的分布情况。当一名球员运球突破后选择了传球，则他必须拉出来回到三分线外，若一侧只有一名球员时，移动到该侧；若有两名同伴，则移动至起始位置。

突破者还应避免进攻犯规，突破的深度要注意，如果对方提前站好，则需要瞬间判断，及时减速，投篮或者将球传出，避免和补防的队员造成身体接触。突破者须习惯于突破到限制区，并使用跳投。尽量不使用单脚起跳，因为绝大数情况下会导致运球撞人进攻犯规。突破队员可以跳步急停，以靠近防守球员的一脚为中枢脚进行后转身，然后回传球。

（2）接球队员要把握时机，通过移动创造没有防守或防守没有位于传球线路的接球机会（三者不能在一条线上）。接球人首先确保能接到球，其次是投篮。接球以前双膝微屈，以便接球后及时转入下一动作，双手位于胸部高度，朝着来球方向伸出，做好接球的准备，以便从接球姿势转换到投篮。接到球后，立即持球到投篮位置。接球队员的准确位置取决于防守的站位，自己移动以使同伴可以看到并传球给自己。

对于外线保持一个接球距离的球员而言，当同伴向自己同侧突破时，则向远离同伴一侧方向移动；若同伴向远离自己方向突破，则向其移动填补其身后位置。无球外线球员创造了接球线路并使得防守球员最大限度地移动回位，保持位于突破传球球员的视野内并且自己与球之间无防守。弱侧三分线外的球员，虽然可能处于无人防守的位置，但可能是传球的死角，所以向突破球员身后移动填补位置接球投篮。

对于内线球员来说，若自己在突破路线上，首先是为同伴拉开清空限制区，其次是寻找中距离投篮或者是先向外再向内的切入上篮机会。具体原则是当持球队员从内线队员的高位（上线）突破时，也就是球从内线队员的上方突入内线时，内线队员移动到限制区附近的底角去等待接球。反之，当持球队员从相对于内线队员的低位突破时，内线队员应向罚球线高位区附近移动，准备接球。

### （三）突分配合训练方法

突分配合一般看起来是在两名进攻球员之间完成，实际上是通过突破与多人无球移动，迫使防守去协防、回位、轮转换位。系统的、多人移动练习，使得突破者知道队友在哪里，接球者知道如何移动，因此练习方法均为5人。

**1. 练习方法**

（1）轮转练习

突分配合的轮转原则：无球队员保持与同伴突破方向相一致的轮转。例如，当同伴从右侧突破时，则其他队友逆时针轮转；若同伴从左侧突破时，则其他队友顺时针轮转（图4.1.38）。练习时5名队员均站于三分线外，面对篮筐，其中一名球员持球突破，若运球两次停止则后转身，向身后填补其位置的队友回传球，若运球一次则向其他3名队友传球。传球发生后，内线球员再移动到外线填补其中无人位置，连续练习。

（2）弧顶位置开始的突分练习

练习一：

① 右手侧突破，同侧三分线外45度球员②下顺到底角、异侧三分线外的③移动填补身后位置、底角的④和⑤切到限制区附近准备接球投篮。（图4.1.39）

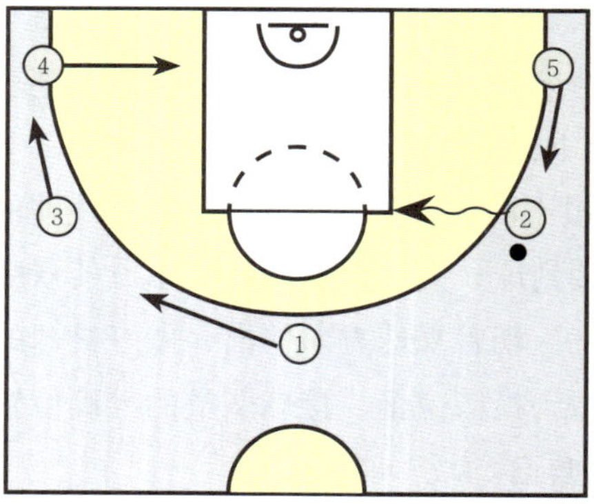


图4.1.38

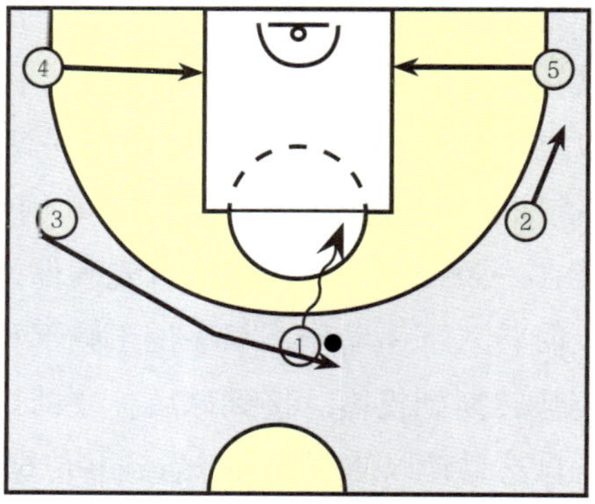


图4.1.39

练习二：

①从右手侧突破，同侧三分线外45度球员③下顺到底角、异侧三分线外的②移动填补身后位置、同侧低位球员⑤先拉出为同伴清空突破线路到限制区外接球中距离投篮或跟进切入限制区接球上篮；异侧内线球员④先将自已的防守球员拉出到限制区外再切入到篮下接球投篮。（图4.1.40）

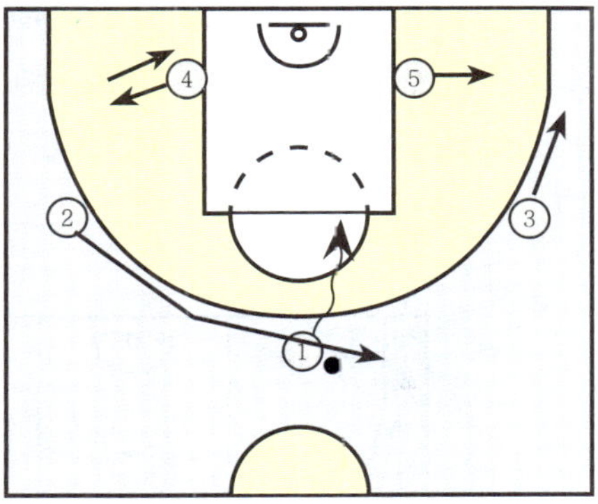

图4.1.40

（3）两翼位置开始的突分练习

A. 两翼从中路突破

右翼球员③从中路突破，弧顶的外线球员①顺弧下顺至左翼、左翼的②下顺到底角接球投三分篮，异侧底角外线球员④切入篮下上篮。强侧内线球员⑤先向外拉出清空限制区再切向篮下接球上篮；若无机会则向与突破方向一致的方向外移动填补突破球员身后位置，接球投篮或突破。（图4.1.41）

B. 两翼从底线突破

右翼球员③从底线突破，弧顶的外线球员①顺弧下顺填补③身后的位置、左翼的②下顺到底角接球投三分篮，内线球员沿限制区边线上提至罚球线附近，④与③呈45度的传球路线、⑤与③呈90度传球路线接球投篮。（图4.1.42）

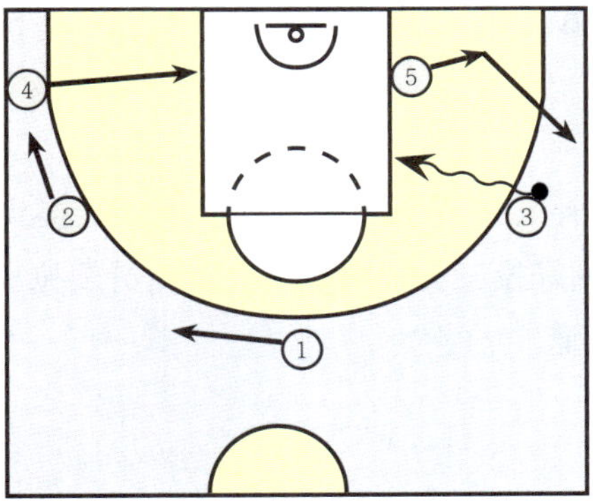

图4.1.41

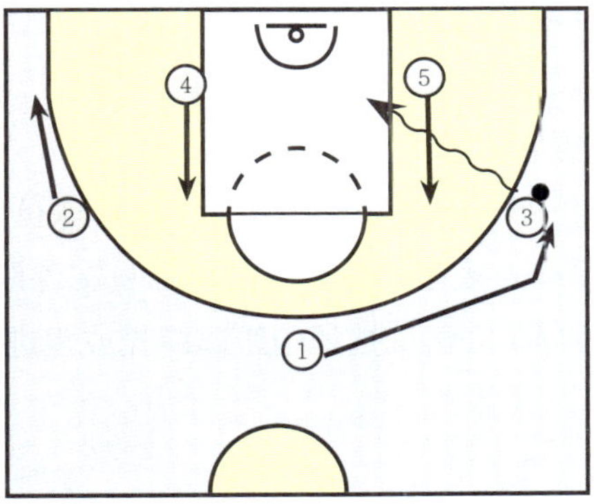

图4.1.42

（4）底角位置开始的突分练习

左底角①沿底线突破，强侧45度球员②向左轮转至底角处、填补①身后位置接球投篮；弧顶两个传球距离的球员③向左侧移动与突破后球员形成90度传球路线；弱侧内线球员④向上提与突破者形成45度传球路线；弱侧外线球员⑤下顺至底角接球投三分。（图4.1.43、图4.1.44）

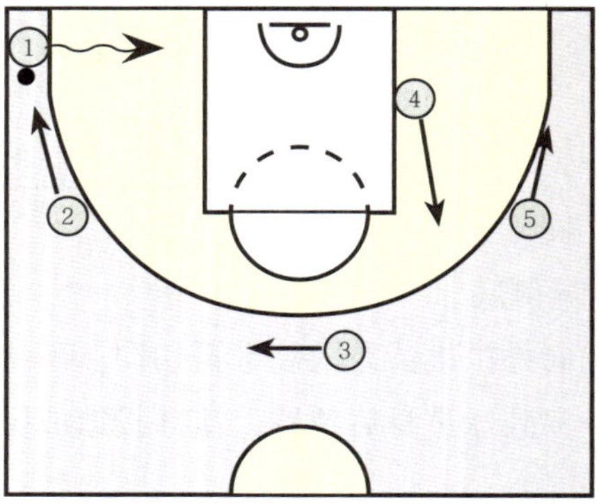


图4.1.43

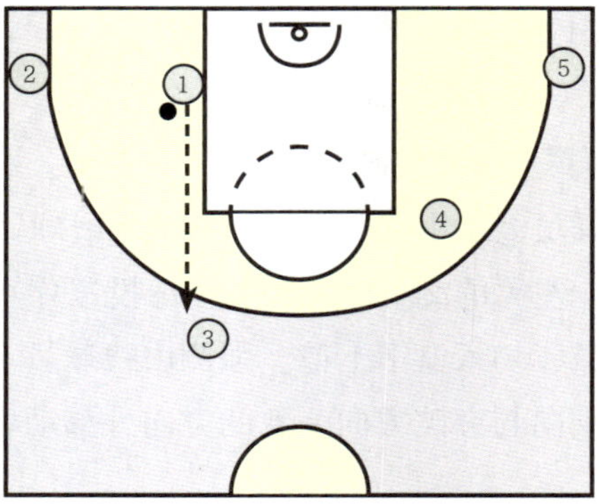


图4.1.44

**2. 训练要点**

（1）原地的无人防守的突破、无球移动、传接球练习，然后转换成消极防守、积极防守。

（2）原地的无人防守的突破、无球移动、传接球、投篮练习，然后转换成消极防守、积极防守。

（3）5名球员从中线推进到前场，分别落位，然后开始行进间突破、无球移动、传接球、投篮，并且在教学比赛中运用。

（4）传球的选择

突破时，处于外线传球死角位置的球员填补突破者身后的位置以确保能接到球，突破者的强侧须有人接球，最少有两名球员在外线做好投三分球准备。内线球员须拉出清空限制区，然后根据防守情况选择中距离跳投或跟进上篮。

## 思考题

1. 突分配合的概念是什么？

2. 例举三种突分配合的方法及战术要点。

3. 例举三种突分配合的训练方法及训练要点。

## 四、策应配合方法与训练

### （一）策应配合概述

#### 1. 概念和理念

策应配合是指进攻队员背对或侧对篮筐接球，以他为枢纽，与同伴配合而形成的一种里应外合的配合方法。传统的观点认为策应配合是建立在传切的基础之上，是指处于内线的队员背对或者侧对篮圈接球后，由他做枢纽，与外线队员的空切而形成的一种里应外合的配合方法。随着篮球运动的发展，策应配合形式更为丰富。首先是外线队员的绕切，形成了中、远距离的跳投；其次是内线球员获球后吸引防守夹击或协防，策应传球给同侧或异侧的外线球员，从而获得三分投篮机会；最后是高位策应传球给内线球员，形成篮下投篮机会。

当今世界篮坛内外线争夺日益激烈，通过策应配合把内外线球员有机结合起来，形成整体攻击，达到控制比赛节奏的目的。策应可以使进攻流畅，线路清晰，并能有效地加强内外线之间的联系，使更多队员参与进攻，从而提高整体战斗力。其特点有：内外结合，进攻的区域和范围比较广，参加配合的人数可多可少，机动性强，配合传球隐蔽，进攻路线比较多，富于变化，使防守难以捉摸。

策应配合的核心是借助高度和体积优势进行中枢式的进攻组织。除了把握绝对优势，利用高大球员具有的天赋，还应发挥各个位置的球员的相对高度优势来发动策应配合。而且，并非只有传球给切入篮下的球员才是策应配合，第一时间把球转移给空位的外线队友也是策应球员的职责所在。

#### 2. 运用特点、作用

策应配合是一种攻击性很强的战术配合，无论是在半场阵地进攻中，还是在突破全场防守中，都能发挥重要的作用。通过策应配合，能够使全队进攻活跃起来，增加进攻的连续性和多变性，可以为全队创造更多的有威胁的进攻机会。策应配合可以用来对付全场区域紧逼、半场区域紧逼、联防、半场人盯人防守等。

随着规则演变和体能以及技术的发展，在进攻体系中，内线球员的作用从之前主要的进攻终结者更加趋向于作为枢纽来更好地运转进攻。由于内线球员特殊的身高体重优势，当他持球在限制区附近时，即成为攻守双方关注的焦点，通过配合使内外线建立紧密联系，是世界篮球发展的趋势。虽然当今世界篮球已没有明确的位置分工，但追求内外线的均衡一直是每个球队追逐的目标，而策应又是使内外线建立紧密联系的有效途径。

策应队员大多由中、低策应位上提到罚球线附近区域接球，一是通过移动会比原地抢位更容易接球；另外，移动的同时会使内线拉空，给切入队员更大的接球直接攻击的空间。高位策应时，由于内线较空，切入队员切入内线接球的可能性较大，且攻击区域广。当策应队员在三分线或三分线外策应时，切入队员主要选择的切入方式是绕切，传球队员传球后，贴近策应队员接回传球进行攻击。因策应队员背对篮或侧对篮的持球方式更加有利于保护球，这种组合更加适合从外线远投且无强力内线的球队，外线传球给外策应队员后快速移动接球远投。

### 3. 分类

根据策应球员配合时所处的位置，将其分为低位策应（内策应）、高位策应（外策应）和居中策应。

低策应区主要指限制区两侧靠近球篮的区域，一般由内线队员或具有内线攻击能力的高大队员与前锋形成的配合。低策应位置集中在分位线附近，由于这个位置离篮圈的距离近，攻守双方的争夺最为激烈，在这个区域接到球可以辐射性地与队友发生联系。

高策应是在罚球线外附近及三分线弧顶的位置，一般由具有内线攻击力的大前锋为策应队员与外线队员形成的配合。高策应位置离篮较远，由于远离篮圈，获得球的难度较小。但是处于阵地进攻的中心区域，因此能够加强内与外、左与右的联系，起到拉空限制区便于其他队员进行篮下攻击的作用。高策应队员抢位接球后，要及时将球传给交叉切入的外围队员或另一侧横切的内线队员。承担高位策应任务的不一定是高大队员，但必须是一个头脑清醒，有较强的组织能力，以及掌握巧妙传球技巧的队员。高策应位置虽然争夺的强度不如低策应位置，但其照明式的辐射传球可以让球的运转更加顺畅。

居中策应，主要是指球场中间的地带。在进攻全场防守时，可以起到承前启后的作用，在半场进攻中，则可以加强内外和左右的联系作用。

## （二）策应配合方法

### 1. 配合方法

（1）低位回传强侧外线

外线②传球给内线⑤，同侧的防守缩回对⑤进行夹击，⑤回传球给②，由②完成三分投篮。（图4.1.45）

（2）低位传弱侧外线

外线②传球给内线⑤，异侧X1的防守队员缩回对⑤进行夹击，⑤传球给①，由①完成三分投篮。（图4.1.46）

（3）低位传切入队员

外线②传球给内线⑤，②利用脚步动作摆脱防守后切入到限制区，⑤传球给②，由②完成上篮或者是跳投。（图4.1.47）

（4）高位传内线队员

①与⑤面对面，由于内线的绕前或半绕前防守不能传球到内线，①传球给提到高位的策应队员④，④接球后转身面对篮筐，换个角度传球给⑤，⑤完成篮下投篮。（图4.1.48）

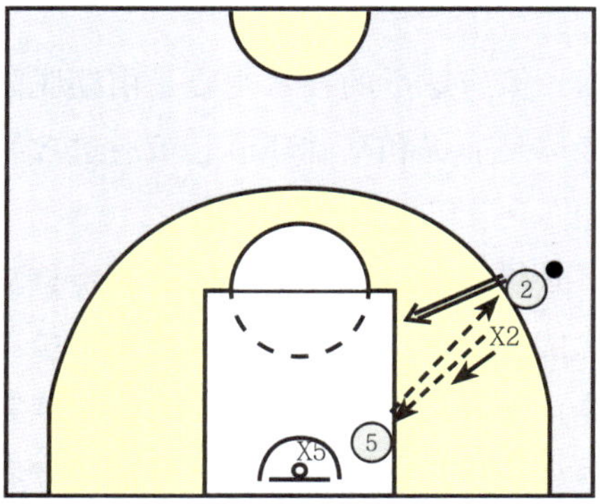


图4.1.45

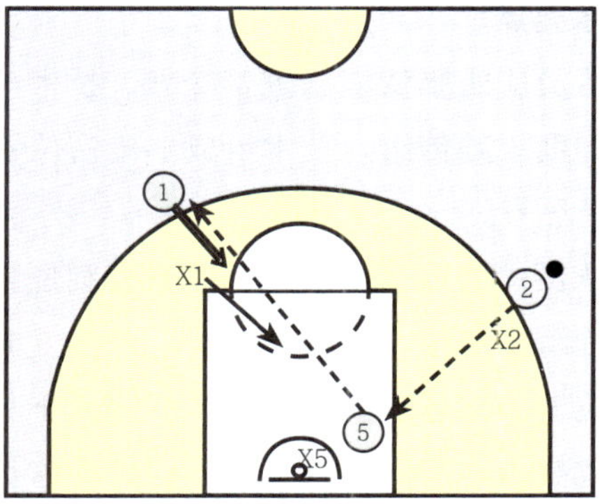


图4.1.46

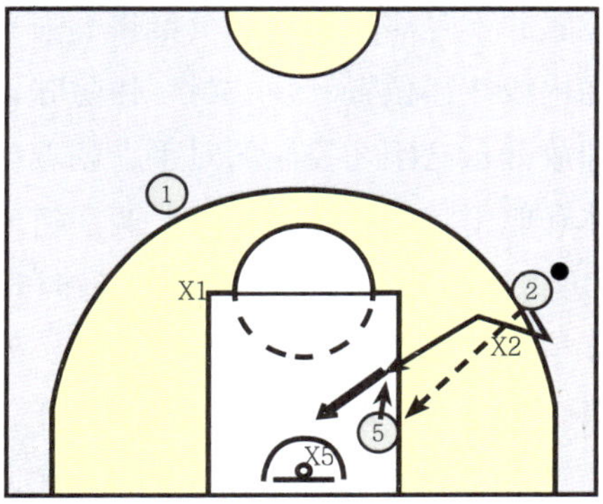


图4.1.47

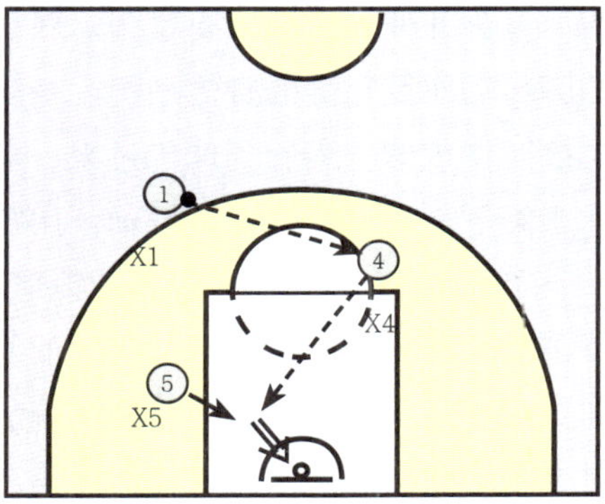


图4.1.48

（5）高位传底角

①传球给提到高位的策应队员④，④接球后转身面对篮筐，传球给强侧下顺到底角的②，由②完成中、远距离跳投。（图4.1.49）

（6）高位传绕切跳投

①传球给提到高位策应的④，然后外线球员①、③交叉绕④进行切入，④传球给①上篮或者是给③，由③完成跳投。（图4.1.50）

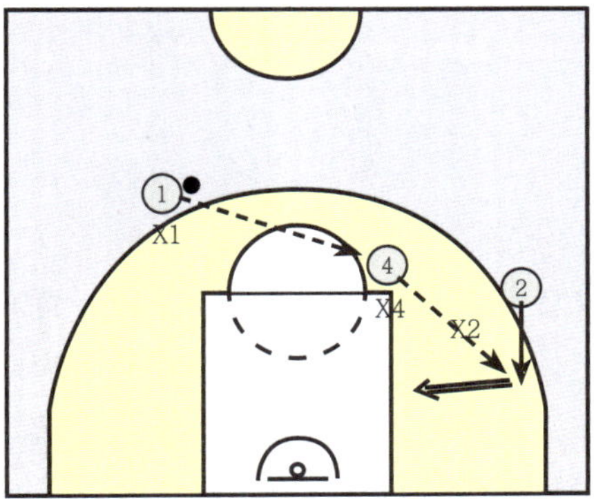


图4.1.49

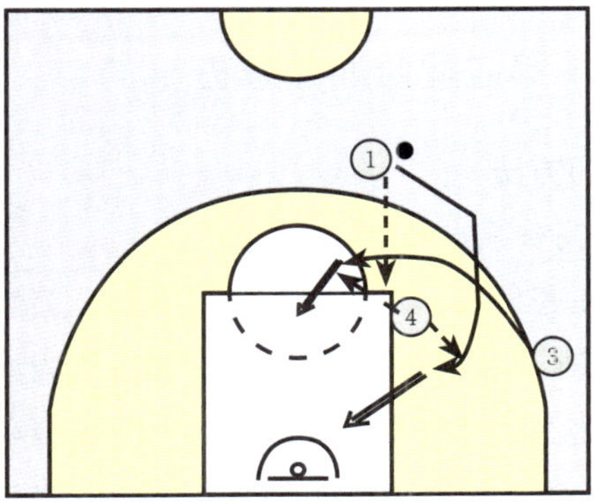


图4.1.50

### 2. 战术要点

策应队员应头脑清醒、沉着冷静、技术全面。策应球员的技术主要是由摆脱防守，抢占策应位置和助攻妙传组合技术组成。抢占位置接球是前提和基础环节，策应进攻妙传是实现指挥的关键环节。

策应队员想要迅速摆脱对手抢占有利位置，必须掌握以下几个方面的脚步移动技术：快速移动、抢跨步卡位、抢跨步转身、跨步变向抢位、后转身变向抢位和反跑抢位。策应队员抢占有利位置，接球时两脚开立，双脚处于身体正下方，头部正直，使背部肌肉紧张，确保篮下对抗或扛投时身体硬朗。举手向外线球员示意传球目标，接球目标是离防守者较远的一侧手臂，上臂应平行地面，前臂上举，垂直地面，实际上肘的角度可大于90度，手心向着传球者，五指尽量分开伸展，但不要紧张。获得位置并不是靠将防守球员推挤失去平衡，而是运用有效的脚步动作及完美的身体平衡。一旦在内线获得位置，须“封”住防守，不让其移动，目的是接同伴传球。当看到球传过来，立即放弃自己刚才控制的对手，朝着球跳过去，接球并持球于颌下最大可能地保持好球。用身体和躯干将对手挡在背后，两手持球于胸前，两肘外展，注意保护好球，身材较高的策应者可将球持于头上；接球后，随时观察场上情况，判断好主攻与助攻的时机，根据攻守的实际情况，处理好内外结合的关系。外线球员向策应位置球员传球，采用手指手腕伸弹动作从头上传是为了对付对方用绕前防守；而头上传球是对付对方采用联防时用的；击地传球是当防守者在攻方内策应队员身后或在偏向于一侧四分之三的防守姿势时使用的。球如果弹起至腰部或稍低于胸部，高大队员很容易接到球。传球者永远向离接球者的防守者较远的一侧传球，而不是正冲着接球者的正前方传球。

传球后需设法摆脱防守，切入、绕出、小范围调整接球。传球给策应队员以后应立即移动到无人防守的位置并做好接球与投篮的准备，当接球后应第一时间投篮出手。除了传球队员以外，其他非策应球员也应做好接球的准备。因为策应球员可以面对面地传向同侧的外线球员，也可以传向异侧的远离自己的球员。传球后摆脱切入动作要突然、果断，掌握好动作节奏的变化，接应队员应机动灵活，控制好身体平衡，以便接球与其他进攻动作的衔接，有效地提高策应配合的攻击性。

## （三）策应配合训练方法

### 1. 练习方法

（1）高位策应与纵切

队员在底角成一路纵队，向篮下切，突然改变方向移动至高位策应位置，背对篮筐接弧顶球员的传球，半前转身面向篮筐做投篮假动作，弧顶球员传球以后纵切从策应队员身边切入内线接球上篮。或者策应球员向一侧做假动作，然后向另一侧做运球切入上篮。投篮发生以后，另一名球员抢篮板球，两人交换位置，连续进行练习。（图4.1.51）

（2）低位策应与横切

队员在罚球线处成一路纵队，向篮下切，突然改变方向移动至低位策应位置，背对篮筐接底角外线球员的传球，外线球员传球以后横切从策应队员身边切入内线接球上篮；或者策应球员向一侧做假动作，然后向另一侧做运球切入上篮。投篮发生以后，另一名球员抢篮板球，两人交换位置，连续进行练习。（图4.1.52）

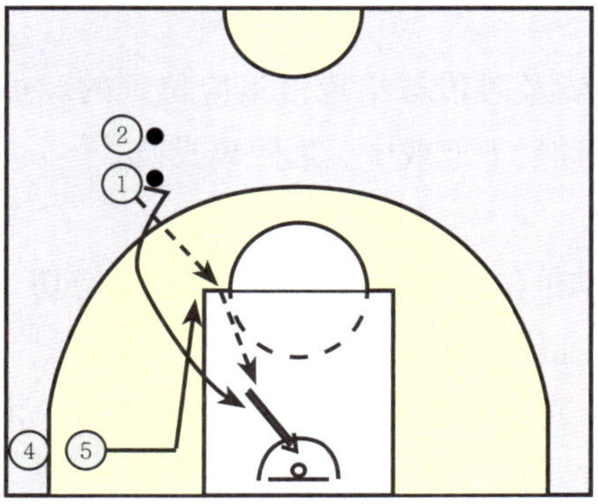

图4.1.51

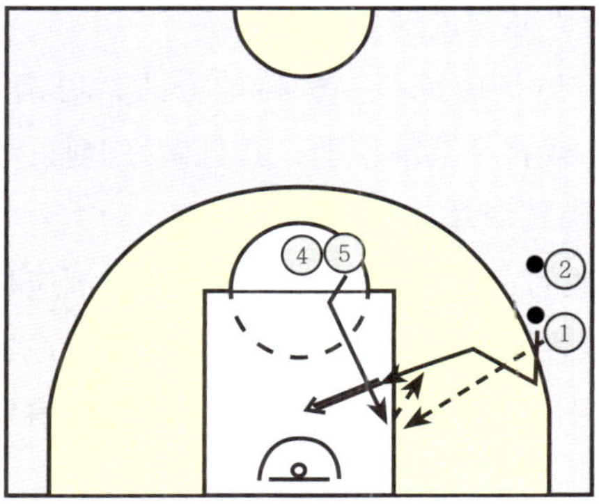

图4.1.52

（3）高位策应与外线交叉切入

策应队员从低位移动至高位接弧顶球员的传球，弧顶外线球员传球以后与底角的外线球员两人交叉绕高位策应球员切入，可接策应队员的传球上篮或者是选择中、远距离跳投。投篮发生以后，另一名切入球员抢篮板球，两人回到起始位置，连续进行练习。（图4.1.53）

（4）低位策应与三分投篮

练习由1名内线策应球员与3名外线球员组成，内线球员摆脱、抢位后由面对面的外线球员传球给他，获得球以后，3名外线移动、摆脱、做好接球准备，内线策应球员可向任一外线球员传球，由其投3分篮。3名外线球员可进行位置轮转，连续进行练习。（图4.1.54）。

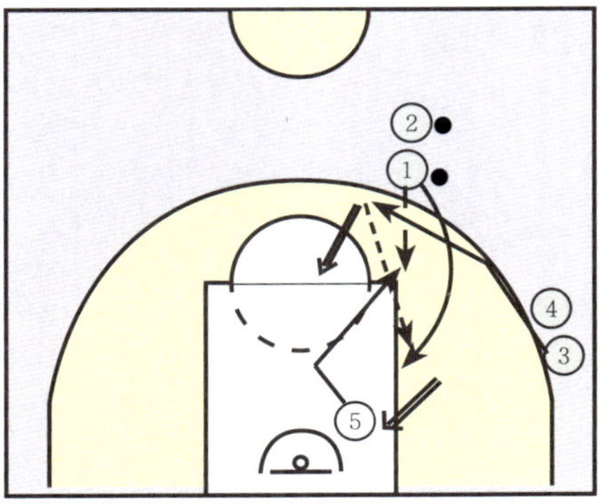

图4.1.53

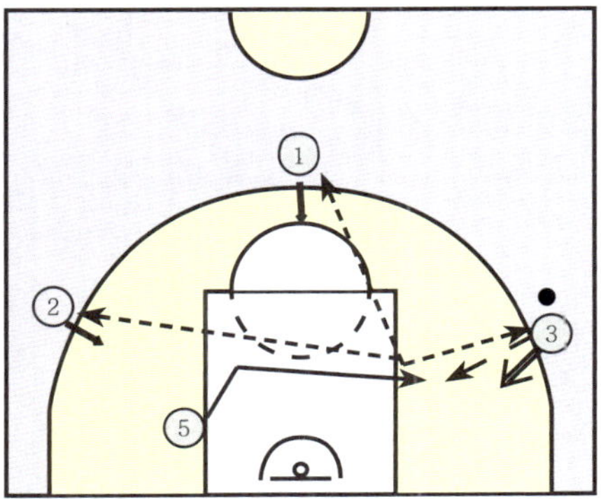

图4.1.54

### 2. 训练要点

（1）位置技术训练要求

高位策应抢位的路线有：插向同侧高位、插向罚球线、插向对侧高位。低位策应抢位路线有：插向正面篮下、插向同侧低位、插向对侧低位。一旦获得位置后，要控制防守不让其绕前，并给同伴提供传球目标。接球后要观察全场攻守情况，选择策应传球给切入内线的球员或外围无人防守的球员。

非策应球员应练习多种传球方式，以确保能及时传球给抢得策应位置的球员，然后空切、绕切，或者小范围移动，并且做好调整，接球后上篮或中、远距离投篮。

（2）训练顺序

A. 原地的、无人防守的两人练习，策应移动抢位，外传内，非策应球员空切、绕切、小范围调整位置，策应球员固定传球路线及方式，完成上篮或投篮。

B. 消极防守下的三人练习，由教练给信号，策应球员选择不同的传球对象，由其完成投篮。

C. 积极防守下的多人练习，策应球员根据防守情况选择不同策应位置，获球后根据防守情况选择传球给得分机会好的球员。

D. 反复练习，所有球员形成条件反射、不用思考，在教学比赛中运用。

## 思考题

1. 简述策应配合的概念。
2. 简述策应配合的分类。
3. 例举三种策应配合的方法及战术要点。
4. 例举三种策应配合的训练方法及训练要点。

# 第二节 防守基础配合

## 一、防守基础配合概述

防守基础配合是指2~3名防守队员，针对对手进攻战术和技术方法特点，有目的、有意识地相互协同配合，达到破坏对手进攻配合，实现本方防守目的的战术基础组织形式和技术方法。

综观当今世界篮坛，运动员体能、技能不断提高，个人攻防能力更加突出，攻守对抗更加激烈、精彩、扣人心弦。从攻守局部看，多数的攻守都通过基础配合的形式完成。从防守角度看，防守基础配合是人盯人防守战术中实现一对一防守或以多防少，区域防守战术中实现对持球进攻队员进行一对一防守或以多防少的基本方法。想要提高运动员全队防守战术意识有两点，一是要提高个人防守能力，二是要提高基础配合意识和方法。

## 二、防守基础配合主要方法

防守基础配合包括挤过、穿过、绕过、交换防守、夹击、“关门”、补防等方法。

### （一）挤过配合

挤过配合是破坏对方掩护配合，继续防守自己对手的最富有攻击性的方法之一。当对手进行掩护配合时，防守掩护队员的队员，要及时提醒同伴注意掩护，随时做好堵截对手向有效攻击区移动或运球、接球进攻的准备。防守被掩护队员的队员，主动运用跨步等脚步动作，积极贴近自己的防守对手，从掩护队员和自己防守对手之间挤过去，继续防住自己的对手。

配合示例：如图4.2.1所示，④传球给⑥，⑤给④做掩护。X5发现后及时提醒同伴注意掩护。X5在⑤临近④前，抢先跨步，从⑤和④之间挤过去，继续防守④。

### （二）穿过配合

穿过配合是破坏对方掩护配合，继续防守自己对手的方法之一。当对手进行掩护配合时，防守掩护队员的队员，要及时提醒同伴注意掩护，同时主动后撤一步，为同伴留出足够的空间，让其从自己和掩护队员之间穿过，继续防守各自对手。

配合示例：如图4.2.2所示，④传球给⑤，⑥给④做掩护。X6发现后及时提醒同伴注意掩护，并主动后撤一步，让X4从自己和⑥之间穿过，继续防守各自对手。

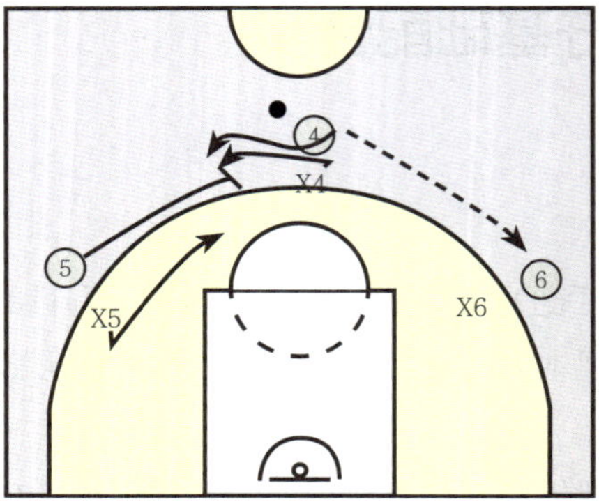

图4.2.1

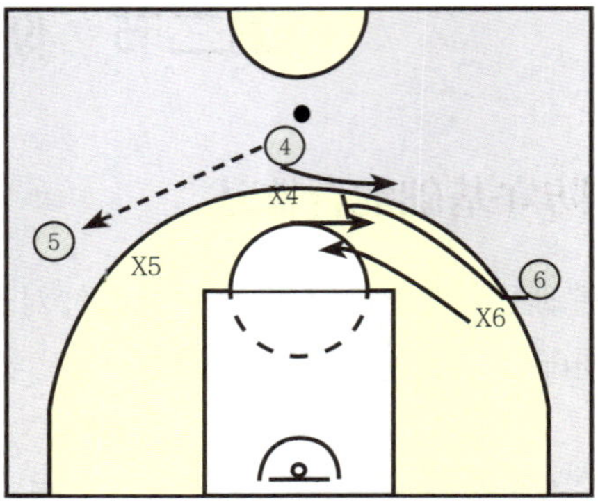

图4.2.2

## （三）绕过配合

绕过配合是破坏对方掩护配合，继续防守各自对手的方法之一。当对方进行掩护配合时，防守掩护队员的队员，要及时提醒同伴注意掩护，同时主动贴近掩护队员，让同伴从身旁绕过，继续防守各自对手。

配合示例：如图4.2.3所示，④传球给⑥，⑤给④做掩护。X5发现后及时提醒同伴注意掩护，并主动贴近⑤，让X4从自己身侧绕过，继续防守各自对手。

## （四）交换配合

交换配合是破坏对方掩护配合，两名防守队员交换各自防守对手的方法。当对方进行掩护配合时，防守掩护队员的队员，要及时提醒同伴并发出换人信号，主动抢前防守被掩护队员。另一同伴积极调整位置，防守掩护队员。

配合示例：如图4.2.4所示，④传球给⑤，⑥给④做掩护。X6发现后及时提醒同伴注意掩护，并主动发出交换防守信号，及时防守④切入路线，X4及时调整位置，防止⑥向篮下空切。

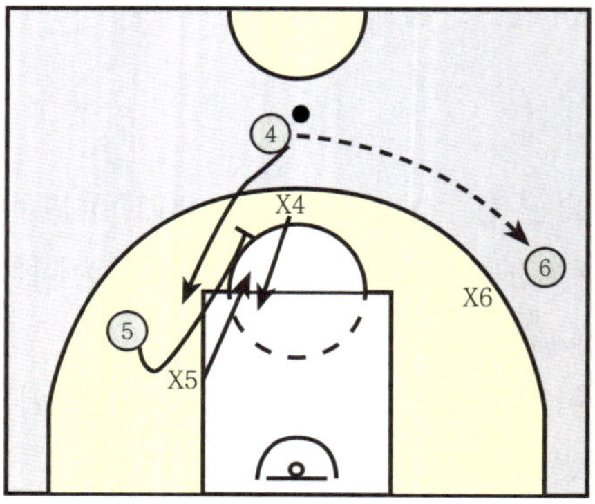

图4.2.3

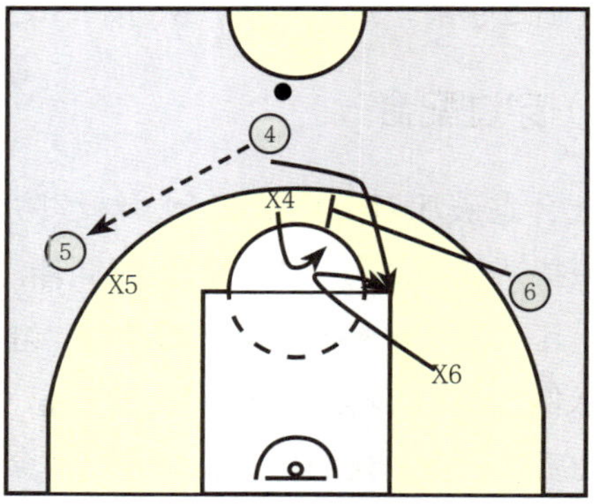

图4.2.4

## （五）夹击配合

夹击是两个防守队员协同防守一个进攻队员的防守基础配合方法。夹击配合可以打乱对方的进攻节奏，在局部形成以多防少的有利局面，造成对手失误。

配合示例：如图4.2.5所示，④传球给⑤，⑤沿边线向端线突破，X5积极封堵其运球路线，迫使其向场角运球并停球，X4迅速跑动与X5协同夹击⑤。使其出现5秒违例或传球、出界等失误。

## （六）“关门”配合

“关门”是相邻的两个防守队员收紧防守位置，协同防守对手突破的一种配合方法。

配合示例：如图4.2.6所示，④运球从中路突破，X4、X5及时靠拢，抢占进攻队员突破前切断其突破路线，迫使其停球、被动传球或造成其持球移动、带球撞人等违例或犯规。

图4.2.5

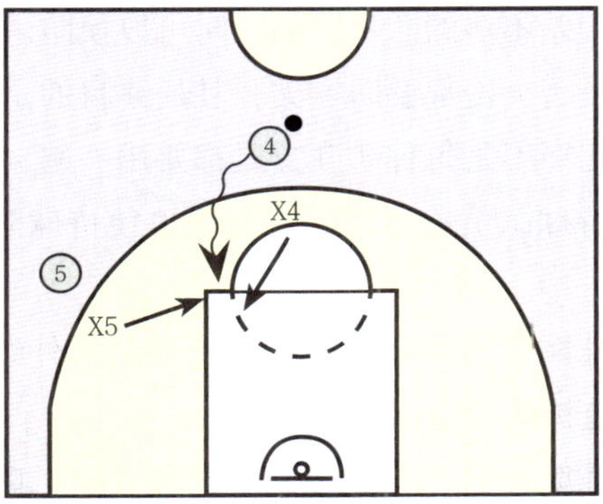


图4.2.6

## （七）补防配合

补防是当同伴出现漏防，被漏防队员处于最有威胁进攻区域时，临近防守人立即放弃自己的对手，主动补防漏防队员，防守同伴及时换防的一种协同配合方法。

配合示例：如图4.2.7所示，④传球给⑥，然后突然摆脱X4的防守空切篮下，X5及时补防，切断其接球路线。X4迅速换防⑤。

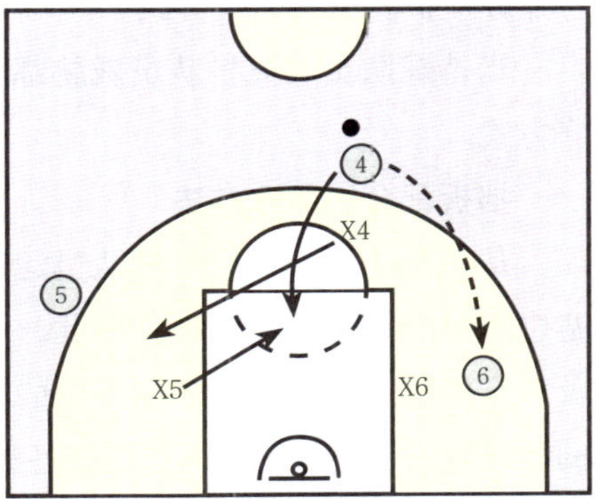


图4.2.7

## 三、防守基础配合的综合训练

### （一）防守挡拆（有球掩护）

随着挡拆配合的运用次数逐渐增多，各队对于破解这一配合形式的方法也越来越重视。如何更好地防守挡拆配合成为现代篮球研究的重点。

**挡拆配合的防守策略**

防守掩护队员的人必须要说话，要大声呼应并告诉同伴进攻方的掩护方向。

防守挡拆配合不是单一的两人防守，而是需要全队的集体配合。对持球队员进行紧逼，努力迫使其改变运球速度或向远离球篮的位置运球；尽量阻止掩护队员进入掩护位置，处于协防位置的队员，能及时轮转换位进行协防，全队协作和攻击性防守是对付挡拆配合的关键部分。

身高相差不多的队员之间随时可以换防。

无论是否夹击都要防突破，其最终目的是让对手停球。

每场比赛不是每种防守方式都要用一遍，而是要根据对手情况选用。

当防持球队员抢过时，往往会迫使持球队员远离掩护位置，达到完全消除挡拆配合威胁的目的。

当持球队员突破能力较强，掩护队员外线投篮能力较弱时，防守队员可以采用“影子”防守（防掩护队员拖后）。

当持球队员和掩护队员威胁都较大时，防掩护队员可以采用上前延误持球队员后再回防自己对手的防守方式。

当持球队员威胁较大时，防守队员可以采用夹击持球队员，处于协防位置的队员轮转换位兼顾掩护队员的防守方式。

当持球队员和掩护队员威胁都较大时，防守队员可以采用掩护发生前夹击持球队员的防守方式。

**挡拆配合的防守方法**

从理论上说，迫使持球队员运球远离掩护位置是最简单的防守挡拆配合的方法，但在比赛中不可能总是做到这样。因此，想要制约对方的挡拆配合，首先要了解自己队员的特点以及对方的能力。在防守原则不变的前提下，根据进攻方的特点相应地调整本方防守挡拆配合的防守方法，这就需要队员掌握各种各样的防守技巧。

**1. 抢过**

如图4.2.8所示：①在高位持球，⑤上前准备为①做掩护，X1利用积极防守迫使①运球远离掩护位置。为抢过创造空间，可以采用的练习方法有以下几种。

（1）个人抢过动作练习

目的：提高队员防守挡拆配合过程中抢过防守的能力

方法：如图4.2.9所示，此练习由①、②、③、④、⑤、⑥、⑦分别沿三分线落位开始。①沿着三分线进行滑步，每遇到一名队员就将该队员当做掩护队员并运用抢过动作超越对方继续滑步，直至抢过最后一名队员⑦时结束。每名队员在①抢过后都要沿三分线按顺时针方向向前移动。①抢过②后，②要向前补到之前①的位置，当①抢过三名队员后②开始滑步，以此类推进行练习。

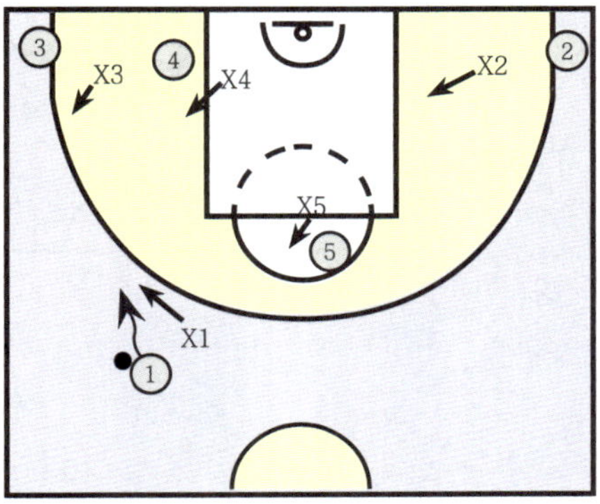

图4.2.8

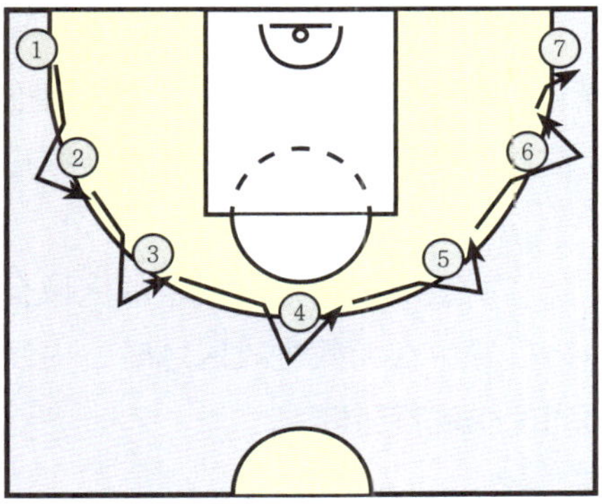

图4.2.9

（2）高位二对二抢过练习

此练习由①在高位持球，⑤在罚球线落位，X1和X5分别防守①和⑤开始。⑤上提高位为①做掩护，①利用掩护向侧翼运球，X1运用抢过继续防守①，X5向上移动进行保护，⑤掩护后转身向侧翼移动（图4.2.10）。①运球到侧翼后，⑤上前进行二次掩护，①利用掩护向中间运球，X1依然运用抢过继续防守①。（图4.2.11）

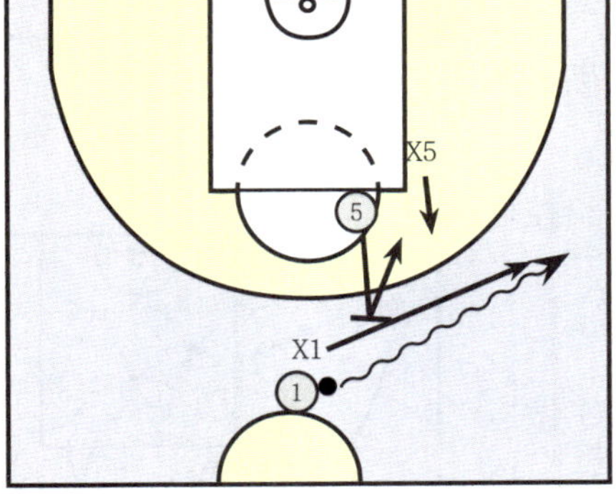

图4.2.10

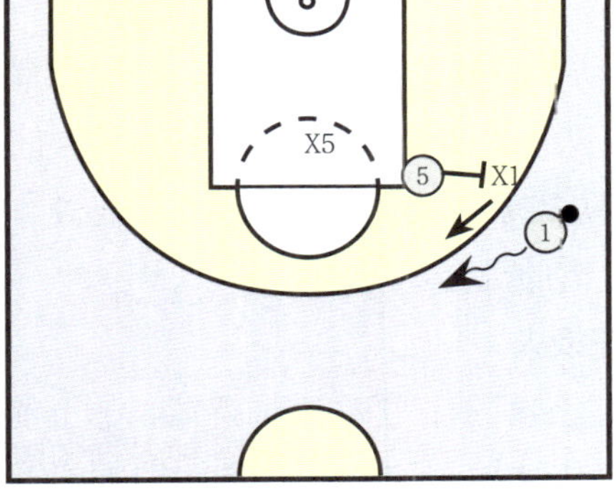

图4.2.11

要求：

- 在掩护形成前，防掩护队员要大声呼应，告诉被掩护队员将要发生掩护以及掩护的方向。

● 防控球队员在抢过时注意抢过的角度，要将控球队员向外线顶，迫使其向外线运球，不让其轻易突破。

### 2. 穿过

如图4.2.12所示：①在高位持球，④上前为①做掩护，在掩护过程中，X4要与④保持一定距离，从而留出一定空间可以让X1穿过继续防守①，当X1穿过后，X4要迅速上前继续防守④。X2不让②接球，X3和X5注意协防。

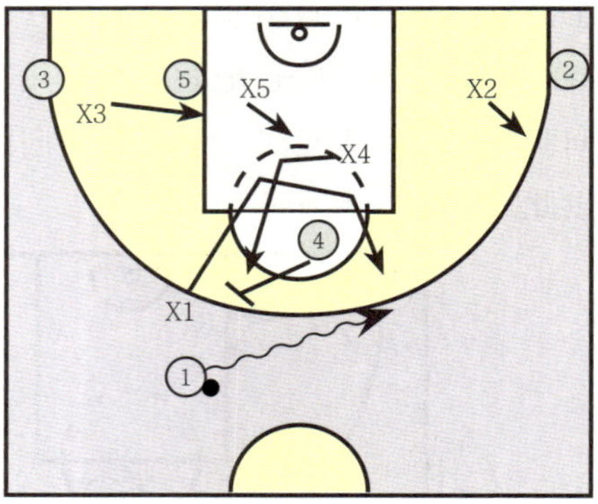

图4.2.12

练习方法：穿过防守练习，练习方法同抢过。

目的：提高队员防守挡拆配合过程中穿过防守的能力。

要求：防守队员要根据挡拆发生的区域合理选择防守方式，当挡拆发生在无效进攻区域时，内线防掩护队员不用拉出到外线进行防守。

### 3. 绕过

如图4.2.13所示：①在高位持球，④上前为①做掩护，在掩护过程中X4要将④向外挤靠，从而留出一定的空间可以让X1从X4身后绕过继续防守①。X2要注意不让②接球，X3和X5移动到协防区域准备协防。

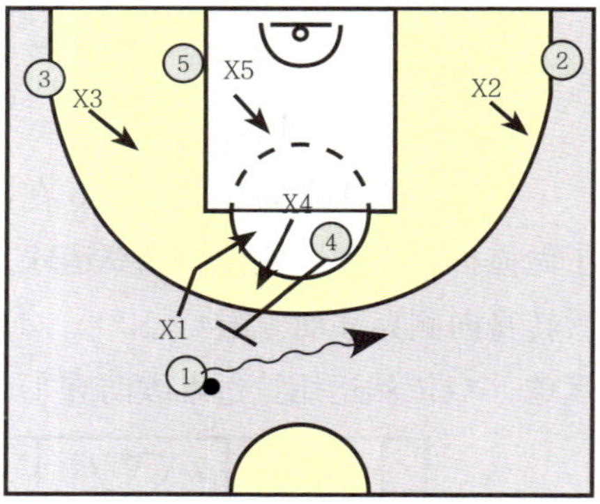

图4.2.13

练习方法：绕过防守练习，练习方法同抢过。

目的：提高队员防守挡拆配合过程中绕过防守的能力。

要求：

（1）防掩护队员要将掩护队员向外挤靠，破坏其掩护位置，从而为防控球队员创造绕过的空间。

（2）防控球队员在绕过时动作要迅速，不给控球队员出手投篮的机会。

### 4. 防守换人

如图4.2.14所示：①在高位持球，④上前为①做掩护，在掩护过程中，X4突然上步封堵①的前进路线，逼迫①向边线运球，X1换防④的速度要快，尽量不让④在下顺过程中接球。X2不让②接球，X3和X5注意协防。

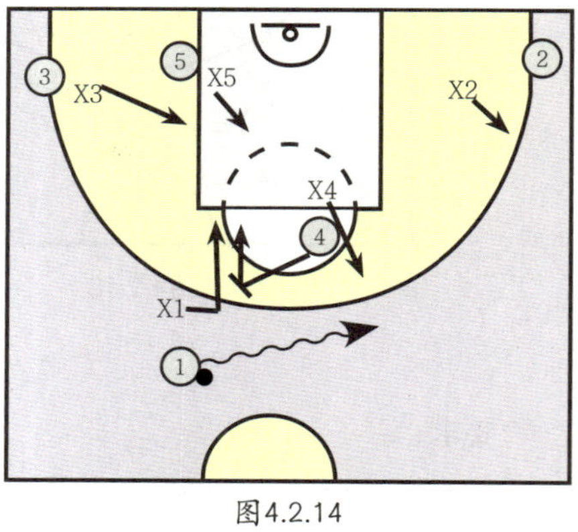

图4.2.14

练习方法：换人防守练习，练习方法同抢过。

目的：提高队员防守挡拆配合过程中换人防守的能力。

要求：

（1）防守队员换防时要注意防守角度，不给控球队员中间穿越突破的机会。

（2）防控球的队员在换防时要首先抢到掩护队员内侧进行防守，不让其轻易接球。

**5. “影子”防守（防掩护队员拖后）**

如图4.2.15所示：①在高位持球，④上前为①做掩护，在掩护过程中，防掩护队员的X4拖后处在内线一个可以协防的位置，以等待防守①的运球突破。X1在挤过④的掩护后追防①，X2不让②接球，X3和X5移动到协防区域。

练习方法：“影子”防守练习

目的：提高队员防守挡拆配合过程中“影子”防守的能力。

方法：侧翼二对二防守掩护队员拖后防守练习。

如图4.2.16所示：①在侧翼持球，⑤在罚球线落位，X1和X5分别防守①和⑤开始。⑤上提为①做掩护，①利用掩护向中间运球突破，X5拖后在内线处在可以协防①的位置，X1快速挤过⑤的掩护后追防①。

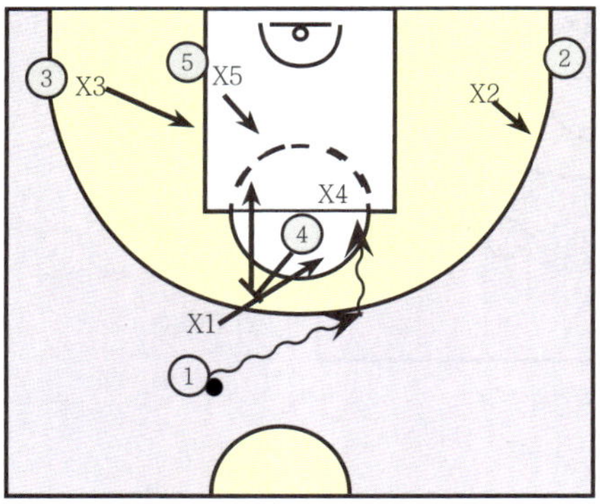


图4.2.15

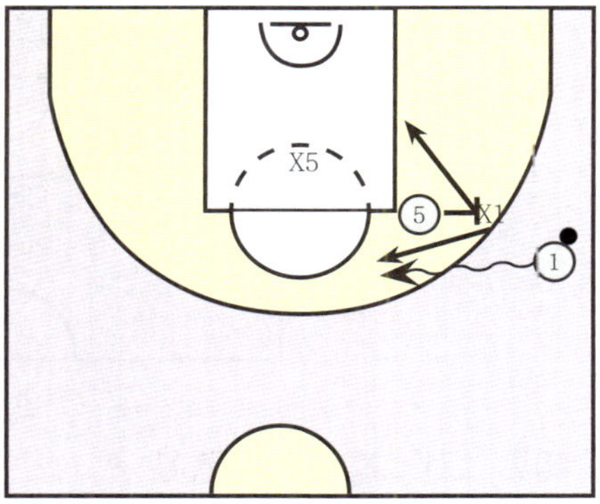


图4.2.16

要求：

（1）防守掩护的队员在拖后防守时要注意选择合理的位置，既要封堵住持球队员的突破路线，又要兼顾掩护队员。

（2）防持球队员在遇到掩护后应快速挤过，继续追防持球队员。

**6. 上前延误后再回防自己的对手**

如图4.2.17所示：①在高位持球，④上前为①做掩护，在掩护过程中，X4上步堵住①的前进路线，延误①的进攻速度并迫使其向外运球。X1抢过④的掩护追防①，X2不让②接球，X3和X5移动到协防区域。

如图4.2.18所示：当X1追上①继续防守时，X4回撤去防守切入篮下的④，在X4没有回到防守位置之前，X5要向内协防④，不让④轻易接球，X3此时向篮下移动协防⑤。

如图4.2.19所示：如果①将球传给弱侧空位的③，X3应迅速回防③并迫使其向底线运球，

X5绕前防守⑤，X1不让①接球，X4和X2向内线移动协防。

练习方法：延误防守练习。

目的：提高队员防守挡拆配合过程中延误防守的能力。

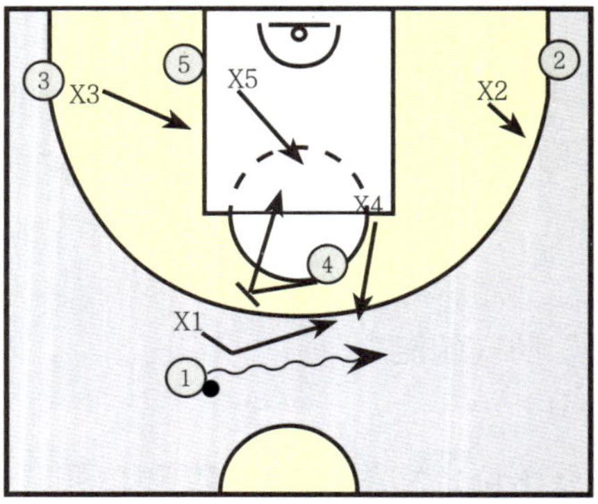


图4.2.17

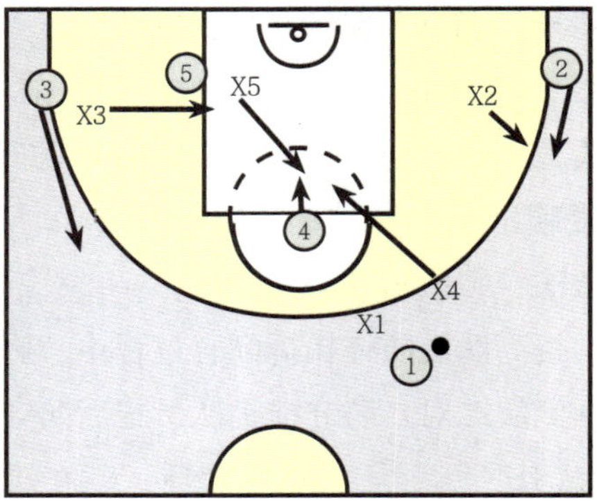


图4.2.18

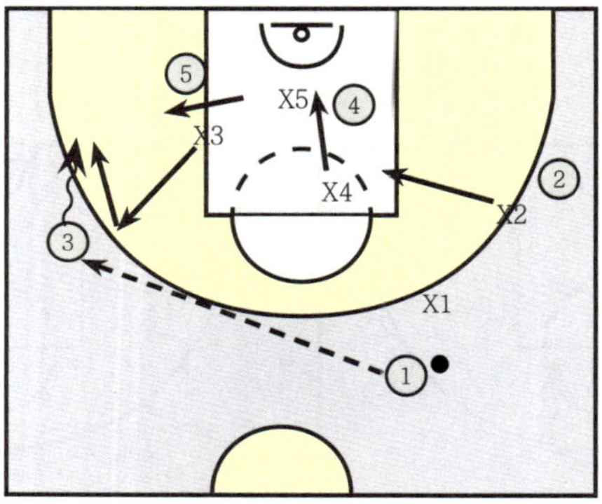


图4.2.19

方法：侧翼二对二连续延误练习。

此练习由①在侧翼持球，⑤在罚球线落位，X1和X5分别防守①和⑤开始。⑤上提为①做掩护，①利用掩护向中间运球，X5上步延误①后再迅速回撤防守掩护队员⑤，X1利用X5的延误迅速抢过继续防守①（图4.2.20）。①运球到中间后，⑤转身上前进行二次掩护，①利用掩护向侧翼运球，X5依然上步延误①后迅速回撤防守⑤，X1利用X5的延误抢过继续防守①。（图4.2.21）

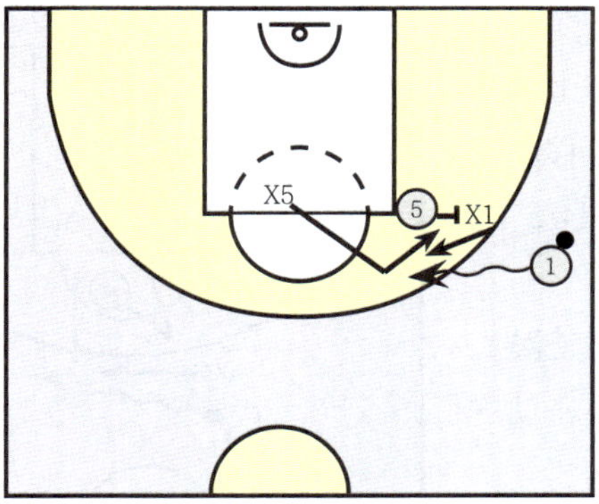


图4.2.20

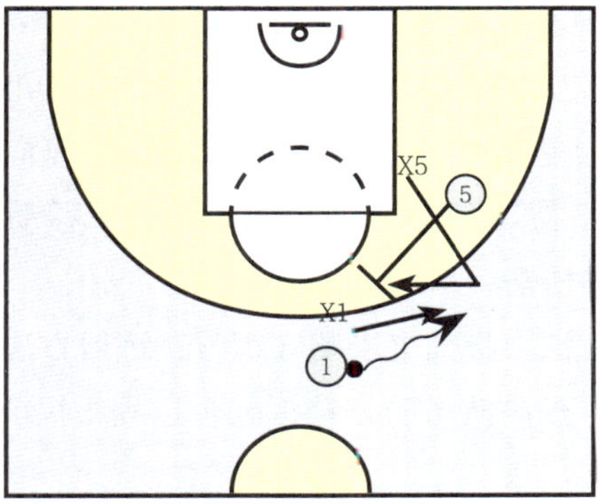


图4.2.21

要求：

（1）防掩护队员上步延误时要注意角度，最好的角度是自己的身体面对对侧的边线。既要延误控球队员的运球速度，迫使其向远离篮筐的位置运球，又不能给其创造从中间穿越突破的空间。

（2）防控球队员在队友延误后要迅速抢过继续防守控球队员

**7. 夹击持球队员**

如图4.2.22所示：①在高位持球，④上前为①做掩护，当①经过掩护运球拆开时，防掩护队员X4上步堵截①并与X1夹击持球队员①。夹击后X2不让②接球，X3和X5注意向内线收缩协防，X5要兼顾掩护后向内线切入的④。

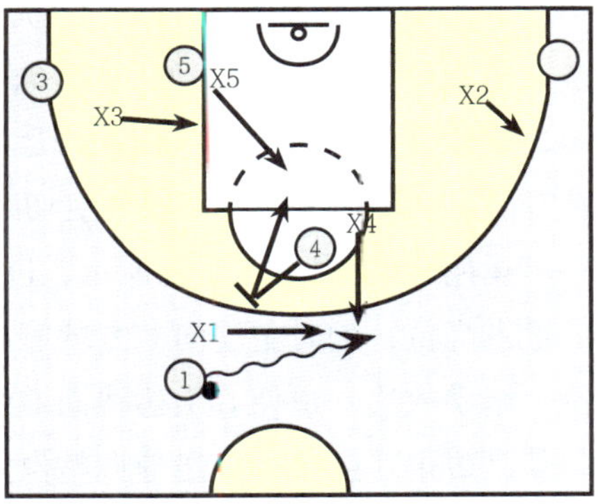


图4.2.22

练习方法：夹击防守练习，练习方法同延误。

目的：提高队员防守挡拆配合过程中夹击防守的能力。

要求：

（1）防守队员夹击时要注意夹击的角度，既要封堵住控球队员的传球路线，又不能让其运球突破夹击位置。

（2）如果进攻队员在侧翼靠近边线位置进行挡拆配合时选择挡下线，防守队员应果断进行夹击。

（3）形成夹击后，如果进攻队员将球传出，防守队员应立刻转身回防。

### 8. 掩护发生前夹击持球队员

如图4.2.23所示：①在高位持球，当④准备上前为①做掩护但是掩护还没有形成前，X4迅速向前移动与X1共同夹击持球队员①，X5协防向篮下移动的④，X3向篮下收缩协防，X2不让②接球。

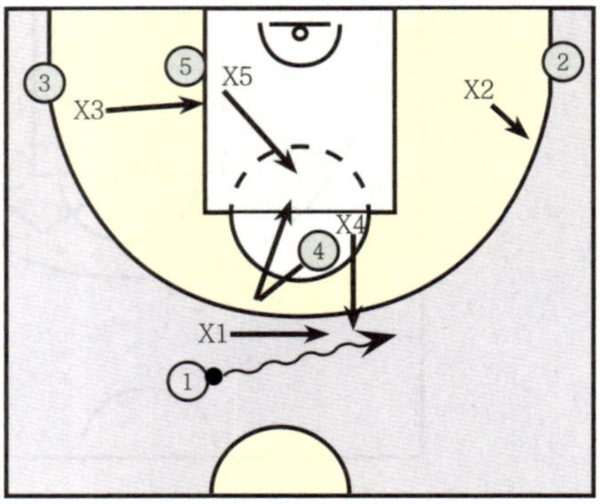

图4.2.23

练习方法：提前夹击防守练习，练习方法同延误。

目的：提高队员防守挡拆配合过程中提前夹击防守的能力。

要求：

（1）防掩护队员上抢堵截要突然，不给控球队员处理球的反应时间。

（2）提前夹击通常情况下是战术的特殊安排，对重点防守控球队员能起到很好的效果。

### 9. 运用端线和边线夹击配合防守有球掩护

运用时机：当有球掩护地点在边路或场角时，防守队员可以诱使对方沿边线向端线运球，并在靠近边线或端线时与持球队员形成夹击。

基本要求：防守掩护队员的队员要及时发出信号，并主动向本方球篮方向后撤移动2～3步，协助同伴防守被掩护队员运球突破。防守被掩护队员的队员迅速抢占高位位置，堵中放边，迫使持球队员沿边线向端线运球，并择机与同伴形成夹击配合。其他防守队员要及时轮转补防、切断对手传球路线和空切路线。

运用示例：如图4.2.24所示，进攻队员④为持球队员⑧做掩护，X4主动发出信号，提醒同伴抢占高位，同时主动向本方球篮方向后撤2～3步，协助X8防守⑧运球突破。X8及时抢占高位，堵中放边，迫使⑧沿边线向端线运球突破。在靠近端线处对⑧形成夹击。X6及时轮转补防④，防止其接球。X7迅速调整位置，以少防多，兼顾防守⑥和⑦。

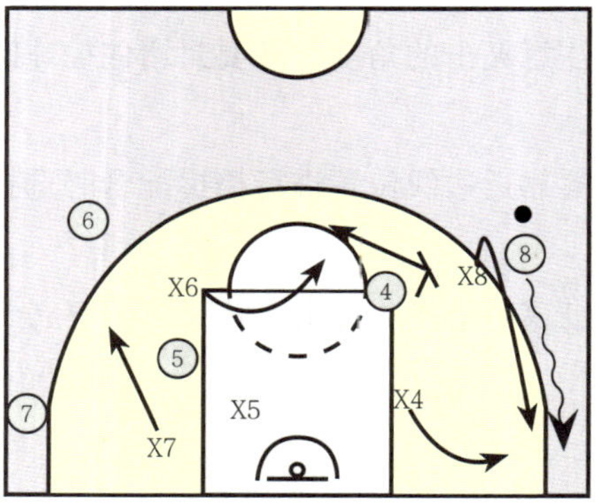

图4.2.24

## （二）防守无球掩护

无球掩护在现代篮球比赛中频繁使用，对无球掩护的防守也是决定防守成效的重要内容。在防守无球掩护时，防守队员可以综合运用挤过、穿过、绕过、交换防守等基础配合，破坏对手无球掩护。

**1. 运用挤过配合防守无球掩护**

运用时机：当进攻队员为善于投篮并处于投篮范围内的队员做无球掩护时，防守队员通常运用挤过配合来破坏对方的掩护配合。

基本要求：防守掩护队员时要及时呼应，主动堵截持球被掩护队员的移动路线，协助同伴防守利用掩护切入的队员，为同伴防守移动到位赢取时间。防守被掩护队员时要紧贴被掩护队员，抢先跨出一步，运用挤过通过掩护，继续盯防对手。

运用示例：如图4.2.25所示，进攻队员④为持球队员②做掩护，防守队员X4及时提醒同伴注意“掩护”，同时主动堵截②的移动路线，为同伴X2防守到位赢取时间。X2及时贴近②，抢步挤过，继续防守②。X4在X2防守到位后，及时回防④，防止其插向罚球线接球。

**2. 运用穿过配合防守无球掩护**

运用时机：当进攻队员为善于突破队员或处于投篮范围外的队员做无球掩护时，防守队员通常运用穿过配合来破坏对方掩护配合。

基本要求：防守掩护队员时要及时呼应，主动撤步为同伴留出穿过空间，使同伴能快速穿过紧逼对方队员，防其突破。

运用示例：如图4.2.26所示，进攻队员④为持球队员②做掩护，防守队员X4及时提醒同伴注意“掩护”，同时主动撤步为X2穿过掩护留出空间。X2及时从X4和④之间穿过，继续防守②。

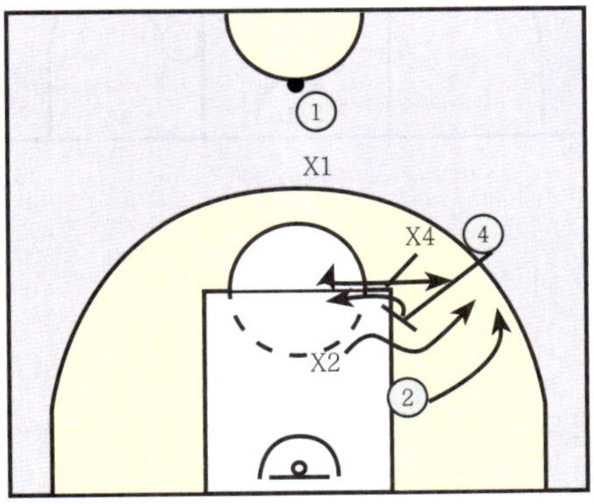

图4.2.25

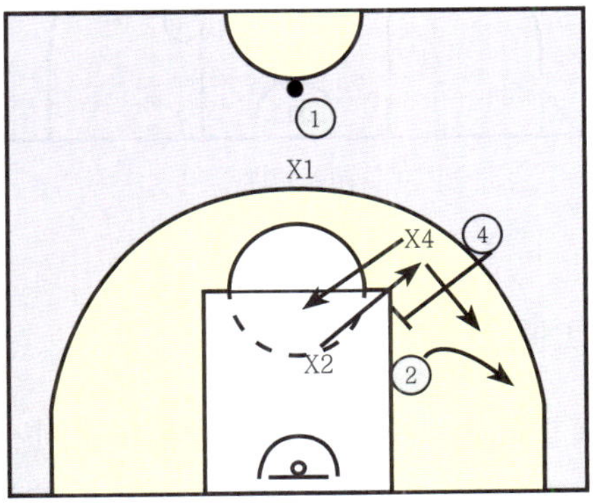

图4.2.26

3. 绕过配合防守无球掩护

运用时机：当掩护队员善于投篮，被掩护队员善于突破时，防守通常运用绕过配合来破坏对手掩护配合。

基本要求：防守掩护队员时要及时呼应，主动贴近自己防守人，为同伴绕过留出空间，使同伴能快速从自己身后绕过，继续防守对手。

运用示例：如图4.2.27所示，进攻队员④为持球队员②做掩护，防守队员X4及时提醒同伴注意“掩护”，同时主动贴近④，为X2绕过掩护留出空间。X2及时从X4身侧绕过，继续防守②。

4. 交换防守配合防守无球掩护

运用时机：当两名防守队员在身高、防守技术方面差别不大时，可以运用交换防守破坏对手无球掩护。

基本要求：防守掩护队员时首先发出交换防守信号，并主动抢前防守对方队员，防其利用掩护接球。防守被掩护队员的同伴要及时抢占掩护队员近球一侧位置，防止其掩护后的接球进攻。

运用示例：如图4.2.28所示，进攻队员④为②做掩护，防守队员X4主动发出交换防守信号，并积极封堵②接球。X2及时抢占④近球一侧位置，防止其掩护后插入罚球线区域接球进攻。

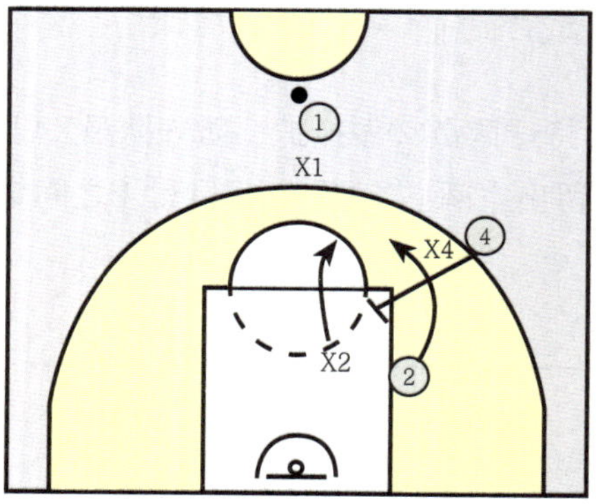


图4.2.27

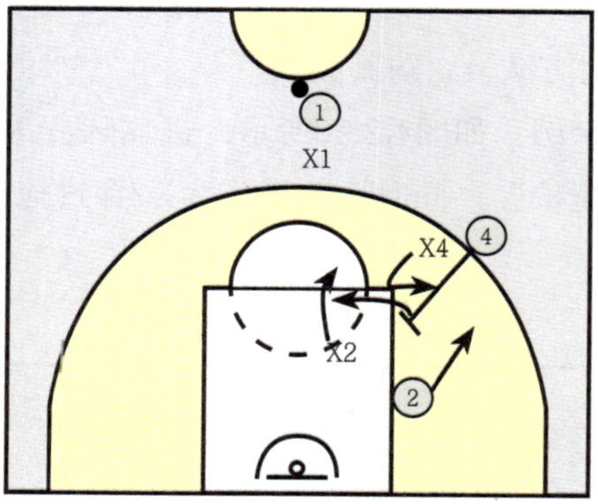


图4.2.28

## （三）防守运球掩护

运球掩护配合，在现代篮球比赛中也时有运用，特别是外线队员经常利用连续运球掩护配合寻找进攻机会。防守运球掩护在某种意义上可视为防守有球掩护的一种特殊形式，可参照防守有球掩护的要求和方法，根据防守对手的身体形态、技术特点、配合区域等，综合运用挤过、穿过、绕过、夹击、交换防守、补防等配合方法，破坏或延误对方进攻配合。

基本要求：防守运球掩护队员时，首先要防其运球突破，其次在判断对手掩护意图后，要及时呼应，抢先补防，积极封堵、干扰其运球后传球路线，主动堵截或延误被掩护队员的移动路线，延误对手持球移动速度或迫使其改变运球方向，为队友移动到合理位置继续防守对手赢取时间。在堵截对手后，要注意适时、及时回防。防守被掩护队员的队员，要根据对手技术特点，首先要封堵和干扰其接球路线，并合理运用挤过、穿过、绕过等方法，及时抢占有利的防守位置，堵截对手向内线运球突破路线或封盖其投篮，迫使对手向外线运球，并与同伴协同配合，破坏或延误对方的进攻配合。

运用示例：如图4.2.29所示，进攻队员④⑤⑥连续在外线进行运球掩护，防守队员X4、X5、X6根据对手特点，及时呼应，综合运用挤过、穿过、绕过、交换防守等方法，堵截其向篮下突破运球路线，干扰其利用掩护后的投篮，迫使对方在外线运球，破坏对手运球掩护配合。如防守被对方突破，防守队员要及时轮转补防和适时回防。

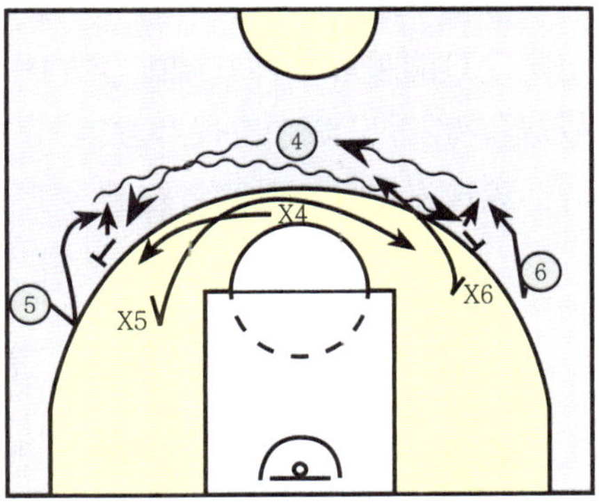

图4.2.29

## 四、防守基础配合综合训练方法

### （一）挤过、穿过、绕过、交换防守配合训练方法

方法一：队员6人一组，三攻三守。3名进攻队员在外线连续进行无球掩护，由无球侧边锋位置队员为圈顶队员做掩护。如图4.2.30（a）所示，④传球给⑤，⑥给④做掩护。掩护完成后⑥移动到④原来位置，④移动到⑥原来位置。如图4.2.30（b）所示，然后⑤再传球给⑥，⑥传球给④，⑤再去给⑥做掩护，进攻连续循环进行。防守队员按规定防守配合进行练习。达到规定次数后，攻守交换。

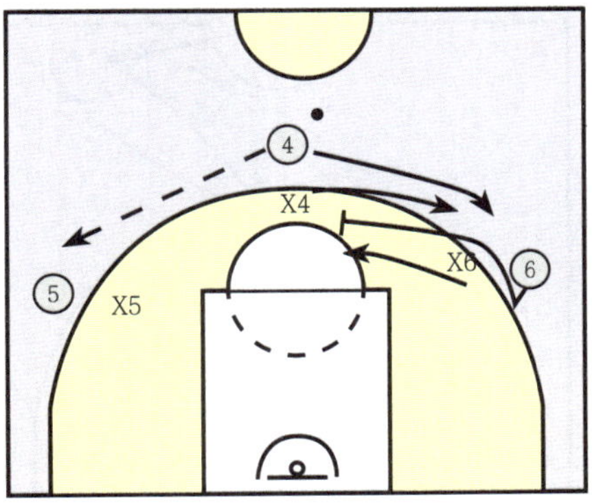

图4.2.30（a）

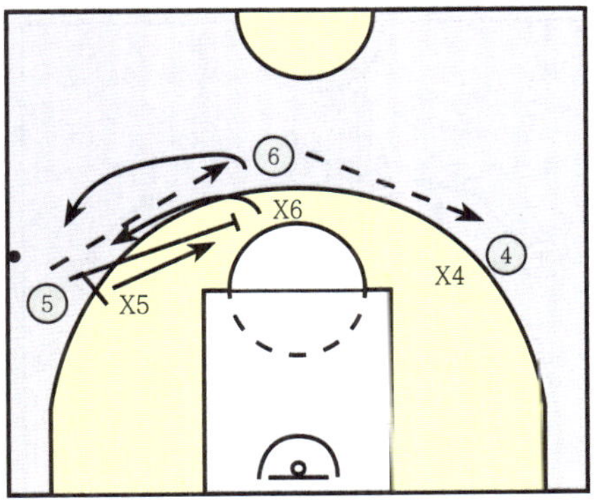

图4.2.30（b）

方法二：如图4.2.31所示，队员④和⑥连续交替进行高位和低位掩护配合，防守队员根据规定连续挤过、穿过、绕过、交换防守等配合。进行到一定次数后，攻守交换。

方法三：半场二对二、三对三、四对四比赛。规定防守只能采取某种基础配合方法，防守抢断、抢到篮板球各得2分，防守犯规对方得2分，进攻成功得2分或3分。累计先得一定分数者获胜。

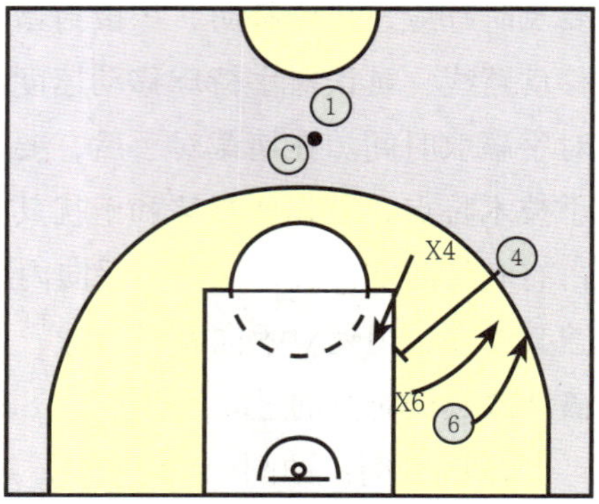


图4.2.31

## （二）“关门”、夹击、补防防守配合训练方法

方法一：如图4.2.32所示，半场三对三。进攻队员采用“8”字围绕运球突破，防守队员积极协同进行“关门”。练习一定次数后攻守交换。

方法二：如图4.2.33所示，二防一。教练投篮开始，②抢篮板球，然后运球突破。两名防守队员X1、X3及时协同对②形成夹击，并尽量迫使其向场角运球，在靠近边线、端线和场角处形成夹击。

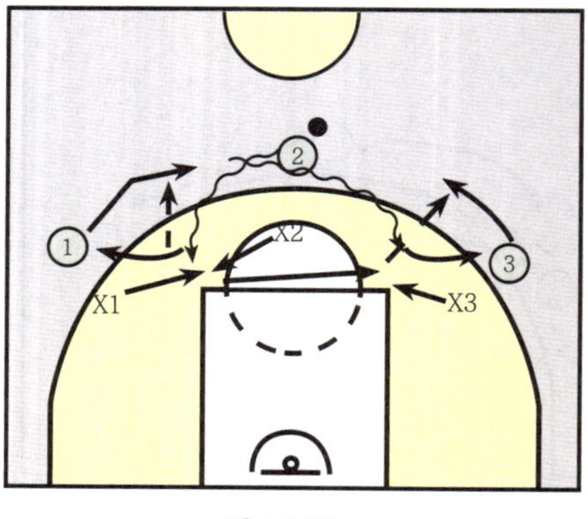


图4.2.32

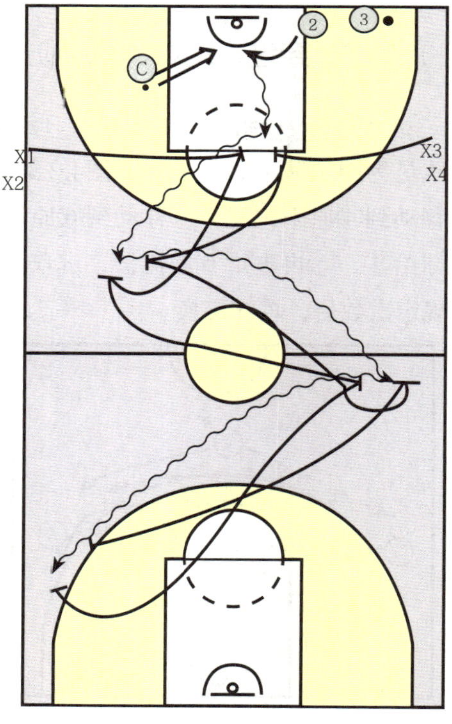


图4.2.33

方法三：如图4.2.34所示，四攻四守。进攻队员连续运用运球突破摆脱防守，临近防守队员及时补防，待同伴防守到位后及时回防。练习一定次数后攻守交换。

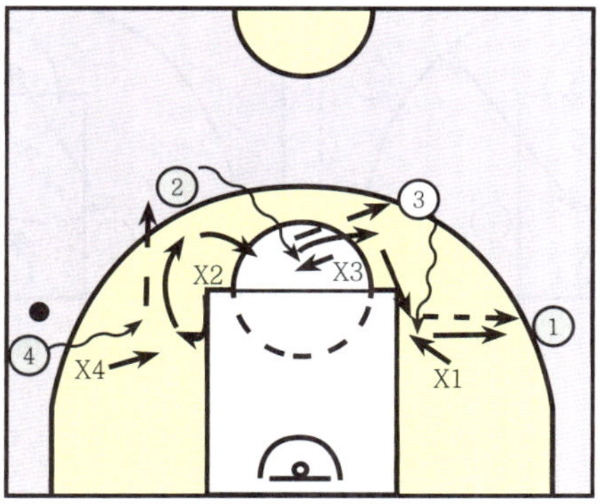


图4.2.34

## （三）夹击、补防、轮转防守配合训练方法

方法一：如图4.2.35（a）所示，三攻三守。④运球向底线突破，防守队员X6迅速放弃自己防守人进行补防，并与X4对④形成底线夹击，X5迅速后退，形成短时一防二。如④回传⑤，防守队员返回继续防守原防守队员。如图4.2.35（b）所示。如④传球给⑥，3名防守队员迅速进行顺时针轮转换位。

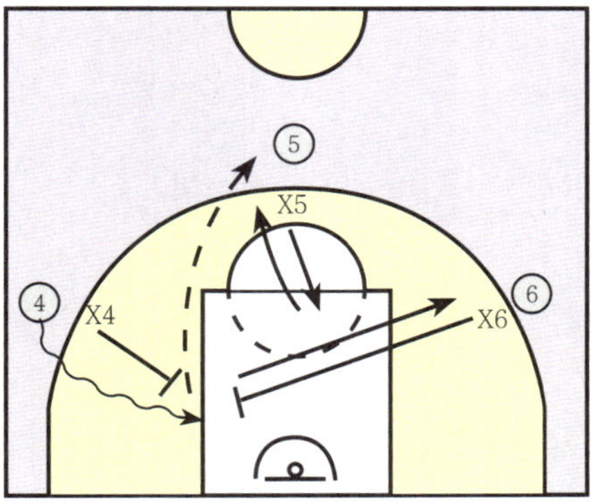


图4.2.35（a）

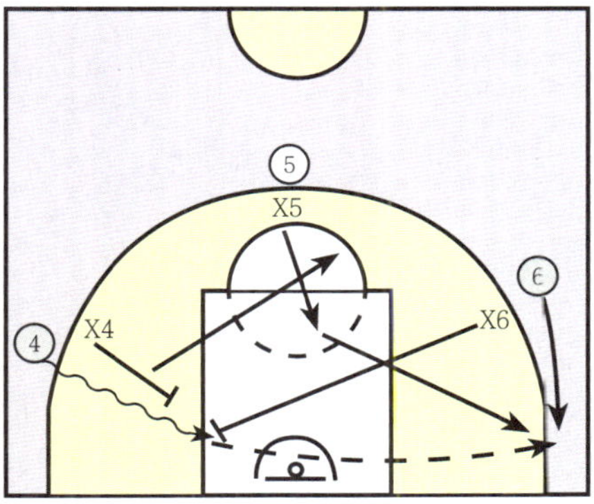


图4.2.35（b）

方法二：如图4.2.36（a）所示，四攻四守。④传球给⑤，⑤沿底线运球突破，X7与X5在底线对⑤形成夹击，X6此时要迅速补防⑦，X4防守④与⑥。如图4.2.36（b）所示，⑤传球给⑥，防守要迅速进行顺时针轮转换位，X4防守⑥，X5防守④，X6防守⑤，X7防守⑦。

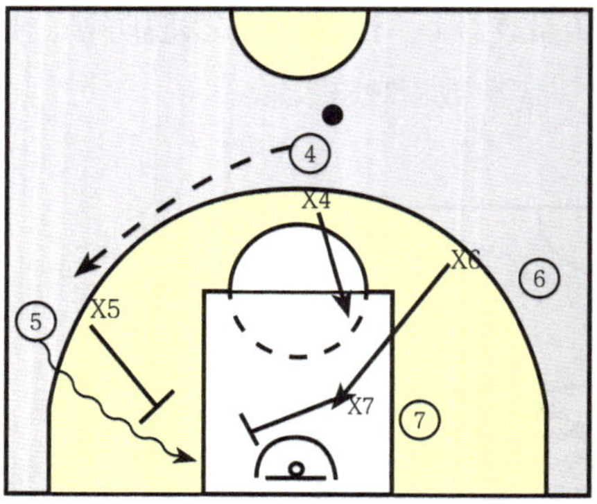


图4.2.36（a）

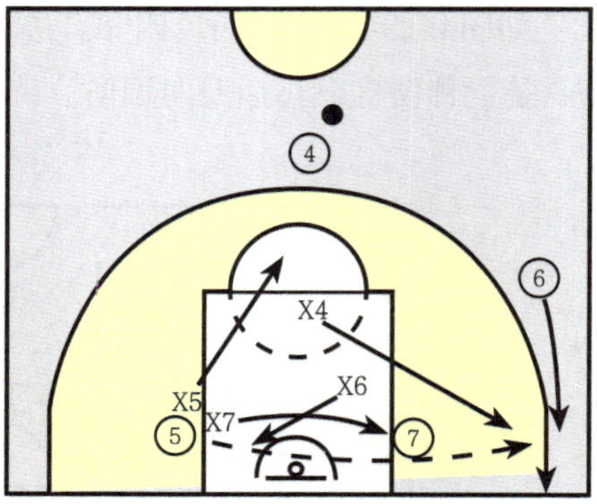


图4.2.36（b）

## 思考题

1. 简述防守基础配合的概念、作用及主要方法。
2. 简述挤过、穿过、绕过、交换防守配合方法及主要区别。
3. 图示挤过、穿过、绕过、交换防守、夹击配合防守有球掩护、无球掩护的方法。
4. 简述防守基础配合不同方法的运用时机。

# 第五章　进攻战术

## 内容概述

在进攻战术中，进攻针对每一种防守阵型都有许多种战术和方法，很难面面俱到。本章节针对每一种防守阵型选取一种进攻战术，从动作到配合，从配合到整体进行详细的介绍与说明，便于学习和掌握，达到举一反三、事半功倍的效果。同时在本章中还第一次增补了掷界外球战术这一部分的内容。

# 第一节　进攻半场人盯人防守战术方法与训练

## 一、进攻半场人盯人防守战术概述

进攻半场人盯人防守战术，是阵地进攻战术系统中的一种战术类型，是根据防守的区域范围和队员的防守能力，结合本队的实际，扬长避短而设计的全队半场进攻战术。

早期的进攻半场人盯人防守的战术是简单的站立式打法，后来有了单中锋、双中锋打法和“8”字运球掩护的打法，在此基础上逐步形成了包括有传切配合、策应配合、掩护配合和突分配合综合运用的进攻打法。

在美国，随着篮球运动的不断发展，逐渐出现了许多种篮球战术，如三角进攻、普林斯顿战术、UCLA战术、跑轰战术、MOTION战术等。每个战术都有自己的战术思想和体系，有自己鲜明的战术方法和表现形式。本章就普林斯顿战术进行介绍并说明其训练方法，以达到举一反三的目的。

## 二、进攻半场人盯人防守战术配合方法——以普林斯顿进攻战术为例

普林斯顿进攻打法是由皮特·卡瑞尔（Pete Carril）发明的。

普林斯顿进攻战术的主要战术环节有：“∞”字交叉跑动进攻、中锋掩护切入、低位“肘部”掩护、运球中手递手传球和反跑。这些战术环节的组合形成了独特的战术体系，成为适应普通球员的进攻战术体系。

普林斯顿进攻战术体系要求在平时训练中加强基本控球和投篮训练，每天都要进行对抗的反跑练习和传切配合，不断提高队员的基本攻防技巧。由于战术体系根据防守的不同应对方式进行配合，所以，在比赛时不需要在场边提醒球员战术配合方法或者重新安排进攻战术。由于普林斯顿战术的不确定性以及球的不断转移，使得防守更加困难，防守队员很难做到对进攻战术进行判断和预测。

### （一）普林斯顿进攻体系的原则和要求

#### 1. 原则

（1）普林斯顿战术中要求场上5名队员都能传球、投篮和组织，并具有团队精神，坚持整体篮球；5名队员之间必须无私协作。

（2）球员不再按传统的1～5号位划分，而是一个固定位置球员加4名其他队员。

（3）比赛中让中锋站在高位，把禁区拉空；其他队员阅读比赛，时刻观察对手，准备反跑。

（4）进攻的实质是空切，而不是掩护；向篮下空位切入，不要总是朝球的方向跑，用反弹传球传给跑到空位上的队员。

（5）战术配合的发动从45度角开始，每次进攻有可能会跑5~6套战术，使每一种防守都能被破解。

**2. 要求**

（1）当与一支整体上身体素质优于自己的队伍进行比赛时，应该将罚球线以下区域拉空，尽量通过高位配合把对手从禁区吸引出来，使得对方内线队员能够远离篮下禁区。

（2）球员在采取行动之前应该仔细阅读防守。在大多数情况下，球员在一场比赛中会有两种选择：第一，防守扩得很大时，此时队员可以执行“反跑战术”，即从两边底线切入篮下的战术；第二，防守缩紧时，队友可以接到持球队员的手递手传球，根据防守队员的行动而采取相应的对策。进攻队员必须在运球时就快速准确地对防守进行阅读。

（3）进攻队员必须强力切入篮下，向篮下切入时必须伸出内侧手臂接球。队员可以运用击地传球将球传给内线球员，传球的质量将直接影响完成投篮攻击的质量。击地传球的传球路线决定了球很难被抢断或被捅掉，并将击球点选在防守人的身后。

（4）非持球队员应该做好接球投篮的准备，这需要屈膝降低重心和手指张开以迎球。队员接球后应该先考虑突破上篮，然后是三分远投。进攻队员摆脱防守人并向空位拉出，如果没有机会反跑，就正面接球进攻。

（5）当一名队员从弧顶采用“反跑后门战术”切入篮下后没有接到传球时，应从篮下拉出并向强侧移动。而如果队员是从边线附近切入的话，就应该回到他切入之前的那一侧。

（6）战术运用时，强侧队员进行手递手传球的同时，弱侧同伴进行掩护配合。队员应注意掩护质量，靠近防守人；所有掩护都不能给防守人留有挤过、穿过的空间，并在掩护后转身做好抢占位置接球的准备。

（7）当强侧的前锋获得球后，首要选择是给中锋传球。中锋接球后的选择顺序是投篮—观察—传球。无球队员应选择合适的时机切入，并占据切入队员切入后空下的位置。投篮尽量利用掩护和空切，不要在防守最严密的位置投篮。

## （二）普林斯顿战术对队员的要求

普林斯顿战术对队员的要求：队员的传球、运球和投篮能力均衡，投篮准确；具有很好的阅读比赛能力，包括对防守队员的阅读和对同伴的阅读。队员个人能力可以一般，体能可以不突出。

队员的特点：1号位队员应是全队最好的控制球队员；2号位队员应是全队最好的投篮队

员和第二好的控制球队员；3号位队员是全队最好的传球前锋；4号位队员是全队第二好的传球前锋，最好的低位背打前锋；5号位队员是全队最好的策应队员，能抢篮板球、能在罚球区弧顶得分，善于处理球，是好的传球队员，能够判断同伴被如何防守，如果同伴被紧逼防守，同伴会反跑；如果同伴被缩小防守，则运用手递手传球配合。

## (三)普林斯顿进攻战术的基本落位与战术的发动

### 1. 落位

普林斯顿进攻战术有两种落位形式，2-2-1落位和2-3落位，如图5.1.1、图5.1.2所示。

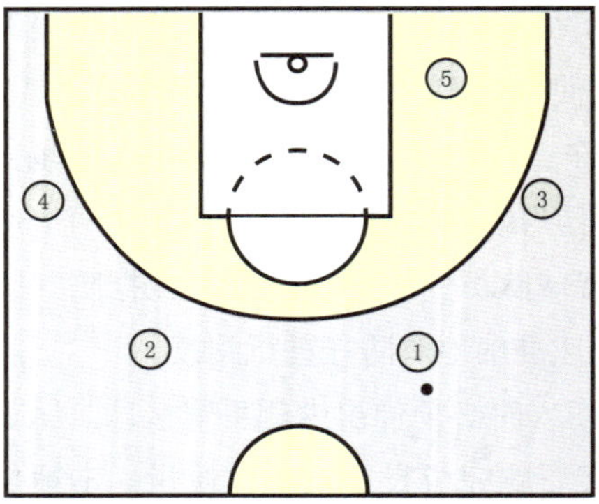

图5.1.1

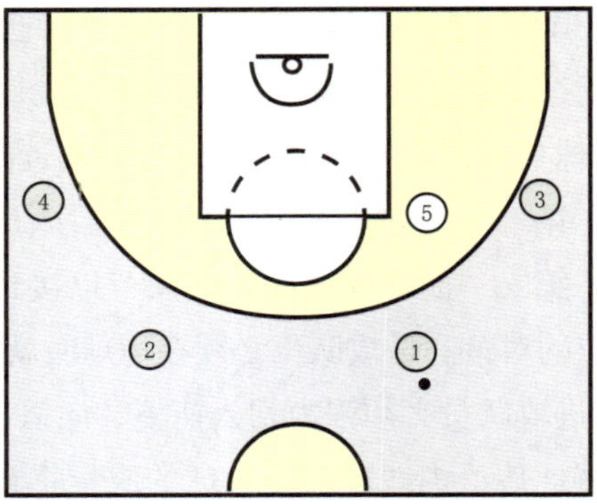

图5.1.2

### 2. 进攻战术的发动

普林斯顿进攻战术有两种发动形式，一是后卫传球给前锋发动；二是后卫传球给后卫，然后传球给另一侧前锋发动。

战术的发动很重要，首先要传球给落位到腰位的③号前锋队员，但是防守队员不会轻易让③号接到球。如果③号接不到球，那么就要运用战术配合方法争取让③号接到球。

如果通过后卫传球给前锋发动战术配合没成功，则运用后卫传球给后卫，然后传球给前锋从另一侧发动战术配合。如果③号位置太高，以至于很难传球给低位策应队员⑤时，则不要传球给③号队员。

（1）后卫传球给前锋发动

2-2-1落位结合后卫传球给前锋的战术发动。如图5.1.3、图5.1.4所示，①传球给摆脱防守的③，①传球后切入，②向①原来的位置移动。

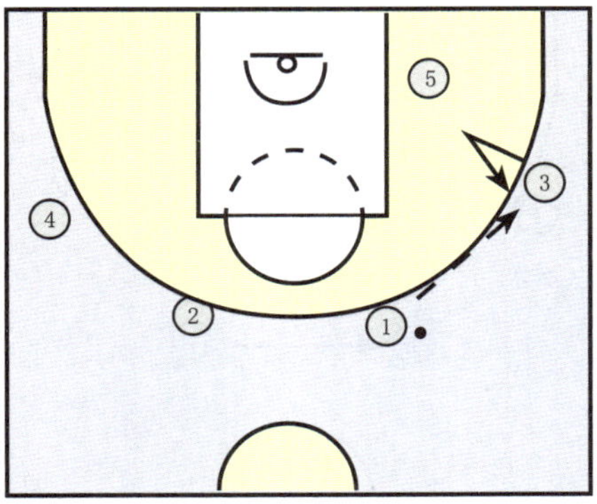


图5.1.3　后卫传球给前锋发动

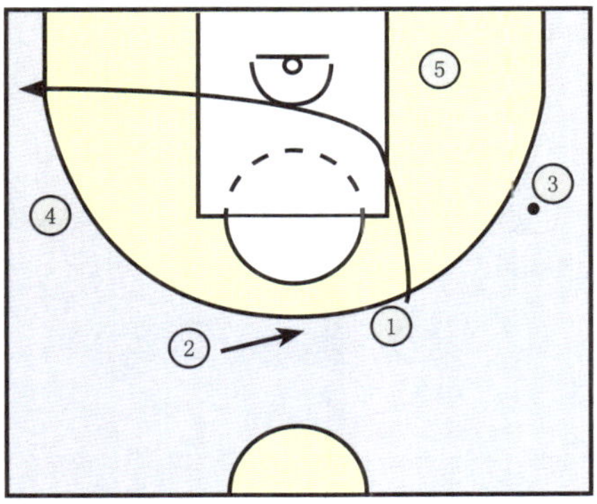


图5.1.4　进攻队员移动到弧顶

（2）后卫传球给后卫的反向发动

如图5.1.5所示，如果①不能传球给③，则①传球给进攻左侧的②，②接到球时，④马上反跑，争取接球形成投篮机会。

如图5.1.6所示，②接到球，④反跑不成功后，马上外拉接球。

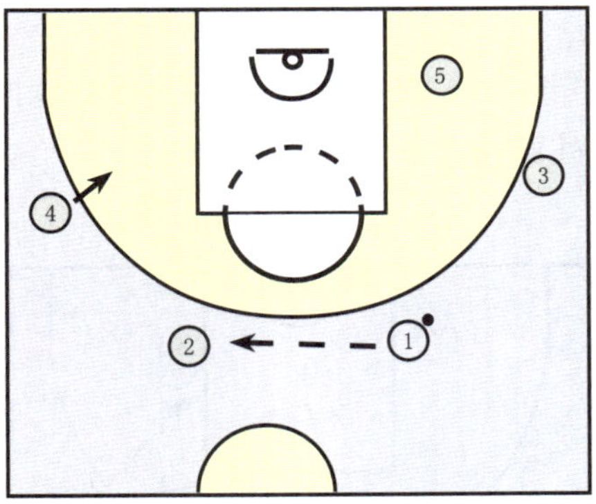


图5.1.5　进攻由后卫传球给后卫发动

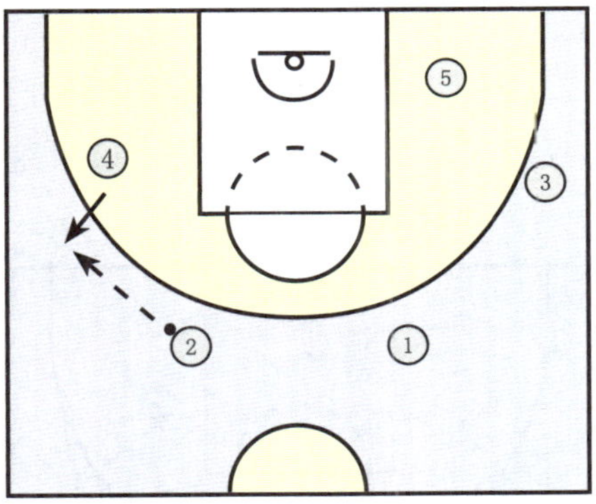


图5.1.6　传球给强侧队员

如图5.1.7所示，②传球给④，④接到球后，⑤横切。⑤一定要等到④接球后才能移动，否则④就没有了反跑的空间。

如图5.1.8所示，②传球给④后切入，①向弧顶移动。

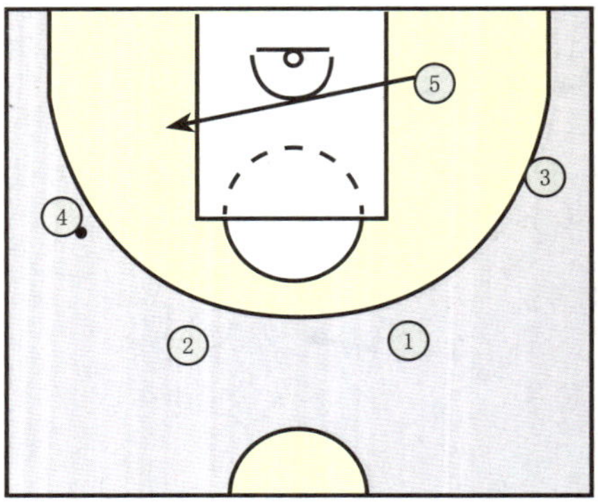


图5.1.7　内线队员横切到强侧

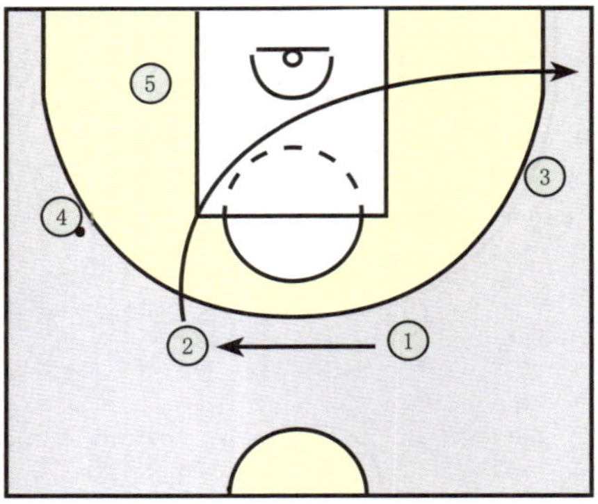


图5.1.8　后卫切入，另一个后卫移动到弧顶

### 3. “2-2-1”落位的进攻战术配合

（1）中锋接到球后的配合

普林斯顿进攻战术发动后，位于45度角的进攻队员③接到球后，要尽可能将球传给⑤。⑤接到球后，进攻队员根据防守的情况采取不同的移动和进攻战术方法。

如图5.1.9所示，如果防守队员收缩防守，③给②做掩护配合，⑤根据防守的情况传球给②或③投篮。

如图5.1.10所示，如果防守队员紧逼防守，③给②做掩护配合，②利用③的掩护配合吸引防守，突然反跑到篮下接球投篮。③在②反跑后外拉到三分线外准备接球。

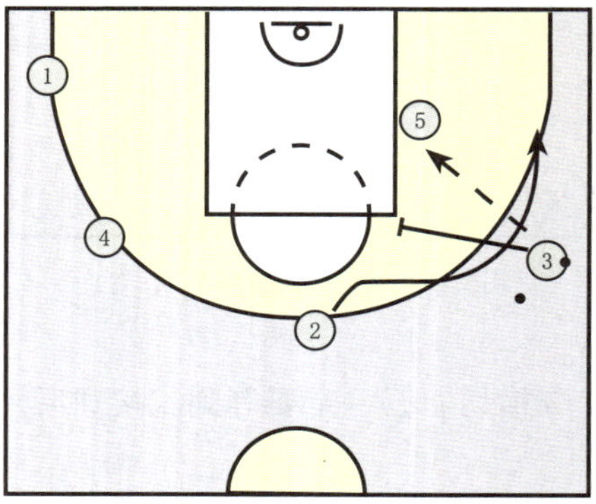


图5.1.9

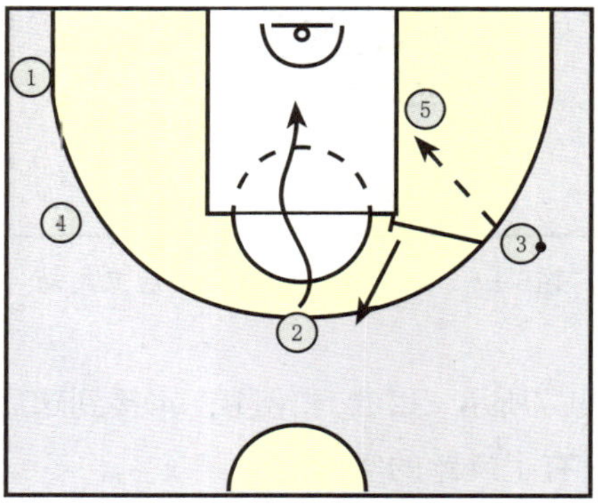


图5.1.10

（2）中锋接不到球的战术配合

基本配合：

如图5.1.11所示，⑤接球后，也可以安排②给③做掩护配合，⑤根据情况传球给②或③投篮。

如图5.1.12所示，⑤接球后，②给③做掩护，如果②的防守队员紧逼防守，②反跑切入到篮下接⑤的传球投篮。

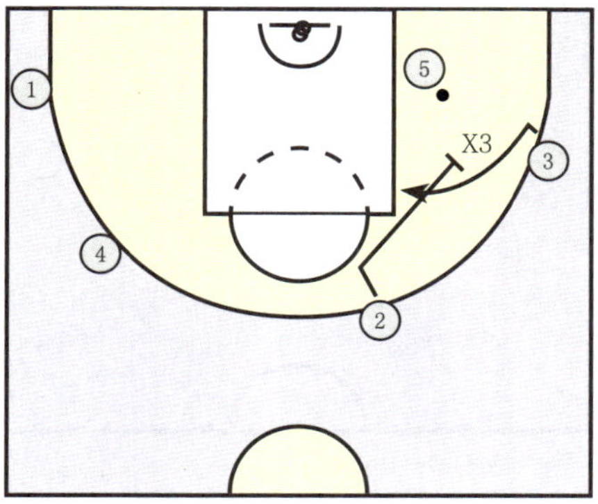


图5.1.11

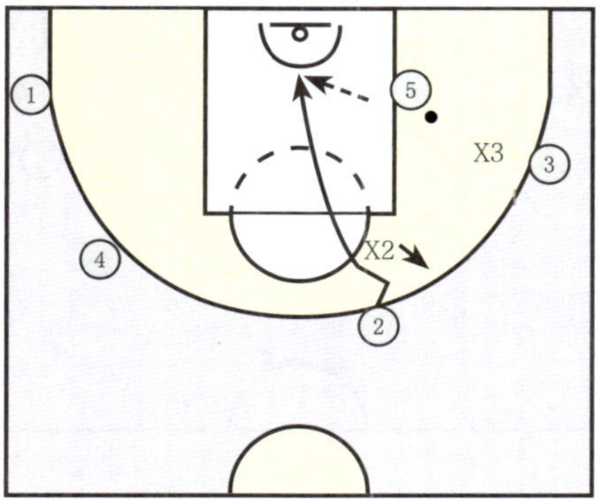


图5.1.12

如图5.1.13、图5.1.14所示，①传球给③后纵切到左侧底角。如图5.1.15所示，②调整位置后接③回传球。②接球后，向左侧的④运球，如果防守队员紧逼防守④，④反跑接②的传球投篮。注意：②与④要进行目光交流，④的反跑时机要掌握好。④反跑后，①上提到④原来的位置。①接②的传球后，④可以在内线抢占位置，这时①可以传球给④，④背身单打。

如图5.1.16所示，如果①不能传球给④，则⑤上提给②做掩护配合，①传球给②，②可以利用掩护配合接球投篮。

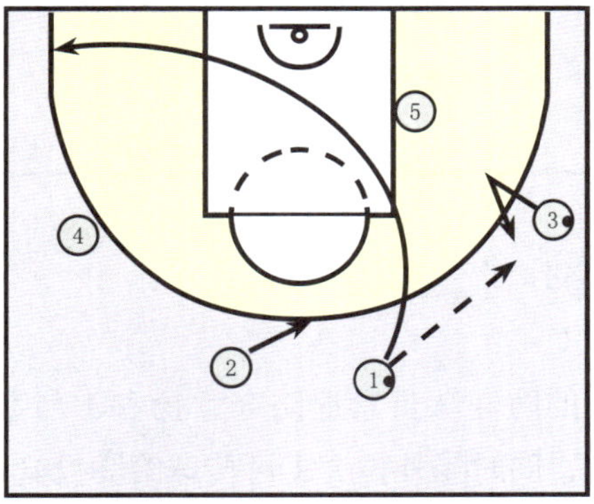


图5.1.13

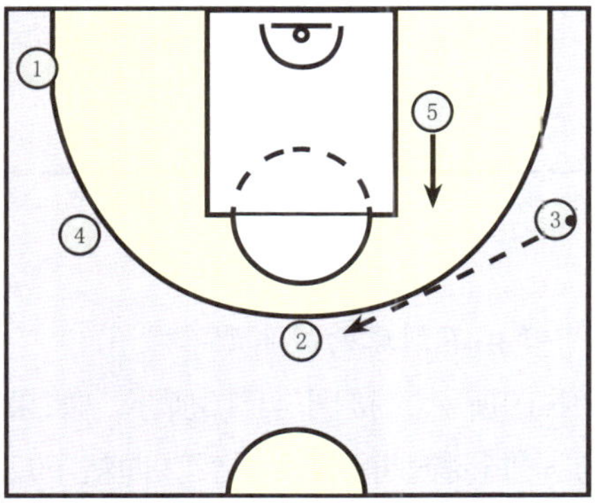


图5.1.14

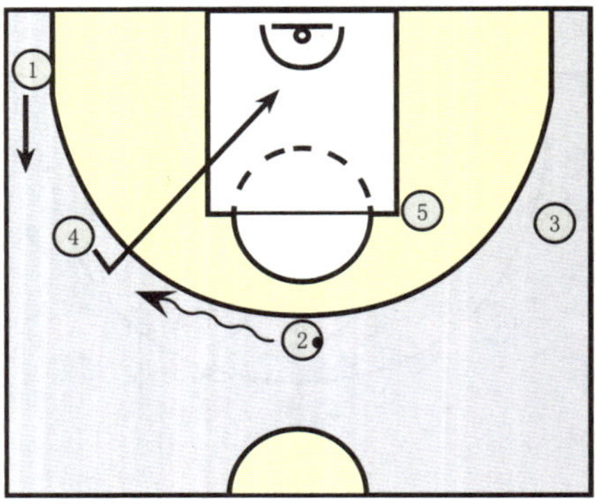


图5.1.15

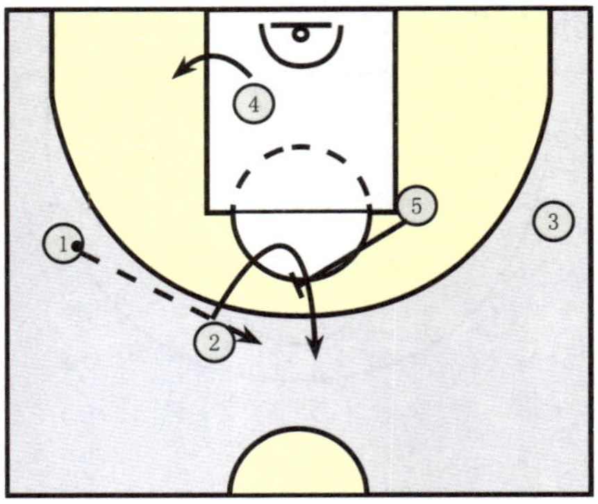


图5.1.16

如图5.1.17所示，②如果没能投篮，②向篮下突破，③向边线方向移动，同时④外拉。

如图5.1.18所示，②突破后传球给③，然后切入，同时⑤下顺，①向弧顶移动，④上提。

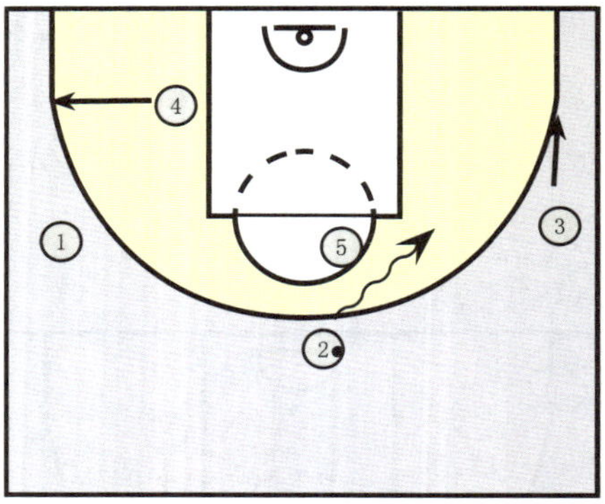


图5.1.17

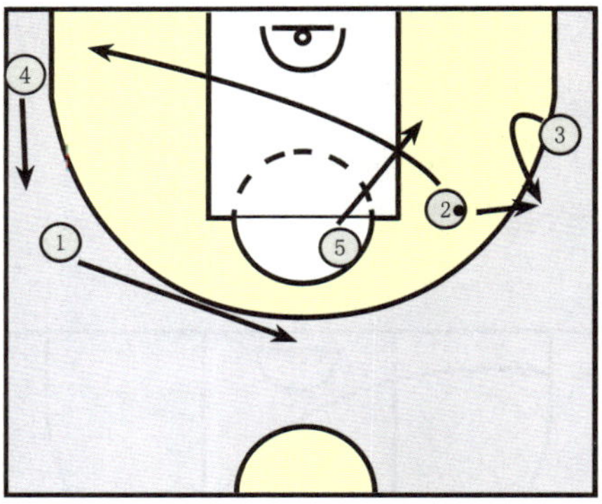


图5.1.18

（3）中锋接不到球的战术配合变化

如图5.1.19所示，接图5.1.16所示，如果②的防守队员紧逼防守，抢占①与②的传球路线，则②与⑤进行掩护配合，之后②向篮下反跑，同时④外拉。①可传球给②投篮。

如图5.1.20所示，如果②反跑没能接到球，②外拉。①传球给掩护后外拉的⑤。

如图5.1.21所示，⑤向右侧运球，如果③的防守队员紧逼防守，③反跑接⑤的传球，同时②上提。

如图5.1.22所示，③反跑后没有机会，⑤传球给上提的②，③向篮下移动。

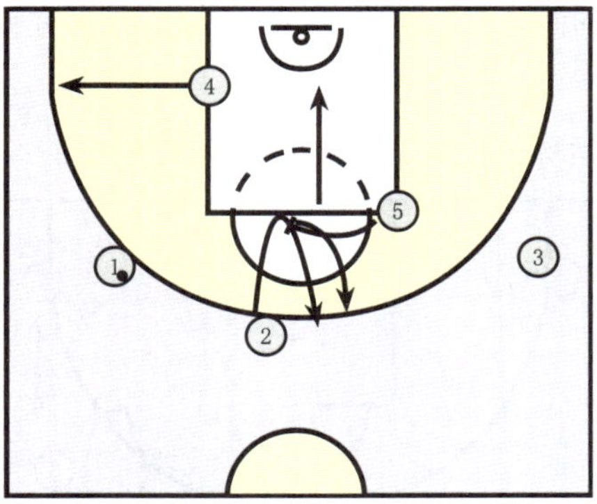


图5.1.19

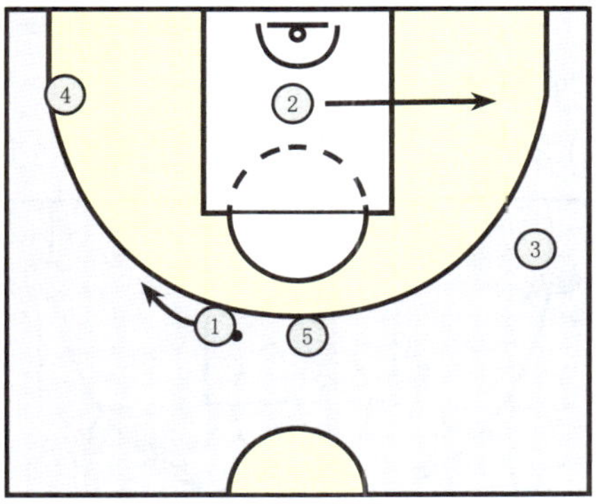


图5.1.20

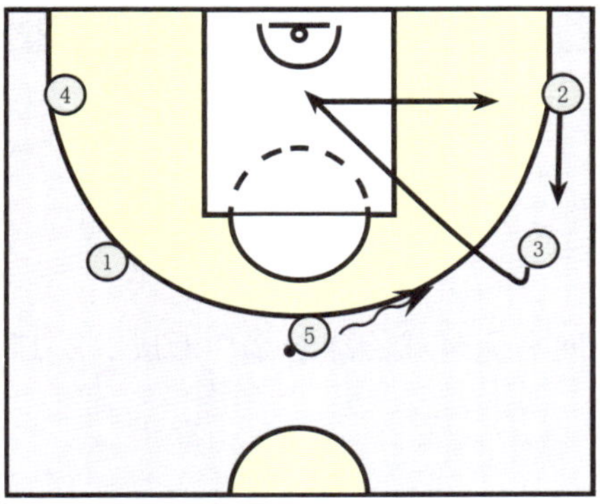


图5.1.21

图5.1.22

如图5.1.23所示，②持球，③上提给⑤做掩护配合，如果有机会，则②传球给⑤，使⑤在篮下形成一对一的机会。同时①和④上提。

如图5.1.24所示，③掩护后外拉接②的传球，又形成2-2-1基本落位阵型，可以重新开始发动进攻配合。

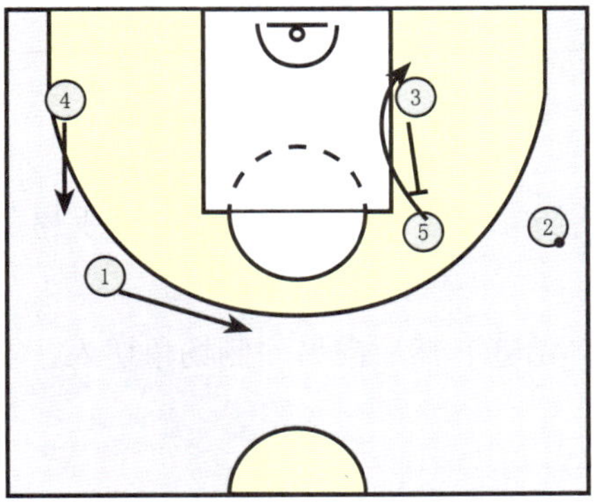


图5.1.23

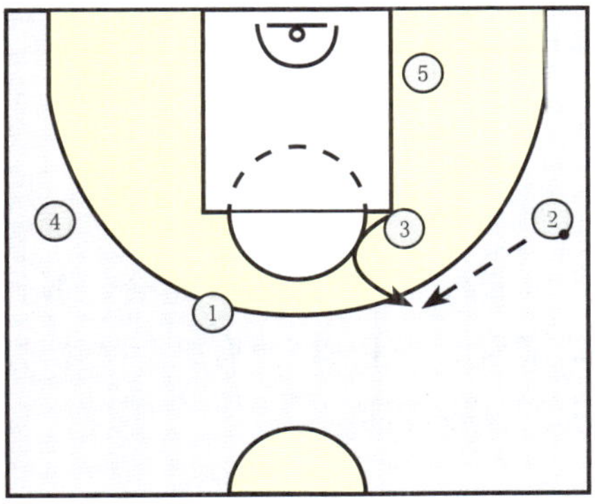


图5.1.24

如图5.1.25所示，接图5.1.20所示，如果③的防守队员收缩防守，则⑤与③进行手递手掩护传球，形成局部二对二的机会。

如图5.1.26所示，如果没有机会，③向左侧运球，①利用④的掩护接球投篮。

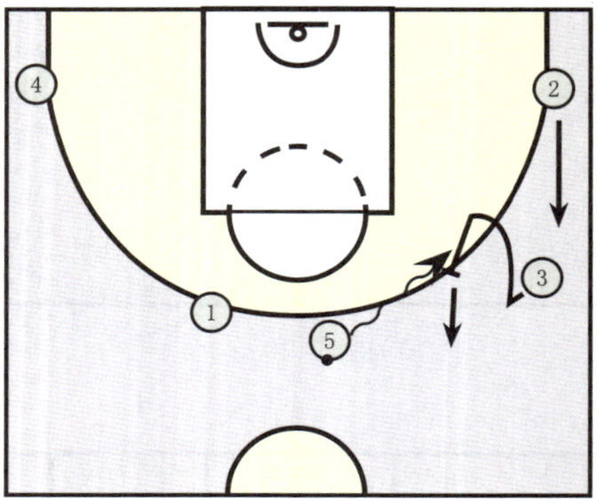


图5.1.25

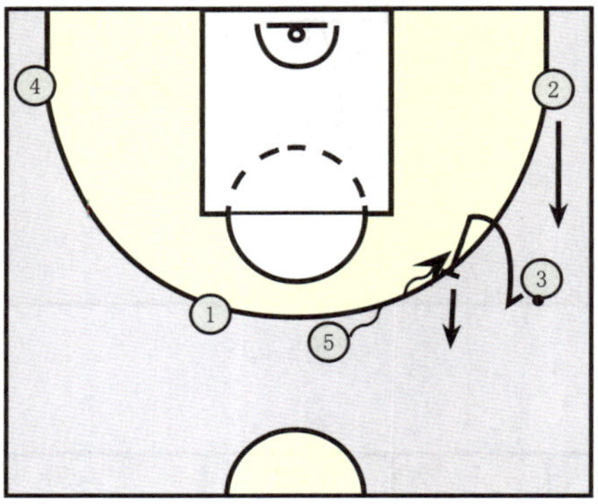


图5.1.26

如图5.1.27所示，④掩护后切入篮下，如果没有机会向外拉，⑤给③做掩护，③接①的传球投篮。

如图5.1.28所示 ，⑤掩护后向篮下移动，③向右侧运球传球给②，形成2-2-1阵型，可以重新发动进攻。

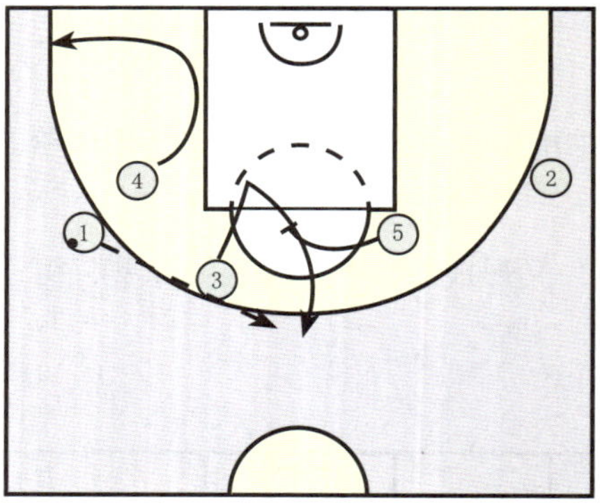


图5.1.27

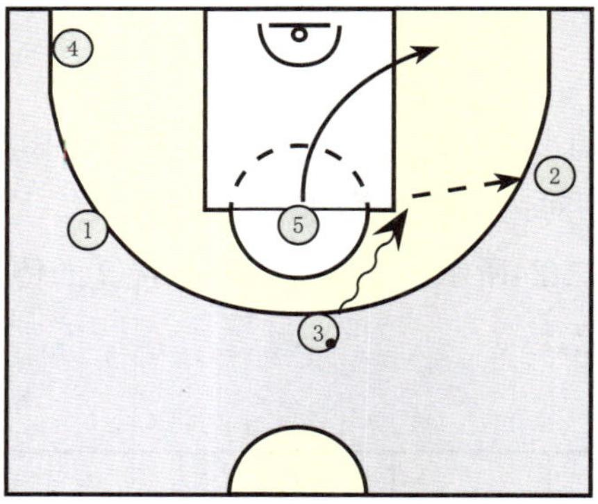


图5.1.28

如图5.1.29所示，接图5.1.14所示，如果④的防守是收缩防守，则②与④手递手传球，进行掩护配合。同时，⑤给③做掩护配合，①上提。

如图5.1.30所示，④运球没有机会突破时传球给③，然后向另一侧场角切入，⑤掩护后向篮下切入，②上提到弧顶。

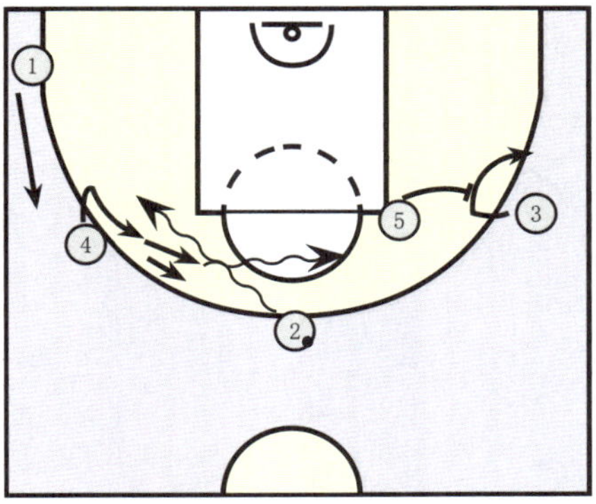


图5.1.29

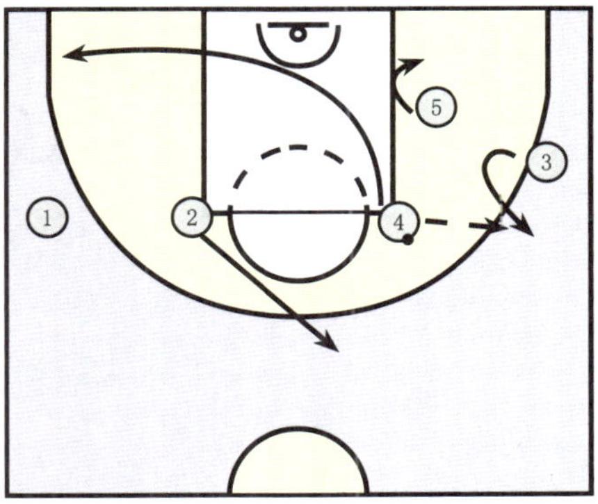


图5.1.30

如图5.1.31所示，③持球，形成2-2-1进攻阵型，重新发动阵地进攻。

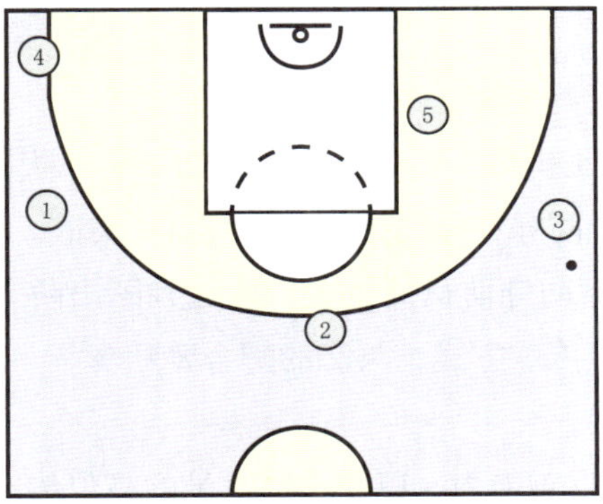


图5.1.31

## 三、进攻半场人盯人防守战术教学与训练

**练习1：中锋强攻练习**

目的：提高中锋队员在篮下抢占位置能力，以及篮下一对一的进攻能力。

方法：如图5.1.32所示，教练持球于45度角，中锋队员⑤在篮下抢占位置，接到教练传球后，运用各种脚步动作和进攻技术，内线一对一。

**练习2：弱侧中锋移动抢位进攻**

目的：提高弱侧中锋移动抢位能力，以及接球后的篮下强攻能力。

方法：如图5.1.33所示，教练持球站位于左侧45度角，内线队员⑤站位于强侧篮下，⑤通过脚步动作移动到强侧接教练的传球后形成篮下一对一。

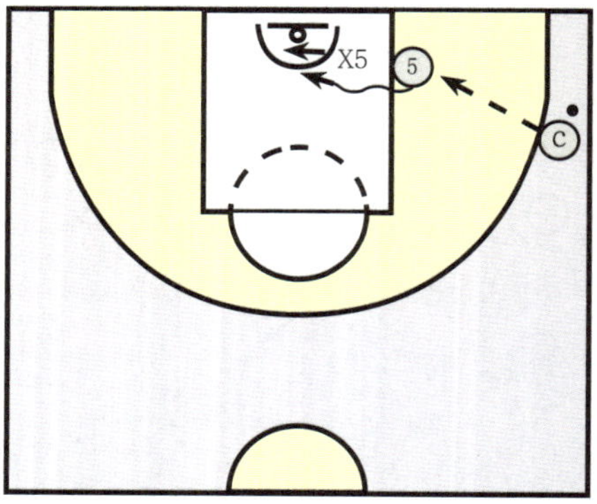


图5.1.32

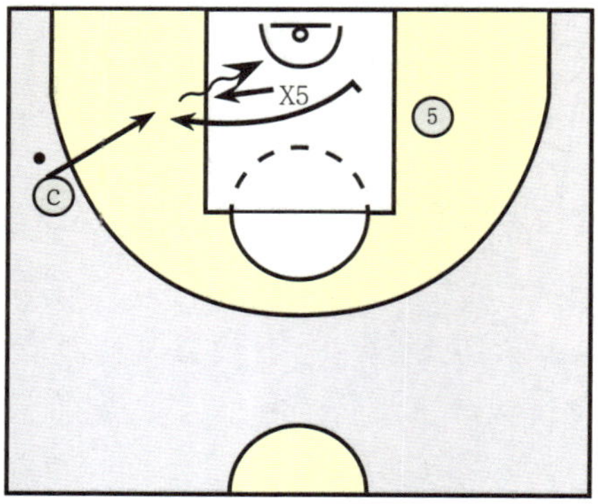


图5.1.33

要求：中锋队员利用灵活的脚步动作积极抢占位置，并伸出手臂示意传球方向。接球后，观察防守队员的位置，利用各种脚步动作进行攻击，争取投进篮，或者造成防守队员犯规。

**练习3：前锋队员反跑**

目的：提高前锋队员的反跑能力，以及突破能力。

方法：如图5.1.34所示，①持球，②摆脱接球，如果防守队员抢前防守，则②反跑到篮下接①的传球投篮。如果②摆脱防守在外线接球，则一对一突破。

要求：②在摆脱时要观察防守队员的位置，及时判断出防守队员的意图，决定反跑还是外拉接球。①在传球时要注意传球方式，与②的配合要默契。

**练习4：弱侧反跑**

目的：提高4号位队员的反跑能力，以及中锋队员的高位传球能力。

方法：如图5.1.35所示，①持球从右侧向左侧运球，④摆脱接球，如果防守队员紧逼防守，④反跑接①的传球投篮；如果④的防守队员消极防守，则④接球一对一。

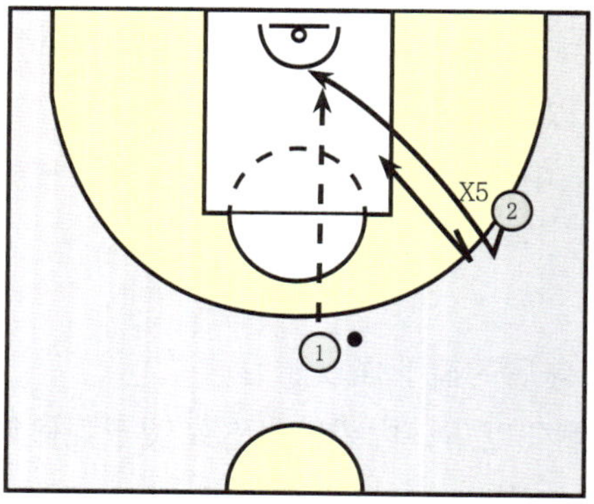


图5.1.34

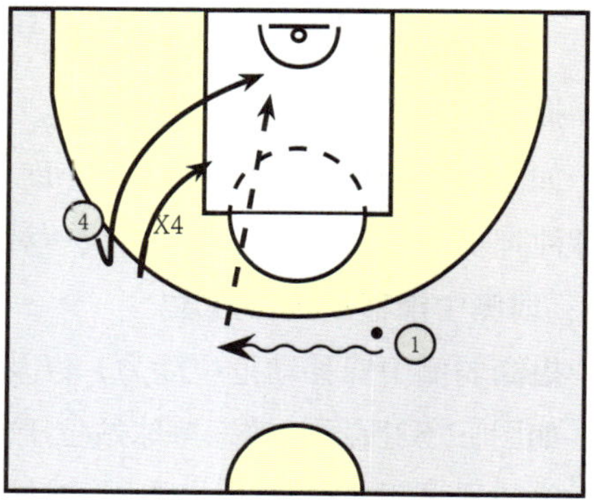


图5.1.35

要求：④与①配合默契，跑动时机和传球时机相结合。④应及时判断防守队员的防守意图，采取有利的移动方式。

**练习5：手递手的掩护配合**

目的：提高队员之间掩护配合的能力。

方法：图5.1.36所示，②持球，向左侧运球，给①做掩护，①假动作吸引防守后利用②的掩护摆脱防守并接②的传球。①接球后突破，②掩护传球后转身向篮下移动。①可以突破上篮，或者传球给切入篮下的②。

要求：运球队员掩护位置合理，传球隐蔽及时，掩护后及时向篮下移动。①假动作吸引防守，利用掩护接球后及时根据防守队员的情况选择进攻方式。

**练习6：高位掩护**

目的：提高中锋队员在弧顶与前锋队员的掩护配合能力。

方法：如图5.1.37所示，①持球，⑤上提给②做掩护配合，②利用掩护接①的传球，⑤掩护后可以根据防守队员的情况选择向篮下切入或者外拉。

要求：⑤掩护的位置要高，掩护的位置合理，掩护要判断防守意图，灵活进行切入和外拉。②要用假动作吸引防守注意力，接球后及时根据防守情况选择是个人进攻还是传球给⑤。

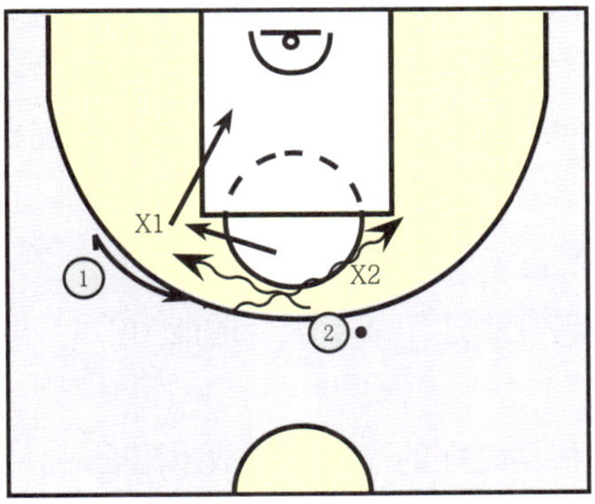

图5.1.36

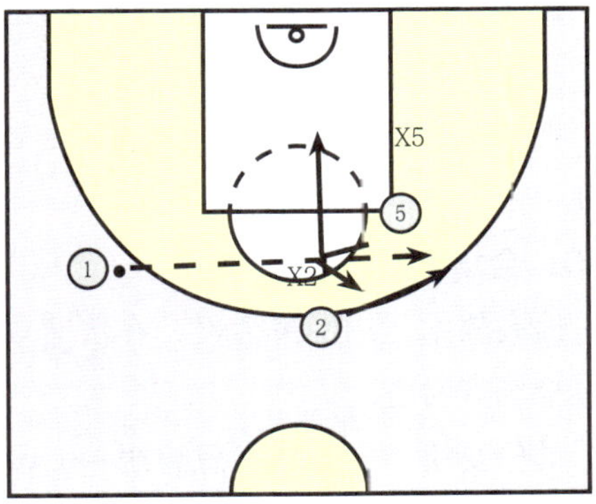

图5.1.37

**练习7：两人掩护（中锋给后卫掩护，鹰式掩护）**

目的：提高中锋队员与后卫队员掩护配合的能力。

方法：如图5.1.38所示，②持球，⑤上提给①做掩护，①利用掩护切入篮下接②的传球进行投篮。⑤掩护后外拉准备接球。

要求：①掩护前要做假动作吸引防守，⑤掩护的位置要高，给①充分的篮下空间。⑤掩护后要及时接应球。

**练习8：三对三练习（中锋与前锋后卫）**

目的：提高中锋接球后3人的战术配合能力。

方法：如图5.1.39所示，②持球，⑤篮下抢占位置，②传球给⑤，②和③根据防守情况灵活选择进攻方式，⑤根据②和③的进攻选择进行配合。

要求：⑤在篮下抢占空间要狠，争取在篮下形成投篮机会；②要及时阅读防守队员的意图，灵活根据战术配合选择进攻方式，与③和⑤形成局部战术配合。

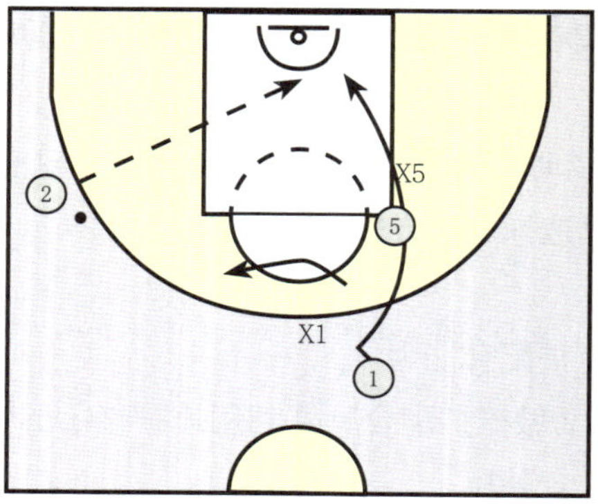


图5.1.38

图5.1.39

**练习9：半场五对五**

目的：提高全队配合的熟练程度，提高全队战术配合质量。

方法：半场五对五。

要求：明确战术思想，熟悉战术方法，准确阅读防守意图，灵活运用战术配合，进攻战术流畅连贯。

**练习10：全场五对五**

目的：提高战术运用的灵活性，在快速攻防转换中运用战术配合的能力。

方法：全场五对五。

要求：落位要快，全队战术思想统一，及时根据防守的情况进行战术配合。

## 思考题

1. 简述进攻人盯人防守战术的原则。
2. 简述普林斯顿进攻战术的原则和要求。
3. 简述普林斯顿进攻战术的方法。
4. 简述普林斯顿进攻战术的训练方法。

# 第二节　进攻半场区域联防战术方法与训练

## 一、进攻半场区域联防战术概述

根据《篮球大词典》的记载，早在20世纪初期，当篮球运动还在世界许多国家作为一项新兴运动项目进行传播的时候，区域联防战术的雏形已经在美国开始出现。1909年，固定区域防守产生，使防守的伸缩性加强，为后来区域联防的出现打下了基础。此后这种固定防区的防守方法不断地进行着改进和演变，并最终形成了全新的防守战术——区域联防（Zone Defense）。20世纪20—30年代，是区域联防战术发展的全盛时期。在随后的攻防战术对抗中，这种防守战术不断得到逐步的改进和完善，逐渐形成了今天具有多种防守阵型及不同防守特点的防守战术体系。

有了新的盾，能攻破盾的矛势必就需要进行改进和发展。伴随着区域联防战术的发展，进攻区域联防的手段和方法也得到了不断地丰富和完善。篮球领域的众多专家们通过对联防战术的深入了解和研究，依据联防运用的特点，抓住其防守中的各项薄弱环节，不断总结和归纳出了许多有利于进攻联防的原则。在这些原则的指引下，睿智的教练们结合各自球队队员的特点，设计并演绎了许多经典的进攻战例。

时至今日，区域联防的守与攻这一最能体现篮球运动整体性和技巧性特点的战术对抗，依然是世界篮坛运用和研究的重点。我们仍然能在全世界不同级别、不同水平的比赛中领略这对矛盾在激烈的对抗中迸发出智慧的火花。

进攻联防战术的使用，通常是基于联防防守的阵型而确定的。对进攻联防战术进行划分，其目的主要是为了更好地把握同类防守阵型在运用中所表现出的普遍规律，对于在进攻时能尽早识别和利用防守的弱点，有针对性地布置实施进攻战术起到积极的帮助作用。

常用的联防防守阵型，主要有2-3、2-1-2、3-2、1-2-2和1-3-1五种。从阵型上看，我们可以将前两种联防阵型称为“偶数联防”，后三种联防阵型称为“奇数联防”。因此，进攻联防战术的分类我们可以依据上述两类防守阵型来划分。

在进攻联防时，常采用3名外线加2名内线的场上队员搭配来对付联防。由于场上位置的不同，对队员的职责要求也各不相同。这些队员在进攻时常采用对角空切、高位下顺、高位空切、位置转换、两翼的快速传球、从防守队员结合部突破运球、掩护封堵和大范围转移传球等手段来展开进攻。

虽然2-3联防和2-1-2联防有防守阵型和要求上的差异，但是这两种防守阵型在实际运用过程中是很难清晰地区分开的。2-3联防能够在篮下和底线加强防守的力量，但是在高位和两翼的外线却是易于被对手攻破的区域。2-1-2联防虽说阵型比较均衡，但同样是防守中的高位区域和两个侧翼也常常是被对手攻破的环节。两种防守阵型还有共同的特点，就是在防守中进行轮转换位时，防区后面的队员一旦轮换到了别的区域，那么低位区域将很容易被对手攻破，同时这两种防守阵型也不利于进行场角夹击防守的展开，在一定程度上减弱了防守的攻击性。因此，在对付这类偶数联防时，进攻常采用的站位阵型主要有1-2-2和1-3-1。

而3-2联防和1-3-1联防虽然加强了正面和罚球线的防守力量，有利于防守外围投篮和限制区两侧的进攻，有利于分割队员之间的联系，但是对篮下和两个场角的防守是不利的，一旦球被渗透性地传入篮下或场角，防守队员在防守移动时需要移动更远的距离去防守或被调离篮下的防区，容易被对手在这些部位突破，或是在这些部位形成以多打少的局面。因此，在对付这类联防时，进攻常采用的站位阵型是2-2-1和2-1-2，进攻的重点将会是两个场角和篮下的限制区附近。

## 二、设计进攻联防战术应遵循的原则

在设计进攻联防战术时，以下原则应该是重点考虑和坚持的：

1. 快攻：在联防尚未布置好之前完成进攻，使联防的整体性和伸缩性得不到有效地发挥，因此，快攻是进攻联防的首选战术打法。

2. 最少需要1～2名优秀的投手，他们能在不同距离，在防守的薄弱环节或防守阵型之外实施攻击。

3. 联防总是想通过其整体性和伸缩性移动来促使对方仓促投篮，因此在进攻联防时一定要有耐心和策略。

4. 要充分利用防守队员之间的空隙，在两名防守队员之间要有进攻队员站位。低位的大个队员要站在整个防守阵型的后面，在进攻时要善于保持连续的移动。

5. 在一名防守队员的防区中采用掩护配合，切断其为保持防守整体性而进行调整移动的路线。如果要为同伴掩护，那就要沟通，可以直呼其名。

6. 利用运球来调动并冻结防守队员的位置，形成局部的二对一的机会。

7. 利用反向回传球或突然改变方向的大范围的转移传球来调动防守，或通过反复传接球来拉扯防守队员，以形成更大的的防守空隙。

8. 让队员（尤其是外线队员）在防区中反复穿插，在高位采用换位向球移动。

9. 利用传球和投篮假动作迫使防守移动。

10. 注重保持场上站位时左右、前后的平衡和保持有利的空间，外线队员最好沿三分线站位。

首先，进攻区域联防战术在运用时，应根据联防要求阵型随球的转移而调整移动，防守队员之间站位相对固定，对整体移动协同性要求很高等特点，进攻时应着重强调有针对性地站位，避实就虚，利用快速转移球或传球、投篮等假动作来制造防守的空隙和漏洞，攻其薄弱区域，破坏防守的整体性。其次，要结合有目的地在防守阵型中不断穿插移动，给防守在局部区域造成负担过重，从而最终形成以多打少、以强攻弱的局面。

## 三、进攻半场区域联防战术方法示例

### （一）1-3-1站位进攻偶数联防（2-1-2或者2-3联防）

这是一种常见的进攻联防战术队形的打法。进攻的意图是利用外线队员的大范围移动，并结合内线队员在限制区的反复穿插和在联防阵型中的掩护，从而在外线获得空位完成投篮。队员配备要求有一名后卫（1号位），两名前锋（2号位和3号位），一名位于罚球线上的高大队员（4号位）和一名位于低位中锋位置的高大队员（5号位）。（图5.2.1）

战术发动由组织后卫向位于弱侧预先确定的得分手的一侧传球开始，通常情况下他应该是2号位队员。当2号位队员接球时，4号位队员插到与2号位同侧的低位中锋位置，同时，5号位队员突然上提到4号位队员离开后留下的空当位置。（图5.2.2）

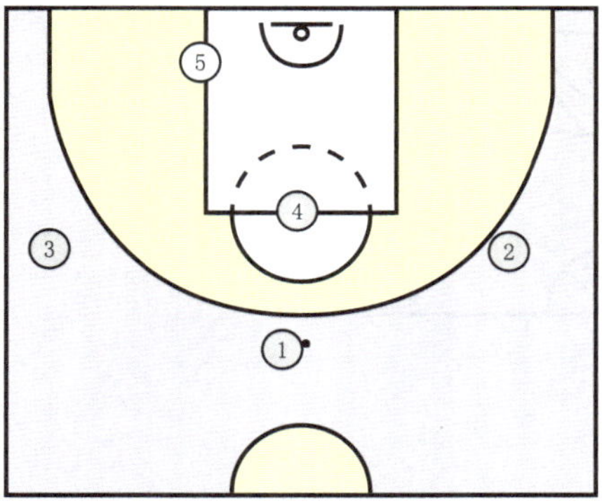

图5.2.1

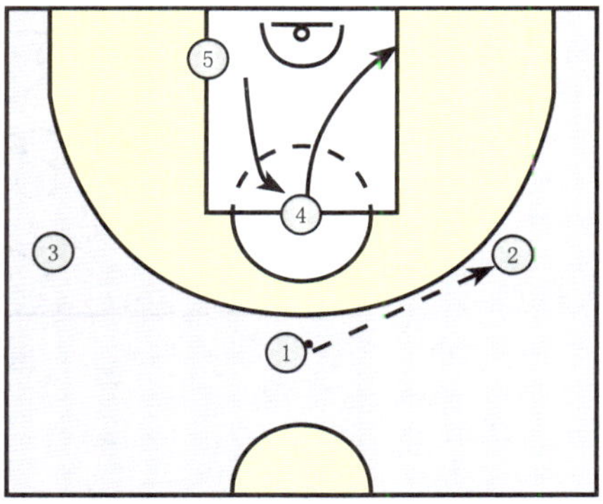

图5.2.2

如果此时没有机会，2号位队员将球回传给位于圈顶的1号位队员，1号位队员向对侧运球并将球传给3号位队员。2号位队员回传球后，下插到端线附近并准备切入。同时，两名高大队员开始他们的移动，5号位队员下插回到与3号位队员同侧的低位中锋位置，4号位队员上提到高位中锋位置。（图5.2.3）

3号位队员接到1号位队员传来的球，首先要向内线观察（图5.2.4）。如果此时没有机会，可回传球给1号位队员，这样一个新的进攻机会就会产生。组织后卫若向对侧运球攻击，3号位队员在顶部、5号位队员在底部同时进行掩护，2号位队员从篮下利用掩护拉出，1号位队员越过防守将球传给2号位队员，由2号位队员完成跳投。（图5.2.5）

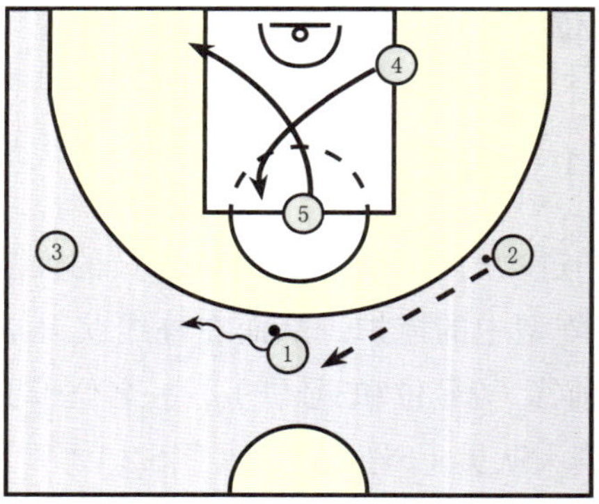


图5.2.3

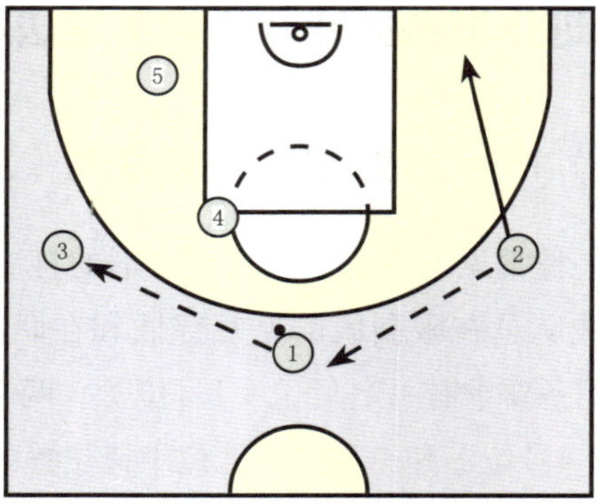


图5.2.4

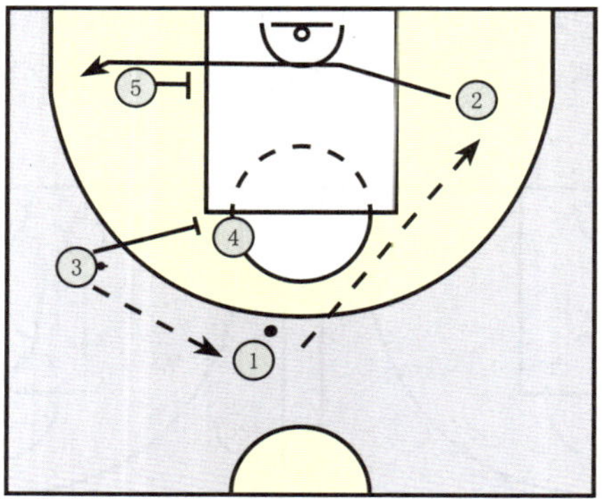


图5.2.5

## （二）双移动进攻奇数联防（1-3-1、1-2-2等）

这是一种基于2-2-1站位阵型的进攻打法，进攻的意图是利用中锋在罚球线上的掩护和队员在防区中的同时穿插，给对手在局部造成过重的防守负担，而形成以多打少的局面。另外，中锋队员还可以在掩护或在罚球线上获得空位接球，然后从防区的中路突破对手。队员配备要求有两名后卫（1号位和2号位），一名前锋（3号位），一名位于罚球线上的高大队员（5号位）和一名位于低位中锋位置的高大队员（4号位）。（图5.2.6）

5号位传球给3号位的同时，4号位向对侧移动牵制防守，同时2号位上提至翼侧两名防守队员的结合部。进攻发动：3 号位回传球给 5号位，5号位回传球至 1号位，之后1号位向右侧调整运球（或传至2号位）。

3号位和5号位传球后移动到如图5.2.7所示位置。在移动过程中要特别注意2号位向防区内的渗透传球。2号位持球的同时要特别注意进攻机会的把握，在利用投篮和突破运球假动作吸引上线队员拉出防守的同时，要观察5号位在罚球线获得的空位。3号位移动到场角后，2号位可以视防守情况向3号位传球，以进一步吸引防守阵型向一侧偏移或迫使低位的防守队员移到场角防守。

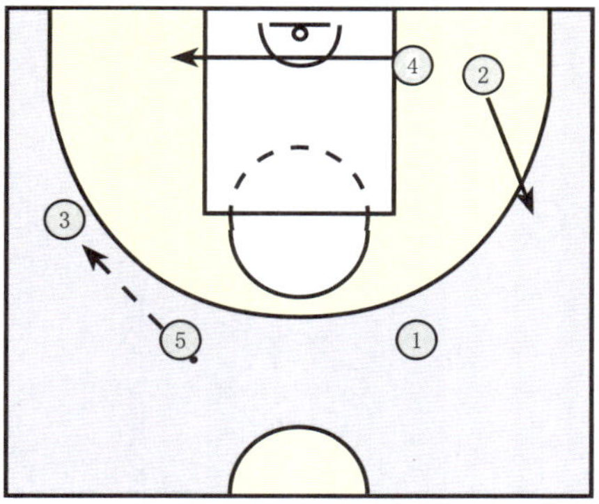

图5.2.6

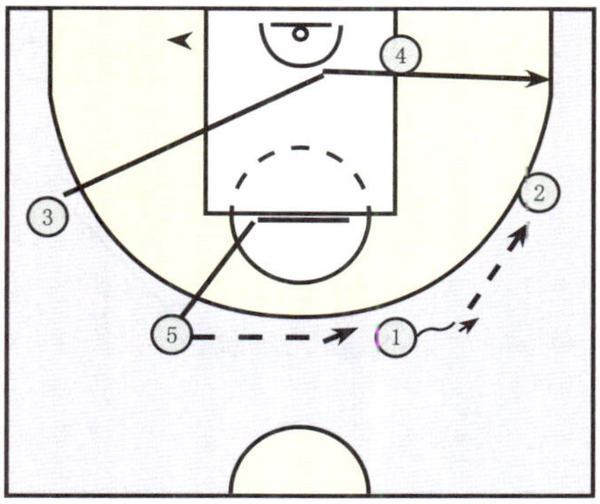

图5.2.7

当2号位回球给1号位后，双移动配合开始：2号位和3号位同时穿过防区向对侧快速移动。在这个移动中，5号位的位置要在限制区角上和防守队员的内侧，为快速移动的2号位建立掩护。4号位的位置要在限制区对侧的低位和防守队员的外侧，为3号位进行掩护，如图5.2.8所示。双移动要求2号位队员要沿罚球线从防区中穿过移动到对侧，并准备接球。3号位队员要在防守阵型的背后穿过，移动到对侧低位后准备接球。

1号位在向对侧转移球的过程中，5号位、4号位和2号位出现的空位都可以考虑传球，最佳选择是传球给2号位出现的空位。传球后，1号位应移动到弱侧45度的三分线外以便保持进攻的平衡，在那里有很好的投篮空位。

如果1号位将球传给2号位，2号位持球后有多种选择：传球给3号位投篮；传球给完成掩护后转身移动到空位的5号位；或突进一步后中距离投篮；最后的选择是向对侧传球给1号位，由他在对侧完成进攻。

如果5号位获得了球，那么他将有三种选择；一是自己中距离投篮；二是传球给空位的3号位或4号位；三是策应传球给移动到空位的1号位进攻。

如果3号位持球，那么他将有两种选择：一是自己外线投篮；二是攻内线球给4号位，或视情况传球给拉空的5号位接球进攻。

如果上述机会都没能利用上，那么5号位向下移动至同侧的低位，4号位上提至同侧的罚球线，同时2号位向中路调整运球，3号位沿边线上提至翼侧的位置，1号位插至对侧场角。开始从左路再一次发起进攻。（图5.2.9）

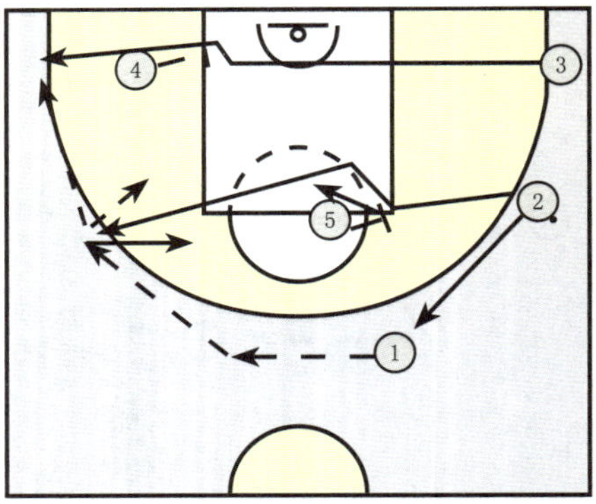


图5.2.8

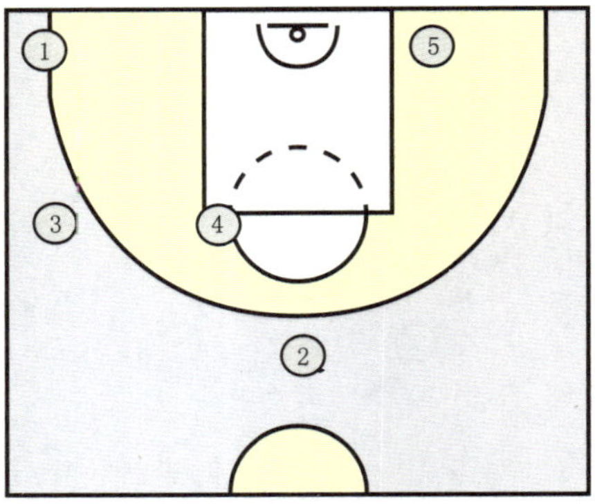


图5.2.9

## 四、进攻半场区域联防战术训练方法

### （一）7个有得分威胁的三角形

在进行进攻联防战术的训练时，我们应该重视三角形的概念，并时刻引起对三角关系的关注。三角形由任意3名相距5～6米的队员构成，如图5.2.10～图5.2.16所示的是在进攻联防中常见并应被利用的三角形。

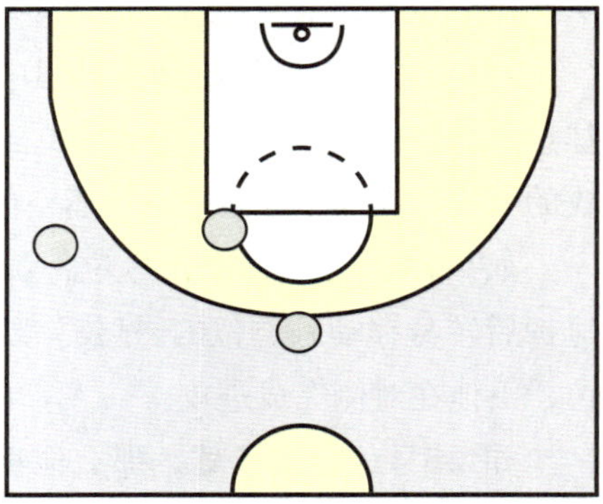

图5.2.10

这7个在中路和侧翼常见的具有得分威胁的三角形，涵盖了进攻得分的区域，是进攻投篮和突破联防的重点。进攻时，队员不管是在场上的任何位置，他们都应该分别占据防守队员之间的空位，相互间构成三攻二或三攻一的三角关系。即使是防守阵型能很快地随之变化，在形成一对一的局面下，进攻仍然能有造成以大打小或从防守阵型的后面攻破联防的机会。

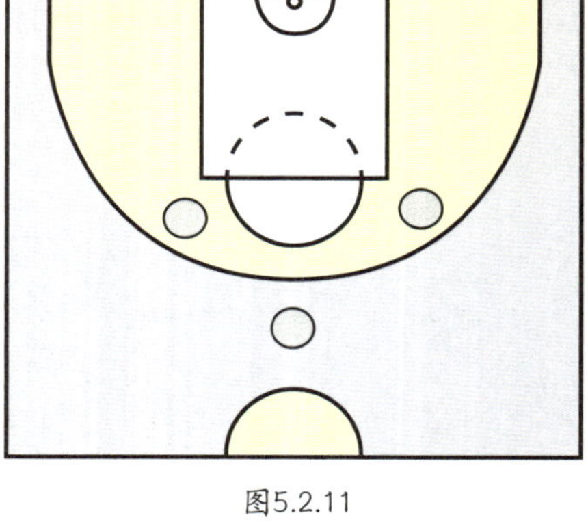

图5.2.11

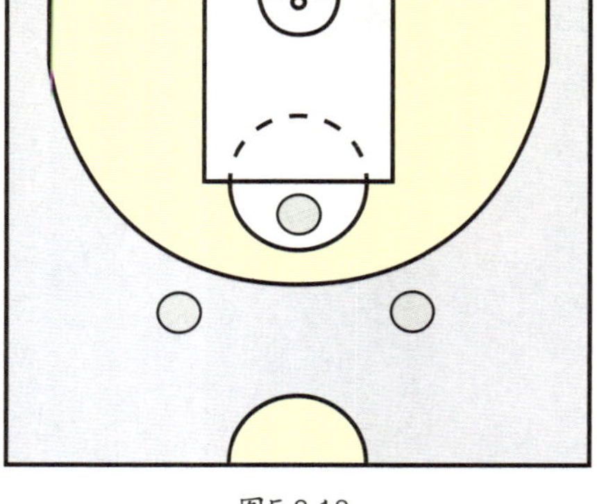

图5.2.12

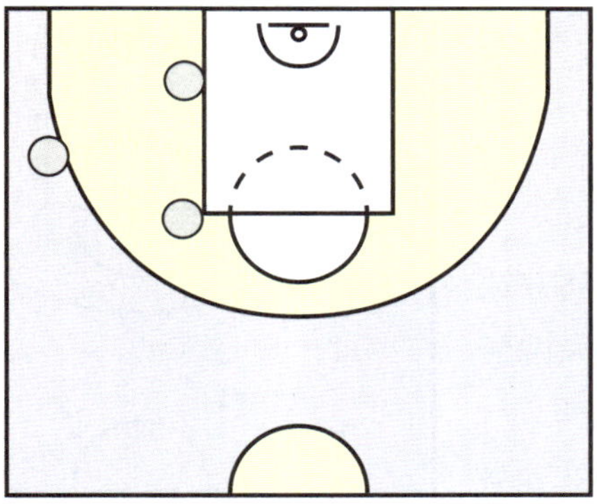
图5.2.13

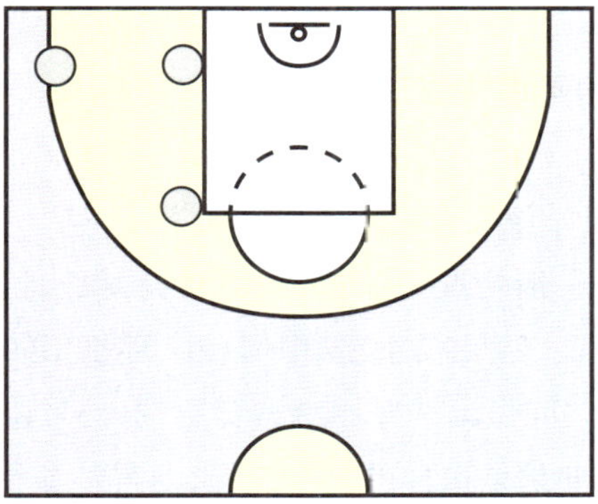
图5.2.14

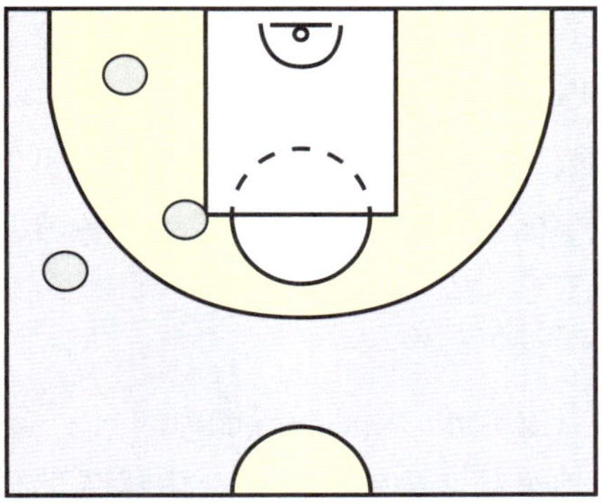
图5.2.15

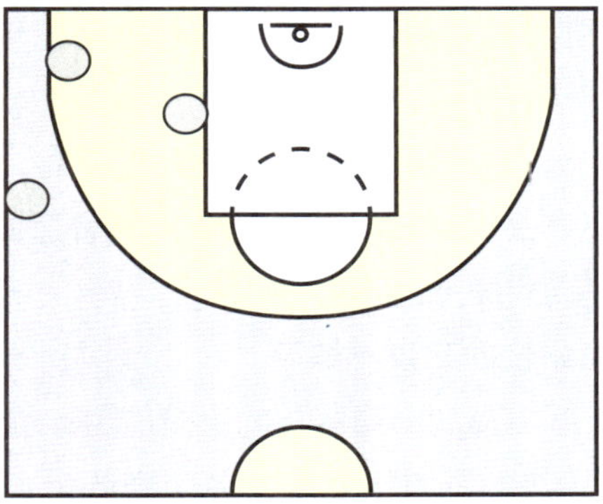
图5.2.16

## （二）围绕三角形的进攻分解练习

在进攻联防战术的实施过程中，每名队员都要为战术的最后成功付出努力，每名队员都必须是善于做出决策的人物。下面的练习能帮助我们达到这一目标。这里所述的练习方法同样适用于场上的其他三角形而并非专指的某一个三角形。

**1. 识别防守**

目的：学会迅速识别对手采用的防守阵型，以便采用最佳进攻阵型展开攻击。

方法：（1）5名进攻队员沿中线站立，1号位队员持球。同时，5名防守队员和教练在罚球圈中站立。

（2）在教练要求防守采用何种防守阵型（只告诉防守队员），并给出开始的口令后，防守队员应迅速根据教练的要求布置好防守站位；听到口令的同时，持球的1号位队员运球至前场，进攻开始。

当一名进攻队员穿越防区后，持球队员要立刻喊出防守所采用的阵型。

（3）重复上述过程，直至进攻方能快速并准确地识别防守采用的阵型。

要求：控球队员要用最快速度识别防守的阵型，并立即布置好相应的进攻落位。

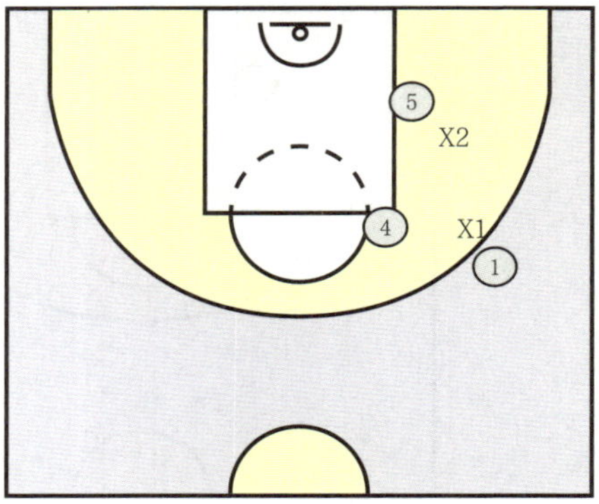

图5.2.17

**2. 三角形站位的三攻二练习**

方法：（1）3名进攻队员站位如图5.2.17所示。2名防守队员站位在进攻队员的中间。

（2）一般情况下，1号位队员持球，他被防守或他可以投篮。如果X1去防守1号位，那么X2必须在4号位和5号位之间做出选择。X2通常要选择5号位防守。

（3）如果是这样的防守选择，1号位应传球给4号位。X1就必须在1号位和5号位之间做出选择。如果X1在回防5号位的时候稍慢，4号位应该立即传球给5号位。在1号位、4号位和5号位之间这种连续性的转移球，可以让他们获得一次很好的从容不迫的投篮机会。

要求：当X1在1号位和4号位之间选择时，1号位应采用投篮假动作将防守队员调离防区，同时他还应该注视X2的站位，以便选择合适的传球路线和接球人。为了配合练习，4号位和5号位队员在接到球之前不得移动。

**3. 三角站位的三攻一练习**

目的：练习提高中锋队员的决策能力；练习点拨传球；提高跳投能力。

方法：（1）练习中只有一名防守队员，当他去防守中锋队员时，中锋队员必须做出决定，是投篮还是传球。

（2）如果中锋队员在接到从1号位传来的球时，防守队员已经对他形成了有效防守，那么他应该用点拨传球将球传给另一名中锋队员。如果防守队员还没有形成有效防守，中锋队员应该选择投篮。这个练习在训练中锋队员点拨传球的同时，也训练了他做出决断的能力。

（3）1号位传球给位于场角的4号位或位于高位的5号位时，防守队员X3必须决定他要去防守谁。4号位和5号位队员如果没有被防守，他们要选择投篮或传球。如果他们被防守，应运用点拨传球技术。这些都要求中锋队员必须快速地做出决断。

（4）如图5.2.18所示，1号位传球给5号位，5号位用点拨传球给4号位，由4号位完成进攻。如图5.2.19所示，1号位传球给4号位，然后他用点拨传球给下插的5号位完成进攻。4号位和5号位在这个练习中必须意识到当，他们有空位时，要向篮下切进。

要求：进攻队员在接球的瞬间，应密切注视防守人的移动，以便选择有利的进攻手段完成进攻。为了配合练习，4号位或5号位队员在接到球之前，另一名队员不得向下或向限制区内移动。

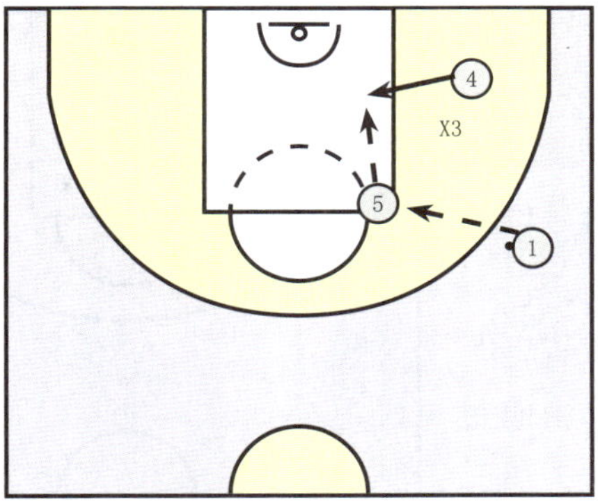


图5.2.18

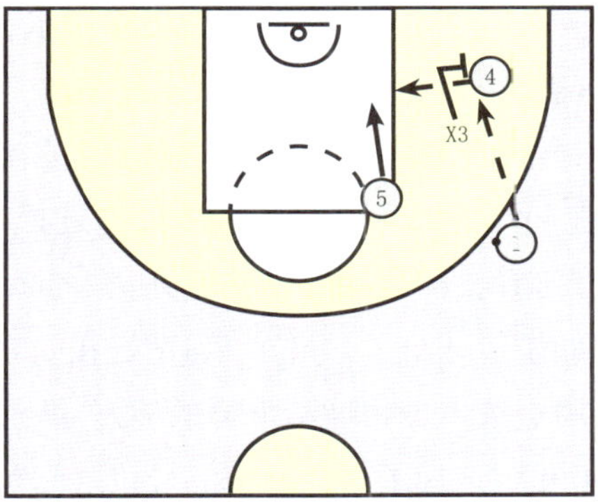


图5.2.19

**4. 大范围转移传球的四攻三练习**

目的：练习提高大范围转移传球的技巧（该传球是指传球队员做出传球假动作后将球传向另一个方向，传球最好是采用双手传球。这种传球的力量很大，但当预先的接球队员已经被防守时，传球队员可以将传出的球收回而传向另一方向）。练习提高当防守位置改变，并使用迎上防守技术时做出决策的能力。练习提高运球后采用恰当的方法将球传给空位上同伴的能力和接传球后完成跳投的能力。

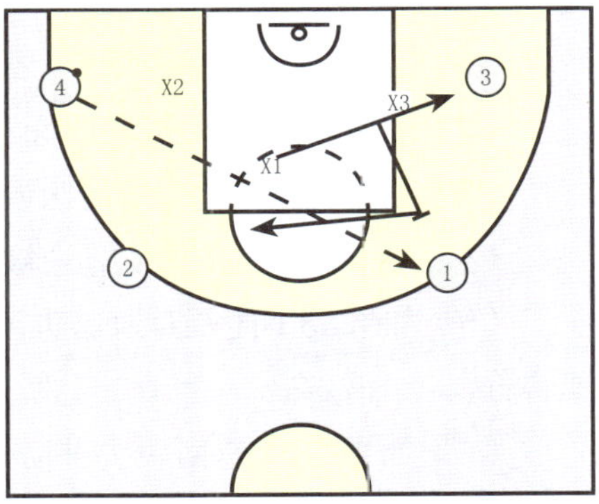


图5.2.20

方法：（1）如图5.2.20所示，在外线布置4名进攻队员，在限制区内布置两名防守队员，另一名防守队员在球的一侧。

（2）开始时，4号位持球，他被X2去防守，在X2决定去防守4号位的同时，4号位采用双手头后传球给远端的1号位，X3快速迎上去防守1号位，并试图阻止他投篮。X3的迎上防守未能奏效，1号位做投篮假动作并开始运球。在1号位开始运球的同时，X1轮转去堵截运球，X3则快速地转向去防守2号位，此时无人防守的3号位获得了投篮的空位，1号位应及时将球传给他。练习从另一侧开始发动。

（3）如果迎上防守队员的防守取得了成功，变向传球后，接球队员不能获得一个有利的投篮时机，那么，接球队员应将球传给其他的进攻者。该练习应连续进行，直到任意一名防守队员迎上防守不能奏效，让进攻队员持球向限制区内运球后才能结束。

要求：持球队员要在防守队员迎上防守时，最快速度做出决策，将球传到空位上。在接球之前进攻队员应注视防守的移动，利用转移传球来调动防守。

**5. 突破练习**

目的：练习提高突破后传球和跳投的能力；练习进攻时阅读防守的能力，并锻炼提高选择传球或投篮的决策能力。

方法：（1）队员站位如图5.2.21所示，1号位持球，并没有被防守，他开始向篮下运球突破。

（2）1号位开始运球时，X3轮换去防守运球突破队员。X4要在4号位和5号位之间做出防守选择。1号位要视X4的防守选择，传球给空位的队员。

（3）如果传球给了4号位，X4正好在防守位置，那么4号位应用点拨传球将球给下插的5号位队员，由他完成上篮。如果X4选择了在4号位和5号位之间防守，那么拉出的4号位应接球后完成投篮。

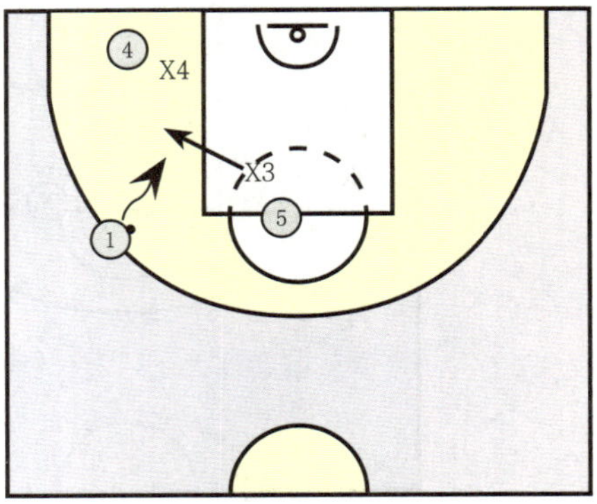

图5.2.21

（4）练习可以由场上不同位置的队员发动

要求：1号位持球突破中要求时刻注视X3的防守移动和X4的防守选位，同时4号位应向短角拉出牵制X4。4号位在接球的瞬间除了做好投篮准备外，还要观察5号位的移动，以便传球给5号位。为了配合练习，在4号位未接到球之前，5号位不得下插移动。

### 6. 变化三角关系的练习

目的：练习进攻队员变化三角关系，迫使防守队员的防区扩大；练习识别获得空位的进攻队员；练习突破和点拨传球。

方法：（1）队员站位如图5.2.22所示，3号位持球并被防守，X4防守位于低位中锋的4号位。

（2）练习开始，4号位向短角拉出，他的这个移动将改变3名进攻队员之间的三角关系。

（3）此时在这个扩大了的区域里，X4必须决定在4号位和5号位之间选择谁防守。

（4）此时的4号位，要么他会被X4防守，要么他可以获得向内运球或轻松接球投篮的机会。

（5）如果X3不能及时地退防，5号位就可以转身向篮下，接到4号位的点拨传球后轻松上篮得分。（图5.2.23）

（6）如果X3快速回收去补防，4号位回传球给3号位，允许3号位跳投。如果X3迎上防守，3号位就可以采用突破运球向篮下。

要求：同上。

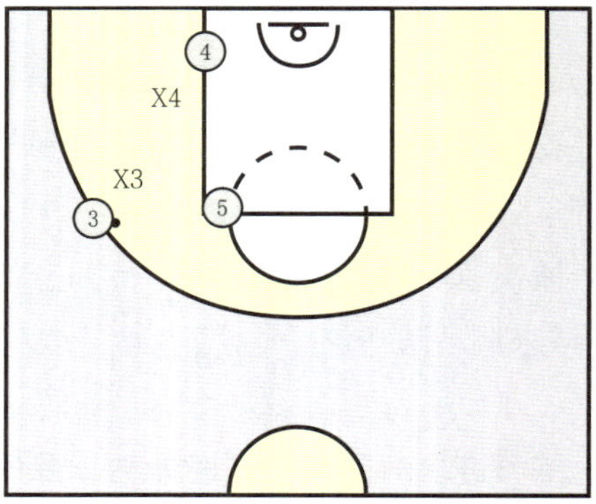

图5.2.22

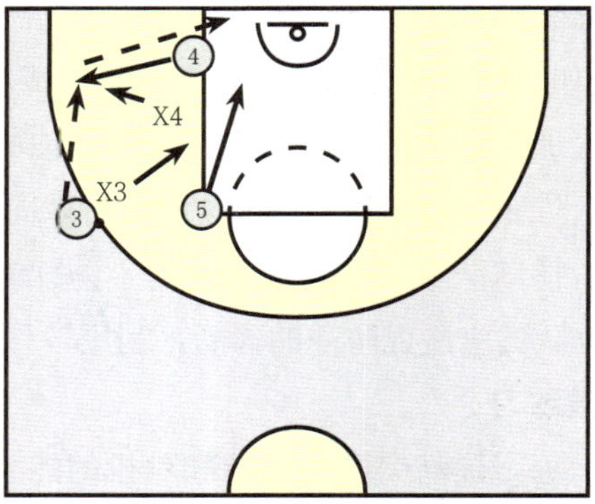

图5.2.23

### 7. 外线队员渗透运球练习（外线3×4练习）

目的：练习外线队员向内线运球渗透，压缩防区；练习外线队员间保持相对平衡的位置关系；练习利用假传球和结合运球调动并冻结防守；练习外线队员利用空位完成外围投篮。

方法：（1）进攻队员成正三角站位，防守队员成基本的方形站位。（图5.2.24）

（2）练习开始时，1号位利用向2号位传球的假动作吸引防守向一侧移动，随后向3号位运球，同时3号位移向X3，并在X3的外侧建立一个掩护位置；随后3号位移向1号位运球离开后的空位，并接受从1号位传来的球，与1号位完成高位的换位移动。（图5.2.25）

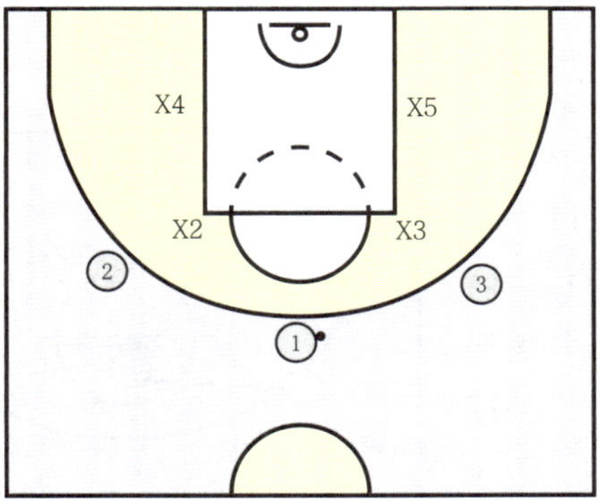


图5.2.24

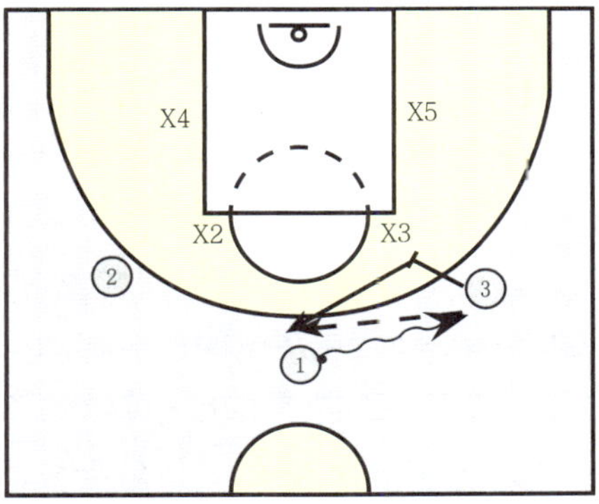


图5.2.25

（3）完成高位换位移动后，3号位向X2和X3之间的结合部进行渗透运球，吸引这两人向中间协防移动。当X2和X3向中路关门协防时，3号位立即将球分给一侧的2号位同伴，之后3号位下插防区的中央，然后移动到对侧。2号位接球后，要立即向短线方向渗透运球，以吸引X2和X4的共同防守。在3号位下插移向对侧的同时，1号位向高位移动，准备接应2号位。（图5.2.26）

（4）2号位运球吸引防守移动后，要立即将球回传给在高位接应他的1号位同伴，然后1号位接球后再次向X2和X3的防守空隙处渗透运球，以吸引X2和X3回放。当两名防守队员移向中路后，1号位继续向3号位运球，并与3号位再一次完成高位换位移动，之后1号位下插到X5的防区外围。在2号位完成回传球，并且1号位运球离开后，2号位上提至高位，在那里他要等待3号位的传球。（图5.2.27）

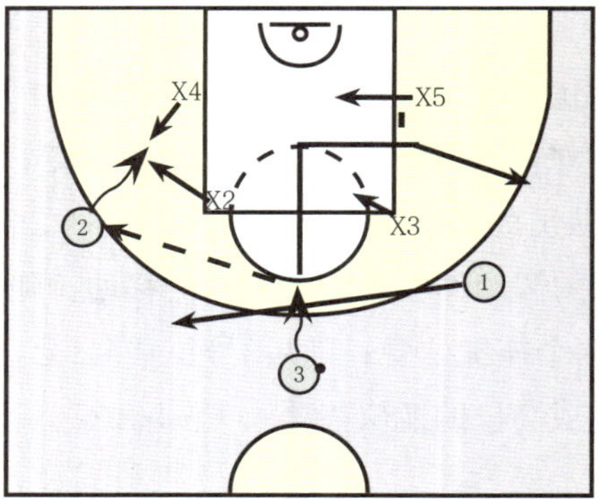

图5.2.26

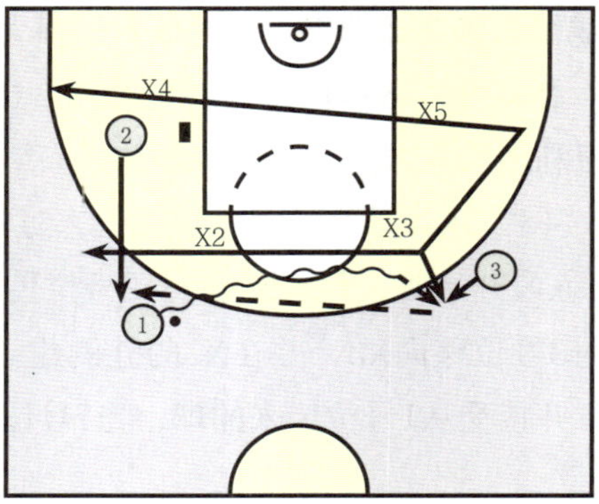

图5.2.27

（5）在3号位向2号位传球后，他从罚球线以上位置，1号位从篮下位置两人同时穿过整个防守的阵型，向对侧移动。在这个过程中，X2既要顾及对2号位突破的协防，又要兼顾3号位在高位的横向移动，通常情况下，3号位可以获得一个拉空的空位接球。3号位接球后，X4势必要迎上补防，这样1号位就会被遗漏，他在零度角接球后可以从容地完成投篮。（图5.2.28）

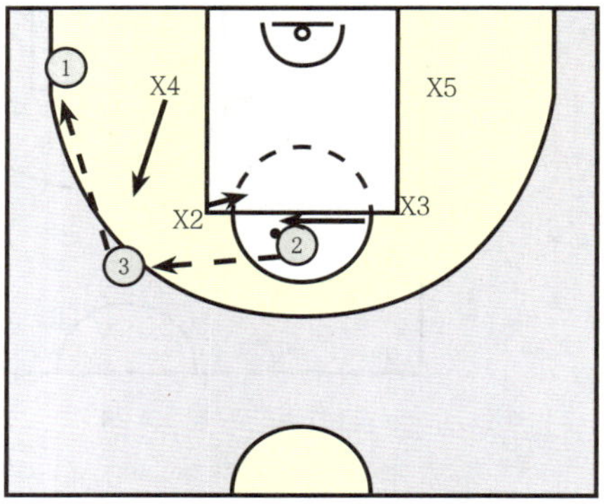

图5.2.28

要求：持球队员应运用传球假动作或向2名队员的结合部运球来迫使防守移动。在运球中，进攻队员应注视防守的移动变化，快速转移传球至空位。外线3名队员在移动中要时刻保持一定的空间，当一名持球队员传球离开后，他所留下的空位应由另一名无球队员的移动来填补。

## 思考题

1. 设计进攻联防战术时应遵循哪些原则？

2. 三角关系在进攻战术运用中有什么作用？如何处理好进攻中的三角关系？

# 第三节　进攻全场区域紧逼防守战术方法与训练

## 一、进攻全场区域紧逼防守战术概述

20世纪50年代，首先在美国的篮球界出现了“紧逼”的防守新概念，即在半场人盯人防守战术的基础上扩大了防守控制的范围，并结合区域的概念，由此而产生了全场区域紧逼防守战术。进攻全场区域紧逼防守战术是随着全场区域紧逼防守战术的产生而产生，并随之发展的。

全场区域紧逼防守战术的出现，开创了篮球运动防守发展的新阶段。为了适应和进攻全场区域紧逼防守战术，进攻战术有了新的发展。进攻全场区域紧逼防守战术应运而生，并随着全场区域紧逼防守战术不断发展。

进攻全场区域紧逼防守战术是队员根据一定的战术指导思想，在全场范围内按照一定的阵势，有组织、有策略地进行协同配合的方法。

运用进攻全场区域紧逼防守战术必须考虑本队队员的身体和技术条件，以及对手的实际情况，有针对性地组织进攻配合，争取主动，破坏对方的防守。进攻全场区域紧逼可分为后场和前场进攻两个阶段：后场进攻的关键是接应发球和推进，前场进攻方法与进攻半场人盯人战术和进攻区域联防基本相同。

进攻全场区域紧逼的战术类型，随着区域紧逼防守战术的发展经过20多年的改进与演变，已由最初主要依靠个人运球突破推进的方法，逐步形成了快速三角形推进、回传跟进、弱侧反跑、中区策应、突分接应和横切纵插等完整有效的进攻方法，从而结束了区域紧逼使进攻队进攻方法不系统、针对性不强的被动局面。

进攻全场区域紧逼防守根据全场区域紧逼防守的阵势，又分为进攻1-2-1-1、2-2-1、3-1-1全场区域紧逼防守、2-1-2全场区域紧逼防守等。

## 二、进攻全场区域紧逼防守战术的原则

运用进攻全场区域紧逼防守战术的一般原则是：在认识全场区域紧逼防守规律和掌握进攻全场区域紧逼防守战术基本方法和特点的基础上，战术组织力求简练明快，拉开并保持队员之间的距离，在全场连续进行传切、策应、掩护配合，造成对方在补防、换防时出现漏洞，形成以多打少的优势；在正确观察、判断突破方向的基础上，合理地利用运球，及时突破并打乱对方的防守部署，力争形成以多打少的局面；切记不可盲目运球，一旦开始运球，就不要轻易终止运球，尤其不能在边角停球，避免对方夹击。其主要原则有以下几点。

### （一）快速掷界外球

由于全场区域紧逼防守大都在投中篮后进行，因此，由攻转守时，进攻队要尽快掷界外球，力争在对方尚未组织起全场紧逼防守时组织快速反击，抓住其弱点，打乱对方的防守部署，在前场形成以多打少的局面，快攻得分。

### （二）快速推进到前场，积极发动抢攻战术

进攻全场区域紧逼防守时，尽快将球推进到前场，将球传到前场可以：第一，压扁防守

区域，缩小进攻距离；第二，减少球在后场推进的时间，为半场阵地进攻争取时间；第三，打乱防守的部署，打击防守方的信心和积极性；第四，趁防守没能形成整体性，积极发动抢攻战术，在快攻未果的基础上，趁势对防守的腹地发动进攻，力争在篮下得分。

### （三）通过“拉边”“插中”，在中路形成配合

所谓“拉边”，是指进攻队员的落位尽量靠近边线，而且移动后站位也要靠近边线，以便吸引防守拉开防区，给“插中”创造条件。“插中”，是指拉边落位之后人与球尽可能地向中路移动，尤其是运球突破的队员，在中路形成各种形式的进攻配合。

由边线空切、插向中路或从中路运球突破等可达到：（1）扩大进攻队员的活动范围；（2）易于完成进攻战术配合；（3）易于破坏防守的夹击。因此，利用队员的“拉边”“插中”来形成进攻战术配合，是攻破区域紧逼人盯人防守战术的基本手段。

### （四）在局部区域创造“以多打少”的优势

利用全场区域紧逼防守战术的分区防守和在一定区域内盯人的特点，不断地造成某一区域人数上的优势，形成以多打少的局面，就能有效地击破全场紧逼防守。

要造成以多打少必须注意以下几点：（1）占据防守之间不明确的区域；（2）两个进攻队员同时移向一个防区；（3）多利用横传球与掩护配合相结合的方法形成以多打少，即在强侧向弱侧横传球的同时，弱侧做后掩护造成以多打少；（4）针对防守阵型在进攻队员落位上造成以多打少。如1-2-1-1战术的前排是1名防守队员，因此可用2名进攻队员接发球。

### （五）进攻时始终保持一名队员处于球的后面

保持一名队员在球的后面，其目的：一是当持球队员遇阻截或夹击等情况，可以将球回传，以减少失误，因为在球后面的进攻队员防守一般很松；二是可以保持攻守平衡；三是起到吸引防守的作用。

### （六）保持队形，避免在场地“边、角”停球

在向前场推进的过程中，力图保持开阔的队形和较大的攻击面，以利牵制防守和分割防守与防守队员之间的关系，避免防守之间的协同配合，形成一打一的局面，通过突破打乱对方的防守阵型，从而达到各个击破的战术目的。

合理地运用个人运球突破攻击紧逼防守。当同伴出现比自己更好的进攻机会时，要及时传球给同伴，切记不要在边角停球以防被对手夹击，并随时保持有一名队员接应。进攻时，中场或两翼快下的队员，要随时突然摆脱或利用跑动中的突然变向，以利抢占中区策应和横向防守薄弱区域接应，衔接前后场的进攻。

## 三、进攻全场区域紧逼防守战术的配合方法

**进攻全场区域紧逼防守战术的要求：**

1. 进攻全场区域紧逼首先要保持沉着冷静的头脑，不因紧逼的声势和防守的严密而慌乱无措。

2. 进攻中要多传短快球，少传长球和高吊球，少运球，特别是少向边角运球，更忌在边角停球，防止对方的堵截。传球后要迅速移动选位，以利再次接球后进行配合。

3. 为了提高进攻区域紧逼战术的质量，必须重点加强突然起动摆脱、运球突破、传切和策应战术配合的训练，还应加强一对一和在一个区域里以多打少的配合训练，尤其要注重对队员控制球和支配球能力的训练。

4. 进攻时根据区域紧逼战术“逼球边路，缩小防区”的防守策略，按“以快制逼，中路突破”的原则，采取相应的回传跟进、转移攻向、运球反跑、中区策应、组织空切等方法进攻。

### （一）回传跟进

区域紧逼不轻易让球越过自己的防区，经常对持球队员组织夹击，向前的传球经常被防守队员抢断。因此，进攻时应在对方夹击尚未形成之前将球传出。这就要保持一名队员处于球的后面，随时准备接应被夹击队员的回传球。回传跟进是进攻区域紧逼中设的“安全后卫”，是破坏夹击的有效方法。

### （二）转移攻向

当用回传跟进破坏了对方的夹击之后，有目的地转移进攻方向，朝防守队形的薄弱区域进行攻击。

### （三）远球反跑

为了迅速、安全地转移进攻方向，迫使区域紧逼防守做较大的移动，处于远球位置的队员应进行反跑，回来接应转移进攻方向的传球。

### （四）中区策应

在进攻区域紧逼时，“中区策应”起着前后衔接，左右呼应的作用，它不仅接应了转移后的传球，更重要的是联结了前后场的进攻，使球迅速推进。同时位于中区，增多了传球出手的方向和路线。担任中区策应角色，应当是速度快、技术全面、战术意识强的队员。

### （五）组织空切

中区策应后，防守无球队员者处于球在背后的境地，进攻队员应抓住有利时机，组织空

切，突破防守，在篮下附近形成以多打少的局面。

以上进攻区域紧逼的战术要求，在运用时要结合具体情况，不一定每一条都用到。例如“转移攻向”，不一定转向最近的队员，根据临场情况，也可直接传给篮下队员，或跑上来策应的队员。进攻方向的转移也可能由于防守的阻挠而不止一次地转移。总之，要明确基本要求，提高战术意识，结合比赛实际情况灵活运用，才能取得良好的效果。

进攻全场区域紧逼的战术方法很多，本章以1-2-1-1落位方式进攻全场区域紧逼加以说明。进攻全场区域紧逼防守战术的落位和队员要求如下：

如图5.3.1所示，其中①是组织后卫，具有全队最好的控制球能力，运球能力出色。②是攻击性后卫，具有很好的控制球和支配球能力，当遇到夹击时，能够及时传球给处于空位的队员。③是小前锋，速度快，快下意识强，在快攻中的一对一能力和传球能力突出。④是大前锋，传球技术、控制球能力十分出色，能快速掷界外球。⑤是中锋，具有最好的策应技术，视野开阔，能在中线附近进行传接球，有利于在其他队员遇到困难时，传高吊球给他。

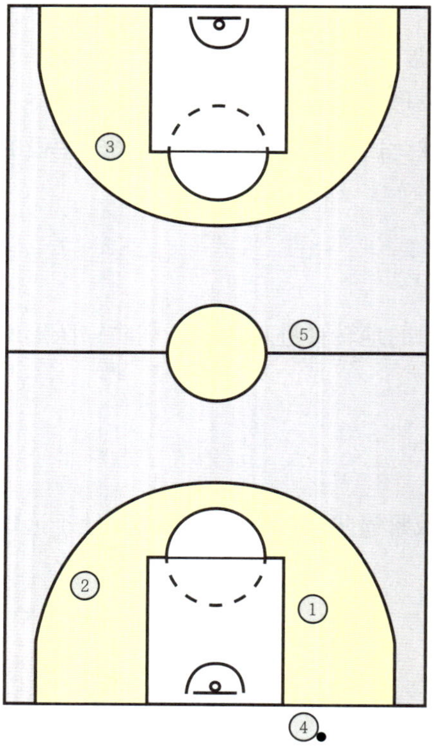

图5.3.1

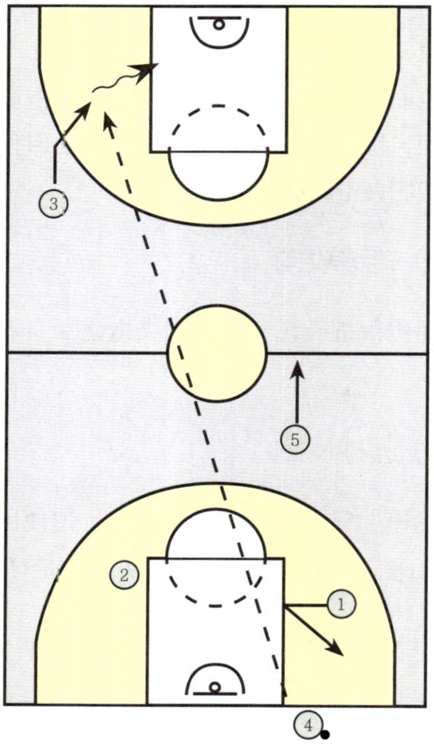

图5.3.2

队员落位如图5.3.1所示，④掷界外球，他可以在端线外任何一点掷界外球，但注意不要站在篮板下面，有可能会将球传到篮板上。①和②在前面准备接④的传球，⑤站位于中线附近，③快下到前场，争取接到球快攻，并且牵制防守，使防守的范围扩大，增加防守队队员之间协防的难度。

如图5.3.2所示，快攻是进攻全场紧逼防守的最好工具。在进攻全场紧逼时，③由守转攻后，马上沿边线快下。④掷界外球时首先要观察③是否有快攻机会，如果有，④发动长传快攻，③接球上篮，或者形成一对一的局面，打乱防守的部署。虽然这样的机会在比赛中不多，但是队员一定要有这样的意识，争取获得长传快攻的机会，因为长传快攻不仅能打乱防守的部署，还能创造好的得分机会。

如图5.3.3所示，由于①是全队控制球最好的队员，所以，首先要争取传球给①。传球给①有两种方式，一是由①依靠个人能力，摆脱防守，接④的传球；二是①在摆脱接球不成功后，给②做掩护，④可以传球给②，或者传球给掩护后转身的①，如图5.3.4所示。

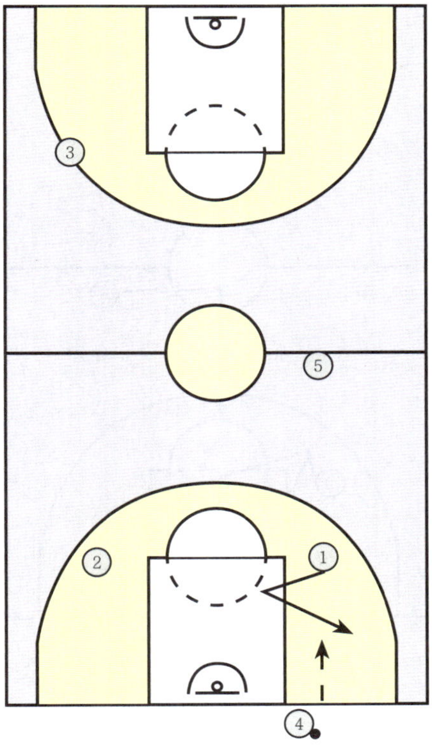

图5.3.3

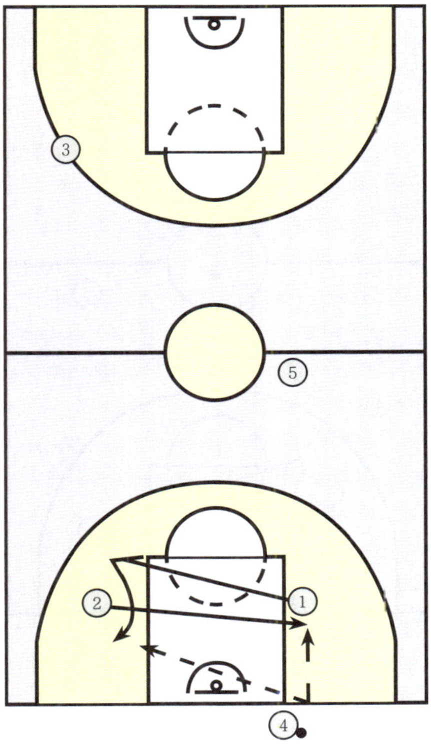

图5.3.4

需要注意的是，如果是投中篮后的掷界外球，掷界外球队员可以沿端线任意移动，既可以左右移动，也可以前后移动。当遇到封堵掷界外球的情况时，掷界外球队员可以向后移动，也可以沿端线移动到适宜的掷界外球地点。如图5.3.5所示，④可以移动到他的左侧将球传给②。

如图5.3.6所示，如果①和②受到防守队员的积极防守，都没能接到球，说明防守队员对①和②进行贴身防守，那么在前区的中路就会有较大的空间。这时处于中线附近的⑤先沿中线移动，然后突然上提，移动到罚球区附近接④的传球。

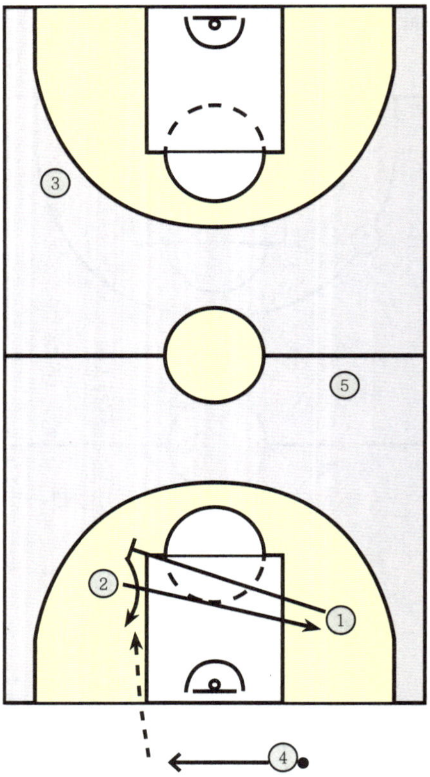

图5.3.5

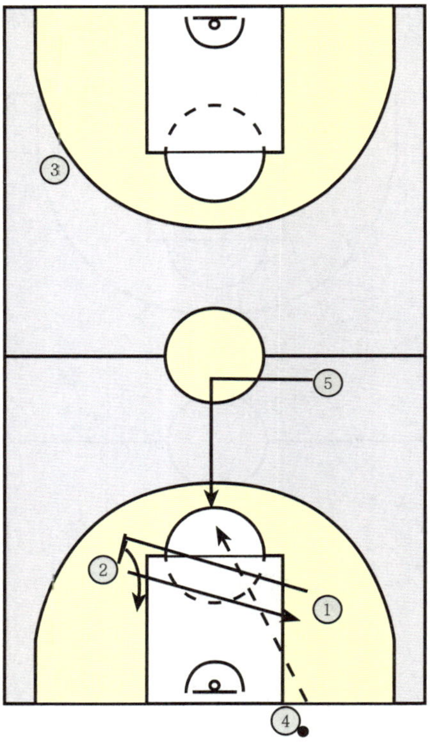

图5.3.6

如图5.3.7所示，如果①摆脱防守接到④的传球，②斜插到①的前面接球，④掷界外球后向左侧移动，⑤向中圈附近移动，③向篮下移动。当然，①接球后也可以选择传球给⑤，或回传给④。

如图5.3.8所示，②接球后将球传给上提的⑤，②传球后沿边线切入，①绕⑤从另一侧快下，④向中路移动，准备接回传球。

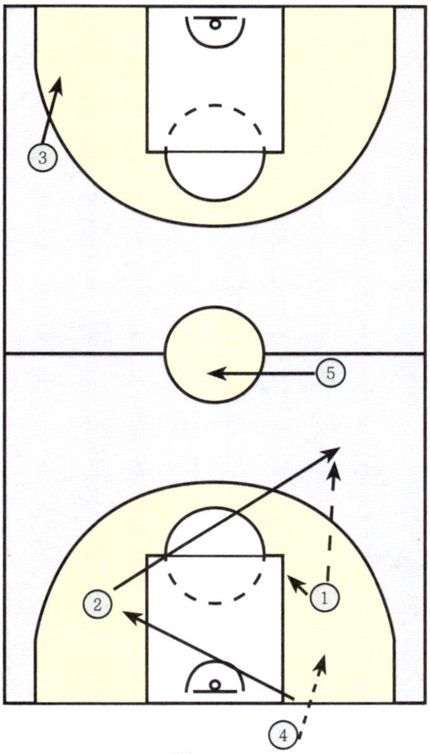

图5. 3. 7

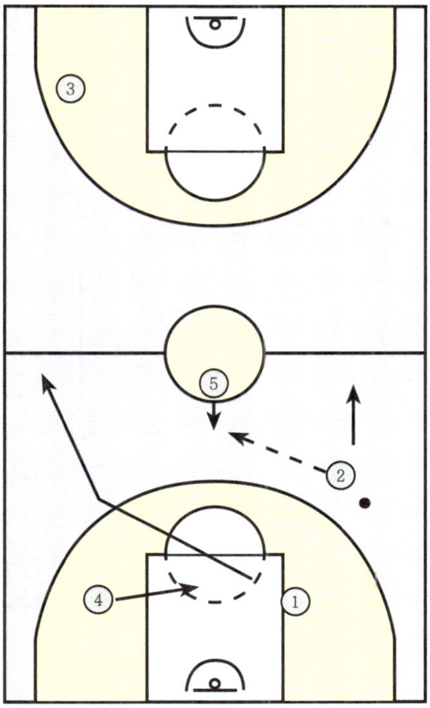

图5.3.8

如图5.3.9所示，⑤接到球后，首先观察③是否有机会接球投篮。如果没有机会，可以传球给快下的①或②，使①、②和③在前场形成快攻机会，争取在防守队员回防前形成投篮机会。

如图5.3.10所示，如果防守队员快速回防，没有形成快攻机会，⑤将球传给②后切入到低策应区，③移动遛底到有球侧，④跟进到三分线弧顶，争取快攻后的抢攻。

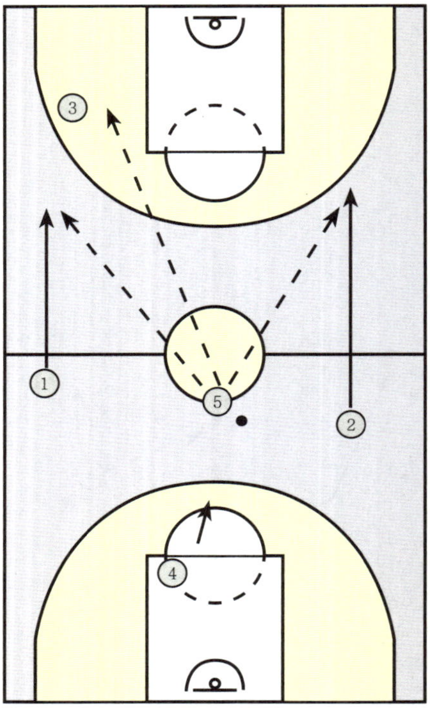

图5.3.9

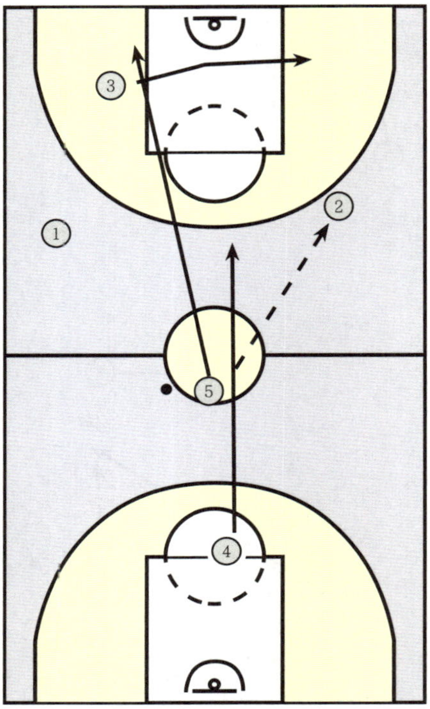

图5.3.10

如图5.3.11所示，如果①没能摆脱防守，马上移动到另一侧去给②做掩护，如果②接到球，①就斜插到②的前面接球，继续配合下去。如果②没能接到球，那么①就要在掩护后转身，接④的传球。当①接到④的传球后，②斜插到①的前面接球。

如图5.3.12所示，①传球给⑤后沿边线切入，②绕过⑤从另一侧快下，④移动到中路，准备接回传球，③向篮下切入。

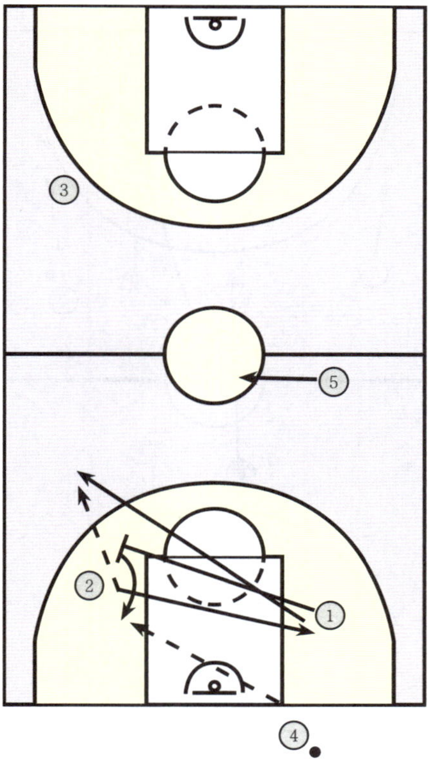


图5.3.11

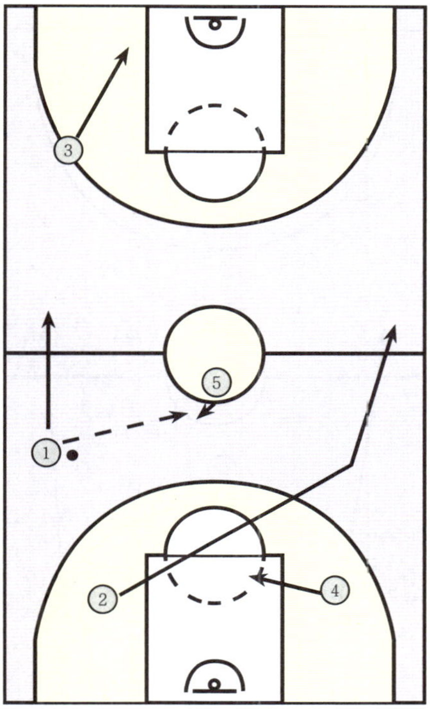


图5.3.12

如图5.3.13所示，如果，①和②都没能接到④的传球，⑤上提接到球后，①和②马上沿边线快下，准备接⑤的传球，⑤根据场上的具体情况，可以选择将球传给①、②或③。④掷界外球后马上进入到场地，准备接⑤的回传球。

如图5.3.14所示，进攻队推进到前场后，如果没能形成投篮机会，就在防守队没有形成整体防守之前，进行抢攻。③溜底线到右侧场角，接②的传球，⑤下顺到右侧低策应区，如果⑤能抢占有利位置，③传球给⑤形成内线一对一的机会。④落位到三分线弧顶位置，①站位左侧45度角。

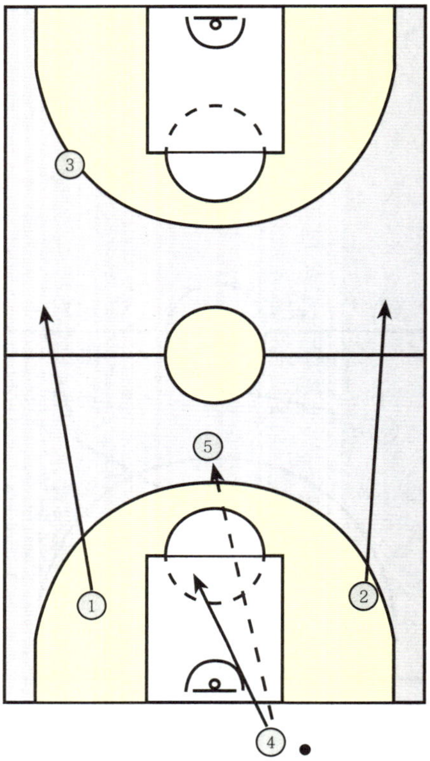


图5.3.13

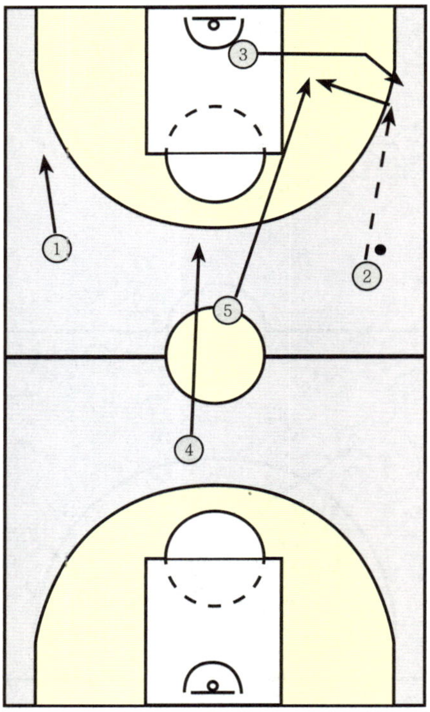


图5.3.14

如图5.3.15所示，②传球后切入，如果有机会，②接③的回传球上篮。②切入的同时，①提到三分线弧顶位置。

如图5.3.16所示，如果②和⑤都没有机会，②切入后移动到左侧底角，③传球给①。

如图5.3.17所示，①持球，利用④的掩护突破，④掩护后挡住防守队员下顺，力争将防守队员挡在身后，如果有机会，①传球给④，形成内线一对一。④下顺的同时，⑤上提到三分线弧顶。

如图5.3.18所示，当①的突破受阻后，①将传球给⑤，④在⑤接球后横切争取接⑤的传球在篮下形成一对一的机会。

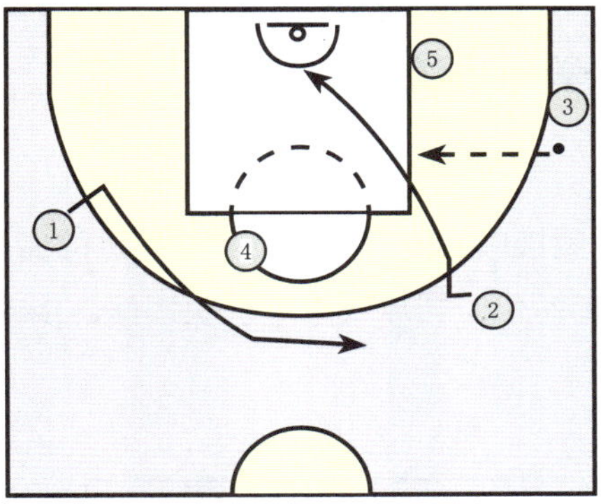


图5.3.15

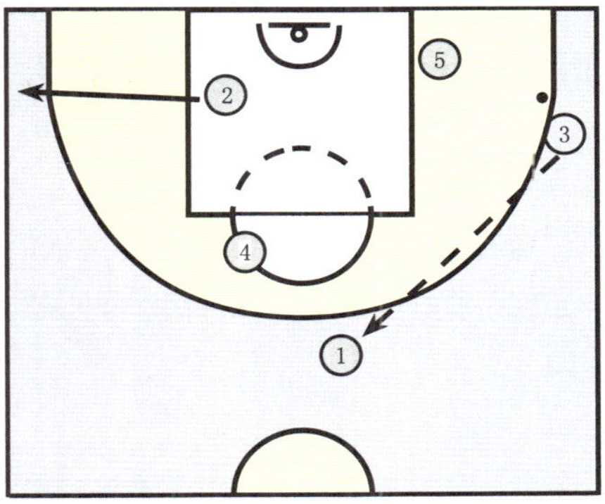


图5.3.16

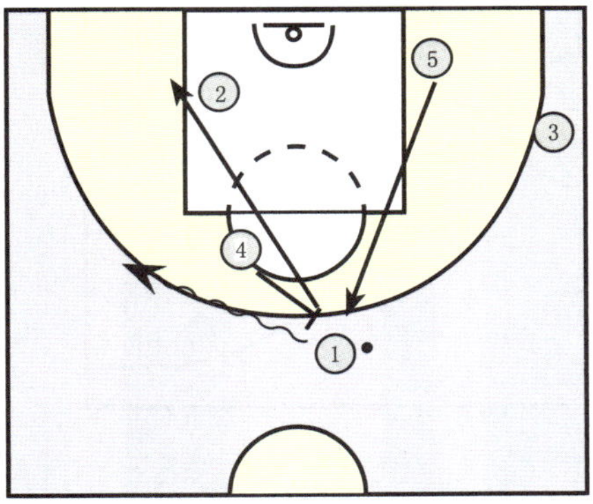


图5.3.17

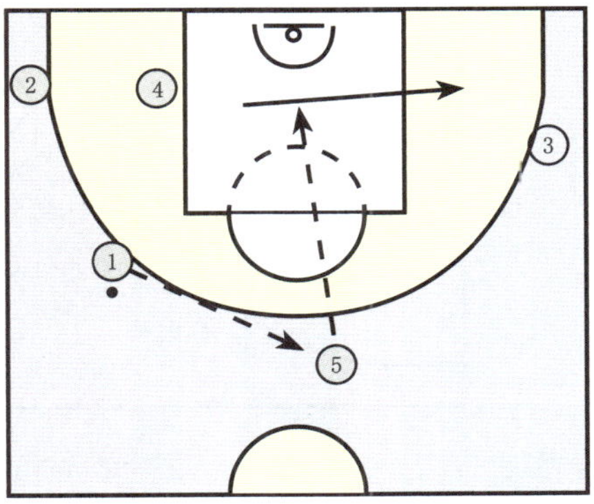


图5.3.18

如图5.3.19所示，如果④没有机会，⑤传球给③，④在低策应区抢占位置，③传球给④，形成内线的攻击。

如果③不能传球给④，①移动到弧顶右侧位置接应③的回传球，⑤移动到罚球线，队员落位如图5.3.20所示，根据防守的半场防守战术，进行半场攻防。

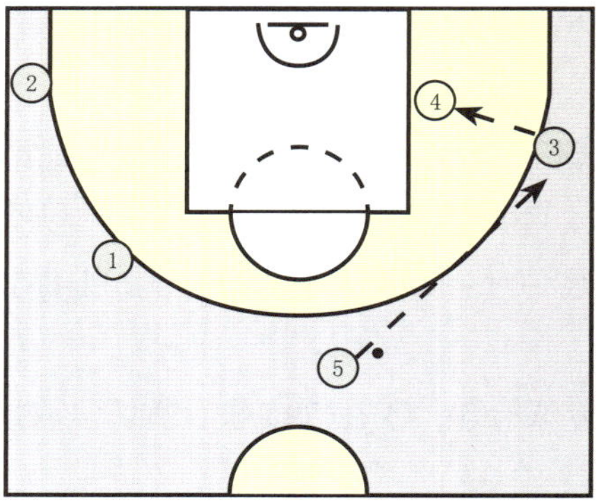


图5.3.19

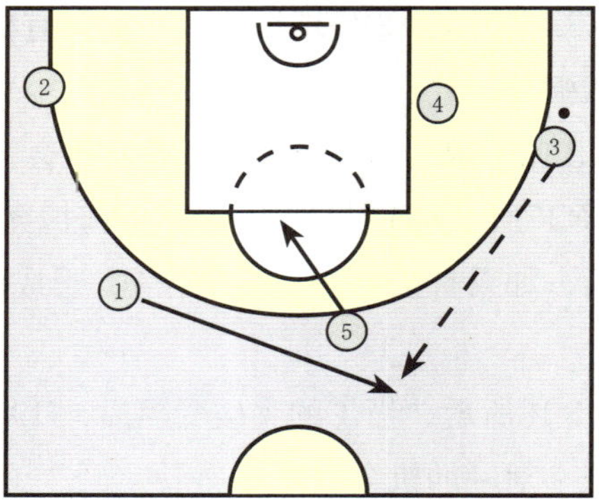


图5.3.20

## 四、进攻全场区域紧逼防守战术教学与训练

**练习1：摆脱接球**

目的：提高在紧逼防守情况下，接应队员摆脱接应的能力，以及运球推进的能力。

方法：如图5.3.21所示，①持球发界外球，②站位于罚球线附近摆脱接球，接球后在全场范围内一对一。

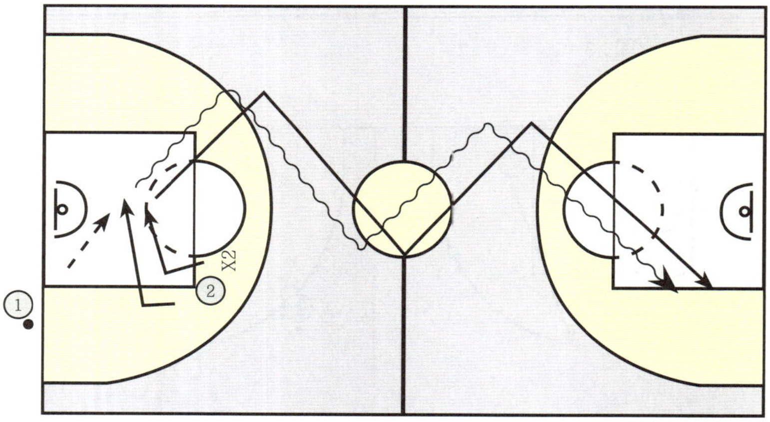


图5.3.21

要求：①发球时不能站位于篮板下，②摆脱时站位不能靠近端线，摆脱时要突然、果断。②接球后不能急于运球，要观察场上情况后再运球。后场运球以保护球为主，进入前场后以突破攻击为主。

**练习2：全场二对二**

目的：提高在全场紧逼防守情况下的接应能力和推进能力。

方法：如图5.3.22所示，①持球，②和③摆脱，可以个人摆脱，也可以利用掩护摆脱，摆脱接球后，②和③在全场范围内利用传球和运球进行推进和配合。

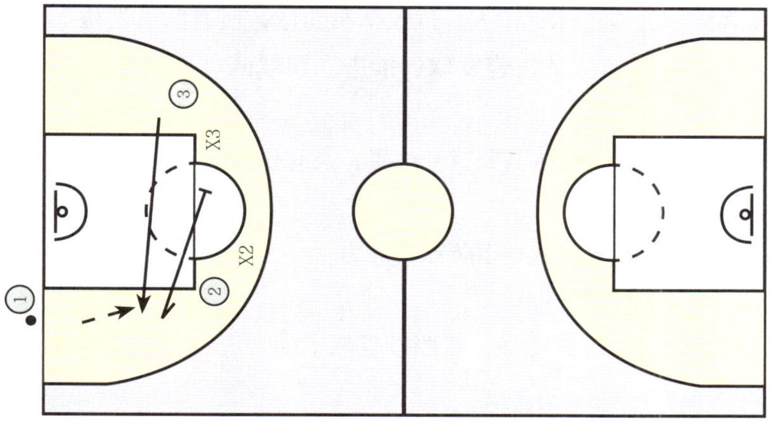


图5.3.22

要求：②和③落位要保持一定的距离，使防守队员不能协防。在个人摆脱没有机会的情况下，利用掩护配合进行摆脱，摆脱后两人利用短传、运球和空切向前场推进。

**练习3：全场二对二，加中锋策应**

目的：提高队员摆脱接应的能力，以及中锋的策应能力。

方法：如图5.3.23所示，①在端线外发球，②和③摆脱接球。在接应队员接到球后，位于中圈附近的⑤上提摆脱防守接②的传球。②和③在传球后摆脱，争取接⑤的传球，在前场形成三对三。

要求：②和③落位要保持一定的距离，使防守队员不能协防。接应队员接球后，⑤要根据防守的情况及时上提接球，在中路策应。接应队员在传球后要摆脱防守接⑤的传球，力争在前场形成快攻机会。

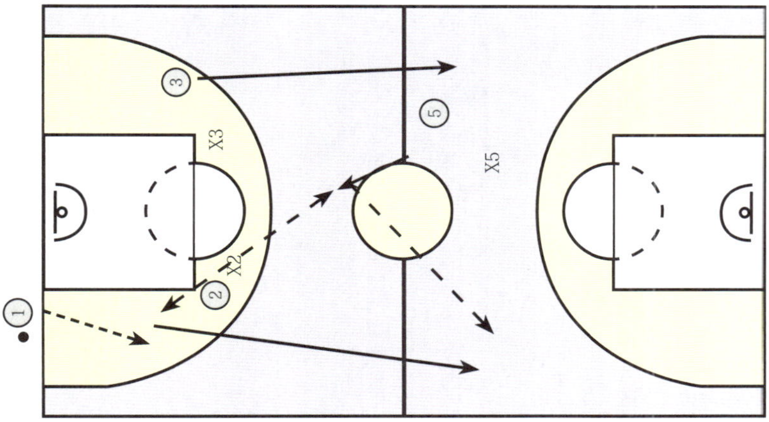


图5.3.23

**练习4：罚球后全场三对三**

目的：提高队员在罚球时进攻全场紧逼防守的能力。

方法：进攻队员3人，防守队员3人，进攻队员罚球，所有队员站位。罚球队员投中后，全场紧逼防守，防守罚球的队员快速发球、推进。罚球队员不中，按照规则进行正常的攻防。

要求：发球速度要快，接应队员要拉开位置，及时摆脱防守，利用传球和切入推进。

**练习5：全场五对五**

目的：提高队员进攻全场区域紧逼防守的能力。

方法：全场范围内五对五攻防。

要求：全队思想统一，沉着冷静，按照进攻战术配合进行攻击，力争形成快攻机会或者抢攻机会。

## 思考题

1. 简述进攻全场区域紧逼防守战术的概念。
2. 简述进攻全场区域紧逼防守战术的原则。
3. 简述进攻全场区域紧逼防守战术的要求。
4. 简述进攻全场区域紧逼防守战术的方法。
5. 简述进攻全场区域紧逼防守战术的训练方法。

# 第四节　快攻与衔接段进攻战术

## 一、快攻与衔接段进攻战术概述

快攻是现代篮球进攻战术体系的重要组成部分，因其发动突然，攻击迅速且效果明显，成为进攻战术中最尖锐的武器之一。随着人们对现代篮球竞赛制胜规律的认识和竞技水平的不断提升，传统意义上的快攻战术已经被细化为快攻（Fast break）和二次进攻（Secondary offense），也有人称为“一次快攻”和“二次快攻”，鉴于国内习惯，我们在此相应地称之为快攻与衔接段进攻。

关于快攻与衔接段进攻战术的概念，国内外目前存在多种观点，通过综合分析，我们认为：快攻是指防守方由防守转入进攻状态后，队员以不同方式在最短的时间内将球推进至前场，争取造成人数上、区位上或相对能力上的优势，果断而迅速完成攻击的一种进攻战术。其中包含三层涵义：第一，在时间上，快攻是一种以速度快为显著特点的进攻方式，因此要求队员在意识反应、动作速率及移动速度等方面要提前做好充分的准备；第二，在快攻形式上，即从后场推进到前场的方式存在多种，如后卫运球快速推进、长传或快速短传等方式；第三，在目的上，快攻主要是为了在人数上形成以多打少，或及时占据优势的区位，或在防守与进攻队员的相对能力上占据优势。因此，实际比赛中在人数不占优势的情况下，创造位置上或攻防队员相对能力上的优势而完成得分也是较常见的快攻表现。

衔接段进攻是指进攻方将球快速推进到前场后，在没有直接形成较好的上篮或者空位投篮机会情况下，趁对方防守未完全落位或未进入集体阵地防守之际，发动的2～3人或全队有目的的小范围配合的进攻战术。简单地讲，就是在第一次快攻之后转为阵地进攻之前，再次创造得分机会而带有快攻性质的战术配合。其特点在于球队必须尽快在防守还没完全落位的时候打一个快速得分的配合。

在比赛中，合理的运用快攻战术能够给对手防守施加压力，迫使其在防守中频出破绽，从而能够实现快速得分，在短时间内拿下大量的分数。在战术效果上，快攻能够拉开对方防守，让对手失去全场紧逼的能力，使进攻方在快速移动中创造错位机会和相对优势。另外，既能够为本方创造抢获进攻篮板球的机会，也能够减少对手抢获防守篮板球的机会。

根据完成一次进攻阶段的不同快攻可分为：一次快攻和衔接段进攻（二次快攻）两大类。根据快攻发动方式的不同可分为：长传快攻、短传（结合运球推进）快攻和运球突破快攻三种类型。

### （一）快攻与衔接段进攻战术组织的基本原则

1. 有效快攻的第一要素就是思维的转变，即要形成瞬间由防守转为进攻的意识，快速转换通常出现在投篮、防守篮板、抢断、失误、边线或端线球、投篮及罚球之后。

2. 战术安排力求简单直接，有几套预定的快攻模式，并根据比赛中的实际情况适当选取发动。

3. 在球队争获篮板球之前不允许同伴提前快下，一旦队伍抢到篮板球，球员必须全速冲刺跑向前场。推进中尽量减少传球次数，并超前传球，不要横传球。

4. 全速推进时队员间要保持一定的距离，纵向上有层次，边路快下，中路队员必要时应准备停止快攻。若防守人数超过进攻人数，对进攻不利情况下，则放弃快攻。

5. 上篮要与中投相结合，要快速准确，切忌勉强投篮。

6. 要充分地发挥全队的整体特点和队员个人的技术特长，并力争以最具优势的队员来结束进攻。

7. 要有快攻失败转入衔接段进攻或阵地进攻的思想和战术变化准备，做到攻守兼备。

8. 要大声呼应，让同伴知道你的位置和意图。

### （二）快攻与衔接段进攻战术的运用

一次完整的快攻战术都由快攻的发动、接应、推进和结束四个环节构成，如果第一次快攻失手，还可立刻组织二次进攻，即衔接段进攻，它处于整个进攻的结束阶段。运用快攻战术时，不同阶段有不同的要求。

1. 获得球是快攻的开始。得球后，获球队员首先应尽快地将球传给接应或快速插上的队员，也可用短传配合或运球突破来发动。其目的就是用最短的时间将球传出，尽量为快攻创造条件。快攻的发动不仅要注意加快传球的速度，而且应注意提高一传的准确性，这直接影响快攻发动的快慢和成功率。优秀的中锋往往在抢获篮板球落地时面向前场，落地的同时球已飞向接应点。

2. 在一传快攻不能发动的情况下，便需要接应。一般接应人是场上的组织者，有些球队存在着单一的固定接应，一旦接应被严密防守，就直接影响了快攻的形成。因此应在固定接应的基础上发展多点接应，形成接应面。随着篮球技术的不断发展，世界很多球队快攻的接应已由原来的点发展成面。

3. 当球快速推进到中场时，在传球比突破更有效的情况下，应注意选择传球。快下的队员应注意拉开队形，沿边路快下，这样会使进攻队员与撤回到中场一带的防守队员之间的距离增大，便于传球，形成更有效的进攻。推进是快攻中不可忽视的环节，中后场的队员应注意多层次地参与，这样不仅能改善人数上的优势，增强全队的反击气势，而且可以冲抢进攻篮板球和补篮，取得二次进攻机会。

4. 快攻的结束可采用有效的配合，其目的在于创造良好的投篮时机。而快攻的结束方式及其合理性尤其重要，它决定着快攻成功率的高低。在这一阶段的配合中，持球队员应选择得分率最高的投篮机会，切忌勉强出手，但该传球时应及时传球，该投篮时就应果断出手。

5. 一般来说，二次快攻会持续仅仅几秒以针对尚未建立起的防守（如失利的对位和不好的轮换）。后排跟进的大个子球员，要及时采用回传球或落到低位，或以为外围投篮进行掩护的方式来完成进攻。

## 二、快攻与衔接段进攻战术的配合方法

快攻战术的配合方法有许多种，根据本队队员的具体情况与战术需要，通过不同的获得球方式、不同的发动与接应方式、不同的推进与结束方式能够设计出多种不同的快攻配合。这里根据快攻的常见性和推进方式不同，从第一次快攻与衔接段快攻两个方面介绍以下几种快攻配合方法。

### （一）第一次快攻配合方法

#### 1. 一般形式的快攻

一般形式的快攻包括四种：即抢防守篮板球后的快攻（图5.4.1）；投篮或者罚球命中后的快攻（图5.4.2）；罚球不中后的快攻。（图5.4.3）

图5.4.1所示的是最常见的快攻。其内容很简单，就是大个子抢到篮板球后传球给限制区附近的组织后卫①，同时其他队友去占据他们各自的区域。下面是对每个进攻队员的要求：

①号位：接应⑤的一传球；立即面向前场，寻找前场处于空当的队友；将球迅猛推进到前场，在中场前分配球；永远不要离开球场中间三分之一的场地。

②号位：拉开到场地右侧；保持拉开距离，在过中场后小角度向篮筐方向切入。

③号位：拉开到场地左侧；保持拉开距离，在过中场后小角度向篮筐方向切入。

④号位：在中路，快速移动到有球侧的低位；观察①号位以便决定在哪边落位；在有球侧低位强势落位。

⑤号位：作为快攻拖后的球员；落位与①相对，在罚球线稍向内的地方；作为防守的后盾，身后不允许有对方球员。

上述是队员位置的基本情况，也可以做适当调整。例如，如果④和⑤可以互相换位，就可以让抢到篮板的球员拖后，其他大个子都到前场一侧低位落位。

图5.4.2中是类似的打法。唯一的区别在于投篮命中后，⑤在篮底下端线外持球，转向他的右侧，①应当移动到⑤的右侧接⑤的场外传球。①应当向传球者移动。如果罚球命中也采用相同的方式。

图5.4.3给出了对方罚球时的站位和任务。①应当稍微向篮板球方向移动。（⑤抢到对方罚球不中的篮板球，①向⑤移动）。

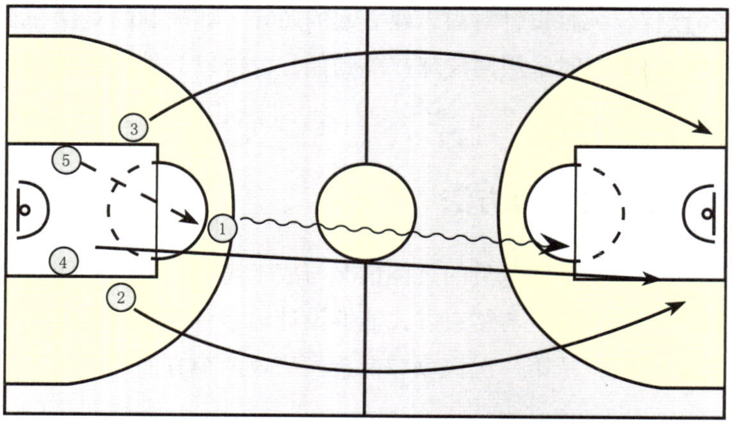


图5.4.1

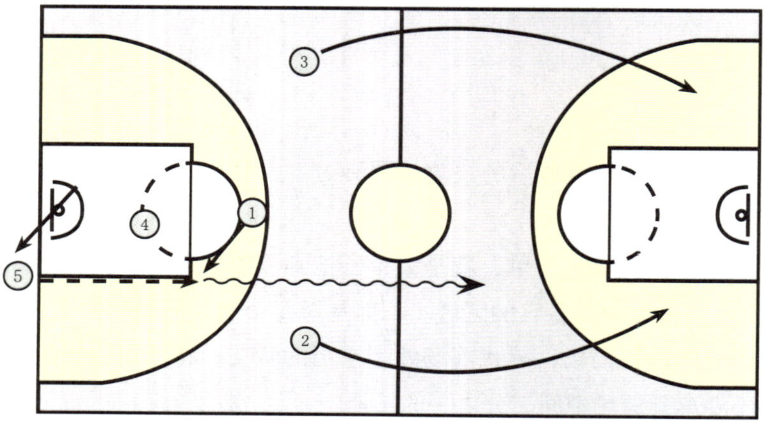


图5.4. 2

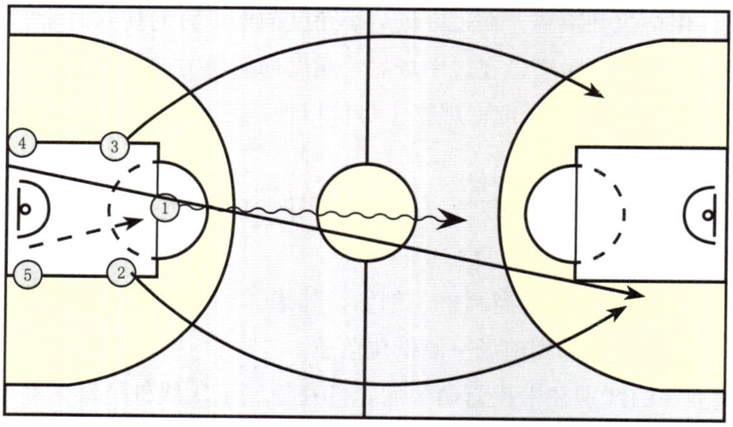


图5.4. 3

### 2. 由边路向中路传球快攻

快攻推进过程中，某些对手常会采用“之”字形防守中路的主要控球队员来尽力降低进攻的速度，对此边路传中路的快攻会让这种防守策略失效。

如图5.4.4所示，⑤一传给②；①趁势插上快下，接②的传球；①继续运球到中路，同时②和③补充他们的位置。当对手欲意让①接球，但是在其运球推进时对其进行防守时，这一快攻策略最有效。防守的唯一目的就是降低①的推进速度。另一种可行的方法是让①接⑤传球后立即长传给②或者③，②和③就有机会组织快攻形成二攻一。

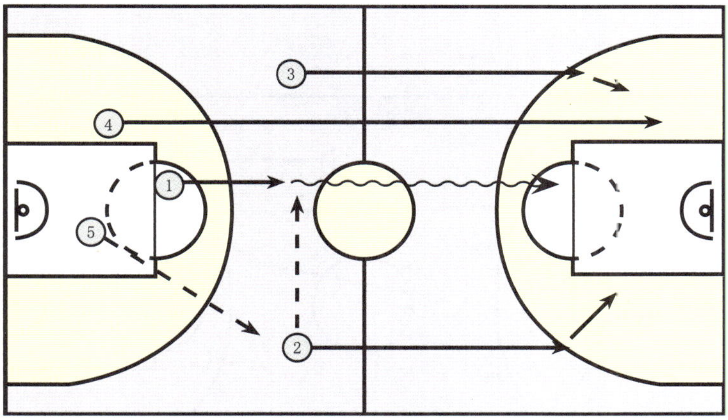

图5.4.4

### 3. 由边路向中路运球快攻

如果②或者③可以运球和从中路传球，可以用边路向中路运球快攻来大幅度削弱那些试图延缓①运球推进的球队的防守作用。图5.4.5中⑤一传给②。接球的球员运球到中路。这也就是说①来填补②的空缺。当②运球推进时，②可以传球给边路的③或者①。②甚至可以从边路一直运球到前场得分区域附近；然后其可运球到中路，同时①填补②的空缺。当你组织快攻形成三攻二时，这完全可以迷惑对手的前后站位防守。

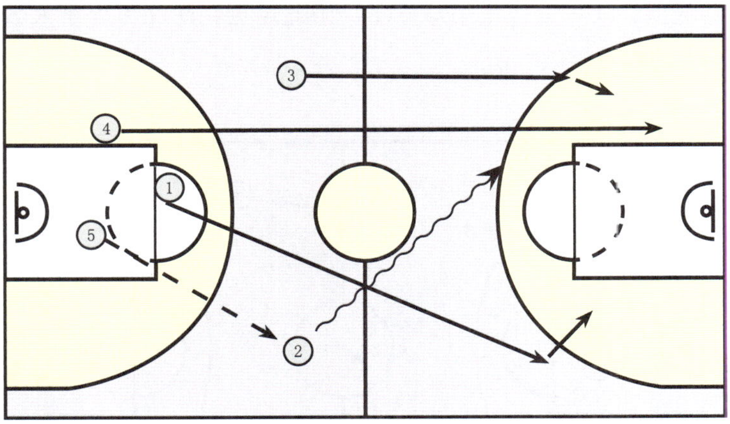

图5.4.5

### 4. 传球拉空快攻

①和②，③或者①、②及③之间的相互传球对于一个单个的防守者极难防守，其通常

以空位的三分投篮结束快攻。因为当球进入得分区域后防守者并不知道球最终会在什么地方，防守者为阻止快攻会经常从一端移动到另一端，最后会处在一个非常尴尬的位置。（图5.4.6）

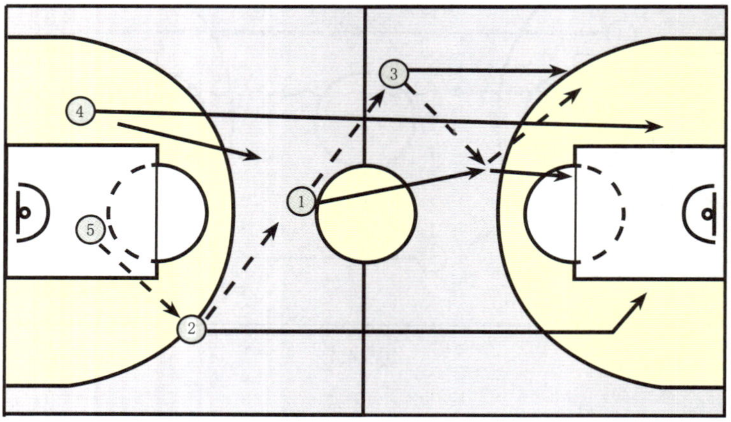


图5.4.6

### 5. 破紧逼快攻

如果对手阻止进攻方最好的控球球员（快攻体系里的①）接应篮板球或者界外球时，可以运用破紧逼快攻。当一名球员面对面防守①阻止他接界外球或者接应篮板球时，④（或者⑤，如果球员之间可以相互换位的话）必须识破这种防守并停止快下。如图5.4.7所示，④回来接应球，⑤将球传给④。当⑤一传球给④，①就开始冲刺快下，超越其防守者，④引导传球给①。大多数情况下，④可以传半吊球给①。由此可见，防守方处于人数上的劣势，没有一个人能真正阻止①的快攻突破上篮。

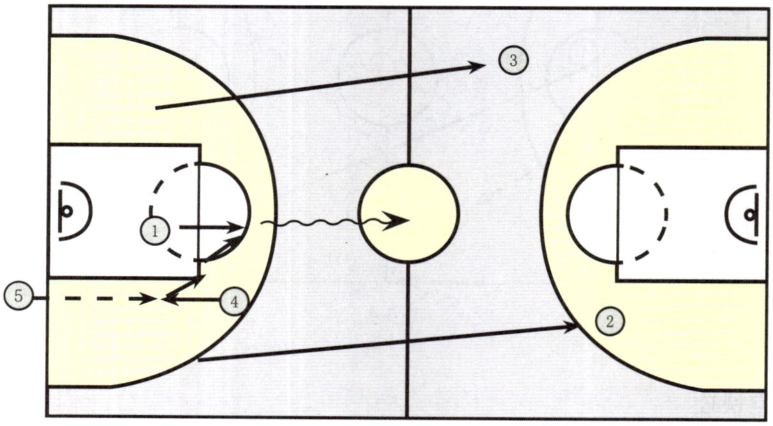


图5.4.7

## （二）衔接段快攻配合方法

如果第一次快攻失败，球队必须尽快在防守还没有完全落位时再打一个快速得分的配合，即进入衔接段进攻。一般是由一或两名后排跟进的大个子球员，采用回传球或落到低位，或为外围投篮进行掩护的方式来完成进攻。

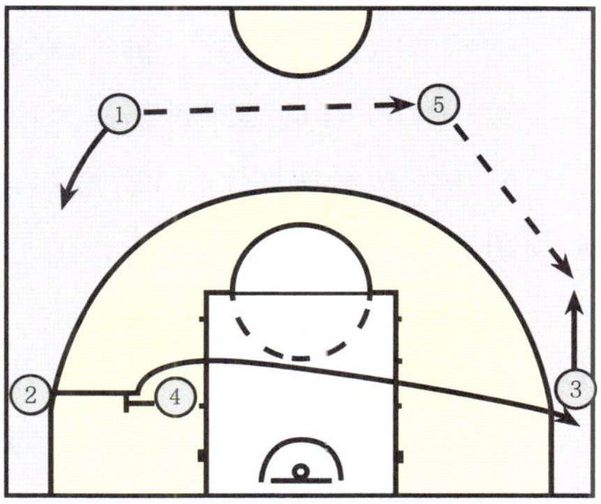

图5.4.8

如图5.4.8所示，④是第一个滞后的球员，⑤是第二个滞后的球员，④切入到低位落位，同时⑤在外围的三分线落位。①传球给⑤然后移动到⑤的对侧；⑤传球给提上的③。在⑤传球给③的同时，②利用④的掩护沿着端线切入移动到对侧的底角，取代③之前的位置。

如果③无法将球传给②，则①为④做前掩护，④利用掩护上提，并和⑤做交错掩护，⑤随后转到底角。④移动到中路接③的传球。①在掩护后返回到他原来的位置。（图5.4.9）

④往篮下突破，如果④无法投篮，他将球传给外线的队友，或者传给移动到底角的⑤，或者①、③或者②（图5.4.10），这时，外线的 4 名球员中至少有 1 名球员处于空位，从而投篮完成进攻。

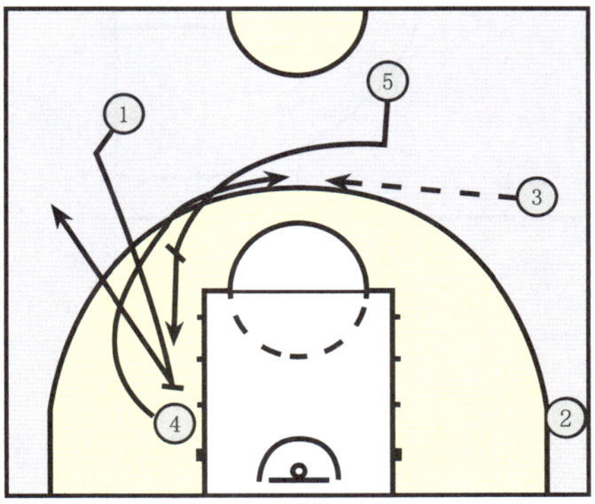

图5.4.9 ①和⑤为④做交错掩护

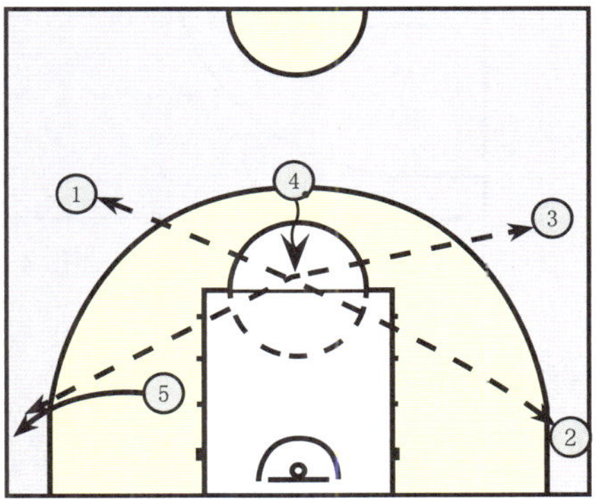

图5.4.10 ④的传球选择

# 三、快攻与衔接段进攻战术的训练方法

## （一）快攻战术的训练方法

### 1. 一传训练

快攻的宗旨就是尽可能快速而安全地将球推进到前场，其中一传是发动快攻最重要的方式之一，因此应该进行有针对性的训练。

目标：（1）教授投篮不中或者投篮命中后基本的快攻一传；

（2）让球员学会一抢到篮板球或者投篮命中后就立即进行快攻；

（3）针对快攻让球员进行体能和心态上的调整；

（4）在失误时要求球员迅速由进攻转换为防守。

方法：球员按图5.4.11所示列队。确保球队的每名球员都能参与到他的位置上。X1和X2必须阻止①、②或③接一传，他们可以伺机抢断。他们可以在两名球员的传球线路中间防守，或者直接在传球线路上防守。教练可以让他们的防守范围多样化。教练将球抛向篮板，命中一些投篮。⑤既可以抢篮板球，也可以在投篮命中时发界外球；然后转身，在传球给①、②或③之前观察防守。如果传球成功，①、②和③快攻到中场。如果X1和X2抢断，①、②和③冲刺回来触碰他们的后场端线，模拟从进攻到防守的快速回防。在教练投篮前，①、②和③必须四处移动（限制区内、到底线区域或到底角）。

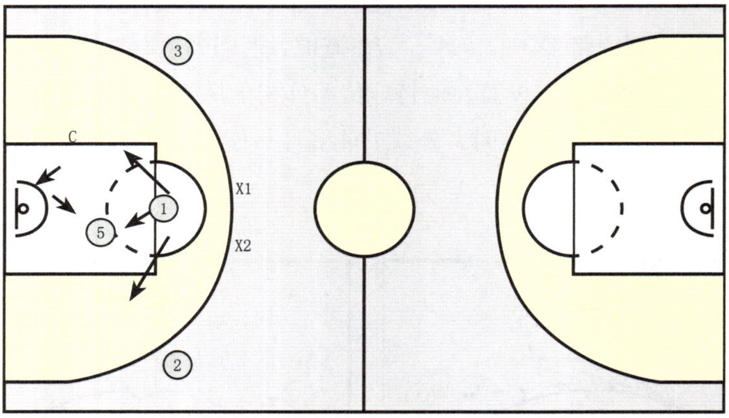


图5.4.11　一传

### 2. 抢篮板球后运球突破训练

一传并不是发动快攻的唯一方法。通常，球员抢篮板球后运球突破发动快攻至少能够把两名防守者甩在后场。因此，会让进攻方保持人数上的优势。

目标：（1）教授⑤运球启动技巧。这个技术也不仅仅局限于⑤，也可以是③或者②，可以是任何足够灵活能够成功完成运球启动的球员；

（2）指导⑤做出正确的传球选择；

（3）指导①、②和③为运球启动调整他们的线路；

（4）指导快攻“三攻二”；

（5）在失误时要求球员迅速由进攻转换为防守；

方法：球员按图5.4.12所示列队。开始时球员在限制区附近或者外围所在的区域。教练将球抛向篮板，⑤抢篮板球，转身无法立即一传时，将球掷向身前，然后去追球。掷球的距离应该只有1～2步远。⑤应在最开始时将球从低处带出，大约在小腿中部的高度，模拟两名防守者在他的身体两侧。在看到防守者被甩到身后，①、②和③开始冲刺快下。⑤运一次球（或者在掷球后不运球），然后传球给快下3名球员中的一名。传球给③。③可以传球给①，或者运球到中路。教练可以加入两名防守球员，允许他们在3名快下球员的中间防守，或者防守一名快下球员，迫使⑤做出正确的传球选择。如果你加入防守者后，其中一人抢断成功，①、②和③必须快速回到后场触碰底线，⑤退防到篮筐附近。如果你加入两名防守球员，可以作为快攻形成三攻二继续练习。

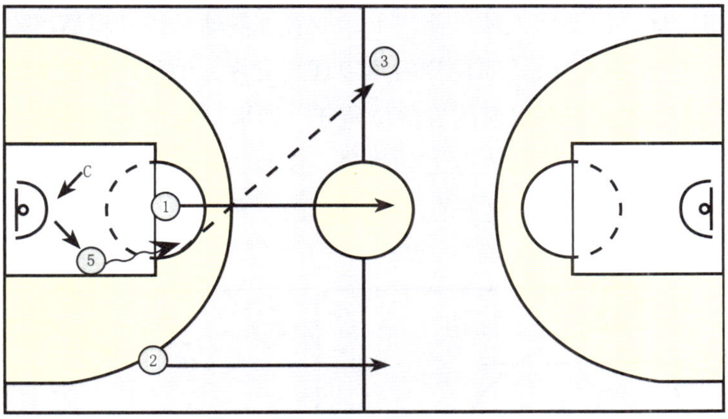


图5.4.12 抢篮板球后运球突破

### 3. “二攻一”快攻训练

目标：持球队员在快速行进中应处理好防守队员上前防守时，及时将球传给空位同伴，防守队员处于两名进攻队员之间时应果断上篮。

方法：球员按图5.4.13所示列队。

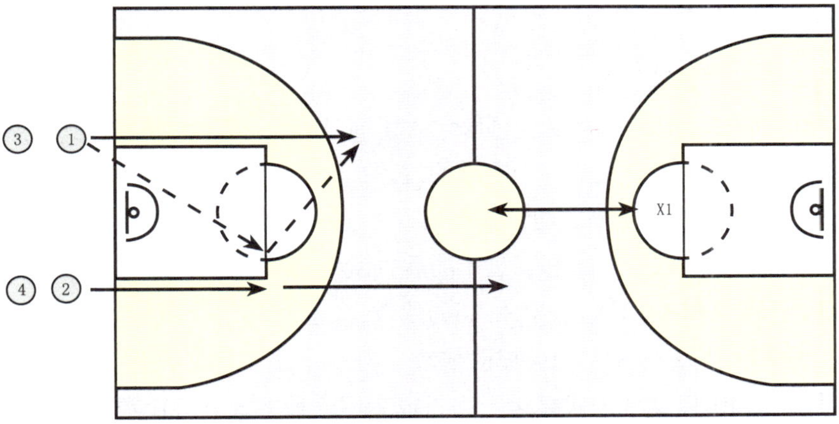


图5.4.13“二攻一”快攻

①和②在他们快下的过程中可以传球，或者一人运球另一人无球快下； 当①和②都在中路时，两者可以保持5～7米的距离，或者当一人在中路运球，另一人沿外侧快下时也保持同样的距离。两个人在后场可以相互传球。最后一个接球的人运球到中路，同时另外一个进攻球员从外侧快下；X1可以提上进行防守，或者在篮圈附近防守；如果X1将传球抢断，他就进行快攻。①和②必须迅速转换为防守；投篮的球员留下负责防守，另外两名球员从场外两侧跑回队尾；③和④开始快攻，而之前留下的队员防守。

**4. “三攻一”快攻训练**

方法：球员按图5.4.14所示列队。①、②和③快下组织快攻形成三攻一。球员可以相互间传球；一人在中路运球，另外两人从外侧快下；或者外侧球员接到球后可以将球运到中路，中路球员就顺势填补外侧的空缺。X1防守时可以任意发挥，他可以越过中线出击防守，尽量延缓对手快攻，或者他也可以在篮筐附近落位防守。如果X1抢断对方传球或者抢到篮板球，他就进行快攻直到其意识到他没有人数上的优势。投篮的球员留下来防守，其他三人从场外跑回队尾。④、⑤和⑥开始快攻，留下的人负责防守。

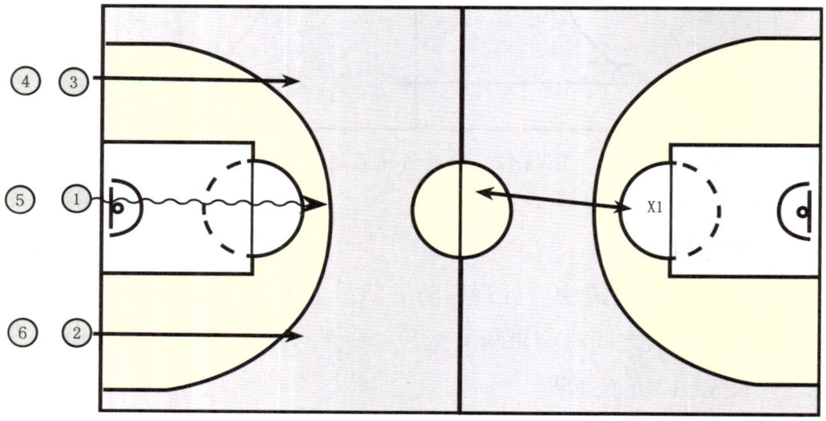


图5.4.14 “三攻一” 快攻

**5. “三攻二”连续快攻训练**

方法： 球员如图5.4.15所示列队。训练包含了9名球员，球队其他球员在开始这项训练前可以在旁边的场地练习罚篮。这是一个连续的过程：①、②和③进攻，X1和X2的防守，X3在边线列队准备。只要X1和X2抢断，抢到篮板球或者①、②和③得分后从底线发球时，X3立即加入对A、B和C的快攻。在①、②和③过半场后，A和B进入场地，准备防守X1、X2和X3。C在边线外准备，只要A和B防下X1、X2和X3的快攻，C立即加入。当X1、X2和X3过半场后，①、②和③中的两人上场防守A、B和C的快攻。每一个小组都必须保证防守的轮换。这个“三攻三攻三…”训练以这种方式继续下去，或者用这种方式进行比赛。教练可以计算进球数或者给每次成功的防守加分，最后累计加分。你可以在场边观摩并在分数板上计分，球员就在场上学习快攻的进攻和防守战术策略。

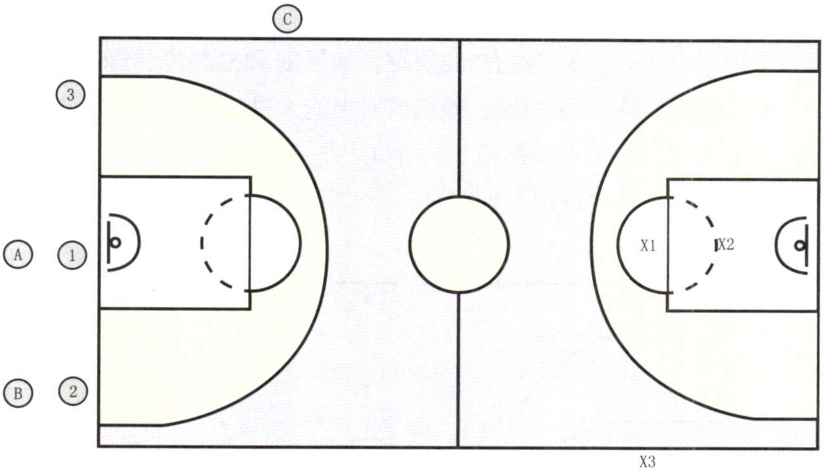


图5.4.15“三攻二”连续快攻

**6. “三攻三”有“信号”快攻训练**

方法：球员按图5.4.16所示列队。教练将球传给一名进攻球员③，这个传球是快攻球员开始三线快攻的信号。③从外侧迅速开始运球突破。（这时，由于教练将球传给了③，X3必须先触碰底线再冲刺回防帮助队友防守。如果教练把球传给了②，X2在冲刺回防帮助队友防守之前必须先触碰底线。如果教练传球给①，X1在冲刺回防前必须先触碰底线。）X1和X2朝他们的篮下退防，边退防边防守，尽力延缓三线快攻直到X3回来形成三对三防守。如果防守方抢断进攻方传球或者抢下投篮不中的篮板球，只要他们有人数上的优势就进行快攻。①、②和③冲刺回来取代X1、X2和X3之前的位置。④、⑤和⑥面对新防守者开始快攻。

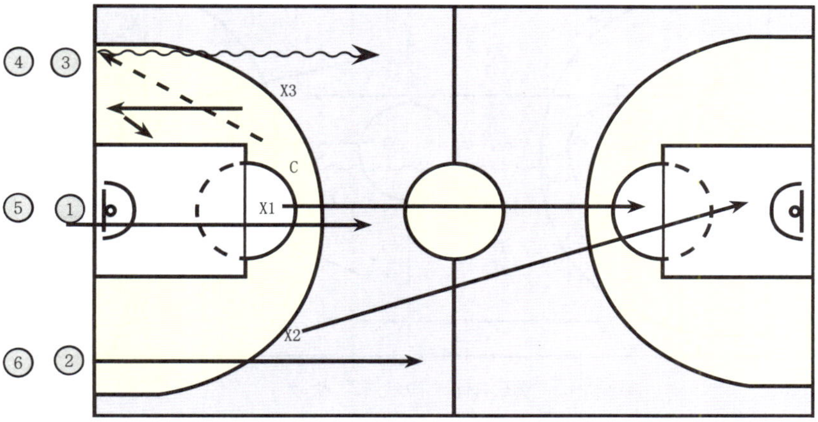


图5.4.16“三攻三”有信号快攻

### 7. “三攻二”衔接“二攻一”快攻训练

方法：球员按图5.4.17所示列队。①、②和③ 月三线快攻进攻X1和X2的防守。①、②和③中的投篮球员必须回去防守X1和X2的二线快攻。如果X1和X2抢断传球成功，如果人数有优势就快攻。如果X1和X2抢下防守篮板球，他们就对投篮人进行快攻。如果投篮命中，X1和X2对投篮人进行快攻。未投篮的两名球员留下防守④、⑤和⑥的快攻。“二攻一”快攻后，这3名球员（2名进攻球员和1名防守球员）去端线。

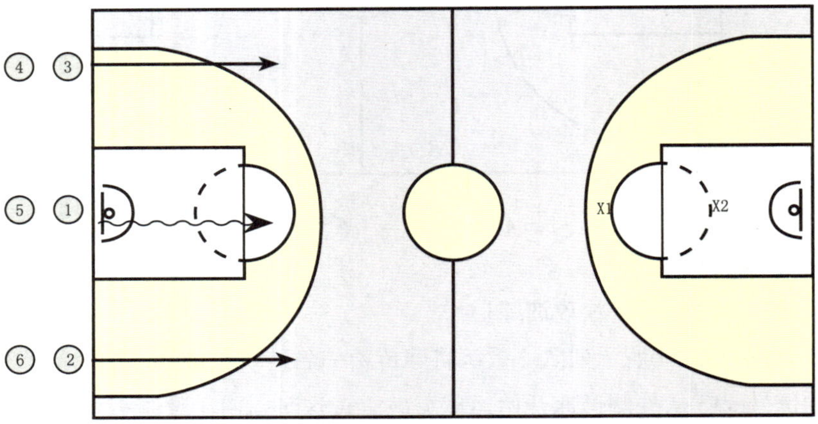


图5.4.17“三攻二”衔接“二攻一”快攻

### 8. “四攻三”快攻训练

方法：球员如图5.4.18所示列队。

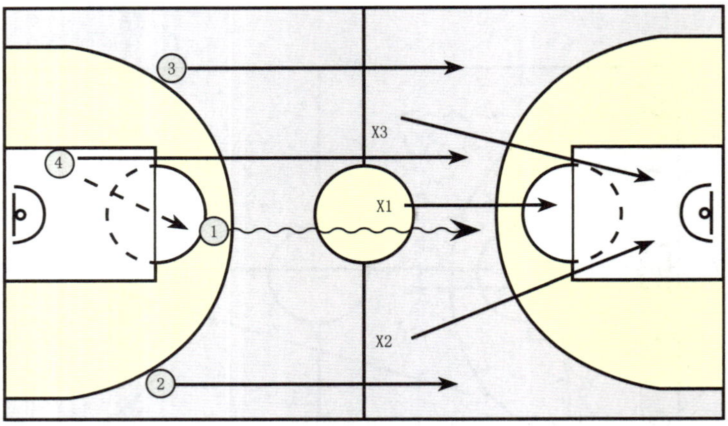


图5.4.18“四攻三”快攻

④将球抛向篮板再抢篮板球，然后传球给①、②或者③。④传球给①。①、②和③分三路快攻三攻三。④加速移动到前场以填补二次快攻的第四点。④可以在限制区落位，或者在

高位要位背打。教练可以让球员进行二次快攻。X1、X2和X3返回后场进行三角站位防守。如果在二次快攻时使用掩护，你可以让①、②、③和④来进行掩护。如果防守方抢断或者抢到防守篮板球，只要其有人数上的优势则立即进行快攻。

## （二）衔接段进攻战术训练方法

衔接段进攻（二次快攻）是在首轮快攻失败后再次创造得分的机会。在这种情况下，球队必须尽快在防守还没有完全落位时打一个快速得分的配合。在二次快攻中，5名进攻队员会全部参与进来。一般来说，二次快攻会持续仅仅几秒以针对尚未建立起的防守。以下训练方法都是在球已经推进到前场快攻结束阶段进行的。

**1. 运球掩护训练**

方法：在底角安排一名不持球的教练，同侧的三分线安排一名持球的教练，以及一队列的球员。持球的教练向另一名教练运球，另一名教练提上接其手递手传球。队列的第一名球员给第二个教练做掩护，然后转身切入篮下，第二个教练利用掩护运球，将球传给篮下的球员。（图5.4.19）

**2. 跑动投篮训练**

方法：在侧翼安排一名持球的教练，对侧侧翼安排另一名无球的教练；球员在中路列队。训练开始时持球的教练往端线运球，然后利用队列前面球员的掩护。教练沿着球员身侧移动，并将球传给另外一侧的教练。在做掩护后，球员从弱侧转身切入篮下，接吊传球上篮或者扣篮。（图5.4.20）

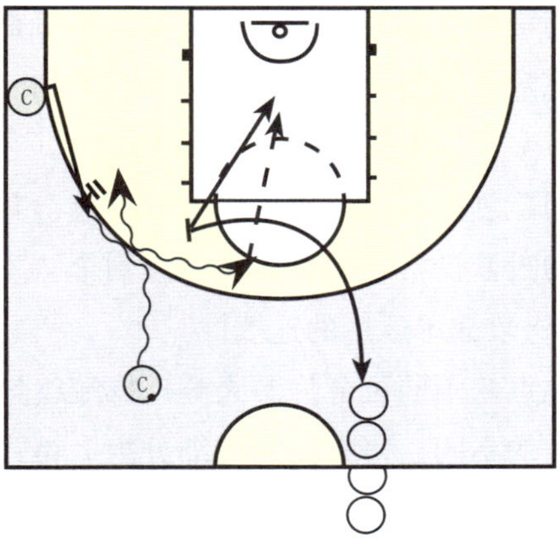


图5.4.19　运球掩护训练

图5.4.20　跑动投篮训练

## 思考题

1. 简述快攻与衔接段进攻的概念和二者的关系。
2. 快攻有哪些常见的方法？
3. 发动快攻的时机有哪些？
4. 简述运用快攻战术的原则。
5. 简述快攻与衔接段进攻的战术要点。
6. 列举两种快攻战术的配合方法。
7. 列举两种衔接段进攻的配合方法。

# 第五节　掷界外球战术

## 一、掷界外球战术概述

掷界外球战术是篮球比赛中进攻队在特殊情况下所运用的进攻战术配合方法，具有固定战术配合的特征。它也是全队进攻战术体系的组成部分，通常在本队掷边线或端线界外球时所运用。

比赛中，掷界外球战术的合理、熟练运用，是场上队员审时度势、队员之间相互配合、高度默契的结果，是球队有目的、有针对性训练结果的反映。成功的掷界外球进攻战术取决于进攻队员空切、掩护、传球等各种战术行动的精确与正确执行，强调场上队员整体战术思想与战术行动的高度统一，要求进攻队员必须在短时间里能正确解读防守方的动向，保持队友间的高度默契。

实践证明，掷界外球战术的合理与熟练运用能创造出高命中率的投篮机会，并对对手具有很强的杀伤力。即使无法立刻获得高命中率的投篮良机，也可直接过渡到全队阵地进攻配合中，快速转入既定的常规进攻战术方案，保持进攻战术运用的连续性。

掷界外球战术方法的运用，根据掷界外球地点的不同可分为两大类：掷端线界外球和掷边线界外球。根据不同的配合形式队员站位方法的不同，每大类又可细分为：箱式站位、栈式站位、线型站位、三角站位等四个小类。

### 掷界外球战术的运用

1. 掷界外球战术配合的运用应以本队队员的身体条件、主攻击点、位置特点、阵容配备等组成因素为依据，结合对手防守的具体情况，选择最佳配合方案。

2. 应根据临场情势采用相应战术，如比赛的关键时刻特别是临近结束时，需要为本队投手创造得分机会以挽回败局和落后局面，则应选择给外围投手进行掩护后接球投篮的配合方法。

3. 配合方法力求简单、迅速，如配合在限制区内进行，要适当拉空限制区；如在限制区外进行，也要考虑配合跑动路线不宜过长和掷界外球5秒违例规则。因此在裁判未递交球时，就应决定采用何种战术并及时落好位。

4. 由于篮板是第6个“防守者”，在掷界外球时如掌握不当容易造成失误。当需要从篮板一侧传球至另一侧时应考虑采用合适的传球方法。多采取双手头上持球，以便于避开防守队员的干扰，及时、准确地传球。

5. 掷端线界外球队员不要太靠近端线，应根据临场的具体情况向后退几步，以求获得良好的传球角度和避免被对手封断。

## 二、掷界外球战术配合的方法

根据掷界外球地点的不同，这里主要介绍掷边线界外球和掷端线界外球战术配合的方法。

### （一）掷边线界外球战术配合的方法

#### 1. 边线球战术的“箱式—1”

这种边线界外球战术应用了一种基本的箱式阵型。战术开始于两名内线球员④和⑤为②和③做掩护。②、③绕过掩护到三分线附近。发球人将球发给③，而②作为一个安全的传球对象背对防守人随时待命。

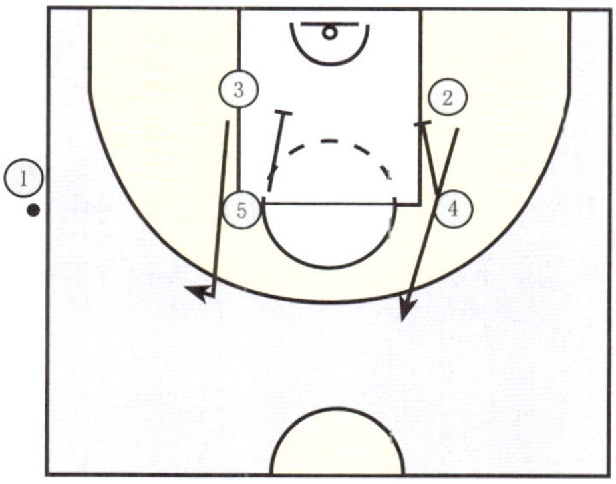

图5.5.1

（1）箱式阵型初始状态（图5.5.1）；

（2）③接到球后，⑤从后面上来为①做掩护（图5.5.2）；

（3）①绕过⑤的掩护（底线一侧）切向篮筐。③可以将球回传给①形成上篮。（图5.5.3）

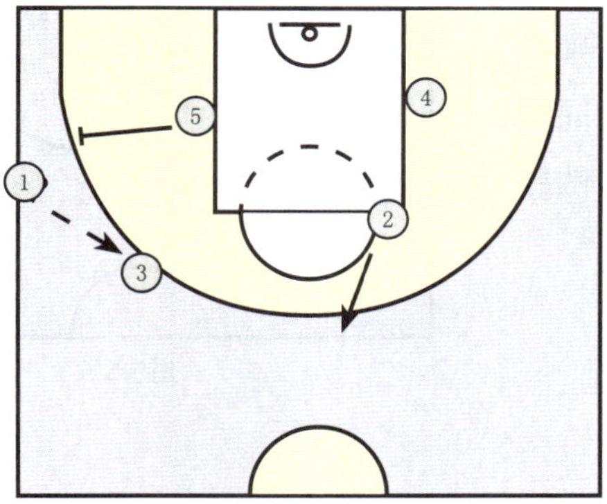


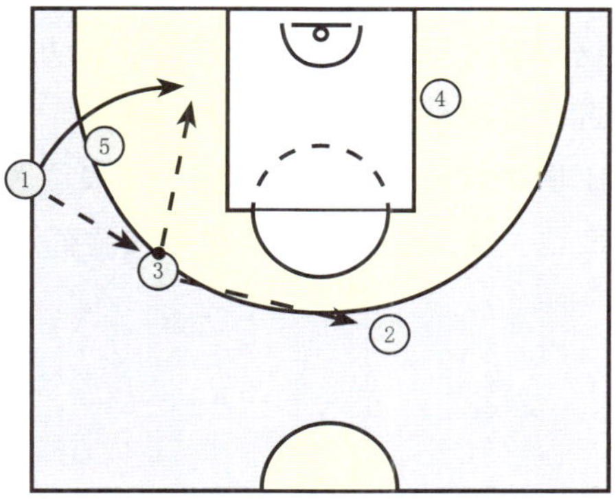

图5.5.2　　　　　　　　　　图5.5.3

（4）第二种选择是将球传给⑤，这时⑤做好后掩护并拆向篮筐。如果传球路线都被封死，③就把球传给弧顶处的②，①穿过禁区填补另一侧翼位置，这时又处于三外两内的半场进攻阵型。

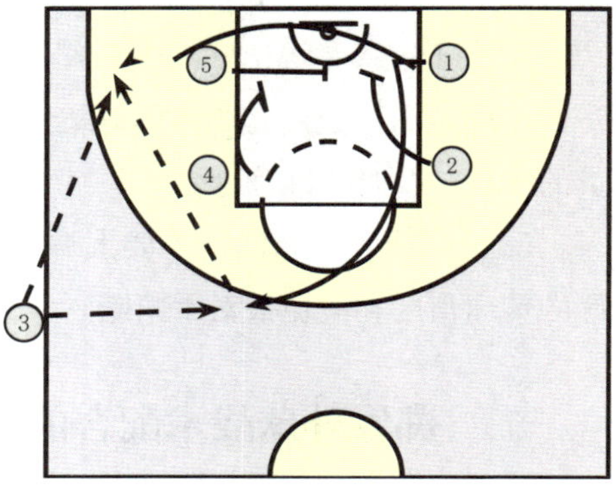

图5.5.4

**2. 边线球战术的“箱式—2”**

（1）如图5.5.4，应对盯人防守：②下来为①做掩护，然后利用⑤和④（掩护要做掩护的队员）的交叉掩护。我们希望把球交给②，由③直接传球给他或者由①传给他；②寻找机会投篮或者传给低位的④单打（这时⑤处在争抢篮板球的位置）；又或者一旦②拿到球，⑤就迅速回到高位，为④的一对一创造空间；或者应用高低位打法。

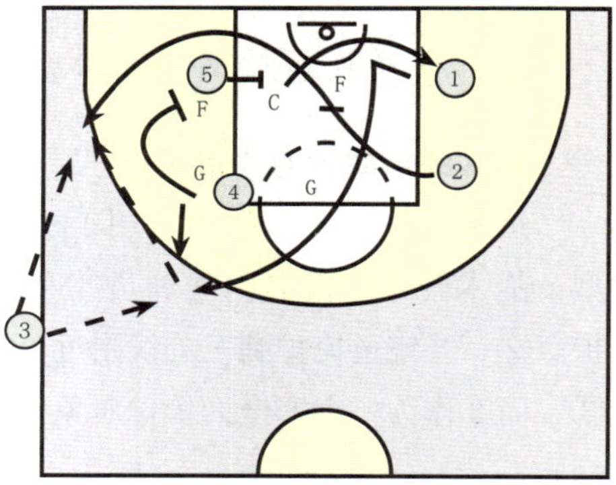

图5.5.5

（2）如图5.5.5，应对2-3联防：②为①做同样的掩护，①必须跑向接球的方向（试图吸引强侧的后卫G到空旷的侧翼区域）。②利用④的掩护从底线转回到侧翼区域。这样我们又会有相同的选择（同人盯人）。

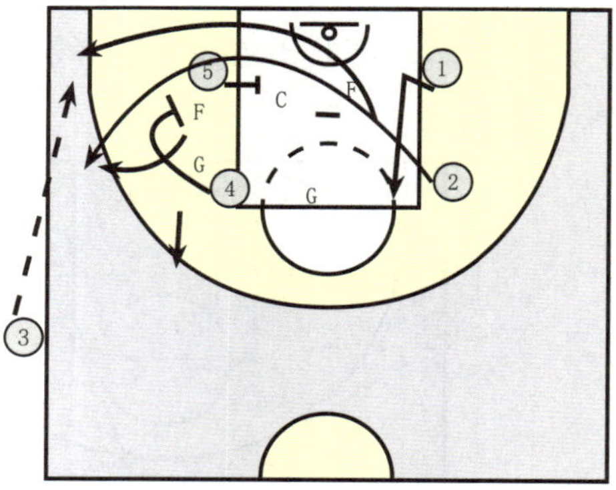

图5.5.6

（3）如图5.5.6，应对2-3联防的其他对策：我们已经用过这种方法对抗区域联防并且很成功（特别是当第一种选择已经被对方察觉到的时候）。②用同样的方式为①做掩护。①首先上提到罚球线位置，然后跟随②溜底线。②主要是为①留出底线位置。

### 3. 边线球战术的“卷切”

（1）卷切初始状态（图5.5.7），这种战术设法为⑤创造空位三分投篮或者直接攻击篮筐的机会。②绕过④和⑤的双掩护卷切到另一边侧翼位置。①紧随②绕过双掩护拉出空当以便接③的界外球。

（2）发完球后，③跑到强侧底角位置待命。一但①接到球，⑤和④马上为②做交叉双掩护。②绕过掩护接①传球，②可以投三分，也可以运球突入禁区。（图5.5.8）

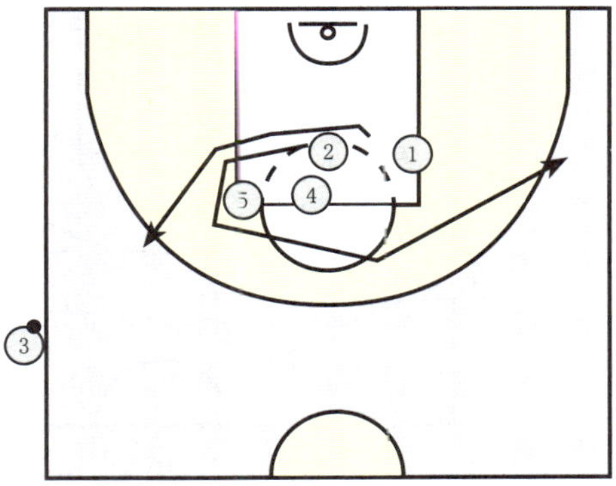

图5.5.7

（3）如果在交叉掩护时换防，⑤可以摆脱防守人切向内线，尝试接①的传球（图5.5.9），①也可以寻找在底角的③。

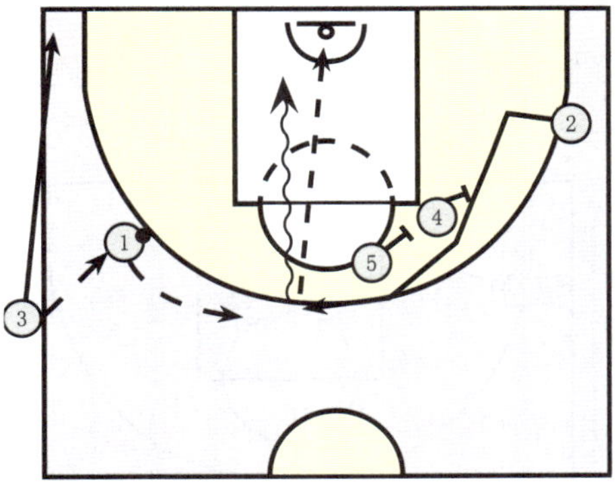

图5.5.8

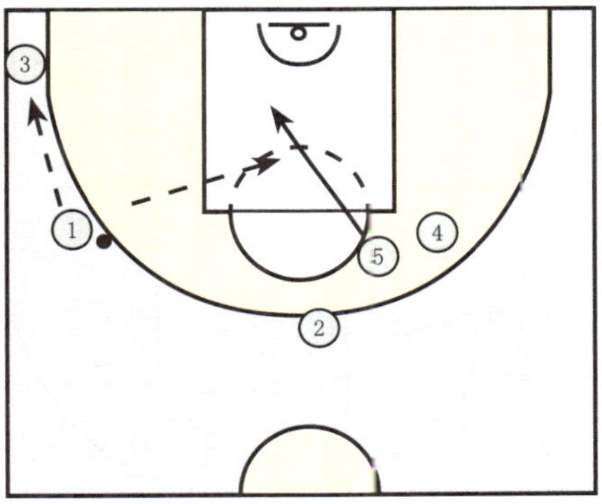

图5.5.9

### 4. 边线球战术的“组合”

（1）如图5.5.10所示，①和⑤、②和④是两对组合，②借④的掩护从防守人上侧绕开（特别是在中场发球时）。如果球是在前场边线的一半处发出，②应该从防守人下侧切出（底线一侧）。③寻找②作为第一传球对象。如果②处于空当，就可以投三分球，或者先做假动作把防守人晃起然后跳投。⑤为①做掩护，如果②没有空当接球，①将作为备选方案。有时⑤也会有空当接界外发球。

（2）如图5.5.11所示，②可以传球给低位的④做单打——这时因为换防常会出现以大打小的错位攻防。

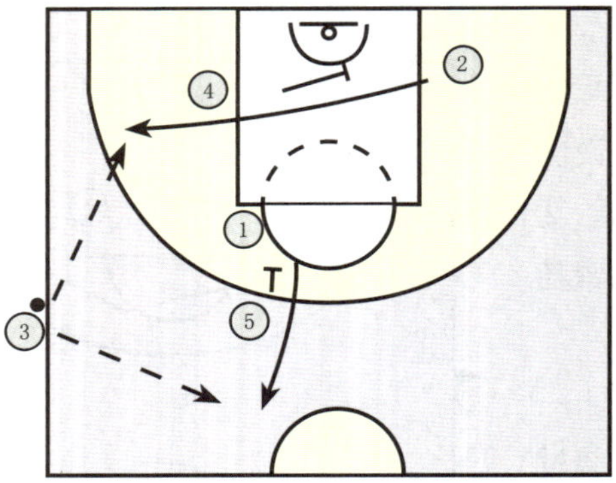

图5.5.10

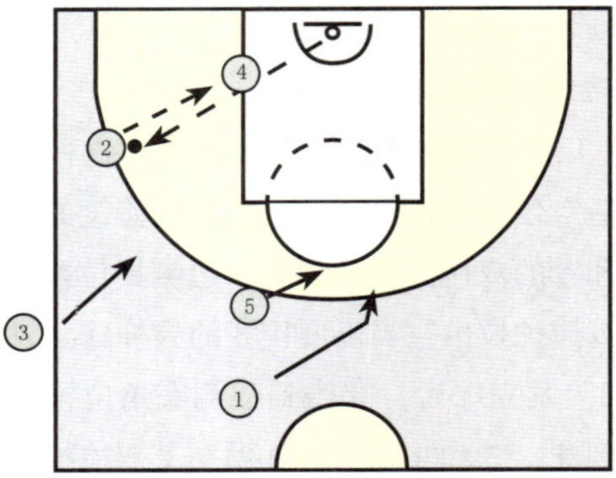

图5.5.11

5. 边线球战术的“堆叠—1”

（1）如图5.5.12所示，这种战术与上面提到的“组合”战术在概念上有相似之处，但是我们采用一种堆叠的站位。①和②按堆叠阵型站位。⑤站在刚过半场位置并且为①做掩护。①绕过⑤切到后场作为安全的接球人。

（2）如图5.5.13所示，②紧贴④卷切到强侧侧翼位置接球。④移动到强侧低位，要好位。②把球传给④，依靠低位强有力的单打得分。

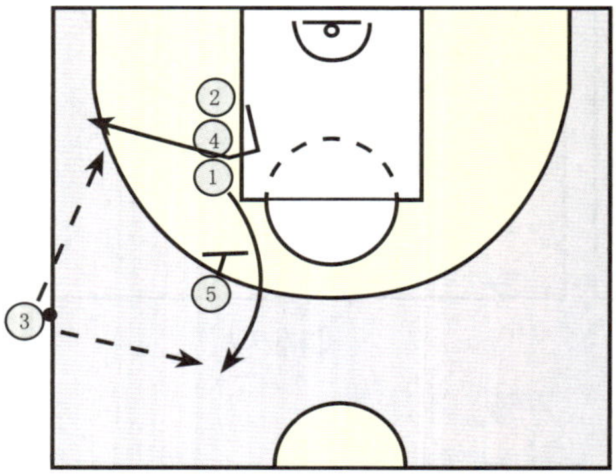

图5.5.12

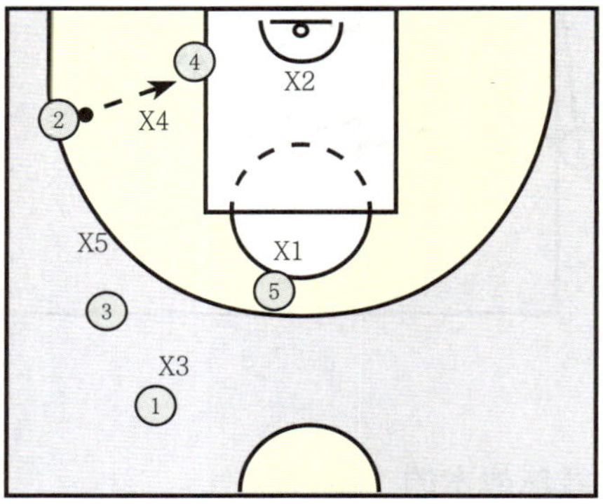


图5.5.13

6. 边线球战术之“堆叠—2”

（1）如图5.5.14所示，这种战术也是应用堆叠站位，最初是在中场或更远的地方（后场）使用这套战术，但是它也可以被用在前场边线。重要的是，队员们要在禁区边线的延长线上堆叠成一条直线，并且①要正对发球人③。如果堆叠太靠近边线，那将没有足够的空间来执行该战术。①为②做掩护，然后取代他的位置，这样在必要的时候①可以接到界外发球。②佯装V切然后绕过①的掩护跑到靠近边线的位置伺机接球，有可能的话运球突向篮筐（防守人技术比较差）。如果②没有接到球，就移动到强侧边角位置。⑤先撤离几步然后为④做后掩护。如果对手把其他人都防得比较紧密，那么⑤也有可能去接界外球。④先是向球走几步然后迅速绕过⑤的后掩护切向前场的另一边，高球吊给④作为第二种选择。

（2）如图5.5.15所示，如果②和④都没有接到球，③应把球传给①或⑤，然后执行常规进攻方式。进攻时机的选择是①和②先动，当②得到①的掩护后，④和⑤执行他们的跑位。

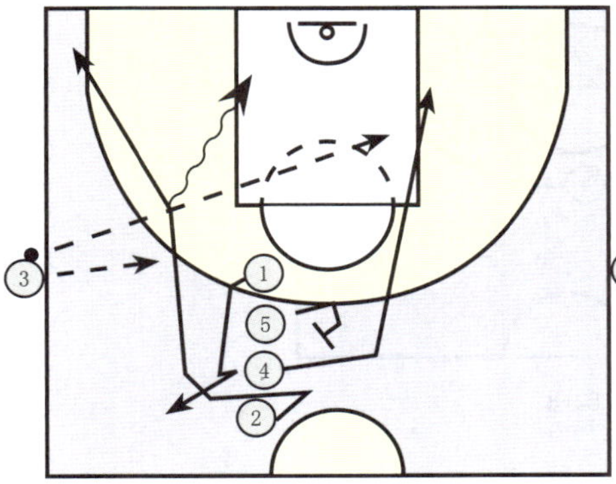


图5.5.14

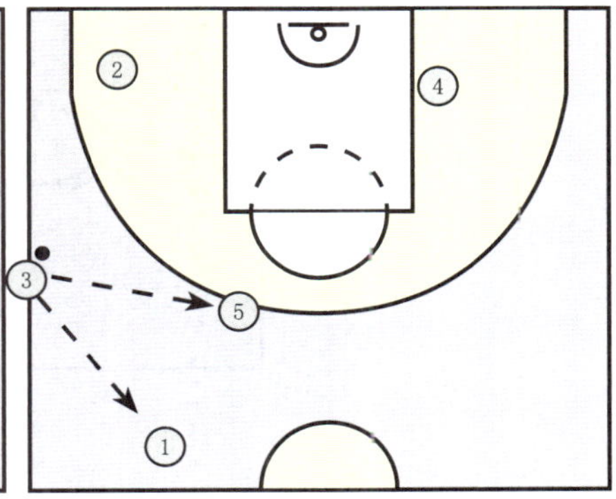


图5.5.15

### 7. 边线球战术的“直线”

（1）如图5.5.16所示，这种战术可以作为一种标准的边线球战术应用，或是作为只剩很少进攻时间时执行的半场最后一球战术。④在低位启动并快速上提接③传球。同时①为②做掩护，做完掩护后快速切向另一边的侧翼位置以便接④的快速传球，视进攻时间多少决定是投篮还是上篮。发出界外球后，③切向左翼，同样可以接到传球并执行最后一投。如果两个侧翼都被严密防守，④也可以选择投篮。如果时间足够，在后场的②是比较稳妥的传球选择。

（2）如图5.5.17所示，这种边线战术也是采用一条“直线”站位，并且试图高吊传球给②来攻击篮筐。当然，你可以稍加改变以期更适合自己的球员。①切向后场作为稳妥的一传对象，②绕过④和⑤快速切入，③寻找机会高吊传球给正在切向篮筐的②。

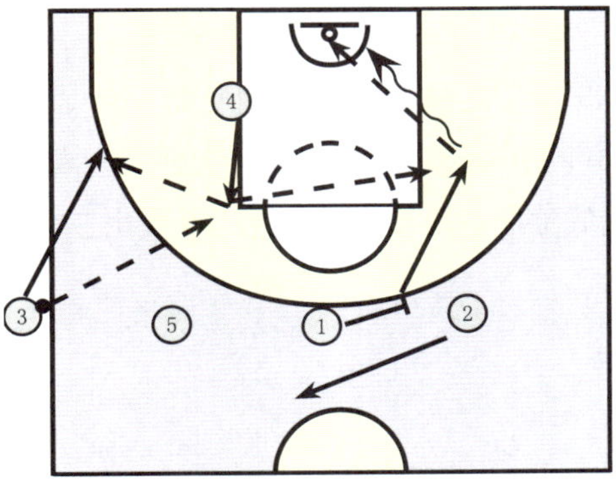


图5.5.16

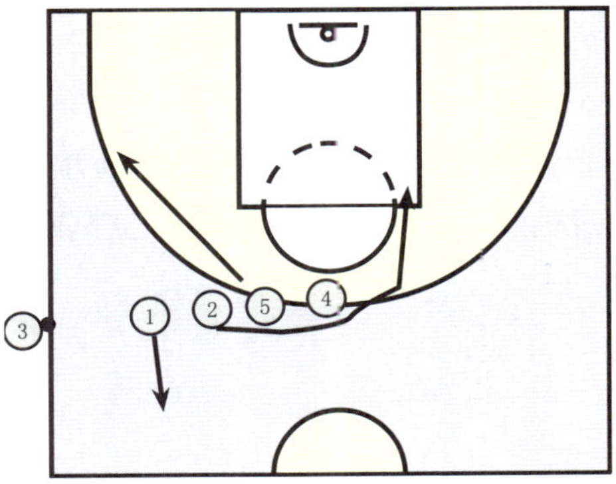


图5.5.17

（3）如图5.5.18所示，②切入后，⑤移动到强侧侧翼区域，④直接向球跑去。如果球传给了①、⑤或④，那么就执行常用的半场进攻战术。

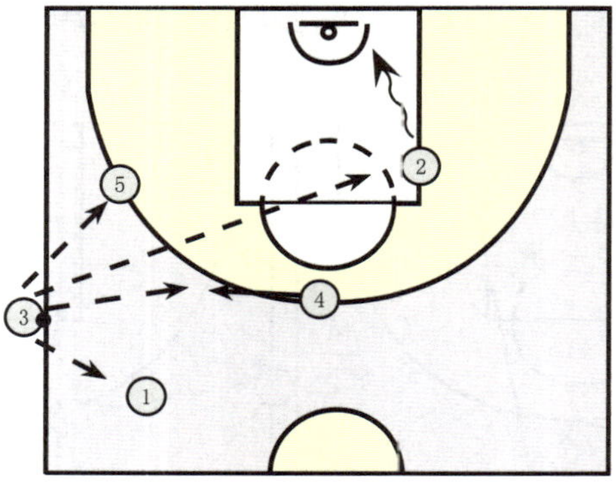


图5.5.18

8. 边线球战术的“特定队员”

（1）如图5.5.19所示，这种战术以高吊传球给篮下或是带球突入篮下为特点。②为①做掩护，①应是比较稳妥的接球人。在这种战术里，③要有出色的运动能力，擅长运球攻击篮筐或是急停跳投。③为⑤做后掩护，⑤快速切向篮筐，接有可能的高吊传球上篮（或扣篮）。拉开空间很重要，所以③要在三分线或三分线外做后掩护。⑤刚绕过掩护切入，③就滑动到强侧侧翼区域，接球并运球突向篮下，或者选择急停跳投。在③运球突破的同时，⑤落在弱侧低位随时准备接③的击地传球。另一种选择是发球人④切到三分线，接③回传球，远投三分。

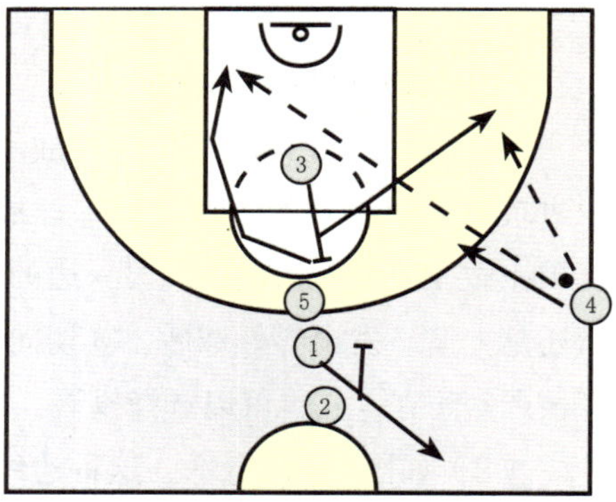


图5.5.19

（2）如图5.5.20所示，可以在底角使用这种战术，发球人③是一个优秀的三分投手，①绕过②的掩护接球，然后传球给②。

（3）如图5.5.21所示，同时，③沿底线绕过⑤和④的掩护跑到对侧底角，接②的传球远投三分，或者把球喂给低位的另一种选择——当③穿过⑤的掩护后，⑤闪切到禁区高位接②传球，转身跳投。如果⑤没有接到球，立刻回到弱侧低位准备抢篮板球（这时③投出三分）。

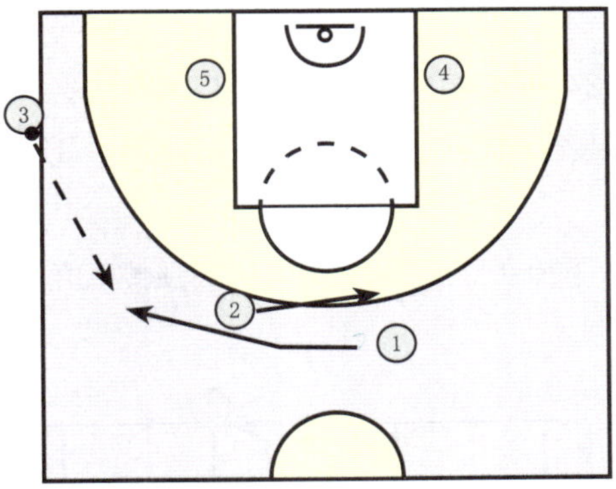

图5.5.20

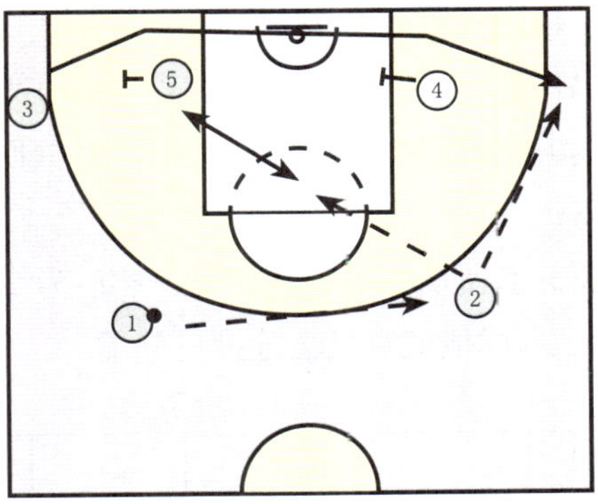

图5.5.21

## （二）掷端线界外球战术配合的方法

**1. 端线球战术的“箱式”**

这些战术初始状态都是“箱式落位”，场内球员分别落位在禁区底线两端和罚球线两端。这些战术包括Box-1、Box-2、Box-3、Box-54、Box-Wide、Box-Wide-2，以及Box-Around；还可以参照其他界外球战术：排队战术（Stack Plays）、4人落低位（4-Low Plays）、联防时的界外球战术（Zone Plays），以及更多其他战术。

（1）箱式—1

如图5.5.22所示，④为⑤做墙，使他可以切到反侧的禁区外侧底线。①利用③的下掩护切出到弧顶，在掩护过后，③切到弱侧底角。

如图5.5.23所示，④绕过被挡球员拆到篮下准备接球。如果挡拆过后没有换防，那么②可以将球传给⑤；如果发生换防，④很容易空掉；如果内线没有机会，可以传给外线的①、③试投三分。

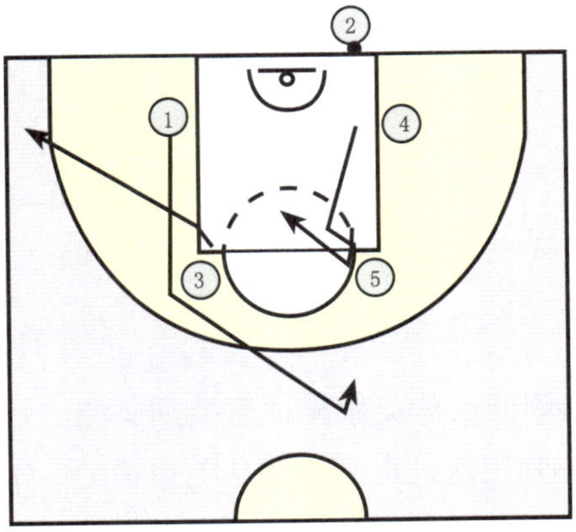

图5.5.22

图5.5.23

（2）箱式—2

让最好的三分投手②掷界外球，如图5.5.22一样的箱式站位。如图5.5.24中，③为⑤做后掩护，⑤尝试在弱侧禁区边缘要到位置。④假装在里面，接着切向底角接球。①外切到弧顶偏强侧区域。

如图5.5.25所示，④传球给①，然后为②做下掩护，②利用掩护切到强侧底角，并且接到①的传球，这样他就有机会远投三分了。

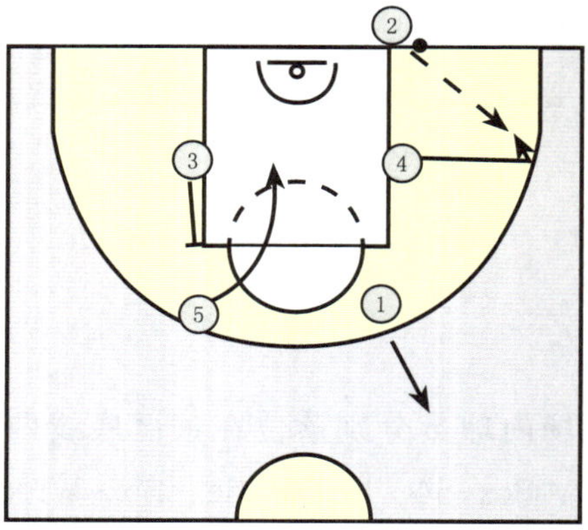


图5.5.24

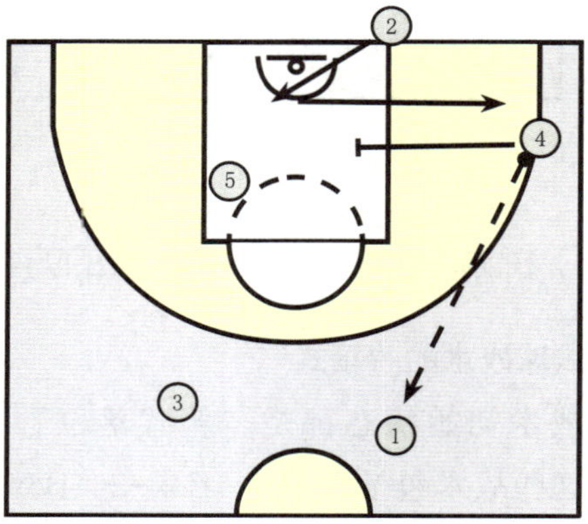


图5.5.25

如图5.5.26，如果外线防守队员及时补上，②可以传给④形成内线单打，而⑤也处在良好的篮板位置，在跑“箱式-2”战术对抗2-3联防的时候，④做后掩护挡掉外线的联防球员。

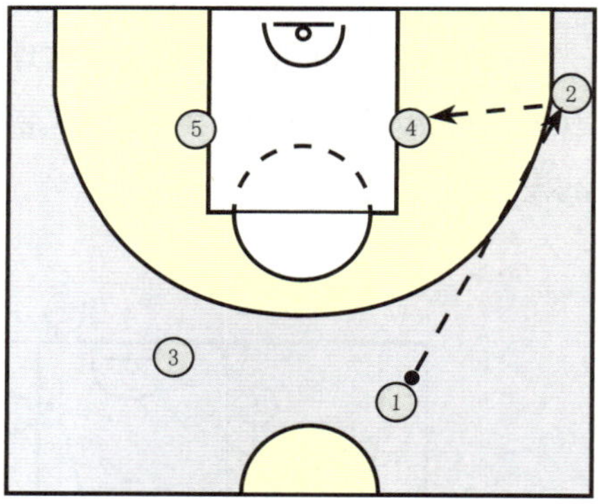


图5.5.26

（3）箱式—3

如图5.5.27，这是一个简单的交叉掩护，强侧低位球员做掩护后换到弱侧，强侧罚球线一端球员通过掩护换到弱侧。④为⑤做掩护，⑤利月掩护得到界外球上篮得分。①为②做掩护，②切出到侧翼，在这里能得到传球投三分球。

如图5.5.28，在掩护过后，①拆到弧顶。

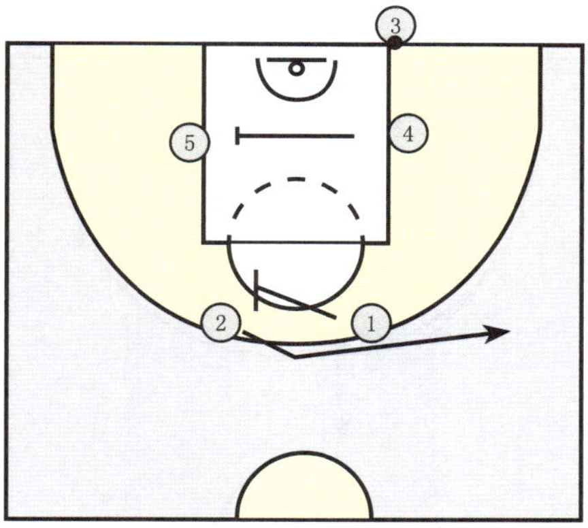


图5.5.27

图5.5.28

（4）箱式—54

如图5.5.29所示，这是一个简单而行之有效的界外球战术，旨在为一名大个子球员制造上篮机会。这个箱式站位有一个特点就是④和⑤球员分别站在相对的两个角上。可以叫这个战术“45”来迷惑对手，但其实是同一个战术。⑤为④做后掩护，球给到强侧底角的②。

如图5.5.30所示，④利用⑤的掩护接球上篮。

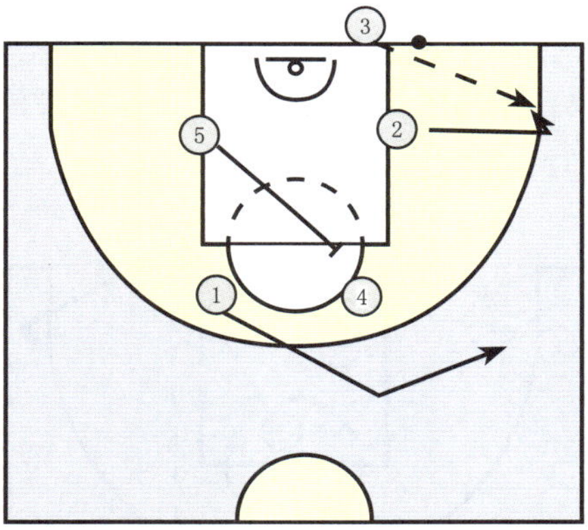


图5.5.29

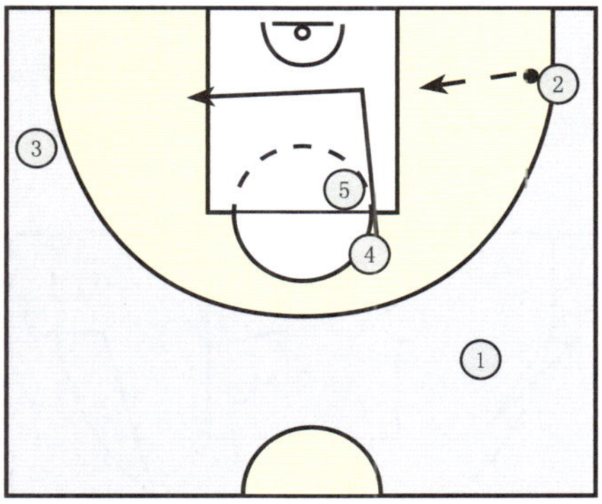


图5.5.30

如果掩护后出现换防，⑤就利用掩护后占据的有利位置拆到强侧禁区边缘准备接球上篮。如图5.5.31所示，当然，②的底角三分和①的侧翼三分也是进攻选择。

**2. 端线球战术的“轮子”**

如图5.5.32所示，①绕着④和⑤的堆叠卷切到篮下寻找传球，并且上篮得分，如果切到底还是没有接到传球就顺势继续切到弱侧短底角。②紧随其后，同样绕着堆叠卷切，切到有球侧短底角，在那里寻找接球机会。如果球传到了顶弧的⑤手里，③要迅速进场到弱侧低位准备接⑤的回传球。

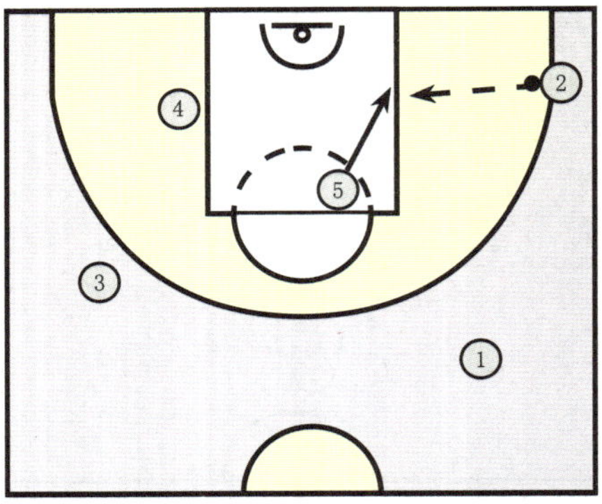


图5.5.31

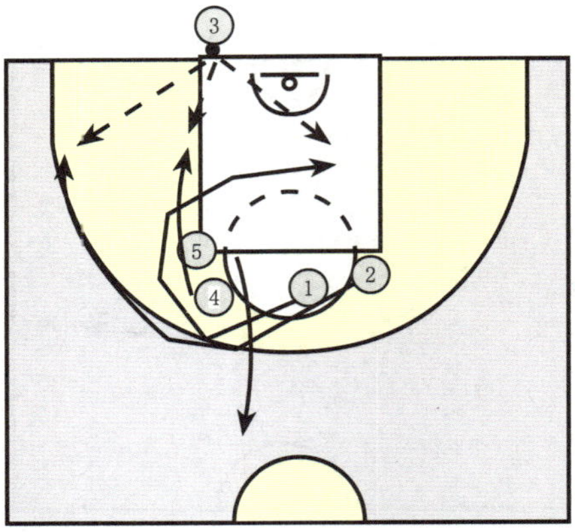


图5.5.32

### 3. 端线球战术的“Spread”

这个战术的核心是两个落位在低位禁区边缘的内线球员。这是一个简单而行之有效的掩护封堵战术。

如图5.5.33所示，强侧的内线选手④为异侧的⑤做掩护，并利用掩护后的封堵在内线抢到位置。②（一名不错的外线投手）做出V字切，切回底角，在底角伺机接球投三分球。

如图5.5.34所示，在内线球员多次利用这个战术轻松上篮得分后，防守队员会有意无意地下到限制区协防，这样的的话，②很容易被空掉。⑤则切到禁区中央准备接球投篮，①外切到顶弧偏强侧处，在万一的情况下可以接球，同时也能保证回防。

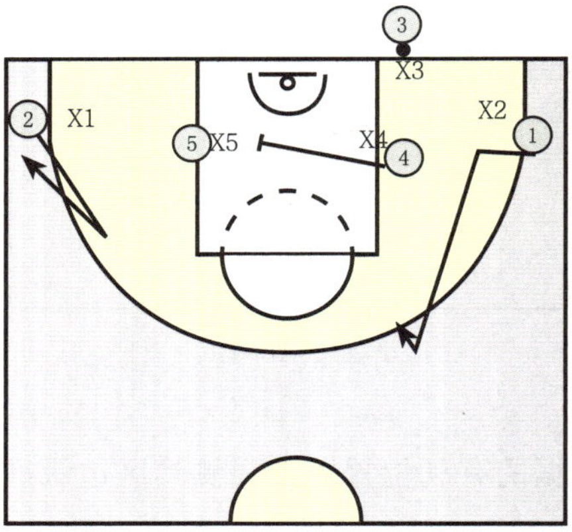


图5.5.33

图5.5.34

如图5.5.35所示，如果原来防守④的防守球员X4换防了⑤，那么④应该有很好的内线位置（如果他之前正确地封堵了X5防守者的话），他能在那里接到球轻松上篮。④在内线要位时不用担心三秒违例，因为三秒要从场内接到界外球才开始计算的。 在做出进场传球后③可以选择抢篮板球（如果球传到了内线），也可以切到强侧底角。如果进场球传到了顶弧的①，

③必须很快出现在底角，寻求①的回传球远投三分。

#### 4.　端线球战术的“23排队”

在有球侧的沿禁区线排队，要保证排头所处的位置不要太靠近底线。最好在罚球线一端附近开始。最好的外线投手是②，④、⑤是内线选手，①是控球后卫。

②切到底角要球，低位的外侧防守者X3很有可能补防过去。①拉到强侧45度角，以备不时之需。（图5.5.36）

同时，⑤做墙挡掉中间的防守队员，而④球员补到这个空当中来，准备接进场球轻松得分。（图5.5.37）

如图5.5.38所示，如果X3留在内线，那么②在底角就空出来了。掷界外球的③必须良好地解读X3，如果他留在内线，就传球给底角的②；如果他扑出去，就传给内线的④。

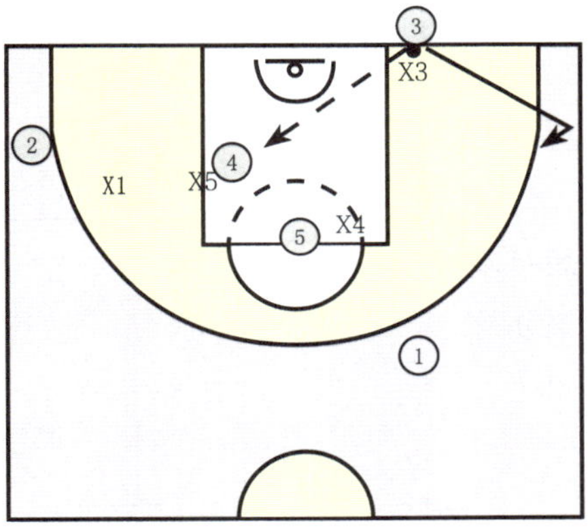


图5.5.35

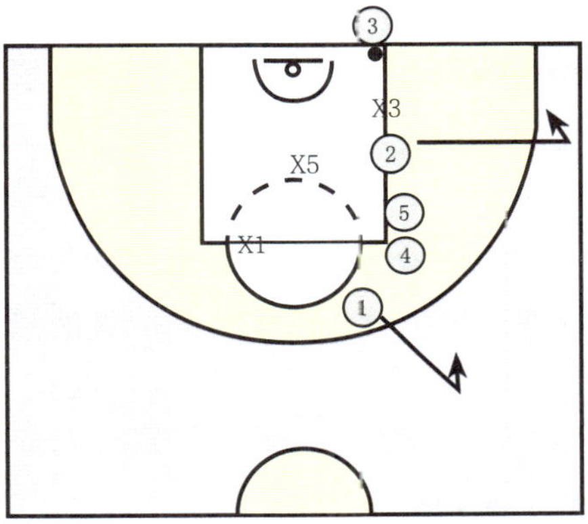


图5.5.36

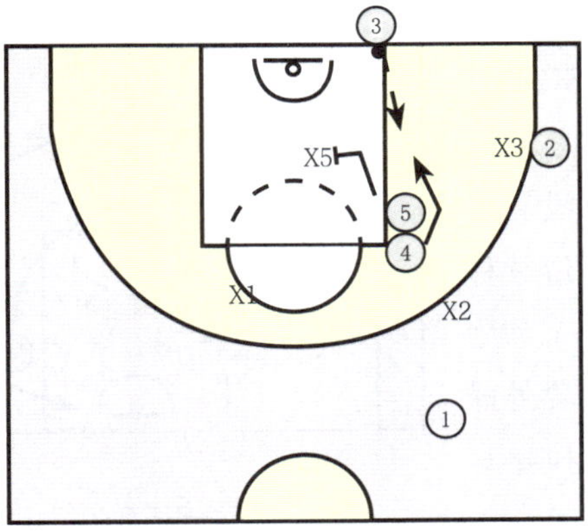


图5.5.37

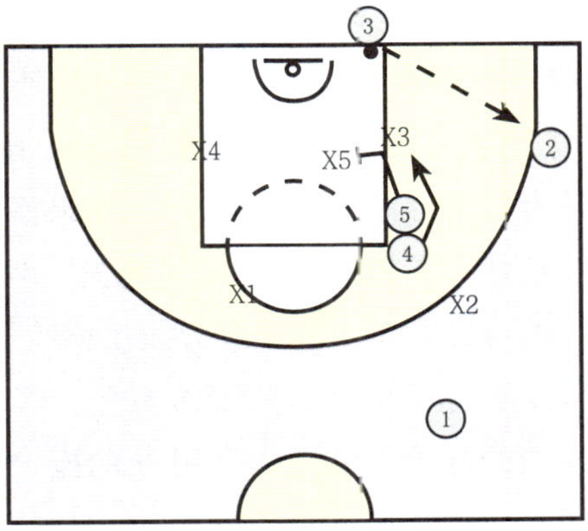


图5.5.38

## 三、掷边、端线界外球战术配合训练方法

### （一）掷端线界外球战术配合训练方法

#### 1. 二次掩护配合训练

目的：队员沿端线落位，练习发界外球进攻战术。

方法：此练习由SG掷界外球开始，其他队员的场上站位如图5.5.39所示。SF摆脱切向限制区时，PF为其做掩护。C在限制区内再为他做第二次掩护，SF在他的防守者被阻时，迅速向端线移动要球进攻，C和PF在掩护后转身面向球篮准备接高吊传球。SG首先要将球传给经过两次掩护摆脱的SF上篮，其次传给C或PF。如果没有出现机会，SG将球传给为保持攻守平衡而移向三分线弧顶的PG。

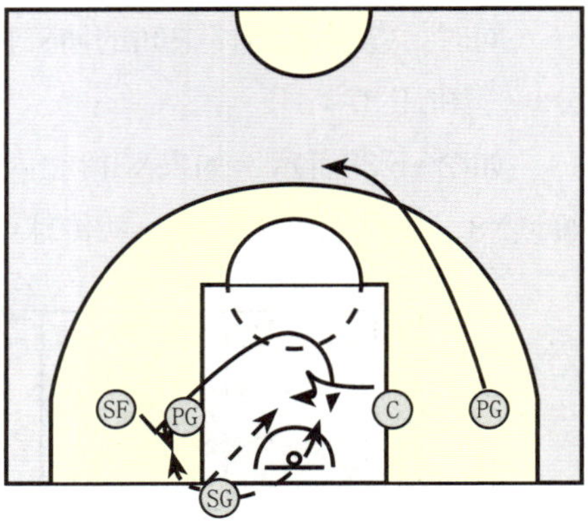


图5.5.39

要点：PF为SF做掩护时，如果SF的防守者想从端线一侧绕过进行防守时，那么PF还应设法挡住该防守者。

#### 2. 投手配合训练

目的：队员沿端线站位，练习发界外球进攻战术。

方法：此练习开始时队员沿端线站位（图5.5.40），PG掷界外球。SF迅速移动到强侧的三分线外，SG随后切入篮下。PF为C做掩护，使C能够切入限制区。如果篮下的队员有机会，则PG立即传球。如果篮下没有机会，PF外拉接球，SF迅速插入为C做掩护，然后继续移到弱侧原SG的位置（SG上提至三分线弧顶处）。C利用掩护到罚球弧顶接PF的传球（图5.5.41）。PG掷界外球后立即到强侧的低策应位置，利用PF的掩护外拉接C的传球投篮。（图5.5.42）

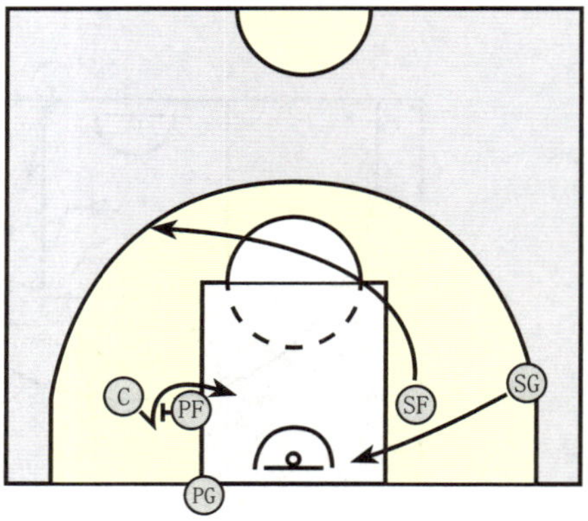


图5.5.40

要点：此练习是为队中最好的投手设计的，因而投手应负责掷界外球。

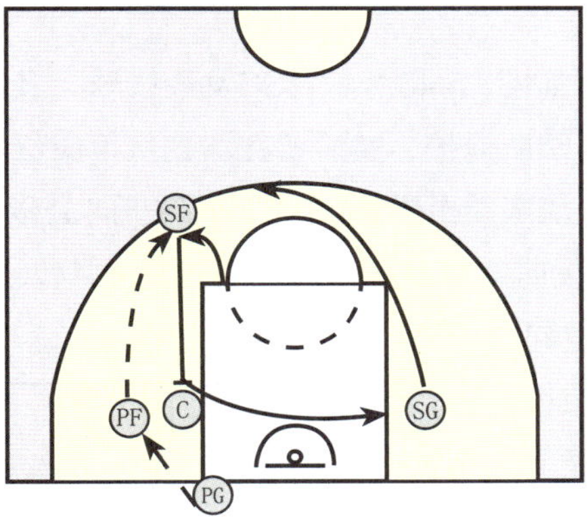

图5.5.41

图5.5.42

## （二）掷边线界外球战术配合训练方法

### 1. 边线高吊传球配合训练

目的：练习运用掩护配合发边线球进攻战术。

方法：如图5.5.43所示，SF发前场边线界外球，其余队员四角落位。C先横穿罚球圈给对侧的PG做掩护。PG首先虚晃佯装向底线移动，再利用掩护突然变向，摆脱防守向三分线外弹出去接SF边线球。同时低策应位置的PF向篮下移动给SG掩护，让SG有机会摆脱防守到强侧场角，PF掩护后直接穿过限制区到弱侧的外围，SF可以把球传给同侧场角的SG，也可以传给PG。如图5.5.44所示，如果PG接到球，配合继续。PG经过三分线弧顶向另一侧运球移动，C掩护后立即转身下沉。PG经过三分线弧顶向另一侧运球移动，C掩护后立即转身下沉到篮下给SF掩护，SF斜插到限制区内，在同伴C的掩护帮助下穿过限制区在低策应位置要球，这时，PG已把球传给了同侧场角的PF。如果C的防守队员绕前防守站在C和球中间，那么C要转身向罚球线摆脱，然后突然向篮下抢位，把防守队员压在外侧，PF可以传球给SF，也可以传高吊球给C进攻投篮。

要点：PF传球前一定要观察C的防守队员的位置。如果C的防守队员没有绕前防守，而是在C的背后，PF应该传球给SF进攻投篮。

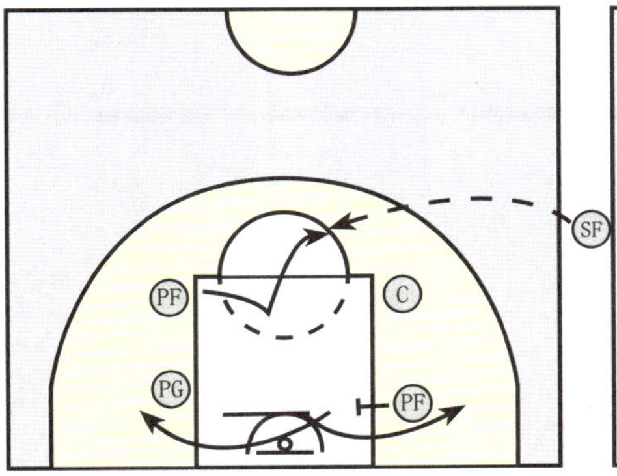

图5.5.43

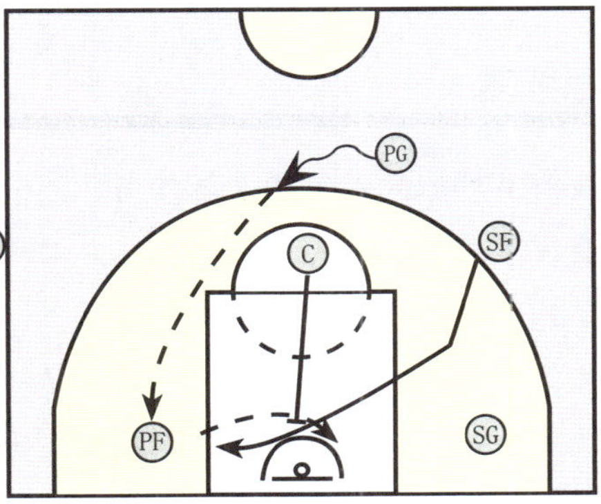

图5.5.44

### 2. 四角站位进攻配合训练

目的：练习发边线界外球进攻战术。方法：如图5.5.45所示：SG发边线球，其余队员四角站位。PG首先开始横向移动横穿限制区到对面结队掩护，然后留在弱侧低策应位置。SF掩护，然后留在弱侧低策应位置。SF利用PG的掩护溜底线至强侧限制区外，PF向上移动争取接到SG的边线球，并立即传给移动过来的C，SF继续向上移动，和PF一起给SG做双人掩护，SG发球后佯装向底线跑动要球，然后突然变向绕过同伴的掩护从PF身边横切到罚球弧顶位置接对面C的传球投篮。如果SG没有机会投篮，要注意控球调整，这时PG会上提给C掩护，C摆脱防守向篮下跑动，SG可以传球给C进攻投篮（图5.5.46）。如图5.5.47所示的是另一种跑动配合方法。假如PF在第一时机接到边线球，马上传给C，同时SF立即外拉接C的传球，PG从底线上提给PF做后掩护，PF利用同伴的掩护摆脱防守接SF的传球上篮。

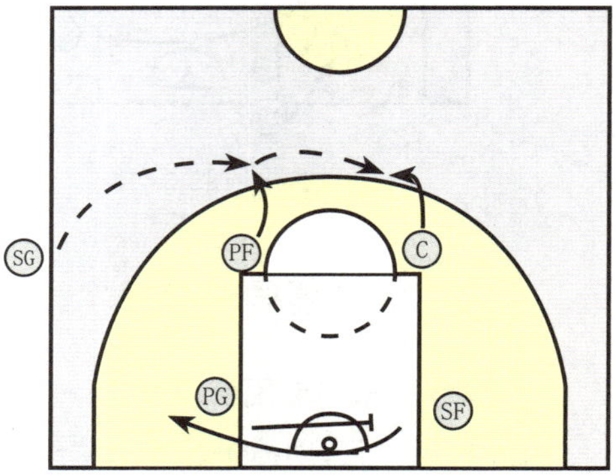

图5.5.45

要点：SG和C的佯装移动一定要逼真，以便能够顺利地利用同伴的掩护摆脱防守接球进攻。

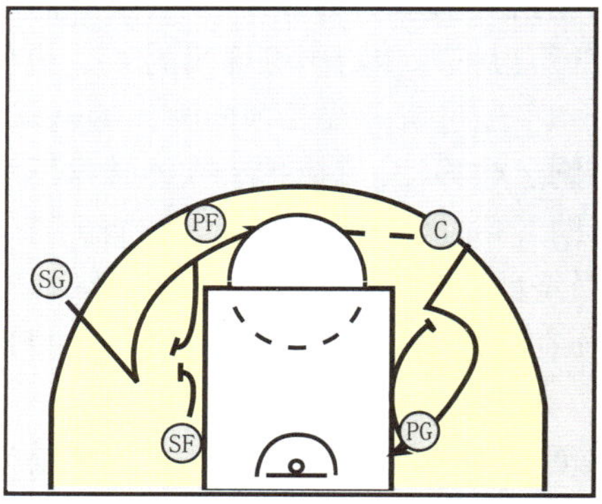

图5.5.46

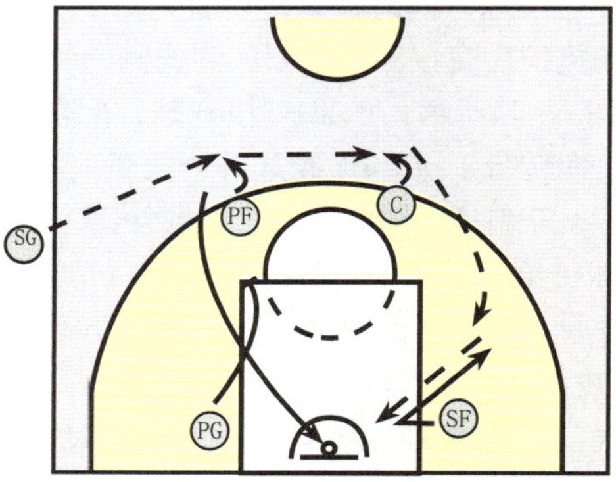

图5.5.47

## 思考题

1.简述掷界外球战术的特点与作用。

2.简述掷界外球战术的战术要点。

3.简述掷界外球战术的训练要点。

4.简述掷界外球战术的运用。

5.例举三种以上掷边线界外球战术配合的方法。

6.例举三种以上掷端线界外球战术配合的方法。

# 第六章　防守战术

## 内容概述

在防守战术中，每一种防守阵型都有许多种战术和方法，本章节针对每一种防守阵型选取一种防守战术，从防守动作到防守配合，从配合到整体防守进行详细的介绍与说明，便于学习和掌握，达到举一反三、事半功倍的效果。同时在本章中还第一次增补了综合防守战术这一部分的内容。

篮球运动对抗的一个重要组成部分就是防守。现代篮球运动的防守技战术，在经过最初的自然防守、一般防守和积极防守三个阶段后，现已进入为争夺每个球，抢占每个有利位置，最大限度地降低对方得分，在犯规的边缘近乎肉搏的、对抗的集体攻击性的防守技术阶段。“赢球靠防守”在比赛实践中已被公认为经典理论，并在实战中得到证实，如在2006年第12届男篮世锦赛冠军争夺战中，冠军西班牙队让亚军希腊队全场只得到47分；同年的亚锦赛上中国男篮对韩国队的比赛，中国队在第三节只让韩国队得到2分。根据篮球防守技战术发展趋势与现状，防守的基本理念就显得尤为重要了。

## 一、基本原则

教练要使队员树立敬业精神，打好每一个球，精诚合作，培养团队精神，习惯在压力下打球。防守的目的是给予对手压力，在扩大防守的基础上迫使运球队员停球或变向；控制、阻挡对手从弱侧或底线横溜、从篮下切入；控制弱侧进攻的苗头，迫使对手隔人传球或在防守人面前停球。同时，一个防守队员还要深谙“人球兼顾”“远球松，近球紧”“强侧逼夹，弱侧控防”和防守运球时的“堵中路、逼走边线”等防守理念和原则。

防守的终极目标是要求场上队员严密防守，争抢篮板球，见机积极跑动、盖帽，抢、打、断球及积极干扰传球与投篮。

评价防守的成功不仅要抢断对方的球，还要做到：

切断接球路线。对方想要接到球，必须通过摆脱，而且要向远离篮圈方向摆脱接球。

延误对方的运球速度，干扰对方节奏，不让其从容进行组织。

不断对持球队员施加压力，迫使运球人背对球篮。

积极拼抢篮板球，积极补防。

## 二、防守的兼得性

强调防守的重要性并不是意味着对进攻的削弱，相反，积极的防守能加强进攻。教练从防守中也能受益，悟出进攻之道，培养多方位进攻的理念。但是防守如果总是被动在进攻之后，则防守队员在体力消耗和气势方面就会被动，对于进攻能力的训练也会受到影响。实践证明，防守好的球队，往往进攻的整体能力也不弱。

## 三、防守方法的多样化

随着运动员进攻技术、进攻能力的强化，相应的防守要求也要不断变化。作为教练要清楚没有哪一种防守是万能的，当一种防守不奏效时，就应该有另一套备用的防守方案。至于对防守方法的选择，需取决于球队的风格、运动员的自身特点以及对手的情况。但有一点要让队员明白：沟通是形成出色防守的前提条件，要及时、不间断地在场上进行交流，相互鼓励。作为教练必须坚定地设计出防守指导方法，既要面向全队，也要针对个人，应充分考虑队员的身体条件、技战术水平和个人篮球意识的情况，要求运动员尊重比赛，按规则打球。

在设计本队基本防守形式时必须考虑上述要点，并根据本队的实际情况确定。确定基本防守形式为半场紧逼盯人；队员熟练掌握之后再扩大控制面积，由半场扩大为三分之二场地，再进一步扩大到四分之三场地，最后至全场。在此之后，发展区域紧逼，要求无论半场的还是全场的区域紧逼，其开始形式一律为盯人，而不是按区落位。最后结合盯人的形式发展联防，选择的联防形式是1-3-1联防。因为1-3-1联防能与其基本防守形式——盯人紧密结合，不易被识破。

### 四、攻击性紧逼防守

各种防守的主要目标是要形成夹击法，即使是联防也是如此；并且要在夹击法形成的瞬间，全队队员立即开始轮转补位，紧逼盯人，而不管在此之前正在进行何种形式的防守，并且一变到底，直至本次攻守回合结束。无论是对无球队员，还是对持球队员的防守都极富攻击性、压迫性和侵略性。

在防守形式的选择方面，任何一种防守都具有其特定的形式，通过形式可测到防守的方法、手段以及企图。随着防守指导思想的改变，方法、手段的更新，必然带来形式上的变化。“以人为主”的防守指导思想在形式上的要求与“以球为主，球、人、区兼顾”的指导思想是不尽相同的。

## 第一节　半场人盯人防守战术方法与训练

### 一、人盯人防守战术概述

人盯人防守战术是现代篮球比赛中最基本、最常用的防守战术，它要求每一名防守队员防守一名进攻队员，并且根据比赛实际情况合理运用防守的基础配合，与其他防守队员形成协同防守，从而实现全队的防守战术体系。

人盯人防守战术以个人的“盯人防守”为基础，兼顾球的位置与所处区域；以控制进攻队员的“人、球、篮”的联系为目标，具有针对性强、破坏性强、分工明确的特点。采用这种防守战术时，需要充分考虑对手的进攻特点和本队防守队员的个人防守能力，合理安排本队防守队员的“盯人对象”。

根据人盯人防守战术实施区域的不同，可以将其划分为全场紧逼人盯人防守和半场紧逼人盯人防守两种形式。全场紧逼人盯人防守是以在全场范围内紧逼对手，以破坏或延缓对手进攻，进而争夺球权为目标；半场紧逼人盯人防守以半场范围内紧逼对手为实施防守战术的全过程。根据防守目标的不同，又分为以控制对手外线投篮、切断对手内外联系、延缓或破坏对手既定进攻模式的半场扩大人盯人紧逼防守和以控制对手运球突破、内线强攻为目标的半场缩小人盯人紧逼防守。

人盯人防守战术是区域联防、区域紧逼战术的基础，能够极大地调动防守队员的积极性与主动性，能够灵活、准确、及时地调整防守的侧重点，对球的压迫性强，对进攻队员的针对性强，易于有效地控制对方的进攻重点。不足之处是由于防守队员大多处于个人防守状态，防守队员的个人防守能力直接影响了防守战术的执行效果，并且对于防守基础配合的要求更高。另外，由于防守队员的位置由进攻队员所处的位置所决定，不利于组织有效的抢篮板球战术和快攻战术。

## 二、人盯人防守战术运用时机、重点与难点

人盯人防守以“一人盯一人”为执行前提，因而人盯人防守适用于防守队员的个人防守能力较均衡，而对手个人突破、控球能力较差或中远距离投篮较准的情况下使用。另外，人盯人防守战术也适用于出于防守意图而主动改变、为调动队员防守积极性而主动改变和为特殊目的而主动改变防守战术的情况。

由于采用人盯人防守战术时，防守队员的位置要随进攻队员位置的变化而变化，具有较强的不确定性，因而人盯人防守战术的重点是防守侧重点选择的针对性与防守基础配合执行的有效性。例如，对持（运）球队员，如果对手投篮准，则要贴身防守，阻止或干扰对手投篮；若对手突破速度快，则要适当空出防守距离，控制对手突破，并与队友进行高效的防守基础配合；对无球队员，强侧要紧逼，积极阻断对手的接球线路；弱侧要随时做好协防、补防的准备，即形成“近球紧、远球松、随时要协防”的防守态势。

人盯人防守的难点在于不同时机情况下防守位置的选择。由于人盯人防守是以个人防守为基础（被动性），同时又要求队员间要进行协防（主动性），因而防守位置是进行人盯人防守的关键。防守队员于恰当的时机出现在适当的位置往往能够出奇制胜、事半功倍，反之则会出现漏防的情况。防守队员在做好个人防守的前提下要具备大局观，要善于观察、判断和随机应变，这需要比赛经验的不断积累和扎实的防守基本功。

## 三、半场紧逼人盯人防守战术的训练步骤与方法

半场人盯人防守战术应有其明确的目的性，如半场扩大人盯人防守应以控制对手的核心球员、阻止对手外线投篮、延缓或破坏对手既定的进攻战术配合为目的；半场缩小人盯人防守应以防止对手篮下强攻、协防保护篮板球为目的。扩大防守与缩小防守要根据赛场的实际情况及时调整，只有明确了防守的侧重点，防守时才能有的放矢，提高防守的成功率。

## （一）球在罚篮线及延长线以上

### 1. 半场扩大人盯人防守

如图6.1.1所示，当球在罚篮线以上，进攻队员④准备向一侧运球突破：

（1）防守队员X4应当以正确的防守姿势（例如，若进攻队员向左侧运球，则防守队员应保持在与对手距离一臂范围内，左手在下，进行干扰球并防止对手变向运球，右手在上，防止对手传球，滑步进行紧逼）进行防守。

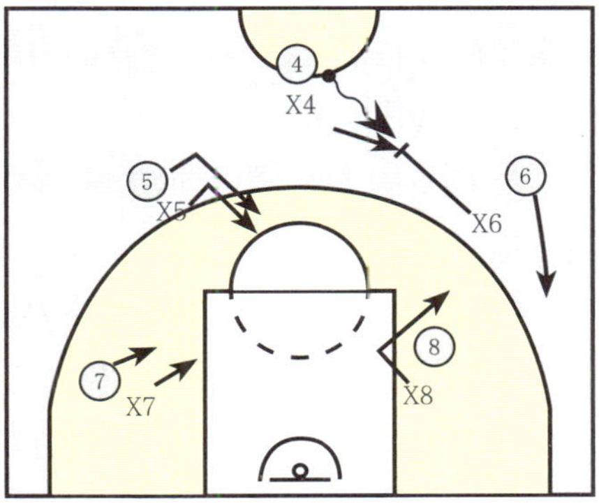

图6.1.1

（2）邻近的防守队员X6要根据赛场形式，判断是要与X4形成夹击防守（快速上步封堵进攻队员④的运球路线，并积极挥舞双臂封堵进攻队员④的传球路线），还是继续紧逼进攻队员⑥（贴身站在进攻队员⑥的左侧后方，伸出左臂并且拇指向下阻断对手的接球线路，用右手感知对手并防止对手向篮下反跑），进行滑步紧逼防止对手接球进攻。

（3）强侧防守队员X8要根据防守队员X6的防守方法采取正确的防守姿势（若防守队员X6上抢夹击，则防守队员X8应积极绕前防守进攻队员⑧，做到对进攻队员⑥和⑧的兼顾；若防守队员X6仍在紧逼进攻队员⑥，则防守队员X8应继续在身后防守进攻队员⑧，并抢占有利位置，尽量使进攻队员⑧远离限制区）进行防守。

（4）弱侧的防守队员X5要根据进攻队员⑤的移动路线进行紧逼防守，防止其变向后向篮下空切（防守队员X5的位置应选择在进攻队员⑤的右侧后方，并且伸出右臂干扰、防止其接球，用左手感知对手并防止对手向篮下反跑），并做好补防、协防准备。

（5）弱侧的防守队员X7要积极上前（防守位置选择在球与进攻队员⑦之间，防止进攻队员⑦突然到篮下抢位要球进攻）保护篮下，并且要防止对手的长传过顶球，并做好补防、协防准备。

### 2. 半场缩小人盯人防守

如图6.1.2所示，当球在罚球线以上时，防守队员X4、X5、X6以脚踩三分线为准则，沿三分线移动进行防守。进攻队员④意图突破时，邻近的防守队员X6要及时进行夹击；若进攻队员④无明显突破意图，则防守队员X6要能做到既能控制外线⑥的投篮，又能协防篮下⑧的强攻；同时，弱侧的防守队员X5要向强侧移动保护圈顶和罚球线、X7要向篮下移动保护限制区并准备拼抢篮板球。

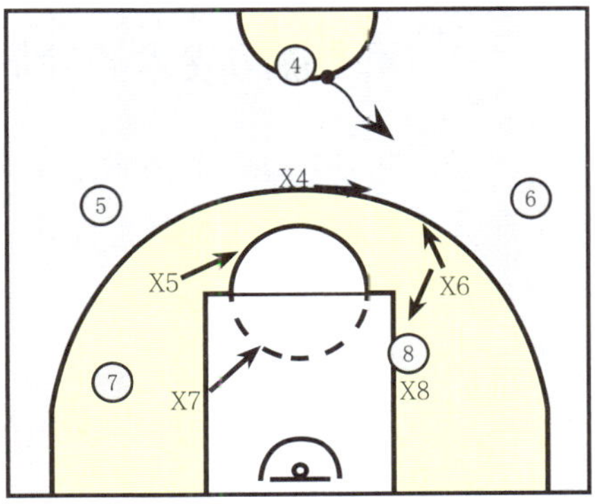

图6.1.2

### （二）球在罚球线以下

如图6.1.3所示，当进攻队员④将球传给⑥时，⑥完全处于罚篮线以下：

1. 防守队员X6要封堵住进攻队员⑥向上线突破的路线（防守位置在进攻队员⑥的右侧前方）并诱使进攻队员⑥沿端线突破。

2. 防守队员X4要紧逼进攻队员④并且切断进攻队员⑥向④回传球的路线。当进攻队员⑥已经向篮下突破时，防守队员X4要回收准备补防协防。

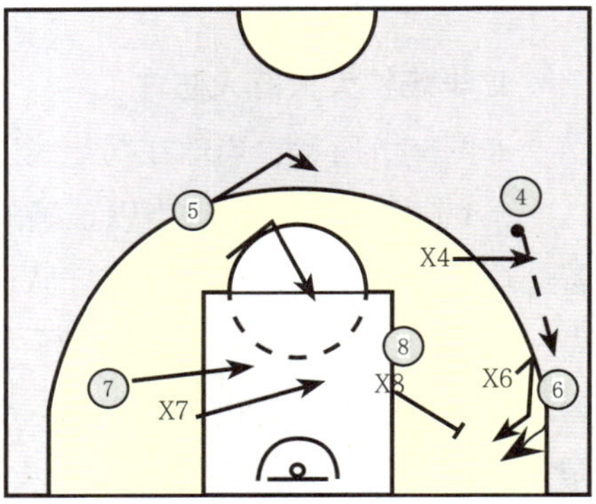

图6.1.3

3. 防守队员X8要迅速地与防守队员X6形成端线夹击配合，完全阻断进攻队员⑥向进攻队员⑧的传球路线。

4. 防守队员X5要根据进攻队员⑤的位置选择靠近限制区的位置，做到既能迅速地上前防守进攻队员⑤，又能保护罚篮线，挡抢篮板球。

5. 防守队员X7要大胆地放弃自己防守的队员，向篮下移动保护篮板球，切断进攻队员⑥向⑦的传球线路，并做好协防准备。

### 思考题

1.人盯人防守的优缺点是什么？

2.人盯人防守的重点是什么？

3.人盯人防守的要求是什么？

4.人盯人防守战术与个人防守、防守基础配合的关系？

## 第二节　区域联防战术方法与训练

### 一、区域联防战术的发展与演变

区域联防是篮球防守战术之一，它是一种集体防守战术，主要是以防区为主，当由进攻转入防守时根据球场上的转移变化，防守队员在后场组成一定的阵式，按分工各自负责一定的区域，严密防守进入该区域的球和进攻队员，通过移动补位，封锁内线，将各区域有机地联系起来，伺机抢球。

区域联防战术始于1909年美国东部的一次篮球比赛，人们发现防守者不跟随无球队员的跑动可获得短暂的休息。随着篮球运动的进一步发展，联防战术也得到进一步推广。在1914年，美国克拉夫顿“Y”队在与宾夕法尼亚布里斯托尔队的比赛中，因地板太滑，队员难以发挥应有的速度，教练卡门·亨德森要求每个队员选定一个位置进行防守，结果取得了意想不到的效果。此后这种防守方法被众多球队所纷纷效仿，并通过不断改进发展成为最初的联防战术。从20世纪60年代起，区域联防得到了进一步发展和完善：扩大防守范围，增加了共管区；当进攻队员空切和溜底线时，打破了防守区域的界限，而采用人盯人护送的方法；增加了夹击防守等配合方法；盯人与联防有机地结合，形成具有较强攻击性的综合防守战术。

根据对方的不同进攻特点，通常防守采用的站位队形有：2-1-2；3-2；2-3；1-3-1；1-2-2；对位联防；1-1-3联防等。不同的阵型有不同的特点和作用，在比赛时应根据对方攻击的特点，有针对性地选择和运用。

纵观篮球防守战术的发展史，从最初的盯人——联防雏形——多种固定联防形式——机动变化盯人防守，逐步形成了结合盯人、联防两大防守体系优点组合而成的综合性防守体系，体现出现代篮球防守战术所具备的针对性、集体性和攻击性特征。

## 二、区域联防战术基本原则及运用

### （一）在运用区域联防战术过程中依据的基本原则

1. 场上的5名队员必须协同一致，及时向有球一侧且威胁较大的区域移动。

2. 防守应从失球开始立即组织全场防守。在失球时，要立即组织干扰，积极封一传，对运球队员要堵中路、卡两边，缓解对方的快攻气势，为迅速回到后场落位争取时间。

3. 阵地防守落位，应根据进攻方的特点，有针对性地打破固定站位形式，不断变化队形，应横向移动轮转补位。如球在左角时，应向逆时针方向轮转；球在右角时，应向顺时针方向轮转和采用局部护送的方法，防止进攻队员以人员位置的移动造成局部防守负担过重的现象。

4. 对持球人的防守应采用盯人方法：对无球队员应随时控制对手，对向球移动的接球队员要及时抢占对方的传球路线，控制进攻人传球，以便防止和控制进攻队员的内外、左右的任意传球；要能随时伸缩防守，及时“关门”夹击，抢断球，提高防守的攻击性。

5. 对于远离球的防守队员，要有目的地放弃本区还没有攻击威胁的进攻队员，在人球兼顾的情况下，向有球一侧靠拢，同时要特别注意堵截本区进攻队员的背后插入；遇有对方背插时，应先堵截其接球，然后护送给下一区域的防守队员。

6. 当球转移至场角时，要侧重防守底线，严控对方从底线突破。对方突破时，要积极阻其向外分球，封堵传球角度，迫使其传高吊球，给同伴创造断球机会。

7. 在防守中，每名队员都应及时站在预定的区域内，保持两腿弯曲，降低重心，两臂张开，及时上扬手臂，并要明确自己及队员的责任，集中注意力，迅速移动，力争扩大控制面，阻挠对方传球和跑动，制造对方的漏洞和传球失误。

## （二）在实际运用过程中应采用的策略

1. 根据本队队员的身体条件、技术特长，发挥队员长处，合理分配防守区域。位置处在篮下区域的防守队员更是要视野开阔，身材高大，善于抢篮板球，补防能力强，具有指挥能力。

2. 防守队员要保持规范的防守姿势，屈膝降低身体重心，积极移动，防守时人球兼顾。

3. 由攻转守时要迅速退回后场，积极落位，布置好防守阵型。

4. 半场防守时，对持球人要近身紧逼，阻止其向内线传球，特别是直线传球，迫使接球队员在场角接球和逼迫运球队员向场角运球，形成夹击。

5. 防守无球队员时，对离球近的队员要抢占有利位置，封堵接球路线，逼迫接球人远离球篮，破坏习惯的战术配合；防守离球远的队员，全队应向有球一侧移动，随时形成对有球人的紧逼防守夹击。

6. 对于向球空切移动的队员，要及时堵截其移动路线，阻止其接球，特别是不允许在限制区篮下接球。

7. 防守内线中锋时，要采用侧前或绕前防守，封堵接球路线；当进攻中锋向篮下切或向球移动时，积极封堵移动路线，与同伴随时“护送”或“越区防守”。

8. 当进攻方穿插移动、变化进攻阵型时，防守队员要积极采用左右轮转、上下移动的方法，堵截进攻移动，弥补薄弱区域防守的不足。

# 三、区域联防的战术阵型

随着篮球运动的进一步发展，运动员身体素质及能力与防守意识的不断提高，无论哪一种防守阵型，都能体现出它的协同性、攻击性、多变性、伸缩性等特点。不同的区域联防战术阵型布局有其优势，也存在防守的薄弱区域。

## （一）2-1-2 阵型

2-1-2 区域联防是区域联防最基本的形式。其特点是防守队员的位置分布较均匀，队员间的移动距离近，有利于彼此之间的相互呼应、相互协作，最重要的是队员之间可以根据进攻方的攻击特点及时改变防守队形，便于控制限制区和篮下的防守。图6.2.1中的阴影部分是防守的薄弱区域。

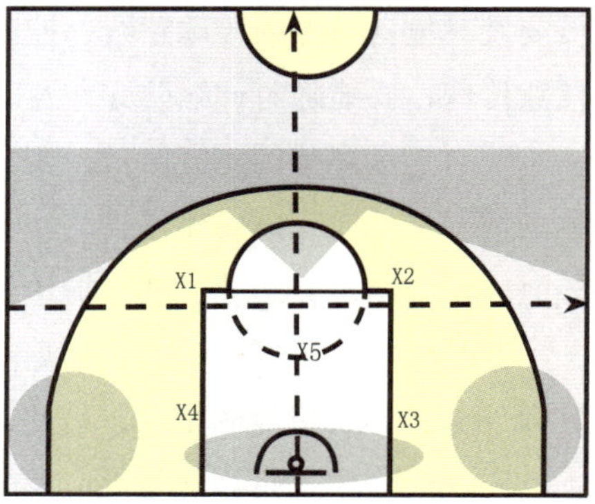


图6.2.1

## （二）2-3 阵型

2-3区域联防阵型对于篮下、底线、场角投篮队员的防守具有较大优势，能够对内线进攻队员进行有效的控制和协防，有利于拼抢篮板球。图6.2.2中的阴影部分是防守的薄弱区域，对于在此区域接球进攻、投篮的防守存在较大的困难。

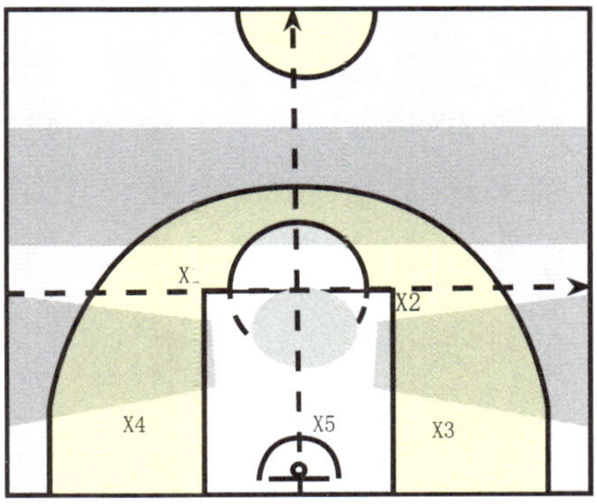


图6.2.2

## （三）1-2-2 阵型

如图6.2.3所示，1-2-2区域联防的主要特点是能够加强对外线的防守，特别是对中路运球突破的队员和三分线弧顶两侧投篮的队员可以进行有效的控制，有利于对在罚球线接球进攻的队员形成包夹。图6.2.3中的阴影部分是防守的薄弱区域，此防守阵型对于篮下中锋进攻及场角投篮防守难度较大。

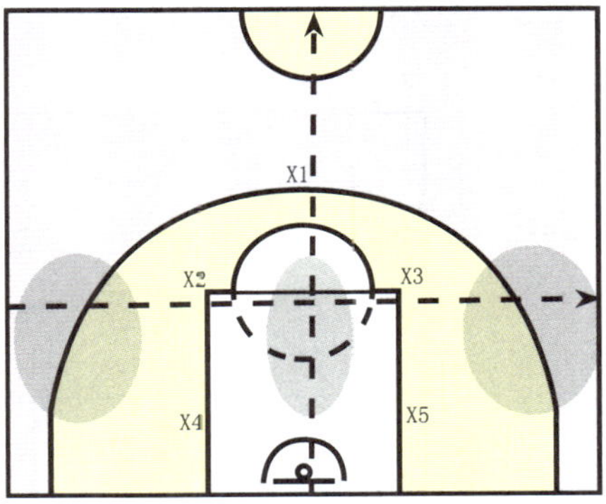


图6.2.3

## （四）1-3-1 阵型

1-3-1区域联防能够有效加强正面、罚球区和罚球区两侧进攻的防守。从图6.2.4中可以看出，5名队员间可以形成有效的联系，相互之间便于协防、呼应，形成整体防守，有利于阻断进攻队员之间的传接球联系。如果防守整体移动速度快，此阵型可以在防守的伸缩性、攻击性方面更为突出，在场角等区域可以形成夹击。图6.2.4中的阴影部分是防守的薄弱区域，篮下和场角区域是进攻的主攻区域。

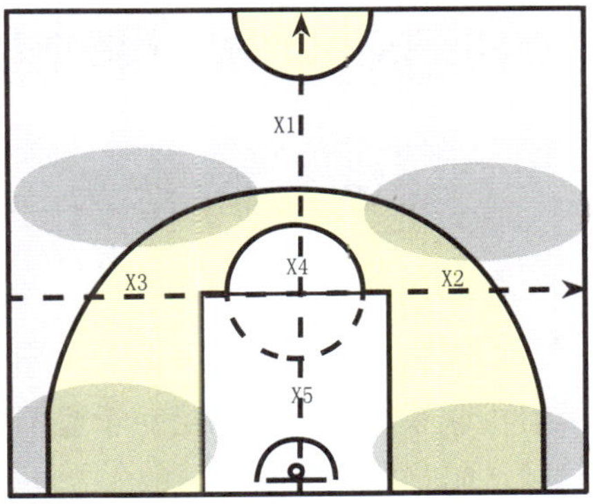


图6.2.4

### （五）3-2 阵型

3-2区域联防对于外围的防守能够进行有效的控制。有利于防守外围队员中远距离投篮及投篮后拼抢篮板球发动快攻。其形式可以与1-2-2区域联防交互变形，防守特点也具有相同之处。图6.2.5中的阴影部分是防守的薄弱区域，场角和篮下以及罚球线附近不易防守。

### （六）1-1-3 阵型

1-1-3阵型是2-3联防的变化阵型，主要运用在当持球队员在罚球弧顶，进攻队员进行交叉掩护时。防守队员采用换防战术，有效阻止进攻中锋要位接球。防守队员换防后可以绕前防守要位的进攻方中锋队员，能有效的弥补因错位防守而产生的漏人。图6.2.6中的阴影部分是防守的薄弱区域。

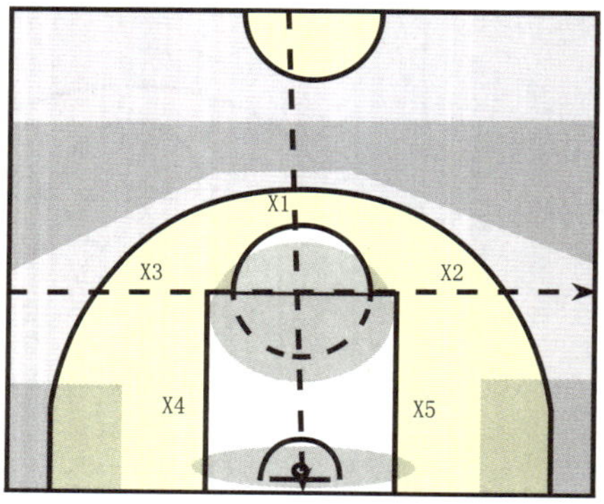

图6.2.5

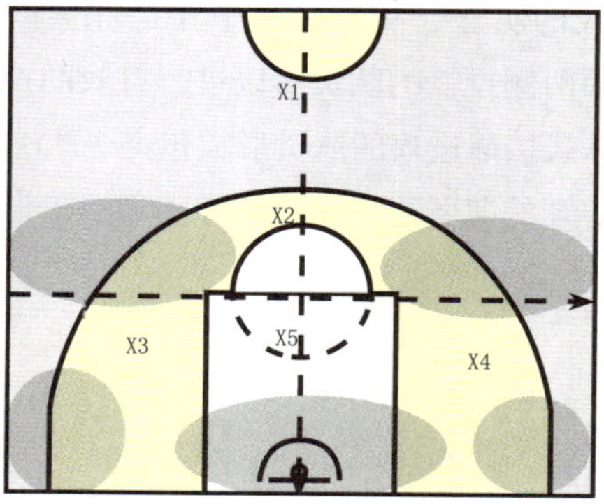

图6.2.6

## 四、区域联防战术阵型与配合方法范例

### （一）2-1-2区域联防

**1. 目的与任务**

如图6.2.7所示，防守队员运用整体协同防守，分工负责一定区域防守，并将每个防守区域有机联系起来，特别是对于篮下进攻队员要进行有效控制，有效控制外线持球队员向篮下传球；同时还要控制篮板球，发动快攻。

**2. 防守战术的优、缺点及运用时机**

（1）优点：防守队员间位置分布均匀，相互间联系紧密，便于协作防守，针对进攻方攻击特点随时变换防守位置与阵型；有利于防守篮下和控制篮板球，发动快攻。

（2）缺点：图6.2.7中的阴影部分是防守的薄弱区域，不易控制中远距离投篮和对于场角的夹击防守。

（3）运用时机：攻方远距离投篮不准，内线进攻威胁较大时；当对方个人突破能力较强，向限制区内突破时；进攻方频繁空切移动攻击限制区篮下时。

### 3. 重点难点

（1）重点：2-1-2区域联防的防守重点是以防球为主，随球的转移及时调整防守位置，做到人球兼顾，阻止持球队员突破、传球给内线队员及进入场角的接球投篮队员。

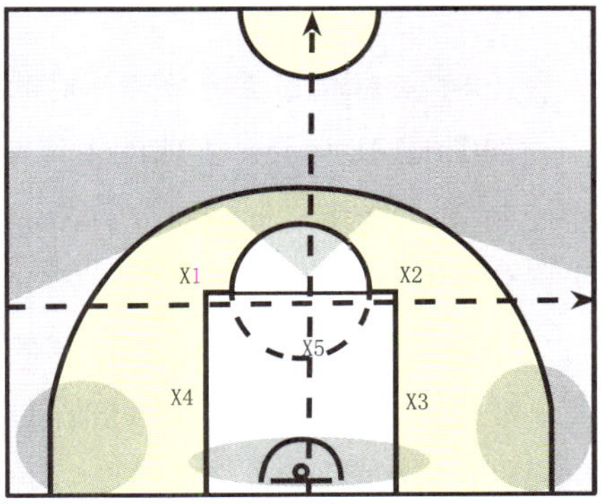


图6.2.7

（2）难点：防守队员相互间的彼此呼应，协防换位移动，内外线之间防守的协调配合，对于外线持球队员的逼防，对于内线队员的绕前和侧前防守及对向篮下高吊球的防守。

### 4. 2-1-2区域联防战术阵型与方法

（1）特点：防守队员位置分布比较均匀，机动性较大，适用于对付正面进攻见长、正面突破和篮下进攻威力较大的球队，但不适于组织限制区“两腰”进攻的球队，同时它也便于防守队员间的呼应，能根据进攻的特点变换防守队形，它是区域联防的最基本形式。

（2）图6.2.8阴影部分是防守的薄弱区域。

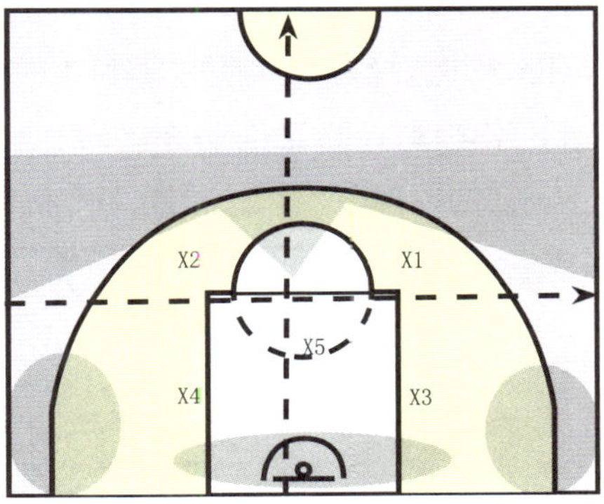


图6.2.8

### 5. 一大二小二中阵型防守方法示例

（1）当球在罚球弧顶时的防守配合

如图6.2.9所示，①持球时，X1或X2应上前干扰其投篮和突破，若X2上前封阻①，则X1既能选择防守①传球给②，又能协防④的位置；X4上前顶防或侧前防守④，干扰④接①的传球，X5则侧前防守⑤。X3在其区域无人的情况下应上移防守③，同时还应随时阻截防守进入防区的队员。在这一防守过程中，由于X5、X3处于最后一线防守位置，因此要开阔视野，注意观察，除自己及时防好区域外，还应及时提醒同伴，起到指挥调度的作用。

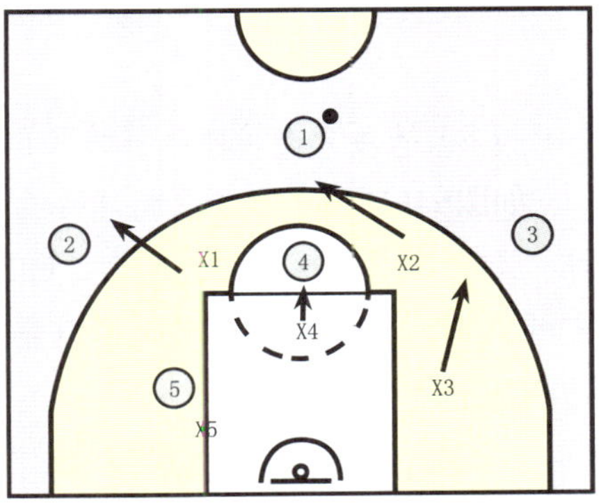


图6.2.9

（2）当球转移至场地两侧时的防守配合

如图6.2.10所示，当球由①传给③后，X3应及时上前控制③，防其“三威胁”；X5应向限制区内横跨一步，位于③与⑤之间位置上，不允许⑤横切接球；X2向罚球区移动，贴靠在⑤的接球侧；X1则向有球侧移动，准备进行协防①或④，同时阻挡②的向球移动或插向限制区；X4则侧前防守④，不允许④接球和④的向篮下切入接球。

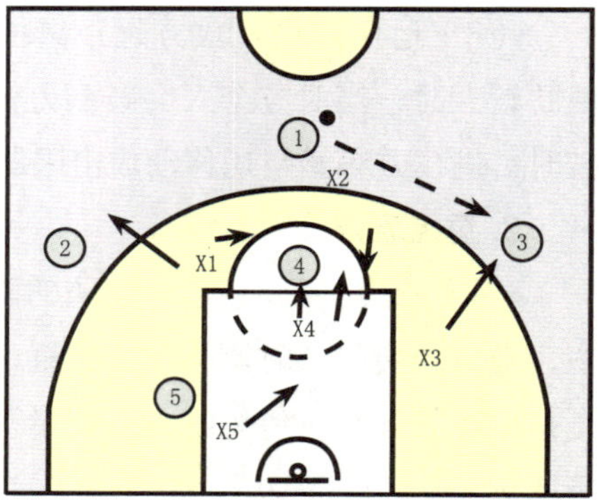

图6.2.10

如图6.2.11所示，当球传给②时，②接球的同时，X1要及时上前防守；X5要跨出右脚并贴近侧前防守⑤，不让⑤接②的传球。X4应上步跨左脚，位于④的侧后方，不让④接②的传球和向篮下纵切接球。X2应积极移动，扩大防守控制范围，并选择能兼顾防守①和④的位置，干扰②传④的球，同时随时准备抢断②给①的回传球。X3则严控自己的防守区域，在②接到球的同时，及时调整防守位置，后撤，阻止①、④、③的向篮下空切，抢断②传给他们的球。（变化后的防守阵型，如图6.2.12所示）

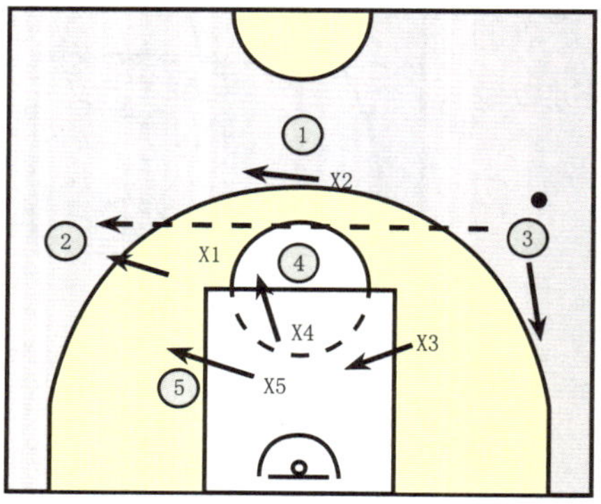

图6.2.11

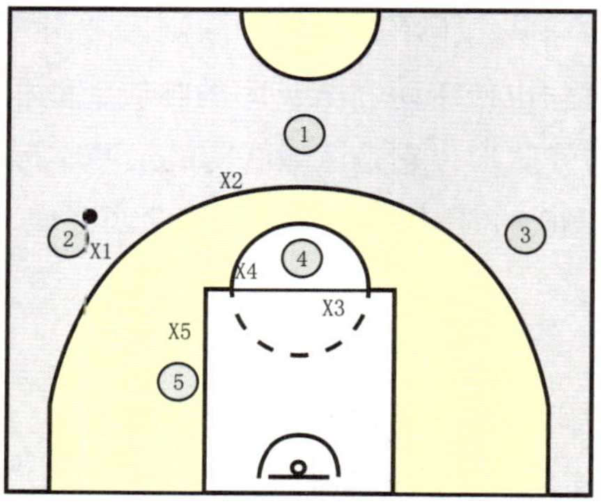

图6.2.12

（3）场角夹击持球队员的配合

如图6.2.13所示，当②将球传给从底线横切至右侧场角的③时，X5及时绕过⑤，不让其接球。X1则在②传球给③的同时，随球向③移动，准备与X5形成对③的夹击。在X1与X5形成夹击的同时，X2要及时移动至可以兼顾防守②与①的区域位置，并随时准备抢断③给的②回传球而反击快攻。

如图6.2.14所示，当X1与X5将接到②的传球的③夹击后，X3要绕前防守⑤，阻止其接球。此时X2要随时准备抢断③给②的回传球。X4则要占据中轴线位置，阻止④向篮下移动接球，同时也要兼顾对欲向篮下移动接球的①的防守。

当X5与X1已形成夹击后，最重要的是不允许③将球从头上传出或者从X5、X1的夹击缝隙中挤出进攻篮下，造成阻挡犯规，而使夹击前功尽弃。

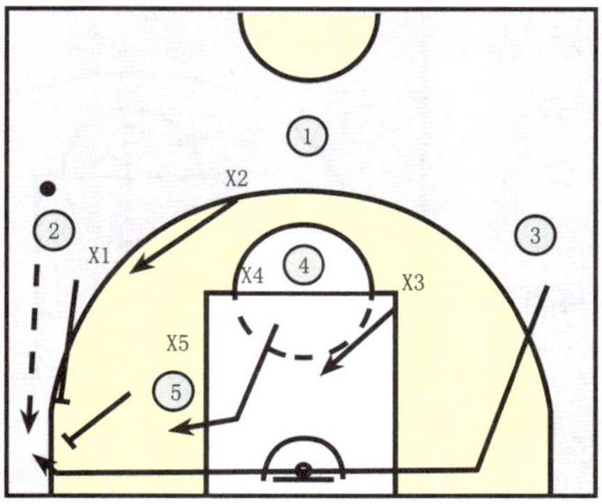


图6.2.13

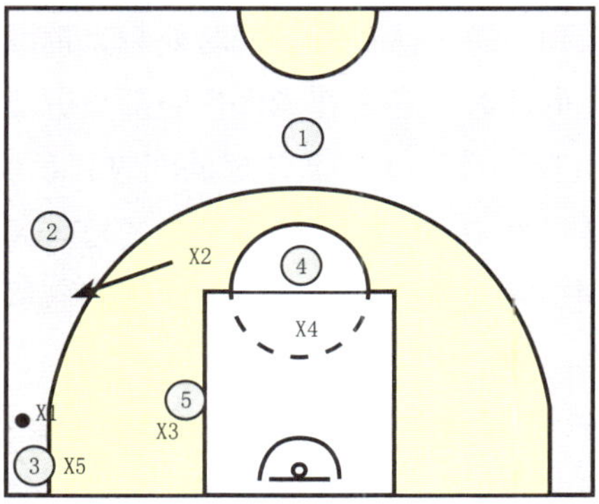


图6.2.14

（4）当球传给低位中锋后的防守配合

如图6.2.15所示，当进攻队员③从底线向右侧场角移动时，X5要及时跟防，做到人球兼顾。②传球给内线中锋⑤，此时防守队员间要进行轮转换位，即X5接防⑤（原因是内线防守内线），X3则站在中轴线上防守，主要是防守中锋队员④向篮下切入接球。X1与X5要随时与X4进行对接到球的队员⑤进行夹击防守。X2则要兼顾防守②和①的接球。

防守配合后的位置，如图6.2.16所示。

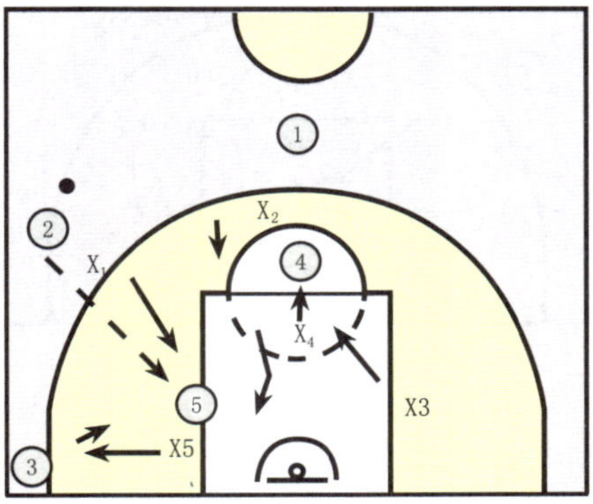


图6.2.15

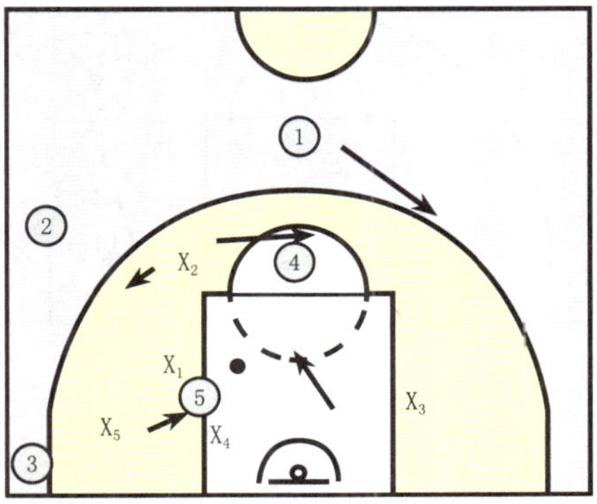


图6.2.16

（5）当球传给罚球线高位中锋后的防守配合

见图6.2.9，①传球给进攻中锋④后，X4应及时贴近防守，顶防④，阻止其向篮下空切移动。X2在干扰回传球的同时，也要与X1和X4协同干扰④的进攻运球或传球。X4则要随时防止④向篮下空切接球。X3要阻止③向篮下移动接④的传球进攻，X5要站在⑤的接球路线上。（图6.2.17）

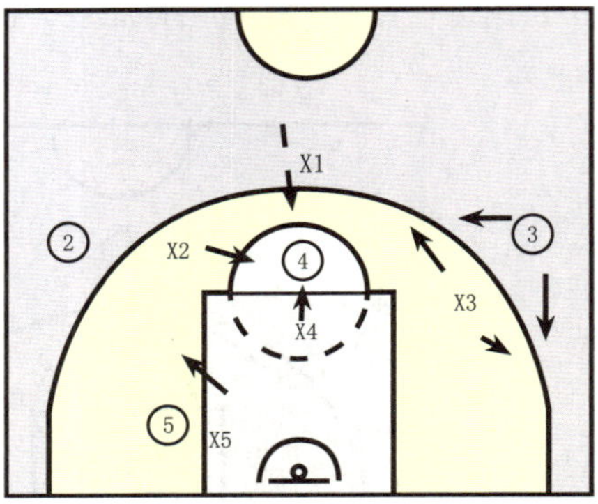

图6.2.17

防守④的要求：X4主要任务是要阻止④向篮下突破或向篮下传球，因此防守时要扬起双手，利用前胸、腹部、下肢顶靠持球队员④，同时要频繁挥动双臂，在干扰传球的同时，还要注意保护脸部被进攻人肘击。X1、X2要在阻止②、①接回传球的同时，积极干扰绕④运球，随时准备打、断、抢和夹击。X5与X3要与其他同伴协同、呼应防守，主要负责对限制区域内接球队员的控制和防守。

（6）防守接球突破队员，在底线形成夹击的配合

①传球给③后，X3要随球及时上前防守③，此时如果③运球向底线突破，X3则要紧逼防守，将其逼至底线夹击点（X）；X5看到③向底线运球突破，且防守队员X3已迫使其减速运至夹击点时，要迅速迎上前防守，并与X3形成对持球队员③的适时夹击。此时适宜夹击防守的原因是，可以充分运用底线。X4在看到X5迎前防守③时，要及时轮转换位，挡在⑤的身前，阻止其向篮下移动接球。X2则向中轴线移动，阻止④向篮下移动接球。此时X1要向右侧移动主要是防守③接①的回传球（图6.2.18）。防守队员轮转换位后的位置选择，如图6.2.19所示。

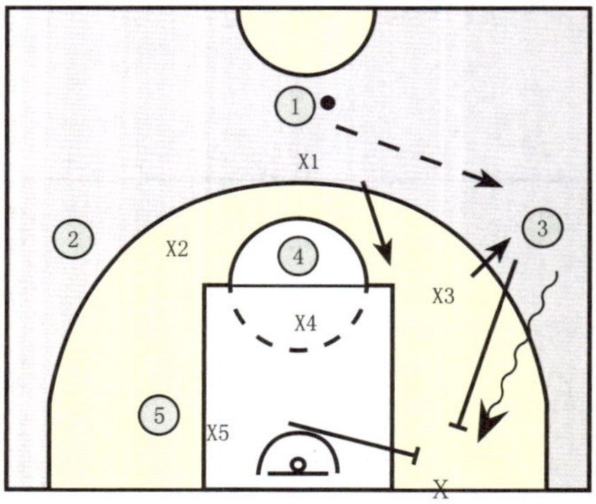

图6.2.18

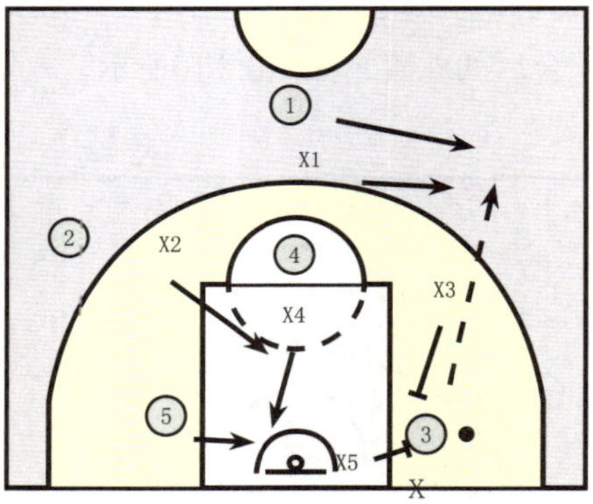

图6.2.19

### 6. 防守战术配合细节与要求

（1）防守队员必须在建立防守区域的同时，还要明确越区域防守的概念。在自己负责的区域积极阻挠进入该区域的进攻队员接球，将其阻截在区域之外；当邻近区域的同伴移动走之后，要及时进行补位协作防守。

（2）建立以防球为重点，随球的转移而变换防守位置。同时对于进入自己区域的持球队员，要积极干扰其持球进攻和向内线传球的行为，并做到人球兼顾。

（3）对于横穿限制区接球的队员，要积极阻挡其接球路线，特别是阻止其在限制区内接到球，如果离开自己的防区，则要“护送”其进入下一区域，并及时告知同伴。

**7. 训练要点**

（1）首先对整体的防守队形和防守战术配合进行理解和学习，建立整体概念。

（2）由于2-1-2区域联防防守队员位置分布均衡，因此，在训练时要强调在不同区域的防守分解教学和局部配合。如对于场角、高、低位中锋区域、底线夹击点等区域的防守。

（3）训练时，先进行随球移动防守，后进行随进攻队员移动防守，再进行随球动、进攻队员移动的防守练习；先在消极进攻的情况下、后在积极比赛进攻的情况下进行防守练习。

（4）将阵地防守与抢篮板球快攻结合起来进行训练；将进攻后迅速退守落位与排兵布阵结合起来；在掌握2-1-2区域联防配合之后，根据进攻队形，防守阵型做出相应变化。

## 思考题

1. 2-1-2区域联防为何被称为基础联防形式，它有何特点？

2. 根据怎样的进攻战术特点而采用2-1-2区域联防防守？为什么？

3. 2-1-2区域联防可以变形为其他形式区域联防阵型，请举出两例，并加以说明变形的依据。

## （二）1-2-2区域联防战术阵型与方法

**1. 目的与任务**

防守队员运用整体协同防守，分别负责一定区域的防守，并将每个防守区域有机联系起来，特别是对于进入篮下和场角区域的进攻队员要进行有效控制，并限制外线持球队员向篮下传球，同时还要控制篮板球，发动快攻。

**2. 防守战术的优点和缺点**

（1）优点：有利于防守外围，特别是对三分线45度两侧投篮队员的控制。对于罚球线落位的内线队员可以对其接球进行有效的控制和对持球队员进行防守夹击。（图6.2.20）

（2）缺点：图6.2.20中的阴影部分是防守的薄弱环节。防守阵型对于场角两侧、限制区域内中轴线上以及中轴线弧顶两侧的远投不利；对于中锋篮下进攻能力强的球队也不宜运用；对付正面进攻和内线能力较强的球队有困难。但可有效地对付以“1-2-2”阵型落位进攻的球队。

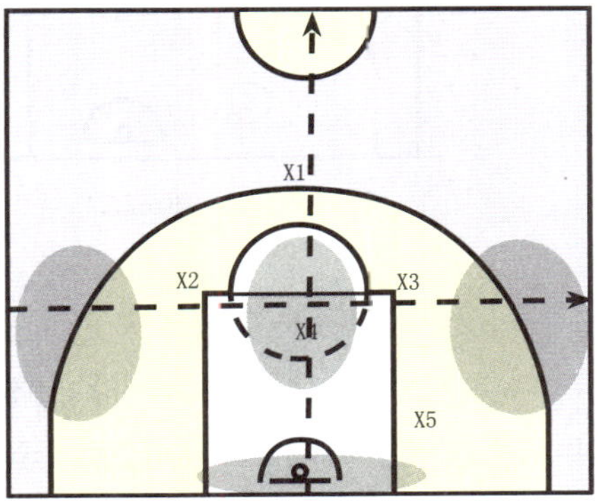

图6.2.20

**3. 防守训练步骤与方法**

（1）位置与人员配置

防守阵容配备：一小（X1）、二中（X2、X3）、二大（X4、X5）。（图6.2.20）

（2）队员具备的条件、特点

X1、X2、X3应具备移动速度快、灵活、个人防守能力强、善于抢断球和反击快攻的特点。

X4、X5要身材高大、移动灵活、弹跳力好、善于防守内线、底线补位协防意识强、视野好、防守控制范围较广，而且要具有一定抢篮板球和发动快攻一传的意识与能力。

**4. 重点与难点**

（1）重点：掌握1-2-2区域联防战术在边角区域进行攻击性的紧逼夹击防守。

（2）难点：在防守过程中防守队员随球转移过程中，在强弱侧的协调防守移动。

**5. 练习方法**

（1）球在罚球弧顶时的防守配合

球在①时，X1上前防守，X2、X3选位防止②、④接球，X4顶防④；①传球给②，X2上前防②投篮突破，并干扰其向内线传球，X4侧前防④，X3下移兼顾对③的防守，X5则绕前防守⑤，如果②投篮，则X4、X5、X3抢篮板球。（图6.2.21）

重要提示：防守关键环节是对持球人的紧逼防守，不让其向内线传球，中锋队员可绕前防守。异侧防守队员要积极移动，保持人球兼顾的防守姿势及合理选位。变化后的防守位置如图6.2.22所示。

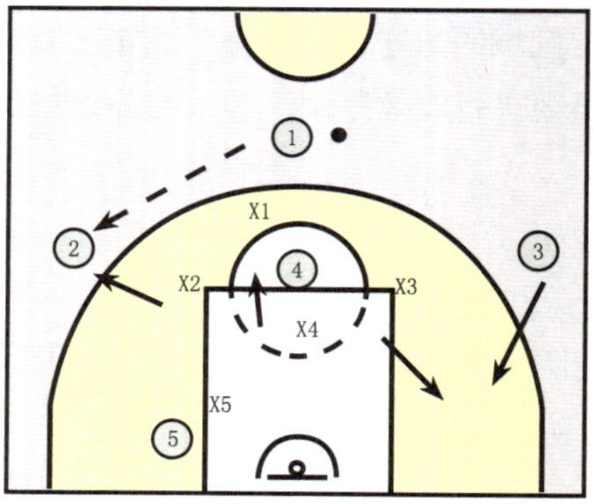

图6.2.21

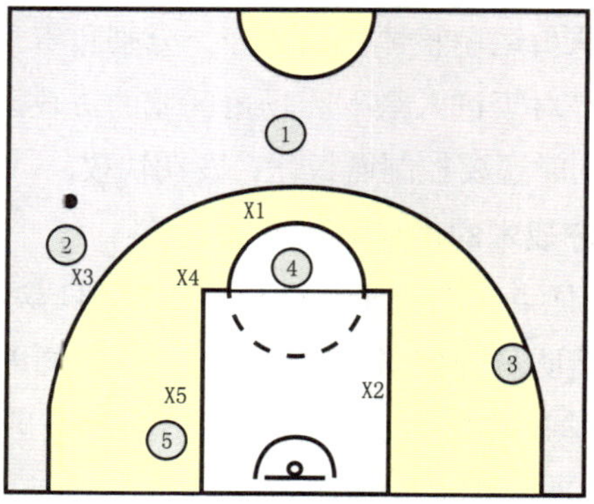

图6.2.22

（2）对逼向场角运球队员的夹击防守配合

见图6.2.22，②接球后，沿右路向底线运球突破，则X3逼防②，使其减缓运球突破速度，并向夹击点×移动；X4在②运球至场角时，上前夹击②（图6.2.23）。在X3、X4对②形成夹击时，X5则要及时后撤，并快速绕前防守⑤，阻止⑤接球，X1则阻挠①接球，并随时准备抢断②传给①的回传球。X2则随时调整防守位置，准备抢断②传给③或④的球。若X1抢断到

球，立即运球突破上篮，X2跟随快攻上篮。（图6.2.24）

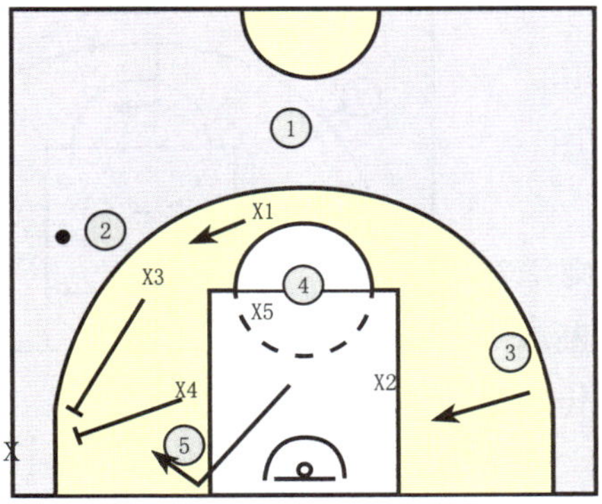


图6.2.23

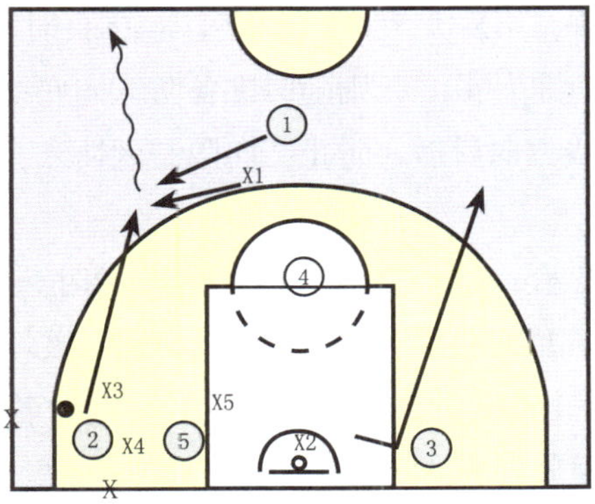


图6.2.24

（3）对逼向底线运球突破队员的夹击配合

②持球，沿右路向底线运球突破，X2逼防②，使其减缓运球突破速度，并向夹击点×移动；X4则在②运球至场角时，上前夹击②，X5贴防⑤，阻止其接球。X3随着X4迎上夹击运球队员②时立即后撤篮下，占据球与④之间，阻止④接球（图6.2.25）。在X3、X4对②形成夹击时，X5则要及时阻止⑤接球，X1则阻挠①接球，并随时准备抢断②传给①和③的传球。轮转换位后的防守位置，如图6.2.26所示，阵型为2-2-1。

重要提示：防守队员要按顺时针方向进行轮转移动，逐步并迅速按区域防守的位置换区防守。特别注意防守篮下的位置，在换位过程中要主动喊话提醒，而且篮下的队员要随时提醒外线队员防守移动，相互间协调配合。形成夹击后，则要随时准备抢断球，做到“人动，球动”“球动，人动”，保持人球兼顾的防守姿势。

图6.2.25

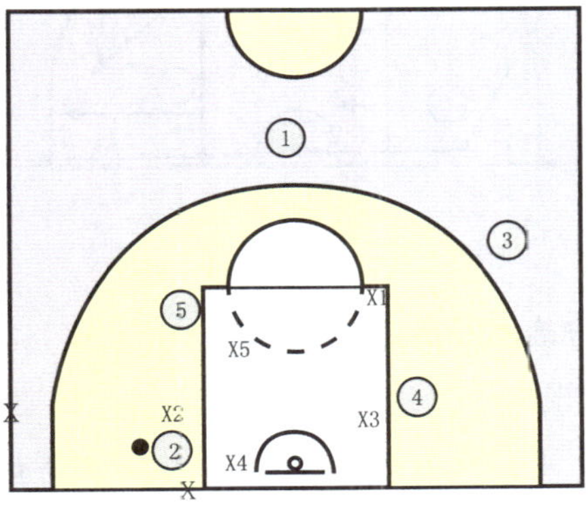


图6.2.26

（4）对低策应位持球中锋的夹击配合方法

①传球给③后，X3上前防守③的进攻“三威胁”。X5向中轴线移动，X1随球后缩横动，

X2则右移至中轴线附近。若③接到球后传给④，X4全力防守④，并不让④从底线突破，X3则随球移动至④面前协防④，当X3见到④已被X5、X4围夹时，X3立即上前与他们围夹④，X5则随时准备防⑤向底线空切，X2则向底线方向后撤，防止②向限制区插入。（图6.2.27）

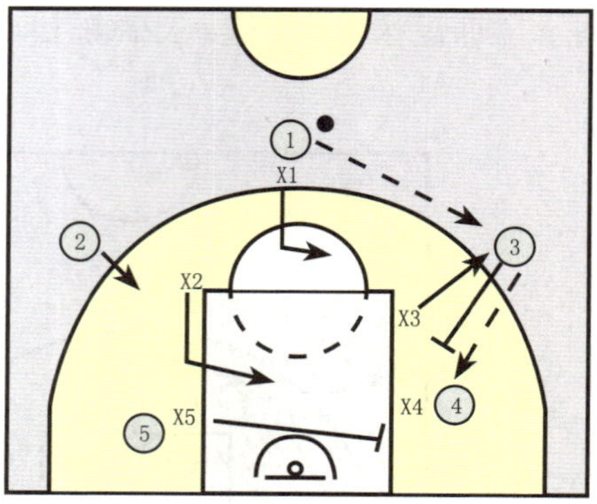


图6.2.27

重要提示：X3、X4、X5在夹击④时，应高举双臂，将④夹围，不可推人造成犯规，以至破坏了断球机会，X2、X1要阻止②将球回传给③，此时若回传球给③，则会因另一侧防守薄弱而造成防守失败。

（5）防守进攻队员溜底线的配合方法

当①传球给③时，X3应上前防守；②纵切限制区篮下，溜底线至另一侧场角，此时的防守方法是：当②经过⑤位置时，X5可以先阻挡⑤，并通知X4，当②跑动至场角时。X4紧随阻止②接③的传球；X5在X4越出防守②时，及时防守④，X2后撤，挡在⑤身前，阻止其接球；如果要进行夹击，则X3与X4对②进行夹击，X5要果断绕前防守④，阻止其接球，X2准备抢断②传给⑤的高吊球。X1则移动选位，准备抢断②给③的传球，进行快速反击。（图6.2.28、图6.2.29）。

图6.2.28

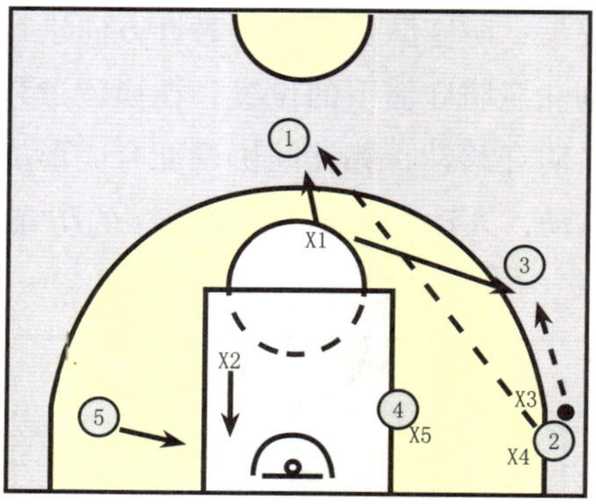


图6.2.29

## 6. 防守战术配合细节与要求

（1）根据1-2-2区域联防的队形，将速度快、灵活、善于抢断和反击速度快的队员布置在第一、第二线防守；将身材高大、善于补防、篮板球拼抢能力强的队员布置在限制区两侧。5名队员要分工负责各自区域的防守，同时还要前后、左右相互呼应，协调行动，既有个人的防守，也要兼顾相邻同伴的协同。在形成局部防守的基础上，完成全队防守，即“点-线-面”相结合的整体防守。

（2）以防球为重点，随球的转移而变换防守位置。同时对于进入自己区域的持球队员要积极干扰其持球进攻行为并阻止其向内线传球，做到人球兼顾。

（3）防守队员必须在建立防守区域的同时，还要明确越区域防守的概念。在自己负责的区域积极阻挠进入该区域的进攻队员接球，将其阻截在区域之外；当邻近区域的同伴移动走之后，要及时进行补位协作防守。

（4）防守无球队员时，控制接球路线，占据有利位置，迫使接球队员向远离球篮位置移动。防守离球远的队员，要适当向有球侧移动，通常情况下移动至中轴线附近；对于横穿限制区接球的队员，要积极阻挡其接球路线，特别是阻止其在限制区内接到球。如果离开自己的防区，则要“护送”其进入下一区域，并及时告知同伴。

（5）防守中锋队员要采用主动绕前和侧前防守。当球在一侧、中锋横向从限制区移动接球时，要堵截其移动路线；如果中锋向底线运球，则准备在夹击点进行夹击。在进行防守时，防守队员尽可能围绕中锋进行轮转换位，切忌在轮转防守后，变成以小防大的局面。

**7. 训练要点**

（1）在教学训练过程中，可先以2-1-2联防为基础进行防守练习，然后再进行1-2-2联防训练。因为就落位形式方面而言，2-1-2联防的优点是队员间落位分布较均衡，队员相互之间的距离较近，便于队员间的呼应和协作，容易由线的联系到防守面的形成，更容易掌握。

（2）全队组合防守训练时，按顺序先进行5人随球移动防守，后练防守进攻队员穿插跑动，再练随球移动和防守进攻队员穿插移动的防守；先在消极进攻的情况下，后在积极进攻的条件下进行防守。

（3）在掌握了区域联防的战术之后，要将抢篮板球、发动快攻以及进攻转入防守战术有机地结合起来；最后要在比赛实践中进一步检验防守战术运用的效果与质量。

## 思考题

1. 1-2-2区域联防防守有哪些特点？适用于防守具有哪些进攻特点的球队？
2. 如何使1-2-2区域联防防守更具有攻击性？举例说明。
3. 如果你是教练，如何训练1-2-2区域联防，有哪些具体步骤及方法？

# 第三节　全场紧逼防守战术方法与训练

## 一、全场紧逼防守概述

在任何一个级别的篮球比赛中，全场紧逼防守都是一个可怕的武器。有的教练会偶尔在比赛中采用它，有的会整场比赛都采用它。更多的教练是在比赛的不同情况下，采用不同的全场紧逼阵型，利用全场紧逼防守的优势，来掌控对自己队伍有利的比赛节奏，从而达到赢球的目的。

全场紧逼防守是一种由攻转守时，防守方在全场范围内迅速布防，以个人攻击性防守技术为基础，结合全队协同配合，对进攻方破坏性极大的整体防守战术。其突出特点是：对重点区域及持球队员采用压迫式防守，主动实施各种攻击性防守手段（夹击、抢断、设置防守陷阱等），迫使对手失误或因慌乱而无法形成有效进攻的整体防守战术。

全场紧逼防守的主要目的：

1. 通过设置陷阱、夹击抢断球获得更多的球权；

2. 逼迫对手只能往后传球，延误进攻时间，造成后场的违例；

3. 打乱对方进攻节奏从而获得有利于自己队伍的比赛节奏。

在本章节中，我们将采用“强侧”和“弱侧”的概念来对全场紧逼防守战术进行阐释。“强侧”和“弱侧”的概念是美国人鲍勃·奈特最早在他的《Let’s Play Defense》一书中使用的术语。即假设在球场上两个篮筐之间连接一条线，称为中轴线，有球的一侧即为强侧，而无球的一侧即为弱侧。

## 二、全场紧逼防守战术的优点和缺点

优点：不给进攻队员任何喘息的机会，打乱对手的进攻节奏，提高队员士气，获得更多的球权并且能够快速反击从而轻松得分。

缺点：需要防守队员有充沛的体能和默契，一旦紧逼不成，容易使对手轻松得分。

## 三、全场紧逼防守战术的运用时机

1. 进攻得分时，攻转守的情况下；

2. 进攻方在后场端线发球的其他情况。

## 四、全场紧逼防守战术的分类

全场紧逼防守可分为全场人盯人紧逼防守和全场区域紧逼防守两类。

## （一）全场人盯人紧逼防守战术

全场人盯人紧逼防守战术即在进攻转防守时，防守方在全场范围内进行的对位人盯人的全场紧逼防守。其目的是使进攻队感觉到场上没有可以传球的地方，迫使控球队员全速运球从而失去控制，造成运球或传球的失误；延误进攻时间，造成违例；给对手压力，控制比赛节奏。

全场人盯人紧逼防守的缺点是在攻守转换时不能够迅速找人对位，导致漏防，而让进攻方轻易得分。其防守原则和方法与半场人盯人防守相同，只是将范围扩大到了全场。（防守原则及方式详见本章第一节，人盯人防守）

## （二）全场区域紧逼防守战术

全场区域紧逼防守战术则是在进攻转防守时，防守方按区域快速落位，并有目的性地将进攻持球队员引入陷阱区，对其进行夹击，形成局部的以多防少，迫使进攻方传球失误、违例等，从而获得更多的球权的极具攻击性的全场紧逼防守。

常见的全场区域紧逼防守战术落位阵型有1-2-1-1、1-2-2、1-3-1、2-1-2、2-2-1等，无论何种落位阵型都是以个人攻击性防守为基础，结合全队协同配合而进行的。许多时候，落位阵型会根据进攻的落位而发生变化，如1-2-1-1和1-2-2的阵型区别在于进攻有没有人快下，如图6.3.1、图6.3.2所示；或者1-2-1-1防守阵型中，当夹击形成时，就会变成2-2-1的落位阵型，见图6.3.3，X1和 X3进行夹击，X4和 X2切断所有的传球，X5保护篮下。因此在本节中，我们主要讨论1-2-1-1全场区域紧逼防守。

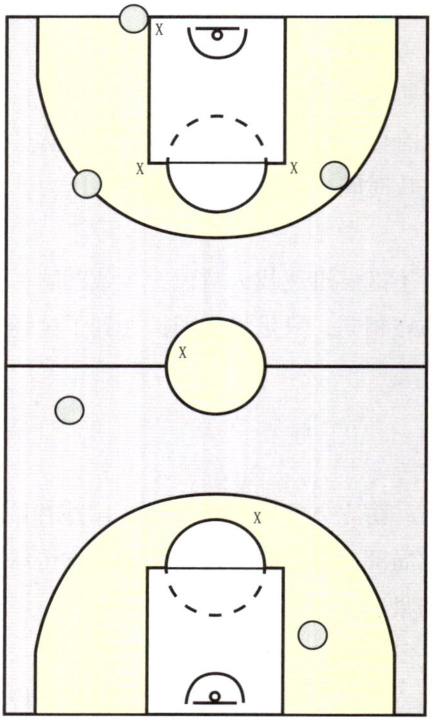


图6.3.1 1-2-1-1阵型

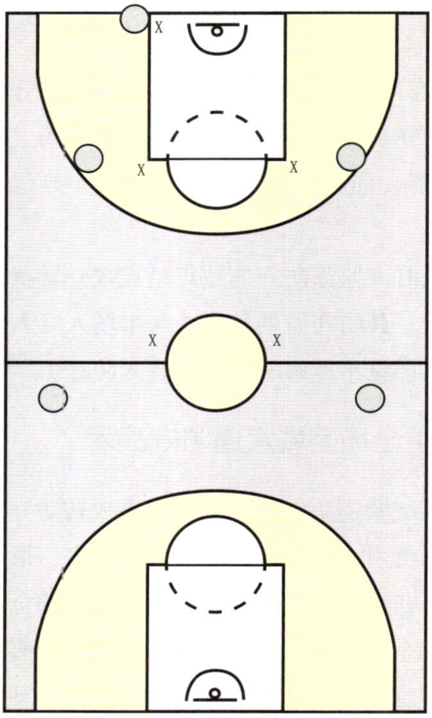


图6.3.2 1-2-2阵型

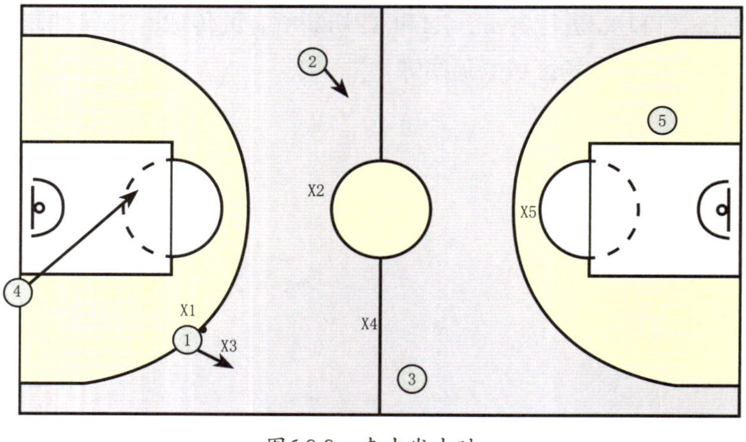


图6.3.3 夹击发生时

## 五、全场1-2-1-1区域紧逼防守

教练可以根据场上的情况、对手的控球能力和自己队员的防守能力，选择全场区域紧逼或3/4全场区域紧逼。

## （一）全场1-2-1-1区域紧逼防守方法

### 1. 紧逼发球人

（1）基本落位和人员要求

一般在限制区或由内线进攻得分时，可以采用紧逼发球人1-2-1-1区域紧逼防守，如图6.3.4所示。

防守落位：

①移动能力最强的大前锋在第一线紧逼发球人（X4）；

②体能最强的锋线队员落在左边（X3）；

③另一名锋线队员落在右边（X2）；

④后卫队员落位在中场线附近（X1）；

⑤大中锋落位在最后（X5）。

这是基本的落位区域，教练应该根据自己队员的防守能力进行人员配备。当进攻得分后，每个队员都应该在自己负责的区域内找到防守的人。每个队员在自己的区域内进行对位防守，阻止对手发球进场。

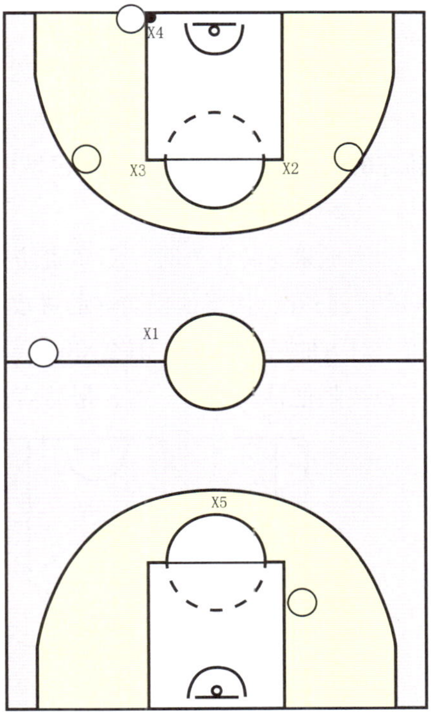

图6.3.4 紧逼发球

（2）防守方法

防守发球人的X4必须在发球队员的面前进行干扰，迫使发球队员传球偏失。如果发球队员沿底线移动，X4要像影子一样跟着干扰他，直到球发进场。我们希望X4几乎踩着底线来移动干扰发球人，给发球人最大的心理压力和干扰，但是要避免遭到裁判员的警告。

X3和X2必须与进攻队员肩对肩地防守，并且要人球兼顾，判断发球人的传球意图。X3防守的一般是后卫队员，在发球队员的正面准备接球，那么X3一般选择落位在靠近左边边线的位置。X2也落在他防守的队员的左边，并遵循人球兼顾，球远则松、球近则紧的防守原则。

每个防守队员都不允许球发进自己的区域，每个队员都落位在人球兼顾的位置上。X1防守在靠近球侧的中场附近，剩下另一名进攻队员由X5来防守。

### 2. 不紧逼发球人

（1）基本落位和人员要求

一般在中距离或远距离进攻得分后，可以采用不紧逼发球人区域紧逼防守战术，如图6.3.5所示。

防守落位：

A. 后卫队员落在左边（X1）；

B. 体能最强的锋线队员落在右边（X2）；

C. 另一名锋线队员帮助X1和X2防守（X3）；

D. 移动能力最强的大前锋落在中场线附近负责夹击或抢断球（X4）；

E. 大中锋落位在最后（X5）。

这是基本的落位区域，X1、X2和 X3均为外线防守队员，他们的位置可以根据进攻的落位情况及个人的防守能力相互替换。当进攻得分后，每个队员都应该在自己负责的区域内找到防守的人。每个队员在自己的区域内进行对位防守，阻止对手发球进场。

（2）防守方法

当不紧逼防守人时，X1负责防守强侧的区域，X2负责防守弱侧的区域，X3的任务是帮助X1和X2防守，使得他们防守的进攻队员接球更困难，如图6.3.6所示。一般来说，X1会在左边防守对方的后卫队员，那么X3就会在这个区域帮助X1防守。如果发球队员沿底线移动，那么X3也要随他移动到另一边，帮助X2进行防守，使得发球难度增加。

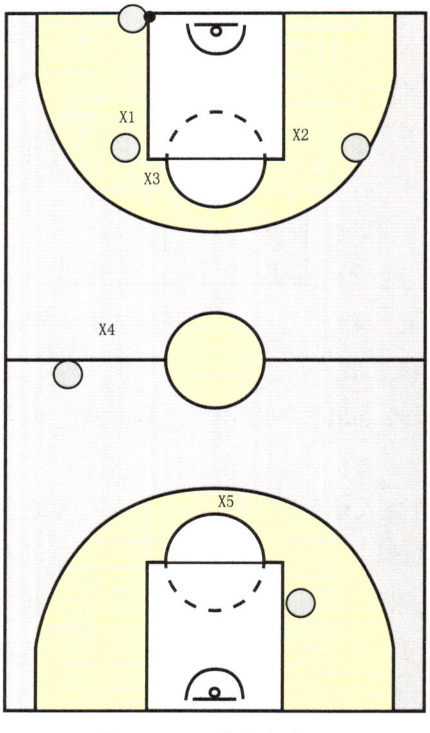


图6.3.5　不紧逼发球

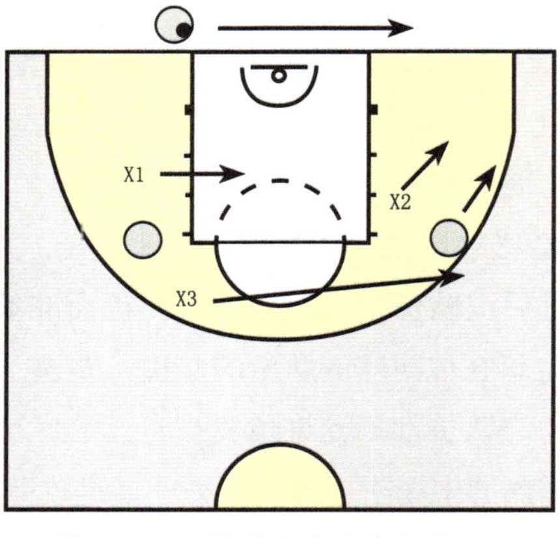


图6.3.6　不紧逼发球防守方法

### 3. 发球进场后的对位

球一发进场，防守应该即刻找到自己的防守人，并进行紧逼防守。但是在紧逼发球人的这种方式时，如果发球进入死角（图6.3.7），靠近边线和底线的位置，X4应立即上去夹击持球队员。

采用紧逼发球人这种方式时，发球进入除了死角以外的任何区域，X4都应该回收，回收到罚球线以下（图6.3.8），即与球平行的从左边边线到右边边线的一条假想线。

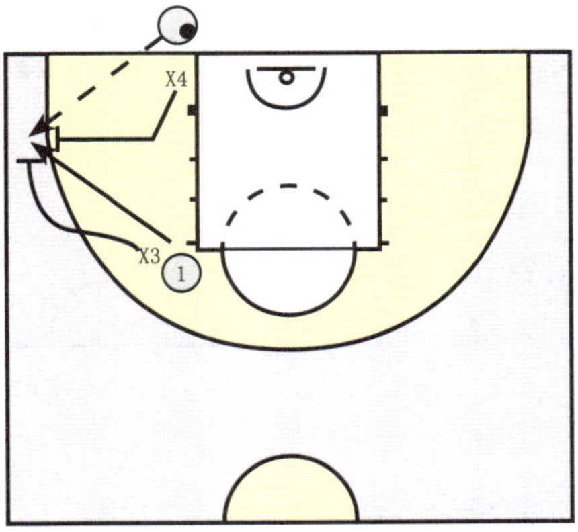


图6.3.7　死角夹击

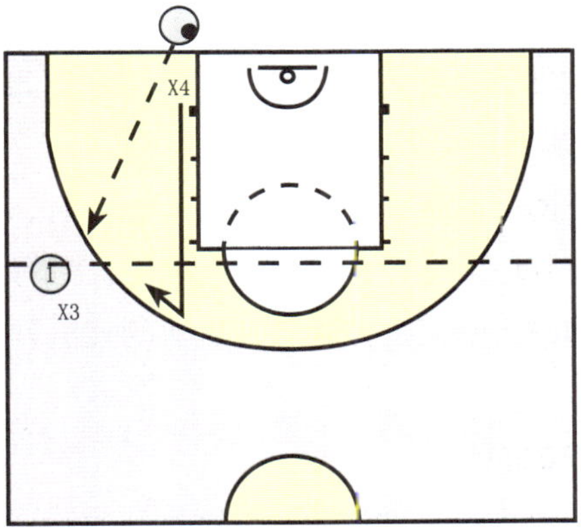


图6.3.8　回收防守

在不紧逼发球人的情况下，当球发进场，X1、X2、X3中任何一个没有准确对位的队员就去防守发球进场的进攻队员。

**4. 设置陷阱**

在策划任何一种区域紧逼防守夹击时，场上都有一个理想的陷阱区，如图6.3.9所示。这些陷阱区使得防守方可以最大限度地利用边线、端线和中场线的优势及规则。

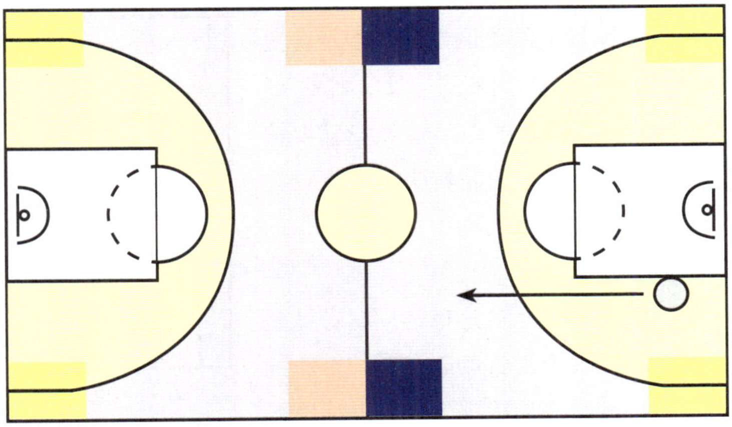

图6.3.9　夹击陷阱区域图

任何一种区域紧逼防守的目的都是迫使进攻持球队员全速往边线运球，并进入夹击陷阱。一般来说，当持球队员加速运球而近乎失去控制时，会由离他最近的突破方向上的防守队员对他进行夹击。如图6.3.10所示，X1和X3对持球队员进行了夹击。

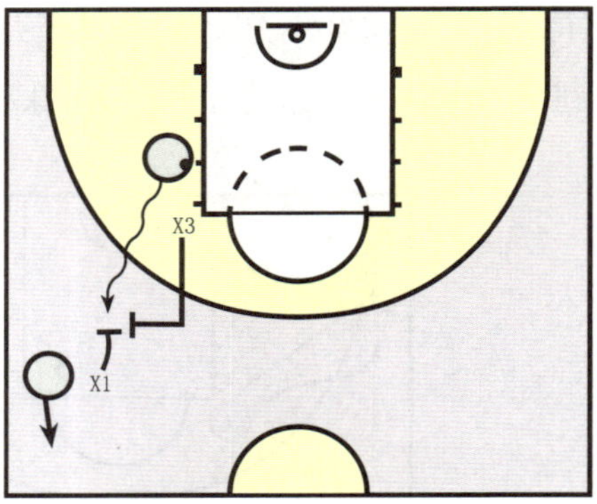

图6.3.10　边线夹击

必须让防守队员明白，在紧逼持球人时，如果持球队员是有控制地运球，夹击是很危险的，只有当持球队员加速运球或几乎失去控制时，迅速的夹击方是最有效的。

**5. 防守的轮转**

许多的教练在教紧逼防守时特别注重防守队员的轮转和补位。其实，当夹击形成时，其他队员希望能够抢断球的天性是与生俱来的，因此太过于具体的轮转规则不但不能够加强队员轮转的效率，反而会影响队员的判断力和快速的反应能力。如图6.3.11所示，当X1和X 3对持球队员进行夹击时，谁来轮转补防②呢？是X2 还是X5呢？

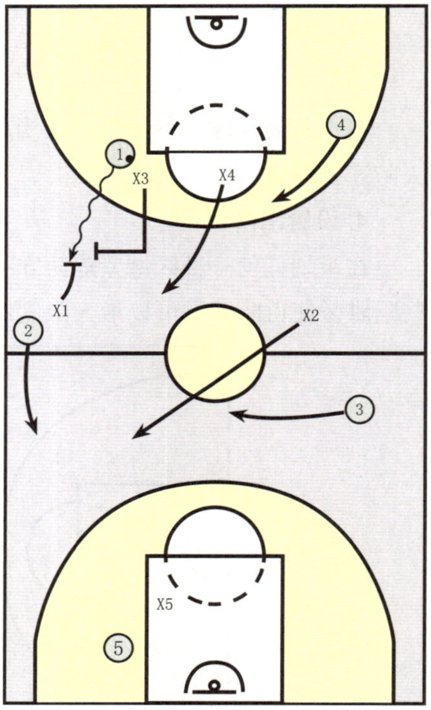

图6.3.11　夹击轮转

事实上，X2 和X5都可以进行夹击，这就要求场上队员要互相默契配合，根据场上的不同情况，谁补防更快或者更有效，谁就去防。如果X2来防守②，那么X5就负责篮下的区域；如果X5来防守②，那么X2就要快速轮转负责篮下的区域。不管是谁去轮转防守②，X4在中路的防守都非常重要，他负责任何向中路心脏地带的传球。

因此我们要牢记，进攻持球队员运球的同时，就是夹击开始的信号，在突破路线上最近的队员要与跟防的队员进行夹击。在任何区域，当形成夹击时，其他三名防守队员要切断三个方向的传球路线，即向前纵向的、中间地带的和篮下的传球，持球队员只能向后传球。所有的防守队员都应该在罚球线以下，在三防四的情况下，根据自己的判断和场上的具体情况，遵循近球紧、远球松的原则来进行轮转是最有效的。

## （二）1-2-1-1防守训练步骤和方法

**1. 第一步：讲解、演示整体战术**

在决定使用1-2-1-1全场紧逼防守的第一天，就要让队员清楚地了解这种防守的整体防守方法和概念，优点和缺点。可以使用战术版来讲解，也可以使用多媒体教学工具、视频资料等来进行战术的讲解。

另外，还要让队员了解一些关于紧逼防守的规则：

（1）界外球发球时间是5秒；

（2）进攻队员持球时，在夹击或者紧逼防守的情况下，不可以持球超过5秒钟；

（3）进攻队必须在8秒钟之内将球推进到前场；

（4）一名进攻队员不可以冲撞一名已占据有利位置并保持身体静止的防守队员，否则会被判进攻犯规。

**2. 第二步：分解训练**

训练之初，要让所有的队员明确语言交流的重要性，包括个人防守在内。练习中，要遵循从易到难，从个人基本防守开始到2～3个人的夹击防守练习，直至全队整体练习和实战。

（1）个人紧逼球技术练习

对球的压力是全队紧逼防守的关键所在。对持球的队员一定要施加压力，目的是让持球队员快速运球而失控。只有当我们给球施加足够的压力，并且阻止所有的传球，进攻队员才会疯狂运球。我们要做的不是影响球，而是要紧逼球。

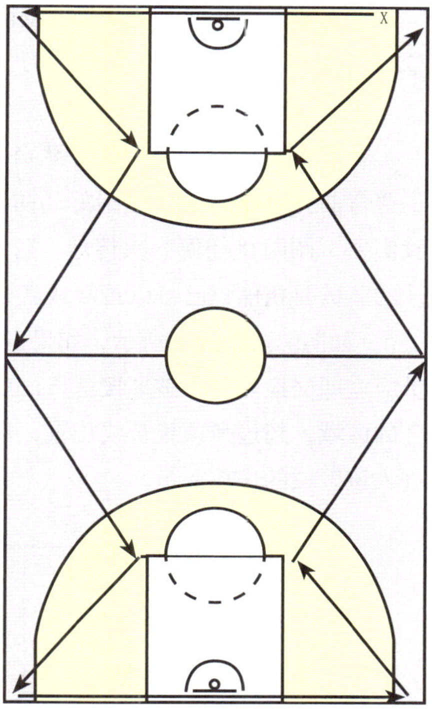


图6.3.12　“照镜子”练习

“Z”字形滑步练习，如图6.3.12所示。

A. 练习目的：提高个人防守紧逼能力

B. 练习方法如下：

练习1：如图6.3.12所示，队员在右边底角开始，面向底线，背对场地，双手背在背后进行滑步练习。沿底线向左滑步，当左脚踩到底线与边线的交叉点时变向滑步，向右滑步到罚球线与限制区的交叉点时再变向，向左滑步到中场线与边线的交叉点，再变向，以此类推，进行滑步练习。

图6.3.13　封堵练习

练习2：队员在底线外列队进行，两个人一组，一攻一防，进攻队员持球。进攻队员“Z”字形运球，防守队员跟防，堵住运球路线。到中场线攻防队员交换。

练习3：如图6.3.13所示，开始和练习2一样，但是当进攻队员运球2～3次后，收球，双手举球挥摆，防守队员即刻贴身防守，双手干扰球并随球移动，阻止进攻队员传球。进攻队员停球3～4次，防守队员每次都要以最快速度贴身防守，并干扰球；然后两个人交替攻守。

练习4：进攻队员正常进攻，尽最大能力突破防守队员，防守队员也尽最大努力，像比赛中一样防止进攻队员突破自己。可以到中场线时交换攻守。

C. 练习要点：防守注意正确的滑步姿势，手部始终保持攻击性。

个人紧逼防守能力是全场紧逼防守战术的最基本环节，更多的个人防守练习请参见第二章第二节、第三节，个人防守练习。

（2）防发球练习

在防守发球时，每个防守队员都应该将手伸出来，不低于他们的肩膀，像拳击手那样将手臂弯曲并且贴近身体是最好的防守姿势，这样的姿势有利于快速地移动和干扰球。另外，我们要试图阻止任何一次传球，防发球的队员要相信自己能够破坏发球队员的发球，而防接球的队员要相信自己可以抢断或者干扰每一次的传球。

如图6.3.14（a）所示，如果进攻的两个队员想通过掩护或交叉跑动来摆脱接球，防守队员应立即交换防守，破坏接球点。如图6.3.14（b）所示，如果X3或者X2防守的队员离开他防守的区域，超过弧顶延长线位置，那么X3或者X2就不再防他，而是移动到中间重新搜寻新的进入该区域的进攻队员。

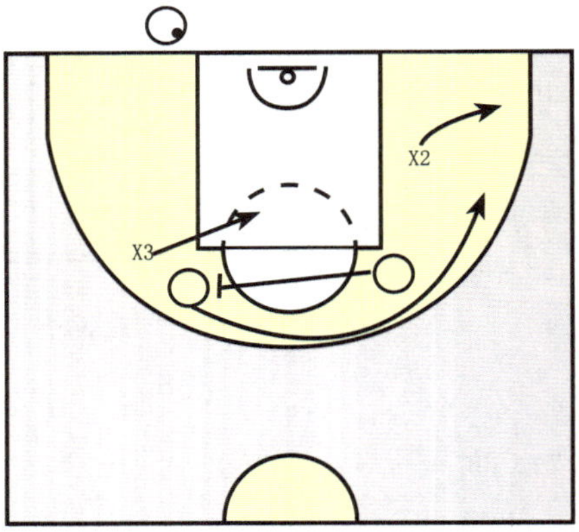


图6.3.14　区域职责(a)

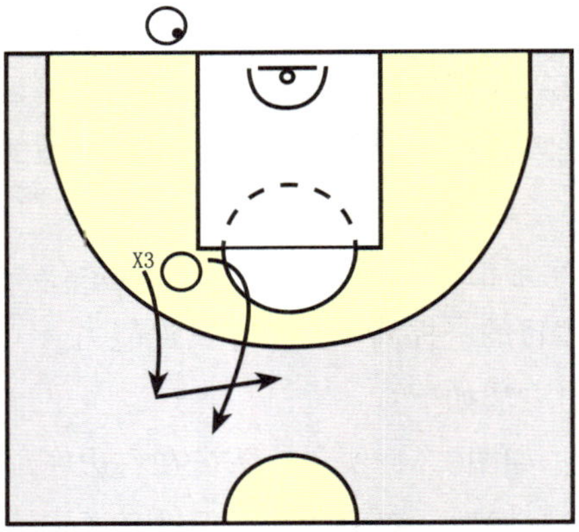


图6.3.14　区域紧逼防发球(b)

二对二防发球练习，如图6.3.15所示。

A. 练习目的：提高防发球能力，并加强赶边接球的意识。

B. 练习方法：队员在边线列队，教练在底线拿球。攻守两组队员进场，强侧防守队员一进场就要利用自己的髋部和肘部和进攻队员对抗，给其压力，弱侧防守队员要注意适度松动，选择人球兼顾的位置。如果进攻队员相互掩护，防守队员要及时交换防守，破坏发球。

C. 练习要求：进攻方不能发高吊球；防守队员要人球兼顾，并且相互说话沟通，尽量不要犯规。

（3）紧逼夹击练习

练习1：原地夹击练习，如图6.3.16所示。

A. 练习目的：让队员掌握正确的夹击方法，

B. 练习方法：教练或者其他训练员将球传给进攻队员，两名防守队员立即上来封堵球，进攻队员持球挥摆，防守队员根据进攻队员摆动而积极移动，封堵传球，避免犯规。

C. 练习要求：此练习可以在场地的任何一个地方进行，防守队员要积极封堵球，避免犯规。

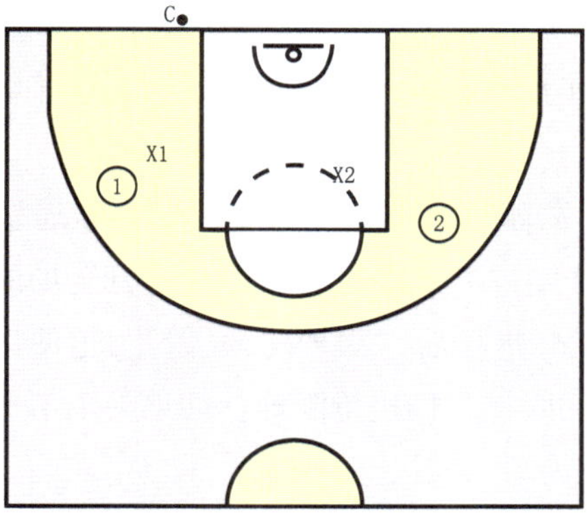


图6.3.15　二对二防守练习

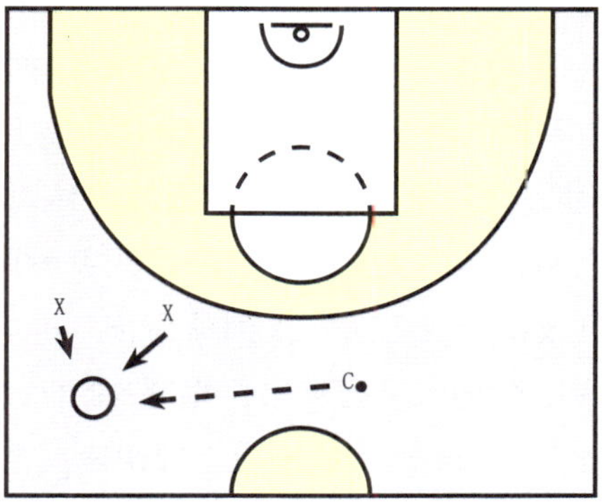


图6.3.16　原地夹击练习

练习2：行进间夹击练习，如图6.3.17、图6.3.18所示。

A. 练习目的：使队员进一步掌握行进间夹击的时机和方法。

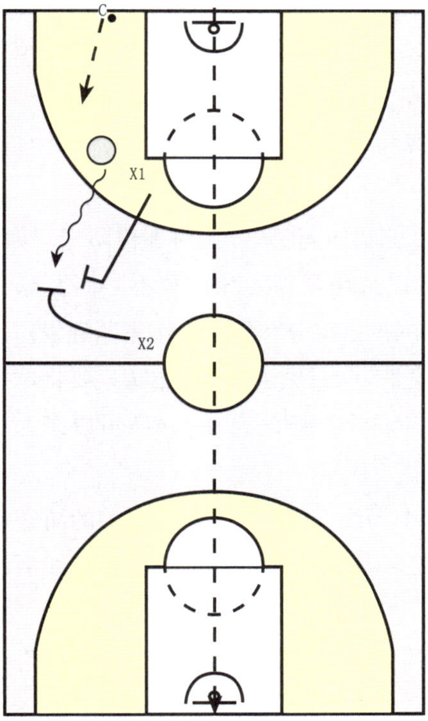


图6.3.17　行进间夹击练习

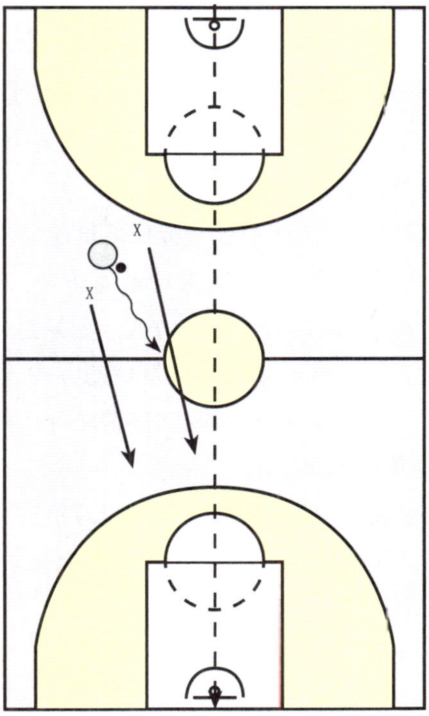


图6.3.18　夹击不成要迅速退守

B. 练习方法：此练习只允许运用场地的一侧。X1要迫使进攻队员往边线运球，X2伺机进行夹击。如果夹击失败，防守队员要迅速退回，进行半场的二防一对抗。

C. 练习要求：进攻队员可以配合防守进行练习，有意识地在中线附近停球，让防守队员体会夹击防守的时机和方法。防守队员要特别强调夹击的角度，不能让进攻队员轻易从两个防守人中间突破。

（4）局部组合及强化攻守转换意识练习

练习1：全场三对三练习，如图6.3.19所示。

A. 练习目的：提高队员夹击意识和快速攻守转换意识；进一步认识到人球兼顾的重要性以及提高在不同的情况下如何应变防守的能力。

B. 练习方法：全场三对三紧逼攻守练习，发球时的防守一样可以采取紧逼发球人和不紧逼发球人两种站位方式。确定好使用哪种防守站位方式即开始练习，进行全场的三对三攻守，直到进攻得分或者防守抢到球为止。进攻发球进场后，X1要尽最大努力迫使进攻队员①向边线运球，X3伺机进行夹击，X2密切注意①的眼神，伺机抢断球。如果夹击不成，防守队员应立即退守；如果夹击成功应立即快速反击。

C. 练习要求：强调防守的攻击性，尤其是在选择不防守发球人的落位时，夹击场内接球队员。

练习2：全场四对四循环练习，如图6.3.20所示。

A. 练习目的：提高队员防发球、夹击意识和快速攻守转换意识。

B. 练习方法：队员4人一组，分成A、B、C三组，如图落位。A队在后场弧顶拿球开始进攻，B队防守。B队两个人在限制区附近进行防守，另外两个人在中场线的两端一边一个。当进攻队员运球推进或传球过中场线时，在中场线两端的防守队员方能入场，并且要触摸中圈的地板才能开始进行防守。

如果A队投失，B队抢到篮板球后迅速反击，C队如同B队开始时那样防守。如果A队进攻得分，B队底线发球，则A队进行紧逼防守，可以采用紧逼发球人和不紧逼发球人这两种方式，主要取决于A队最后的得分方式。如果是外围投篮得分，那么采用不紧逼发球人的方式；如果是篮下得分，那么采取紧逼发球的方式。但是A队只紧逼半场，B队只要将球推进过中场线，A队即不允许再防守，由C队接替防守。由于这个规则的存在，A队可以毫无顾虑的紧逼防守发球的B队。

B队如果破了A队的紧逼防守，将球推进过中场线，C队还是按最开始的防守规则进行防守，两名队员在限制区附近防守，另两名队员在中场线的两端，球一过中场线后，触摸中圈的地板后加入防守。

C. 练习要求：可以有一定的分数要求，先达到的队休息喝水，其他队可以进行一些惩罚性的练习，如折返跑。

有时这个练习对抗性会很强，队员之间会发生冲突，因此教练必须要求队员合理地运用防守技术及规则，督促队员们攻击性防守，不断地引导队员进行紧逼防守。

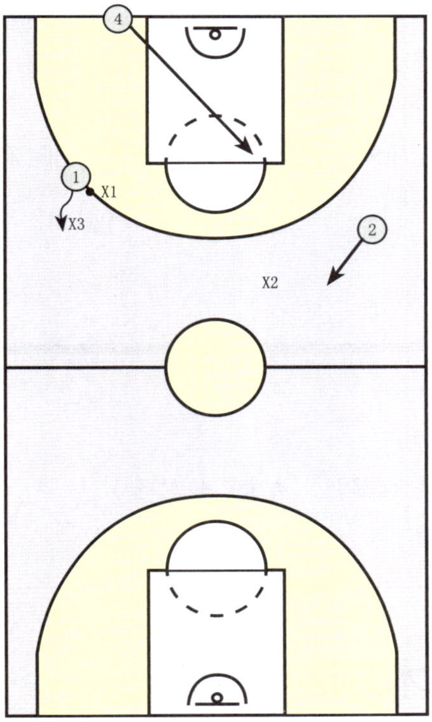

图6.3.19 全场三对三练习

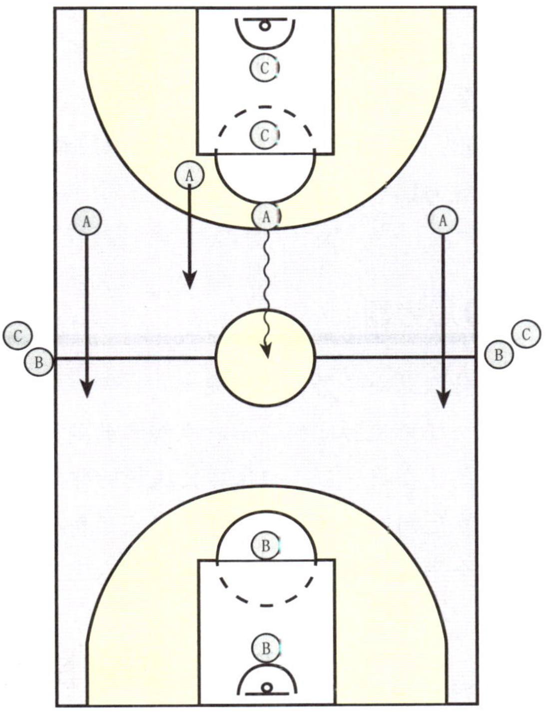

图6.3.20 全场四对四循环练习

**3. 三步：综合练习**

练习1：全场五对五紧逼练习。

A. 练习目的：综合提高队员全场紧逼防守的意识和能力。

B. 练习方法：每次都可以由进攻发底线球开始，如果紧逼不成防守立即退守，直至进攻得分或防守抢到篮板球结束；如果防守紧逼抢断球，立即防转攻进行反击，直至进攻得分或防守抢到篮板球结束。

在练习中，教练应根据场上出现的情况及时暂停，纠正可能发生或已经发生的错误。

C. 练习要求：防守队员要注意力集中，相互沟通，先声夺人，防守要具有攻击性、压迫性。

**4. 第四步：实战**

在教学比赛或其他比赛中实战运用，提高全队全场区域紧逼的质量。

## 六、全场紧逼防守战术教学要点

1. 始终要牢记紧逼持球人，给球最大的压力；

2. 必须遵循的原则：不允许对手将球传到中路；严防对手从包夹中突破；在规则允许的范围内积极主动，避免犯规；

3. 防守中要注意观察持球队员的眼神，预判其传球意图，伺机抢断球，并加强沟通，先声夺人；

4. 如果紧逼防守被突破，应立即回防，回防的移动应该是球离开传球人手的一刻，而不是另一名队员接到球的时候；

5. 确保每个队员有充沛的体能和勇敢顽强的意志品质，在比赛中始终能够弯下腿来进行防守，注意力集中。

### 思考题

1. 什么是全场紧逼防守战术？
2. 全场紧逼防守的突出特点和目的是什么？
3. 阐述全场1-2-1-1区域紧逼的防守方法？（包括落位、夹击、轮转等）
4. 在运用全场紧逼防守战术时应了解哪些规则？
5. 全场紧逼防守的教学要点是什么？

## 第四节　防守快攻战术方法与训练[1]

防守快攻战术是现代篮球防守战术系统的类型之一，指比赛中由进攻转入防守时，用于阻止和破坏对方使用快攻的防守战术。防守快攻战术是防守战术系统中重要的组成部分。现代篮球运动中，由于比赛速度不断加快，因此大力提高防守战术质量和深入研究防守快攻战术的打法就显得越来越重要。例如，对方抢到篮板球时，必须积极防守，在前场堵截其第一传的发动和接应，在逐步退防中，有组织地“堵中间、卡两边”、进行中场堵截，切断快下队员与接应队员的联系，破坏其快攻的各种战术基本配合；又如，要提高攻转守的战术意识和行动速度，提高以少防多的技能，最大限度地减少对方发动快攻的次数；再如，在上述基础上观察判断进攻队在快攻受阻时是否连续进行衔接段的打法意图，以便及时调整防守，迅速稳定和组织防守队形，有针对性地组织不同类型的阵地防守战术。

### 一、防守快攻战术的基本原则

1. 进攻队投篮后，有组织地全力拼抢篮板球，最大限度地减少对方球队发动快攻的机会。

2. 采取针对性较强的防守战术行动，及时、果断地封堵快攻发动与第一传球，如能在第一传和接应的过程中有效地扼制对方，是防守快攻的关键一环。通常采用封传球、堵接应、

[1]　节选自杨桦. 现代篮球战术[M]. 北京:北京体育大学出版社 2012.6.

伺机抢断、夹击、封堵第一传和一对一紧逼防守的方法。对方如是掷发界外球，首先要注意防长传快攻，再就是可采用放弃防发球队员用“二防一”的方法夹击接应队员。

3. 由攻转守时迅速退守后场，控制快下的进攻队员，同时还要控制中路快下的队员，要切实避免对方前后场的快攻传球联系，防止对方长传偷袭快攻。

4. 选择针对性防守队形，抢占有利的防守区域和位置，采用合理的防守技术和战术行动，积极进行“以少防多”，为同伴进入阵地防守争取时间。

5. 极力迫使对方快攻不成而转入阵地进攻。与此同时，迅速组织阵地防守，防快攻变为阵地防守时，务必避免衔接转换时出现漏洞，应变时的连续性和防守战术行动的不间断是其关键。

## 二、防守快攻战术的方法

### （一）封堵第一传和接应点

及时封锁和堵截对方发动快攻的第一传和接应，是防止和破坏对方快攻战术的关键。

**1. 封锁第一传**

封锁快攻的第一传，是全队整体防御的前哨阵地，是阻挠和破坏对方发动快攻的关键一环。封锁第一传一般在对方控制后场篮板球、掷界外球和抢断球时运用。

**2. 一对一紧逼防守**

靠近持球者的防守队员迅速选择较好的防守位置，对持球者采取一对一的紧逼防守，在技术动作上运用挥臂和身体姿势阻扰传球和控制进攻行动。（图6.4.1）

**3. 夹击持球队员**

靠近持球者的两名防守队员快速合围夹击持球队员，既封又堵，其目的是延缓或控制对方的进攻速度。（图6.4.2）

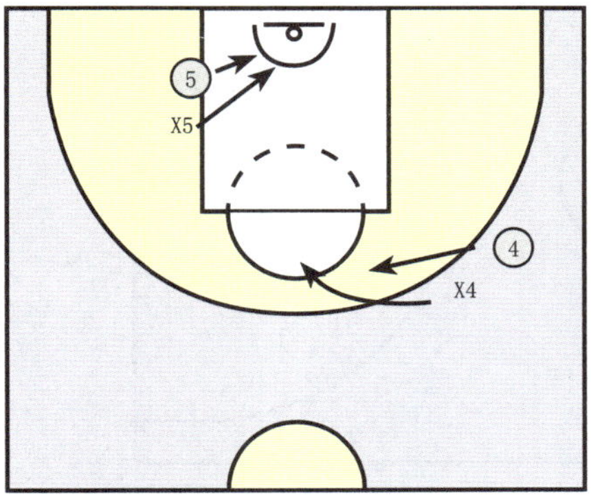

图6.4.1

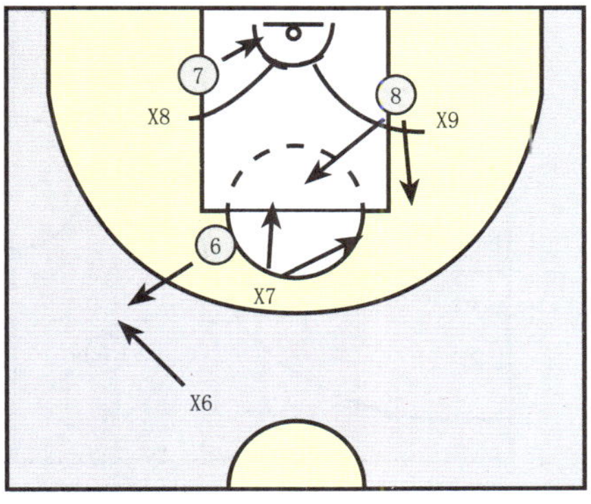

图6.4.2

#### 4. 封堵补防

当对方抢断球而又正是本队落位于最后排的队员上前封堵时，其他队员应快速轮转补防。（图6.4.3）

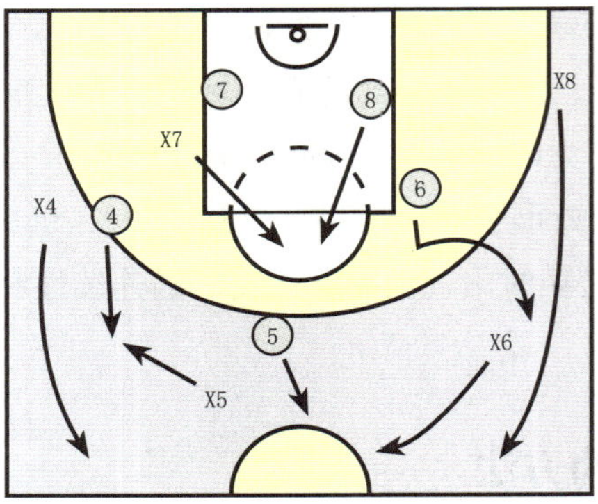


图6.4.3

#### 5. 堵截接应点

堵截接应点是阻挠和制止对方发动快攻的关键之一，因为它是对方快攻发动的最后一道防线，实战中常常是与封锁第一传结合运用的。

堵截接应点的基本方法有：（1）对方采用固定接应方式时，应抢占对方的接应点，截断接应队员与第一传的联系、控制其移动；（2）对方采用机动接应时，防守队员应迅速紧逼对手，进行全场紧逼人盯人防守，以干挠与控制对方任何一名队员的接应意图与行动，从而达到破坏和延误对方快攻发动和快攻推进的速度；（3）进攻队发界外球又无长传快攻的机会时，防守队应有两名队员及时夹击接应队员，在夹击中抢断球，并快速进行反攻。（图6.4.4）

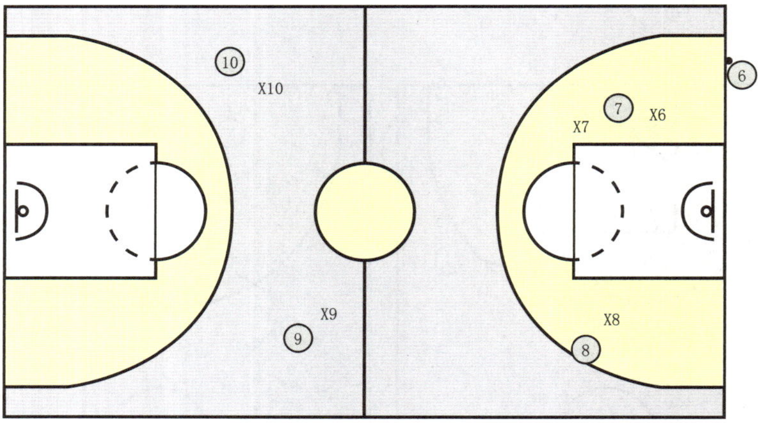


图6.4.4

## （二）防守快下队员

在进攻队员发动快攻时，防守队员应迅速做出战术行动，控制最先进入中场并向后场篮下空切的队员。防快下队员是中场防守和制止无法补防的长传快攻的有效方法。运用中要求防守队的后线队员一边观察、一边迅速快下，在兼顾控制中场的同时，积极运用退守领先抢占有利的路线和位置，并卡紧沿边线快下的进攻队员。（图6.4.5）

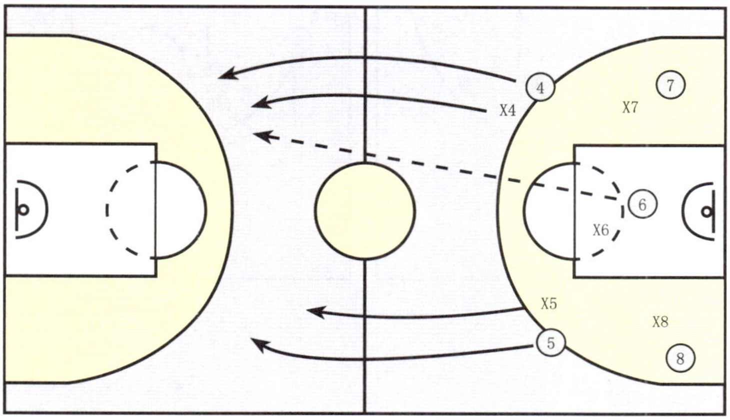


图6.4.5

## （三）提高以少防多的能力

防快攻时，在以少防多的情况下，要求防守队注意保护篮下，根据进攻队的进攻及时选择有利的防守位置，做到人球兼顾，并适时抓住对方攻击时的薄弱环节迅速做出战术行动，大胆运用攻击性防守破坏对方的进攻。

### 1. 一防二

出现一防二时，应根据对方的进攻位置，边防边退，选择有利位置，充分利用逼真的假意图和行动干扰对方，迫使运球能力不强的队员运球，从而造成对方的失误或延误进攻时机，为本队退防争取时间。

### 2. 二防三

防快攻战术的二防三配合有以下三种方法。

（1）两人平行站位防守

两人平行站位防守是指对方快攻进入结束阶段形成“以多打少”时，两名防守队员一左一右横向站位进行协同防守的配合方法（图6.4.6、图6.4.7）。它是后场“以少防多”时经常采用的配合方法之一，主要用于在限制区两侧以进攻为主、外围中距离投篮较准

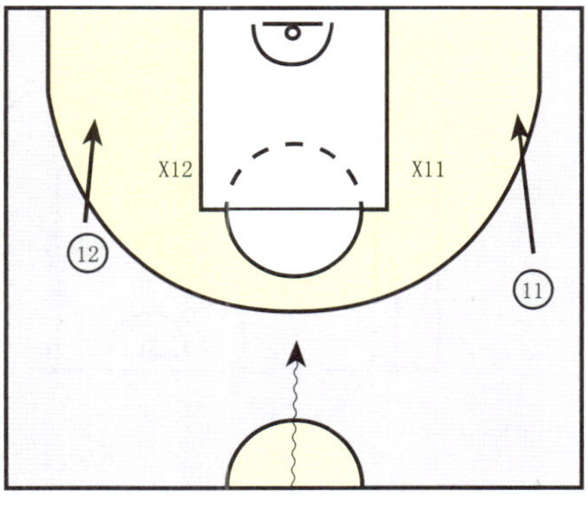


图6.4.6

而突破能力相对较弱的对手。运用平行站位防守时，要全力堵截对手切入两侧45度角地区接球投篮，而迫使其转向正面进攻，并兼顾控制篮下（图6.4.8）。运用时，它要求两名队员左右呼应，积极移动，前后兼顾，协同防守，严密控制对方切入两侧的有效攻击区。平行站位防守在攻守对抗过程中常常转化成斜线站位防守的队形。

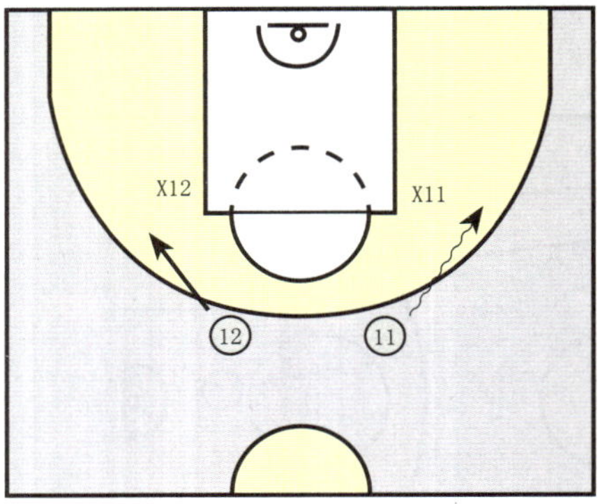


图6.4.7

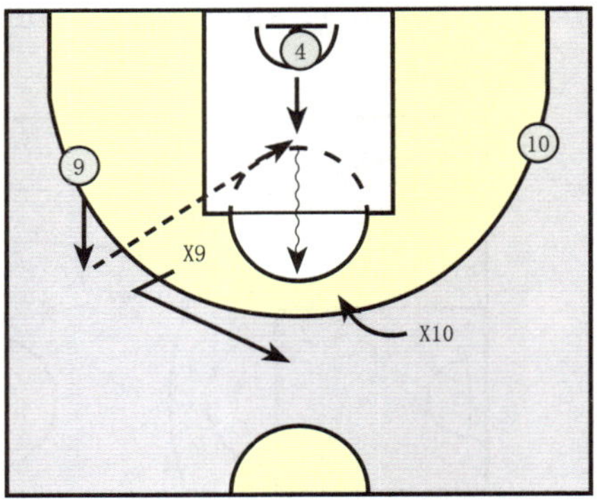


图6.4.8

（2）两人斜线站位防守

两人斜线站位防守是指对方快攻进入结束阶段形成“以多打少”时，两名防守队员左（右）前右（左）后斜向站位，进行协同防守的配合方法（图6.4.9、图6.4.10）。它是后场“以少防多”常用的有效配合方法之一，其特点是既机动又能兼顾限制区前后左右区域的防守，主要用于防守中路及两翼进攻实力平均或主攻方向不明显的对手。组织防守队形时，位于运球推进一侧的防守队员突前落位堵截，另一名防守队员斜向在后控制篮和异侧防区。在防守的过程中，防守队员要细心观察，敏锐判断对方的主攻方向和进攻特点，及时调整队形，采取针对性的防守手段，阻止对方的进攻。斜线站位防守在攻守对抗的变化过程中，经常转化成重叠或平行站位防守的队形。

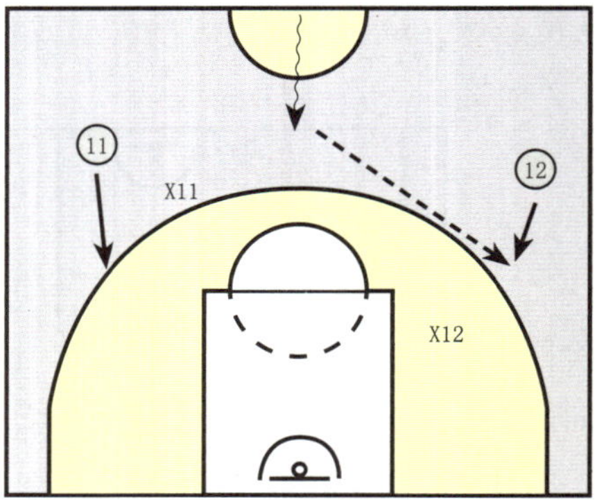


图6.4.9

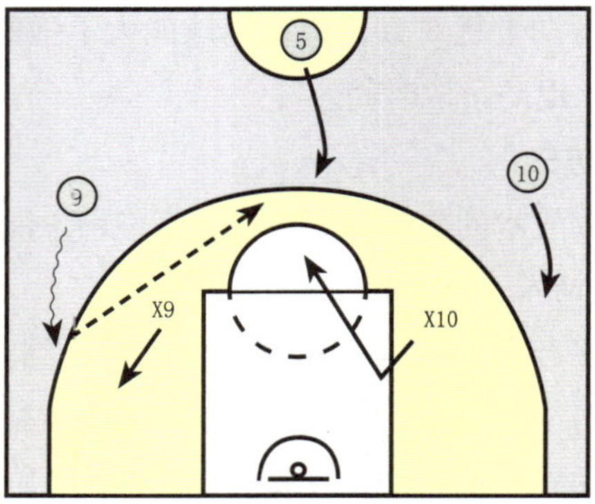


图6.4.10

（3）两人重叠站位防守

两人重叠站位防守是指对方快攻进入结束阶段形成“以多打少”时，两名防守队员一前一后纵向站位进行协同防守的配合方法。它是后场“以少防多”常用的配合方法之一，其防守的重点是篮下和限制区纵轴附近地区。该方法主要用于防守中路突破和篮下攻击能力较强，而两侧进攻相对较弱的对手。运用重叠占位防守时，要有意识地逼近对手，由中路转向两侧进攻，限制其特长的发挥，并时刻注意保护篮下。它要求两名队员前后呼应，在快速移动中左右兼顾，协同配合，加强有球一侧和篮下的防守。

## 三、防守快攻战术的教学与训练

（一）防守快攻的练习应采用分解练习法，逐步对防守快攻战术的各个阶段进行练习。

（二）在整个教学与训练过程中，应提高拼抢篮板球的技术和能力，以及提高防运球突破、补防、以少防多等防守技术和能力。

### 1. 三对三堵截快攻的发动与接应练习

当⑤控制篮板球时，X5上前挥臂封其传球路线，⑧、⑥为接应队员，X8、X6分别对⑧、⑥进行堵截。（图6.4.11）

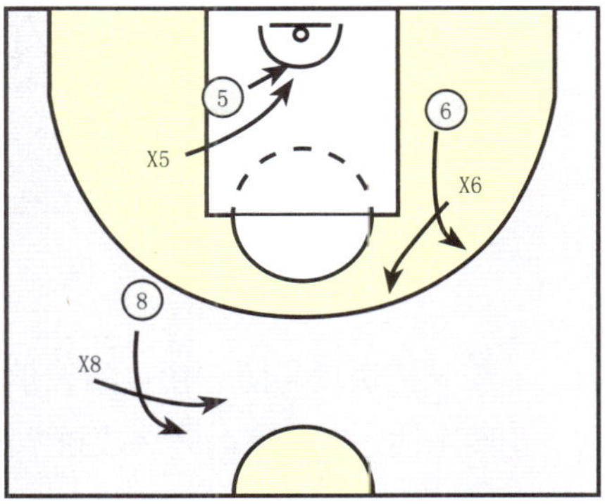


图6.4.11

### 2. 防守快下进攻队员练习

⑥将球掷向篮板，这时⑦、⑧沿边线快下，而X7、X8也随着快速退回后场。当⑥抢到篮板球时：长传给快下的⑦、⑧，要求X7、X8尽量断获对方的长传球。（图6.4.12）

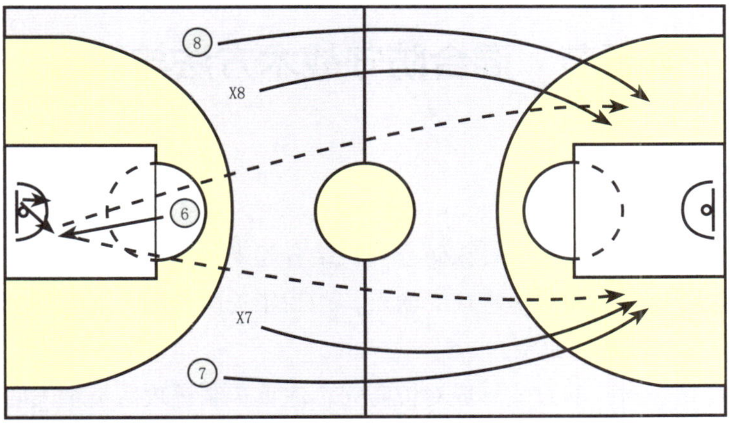


图6.4.12

### 3. 提高二防三的能力练习

练习开始时，⑦、⑧、⑨打快攻，X4、X5进行防守。进攻结束后，④、⑤、⑥打快攻，X4、X5继续进行防守。防守队员可以采用任何形式进行防守，但是必须注重质量。（图6.4.13）

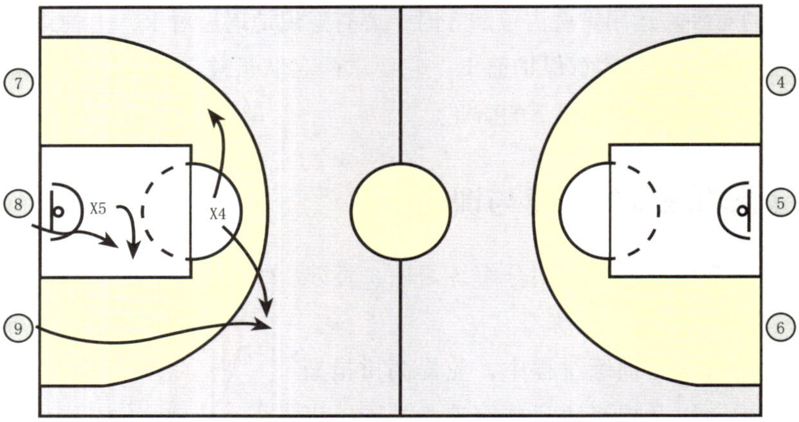


图6.4.13

（三）把快攻与防守快攻的教学与训练紧密结合，不断提高攻防能力和攻守转换的能力。

（四）注意在训练防守快攻技术的基础上发展队员的身体素质，力量和速度是最为关键的。

（五）通过教学比赛，不断提高防守快攻的质量和实战能力。

### 思考题

1. 防守快攻战术的方法有哪几种？

2. 试述防快攻战术的二防三配合的方法。

## 第五节　混合防守战术方法与训练

### 一、混合防守战术概述

混合防守是指把区域联防和人盯人防守有机结合起来运用的一种特殊的防守战术。为了对抗有个别强点或者充分利用对手进攻的弱点，1942年美国长岛大学队首创“一盯四联”防守战术，此为混合防守战术的原型。

人盯人防守是用一对一的方式形成对位防守，注重控制进攻队员个人的进攻；区域联防是用防区的方式更加注重发挥整体防守的作用。混合防守战术在对方有1～2个非常有威胁的得分点而其他球员相对较弱时非常有效，通过限制对方核心球员的发挥，扰乱对方的进攻部署，破坏进攻节奏，使其无法组织有效的进攻；也常在力求发挥防守队员特殊作用时运用。

## （一）混合防守战术的运用特点及难点

### 1. 特点

（1）针对性　根据对方的进攻特点，有效地阻止对方核心球员在进攻端的发挥，打乱对方的进攻布局。根据本方球员的能力和球队的防守特点，有效地布置防守。

（2）综合性　将人盯人防守与区域联防的方法结合运用。不同的队员使用不同的防守方法，并形成整体性的防守阵型。

### 2. 难点

人盯人防守与区域联防在防守理念、原则、训练方法与落位等方面有较大的差异，不同防守方法的有机整合有难度。由于参与联防防守人数的减少，增大了防守区域，增加了出现防守漏洞的可能性，联防队员之间的配合难度加大。对盯人和联防防守的个人战术意识、防守能力以及应变能力提出了更高的要求。

## （二）混合防守战术的作用

当球队的防守不足以赢得比赛的胜利，或作为一种防守战术的变化方式，在比赛的一定阶段内运用混合防守的战术能达到出其不意的效果。

1. 对方有1～2名得分能力或者控球能力特别强的球员，而其他球员的水平一般时，重点抑制核心队员的得分，掐断与其他队友的联系，使对方难以组织有效的进攻。

2. 本方有1名能够有效控制篮下区域的强力防守者，更好地发挥其防守作用，增加整体防守的效能。

3. 运用常规防守战术难以阻挡对方的进攻时，运用混合防守战术来打乱对方的进攻节奏，若运用恰当，在一段时间内能有效地限制对方的进攻。

4. 将混合防守作为一种战术方法纳入球队的防守体系中，在比赛中根据双方的态势合理运用，丰富本队的防守体系。

## （三）混合防守战术的类型

根据人盯人防守与区域联防人员配置，混合防守可分为：

1. 一盯四联：一人盯人、四人联防；

2. 二盯三联：二人盯人、三人联防；

3. 三盯二联：三人盯人、二人联防；

4. 四盯一联：四人盯人、一人联防。

就限制对方核心队员作用而言，常用的是一盯四联和二盯三联，就发挥防守队员特殊作用而言，常用的是四盯一联。

根据相对稳定落位的联防阵型，混合防守可分为：

1. 盒子阵型（方形）；

2. 钻石阵型（菱形）；

3. 三角阵型（3-1或2-1），倒三角阵型（1-3或1-2）。

这只是常见的防守阵型，实践中就出现过3人一字形落位的联防。具体采用何种阵型的联防，应根据攻守特点确定。

## （四）混合防守战术组织的基本原则

1. 在盯人与联防两种战术类型中，人员投入较少的战术类型是防守的重点。一盯四联中的盯人，四盯一联中的联防，既是防守的重点，又是防守的难点所在，应安排最能发挥作用的队员在此位置防守。如安排个人防守能力最强的队员防守对方的核心球员，安排防守控制面积最大的队员在篮下发挥作用。

2. 混合防守由两种战术方法组成，全队防守特别是负责人盯人防守的球员防守要坚决，防止出现一人漏人整条防线崩溃的局面。

3. 混合防守中防守位置的选择甚为重要，随时可能出现轮转换位的情况，还应运用协防、补防、换防等方法破坏对方进攻的配合。

4. 基本的防守策略是，以球为主，人球兼顾；以重点防守核心队员为主，兼顾他人。

5. 可能出现一时分工不清的情况，在联防时，对有球队员进行对位防守是必要的，但盯人与联防的队员应始终牢记自己的防守职责，一旦情况允许，则应恢复到原来的防守阵型。

6.混合防守将人盯人防守和区域联防有机结合在一起，球员应熟练掌握这两种防守的基本原则和方法，避免出现防守混乱。

## （五）混合防守战术的运用要点

**1. 对核心球员的盯人防守**

由于内线进攻队员活动区域较小，且内线队员的威胁普遍较大，即使在联防战术中，通常对内线进攻队员仍是对位防守。因此，混合防守中的盯人主要针对的是外线队员。

（1）进攻端开始牵制核心球员，消耗其精力和体力。进攻时球从核心球员一侧开始进攻，增加其犯规次数；对方采用联防战术时，把投手安排在核心球员一侧；若采用人盯人防守，让其防守的球员参与快攻。

（2）转入防守后，根据不同类型的核心球员，采用不同的防守策略。

对组织型核心：干扰其接球，限制其在习惯区域或进攻点接球，一有机会就上前紧逼。

对进攻型核心：限制其接球，破坏其习惯性打法，有针对性地防其投篮与突破。

对全面型球员：贴身紧逼，限制其接球；接球后立刻上前逼抢，迫使其向外线传球或向边路运球。

**2. 部分队员参与的联防**

（1）联防队员要了解自己的防守区域、移动范围和职责，根据人、球、区域的原则时刻调整自己的防守位置。

（2）对进入限制区的进攻队员，采取绕前、延堵、围守等方式，加强对内线的防守强度。

（3）要与盯人防守球员的防守节奏一致，积极协防、补防，限制对方核心球员的发挥。

**3. 盯人与联防的配合**

（1）联防与盯人是一个战术整体，应在选位、移动、控制区域与控制人的行动等方面进行整合，以发挥两种战术方法的最大效能。

（2）无论防区或者防人，对有球队员的防守仍然是重点，对核心球员严密防守的同时，联防中对有球队员要对位防守。

（3）对付掩护等进攻配合的有效手段是运用防守配合，但对核心球员应尽可能地不换防。出现防守漏洞时，补防是每个防守者的责任。

（4）短时可能出现盯人与联防错位的情况，一有机会就恢复原来的位置与职责。

## 二、混合防守战术配合方法

### （一）一盯四联：一人盯人、四人联防

一人盯人、四人联防通常在对方有一名得分能力特别强或者组织分配球能力出众，而其他几名球员的进攻能力相对一般时使用，即面对所谓的“一个人的球队”时非常有效。本队防守能力最强的队员负责盯全场或半场盯防对方的核心球员，其他4人组成区域联防的阵型。

**1. 一盯四联战术的“盒子”**

比赛时若进攻方采用双后卫的战术，或对方的明星球员是前锋，采用“2-2”站位较为有效。“2-2”站位通常在后卫防守能力强而前锋位置的防守能力差的情况下运用。

（1）如图6.5.1所示，对方核心球员是前锋，X2紧盯②，X1、X3、X4、X5这4名队员成2-2阵型联防，联防阵型为方形的“盒子”。

（2）如图6.5.2所示，位于圈顶的①将球传给底角的④，防守方法类似于2-1-2联防，X4对位防守④，其他队员向球侧移动，选择人球兼顾的位置防守。

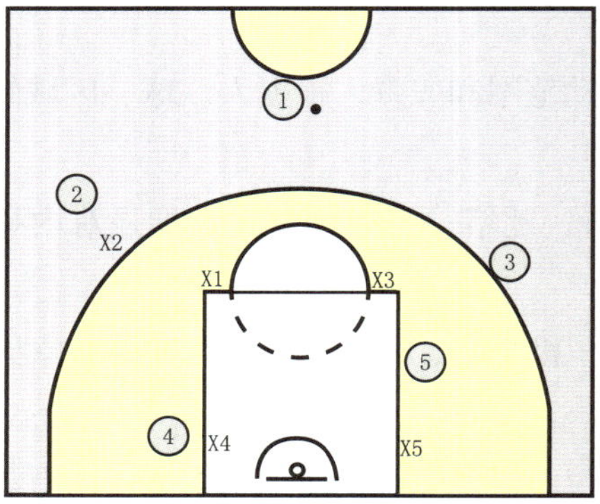

图6.5.1

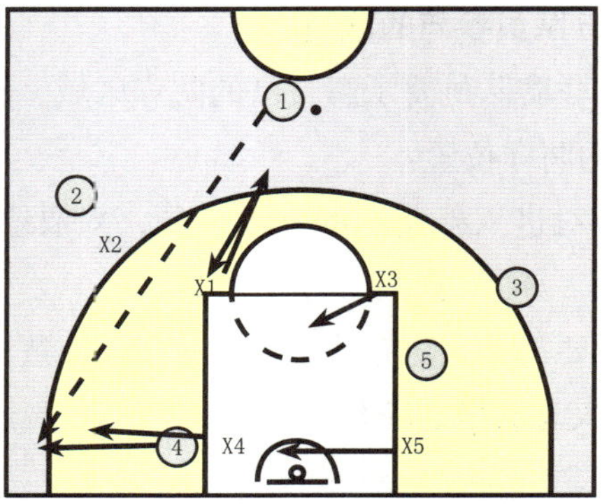

图6.5.2

（3）如图6.5.3所示，当两名中锋队员落位于限制区两侧时，球转移到防守区域的右侧③，防守队员X3立刻移动到③处防守，X5绕到进攻队员⑤前面，防守队员X4、X1向强侧移动，X4还要防守③向内线⑤传身后高球。

（4）如图6.5.4所示，当一名中锋队员落位于罚球线时，球转移到右侧③，防守队员X3移动到③处防守，同时X1迅速移动到外侧中锋④的前面，X5绕到进攻队员⑤前面，阻挠两名中锋接球，X4向强侧移动，X4还要防守③向内线⑤传身后高球。

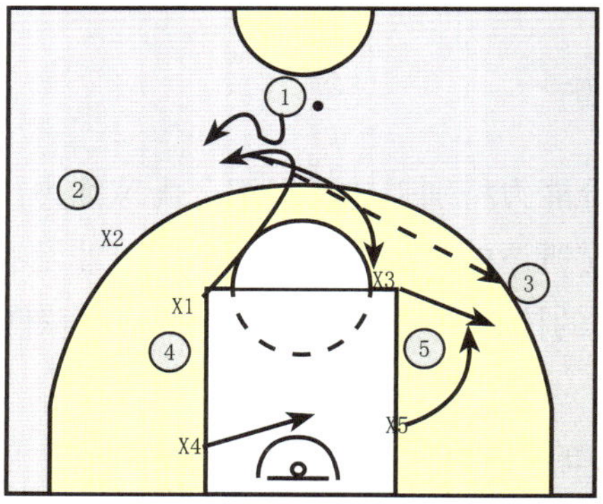

图6.5.3

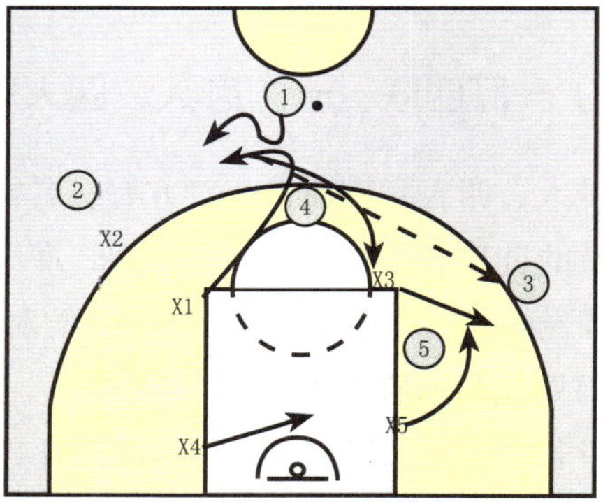

图6.5.4

### 2. 一盯四联战术的“钻石”

钻石（菱形）落位的伸缩性强，当对方的核心球员进攻能力出众，能突能投时采用“1-2-1”菱形站位。

（1）如图6.5.5所示，“1-2-1”站位弧顶和锋线的防守强，底角的防守能力较差。若对方的明星球员是后卫且锋线进攻能力较强，需要加强弧顶和两侧位置的防守时运用。4名联防队员采用“1-2-1”站位，成“菱形”防守。

（2）如图6.5.6所示，菱形防守的基本形式，X1人盯人防守对方的核心球员，防守队员X2、X3、X4、X5组成4人“1-2-1”的区域联防。

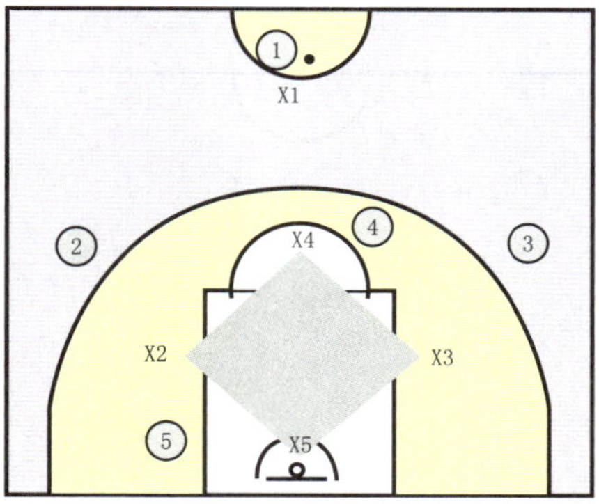


图6.5.5

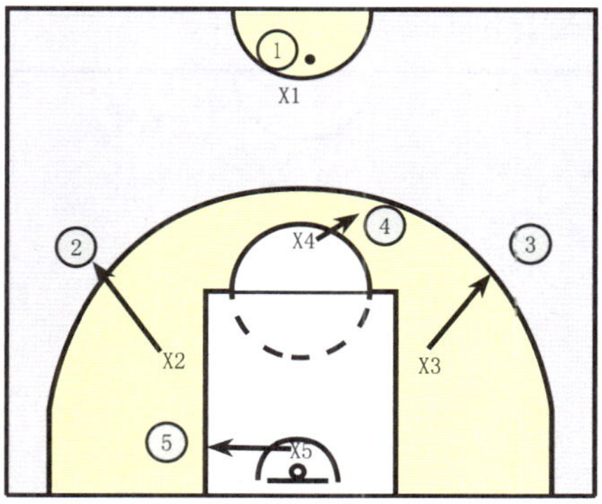


图6.5.6

（3）图6.5.7表示的是1–2–1“菱形”落位球员的轮转：当球转移到防守的左侧时，X1继续盯防对方核心队员，X2防守有球队员，X3、X4、X5向球移动，形成整体防守。

（4）如图6.5.8所示，另一侧的②向强侧的底线区域移动，X2防②在限制区接球。当②继续向底线移动时，X5应承担防守②的责任（轮转），X2防守限制区中间。此时，随着进攻阵型的变化，菱形发生改变。这种换位对防守并不有利，一旦情况允许，X5应回到篮下。

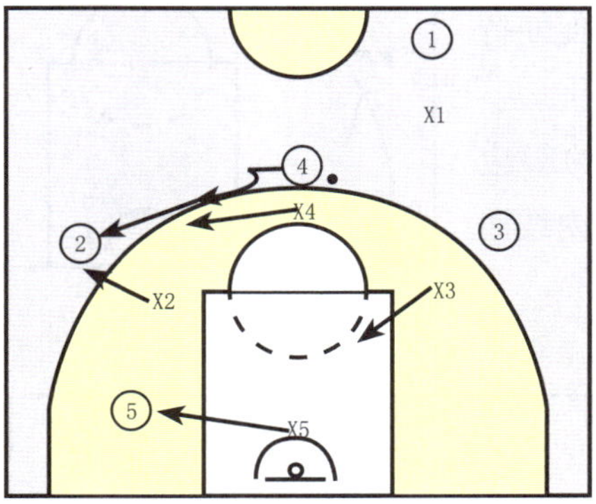


图6.5.7

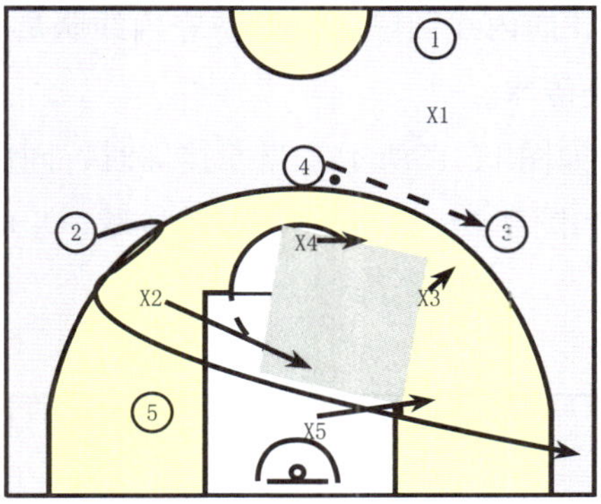


图6.5.8

### 3. 一盯四联战术的“1–3–1”

若对方可持续从罚球线或圈顶附近进攻时，考虑采用1–3–1落位。这一战术方法的核心是1名防守队员紧盯对方核心球员，其他4名队员始终保持3–1联防阵型，以此将盯人与联防形成一个统一的整体，由于始终保持一个成梯次的立体防守结构，有利于对核心球员的协防与补防。

（1）如图6.5.9所示，1–3–1混合防守的基本阵型。X1盯防对方核心球员，X2、X4、X3、X5采用联防，联防阵型为倒三角。

（2）如图6.5.10所示，当对方核心球员持球移动时，以此为基准，4名联防队员调整位置，始终保持1-3-1的防守阵型。

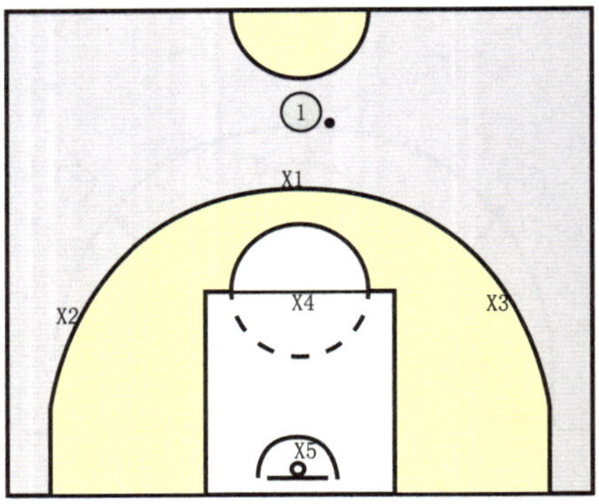

图6.5.9

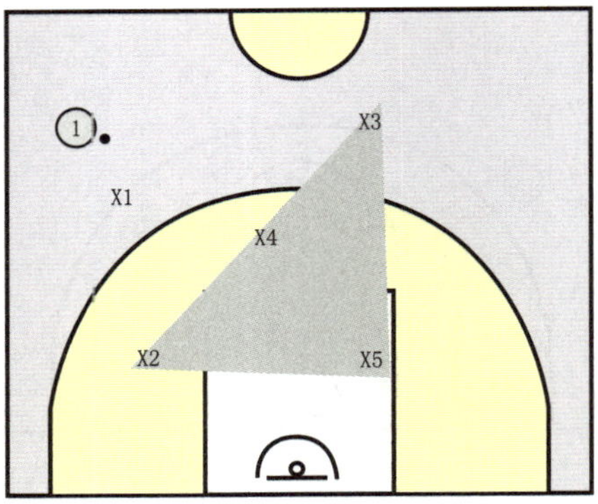

图6.5.10

（3）图6.5.11表示的是X1迫使持球的核心球员向两侧边线移动，阻止其向限制区突破。其他队员调整位置，保持1-3-1防守阵型。

（4）如图6.5.12所示，控制内线队员的进攻是4名联防队员的防守重点。当④接球时，X4应紧防，阻止其投篮或向篮下突破，X5用侧前防守等方法防止⑤接球，X2、X3向内线回缩，协助防守内线队员，促使持球队员向外传球。

（5）如图6.5.13所示，当⑤接球时，同侧的X2应回防，与X5围守⑤，X4防止④移动接球，X3向内线回缩。

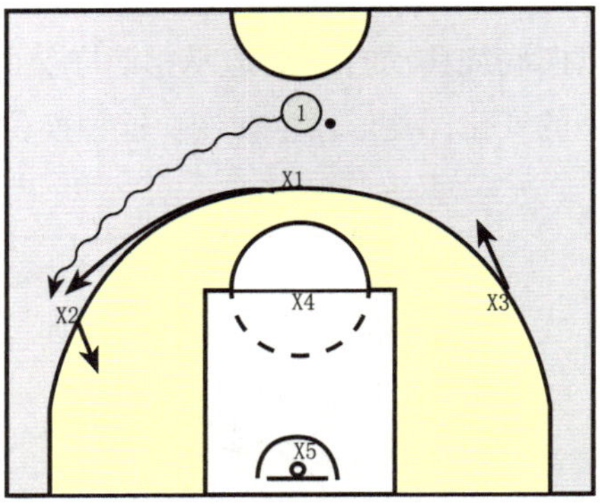

图6.5.11

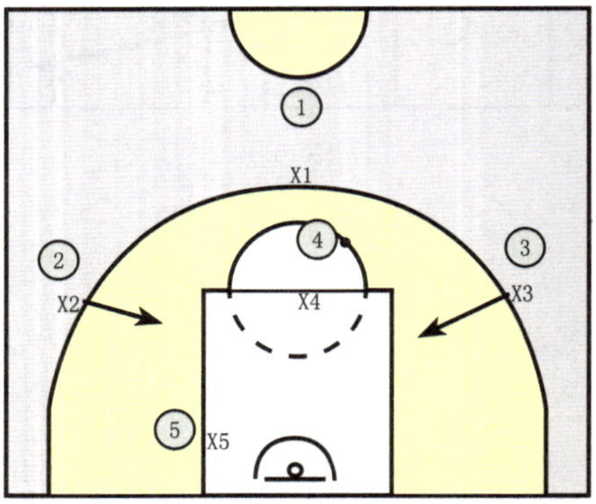

图6.5.12

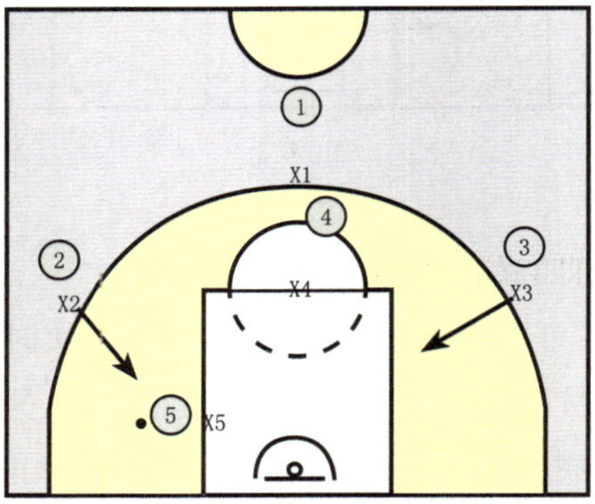

图6.5.13

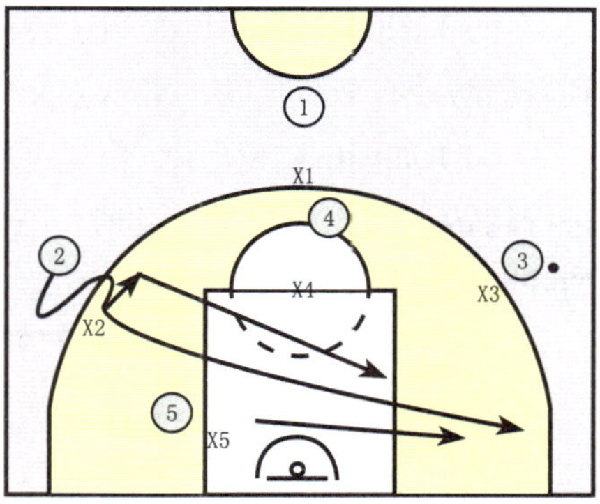

图6.1.14

（6）如图6.5.14所示，1-3-1防守时进攻队员向有球侧移动时采用“轮转”防守的方法。③持球，另一侧的②向③一侧的底线区域移动，此时，X2的重要任务是要抢在②移动路线上，迫使其向下移动，从而保持在球与②之间的位置上，防止②在内线接球。当②继续向底线移动时，X5应承担防守②的责任（轮转），X2防守⑤。这种换位对防守并不利，一旦情况允许，X5应回到篮下。

## （二）二盯三联：二人盯人、三人联防

比赛中对方有两名得分能力或控制球能力特别强的球员时，通常选择两人盯人、三人联防的混合防守形式。

为了更有效地运用此战术，教练需了解篮下联防的3人的活动范围到底有多大，此外球员必须清楚地知道对需要人盯人防守的球员采用什么防守策略（紧逼，松散，限制接球等）。二盯三联可以有效地限制对方核心球员的发挥，但是其他外线区域的防守较弱。

### 1. 二盯三联战术的“三角”

两名外线防守球员在半场区域内对对方核心球员贴身紧逼防守，限制其接球以及组织进攻，另外3名球员在限制区成三角形落位，联防的移动与注重底线防守2-1-2联防相似。这种防守还有利于补防和抢篮板球。

（1）如图6.5.15所示，①、②是两名重点防守的队员，由X1和X2盯人防守，X3、X4、X5呈1-2落位，形成三角阵型的联防。

（2）如图6.5.16所示，在②持球时，X3、X5向强侧移动，加强对有球一侧的防守，X4可用绕前防守阻止④在内线接球，X5既要防守⑤插中接球，又要注意防守②向④传身后高球。

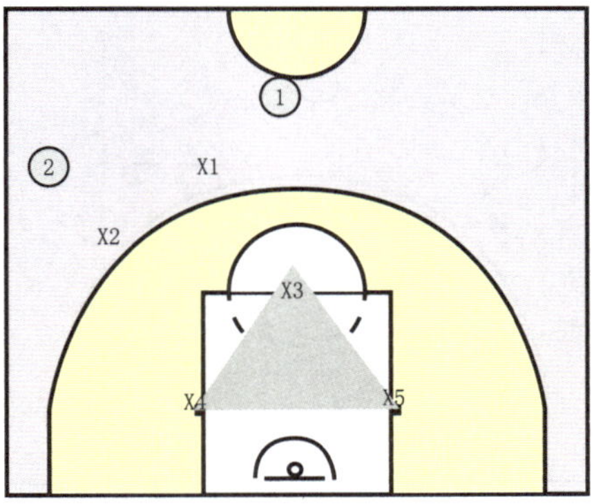

图6.5.15

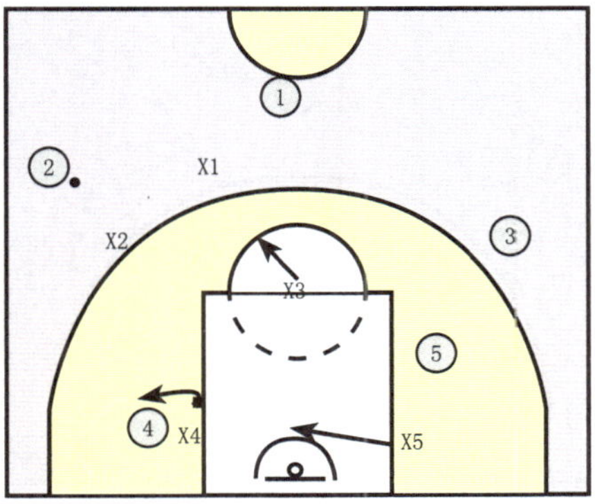

图6.5.16

（3）图6.5.17表示的是当球转移至另一侧时，3名联防队员及时调整位置的方法。X3移动到右侧防守有球队员③，X5从限制区内向右移动，防守⑤，X4回到限制区中间。

（4）如图6.5.18所示，当④上提至罚球区接球时，X3、X5因要防守有威胁的队员而无法进行轮转，X4跟随防守，此时，三角的形状发生改变。这种根据进攻队员位置的变化而采用的阵型调整是随时可能出现的。

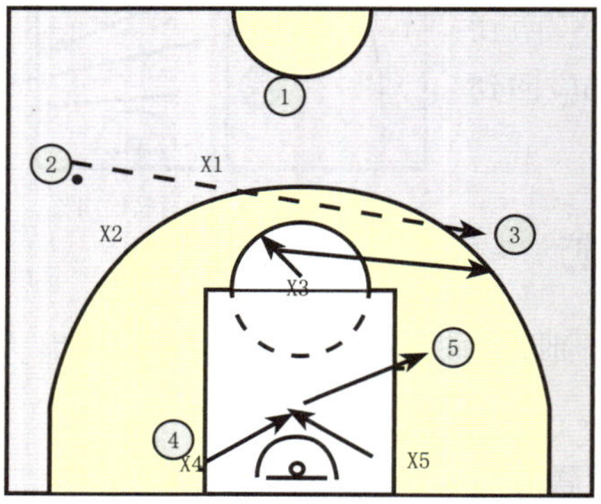

图6.5.17

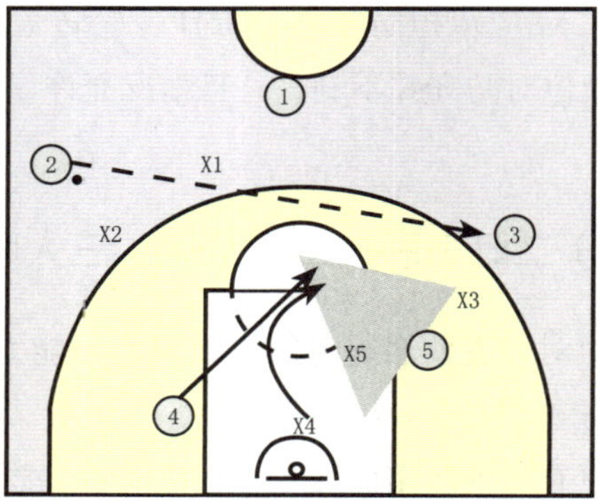

图6.5.18

2. 二盯三联战术的“倒三角”

对方进攻队员，特别是内线队员善于从罚球区域发动进攻，而靠近篮下两侧的进攻能力相对较弱时，3名联防队员可采用“倒三角”阵型防守。

（1）如图6.5.19所示，①、②是两名重点防守的队员，由X1和X2盯人防守，X3、X4、X5呈2-1落位，形成“倒三角”阵型的联防。

（2）如图6.5.20所示，在“倒三角”阵型的联防中，保持一名防守队员在限制区内是必要的。②持球时，X5移动到左侧防守④，X4向强侧移动，此时，X3应向限制区回收，以填补移动到限制区外X5的位置。

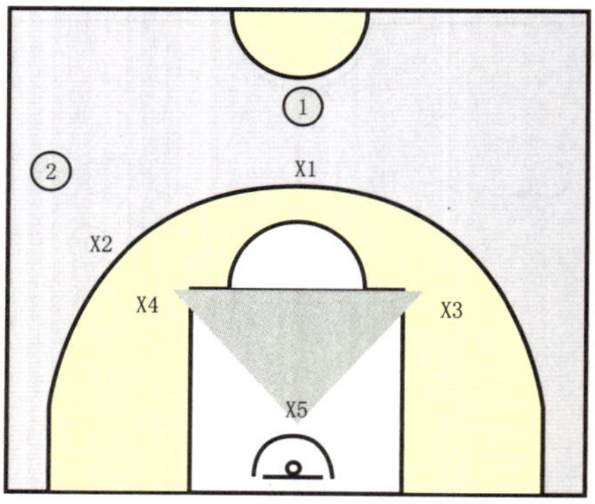

图6.5.19

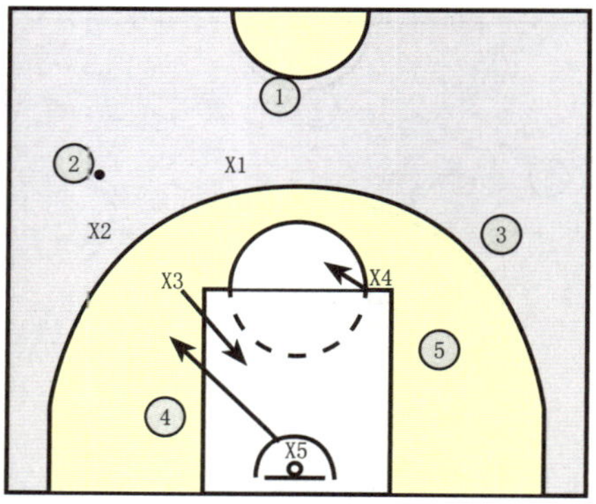

图6.5.20

（3）图6.5.21表示的是3名联防队员位置轮转的方法。接图6.5.20，强侧④向上移动，防守他的X5跟防，X3回到X5最初的位置，仍然保持2-1“倒三角”阵型。

（4）如图6.5.22，当球转移至另一侧时，3名联防队员需要及时调整位置。X4移动到右侧防守有球队员③，X3从限制区内向右移动，防守⑤；X5回到限制区中间，以保持2-1的阵型。

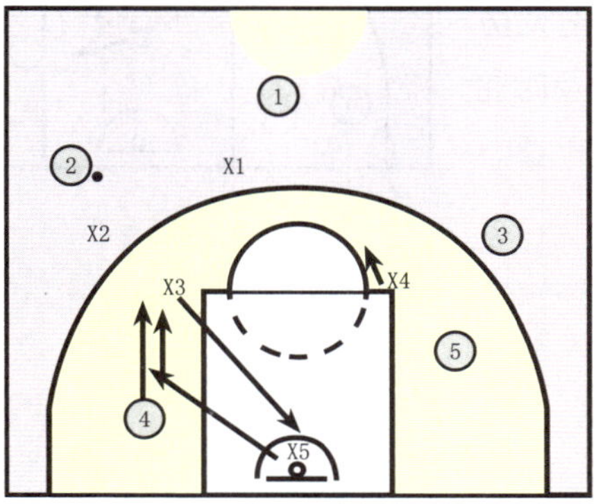

图6.5.21

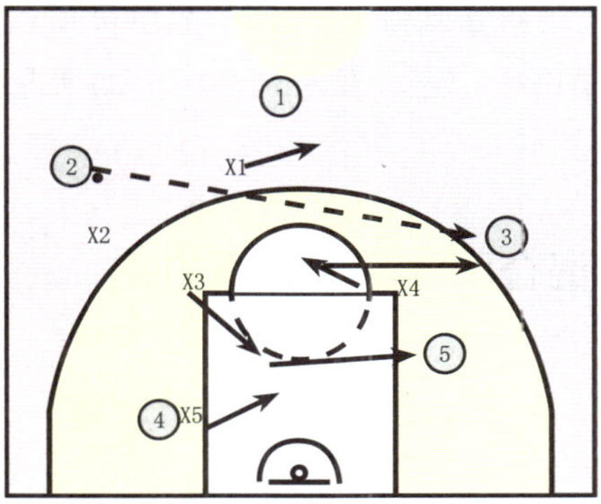

图6.5.22

## （三）四盯一联：四人盯人、一人联防

若对手有一名进攻能力较差的进攻队员，可以采用4人的人盯人防守，一名队员防守篮下。这种防守还在防守方有一名高大队员，利用他控制篮下区域时采用。

（1）如图6.5.23所示，X1、X2、X3、X4盯人防守，X5在篮下区域联防，他的防守重点是区域和球，主要控制内线区域，防守进入该区域的人和球。

（2）如图6.5.24所示，X5随球的转移不断调整自己的位置，偏向有球区域，加强对持球队员的防守。

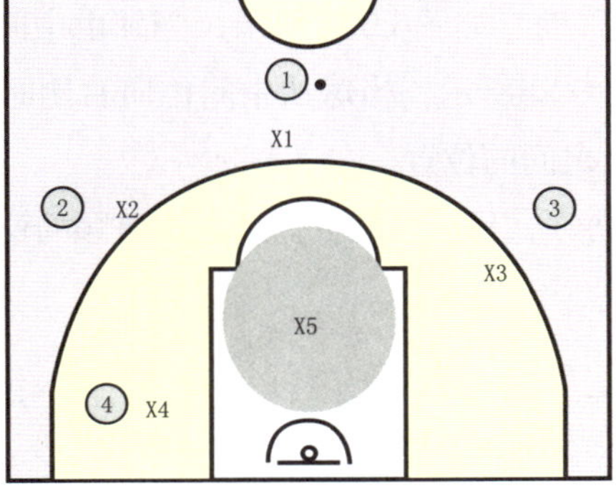

图6.5.23

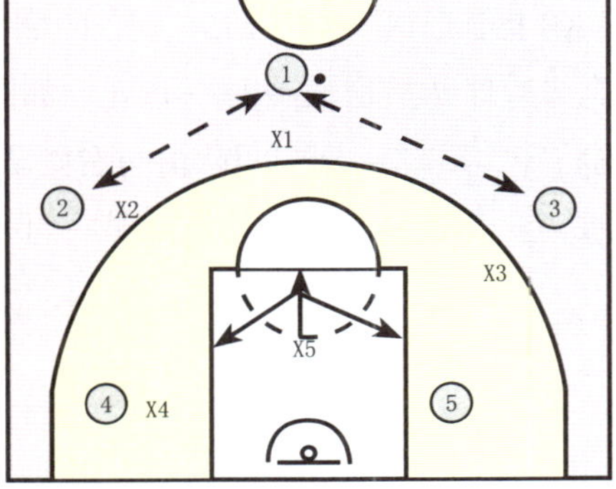

图6.5.24

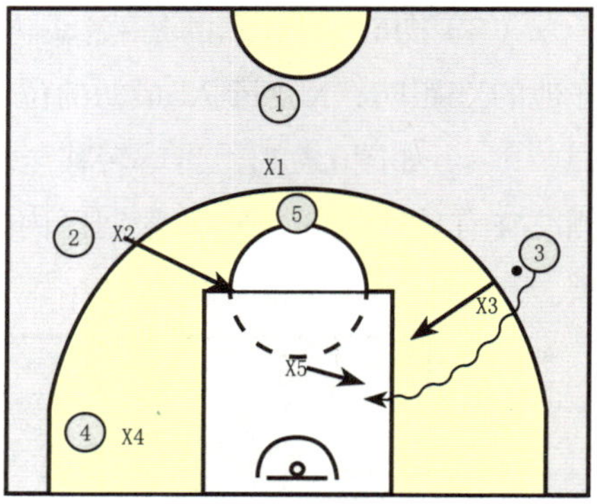

图6.5.25

（3）如图6.5.25所示，当进攻队员直接威胁到篮下区域时，X5协防或补防，X2、X3轮转补位。

这一战术建立在一名防守队员有很强的控制地面与空间能力的基础之上，他能够防守一名进攻队员在内线得分，还能够控制篮下区域，有效地防止对方攻入内线，控制防守篮板球。其他4名队员重点防守对方队员的外线进攻，还应及时判断场上的情况，及时轮转补位。

## 三、混合防守战术训练方法

### （一）部分队员参与的联防训练

#### 1. 平面移动选位训练

（1）目的：练习随球转移移动选位方法。

（2）方法：外线三人传球，二人随球移动调整防守位置。

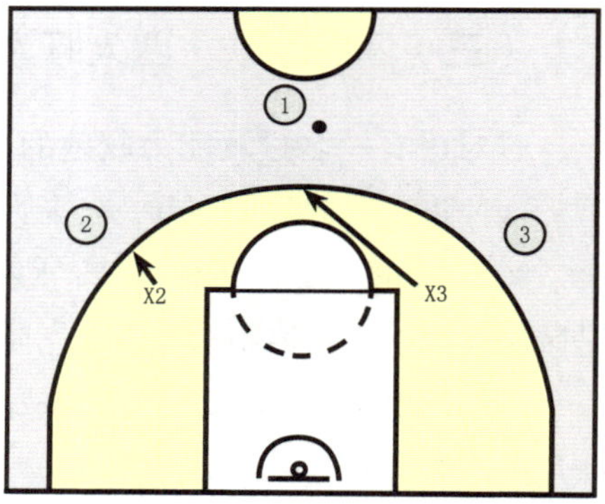

图6.5.26

基本要求：对有球队员一对一防守，处于持球队员与球篮之间的位置；每一次传球均通过位于圈顶的队员，接球队员待防守队员移动到位后再传球；每一次传球2名防守队员必须通过迅速移动，调整自己的位置；每一次传球后，应迅速形成一名防守队员对持球队员一对一防守，另一名队员在临近处于“球-我-他” 位置的防守态势。如图6.5.26所示，位于圈顶的队员持球，X3上前形成一对一防守，X2向侧前移动。如图6.5.27所示，当球由中间传向左侧时，X2上前与持球队员形成一对一防守。如图6.5.28所示，当球从中间传向右侧时，X3迅速移动到右侧防守，X2移动到中间队员与右侧队员之间的位置。

（3）要点：迅速移动，对持球队员一对一防守，另一名队员保持人球兼顾的位置。

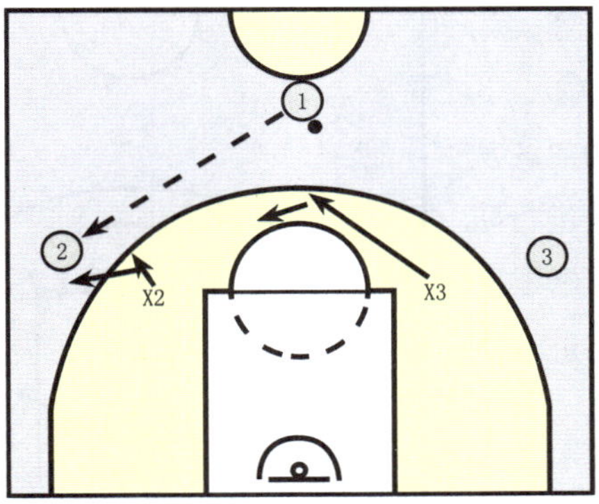


图6.5.27

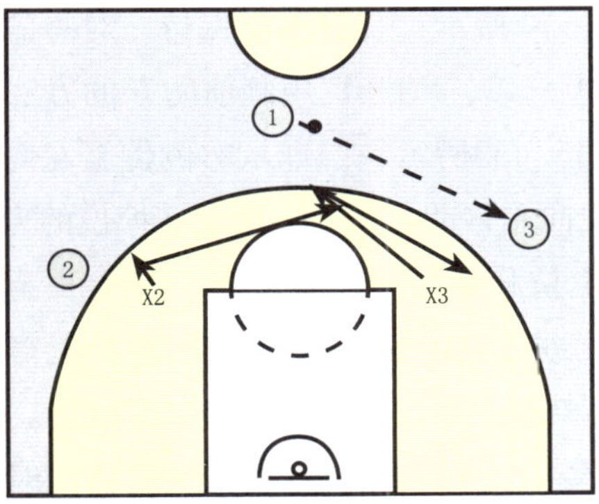


图6.5.28

**2. 立体移动选位训练**

（1）目的：练习随球转移伸缩移动选位方法。

（2）方法：随球转移移动位置，内线中区保持一名防守队员。

X2对圈顶有球队员一对一防守，X3在限制区中间落位（图6.5.29）。当球转移至左侧时，X3移动到左侧防有球队员，X2向下移动到限制区中间（图6.5.30）。当球从左侧直接转移至右侧时，处于就近位置的X2移动到右侧防守，X3回到限制区中间位置。（图6.5.31）

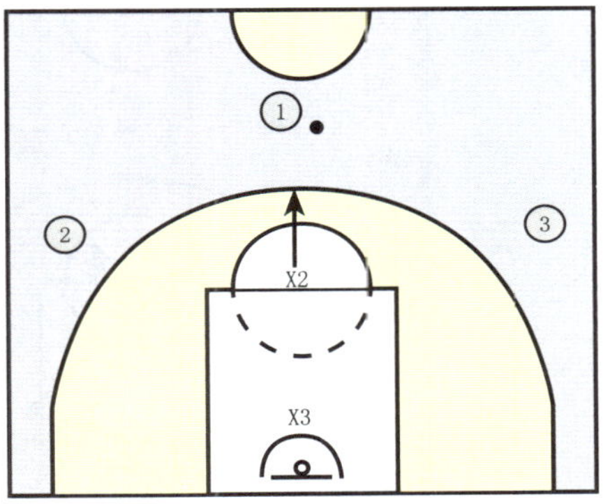


图6.5.29

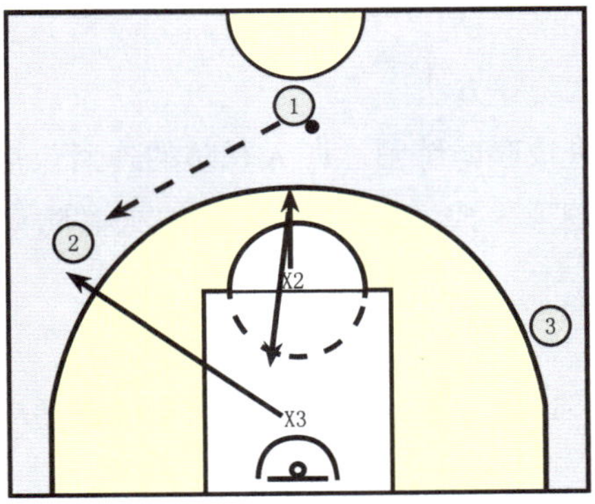


图6.5.30

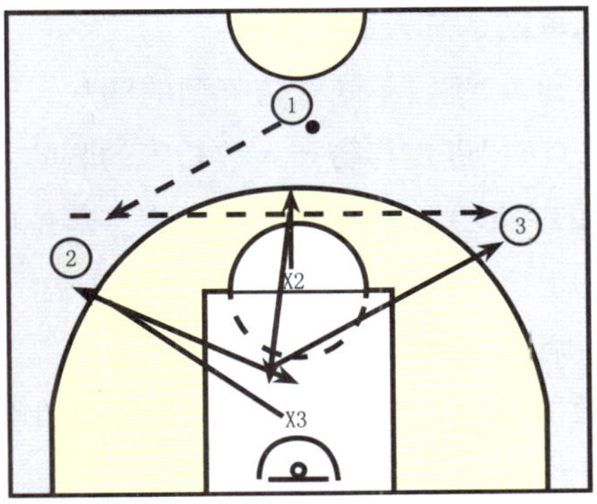


图6.5.31

（3）要点：迅速移动，做到人球兼顾，防守队员的视野中有球、有人。

**3. 轮转防守训练**

（1）目的：练习轮转换位防守方法。

（2）方法：设两名助传队员与两名上下落位的进攻队员，两名防守队员前后落位。

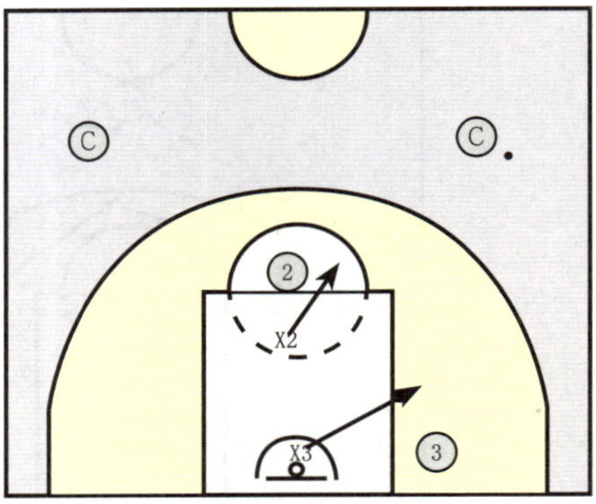


图6.5.32

如图6.5.32所示，防守队员保持一对一的防守，当球在右侧时，X2、X3分别用侧前防守的方法防②、③接球。如图6.5.33所示，当球从右侧传至左侧时，③从右侧沿底线向左移动，此时，用轮转换位的方法进行防守，X2从上位移动至下位防守③，X3上提至罚球线防守②，由此进行轮转换位防守。图6.5.34是球与进攻队员从左向右转移的情况，防守方法同上所述。

（3）要点：判断球与进攻队员转移的时机，若干次转移后进攻方可接球进攻。

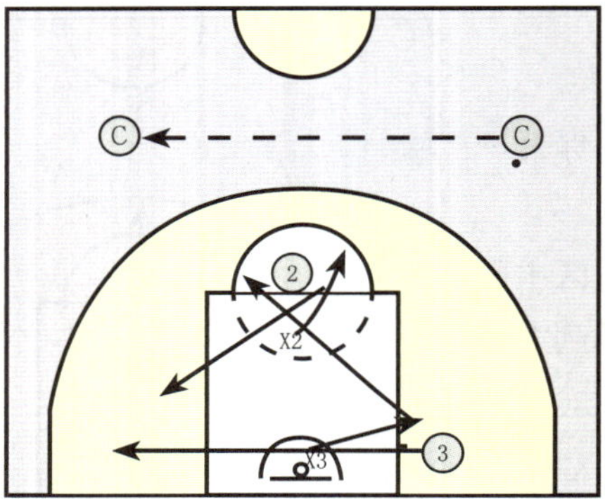


图6.5.33

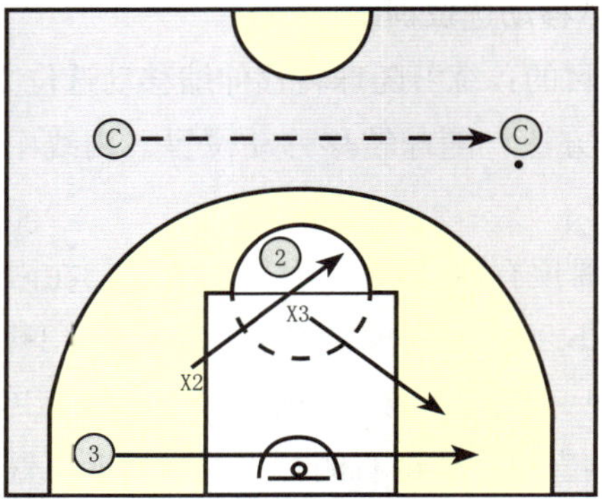


图6.5.34

### 4. 四人联防、三人联防训练

（1）目的：练习不同联防阵型的四联、三联防守方法。

（2）方法：进攻与防守人数相等的联防与进攻联防练习。四人联防的阵型包括“盒子”（2-1落位的方形）、“钻石”（1-2-1落位的菱形）或“3-1”落位；三人联防呈“三角”（1-2落位）或“倒三角”（2-1落位）阵型。

具体实施中应包括五个攻守环节：

A. 进攻方通过球的不断转移寻找进攻机会；防守方通过不断移动调整位置，尽量保持防守阵型不变。（图6.5.35）

B. 进攻方通过徒手队员大范围跑动、换位增加防守的难度；防守方通过轮转换位弥补可能出现的防守漏洞。（图6.5.36）

图6.5.35

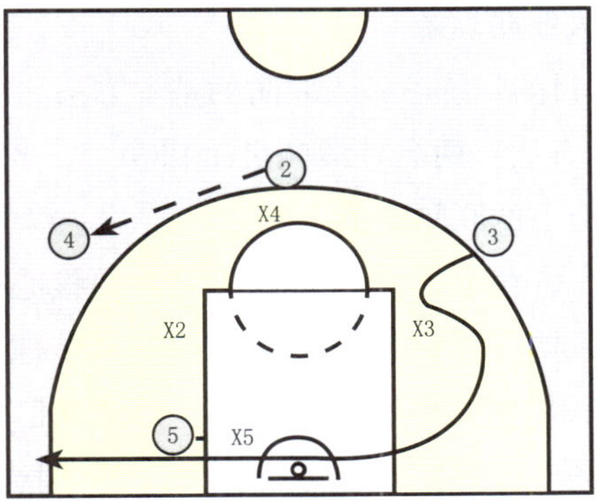


图6.5.36

C. 进攻方通过向联防薄弱区域移动促使防守阵型改变；防守方通过移动换位改变原来的阵型，以适应进攻的变化。（图6.5.37）

D. 进攻方通过换位改变进攻阵型获得接球进攻机会；防守方通过交换防守职责消除进攻威胁。（图6.5.38）

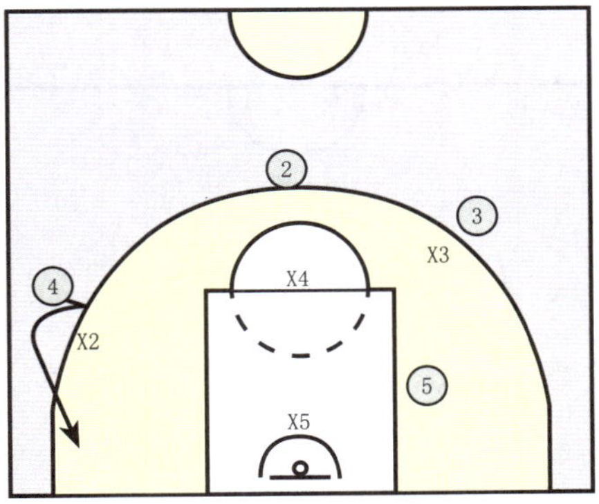


图6.5.37

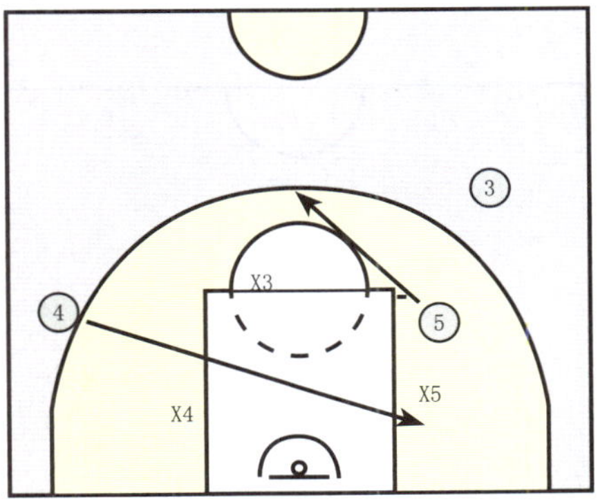


图6.5.38

E. 进攻方通过打入篮下或向内突破造成直接威胁；防守方通过协防、补防，以及轮转换位等方式先解决对方的主要威胁，同时弥补防守漏洞。（图6.5.39）

（3）要点：应随时发现攻守中出现的问题，重点解决个人防守意识与方法、整体配合等问题，弥补明显的防守漏洞。

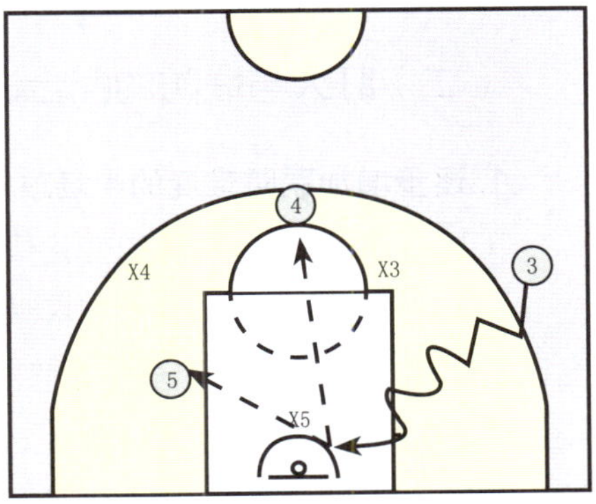


图6.5.39

**5. 一人联防训练**

（1）目的：练习一人联防的基本方法。

（2）方法：两名外线队员①和③、一名内线队员⑤进攻，X1、X3、X5三人防守，其中X5为控制篮下的联防队员。

将①、③两名外线队员视为对方的核心球员，采用紧逼盯人防守，限制其得分，控制其传球与组织；内线联防队员主要控制篮下区域，形成两盯一联的防守阵型（图6.5.40）。X5随时协防、补防接近篮下的进攻（图6.5.41）。当内线进攻队员接球时，X5在防守其投篮的同时，应兼顾①、③队员插入篮下的进攻。（图6.5.42）

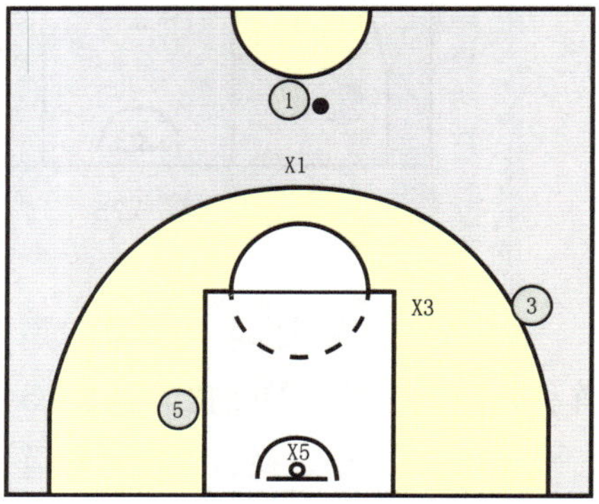

图6.5.40

（3）要点：联防队员应时刻判断主要的威胁来自何处，以此调整自己的防守重点。一人联防的情况千变万化，判断和意识与防守技术同样重要。

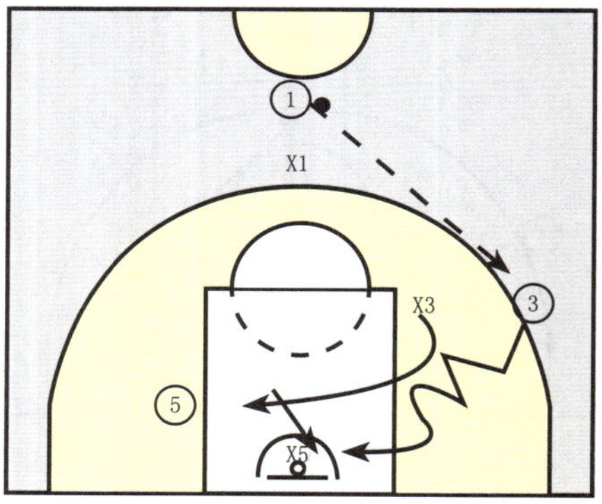

图6.5.41

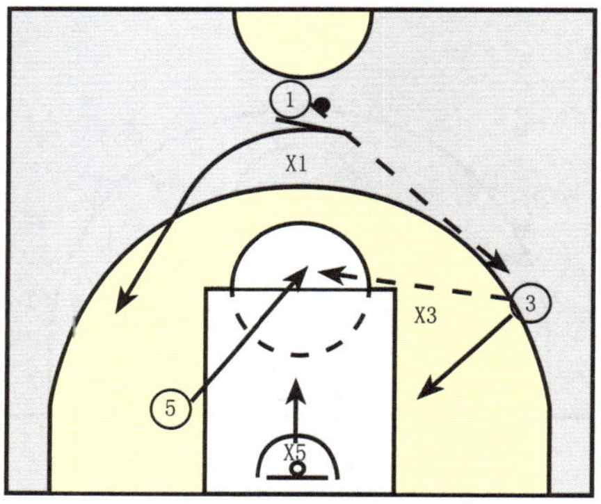

图6.5.42

## （二）盯人与联防的配合训练

**1. 逐步增加联防难度的半场攻守训练**

（1）目的：通过联防的变化体验混合防守方法。

（2）方法：从半场五对五区域联防攻守开始，每完成一次进攻，减少一名联防队员，这名队员采用人盯人防守，至一人联防，四人盯人止。

（3）要点：选择盯人对象为对方外线队员。预先确定联防队形，如二人联防可用平行或前后队形，三人联防可用3-1队形，四人联防可用“盒子”或“菱形”。

**2. 逐步增加盯人难度的半场攻守训练**

（1）目的：通过盯人的变化体验混合防守方法。

（2）方法：从半场五对五人盯人攻守开始，每完成一次进攻，减少一名盯人队员，这名队员加入联防，至一人盯人，四人联防止。

（3）要点：选择依次加入联防的队员，一般先内后外。预先确定联防队形，如二人联防可用平行或前后队形，三人联防可用3-1队形，四人联防可用“盒子”或“菱形”。

**3. 多种形式的整体攻防训练**

（1）目的：对抗条件下完整练习混合防守战术。

（2）方法：五对五实战演练。可设置进攻重点，考验局部的防守能力与效果；可根据防守的弱点发动进攻，以解决防守的难点。可通过限定进攻范围（如内线或核心球员得分才有效）、增加得分值（如内线进攻成功多得分）等方式提高练习的针对性。

（3）要点：随时对防守效果进行评估，及时解决练习中出现的主要的、普遍性的问题。

## 四、混合防守战术训练要点

1. 混合防守的训练过程中，首先使队员明确人盯人、区域联防战术的特点与方法，并把两种防守战术方法有机的融合在一起。要处理好局部与全局的关系，每个队员都要有全局意识。对不同的防守队员而言，虽然分别采用人盯人与区域联防，但全队仍然是一个防守整体，局部防守在全局之中，要把两者有机的结合起来。

2. 混合防守战术以人盯人防守和区域联防两种防守战术为基础，要让队员掌握两种防守战术的方法和要领，并能灵活、合理地运用于混合防守战术中。一对一紧逼人盯人、部分队员参与的联防是主要的训练内容。

3. 队员应具备良好的个人防守能力，较强的战术意识。防守队员应充分了解自己在防守中的职责，做到动作快、变化及时，“混”而不乱；应加强抢位、移动、封堵等防守技术训练，以及轮转、换位等意识训练。

4. 应适时发现、解决混合防守中的问题；特别应根据每一种混合防守的具体方法，有针对性地解决主要问题；还应根据进攻一方的具体情况和进攻特点，掌握防守的重点和相关变化。

### 思考题

1. 混合防守与综合防守有何区别？

2. 为什么混合防守战术中盯人主要针对外线进攻队员？

3. 混合防守战术的运用时机是什么？

4. 重点限制对方核心球员作用和重点发挥防守队员特殊作用，分别采用哪种典型的混合防守形式？

5. 各类混合防守战术的特点是什么？

# 第六节　综合防守战术方法与训练

## 一、综合防守战术概述

将不同的防守战术形式以特定的战术结构组合成一种新的、更具有全面战术功能的防守体系。将全场紧逼盯人、轮转堵位、半场区域紧逼和区域联防等形式，变化运用在全场、半场的不同区域里，形成综合多变的防守战术。综合和变化是核心。提高综合多变防守的运用效果，使这种防守战术体系的战术功能最大限度地体现在全队的防守中。

## 二、综合防守战术的优、缺点及运用时机

### （一）优点

1. 可将多种防守战术的特点和优势有机地集成和整合，有效地优化防守战术结构。使防守从一种消极地适应进攻，变为一种主动地控制进攻。

2. 将几种防守战术组合在一起运用，灵活性高、变化多、突然性强。

3. 综合性防守战术运用时事先规定战术变换信号和时机，节省了暂停次数，不给对手做出应对对策的时间。

4. 将盯人、区域紧逼、区域联防有机结合起来，既可以发挥盯人与联防的长处，又弥补了盯人和联防配合单独运用的不足，增强了防守整体的攻击性、实效性，同时也降低了队员的体能消耗。

### （二）缺点

1. 由于综合性多变防守是全员参与的防守，因此对时机、时间和整体配合默契程度要求高。

2. 防守区域大，薄弱区域空当多，易造成防守漏人和犯规。

3. 防守战术运用对运动员身体素质、防守战术意识、个人防守能力和拼搏作风的要求高。

## 三、综合防守战术训练方法

### （一）位置与人员配置

**1. 防守队员特点**

如图6.6.1所示，防守队员X1、X2应具备机智灵活、快速、善于抢断球反击和组织快攻的能力。X5应具备身材高大、补位意识强、善于卡位、拼抢篮板球意识强的能力；X3、X4应具

备身材较高大、快速、灵活、技术较全面、具有良好的协防意识、善于抢断球以及发动快攻的能力。

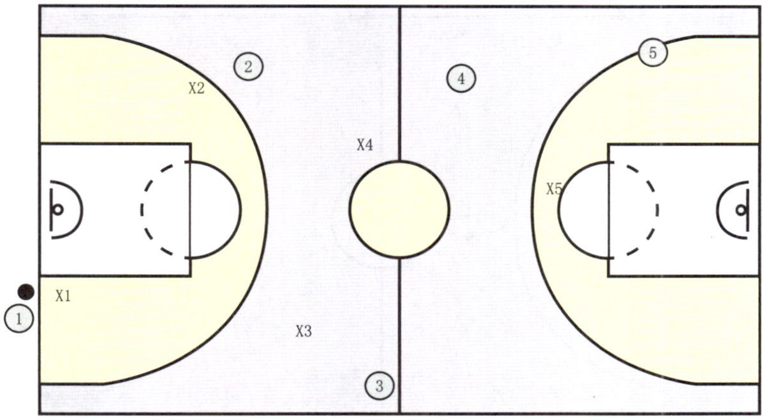


图6.6.1

**2. 防守不同区域队员职责**

（1）如图6.6.1所示，X1紧逼发球人，干扰破坏其将球传入中间区域和发动长传球；X2迫使持球队员运球进入夹击区域与X4夹击持球人，不让对手从两人中间穿过，不要犯规，当球被传出时，快速离开，就近找人补防。

（2）X3、X4随时准备切断边线传球，夹击运球队员。运用限制、干扰接球的动作，阻止任何沿边线的传球；当运球队员进入夹击区时立即夹击；当被夹击队员的球传出后，应立即回防就近队员。

（3）X5为保护队员，主要职责是保护篮下，快速回防；根据传球队员的肢体语言，抢断长传球；防守有球侧的限制区，阻止对手上篮得分；在外线队员实施夹击时，快速轮转移动，成为“阻击者”。

（4）全队协同防守配合，控制中间区域，防止就近队员接球；判断、阻击传球路线；若夹击未成，立即随机回防就近队员。

## （二）防守主要夹击区域划分

**1. 夹击区域的划分**

防守过程中的重要原则之一是要有目的地迫使持球队员向球场的边角区域运球移动。这个防守策略既可以有利于同伴补防，又可以有效地缩小进攻方的进攻区域。将球场划分为几个区域，可在局部区域获得以多防少的优势。从图6.6.2中可以清楚地看到，首选的夹击区域标有A、B、C符号，它们是由边线和端线、边线和中线形成的六个场角，在这些场角夹击防守时可以充分利用边线和底线，起到防守人的效果，优点是可以布置一人防守，起到三人防守的效果。

如图6.6.2所示的第二选择，则是指靠近边线或端线的区域，从区域防守特点方面分析，在此区域夹击，可以利用一条线，需增加防守队员。

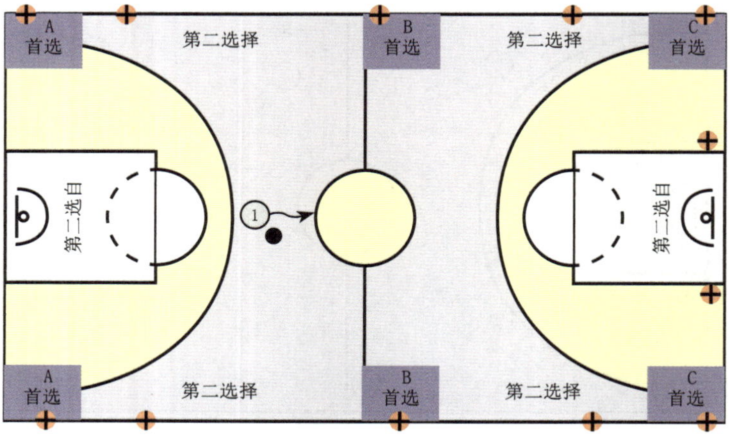


图6.6.2

2. 夹击逼向点

如图6.6.3所示，在图中X点为夹击逼向点，逼向点所指的是防守队员利用团队合作将持球队员逼迫移动至球场上的12个点，这些点的位置分布在场角、罚球线延长线及端线上。实践表明，在夹击逼向点进行夹击的成功率均高于其他区域。

3. 中央区域的划分

如图6.6.3所示，位于球场中间的红色区域为中央区域，在对有球队员进行防守时，坚决杜绝其进入该区域，要迫使持球队员进入夹击区域，这样既可以缩小进攻方的进攻区域，又有利于在无球侧进行协防。

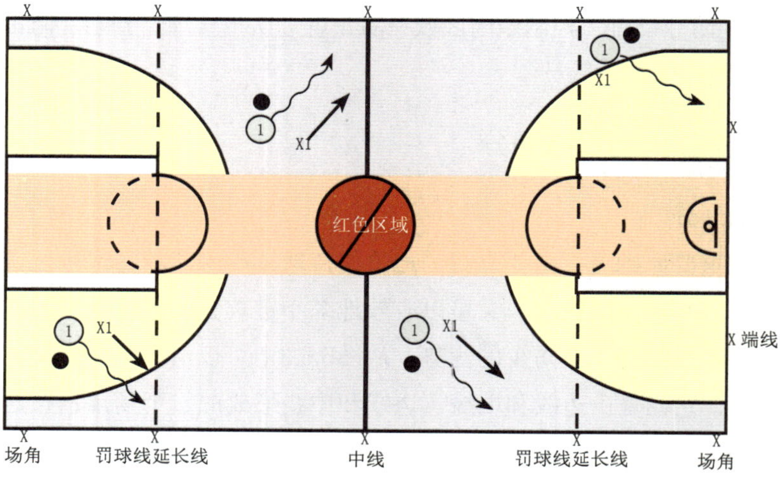


图6.6.3

## （三）完整防守战术训练方法

案例：全场区域紧逼 → 中场轮转堵位、夹击 → 半场区域联防

**1. 第一阶段：前场紧逼夹击**

如图6.6.4所示，X1面对面防守①，当①接到球后立即与X3对其进行夹击；X2阻止、干扰②接球，然后移动至限制区域，准备防守传球后进场的③；X4防止②接球的同时要与X5协同防守④和⑤，阻止①的传球路线；X5占据高位协防区域，同时，随时补防篮下。

重要提示：如果X1与X3对①的夹击未成，球传给③，则X2逼防③减速，使其向球场左侧边线运球，并与X3对③再进行夹击；X1则移动至中线高位协防区域进行防守。

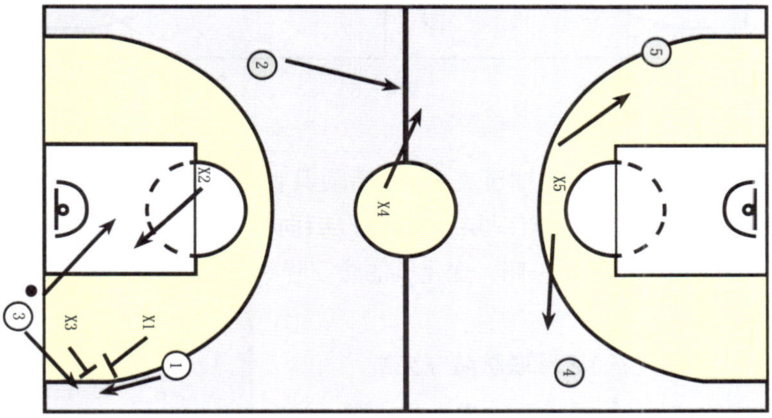


图6.6.4

**2. 第二阶段：中场轮转堵位**

如图6.6.5所示，①遭到夹击传球给③时，X2逼迫③运球向夹击点X移动，X5不让②接球，X3则快速移动至篮下侧前防守⑤，阻止其接球；X4回缩至罚球线附近协防区域，X1控制防守①，阻止其接回传球，这样进攻方不能组织固定的进攻配合。

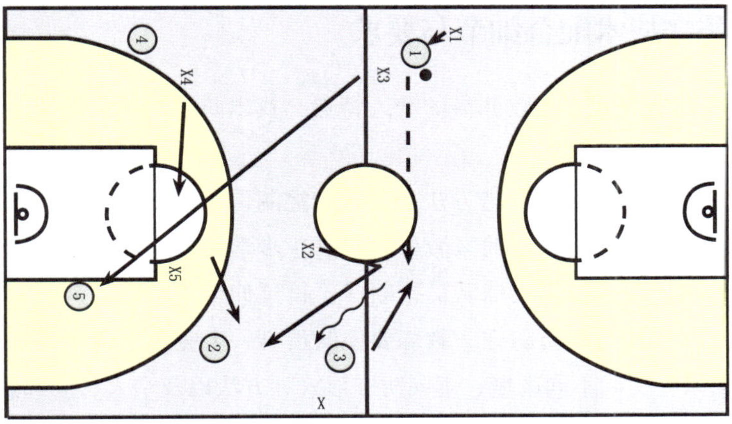


图6.6.5

3. 第三阶段：后场轮转换位，形成半场1-2-2区域联防

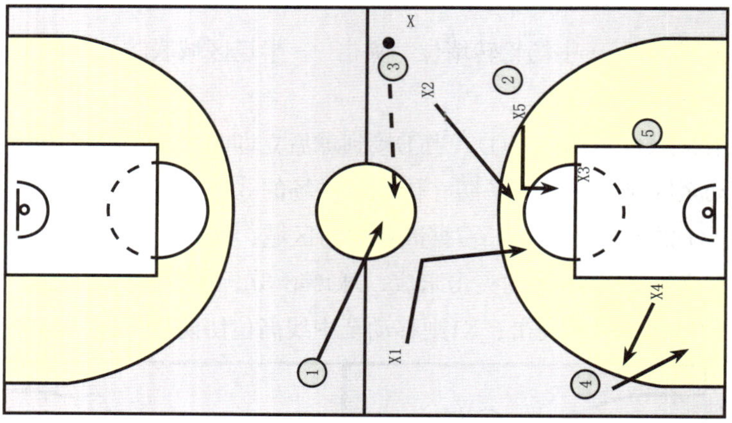


图6.6.6

如图6.6.6所示，X2逼迫③运球至夹击点X后使其将球传给插入中路的①，X1要紧逼防守，阻止其突破上篮；X2则向罚球区域右侧移动；X1向罚球线左侧移动，X3占据X4的位置防守篮下；X5则后撤至篮下防守另一侧，变化后的防守阵型即为1-2-2区域联防。

4. 第四阶段：半场2-2-1区域联防防守夹击

如图6.6.7所示，如果①将球传给②，②运球，X2则要逼迫其向场角夹击点X运球；X5则绕过⑤，与X2共同夹击②；X3快速绕前防守⑤，阻止其接球；X4则向限制区移动，站位于中轴线上；X1后撤，并贴靠在③身前，位于其和球之间，随时准备抢断②传给③和①的球；此时的防守阵型变为2-2-1阵型。

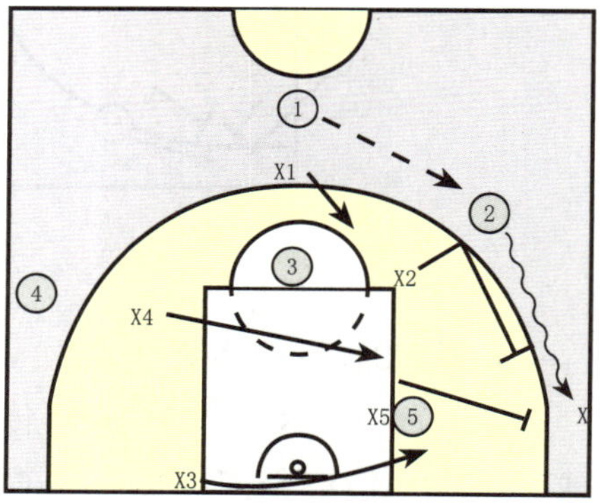


图6.6.7

## 四、综合防守战术配合细节与要求

1. 队员在防守前要先观察进攻队员的个人特点，找出防守的薄弱环节，识别其进攻意图及进攻的变化。

2. 先学习掌握对于持球人的夹击方法、要领和控制传球；在对无球队员的防守时，要控制其接球、移动，逼迫其向远离球的区域移动；进一步学习前场2～3人防守，逼迫运球队员向夹击点移动，形成夹击；控制无球队员抢断球；再延伸至中场附近进行轮转防守，形成夹击；最后过渡到后半场进行联防防守。教练要使队员有一个完整、清晰的综合防守概念，掌握防守的变化与衔接，明确不同区域、不同防守形式和方法以及个人、局部防守的职责。

3. 综合防守训练要在建立基本防守概念的基础上逐步进行攻防对抗练习，从队员间协作

练习、消极对抗，再到积极实战，在对抗中找出问题，及时改进，提高质量。

4. 综合防守要注重全队配合的整体性、协调性、突变性、协同性和果敢性，同时在防守过程中队员间、区域与区域间要喊话、呼应，及时堵截漏洞，形成“点—线—面”的有机结合防守。

5. 提高队员的移动节奏、卡位意识，以及封堵传球路线的能力；开阔防守队员的视野，提高观察、判断能力；防守时随时保持人球兼顾，队员间在不同的防守区域所形成2～3人配合的默契，是综合多变防守的基础和利刃。

6. 综合性多变防守在掌握固定防守的基础上，还要训练随机防守能力。如当对手抢发球时，在前场要随机找人，控制接球队员进行夹击；控制无球队员进行抢断，做到由随机无形向有序配合、实施战术过程的转换。

7. 在有球强区的主要任务是以多防少，对持球人形成有威胁的包夹；对于远离球的弱侧区域要以少防多，形成协防；主要策略是回缩保护、堵漏和积极抢断长、远传球。

## 思考题

1. 综合防守的优缺点有哪些？运用此防守的时机？请设计两种防守战术。

2. 综合防守战术的基本要素有哪些？训练防守步骤和基本要求是什么？

3. 综合防守战术运用，需要运动员具备哪些方面的能力？

# 第七章 内外线队员进攻技术与训练

## 内容概述

内外线队员进攻技术属于位置技术范畴，是队员在内线高低位或者外线面对球篮持球进攻技术的综合运用，内线队员技术包括面向球篮和背向球篮技术。在现代篮球比赛中，这一技术不仅仅要求内线高大队员所掌握，外线队员往往也需要掌握和运用。在比赛中经常有外线1、2、3号位通过战术和跑位移动到内线，接同伴传球进攻。

# 第一节　内线队员进攻技术训练

## 一、内线队员进攻技术概述

内线队员进攻技术是指经常活动在限制区周围队员运用的无球和有球进攻技术。由于限制区周围历来是兵家必争之地，受内线区域身体对抗激烈和时机限制的影响，活动于该区域的内线队员更多是侧对和背对球篮接球，所以内线队员掌握娴熟的背对球篮进攻技术十分关键。随着高大队员身体素质的提高，内线队员的活动范围逐渐扩大到三分线附近，根据内线队员的站位不同，可以分为高位内线队员和低位内线队员，站在限制区两侧偏中、低位置的称低位内线队员，站在罚球线附近位置的称高位内线队员。众所周知，在距离球篮很近的位置获得投篮机会，具有较高的投篮命中率，当内线队员篮下接球面对多人防守时，经常会投篮得分并造成防守队员的犯规，获得打“三分”的机会，当防守队员对其包夹时，他也可以传球给外线队员，创造三分投篮得分机会。所以大多数教练和运动员都非常重视内线队员在限制区周围抢位接球后进行内线攻击技术的训练。

## 二、内线队员进攻技术方法

### （一）抢位技术方法

**1. 身体平衡**

身体平衡是内线队员在篮球比赛中掌握和精通进攻或防守技术的基础要素，正确的身体平衡能让内线队员快速移动或改变方向。正确的身体平衡姿势：双脚开立宽于肩，背部保持正直，屈膝降重心紧靠防守队员以建立更大的支撑面，两肘外展，上臂与地面平行，前臂与地面垂直，同时双手展开上举，做好接球准备，靠近防守队员一侧的背、肩和上臂主动用力阻拦防守队员抢到你的身前。（图7.1.1）

**2. 原地抢位技术**

（1）防守队员在背后防守内线队员

防守队员采用背后防守内线队员策略时，当球传来时突然绕出抢断是防守“固定”中锋经常采用的方法。内线队员应成正确的身体平衡姿势降低重心、挤靠防守者，通过左右往返的滑步动作挡住防守队员，以给持球队员大胆传球的信心。内线队员做滑步时应降低重心，后背挺直，双脚站位宽于肩，向左和向右交替移动，阻止防守队员抢断球。（图7.1.2）

图7.1.1

图7.1.2

（2）防守队员侧前防守内线队员

防守队员采用侧前防守时，内线队员利用挤顶、转身等动作卡住防守队员的双腿，限制其移动，当防守队员为了避免腿部接触，向上跨步进行3/4绕前防守时，进攻队员必须抬腿跨过防守队员前腿，同时用外侧腿挡住防守队员内侧大腿，用力挤住对方，尽力阻止防守队员抬腿继续移动。当防守队员尽力通过上线移动封堵传球路线时，进攻队员应该继续保持与防守队员身体接触，肩膀正对持球队员，准备向篮下移动。当在限制区上方进行连续脚步抢位时，进攻队员要选择好时机转身，切向篮下准备接球。（图7.1.3）

（3）防守队员绕前防守内线队员

防守队员采用绕前防守时，内线队员应侧对绕前防守者，两臂张开，靠近防守者的上臂抵住防守者后背位置，远离防守者一侧手伸出当作传球目标准备接同伴的高吊传球。为了确保安全接到同伴的传球，进攻队员不要过早移动，当球已经完全飞跃自己防守者的头顶时，才开始跳步接球直接投篮，一般来说，晚点移动比早点移动要好一些。内线队员也可以通过在防守者身后快速转身顶住防守者，保持身体接触，上臂与地面平行，双手上举准备接球。这种情况下，强侧边锋可以快速把球传到强侧限制区拐角或弧顶位置队员，由他传球给内线队员接球投篮。（图7.1.4）

图7.1.3

图7.1.4

### 3. 移动抢位技术

（1）限制区强侧位置抢位技术

当强侧的边路队员接到球前，内线队员面向边线站立，球在弧顶时，内线队员可以做一个向端线切入的假动作，迈步跨过防守者的腿进入限制区，当球传向边路队员时，内线队员就用靠近端线的外侧手臂挡住防守队员的内侧肩膀，同时抬起端线附近的腿，跨过防守队员面向弧顶，并继续向边路队员转身，此时重心要低，坐在防守者的大腿上使其无法移动，并且后背保持与防守队员的身体接触，双臂上举，与地面保持平衡，向球移动接球。（图7.1.5～图7.1.7）

图7.1.5

图7.1.6

图7.1.7

（2）穿过限制区抢位技术

当内线队员站在弱侧位置准备穿过限制区时，若防守队员处于回缩位置，进攻队员可以用眼睛与控球者交流，此时身体下蹲，做准备起跳接球的假动作，同时向篮圈方向举起一只手或双手，做接球的假动作，向防守队员传达一种要接球投篮的错误信息。同时控球队员做出双手头上传球的假动作，当防守队员意识到控球队员要进行高吊传球时，向内线队员方向后撤防守，内线队员快速切向中策应位置获得空位。为了给切入路线打开移动通道，内线队员先从防守队员后面假装沿端线切入，将防守队员吸引到端线，接着改变方向和速度，向有球方向切入，进攻队员突然变向时，利用内侧手臂在防守队员头部划过，向球的方向切入，把防守队员挡在身后。若防守队员利用身体对抗阻止切入时，则可以强力转身。转身时，进攻队员要紧靠防守队员的背部移动，通过摆动靠近端线的腿后转身，然后朝球的方向移动。队员在低位接球时，应该双脚同时落地，做跳步急停接球。（图7.1.8、图7.1.9）

图7.1.8

图7.1.9

（3）从限制区顶部下顺抢位接球技术

防守队员在内线队员背后或侧前进行防守，进攻队员首先强力向篮下切入，向同伴要高吊球，如果防守队员反应过来并撤向篮下时，进攻队员要快速切入到强侧低中锋的位置，伸出内侧的手臂挡住防守队员的肩膀，同时做出大跨步，把防守队员挡在身后。（图7.1.10、图7.1.11）

图7.1.10

图7.1.11

（4）限制区内抢位接球技术

内线队员落位于限制区的弱侧，球在对侧边锋位置，进攻队员先做一个向端线切入的假动作，迫使防守队员向下移动封堵端线使中间区域出现空当，当球将要传到限制区顶部时，进攻队员利用内侧手臂挡住防守队员的肩膀，然后迈步跨过防守队员的腿，另一手臂伸出接球。（图7.1.12～图7.1.14）

图7.1.12

图7.1.13

图7.1.14

## （二）接球技术方法

内线队员要想获得运球、传球或投篮的机会，他们必须先学会如何接到球。无数的得分机会会因为接球失误而丧失，半场进攻的时机依靠球的的转移和及时、成功的接球。当内线队员面对传球时，双手主动迎球，在限制区中立区以上位置跳步急停接球，接球后两腿分开宽于肩，屈膝降重心，建立良好的身体平衡，两肘张开把球保护在头前或头侧面。

当内线队员侧对传球，球传到接球队员右侧稍高位置时，队员只用右手单手迎球，两肘张开把球保护于头前位置，屈膝降重心，保持身体平衡。当球传到接球队员的左侧稍高位置时，球员需用左手迎接球并将球拉至右手。当球传到接球队员的右侧稍低位置时，队员需用右手迎接球并将球拉向身体的左侧。低线路的传球，接球队员必须将球向上拿，放至下颌下方并保持平衡的姿势，当接高球时，接球队员需将球向下放，收到下颌下方。高大中锋接球时，要目光看球直到球传进自己的手中，在没有拿到球前，球员的视线不能离开球，否则可能会导致失误。

内线队员接球时要遵循以下几点原则：

**1. 保持低重心姿势**　正确的接球姿势需要身体保持较低的重心，身体重量平均分配到两只脚，队员必须能够对传球作出反应，必要时能够快速地向任何方向移动。

**2. 举起目标手**　靠近防守队员一侧的手臂呈90度弯曲，上臂与地面平行，五指张开，掌心朝向传球队员，阻挡防守队员对传球路线的干扰。远离防守队员的手臂要向外伸出，稍微朝向传球队员。接球队员的手指要完全伸开，提示同伴传球方向和位置。

**3. 空中接球**　接球队员要在移动中接球，通常情况下接球队员需要移动调整才能接到球而不走步，一般来说，球在空中时接球队员应该迎前接球。

**4. 向球加速移动**　摆脱防守准备接球时，进攻队员通常会加速，可是在将要触球时通常会减速，接球队员应该养成持续加速的习惯，这样不仅能够确保接住球，而且当防守队员试图抢断时可以为立即切入创造进攻得分空间。

**5. 接球后跳步急停**　接球后跳步急停，双脚同时着地，这是接球后保持平衡的关键。双脚跳步急停可以确保球员用任何一只脚做中枢脚，并能够立刻发动进攻，可以突破、传球或投篮。

**6. 保护球**　当手接触到球的时候，身体要挡住防守队员，接球后再稍微移动身体，接球后不能将球向身体靠得太近，保持在防守队员不能接触到的范围。

**7. 触球时手要随球缓冲**　内线队员向球移动是为了摆脱防守接到球，在触球前，为了避免球和手有猛烈的接触，他们需要将手稍微地向后移动，做“柔和接球”动作。

**8. 接球后准备得分或传球**　手指一旦触到球，接球队员应该向内转头，观察防守队员，寻找机会得分或传球给空位的队友。

## （三）内线队员移动技术方法

内线队员接到球后，必须通过合理正确的移动才能获得投篮得分机会，基本的移动技术包括以下两点。

### 1. 背向球篮的后撤步动作

后撤步动作包括向端线一侧和向限制区一侧后撤步，若向端线一侧后撤步，需要时可以横跨步运球，以挤抗强力投篮结束；若向限制区一侧撤步，需要时也可以横滑步运球，以勾手投篮或转身跳投结束。内线队员要把握好后撤步的时机，后撤步动作要在接到球前即开始做，撤步时要感觉到后撤的脚已卡住防守者的后脚，并且撤步方向一侧的肘关节卡在防守队员的背后，通过肘关节感觉到自己所用后撤步是否已把防守者甩到身后。当防守者从靠近端线一侧或罚球线一侧采用侧前紧逼防守姿势时，内线队员就可直接用后撤步动作。（图7.1.15、图7.1.16）

图7.1.15

图7.1.16

### 2. 背向球篮做前转身动作和后转身动作

向端线一侧或向罚球线一侧做前转身或后转身，就是做一个以单脚为轴的180度的转身动作。如图7.1.17 ~ 图7.1.25所示，若防守队员在内线队员背后松动防守时，内线队员可以选择向端线或罚球线一侧前或后转身，形成面向球篮可以随时跳投的姿势，也便于内线队员交叉步或顺步突破投篮。若内线队员在低位遭遇背后防守者的推挤时，他就以防守者的身体做轴快速向篮下做强力前转身，直接面对球篮在内线获得位置。借助防守者的身体为轴进行前转身时，内线队员要紧贴防守者以靠近端线一侧的后脚跟为轴进行转动，重心向施力部位的另一侧倾倒，即向篮下“倾倒”，接近完全失去平衡状态，肩膀和头部先超越防守者，同时外侧脚向转身方向迈出，为了重新获得平衡，内线队员必须快速跟进双脚，并完成跳停。（图

7.1.17～图7.1.20为前转身，图7.1.21～图7.1.25为后转身）

图7.1.17

7.1.18

图7.1.19

图7.1.20

图7.1.21

图7.1.22

图7.1.23

图7.1.24

图7.1.25

## （四）内线队员投篮技术方法

### 1. 跨步（或跳起）勾手投篮

内线队员背对球篮持球，投篮时身体保持平衡姿势，持球于下颌处并稍远离身体，头转向弱侧观察队友，以保持传球和得分的威胁；然后向限制区跨出一大步，跨步的同时要转动脚的方向，落地时脚与篮板平行，这样可以使臂部自由转动从而带动肩部转动；另一条腿提膝抬起，进攻队员双手持球，举球到投篮肩部侧上方的位置，投篮手的胳膊完全伸直；另一只手自然释放，举球到身体的后面，手臂向篮筐方向移动并跟随直到起跳落地，通过压腕把球投出，非投篮手臂弯曲90度，上臂与地面平行，投篮手的掌心不要接触球，投篮时，队员的肩膀应该转动正对篮筐，这样会带动脚步转动，落地时两脚正对篮板，有利于抢篮板球。若在限制区内接到球后朝端线跨步转身投篮时，则可以采用碰板勾手投篮，投篮手要把球投向篮板矩形方块的上角。（图7.1.26、图7.1.27）

图7.1.26

图7.1.27

### 2. 转身跳投

内线队员背对球篮落位于限制区中立区附近，利用前转身或后转身面向球篮，持球于下颌下方，投篮手靠近腰腹位置，投篮前保持身体平衡姿势：两脚距离稍宽于肩，膝关节弯曲，背部正直，抬头，时刻准备起跳。投篮时起跳速度要快，起跳到达最高点前出手投篮，主要通过手腕下压和手指拨球的动作将球投出，最好采用擦板投篮球的方法，球下落时应擦在篮板方框稍外位置。（图7.1.28）

图7.1.28

### 3. 篮板下方反手投篮

内线队员在篮板下获得球，此时内线队员两脚平行，面向端线，持球于下颌处，肘部外展保护球，保持低重心的身体平衡姿势，内线队员向上晃动重心假装投篮，然后一脚或双脚起跳，同时提膝转体，利用左右手进行反手投篮。（图7.1.29）

图7.1.29

## （五）内线队员强攻投篮组合技术方法

### 1. 内线队员低位强攻投篮组合技术方法

（1）向端线后撤步强攻投篮

当内线队员在限制区中立区附近接球后，防守队员偏向上线防守时，进攻队员两肘张开把球保护在头前，利用球或肩向上线做假动作；然后靠近篮板的内侧脚向端线后撤步，脚尖转向球篮，背部保持正直紧贴防守队员腿部，尽量使肩膀与篮板平行，双手在两腿之间强力运球一次，运球要非常低；然后拿球跳步急停，并保持与防守队员身体接触；然后两脚跳起，两手投篮，落地保持身体平衡，两手准备抢前场篮板球。当然跳步急停后，如果防守队员对投篮进行封盖，虚晃假动作可以很好地迷惑防守队员，做虚晃假动作时重心不要起伏，上体稍微向上移动，举球至头前位置，双腿保持弯曲以便假动作后随时投篮，合适的进攻动作是另一侧的反手投篮。（图7.1.30～图7.1.32）

图7.1.30

图7.1.31

图7.1.32

（2）向中间后撤步勾手投篮

当内线队员在限制区中立区附近接球后，防守队员偏向端线一侧防守，进攻队员两肘张开把球保护在头前，利用球或肩向端线做假动作；然后远离篮板的外侧脚向限制区内后撤步，脚尖指向另侧边线，背部保持正直，投篮手在球下，两手把球举到勾手投篮的位置；然后中枢脚提起，身体侧对球篮，非投篮手臂架起，阻拦防守的封盖，投篮手进行勾手投篮，落地时保持身体平衡，两手准备抢前场篮板球。若防守者用力挤推运用跨步勾手投篮困难时，内线队员后撤步同时强力运球一次；然后跳步急停接球，运用双脚起跳勾手投篮，这能够让其在投篮前始终保持低重心姿势，确保投篮的稳定性。（图7.1.33～图7.1.35）

图7.1.33

图7.1.34

图7.1.35

（3）向端线前转身跳投或交叉步勾手投篮

当内线队员在限制区中立区附近接球后，不能感觉到身后的防守队员，向端线前转身持球于头上，眼睛注视篮圈和防守队员，做有攻击性的顺步或投篮假动作，若防守队员后退或没有反应则果断跳起投篮（图7.1.36～图7.1.38）；若防守队员对突破或投篮假动作做出反应，用同侧脚向中间做交叉步突破，然后双手把球举到勾手投篮的位置，提起中枢脚进行勾手投篮（图7.1.39～图7.1.42），或运球急停，紧贴防守者运用双脚起跳勾手投篮，落地时保持身体平衡，两手准备抢前场篮板球。

图7.1.36

图7.1.37

图7.1.38

图7.1.39

图7.1.40

图7.1.41

图7.1.42

（4）向端线强力前转身运球突破投篮

当防守者的防守很具有侵略性，在上线用身体用力推顶内线队员的后背时，内线队员接到球后必须保持低重心、背部挺直的姿势；然后通过强力前转身，上体向篮圈倾倒，以靠近端线的脚为中枢脚，另一只脚向篮下跨步，同时远离防守一侧的手运球；然后跨步脚单脚起跳，在篮圈附近跳步急停，强力投篮。（图7.1.43～图7.1.45）

图7.1.43

图7.1.44

图7.1.45

（5）向中路运球后转身投篮或前转身跨步投篮

当防守者放中堵边贴身防守时，内线队员向限制区跨步运球进行勾手投篮或双脚起跳勾手投篮时，防守队员会迅速滑步切断中路进攻路线（图7.1.46），此时进攻者应该运球后立即向端线方向强力后转身进行投篮，强力转身时要保持低重心并且背部挺直；或者内线队员跨步运球急停后，前转身面向球篮做投篮假动作，诱使防守者失去重心，然后从防守者脚旁向篮圈方向跨步，起跳投篮。

图7.1.46

（6）向中路运球突破后向外跨步急停跳投或加速运球上篮

当内线队员向中路运球突破时，防守队员快速滑步切断运球路线，进攻者靠近防守者一侧的身体主动对抗；然后靠近防守者一侧脚蹬地，另一只脚向外跨出一大步，同时转动身体面向球篮。若防守没有跟上，则快速急停起跳投篮；若防守者快速贴近防守，则做抬头假装跳投动作，然后加速向篮筐方向低运球上篮。（图7.1.47、图7.1.48）

图7.1.47

图7.1.48

### 2. 内线队员高位强攻投篮组合技术

（1）后撤步运球上篮或跳投

当内线队员从低位向罚球线限制区拐角位置移动跳步急停接球时，若防守者贴身偏向一侧防守，进攻者双手持球于下颌位置，屈膝降重心，用球或头向防守紧贴一侧做假动作；然后另一只脚向另一侧后撤步跨出，靠近防守者一侧手运球快速突破上篮。若进攻者后撤步时，防守者快速向后移动封堵进攻路线时，进攻者后撤步蹬回，面向球篮，跳起投篮，或虚晃投篮假动作后再次吸引防守者逼近干扰投篮；然后快速向篮下运球突破。（图7.1.49、图7.1.50）

图7.1.49

图7.1.50

（2）转身面向球篮持球突破或跳投

如图7.1.51～图7.1.55，当内线队员在罚球线位置接球后不能感觉到防守者时，则快速转身，转身时保持屈膝降重心的姿势，持球于下颌位置，若防守者快速移动封堵其右侧进攻路线，左侧留有空间，则进攻者假动作后，从右向左摆球，交叉步或顺步向篮下突破，突破时紧贴防守者。若转身后防守者不迎前防守，则进攻者可以选择直接跳投。

图7.1.51

图7.1.52

图7.1.53

图7.1.54

图7.1.55

（3）向中路运球突破后向外跨步急停跳投或加速运球上篮

接图7.1.55，当内线队员向中路运球突破时，防守队员快速滑步切断运球路线，进攻者靠近防守者一侧的身体主动对抗；然后靠近防守者一侧脚蹬地，另一只脚向外跨出一大步，同时转动身体面向球篮，如图7.1.56 ~ 图7.1.58所示；若防守没有跟上，则快速急停起跳投篮；若防守者快速贴近防守，则做抬头假装跳投动作，然后加速向篮筐方向低运球上篮。

图7.1.56

图7.1.57

图7.1.58

## 三、内线队员进攻技术训练方法

### （一）抢位技术训练方法

#### 1. 围绕限制区切入、接球和转身

（1）方法：从低中锋位置开始练习，队员保持身体平衡的姿势，双手分开与肩同宽，做向篮下切入的假动作；然后变向，加速跑向对面低中锋的位置，当跑到限制区另一侧时，做跳步急停接球动作；然后转身面向篮圈，做准备进攻动作。队员双膝弯曲，后背挺直，保持身体平衡，假想持球于颌下。再次移动时，队员先做要穿过限制区的假动作；然后快速变向，加速跑向罚球线，做跳步急停接球动作；然后转身面向球篮，做准备进攻的动作。开始练习时，队员要稍微放慢速度，技能提高之后，再提高移动速度。（图7.1.59）

（2）要求：队员假动作要逼真，变向切入要快，跳步急停重心降低，转身时重心不能上下起伏，移动速度逐渐由慢到快。

### 2. 原地抢位练习

（1）方法：两人一组落位于限制区两侧位置，一人做抢位接球动作，一人防守，防守者依次站在接球人的身后、身前和身侧位置干扰接球，进攻人做出不同的抢位接球动作，教练假做传球，各个位置的抢位动作做完后，攻守交换练习。（图7.1.60）

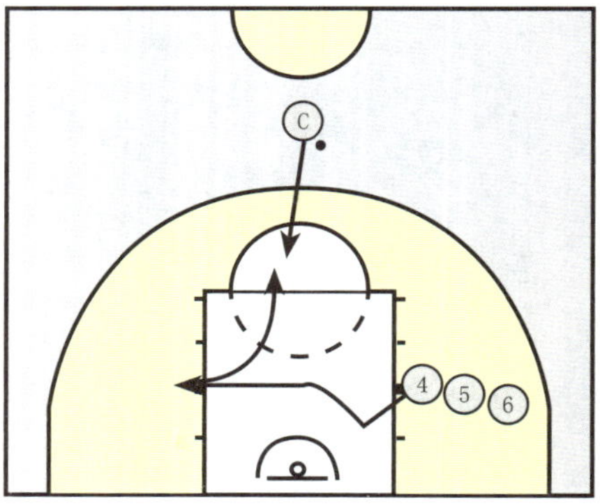


图7.1.59

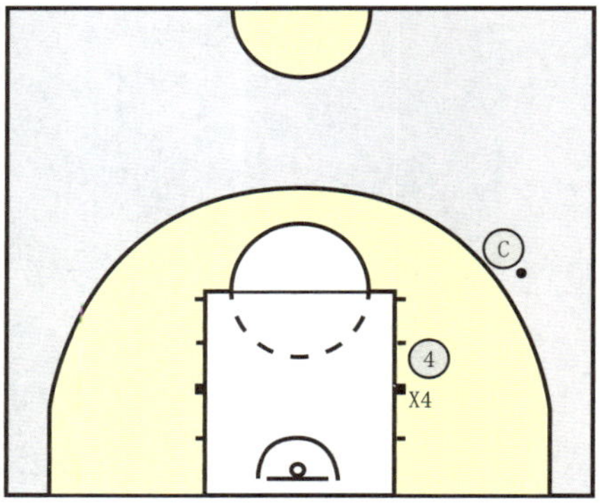


图7.1.60

（2）要求：进攻者能依靠背部、手臂的感觉和眼睛的观察，正确判断防守者的位置、方向和意图，用腰髋和肩背的力量顶靠住防守者，主动伸手要球，保持重心稳定，防守者变换、抢占防守位置和干扰球的积极性逐渐加强，主动给进攻者制造各种接球的难度。

### 3. 攻守对抗抢位练习

（1）方法：两人一组，一攻一防，防守者用手臂和胸腹顶挤进攻人，不让其进入内线位置。进攻人要用腰、背、臀和臂挤靠防守人，力争进入内线位置。10秒钟后，攻守交换，练习形式如图7.1.61所示。

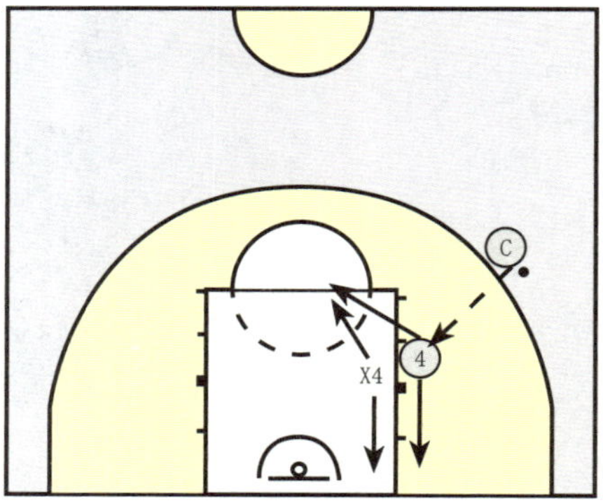


图7.1.61

（2）要求：防守者要各种方式推挤进攻队员的后背，进攻队员在对抗中要后背挺直，保持低重心，逐渐增加对抗相持的时间。

### 4. 原地抢位接球练习

（1）方法：全队分成两组，一组防守，一组进攻，外围设两名教练或队员传球。防守队员积极抢占位置，干扰进攻队员接球，进攻者利用背部感觉和余光，做出正确的抢位接球动作。若进攻队员抢位正确，占据了有利位置，教练可传球给抢位的队员。练习30秒后，两名队员站在对组排尾，换下一组重新开始练习。

（2）要求：进攻者背部主动挤靠防守者，两臂伸开指示教练传球的位置，接球时要上步急停，防守者先在规定位置防守，逐渐增加防守的主动性。

**5. 移动抢位接球练习**

（1）方法：两人一组，一攻一防，教练协助传球。进攻者利用交叉步转体、后转身、横跨步等动作在限制区周围移动抢位，进攻者抢位时腰臀用力，两臂上扬，挤靠防守者，在往返移动抢位过程中，如果接球位置好，教练立即传球给内线队员，然后内线队员再回传给教练，20秒后，攻守交换练习。（图7.1.62）

（2）要求：进攻者在限制区周围移动，抢位时脚步移动要快，腰背用力主动顶靠防守者，两臂伸开给教练传球的指示，接球时要上步急停，接球后要两臂张开保护球。

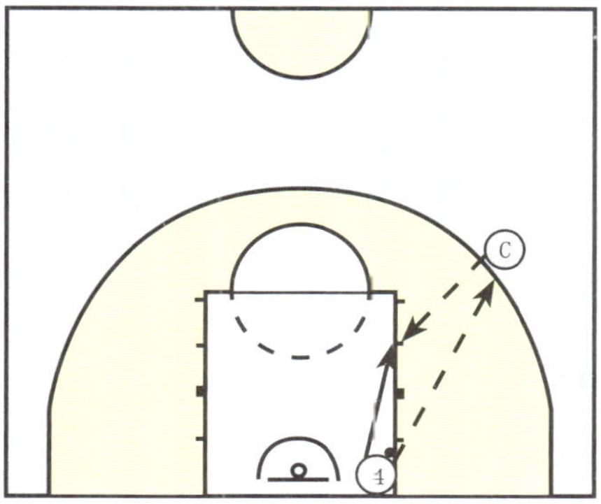

图7.1.62

## （二）内线队员投篮训练方法

**1. “8”字勾手投篮练习（迈肯练习）**

（1）方法：队员面向端线站在篮下稍偏右侧，持球准备开始。队员开始左脚向一侧跨步起跳，身体稍向右转，右手小勾手碰板投篮；投完篮后，双手接住球，在右脚向球篮另一侧跨步起跳，进行左手小勾手投篮，左右手交替投篮，每只手命中10个球。

（2）要求：跨步、转身、勾手投篮动作连贯协调，腰背挺直，投篮手舒展、放松，非投篮手屈肘架起保护球，熟练后逐渐加大投篮距离。

**2. 篮下左右手反手投篮**

（1）方法：队员背向端线站在篮下，持球准备开始。队员开始向右转，靠近端线一侧脚起跳，另一条腿提膝，内侧手反手投篮，接球后身体向另一侧扭转，用另一只手反手投篮。左右手交替投篮，每只手命中10个球。然后用外侧手反手投篮，左右手交替投篮，每只手命中10个球。

（2）要求：两肘架起持球于下颌位置，跨步、转身、提膝、反手投篮动作连贯协调，腰背挺直，身体充分向上伸展，投篮手放松，投篮手法要正确。

**3. 自抛球接球急停各种投篮练习**

（1）方法：队员从篮下端线后站位，把球向后旋转，抛到限制区中立区位置使球向回反弹，然后跳步急停接球，做各种投篮练习。左右手交替投篮，每只手命中10个球。

（2）要求：跳步急停接球重心降低，腰背挺直，转身、跨步动作要与投篮动作协调一致，注意不能走步。

**4. 捡地板球后撤步挤抗投篮**

（1）方法：两人一组，一人投篮，一人负责捡球和摆球，限制区左、中、右侧三个位置分别放置一个篮球，进攻者首先捡右侧中立区地板球，左脚后撤步，靠近防守者一侧肩、胯用力，同时降低重心右手低运球转身跳步急停，内侧肩正对球篮，用力起跳挤抗投篮；然后捡合理冲撞区外和左侧限中立区的地板球依次做后撤步挤抗投篮，另一人负责抢篮板球放回原处，命中10次后，两人交替。

（2）要求：后撤步时腰背挺直，撤步脚的脚尖主动向进攻方向扭转，运球有力，跳步急停重心降低，快速起跳用外侧手投篮，左右两脚均要练习后撤步，教练可以在其身后一侧推挤，提高进攻者的背后感知觉能力。

**5. 沿限制区移动接教练传球做各种投篮练习**

（1）方法：队员持球在端线后站位，传球给位于45度位置的教练，然后沿限制区线快速滑步，跳步急停接教练回传球，然后做各种投篮练习。传球给弧顶的教练，然后快速跑到罚球线位置，跳步急停接教练回传球，做突破上篮和转身跳投。（见图7.1.62）

（2）要求：进攻者接球的同时跳步急停重心降低，两肘架起保护球，做后撤步、跨步等动作；进行挤抗投篮和勾手投篮时要连贯协调。

**6. 固定防守条件下强攻投篮练习**

（1）方法：队员持球在端线后站位，传球给位于45度位置的同伴；然后沿限制区线快速滑步，跳步急停接同伴回传球，此时教练在其背后设置不同的防守情景，进攻者根据防守情景运用各种强攻投篮技术，练习形式如图7.1.62所示。

（2）要求：队员要用背部感知教练在背后的位置，选择合理的投篮方式，投篮速度要快。

**7. 一对一消极对抗条件下强攻投篮练习**

（1）方法：两人一组，一攻一防，进攻队员持球在端线后站位，传球给位于45度位置的同伴后，快速穿过限制区向球的位置跑动，在限制区外跳步急停接同伴回传球，防守者在其背后设置不同的防守情景，进攻者根据防守情景运用各种强攻投篮技术，练习形式如图7.1.62所示。

（2）要求：防守者要选择不同的位置推挤进攻队员，让其选择合理的投篮方式。

**8. 一对一积极对抗条件下强攻投篮练习**

（1）方法：两人一组，一攻一防，进攻队员持球在端线后站位，传球给位于45度位置的同伴后，防守者积极防守阻拦其在限制区周围接球，进攻者利用积极抢位在限制区外跳步急停接同伴回传球，防守者用力推挤进攻者，进攻者根据防守情景合理运用各种强攻投篮技术，练习形式如图7.1.62所示。

（2）要求：进攻者利用转身、跨步主动挤抗防守者，努力在防守者身前抢到合理的位置接球进攻，接球后两肘架起保护球，并利用背部感知防守者的位置，在规定时间或规定运球次数范围内投篮得分。

## 思考题

1. 请结合NBA内线队员的特点说明现代篮球比赛中内线队员应该具备什么条件？
2. 现代篮球比赛中内线队员应该掌握哪些进攻技术？
3. 现代篮球比赛中内线队员在低策应区抢位接球应该注意哪些问题？
4. 请列举五种内线队员在低策应区接球后的组合进攻技术。

# 第二节　外线队员进攻技术与训练

## 一、外线队员进攻技术概述

对外线进攻技术的任何讨论，首先要从团队篮球的观念开始，个人进攻机会的创造有赖于其他4名同伴的行动。教练需要和球员一起分析和讨论单打独斗的局限，并适当进行限制，使每位球员明确如何充分发挥集体的优势。这是一个超越技术层面的问题，要对外线个人进攻技术训练的各个环节进行提示和教育，使其融入每个球员的血液里，影响球员的一生。团队意识不仅局限于篮球运动领域，它还对球员的人生起着至关重要的作用。

外线个人进攻技术是处于场地外围的球员面向篮筐展开进攻的技术。主要包括无球移动技术和有球技术。教练在教授球员各个技术要素时，必须让球员理解，在比赛中使用这些技术的时机和方法。青少年一开始的基本技术训练中要融入基本战术的内容，两者之间必须并行发展、相互贯通，不能割裂。基于这个原因，阅读比赛并快速反应是球员必须具备的能力。

一个非常优秀的外线球员必须具备以下特征。

**1. 具有较强的学习和研究能力**　重视研究比赛和对手，学会洞悉比赛，分析对手特点。在场上非常清楚自己在什么位置投篮命中率最高，并且能够有办法创造这样的投篮机会。

**2. 技术全面**　外线球员技术要非常全面，能够胜任多个位置。现在的比赛要求外线球员是个多面手。例如，1号位是得分后卫，他也应该胜任2号位后卫的位置，并能助攻对手。

**3. 超强的身体和心理素质**　优秀的外线球员需要不知疲倦地进行大量的无球移动，并且在进攻中当面对紧逼防守时，从来不会感觉疲劳。心理素质要好，始终保持冷静和思考。当感觉自己处于空位，却不能接到队友的传球时，不能气馁和埋怨。冷静思考是前锋的重要品质，它能够让球员在巨大的压力面前做出正确的决定。

**4. 罚球得分能力**　这是外线球员最基本、首要的技术，必须达到完美的程度，因为这是一项无防守的个人技术，会让全队受益。此外，走上罚球线，意味着你给防守方带来了压力。一个优秀的外线球员至少要创造10次以上的罚球机会。

**5. 较强的节奏感和变速能力（由快到慢，由慢到快）**　外线球员速度变化会给防守带来相当大的困难。例如，球员可以以最快的速度到达进攻位置，接着降低速度利用掩护，放慢速度接球并控制好球，观察场上情况的发展，当做了决定后，应及时快速攻击对手，确保进攻效果最优化。

**6. 学会和同伴建立默契**　这是最后一个要求，但不意味着他是不重要的，真正优秀的外线球员，必须学会包容和激励同伴一起比赛，并建立起默契。外线球员好的传球最能体现这一点，好的传球可以鼓励队友去积极移动，寻找合理的接球位置。如果队友在一个很好的位置，好的传球也是队友的期望。优秀的前锋知道如何运用话语进行沟通，让队友更清楚地理解你的想法，达到默契的程度。例如，优秀的外线球员能够让队友合理及时地做一个掩护。

## 二、外线球员无球移动

无球球员在篮球场上合理行动，是教练最为困难的任务之一。赛场上，队员处于无球状态的时间超过上场时间的80%，如何利用脚步动作进行合理的无球移动，对于每个球员来说都是非常重要的。这一部分将重点介绍如何无球移动。

对于无球移动的分析，必须认识到，如果一个无球队员没有目的地站在某个位置什么都不做，对于防守来说将会变得简单，防守可以获得一个很好的协防位置，并且可以一直观察球的位置，预判进攻，有效协防。如果无球队员有目的地行动起来，将会给防守带来很大的困难。

许多球员，特别是年轻球员在进攻中经常被球吸引，更多地向球的方向移动，甚至是迷恋的程度（图7.2.1）。教练必须让球员认识到无球移动和持球进攻一样重要，必须花费时间让球员建立空间和时间概念，让球员思考并进行有目的的无球移动。这对球队进攻来说非常关键。

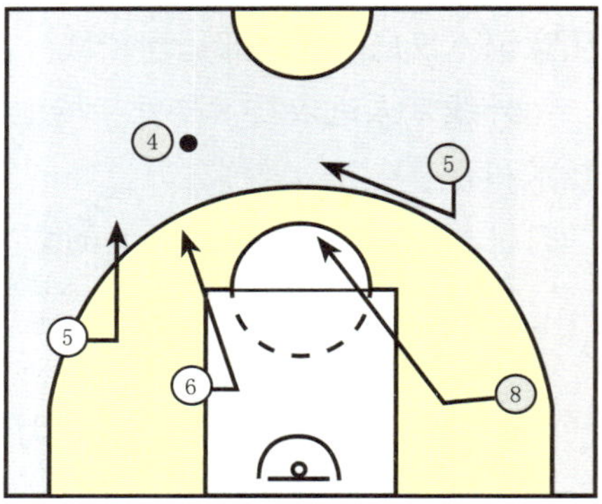

图7.2.1

### （一）无球移动的基本原则

1. 始终要让身体处于快速启动姿势，因为所有的移动开始于蹬地。

2. 要善于运用多种移动技术，并保持平衡和快速。

3. 移动要有目的性，并保持合适的空间和时间。球员必须意识到队友的移动，并时刻关注全队的进攻战术。

4. 阅读防守和球的位置。所有个人的移动要服从全队战术，必须考虑场上所处位置和球，以及防守的情况。

5. 摆脱接球或者到外围。无球移动的首要目的是摆脱防守接球。如果不能摆脱或者战术需要，就移动到外围。保持合适的空间，至少和同伴保持5～6米的距离。

6. 在自己擅长的位置摆脱接球，接球时要距离有球队员大约5米，这个位置可以让球员传球、投篮、运球。当球员接球要面对篮筐，首选是跳步急停直接面对篮筐，也可以转身面对篮筐。教练讲授接球面对篮筐的前场进攻技术时，要让球员一要看篮筐（准备投篮，并观察全场情况），二传内线（准备传球给中锋），三要行动（运球调整或者突破篮下）。这个接球后的技术序列（一看二传三行动）必须成为自动化过程，养成习惯，并能快速有序执行。

7. 做一个演员。善于利用假动作，或者改变节奏，迷惑和诱骗对手，使其不能够判断进攻队员的真实意图。让自己成为一个具有一流演技的演员。

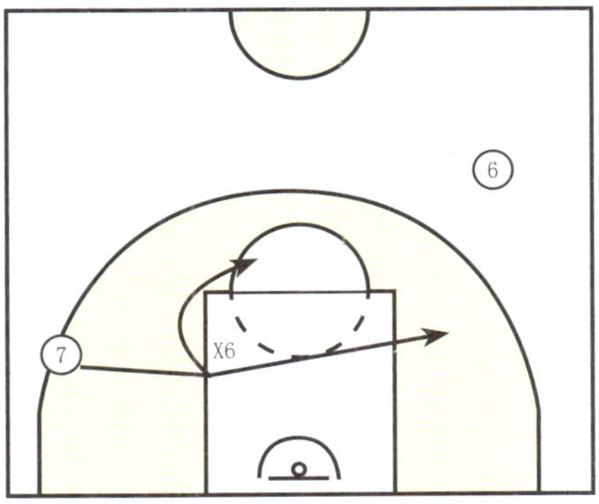

图7.2.2　移动到防守的视线之外

8. 吸引防守的注意。向防守的视线之外移动，迫使他们去转头。大部分防守队员都会背对篮筐，并观察球，因此，进攻球员应该向防守球员身后的底线移动，并且远离球。（图7.2.2）

9. 迎球移动。当去接传球时，多数情况下球员应该迎球移动。

10. 先接触对手再摆脱。球员经常没有靠近对手直接摆脱。事实上，先靠近对手接着拉开距离是一个更有效的摆脱方法。在比赛中，这种方法比由慢到快的摆脱方法使用更为广泛。

## （二）无球摆脱接球应注意的问题

1. 当队友在某个位置持球并准备传球时，开始摆脱移动，创造接球空间。

2. 在能够有效传球、运球、投篮的区域接球。了解自己的投篮距离十分重要。

3. 摆脱防守接球的时间不宜超过2～3秒。时间越久，防守越容易重新到位。

4. 用正常的脚步动作向防守队员移动，不要盯着传球队员。当进攻队员利用小碎步靠近对手时，你会给防守送出一个清晰的接球信号，这是不利的。

5. 用内侧肩膀和前臂接触防守队员，但不要推人。这可以帮助你控制对手，接着突然拉开距离创造接球空间。拉开距离可以考虑不同的角度，不要在同一条线上往返移动。有角度的移动会让防守队员需要更多的时间回防。期间要保持屈膝降低重心，准备好接球后持球进攻。

6. 当突然向外拉出接球时，要伸出远端手作为传球的目标。迎球并用双手接球。

7. 现在让我们学习两个基本的摆脱接球方法："V"形切入和"L"形切入，去摆脱防守创造接球空间，如图7.2.3所示。

（1）"V"切

"V"切是较为常用的摆脱防守技术，适用于场上任何位置。这项技术之所以被称为"V"切，是因为摆脱队员的跑动路线呈现出"V"字形。"V"切是以面对篮筐开始的，为了在外线接球，要先将防守队员向低位带动，然后突然向外拉出。需要特别强调的是，在可以进行传球、突破或者跳投的位置摆脱接球非常重要，并且需要兼顾到队友的位置。

假设在右侧摆脱接中路传球，防守队员以3/4绕前的姿势防守。为了摆脱防守，首先要向防守队员跨1～2步，肩部与篮筐垂直；然后，将右脚插在防守队员的双腿之间，用右手前臂和肩膀接触对手，但不要推对方；然后，以外侧左脚为轴，右脚蹬地，交叉步前转身。左脚跨大步拉开距离，伸手要球，做跨步急停接球。接到球后转身并以“三威胁”姿势正对篮筐，准备一对一单打。如果接球选择跳步急停，并直接调整到面对篮筐是一个更好的选择，需要做大量的练习，养成跳步接球的习惯。移动路线如图7.2.3所示。

（2）“L”切

“L”切摆脱接球技术是在限制区附近背对底线开始的。球在中路，防守队员正面防守，进攻队员向中线方向用普通步法移动1～2步，然后将内侧脚（离限制区近的脚）靠近或跨过防守队员的外侧脚，同时用内侧肩膀和前臂倚住对手的胸部，重心移动到内侧脚。随后向侧面跨跳，不要推对方，接球后以“三威胁”姿势面对篮筐，准备一对一单打，移动路线如图7.2.3所示。

（3）反跑

反跑接球是一项非常重要的移动技术。在防守队员过度防守接球路线，使进攻队员无法在外线接球的情况下，进攻队员经常采用的一项技术，移动路线如图7.2.4所示。反跑接球的动作和“V”切一样，只是由外线向内线切入接球，可以和“V”切衔接使用。

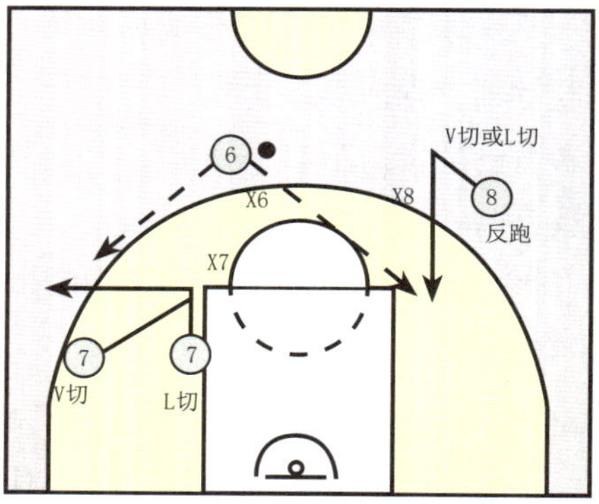

图7.2.3　V切和L切

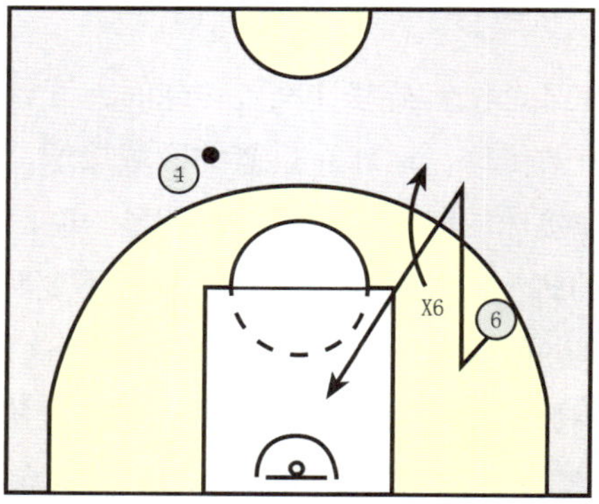

图7.2.4　反跑接球

## （三）无球球员接球后发动进攻需要注意的问题

在接球的瞬间处于放松或无攻击的状态，是一个非常致命的坏习惯。如果进攻球员接球后成“三威胁”姿势，会容易观察场上情况，可以针对防守的位置有选择地攻击对手。当防守球员在调整位置和移动时犯错，进攻球员的工作就是观察阅读到这些错误，并利用这些错误获得进攻的优势。

### 1. 摆脱接球时，防守跟在身后

当摆脱接球，并且防守跟在身后时，外线球员应该在接球瞬间立刻攻击（图7.2.5）。不要犹豫，不能站着等防守复位。这里需要注意的是，在迈出第一步的同时要运球，避免失误。

### 2. 防守位置靠上

当防守位置靠上时，可以采用交叉步向底线运球突破，注意要向篮下的方向运球，第一次运球要低于防守方的手，路线成“V”形，而不是“U”形。如果防守紧贴着身体，可以采用后转身的方式进攻（图7.2.6）。如果防守后退很多，或者急停创造一个跳投的机会，不要犹豫，果断投篮。

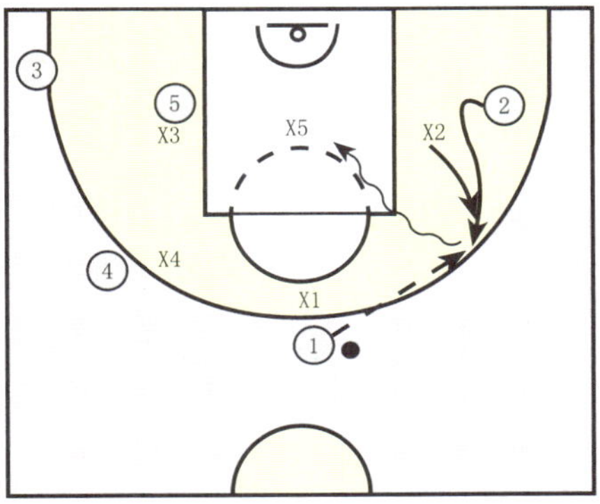


图7.2.5　防守跟在身后，接球突破路线

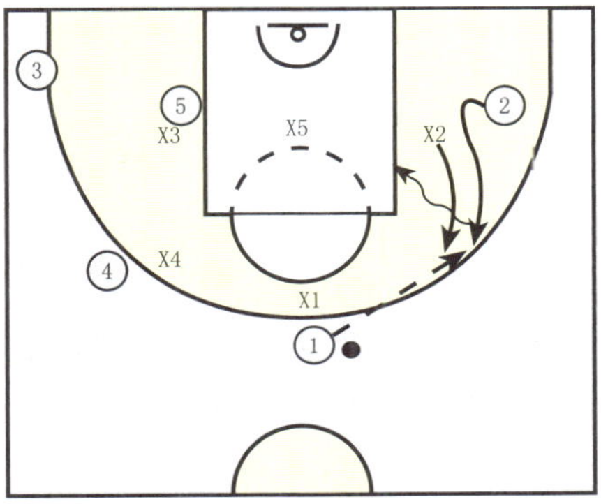


图7.2.6　防守位置靠上，接球突破路线

## （四）从弱侧攻击对手需要注意的问题

如果进攻球员处在弱侧（不论是人盯人还是联防），防守为了找到合适的协防位置，很可能处在限制区附近。好的空间就是好的进攻。外线球员必须具备在弱侧投篮得分的能力，这会让进攻更加平衡，重要的是会给防守带来许多问题和很大压力。

### 1. 保持空间原则

处在弱侧的球员要做正确的事情，那就是不要随意向强侧移动，保持弱侧的空间，如图7.2.7、图7.2.8所示的灰色区域。

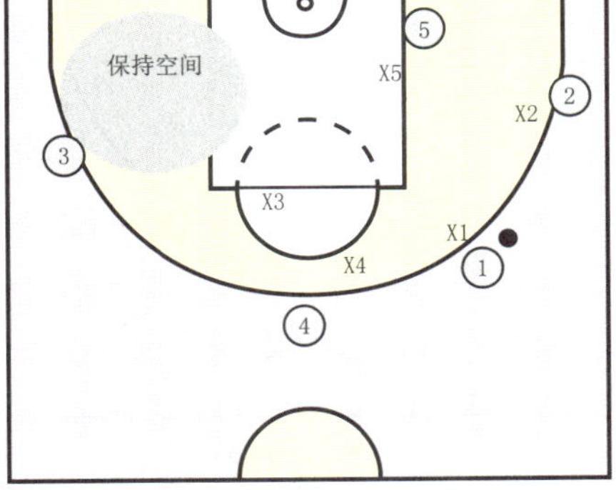


图7.2.7　弱侧的空间

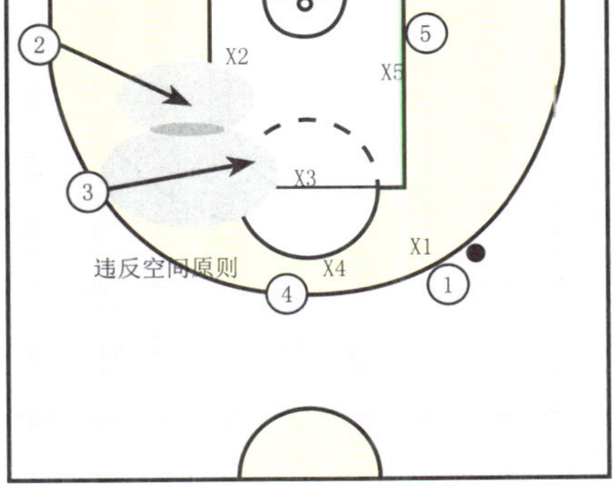


图7.2.8　弱侧不合适的移动

### 2. 弱侧球员的选位要处在可以接同伴传球的线路上的原则

无球球员总是观察场上情况，有一个很好的视野，既要知道其他人的位置，还要密切注意球在什么位置。（图7.2.9）

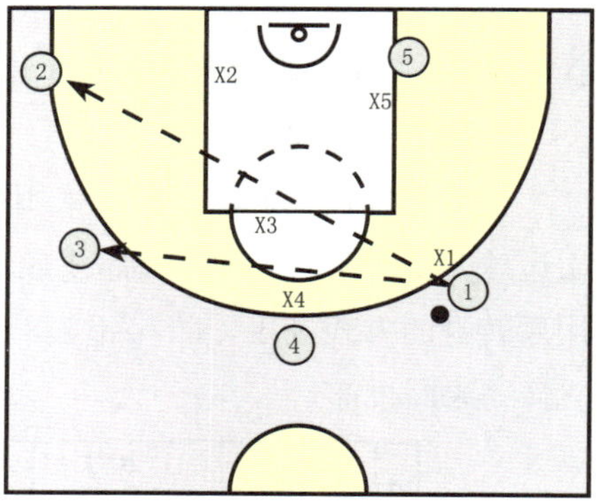

图7.2.9　弱侧球员的位置选择

弱侧球员接强侧同伴传球时，应该先阅读防守，然后接球进攻（强侧球员接传球时，通常应该首先接球，然后阅读防守，接着展开进攻）。一个好的外线球员在弱侧位置接球的瞬间，应已经很清楚防守的位置和下一步进攻行动。不要只是盯着球或者防守球员，要在防守复位之前快速进攻。

（1）防守没有复位时：果断接球跳投。

（2）防守快速移动补位：球还在空中时，观察防守的移动，可以等防守跳起封盖时，突破对手进攻，也可以果断跳起投篮。

（3）严密防守：如果防守及时复位，球员可以观察球员的脚、手和肩膀，利用“攻击前手和脚”原则，果断突破对手。

### 3. 横切球员需要注意的问题

无球球员有时需要从弱侧向有球一侧横切接球进攻。

（1）如果采用人盯人防守，中间区域可能是空的，这是因为防守球员都处在进攻球员之间传接球线路的下方。（图7.2.10）

（2）如果防守严密，可以采用从防守人前面切入或者反跑切入。（图7.2.11）

（3）进攻区域联防时，向限制区的防守人空隙切入。（图7.2.12）

（4）如果防守球员的手和身体处在阻止接球的位置，可以向篮下反跑。如果无法传接球，可以向外线移动，不要一直呆在篮下。（图7.2.12、图7.2.13）

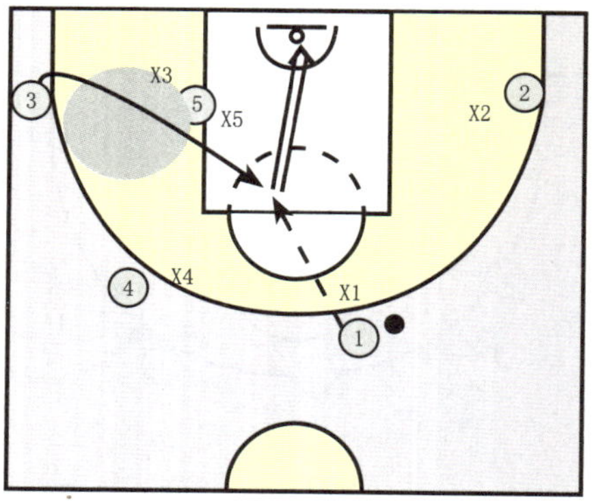

图7.2.10

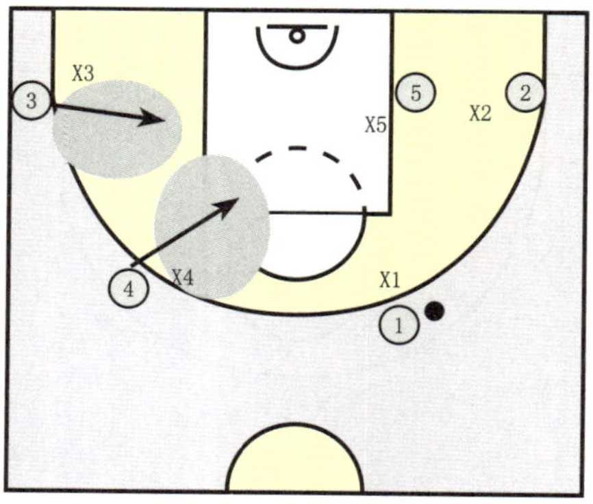

图7.2.11

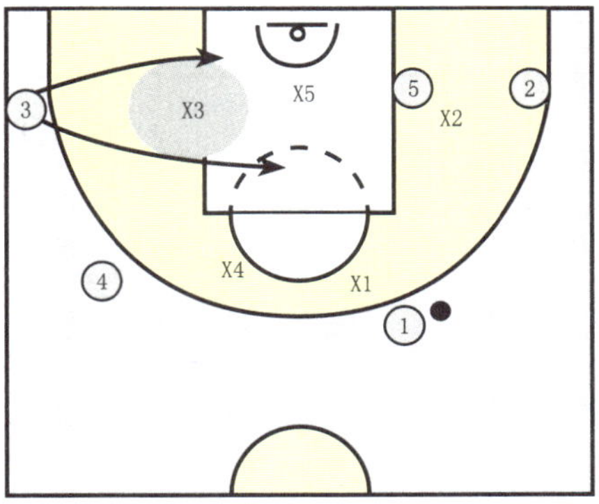


图7.2.12

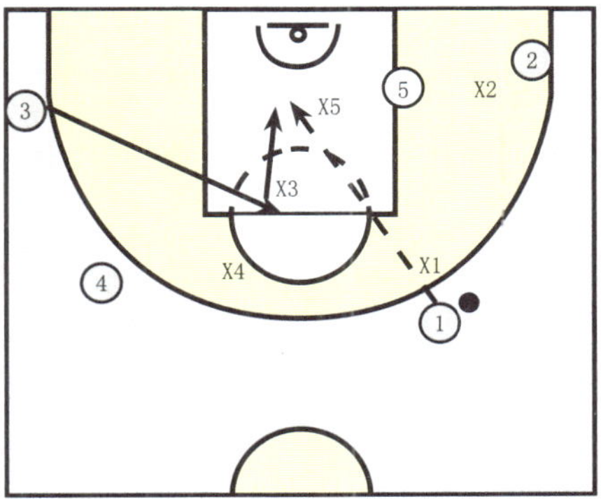


图7.2.13

## （五）无球球员要充分利用突破获得的优势

作为持球球员突破时，不仅要把握自己和无球同伴在场上所处的位置，还要能够阅读防守（好的阅读能够创造许多的得分机会）。与此同时，当无球球员去协防时，要移动到空位，尽可能地在一个好的得分位置上，创造接球进攻的机会。

**1. 运球突破时，无球球员移动的基本原则**

（1）当无球球员去协防同伴时，要移动到空位，随时准备接球进攻。

（2）如果转头去观察球的位置，无球球员一定要移动，离开防守球员的视线。

（3）循环原则。无球球员沿着突破的方向循环移动（图7.2.14、图7.2.15）。这个移动方向和防守的循环和协防方向相反。

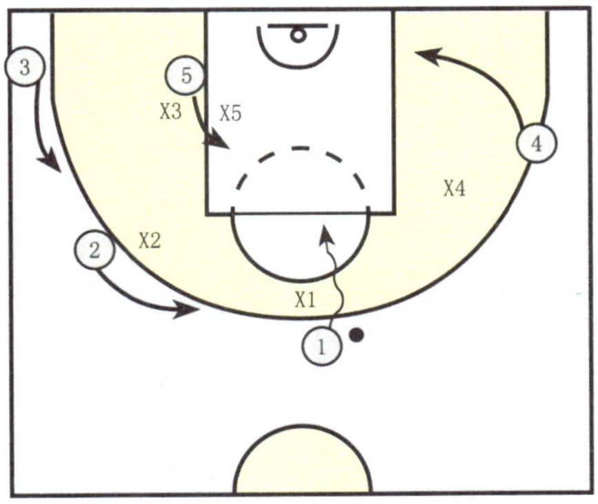


图7.2.14

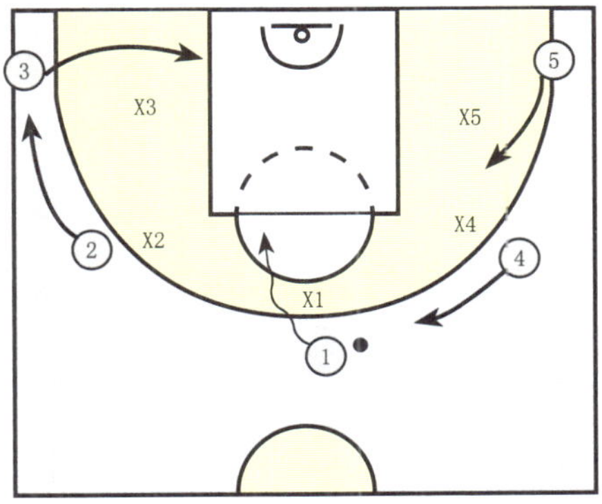


图7.2.15

**2. 突破的类型**

每个球员要充分了解突破的类型，并根据具体情况做出适当的反应。突破的类型主要有以下6种。

（1）向自己所处位置同侧方向突破（图7.2.16、图7.2.17）。与突破方向同侧的球员在同伴突破后，要向底线移动并保持在外围，或者向篮下切入。首要的目标是让防守球员必须去观察进攻的位置变化。如果突破一侧没有中锋，反跑篮下接球是可能的。

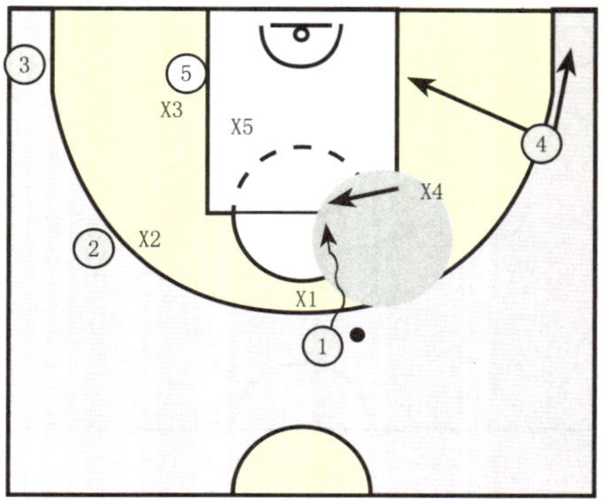


图7.2.16

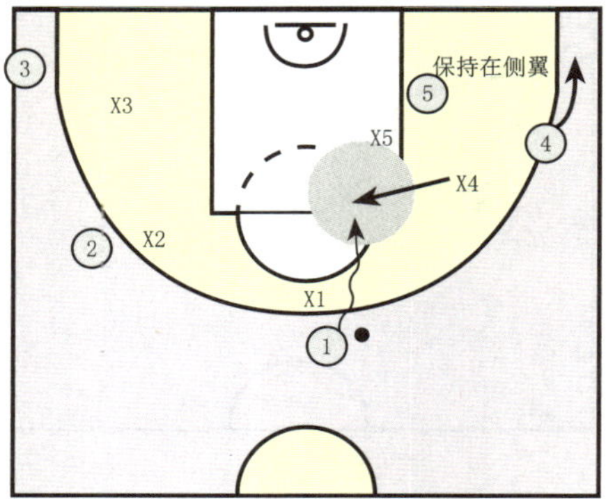


图7.2.17

（2）向自己所处位置的异侧方向突破。（图7.2.18～图7.2.21）

与防守队员拉开距离，并向高位空位移动。不要处在“死亡区域”。防守队员正在协防有球同伴，作为进攻队员，向反方向移动，寻找接球路线非常重要。突破球员通常只能跨步急停，接着转身传球。无球球员离开“死亡区域”并移动到空位，一般情况下，应移动到突破球员的后方。

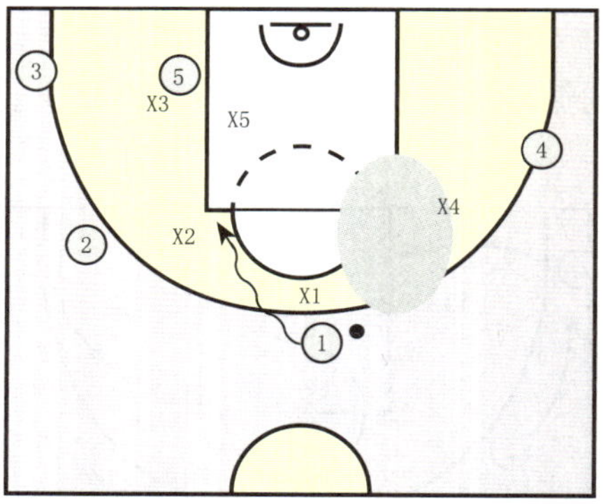


图7.2.18

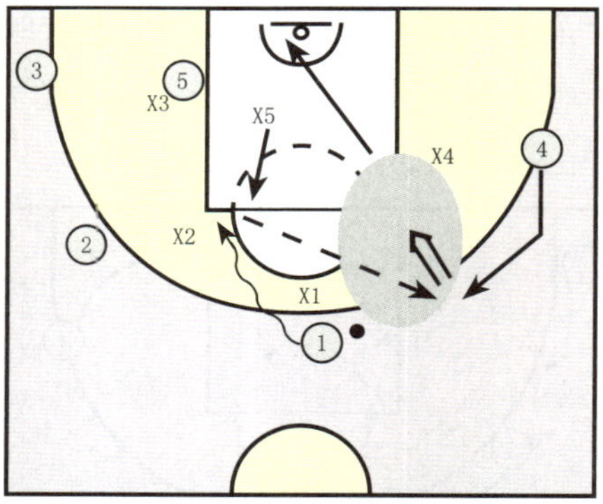


图7.2.19

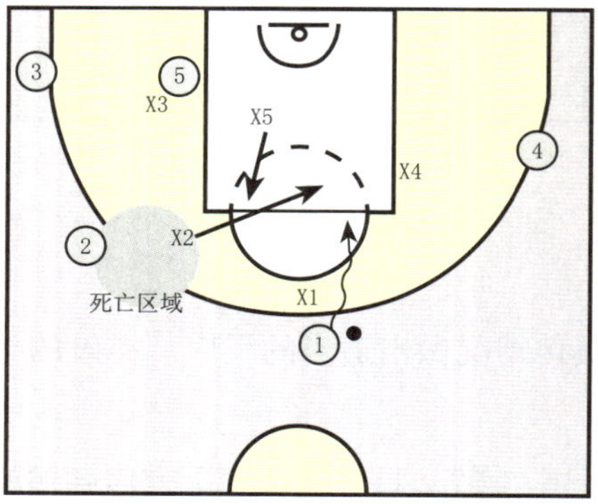


图7.2.20

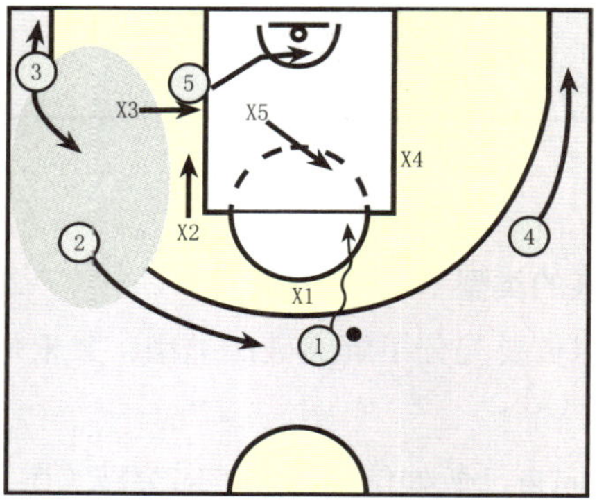


图7.2.21

（3）持球同伴从侧翼突破时，弱侧球员要向底线移动，总是与突破球员保持平行。（图7.2.22、图7.2.23）

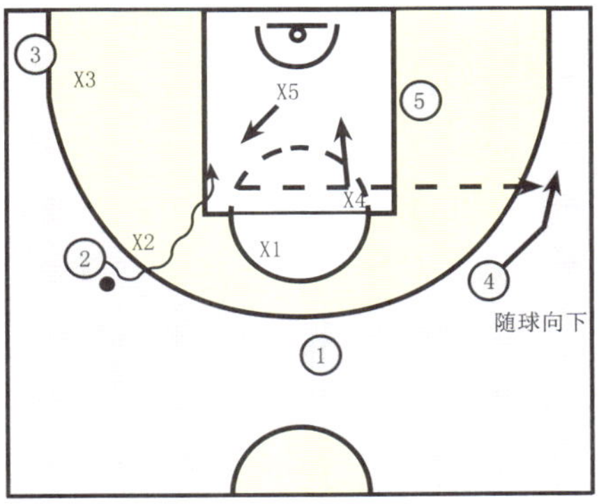


图7.2.22

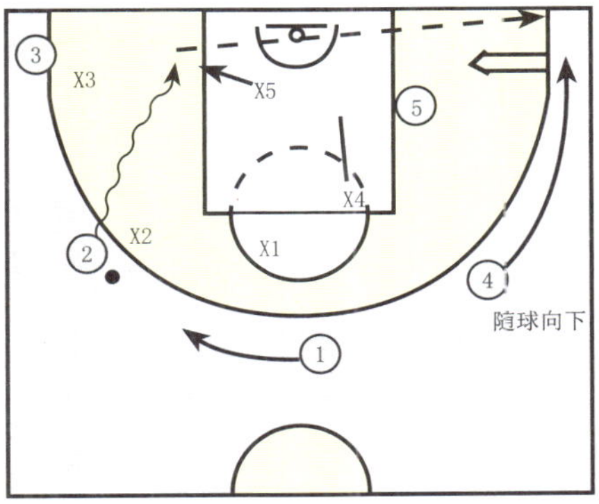


图7.2.23

（4）持球同伴从中路突破穿过罚球线进入限制区时（图7.2.24、图7.2.25）。无球球员要反方向循环移动，总是远离防守人。

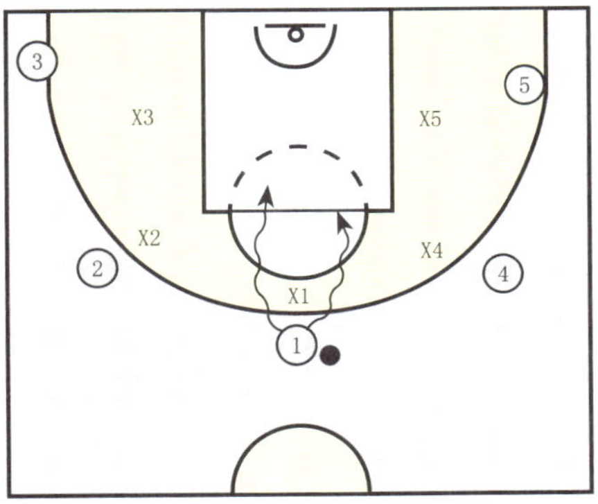


图7.2.24

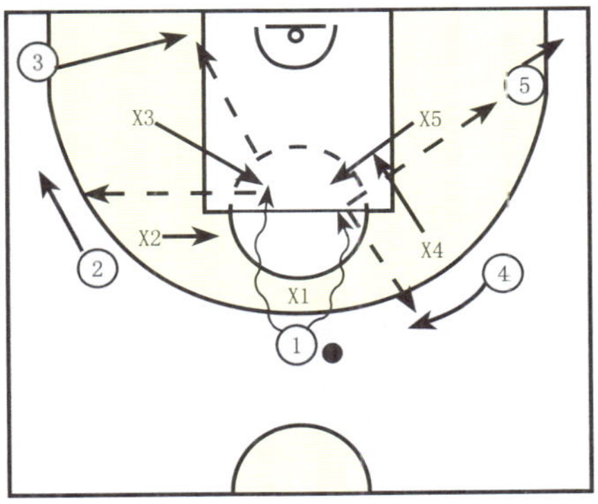


图7.2.25

（5）从侧翼向中路突破时，无球球员移动路线，如图7.2.26、图7.2.27所示。

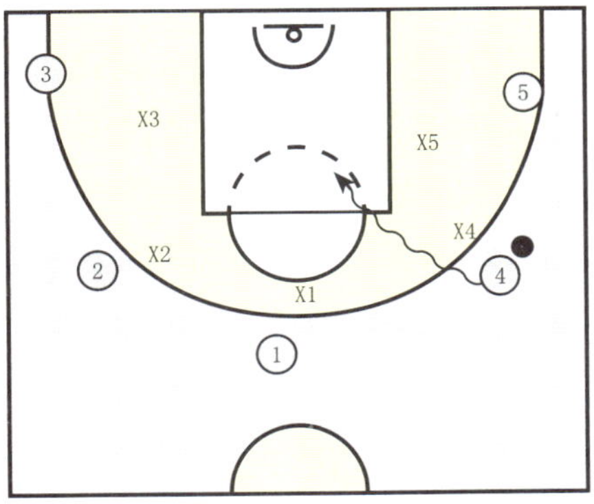


图7.2.26

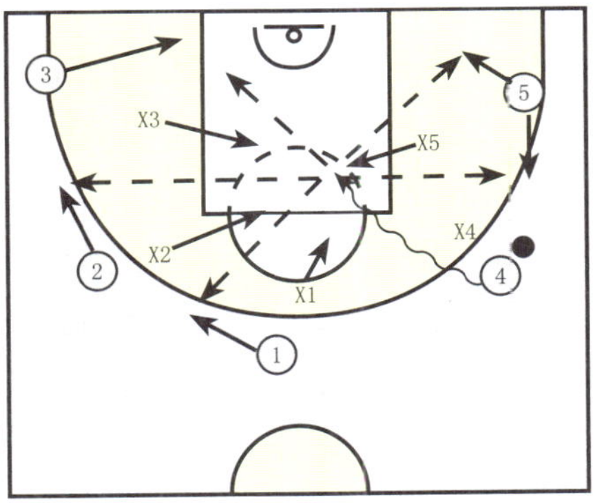


图7.2.27

（6）从底线突破时，无球球员的位置调整，如图7.2.28所示。

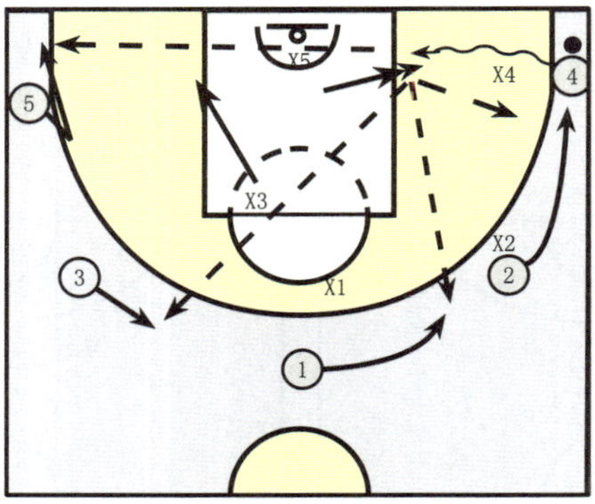


图7.2.28

## 三、外线球员有球技术

比赛中，外线球员必须能够熟练运用运球、传球和投篮技术，并且要非常关注技术运用的有效性。有球技术的动作细节和练习在前面章节已有介绍，在这里主要运用持球突破和投篮需要注意的问题进行分析。

### 持球突破需要注意的问题

持球突破应从面对篮筐的快速启动姿势开始，这个基本姿势通常称为“三威胁”姿势（能够投篮、传球或者运球）。一般情况下，球员应该处在他们有效的射程之内，首选跳步急停接球，并调整到面向球篮的位置（接球并在空中转身）；另外一种选择是面向球员接球，采用跨步急停的方式接球，然后转身面向球篮成“三威胁”姿势（尽可能地使用非惯用的脚作为中枢脚）。这里需要提醒的是，如果在自己的投篮范围内，对手防守又很松懈没有举手，或者没有突破对手的机会，你就可以快速果断跳投。外围投篮能力是持球突破技术运用的必要条件。

球员必须时刻保护球，让球接近身体，并处于一个可以发力的位置（胸口并保护球），让身体成为盾牌。在持球进攻时，“三威胁”姿势（图7.2.29）可以为他们提供保护，要保持球在肩膀附近或者下方，将投篮手置于球的后部，手腕后屈并屈肘，另一只手在球前部稍向下，身体稍前倾。另外，在运用一个跨步急停接球，转身面对篮筐成“三威胁”姿势时（图7.2.30a、图7.2.30b），要避免肘部弯曲和伸展引起的晃动球。球的晃动非常危险，球员的手臂失去速度和力量，可能会造成丢球的失误。（图7.2.30c）

图7.2.29　“三威胁”姿势：正面和侧面

（a）接球跨步急停　（b）转身面对篮筐　（c）不要晃动球，图中所示球距离身体较远

图7.2.30　接球面对篮筐——保护球

把握时间和空间，具备平衡与快速是外线进攻技术的基本要点。所有的持球进攻移动应该尽可能地快速并且和篮筐成一条直线。进攻球员应该在保持“三威胁”姿势时运用投篮和传球假动作，突破时可以和防守者有一个肩部的轻微接触。持球突破要做到快速的第一步，俗话说“赢在第一步”，这一步距离长，重心低，突破方向直指篮筐，头和肩膀超越防守者的躯干。另外，球员要敢于“接触”。对防守队员来说，接触进攻队员的侧面，存在很大的犯规风险。

当防守队员双脚前后开立防守时，进攻球员要运用“攻击前脚或手”的规则（图7.2.31）。防守队员最易受攻击的是靠前的脚或者手一侧，因为，当进攻球员运球突破这一侧时，防守者必须转身撤步调整防守位置，此时已处于不利的情形。因此，进攻球员应当清楚地知道防守者的前脚和手处于什么位置，并运用持球突破技术尽可能地攻击那一侧。运球突破中，应积极主动的让内侧臀部和防守者有接触，这样可以有效延阻防守者的复位，运球突破才会成功。

（a）攻击对手靠前的脚　（b）侧面视角　（c）防守队员必须转身后撤步移动，进攻球员接着与防守队员臂部有一次接触

图7.2.31　顺步突破

球员应该向篮筐方向运球突破，控制好球快速突破。“勿失良机”的意思是持球突破技术运用的最佳时机，即球员接到传球的瞬间，防守队员能够调整防守之前，并且，防守者正在移动。当然，如果不确定运球突破是否能够成功，或者突破对手难度较大时，持球者应该选择传球（切记传球第一，运球第二）。

处于有效攻击区内的持球突破，首要目标是运球一次后行进间投篮得分（两次以上的运球是不必要的）。球员应阅读防守，预测机会，针对防守可能的调整做出有效的反应，主动控制运球突破过程。突破分球是一个优秀外线球员必备的，也是所有球员必备的技术能力。球员使用运球突破技术，要么直接上篮得分，要么遇到补防时传球（最好是快速急停传球），要么是急停跳投，要么结束突破（有防守者处在篮下）。要避免毫无目的的突破，否则只能造成全队的被动和失误。

进攻球员接球后，可以直接顺步突破和交叉步突破（没有假动作）。这是外线球员的基本技术，应优先发展，因为它们比其他持球突破技术动作更简单和容易学习，所有球员都应达到非常熟练的程度。持球突破技术的关键是第一步要步幅大、重心低、速度快。

接球急停跳投是外围球员最重要的投篮基本功。球员要学会创造投篮机会。首先使用合适的脚步动作摆脱接球，接着必须接球并面对篮筐成“三威胁”姿势，做好投篮准备。球员也应该尽可能地通过运球接近篮筐的位置投篮，他们要挑战防守的信心，最完美的投篮是行进间投篮得分。

在国外，投篮的核心理念被浓缩为几个关键词，这几个关键词的首字母组成了两个英文词汇“Beef”和“Robot”。

## 四、外线技术训练

以下这些训练应该在教练的整体战术配合类型和情景要求下进行，训练应该连续不间断，使球员得到进步提高。训练中需要注意的基本问题：

1. 球员在单独练习时，每次开始都要自己抛接球，并且在接球时跳步急停，面向篮筐成“三威胁”姿势。

2. 看到三分线，保持脚在三分线后，或者向内突破急停跳投，或者行进间投篮。

3. 所有的行进间投篮要空心入网，可以行进间跳步和单脚投篮。

4. 突破之前要做投篮假动作。

5. 重视自己的比赛，在比赛中检验和提升平衡和快速能力。

## 五、外线基础技术训练

### （一）目的

提升外线基础技术水平。

### （二）方法

球员练习持球突破和停球移动技术时要模拟传接球的情景，应从自抛自接开始。练习内容和次序如下，首先在三分线附近某个位置将球抛起来，然后跳起在空中接球（跳步急停），落地时面对篮筐成“三威胁”姿势，准备攻击篮筐。每个技术连续练习2～3次，个别技术可以练习3～5次。教练应该评估技术的规范程度——只有完美练习才能有完美技术。通过练习不断提高持球突破等移动技术。球员个人训练可以让球员对自己有更好的把握，通过自我反馈，比对基本原则不断修正技术，更好地发展适合自身情况的持球突破、运球、停球、投篮技术。这个训练中也可以引入同伴和教练的辅助，进行适度的防守和传球。

### （三）选项

1. 接球投篮——自抛自接，快速投篮，但不要仓促，要保持身体平衡。

2. 接球持球突破——自抛自接，“V”切，接球并面对篮筐，运球突破，重点练习持球突破的步法，可以不投篮，把注意力放在突破的1～2步上。

3. 接球，运球一次急停跳投。

4. 接球，投篮假动作，运球一次急停跳投——“三威胁”姿势后的篮球假动作速度快，幅度小。

5. 接球，传球假动作，投篮——传球假动作只要移动手臂和头部。保持传球假动作短而快，重要的是保持平衡。

6. 接球，试探步，投篮——创造投篮空间——保持身体平衡并且试探步步幅要小。

7. 接球，试探步接顺步突破（或者试探步接投篮假动作顺步突破、或者交叉步突破），投篮。

8. 接球，运一次球，改变方向，投篮——通过首次运球攻击篮筐，遇阻后改变方向（提前变向，后转身，背后运球），继续突破。

9. 对不擅长、不熟练的技术，要额外重复练习进行强化。

## 六、防守补位情况下的进攻技术练习：一对一，二对二，三对三，四对四

目的：练习各种外线进攻技术动作。

方法：球员在端线外持球站成一队。第一名持球球员来到篮下作为防守队员。另一对作为进攻队员站在距离篮筐4.5～4.6米的地方，面对篮筐。防守队员传球给进攻队员（可以高抛球），然后向前防守。外线球员应该腾空接，做跳步急停面对篮筐，阅读防守，做出反应，可以投篮和做各种外线进攻技术。

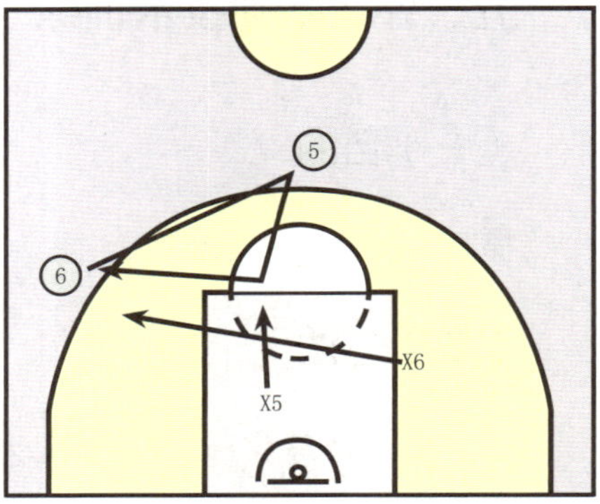

图7.2.32

两队球员在每组练习后换到另一队循环练习。积极尝试和运用各种外线技术，关键是体会在防守补位的情况下，接球瞬间快速做出合理的反应。这一训练可以进行二对二的练习（图7.2.32），接着也可以交替攻防的多人比赛练习，防守队员传球并防守进攻队员。

### （一）一对一对抗训练

目的：发展前锋球员一对一的对抗能力。

方法：一对一对抗训练，让每一个进攻球员有机会去评估在各种情况下的技术运用效果，包括持球突破、运球突破和结束段技术。通过反馈，找出问题，不断修正。

**1. 在距离篮筐4. 6～6米的地方开始一对一对抗**

（1）有一个两次运球的限制，在每次突破时最多运两次球。

（2）利用V切或者L切创造接球空间，然后接球面对篮筐。

（3）接球快速反应和行动。

（4）每组练习5个回合球。

（5）每次的一对一对抗有如5秒的限制，或者是两次运球。

**2. 在半场附近开始一对一对抗**

（1）用V切等方法摆脱接球，接球后面对篮筐。

（2）运球突破防守队员。

（3）利用停球进攻技术（突破结束段），行进间投篮或跳投。

（4）教练或者队友传球给进攻队员。

（5）可以放置两名防守队员，第一名在三分线附近，第二名在限制区。

### （二）在限制区停球进攻技术（结束段）

防守队员允许进攻队员接球，或者利用助手设置一个虚拟的防守。

1. 球员切入内线，在限制区接球面对篮筐。

2. 利用停球技术投篮得分（跳投，直接交叉步投篮，假动作交叉步投篮，后转身投篮）。

3. 攻防交替5次。

### （三）快攻一对一

虚拟快攻的情景，让球员在快攻的位置接球发动进攻。

## 七、突分配合训练

目的：练习持球突破分球给队友得分。

方法：球员进攻从距篮下6～6.7米的位置开始，球员之间距离4.6～5.5米；中路突破分球到侧翼或者后卫分球给前锋和前锋分球给前锋。（图7.2.33）

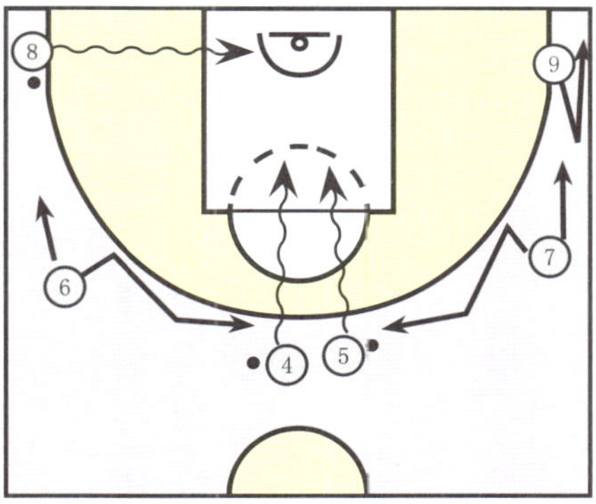

图7.2.33

持球队友持球突破进入运球阶段。当突破队员准备传球的时候，接传球队员掌握好时机移动摆脱创造接球空间。在后卫分球给前锋的练习中，接球同伴在外线溜到突破路线的后方，时刻准备接球中远距离投篮。突破队员可以传球给同伴，或者做分球假动作继续投篮。在前锋分球给前锋的练习中，可以分球给场地另一侧底线位置的同伴。持球队员从底线突破，沿底线传球，用靠近底线一侧手，传一个反弹球给队友，接球队员要溜到一个可以接球的位置，这个位置一般在对面的底线。如果底线有传球路线，要用到反弹传球，否则就直接传球给前锋。

## 八、外线接内线同伴传球投篮训练

目的：虚拟各种比赛中投篮情景下，两名球员传投练习，提高外线投篮能力。

方法：这是一个连续投篮的训练，包含了所有外线进攻移动的原则和要求：传接球、投篮、进攻篮板球等。球员配对两人一组（一个篮筐可有一到两组配对）。基本的要求如下：

1. 所有的两人小组要在教练的要求下开始，首先一名球员持球在篮下准备传球；外线准备接球的同伴做摆脱动作，同时呼喊同伴的名字，接着接同伴的传球进行投篮。

2 .投篮球员自投自抢，投篮不中时补篮，直到投中，接着传球给到外线接球的同伴，同伴投篮。

3. 接球球员必须每次都要做摆脱动作，创造接球空间，并呼喊同伴的名称。

4. 球员传球要快、准，时机非常重要，好的传球有利于提高同伴投篮的命中率，传球后快速到外线自己的投篮区域的某个位置，准备摆脱接球，此时同伴已经投篮并抢到篮板球。

## 思考题

1. 现代篮球比赛中一名优秀的外线队员应该具备什么特征?
2. 现代篮球比赛中外线队员应该掌握哪些进攻技术?
3. 简述外线队员持球突破时需要注意的问题。

# 第八章 篮球比赛中决胜时刻的进攻策略与方法

## 内容概述

决胜时刻意味着在比赛临近结束还有几秒或者零点几秒的时间内，双方比分差距在3分或者3分以内，领先一方为了确保比赛的胜利、落后一方为了反败为胜或者将比分追平，将比赛拖入加时赛，所采用的谋略、方法、战术、技术以及心理等各个方面的要素的运用与实施。

# 第一节　把握决胜时刻

## 一、篮球比赛决胜时刻的基本涵义

针对竞技篮球比赛决胜时刻概念的基本涵义，在学术界有着不同的观点，时间的划分也各不统一。归纳起来有下述几种观点。《The NBA's Best Clutch Player》一文中把决胜时刻理解为：如果比赛结束前3分钟两支球队的分差不超过5分，那么从此到比赛结束的时间段（3分钟或者8分钟，可能包括决胜期）被定义为比赛的决胜时刻。

美国的哈特维希在《比赛处于危险状态时的最后一分钟打法》一文中指出："据统计，现代篮球比赛的胜负有一半以上是在比赛的最后一分钟才定局的，并且在这段时间出现了一套新的紧逼战术，因此最后一分钟的战术打法已成为决定比赛胜负的关键。

王世安在《篮球》处理关键球中指出："所谓关键球是指：比赛最后1分钟左右时，双方比分未拉开，交替上升，没有明显的领先或落后。"

North Carolina Tar Heels的教练Dean E. Smith在《Basktball-- Multiple Offense and defense》一书中就提出了最后一分钟的战术理念。

FIBA《Assist Magazine》主编Giorgio Gandolfi在《NBA Coaches Playbook》一书中把最后时刻得分战术列入特殊战术。

决胜时刻时间范围的确定进入了盲区时，通过考量众多的比赛录像，反复观察分析，发现一个普遍性的存在，即每场比赛都存在着结束时间，这是一个共性特征。如果我们换一种思维方式，不从正面时间的顺序来考虑，而是从以比赛的结束时间为思考的起点，以逐渐增加的方式，逐步向外推演，由0秒逐渐增加，1秒、2秒、3秒直至更多时间，并首先以在临近比赛时间结束的24秒以内，比赛双方比分差距在3分以内（包括3分）时，为决胜时刻的核心时间。将拥有球权的一方根据一定的篮球战术指导思想，全队有组织、有策略地进行协同配合的方法和原则定义为决胜时刻的进攻战术打法。

## 二、决胜时刻的战略博弈

### （一）虚实结合——明星球员和角色球员的转换

在比赛的最后时刻，尤其是最后一次投篮，当核心球员在场上时，防守的重点主要集中在核心球员身上，这时，进攻点的选择就有变化，可以选择由核心球员进行最后一投，也可以选择由核心球员吸引，由其他队员完成攻击。最经典的例子就是2004年NBA季后赛湖人与马刺队的比赛，在比赛结束前的0.4秒，湖人队72:73落后，湖人队场上队员有奥尼尔、科比、马龙和费舍尔，湖人队主教练菲尔·杰克逊选择费舍尔进行最后一投，而没有选择由科比和奥尼尔进行最后一投，就是运用虚实结合的策略，从而实现了最后的胜利。

### （二）掷界外球地点决定了战术的方法

最后时刻的进攻战术一般是由掷界外球开始，由于比赛场上最后时刻的掷界外球地点的不确定性，掷界外球地点对决胜时刻进攻战术的影响很大，有时甚至决定了战术的成败和比赛的结果。后场掷界外球与前场掷界外球的战术和所用的时间存在着很大差别，前场边线球和端线球的战术也是不同的，当前流行的前场端线球的战术一般采用BOX型（也称为箱型）站位 的战术打法，虽然站位方式各队大致相同，但是各个位置的发动时间、衔接、掩护的先后顺序却各自不同，因而产生出多种变化形式和机会，给防守球队制造了很大的麻烦。而前场边线球的站位各队的差别就比较大，有纵向一字站位、有横向一字站位、也有箱型站位的，关键是教练要根据本队的技战术特点和运动员的实际情况进行设计、训练和比赛。

### （三）临场裁判判罚谨慎

由于比赛的最后时刻，双方的全队犯规大都已达到4次以上，裁判如果在这时判定犯规，往往会伴随着罚球，也就是说裁判的判罚极有可能影响比赛的结果。在以NBA为代表的职业联赛中有一条不成文的规矩：把比赛最后的时间交给双方运动员和教练去处理。

在国际篮联（FIBA）的比赛中，对于关键时刻违犯的判罚相对NBA严格，整场比赛的尺度基本保持一致，这也不意味着裁判员操纵着比赛，他们同样是在为着参赛双方竞争的公平性而努力。

### （四）比分差距为 2 分时的战略博弈

当比赛的最后一刻双方的比分差距仅为 2 分时，对进攻点的选择就有玄机。选择投 2 分球，难度小，但是防守的难度也小，且要进行加时赛；选择投三分球，难度大，但防守的难度也大，且能一击制胜。在这种情况下，教练就要根据比赛的实际情况和队员的情况进行选择。

## 三、投制胜球的原则

你可能主张在比赛的最后时刻投制胜球，就要将球交给科比·布莱恩特、德维恩·韦德、勒布朗·詹姆斯，让他们去创造得分机会。但是，并不是每支球队都能幸运地拥有这些优秀的球员，即使有这样的队员，如果他们有伤在身、犯规下场或者接球路线被封堵，你又该怎么办呢?

实际上，将比赛最后时刻的得分机会都交给顶级球员并非上策。反之，当你在策划最后时刻得分战术时，一定要将下述理念铭记于心：

1.简单执行。在比赛最为激烈的时候或在某场重大比赛的压力下，要让队员明白自己需要做什么，越简单越好。

2.数以千计的战术可能在理论上很不错，但在比赛最后时刻执行战术时，在出手投篮之前传球次数越少，成功率就越高，反之可能出现失误。

## 四、掌控比赛时间的原则

要教会队员在比赛领先时掌控时间。除非是对此类战术进行过多次演练，否则队员经常会担心时间会很快走完，从而在整个战术的执行过程中仓促行动，其结果通常是战术的失败。

向队员解释时间概念的方法之一，就是将剩余的时间分成尽可能小的部分，并讨论在此很短时间内队员可以完成的目标。一旦队员掌握了利用比赛剩余时间的技巧，他们就会知道在某种比赛情形下可以和不可以做什么，比赛时钟就变成了自己的朋友而不是敌人。下面是相关的例子：

1.当比赛时间只剩下0～1.9秒甚至更少时，就要高吊球做空中接力投篮或接到球立刻投篮。

2.当比赛时间只剩下1.9～3.2秒，在这种情况下可能就要求队员接球就投篮或者运一次球再投篮。接球队员需要利用掩护摆脱防守，从而能够在接到传球后获得较好的投篮视角。

3.当比赛还剩3.2～4.4秒时，控球队员可能有时间利用1~2次运球来摆脱自己的防守者，如果这样，可能就没有时间再传球了。

4.如果必须在4.4～8.1秒内将球从后场带到前场，那么就必须明显地加大向前推进的速度。

5.如果在后场边线掷球入界且比赛还剩下8.1～24秒时，运动员所能完成的技战术组合方式比较多，可选择的技战术组合方式比较丰富，并且可以有足够的时间进行全队配合。队员在执行战术行动时，除了完成得分任务，还要考虑控制时间，充分利用剩余时间来进行最后的一击。

## 五、关于暂停

决胜时刻的暂停，除了布置战术之外，如果是底线的发球，可以在暂停之后到中场的边界掷界外球，从而在时间的掌控上更加有把握。

最后时刻使用暂停是保守的和明智的。“我觉得在一场比分交错的比赛里，至少应该保留两次暂停的机会在最后的两分钟里。团队也应该做好充分准备来应对最后时刻的各种情

况，以便每一个暂停布置是检验和审查技战术而不是学习经验。”—— Dean E. Smith

# 第二节　篮球比赛中决胜时刻的进攻策略及方法

## 一、当比赛剩余0~1.9秒时

在比赛时间不足2秒的情况下，运动员只可以做一个动作，那就是接球后马上投篮，如果拥有球权的一方仍然落后，他们所能做的攻击都只能是在掷球入界后，接球队员一接到球便立即出手投篮。因而，此时的进攻战术打法基本都是利用各种掩护和大范围的移动来让某一位置的队员获得一个相对较好的投篮机会，从而完成最后一击。

### （一）端线界外球战术

队员们移动后大都可以面向球篮接球，易于将接球技术与投篮技术衔接运用，缩短出手投篮的时间。因而常采用后掩护或侧后掩护等基础配合，同时掩护后的转身也是面向球的，较有利于接球后的攻击，由于端线掷界外球战术实施的地点距离球篮非常近，通常会发生身体接触，因此，队员就要在避免推人和撞人犯规的前提下，强悍地、具有侵略性地实施掩护。

#### 1. 强侧三人重叠站位打法

要成功的实施这个战术，接球投篮的队员必须是一名出色的三分球投手。

③负责掷界外球，②在罚球区弧顶，④、⑤和①三名队员在强侧重叠站位。①横切到弱侧，④紧贴⑤进行绕切，然后⑤紧跟着④为②做交错掩护（图8.2.1）；②将防守队员带入④和⑤的交错掩护中，然后移动到底角接③的传球；当②利用④的掩护摆脱后，④再转身利用⑤的掩护（掩护队员配合）（图8.2.2）。

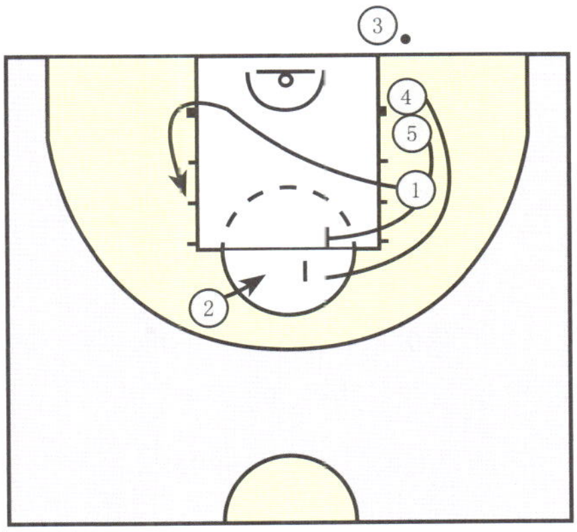

图8.2.1

如果队员②没有获得空位接球机会，④就继续切入并为②做掩护，然后快速拉到三分线外；①为⑤做掩护，⑤利用掩护也拉到三分线外；①在做完背后掩护后转身切向篮下（图8.2.3）；此时③可以将球传给②、④或⑤投三分球。

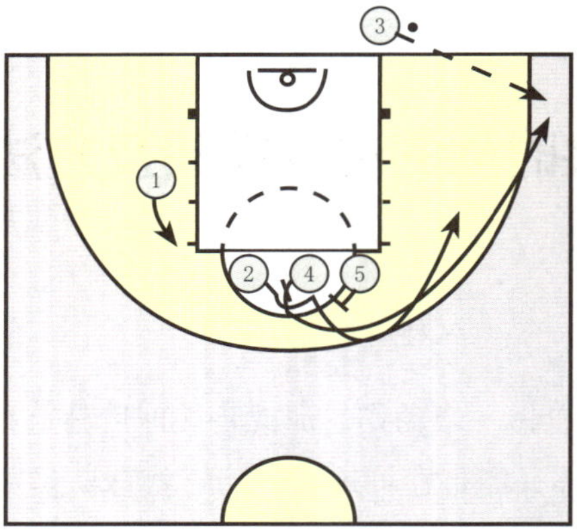


图8.2.2

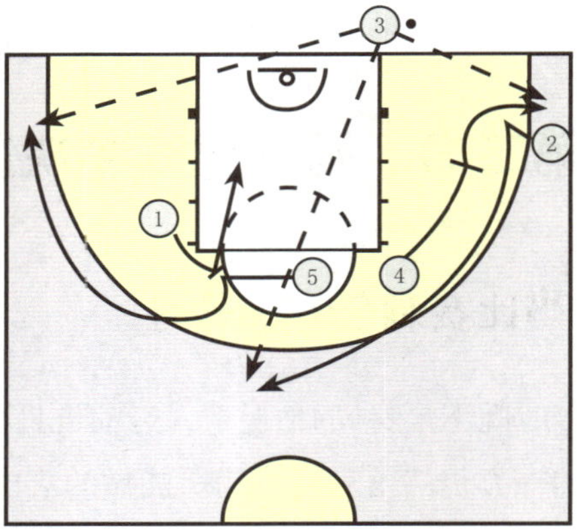


图8.2.3

## 2. 箱型站位打法

此打法注重的是由内而外的攻击顺序，在内线无法获球的情况下，中距离接球和外线接球也能起到一定的攻击作用。常用于比分落后一分或两分，而且中锋队员有较为出色的篮下攻击能力的球队。

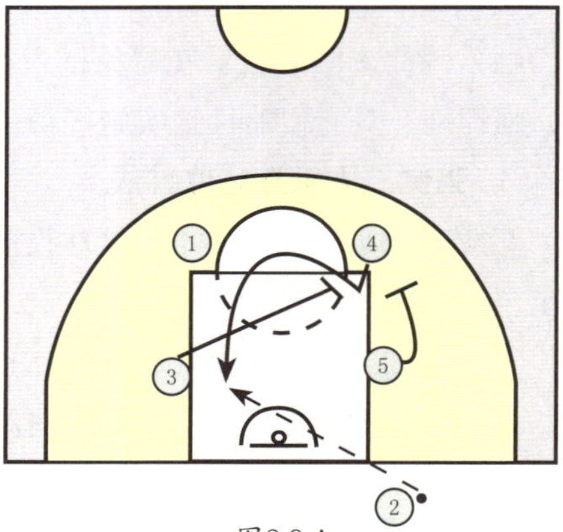


图8.2.4

②持球发出信号后，③摆脱防守移向④，为④背后掩护，④利用掩护突然移动向对侧的篮下，接球后强攻篮下（图8.2.4）。信号发出后，在③移向④的同时，⑤先向篮下做挤靠要球，然后突然转身上提为③进行侧掩护，③利用这一掩护拉出至球侧的空位，在那里他有机会接②的传球，然后投篮。如果此时③和⑤的防守队员换防，那么⑤有机会转身在篮下接球形成以大打小。（图8.2.5、图8.2.6）

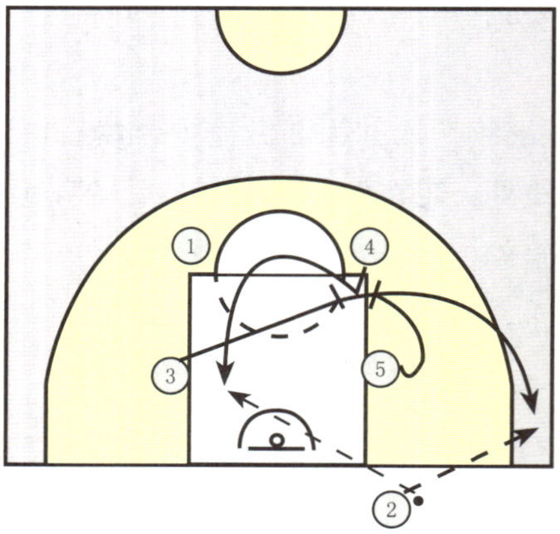


图8.2.5

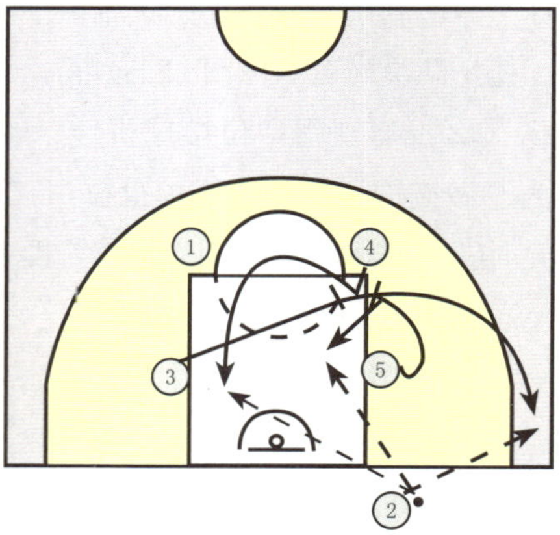


图8.2.6

### （二）边线球战术

#### 1. 偷袭篮下

（1）队员④必须具有稳定的传球能力，执行战术传球时冷静果断；

（2）队员②、③是优秀的得分手；

（3）队员⑤善于做掩护。

队员④负责掷界外球，①在强侧低位，③在底角落位，②在弱侧罚球区外，⑤在弱侧罚球区外的顶部，②和③也可以在两侧落位。

队员①向边线移动至底角，②和⑤转身向③移动，并为③做交错掩护（图8.2.7）。在③靠近②之前，②撤销掩护并快速切向篮下，同时④快速且干脆利落传球给②。这个战术配合要基于完美的时机把握，由于防守队员经常会尝试对自己所负责盯防的进攻队员进行换防，因此②就在对手换防之前溜向篮下了（图8.2.8）。

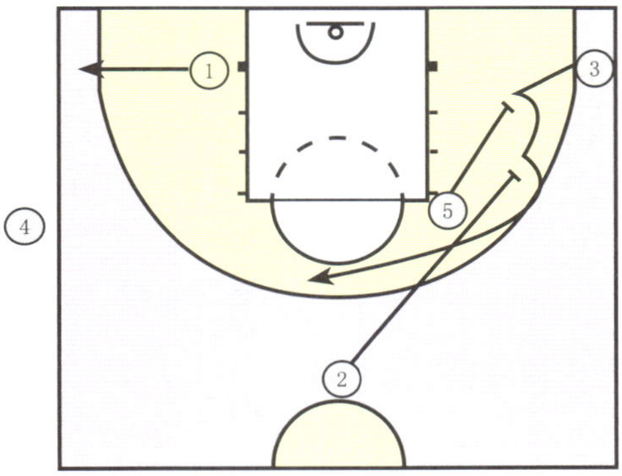

图8.2.7

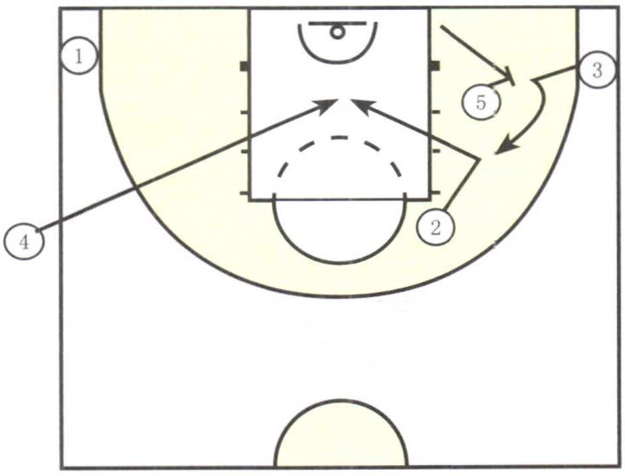

图8.2.8

#### 2. 方形站位

利用队员的连续移动和内线队员的双掩护来延缓防守队员移出防守的时间，为接球队员创造较好的接球空间和机会，以便队员能迅速调整身体，接球后完成投篮。打法特别要求3号队员有很强的摆脱能力，而且头脑清晰，行动敏捷，外线有准确的投篮能力。

如图8.2.9所示的队员站位。①持球发出信号后，③和②同时移至篮下，③为②建立掩护，②利用掩护快速从底线摆脱，移动至球侧场角三分线外准备接球。③和②开始移动后，⑤和④同时移动至罚球线以下建立双掩护。完成为②的掩护后，③突然向上移动，在罚球线以下③利用④和⑤建立的双掩护迅速拉至圈顶的三分线外，在那里接①的传球后进行三分球投篮。

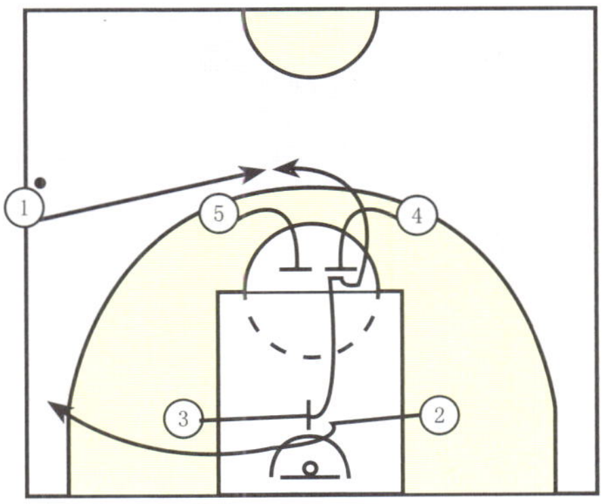

图8.2.9

## 二、当比赛剩余1.9 ~ 3.2秒时

该时间段运动员的技术动作特点如下。

### （一）接球后技术动作的受限性

在离比赛结束还有1.9~3.2秒时，队员接球后只能选择：

1. 立即投篮；

2. 运球一次后进行投篮；

3. 选择做一次投篮假动作后进行投篮。

虽然进攻队员的技术动作受到限制，但接球队员可以根据防守的情况，运用假动作或者一次运球机会避开防守的封盖，获得好的投篮机会。

### （二）接球前战术的有效性

由于时间的限制，球员在场上接到球后技术运月受到很大的限制，要求队员在接球前通过良好有效的战术配合摆脱防守，这对接球前的战术配合的效果提出很高的要求，接球前战术的有效性直接影响接球后的命中率，决定了战术的成败。

以下是当比赛时间剩余3秒时，要参与执行战术，接球最后一投或接球后传球给空位队友时的战术配合。

#### 1. 内线队员战术

（1）队员②具备出色的身体素质；

（2）队员③是一名可靠的传球队员，并有稳定的跳投三分球能力；

（3）队员④是一名稳定的三分球投手。

队员③负责掷界外球，②在强侧低位落位，⑤在强侧罚球区角，④在球场中路，①在弱侧低位。①沿底线紧贴②进行绕切，③的第一传球选择就是将球传给②。在①到达②身边之前，②就向上移动，绕过⑤移动到篮下接③的高吊传球。（图8.2.10）

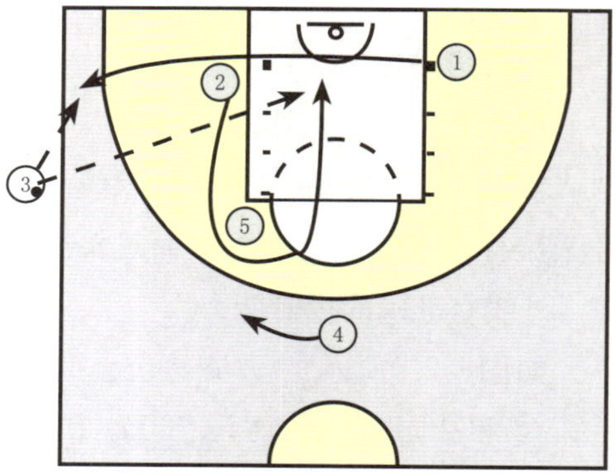

图8.2.10

如果队员②被严防，④就向③移动接③的传球，然后③快速进入球场接④的手递手传球进行投篮或向篮下运球突破急停投篮（图8.2.11）；在②绕切⑤后，如果X5对②的切入进行协防，⑤就向低位潜移。③传球给①，①再将球传给⑤。（图8.2.12）

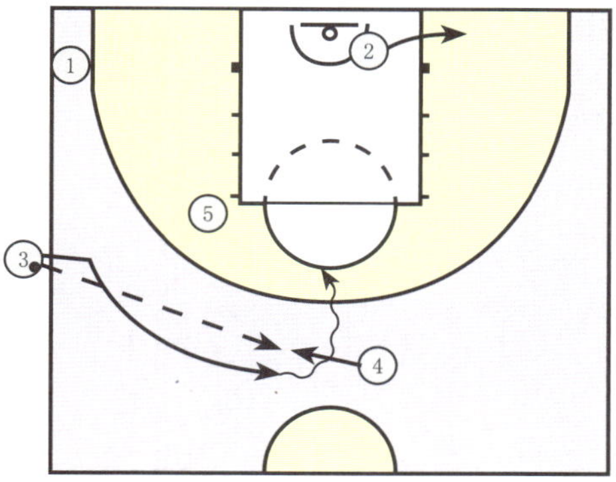


图8.2.11

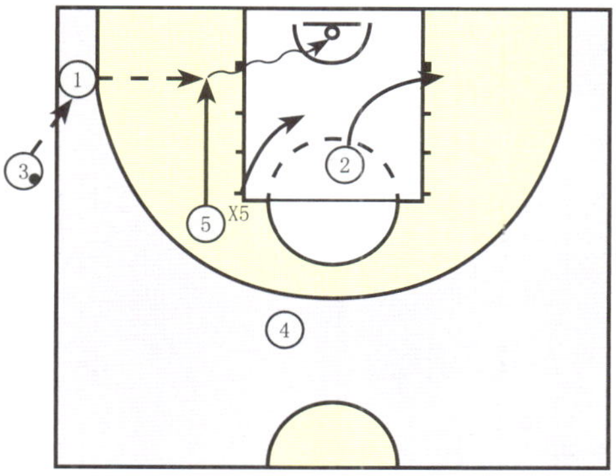


图8.2.12

### 2. 高位T字落位

（1）队员④和⑤负责掩护；

（2）队员②负责接球投篮；

（3）队员③在低位策应。

队员①负责掷界外球，⑤和④各在罚球区一角，②和③在半场中路纵向重叠站位。②和③同时从④的上方绕切，④向外撤出一步为②掩护。②在接受④的掩护后再为③掩护。①传球给在低位的③，同时⑤向④跨一步（图8.2.13）。④和⑤为②做交错掩护，②利用交错掩护折回接①的传球。如果X5提前出来对②进行协防，①就寻找机会将球传给转身切向篮下的⑤（图8.2.14）。

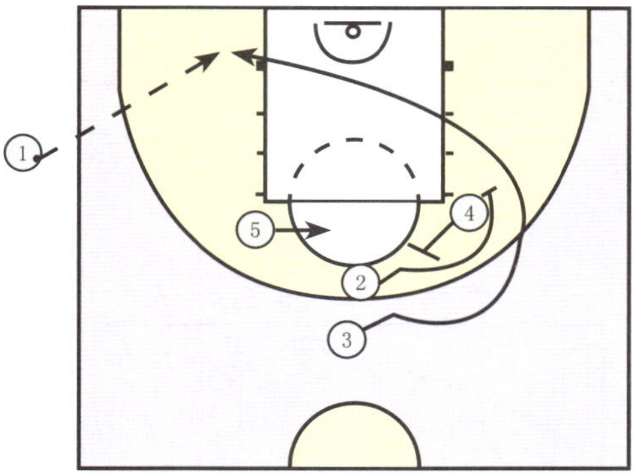


图8.2.13

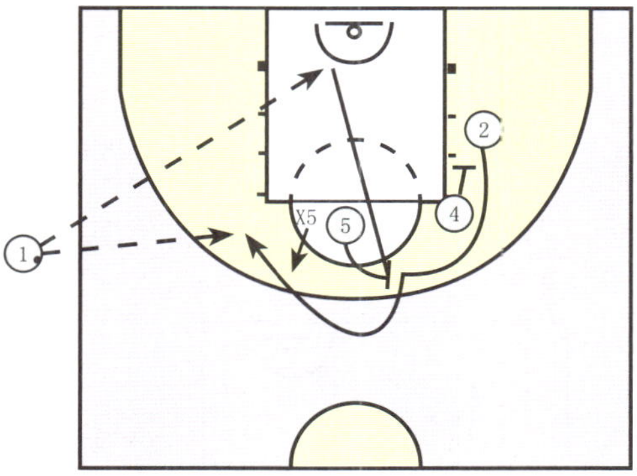


图8.2.14

## 三、当比赛剩余3.2 ~ 4.4秒时

### （一）几种技战术组合形成

当比赛进程距离结束时间还有3.2~4.4秒时间时，运动员接到球后可以完成的技术动作的变化有所增加，由单一的接球投篮、接球运球突破一次投篮到接球后可以给同伴传球后，同

伴投篮，也可以突破分球给同伴创造机会，投篮得分。有如下几种技战术组合形式：

1. 接球—投篮

2. 接球—运球一次—投篮

3. 接球—传球一次—投篮

4. 接球—突破到篮下—投篮

## （二）得分方法

### 1. 方法一

（1）队员③具有出色的身体素质且善于接高吊球投篮；

（2）队员⑤善于传球和投篮；

（3）队员④负责做掩护；

（4）队员①具备出色的传球能力。

队员③负责掷界外球，④在靠近底线的底角落位，⑤在罚球区角的外侧位置，①和②在一起面对⑤站位。

队员①紧贴着⑤切入，帮助⑤摆脱防守，然后③将球传给⑤。④向上为②做闪掩护，②利用掩护从外围移动到对面底角落位。（图8.2.15）

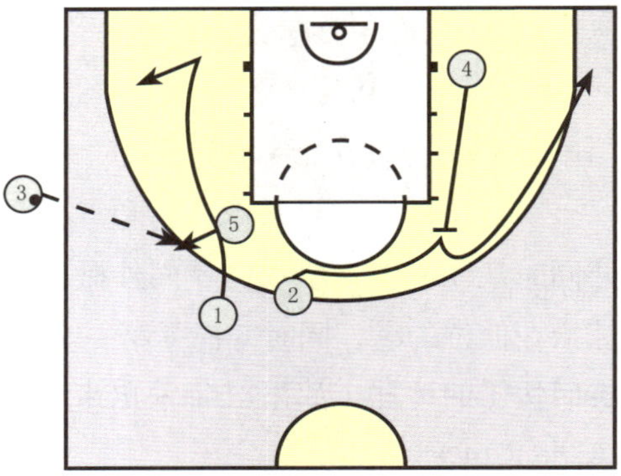


图8.2.15

队员①为进入球场的③做掩护，③向篮下快速移动并接⑤的高吊传球。如果⑤不能将球传给③，①就快速绕过⑤并接⑤的手递手传球（图8.2.16），然后①可以寻找机会投篮，或传球给做完手递手传球后转身从与①相对一侧切到篮下的⑤。（图8.2.17）

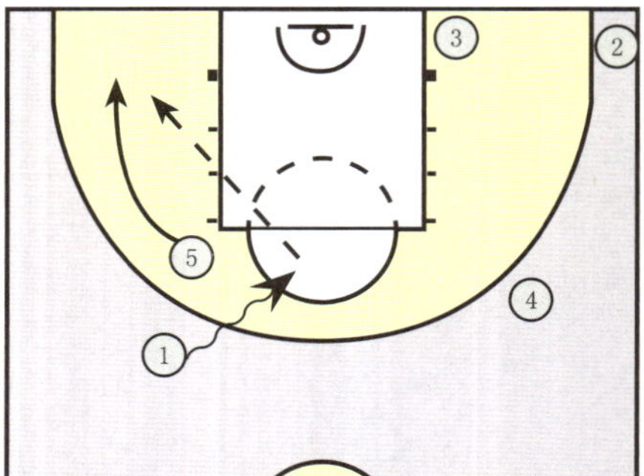


图8.2.16

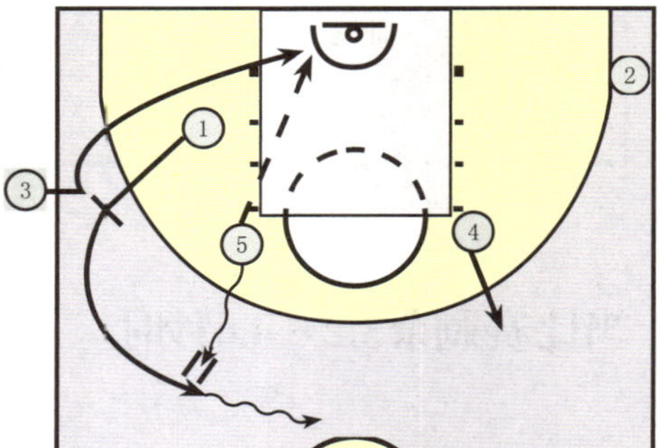


图8.2.17

### 2. 方法二

（1）队员②和③具有出色的投篮能力；

（2）队员④负责掷界外球并具有较好的投篮能力，从而使防守队员必须对其加强防守；

（3）队员⑤负责做掩护。

队员④是大个子，其掷界外球，⑤在高位落位，③在三秒区附近的低位。如果③被一名大个子防守，①和②就在强侧水平重叠站位，①从②的上面快速移动到侧翼，②快速向③移动，⑤向低位移动并准备做掩护。（图8.2.18）

图8.2.18

当双方身高一样且进攻队员采用掩护配合时，防守队员的换防通常会偏慢，因此②就利用⑤的掩护摆脱防守队员，然后接④的传球（图8.2.19）。如果②没有获得摆脱，③快速拉出来接④的传球，④传球后迅速进入球场为③做挡拆配合，③利用掩护摆脱后快速出手投篮。（图8.2.20）

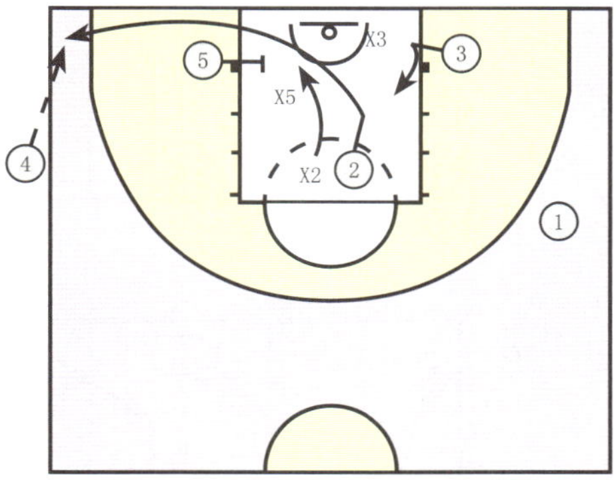

图8.2.19

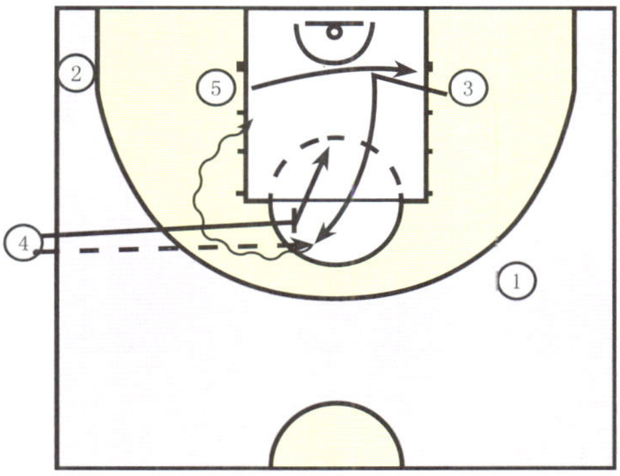

图8.2.20

## 四、当比赛剩余4.4 ~ 8.1秒时

### （一）更多的变化和技战术组合

在距离比赛结束时间还有4.4~8.1秒的时间过程中，运动员接到球后可以完成多种技术组合或者是2 ~ 3人之间的战术配合，在这个时间段内可以演绎出更多的变化、更多的选择。有如下技战术组合：

1. 接球—投篮；
2. 接球—运球一次—投篮；
3. 接球—传球一次—投篮；
4. 接球—突破到篮下—投篮；
5. 接球—挡拆配合—投篮；

6. 接球—传切配合—投篮；
7. 接球—突分配合—投篮。

## （二）得分方法

### 1. 全场战术

（1）队员⑤和④负责做掩护；

（2）队员③是具备出色三分球能力的小前锋；

（3）队员②是指定的接球和投篮或向篮下突破的队员；

（4）队员①负责控球。

队员①带球快速向前场推进，②和③在两翼沿边线跑动，④和⑤在球的前方跟进。在④和⑤做双掩护的同时，②利用变速变向移动摆脱，快速折回接①的传球。（图8.2.21）

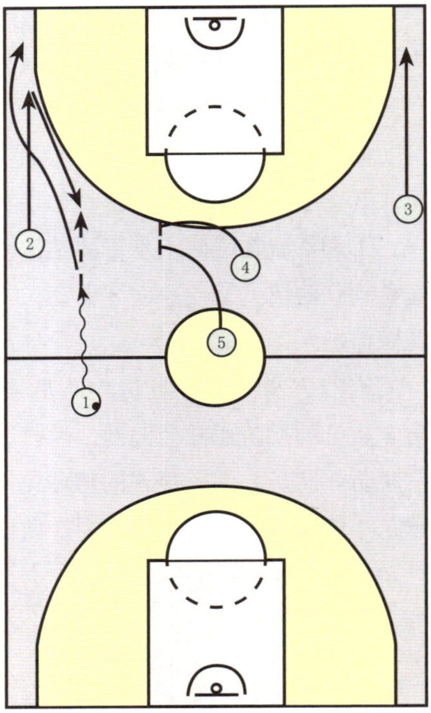


图8.2.21

图8.2.22所示，队员②利用双掩护运球突破并寻找机会：

（1）直接向篮下突破；

（2）如果X3上前协防，传球给③；

（3）如果X4退到三秒区内进行协防，将球回传给从双掩护拉向高位的④；

（4）如果X5退到三秒区内进行协防，将球传给做完双掩护后转身切到篮下的⑤。

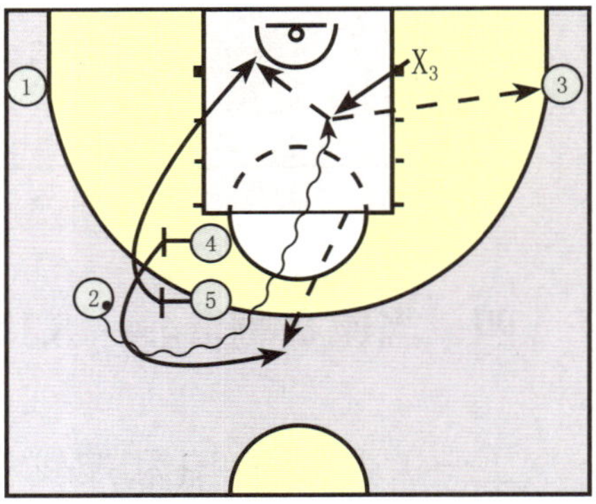


图8.2.22

### 2. 半场进攻战术

（1）队员⑤和④是做掩护的队员；

（2）队员②应有很强的得分能力；

（3）队员①是一名投手。

组织后卫①负责将球带到前场，⑤在高位落位，②在三秒区左侧的低位落位，④和③在右侧重叠站位。

队员③切入限制区假装要利用②做的掩护摆脱，但②提前撤销掩护并利用⑤的向下掩护切向高位（也称为拉链战术）。①将球传给②，同时③移动到底角，④移动到罚球区顶部（图8.2.23）。④给①做后掩护，②向①做横向传球（图8.2.24）。

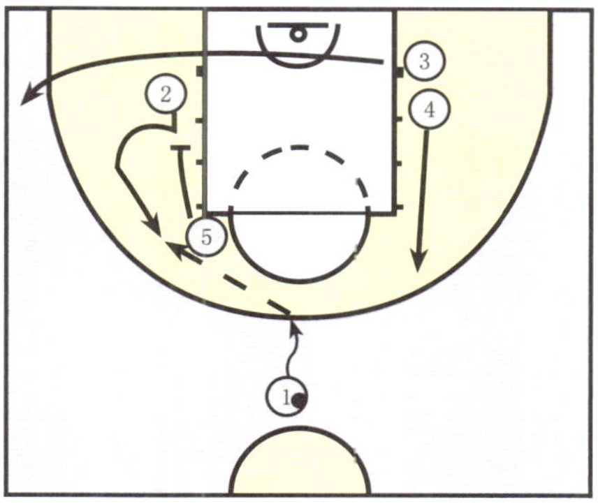

图8.2.23

- 如果队员①没有获得空位投篮机会，②就为④做挡拆配合（图8.2.25）。此时②可以：
- 直接向篮下突破；
- 跳投；
- 将球传给切到篮下的④，或如果④的三分球投得很准且拉到外线，将球传给在外线的④；
- 传球给在底角的①；
- 将球传给先做切向高位假动作，然后突然切到篮下的⑤；将球传给假装切向高位但突然切到篮下的⑤。

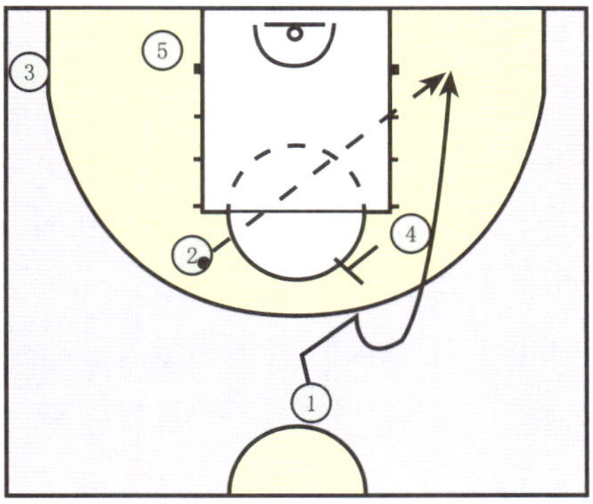

图8.2.24

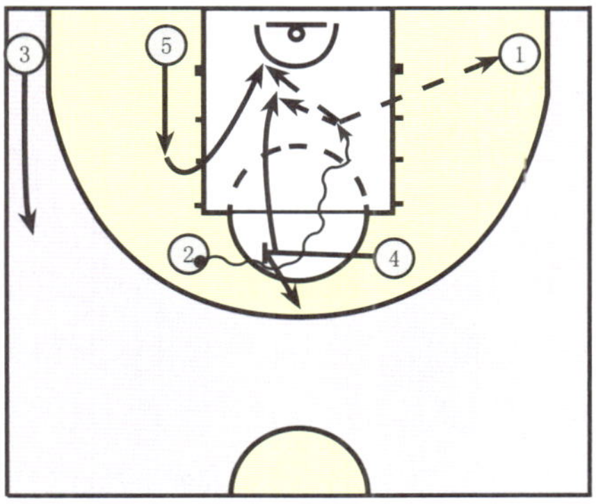

图8.2.25

## 五、当比赛剩余8.1～24秒时

### （一）较丰富的团队配合

当距离比赛结束时间还有8.1~24秒钟的时间时，运动员所能完成的技战术组合方式比较多，可选择的技战术组合方式比较丰富，并且可以有足够的时间进行全队配合。有如下技战术组合：

1. 接球—投篮；
2. 接球—运球一次—投篮；
3. 接球—传球一次—投篮；
4. 接球—突破到篮下—投篮；
5. 接球—挡拆配合—投篮；
6. 接球—传切配合—投篮；
7. 接球—突分配合—投篮。

队员在执行战术行动时，除了完成得分任务，还要考虑控制时间，充分利用剩余时间来进行最后的一击，不留给对方喘息的机会。

由此时间段内收集的比赛实例可知，由一人控制球，其他队员拉开单打，运用个人突破到篮下进攻的占50%以上。

## （二）得分方法

### 1. 对方罚球命中后

（1）队员③是一名稳定的掷界外球队员并负责掷球入界；

（2）队员①负责投篮或向篮下突破；

（3）队员⑤要具有出色的掩护能力；

在三秒区分位区的队员③负责掷界外球，⑤已经移动到前场中策应区位置；①在球场右侧三分线外的快攻路线上，④和②在分位区准备抢篮板球。

队员②将对方罚球队员卡在外线，然后快速移动到球场左侧，而④快速向中场移动；①快速移动到②所在的一侧，然后交叉跑到球场的右侧，②变向跑到前场，①利用④的掩护摆脱后折回；③在跑动中将球传给①，①快速向前场篮下运球。（图8.2.26）

队员⑤向上给②掩护，如果②能够获得空位的话，①就及时将球传给②，如果②不能获得空位，⑤就给①掩护，⑤做完掩护后转身切向篮下（图8.2.27）；①可以投篮、向篮下突破、在突破过程中将球传给②，或将球传给切向篮下的⑤。

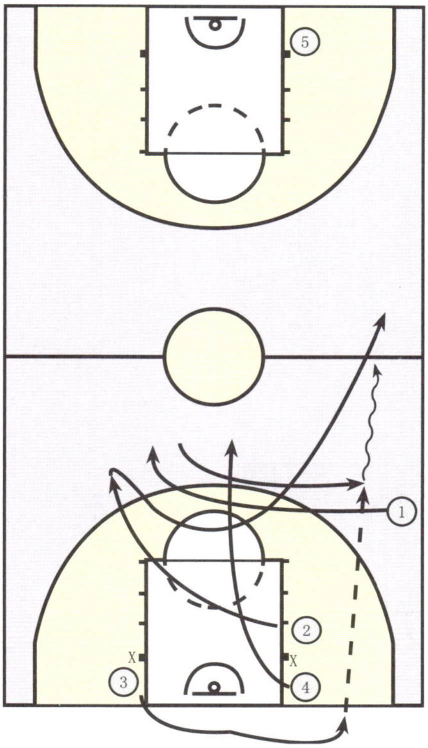


图8.2.26

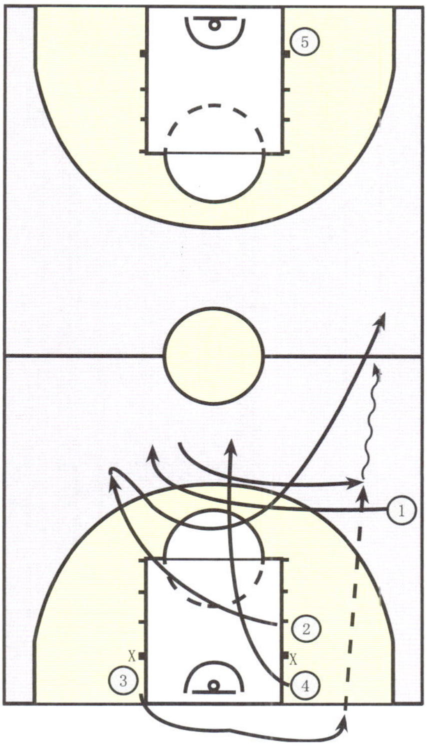


图8.2.27

## 2. 三人重叠站位

以下是当比赛剩余1~8秒时，要参与执行战术，接球最后一投或向篮下突破时，场上队员所应具备的技术特点和扮演的角色：

（1）队员⑤是策应队员；

（2）队员④负责做掩护；

（3）队员②和③负责在移动中接球投篮；

（4）队员①负责掷界外球（如果对方让一名大个子球员防守掷界外球时，可以由小前锋③传高球掷入界内）。

队员③、④、⑤在强侧做墙式掩护（3名队员纵向重叠站位），②在篮下站位。

队员②从掩护的上面绕过，并在移动中接球投篮（图8.2.28）。⑤给③掩护，④绕过⑤再次给③做掩护。如果②没有获得空位，掷界外球的队员就寻找机会传球给③（图8.2.29）。如果②和③都不能接球，⑤就继续向限制区内移动并在篮下要位准备接球。（图8.2.30）

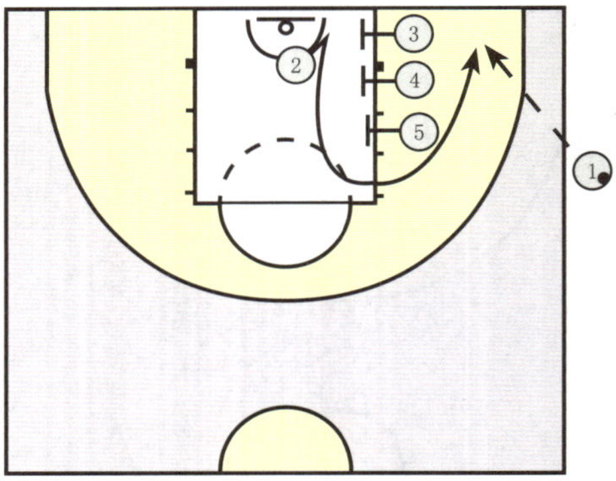


图8.2.28

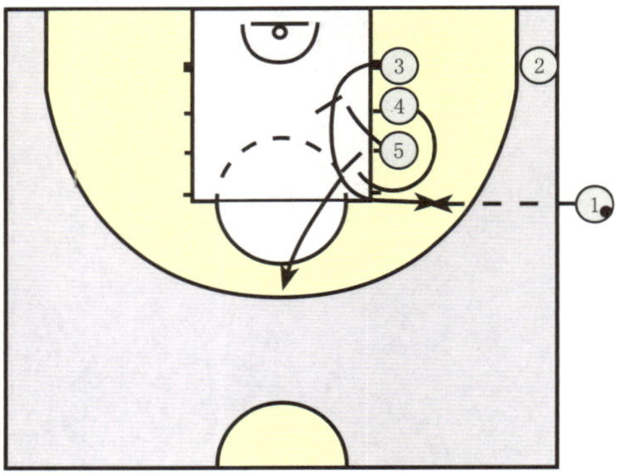


图8.2.29

图8.2.30

## 六、决胜时刻训练方法的提示

1. 在每天的训练课中，均须安排10～20分钟的最后时段的比赛内容。

2. 教练需要为球队的训练设置不同的时间与比分差距情景，培养球员临场的控制力和执行力。

3. 在比赛临近结束时安排领先几分的打法和安排与比赛临近结束时落后几分的打法一样重要，也要进行训练，确保比赛成果的获得。

4. 最后时刻的防守训练与犯规战术训练。

## 小　结

虽然在最后时刻压哨绝杀往往有运气因素的存在，但最后时刻得分战术的成功率还是很高的，因为在每一种情况下教练都要对自己想要如何执行战术进行大量的思考与准备。通过反复的练习，无论防守队员如何防守，队员们都会对成功的实施战术配合充满信心。

"我们不用每次在这些情况下都做到完美，但是我们一定要有准备。当然这是教练的工作：组织，准备比赛，执行并有那么一点点运气！"——Dean E. Smith

## 思考题

1. 篮球比赛决胜时刻的概念是什么？
2. 简述篮球比赛决胜时刻的剩余时间与技战术运用的关系
3. 例举篮球比赛剩余3秒时的技战术运用及训练方法。

## 参考文献


1. 毕仲春.高水平竞技篮球决胜时刻攻防技战术理论与实践[M]. 北京: 北京体育大学出版社, 2010.
2. 中国男篮备战奥运会训练方法选编[M]. 北京: 人民体育出版社,2011.
3. Dean E. Smith .basktball-multiple offense and defense[M]. Pearson Education, Inc.,1999.
4. Giorgio Gandolfi.NBA Coaches Playbook[M]. Human Kinetics, 2009.

# 第九章 篮球的体能训练

## 内容概述

在本章节中，重点讲述与篮球技术、比赛供能特点联系最紧密的体能训练手段与方法，许多贴近篮球训练实际并且可以在篮球场上解决的体能训练方法和手段也是本章节重点考虑的内容。

体能训练是包含机遇，包容个性的行业。本章节的目的是分享篮球体能训练中取得的成果，即怎样更好地发展和提升篮球运动员的体能。体能教练能够依据自身的学习背景、工作经验与研究方向，构建不同的训练方法以及训练理念，因此不能够以胜绩评价体能教练执教水平的优劣，他们的工作是将合适的训练方法施加到合适的运动员，以帮助球员更加自如、流畅、有效地完成运动技术动作。

体能训练将贯穿一名篮球运动员的整个运动生涯。虽然其比重在竞技训练中占绝大部分，但是体能训练将始终作为技战术训练的辅助部分；体能训练不应作为竞技篮球训练中的潮流甚至噱头，它只应作为塑造一名优秀球员或者球队的基础。与运动医务监督、运动损伤与防治、心理及行为干预等类似，体能训练的本质是为篮球运动本身的发展而服务，因此体能教练的地位虽然重要，但是其角色始终是辅助与执行。篮球教练在阅读完本章后，应根据球队建设与球员个人发展的实际需要，有针对性地选配体能教练、并与之沟通协调，利用体能教练的工作成果，提升球队的整体竞技能力。

本章节引用和介绍国内外被实践证明行之有效的体能训练方法，供教练、运动员了解和借鉴，依据自身的需要加以合理利用。

# 第一节　器械的正确使用与个人保护

## 一、篮球运动员和体能教练的准备

在进行体能训练之前，篮球运动员与体能教练需要做好以下准备：首先，明确是否携带正确的训练服（轻便、透气、安全）或者有无穿着紧身训练服的必要（例NIEE pro）；为适应不同地面或应力动作对人体的冲击，准备除篮球鞋之外两双以上的训练鞋（低腰篮球鞋、慢跑鞋或综合训练鞋）；合理利用贴扎术，必须重视绑脚工序（图9.1.1）。具体绑脚与贴扎技术参照《运动包扎》，人民体育出版社，2004。

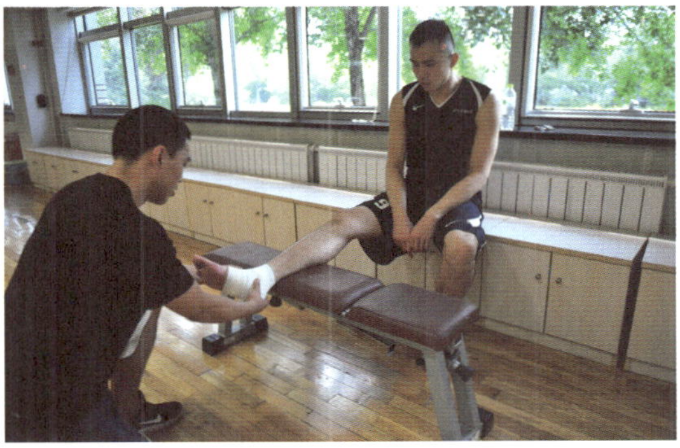

图9.1.1

对篮球体能教练而言，日常训练中最容易被忽视的即为篮球运动员本身所具有的特征：

身高普遍高于一般运动员。因此，提供给篮球运动员的抗阻训练设施（杠铃或哑铃）应尽可能放置在较高且令运动员舒服的位置。在选配训练器材时，篮球运动员的体型也应作为考虑因素，在缺乏专用器械或订制器械的时期，应尽可能提供大尺寸、大型号的训练器材，如挑选哑铃的直径应在15厘米及以上、杠铃片的直径应在51厘米及以上；篮球运动员体能训练技术动作，特别是结构性练习动作也应考虑到重心变化对运动员机体带来的潜在危害，相应的保护与训练设备，如举重训练腰带和保护带的尺寸、瑜伽训练垫、药球和瑞士球的大小也应满足大个子运动员的需要。对于体能教练本身，当自身身高、体型、能力不能完全满足大个子篮球运动员的需求时，应充分利用训练设备和训练技术，创造安全高效的训练环境。

## 二、基本练习技术

抗阻训练中存在共通的练习技术。在自由重量练习以及在器械训练中都包括若干种握杠、握哑铃、握把手的技术，都需要最佳的肢体姿势表现，都要求一定的关节活动范围、运动速度以及呼吸方法。此外，在部分训练中还要求佩戴带举重训练带、护带，遵循必要的程序等。现介绍如下：

### （一）抓握技术

抗阻训练中最常用的抓握方法：

1. 正握：掌心向下，指关节向上。

2. 反握：掌心向上，指关节向下。（图9.1.2）

3. 变换性握法：一只手掌心向上，一只手掌心向下。

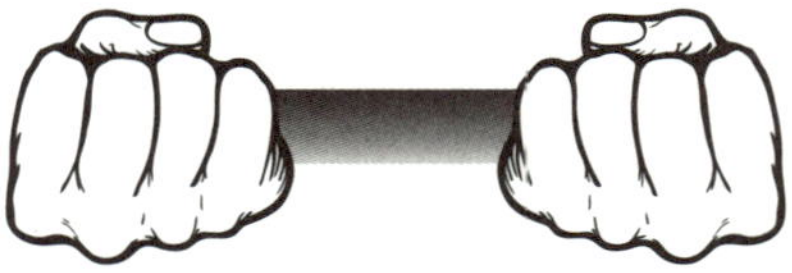

图9.1.2

4. 钩子握法：与正握类似，拇指压在食指和中指之下。是进行爆发力练习常用的握法。

在所有握法中，拇指抱住杠铃杆的称为闭锁式握法，反之称为开放式握法。抓握技巧还包括正确的握距。包括普通握距、宽握距、窄握距。在大多数的练习中，两手距离与肩同宽。丈量握距的简易方式：直立状态，双臂放松上抬，双手间的距离就是相对合适的抓握距离。

1.2m曲杆：放片部分：18cm　中间间距：82cm

重量：9.8kg　　　　最大承重：100kg

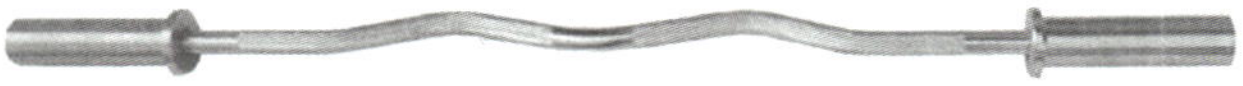

1.5m直杆：放片部分：28cm　中间间距：88cm

重量：11.2kg　　　　最大承重：120kg

1.8m直杆：放片部分：29cm　中间间距：117cm

重量：12.6kg　　　　最大承重：120kg

2.2m直杆：放片部分：39cm　中间间距：134cm

重量：14.5kg　　　　最大承重：120kg

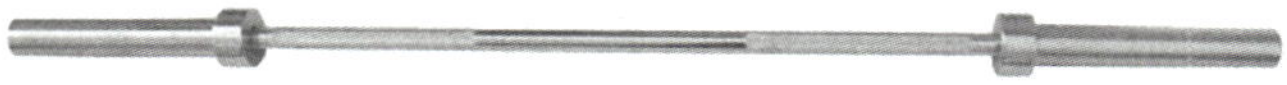

图9.1.3　杠铃杆规格

## （二）稳定的身体姿势

有助于运动员在练习过程中保持良好的动作姿态，使肌肉和关节得到正确的刺激和锻炼。在体能训练特别是抗阻训练中，为保证最大稳定性和脊柱的有效支撑，需要运动员在运动技术动作全过程中保持下列稳定姿势：

### 1. 站立体位

双脚分开，双脚间距离略宽于肩，全脚掌着地。（图9.1.4）

图9.1.4

### 2. 使用器械

需要提前调节座椅、靠垫、胸垫等、阻力臂及运动幅度螺栓、保护栓，系紧固定带，使运动员关节轴与器械轴同心，以满足运动技术对躯干、手臂或腿等肢体姿势的专门要求，以获得稳定的练习姿势。

### 3. 坐姿或仰卧体位

对于身体姿势的要求区别于其他姿态，在这种练习姿态下，运动员的身体保持五点与练习凳及地面接触：

（1）头部（枕骨）需要固定放置在长凳或靠垫上；

（2）肩部和上背部要固定且平稳地置于长凳或靠垫上；

（3）臀部平稳放置在长凳或靠垫上；

（4）右脚平放在地面上；

（5）左脚平放在地面上。

### （三）运动的范围和速度

练习动作的范围覆盖整个关节的活动范围愈大，练习的价值愈高。慢速、有控制地重复练习，有助于增加运动的范围，使之达到关节的活动范围。当进行爆发力或快速力量练习时，强调在保证控制的条件下尽量加速，使杠铃的移动达到最大速度。

### （四）练习中的呼吸技巧

重复练习中最艰难的部分通常发生在离心收缩向向心收缩过渡期后的不久，这个艰难的时间点叫做关键点。体能教练应指导运动员掌握克服关键点的呼吸技巧：在整个关键点过程中呼气，在相对轻松的时间段吸气，而在有些情况下运动员要憋气。

有经验的运动员在进行负重结构性练习时常采用Valsava方法，以维持脊柱的直立。在呼气时关闭声门，同时腹肌和肋间肌收缩，增加整个躯干的刚性，减少负重对椎间盘的挤压力、有助于达到结构练习强调的“平背”、保证躯干直立的技术要求。但是腹内压上升可能引起眩晕、眼前发黑、高血压甚至无方向感，因此憋气时间不可太长，即使训练有素的运动员也不可憋气超过2秒钟。[1]

### （五）举重保护腰带与护带的使用

当练习负荷集中在躯干特别是腰部时，且负荷接近或达到甚至超过最大重量时，要使用举重保护腰带。但是，过分频繁地使用举重保护腰带会减少腰腹肌的锻炼机会，在没有腰部负荷的练习中或腰部负荷不大的练习（后蹲、硬拉）不要使用举重保护腰带。

护带有组合式和带状式两类。组合式一般分为两股，一端缝制在一起，或直接与训练手套、训练护腕缝制在一起。带状式的护带一般为足够长度的重弹绷带。在进行增强式或部分快速力量训练中，将护带由手掌或手腕开始缠绕，将手与杠铃缠绕一体，有助于连续性动作的发挥，同时避免器械脱手，在一定程度上提高了安全性。

## 三、自由负重器械的运动技术与保护

通用的器械遵循一定的制造规格，不当尺寸的器械也会为体格较大的篮球运动员训练造成不便甚至导致损伤。因此，掌握规范的运动技术是篮球运动员进行成功体能训练的必经阶段。以身高2.00米运动员为例，其小腿长往往接近50厘米，而标准杠铃片直径仅为51厘米，离地高度在20厘米左右。篮球运动员若没有经过严格训练，在完成提铃离地动作时，易弓腰顶

[1] 体能训练概论[M]. 上海：三联书店，2011.

膝，发生错误技术动作。

## （一）由低至高提铃阶段

运动员在练习中或移动器械中需要将杠铃或哑铃由地面提起，脚和腰的正确姿势有助于利用腿部力量完成此动作。杠铃要靠近身体、平背、躯干挺直，有助于避免因动作引起的腰部损伤。

## （二）自由重量训练的保护

监护者（保护者）的工作主要是帮助运动员在练习中避免损伤、在训练中激发运动员的训练热情，帮助其完成重复练习。监护者的首要职责是保证运动员的安全，但不恰当的保护可能会造成运动员甚至监护者本人的严重损伤。

## （三）需要进行保护的练习

除爆发力练习外，杠铃在头上方、杠铃在肩背上、杠铃在肩前或脸上方进行自由负重练习时都需要至少一名监护者在场。

## （四）监护杠铃在头上方、背上及肩前的练习

为了保证运动员、监护人员以及周围其他人员的安全，此类练习最好在合适的训练区域内进行，训练器械高度要适中。所有的杠铃片、杠铃锁扣等一律不准放置在运动员活动范围内，以避免运动员撞伤或绊倒；没有练习的运动员不能停留在练习区内；监护者要足够高、足够强壮，与运动员身高与体型相当或略高的保护者才能实施有效的保护。（图9.1.5、9.1.6）

图9.1.5

图9.1.6

## （五）监护杠铃在脸上方运动的练习

如卧推、仰卧推举。监护者应在运动员两手之间采用变换式握法握住杠铃。（图9.1.7）

监护者可以采用变换式握法帮助运动员将杠铃抬离或放置到架子、地板上，避免杠铃滑脱砸在运动员的面部或颈部。当要帮助运动员提起较重的负荷时，监护者一定要保证双腿站稳，腰部挺直。

在哑铃练习中，监护者一定要尽可能地靠近哑铃，有时甚至要直接扶着哑铃进行协助。部分体能教练认为在监护哑铃练习时，将手置于运动员上臂或肘部即可，但如果运动员疲劳屈肘，监护者将无法阻止哑铃撞击到运动员脸上或胸上。因此正确的监护技术是将双手握住运动员的手腕，在某些练习中（如头后弯举）监护者可以将手直接放到哑铃上。（图9.1.8）

图9.1.7

图9.1.8

## （六）爆发力练习时无需保护

运动员和监护者在爆发力训练中需要学会如何避开失控的杠铃：如果杠铃是在身体前方失控，运动员应及时推开杠铃或让其自由落地；若杠铃在脑后方失控，运动员应及时松开杠铃并向前跳开。鉴于以上原因，在练习前一定要清理好举重台周围器物并让其他运动员离开。

## （七）监护者的数量

根据运动员试举的重量、运动员和监护者的经验和能力、监护者本身的力量来决定监护者的数量。如果试举的负荷超过了监护者所能控制的能力，一定要增加监护者数量。另外，如果一名监护者的能力足以保护运动员，就不需要更多的监护者。切记：监护者的数量越多，在实施监护时出错概率也越大。

## （八）运动员与监护者之间的沟通

沟通是运动员与监护者共同的责任。如果运动员在练习开始时没有告诉监护者如何抓握杠铃、如何实施保护、练习的次数、何时将杠铃复位等信息，这时监护者应主动求证这些信息。如果监护者没有掌握这些信息，他就不能实施及时有效的保护。可能动作过早、过迟、打乱运动员的练习节奏甚至引起运动员受伤。

### （九）提铃

提铃泛指将杠铃从支架上移动到运动员开始练习时杠铃位置的过程，是保护和练习的第一阶段，也是最为关键的阶段。通常监护者在运动员直臂时将杠铃或哑铃交到运动员手中，并协助运动员把杠铃或哑铃移动到最佳起始位置。有些运动员要求监护者提供“拿起杠铃”的辅助动作，运动员与监护者应事先商量好相关信号。若支架太低或不能调节，通常需要监护者提供“拿起杠铃”的辅助。当有两名甚至更多监护者时，需要事先商量相关信号，一名监护者在完成“拿起杠铃”的辅助后，需要尽快移动到杠铃一端实施保护。无论监护者的数量有多少名，都应保证在运动员完成练习后，协助将器械归位并要求运动员离开，且监护者最后离开器械。

### （十）保护的时机和出手的轻重

适当的助力可以提升运动员的能力、激发运动员的训练热情、调动继续训练的积极性，而了解运动员需要帮助的时机则需要监护者依靠丰富的经验做出判断。大多数运动员通常只要监护者帮助其完成力量不足时的练习动作，有时也需要监护者承担起全部的重量。无论何时、何种原因，只要运动员要求帮助，监护者应尽可能快速、平稳地接过杠铃，避免运动员的负荷发生突降或突增，在整个过程中运动员应始终握住杠铃，直到杠铃上架或落地，这样可以有效避免自身和监护者的损伤。

## 四、准备工作与个人保护规范流程

准备工作与个人保护规范流程需要体能教练和运动员沟通并共同完成。

1. 训练着装：通气；有备用服装；在不同温度下选择增减训练服装；肩关节、膝关节处留有宽松移动空间；服装不可过于肥大拖沓，如七分裤会影响下肢的屈伸；穿着紧身训练服，有助于肌肉的活化与动员，但不可紧绷时间过长。

2. 运动鞋：球场上的体能训练可以使用中腰或低腰篮球鞋，以综合训练鞋最佳。其他场地建议选取慢跑鞋。增强式训练选取慢跑鞋，篮球鞋鞋底过于坚硬，对于关节的损伤概率更高。

3. 选择合适的个人护具（护腕、护前臂等），但是高频率的佩戴会影响相关肌群的康复与发展，应适当减少体能训练中个人护具的使用；篮球运动员在进行体能训练前必须绑脚，但赤脚、沙地、水中训练可以酌情忽略；康复训练之外的训练准备工作中，酌情对肩关节、膝关节、踝关节、指关节进行贴扎。

4. 进行自我运动感觉评估，调整训练前饮食，积极完成准备活动，适应训练设施与环境。

5. 明确训练计划、与体能教练和队友沟通，（保护语、训练目标、是否要合作练习）、训练中能量或营养补充。

6. 循序渐进地进入训练状态，避免在训练刚开始进行不熟悉的练习。

7. 训练中的评估与比较，训练后的整理活动，康复理疗与训练信息归档，为下次训练内容的调整提供依据。

## 第二节　柔韧性与热身活动、整理活动

篮球运动员需要多种能力帮助其在运动场立足。采用有效的热身运动方案，或是坚持在训练和赛后进行针对性的整理活动，能够帮助运动员将自身力量的增长、速度灵敏的提高等优势有效利用到篮球竞赛中，将素质的提升与投篮、争夺篮板球、突破与防守完美融合，使运动员的表现更为优秀，使其更少受到伤病的困扰。

本节主要涉及柔韧性、热身活动和整理活动三方面。柔韧性是篮球运动员体能构成中的关键环节，通过不同形式的伸展（牵伸/牵拉）练习形式，可以增加关节活动度与肌肉弹性。热身活动和整理活动在内容和形式上趋于统一，能够改善运动能力和降低运动损伤的风险，但是在训练方法和目的上两者各有不同。

### 一、柔韧性及伸展练习要求

篮球运动技术动作有其合理的柔韧性范围，不平衡、很差与过度的柔韧性都可能导致较高的运动损伤发病率；柔韧性改善关节活动幅度的效果是短暂的，柔韧性在伸展训练后即刻的效果最好，随即开始下降，持续时间从3分钟到24小时不等。对于要保证长期柔韧素质水平的篮球运动员，需制订有效的伸展练习计划。每周2次，最短为期5周的拉伸训练可以帮助改善柔韧程度。由于柔韧性练习过程中，神经血管结构受到牵拉，对于有感觉丧失或放射疼痛的运动员，应当给予指导与监护。

理想的伸展练习时间段应为训练或比赛之前，在一般性准备活动之前进行伸展练习，提升肌肉温度，降低结缔组织粘滞性；训练与比赛之后肌肉温度升高，此时拉伸可以改善关节活动度。训练后拉伸5～10分钟，促使局部温度的升高，增加肌肉和肌腱的胶原纤维弹性，提升伸展幅度，减缓延迟性肌肉酸痛症状，可采用PNF和静力拉伸作为适宜的手段；若需提升运动员的柔韧性，将伸展训练作为单独训练单元是必要的：伸展训练应紧接在一般准备活动结束后，或者安排于比赛日赛后或隔日，也可在非赛季时将拉伸训练安排在大运动训练周的末期或周训练高峰隔日。

### 二、拉伸法

篮球训练中体能训练的拉伸法分为静力拉伸（Static Stretch Training）、弹性拉伸（Ballistic Stretch Training）、PNF拉伸（Proprioceptive Neuromuscular Facilitation）和动态拉伸（Dynamic Stretch Training）。每种方法都有自己的特点，在科学训练过程，合理采用适宜的拉伸方法是体能训练中不可忽略的重要部分。

### （一）静力拉伸法（Static Stretch Training）

静态拉伸的适宜时间是15~30秒，静态拉伸要保持同一个姿势，以缓慢的动作牵拉软组织，可能伴随轻度的不适感，以不产生疼痛为准，不可损害关节结构整体性。根据运动形式，静力拉伸法可分为主动性与被动性两类。主动性静力拉伸指练习者依靠保持跨关节肌群的最大延展性从而提高肌肉的柔韧程度，而被动性静力拉伸则依靠外界用力达到拉伸的目的。（图9.2.1）

图9.2.1

### （二）弹性拉伸法（Ballistic Stretch Training）

弹性拉伸以较快节奏并多次重复同一动作的方式练习，特点为通过节奏控制动作、多次重复、单一动作。弹性拉伸法的缺点为耗能多、软组织易拉伤、运动强度大，易产生疲劳。

### （三）PNF拉伸法（Proprioceptive Neuromuscular Facilitation）

PNF译为神经肌肉本体促通技术，源于康复医疗技术，通过不同操作手段对肌梭与腱梭进行交互性的刺激，在对柔韧素质的提高上具有显著功效。PNF常常需要同伴配合，包含被动和主动（向心和等长）肌肉活动。每个技巧包括被动、静态伸展，全程包括：撑住—放松；收缩—放松；主动肌收缩时撑住—放松。三个部分均在第一阶段开始前包括10秒的被动预伸展。

#### 1. 撑住—放松

开始时做被动预伸展，到一个轻度不适点保持10秒。同伴施加压力并提示“撑住，不要让我移动你（某具体肢体）”。练习者撑住并对抗阻力，此时采用等长收缩并保持6秒。然后运动员放松，再被动伸展并保持30秒（被动静态伸展）。最后的伸展应在满足自主抑制条件下达到最大运动幅度。

**2. 收缩—放松**

被动预伸展到轻度不适位置时保持10秒钟，然后运动员在达到最大关节运动幅度的同时抵抗同伴阻力，主动收缩被拉长的肌肉，随后运动员放松，接着做被动伸展并保持30秒。

**3. 主动肌收缩时的撑住—放松**

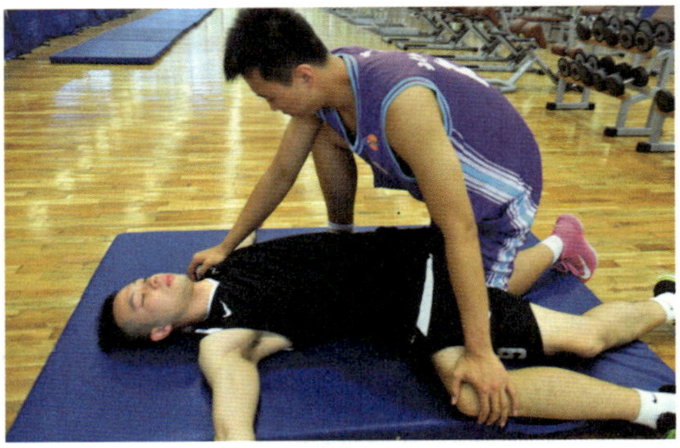

图9.2.2

这个技术在前两个阶段不同于撑住——放松练习。在第三个阶段，除了被动伸展，还增加了主动肌的向心动作。在等长收缩时运动员主动加大关节活动幅度。通过交互抑制与自主抑制，接连激活主动肌与拮抗肌，达到更高强度的伸展效果，因此可以被认为是最有效的PNF技术。（图9.2.2）

更为详细的PNF技术可参考《易化牵伸术》，罗伯特·麦卡蒂、杰夫·沙兰德著，人民体育出版社，2010。

### （四）动态拉伸（Dynamic Stretch Training）

与弹性拉伸不同，动态拉伸在原地或在给定的距离之内将技术动作重复5～10次；每次重复中逐渐加大关节活动度；在适当时机提高动作速度；在关节活动运动中收缩肌肉。动态拉伸的特点是渐进性地增加运动强度、技术动作随时都处于可控中、不追求额外的关节活动幅度。

## 三、准备活动概述

篮球运动技术动作以高强度拉长-缩短周期为动作特性，需要与专项动作相近的伸展动作。现代竞技篮球运动的准备活动部分细分为一般性准备、功能动作准备、专项准备活动三阶段。

### （一）一般性准备活动阶段

一般性准备活动包括静态拉伸、5～10分钟的慢跑或跳跃、有选择性，低强度的专项活动，如跳投或运球。本阶段的任务是提高心率、血流量、肌肉温度、呼吸频率以及出汗率，降低关节、肌肉的粘滞度。

### （二）功能动作准备（Movement Prep）

这是衔接一般性与专门性准备活动的关键部分。与一般性准备活动相比，功能动作准备的技术更贴近篮球运动技术，强调运动链的整体性动作。以核心训练（Core Training）和对

抗性的准备动作形式为特点，技术的运动强度较高，有效衔接专项准备活动。（图9.2.3、图9.2.4）

图9.2.3

图9.2.4

### （三）专项准备活动阶段

专项准备活动是与专项技术直接相关的热身练习活动，包括10～12分钟的动态拉伸、若干组短时、短距离的跳跃、启动以及场地冲刺练习。高强度的专项准备活动有助于缩短运动员进入训练比赛状态的时间，有助于降低发生运动性损伤的概率。

准备活动应循序渐进，在不引起疲劳和能量储备过度消耗的前提下，保证充分的活动强度以提高肌肉与身体温度。同时，选取合理可行的准备活动技术动作，尽可能地增强准备活动的专项性特征、符合运动员的个性化需求并满足专项训练竞赛的环境需要。

## 四、准备活动的技术应用

本部分选取准备活动（包括一般性、功能性准备活动与专项准备活动）、整理活动中的经典技术动作。按照整体训练的思路，依据与准备及整理活动的特性（远心端过渡到近心端）进行介绍。在整理活动中，文章增加了泡沫轴、虎尾棒以及扳机点等工具的应用方法。

## （一）一般性准备活动

### 1. 头颈部的拉伸（图9.2.5、图9.2.6）

| 颈部左右上下移动 |
|---|
| （1）直立或坐姿，头颈保持正直 |
| （2）转头向右，向心收缩，运动中双眼保持平视 |
| （3）转头向左，向心收缩，运动中双眼保持平视 |
| （4）低头目视地面，屈颈使下颌尽可能地触及胸部 |
| （5）抬头伸颈，头部尽可能后仰 |
| 动用肌群：胸锁乳突肌、枕下肌 |

动作形式：动态拉伸为主。当达到关节活动最大幅度时，可进行短时静态拉伸。

图9.2.5

9.2.6

### 2. 肩背部的拉伸（图9.2.7）

| 伸臂摇摆 |
|---|
| （1）直立，抬臂至肩高，平行于地面 |
| （2）步行一定距离后，双臂同时向右侧水平摆动，左臂置于胸前，左手的手指置于右肩侧，右臂在身体的后侧 |
| （3）立即做反向动作，向左侧挥臂 |
| （4）动作仅仅发生在肩关节，保持躯干稳定，双眼目视前方 |
| （5）交替左右两侧协同挥臂 |
| 动用肌群：背阔肌、大圆肌、三角肌前部和后部、胸大肌 |

动作形式：动态拉伸为主。

图9.2.7

| 屈臂侧弯 |
| --- |
| （1）直立，双脚略宽于肩 |
| （2）左右肘屈曲上举过头顶 |
| （3）两手互相抓住对侧肘关节 |
| （4）交替在头后向对侧方向拉肘 |
| （5）保持手臂弯曲，腰部伴随手部的交替用力左右倾斜 |
| 动用肌群：外斜肌、背阔肌、前锯肌、肱三头肌 |

动作形式：动态拉伸为主。当达到关节活动最大幅度时，可进行短时静态拉伸。（图9.2.8）

| 手臂绕环 |
| --- |
| （1）直立，双脚分开，两臂侧平举 |
| （2）两前臂引领上臂内旋 |
| （3）若干次后，做反向动作 |
| （4）保持躯干下肢稳定直立，每次旋转的幅度应加大，速度逐渐变快 |
| 动用肌群：三角肌中部、肱桡肌、桡侧腕屈肌、桡侧腕伸肌 |

动作形式：动态拉伸为主。（图9.2.9）

图9.2.8

图9.2.9

### 3. 髋关节与下肢的拉伸

（1）蝴蝶横叉（图9.2.10）

动作：呈仰卧位双腿向身体两侧自然分开，两脚掌相对，两脚跟尽量向髋部靠近。教练双手置于队员膝盖，协助向下用力。

主要肌肉：内收肌群。

次要肌肉：缝匠肌。

注意：教练需主动询问队员内收肌群的紧张程度，控制自身重心避免双手用力不均。应避免队员腰部上抬，练习中应始终保持腰背部水平置于垫上。

（2）仰卧屈膝/直膝转髋

动作：仰卧位右腿交叉至身体左侧，躯干和右腿呈反方向扭转。（图9.2.11）

主要肌肉：回旋肌、阔筋膜张肌、髂胫束。

次要肌肉：腹斜肌

注意：根据队员柔韧素质好坏选择屈膝或直膝以减少或增加牵张强度。

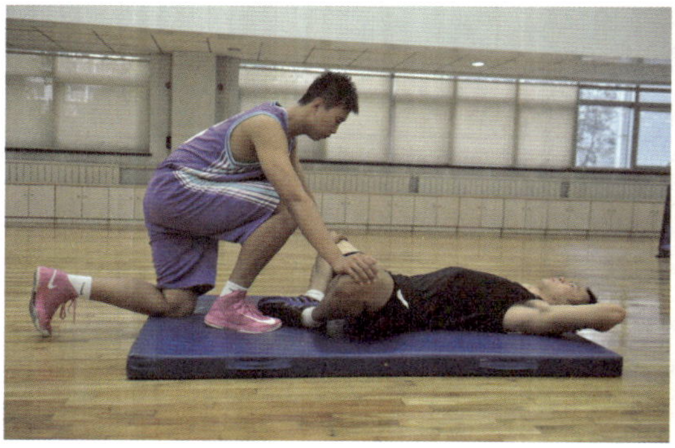

图9.2.10

图9.2.11

（3）跪姿牵拉大腿（图9.2.12）

动作：单膝跪垫，双腿前后分开，前腿呈90度。后手持握后脚踝，将足部逐渐拉向身体。

主要肌肉：股四头肌。

次要肌肉：髂腰肌。

注意：同侧手持握同侧脚，挺胸拔腰，胸部向前主动送出，髋部主动前顶。

（4）仰卧抱腿屈髋

动作：呈仰卧位置于垫上，大小腿自然伸直。借助外力缓慢抬起一侧腿，在微屈膝、踝关节自然放置的状态下压腿屈髋，逐步将大腿贴近胸部。（图9.2.13）

主要肌肉：股后肌群、臀大肌、腓肠肌。

次要肌肉：竖棘肌。

注意：队员主动将腿靠近胸部以增加牵张强度。

图9.2.12

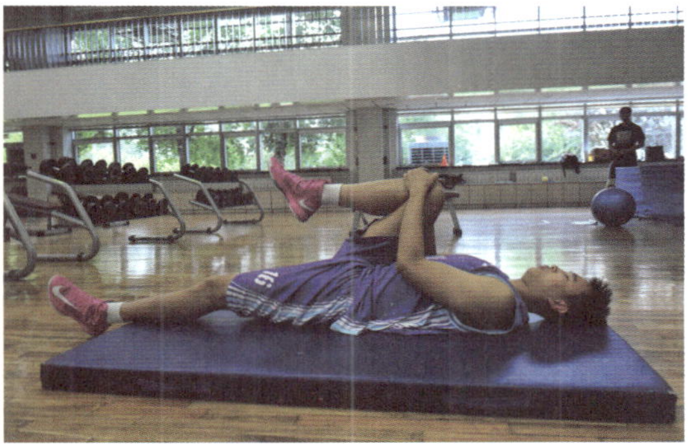

图9.2.13

（5）仰卧直腿屈髋（图9.2.14）

动作：呈仰卧位置于垫上，单脚套橡皮带直腿屈髋，双手持握橡皮带缓慢牵引腿部靠近胸前。

主要肌肉：股后肌群、腓肠肌。

注意：牵拉过程中保证膝关节伸直，保持皮带强度。

改良：通过足部外翻、内翻可锻炼踝关节处肌力，增强踝关节处肌肉的本体反应。

（6）俯卧拉伸梨状肌（图9.2.15）

动作：练习者呈俯卧位单腿屈膝置于体前，异侧腿伸直置于体后，双手撑地；躯干主动前倾，牵拉梨状肌。

目标肌群：梨状肌。

图9.2.14

图9.2.15

**4. 手腕的屈伸以及脚踝的趾屈和背屈**

## （二）功能性准备活动

**1. 蠕动拉伸（图9. 2. 16）**

（1）直立，双脚与肩同宽；

（2）慢慢屈膝，向前屈腰，双手同肩宽平放于地；

（3）重心在身后（重量不可直接置于手上），臀部上拔，身体呈倒V字；

（4）交替移动双手向前，直到身体呈俯卧撑式位置；

（5）向手的位置小步挪腿，保持膝关节微屈。

动用肌群：竖棘肌、腓肠肌、臀大肌、腘绳肌、比目鱼肌、胫骨前肌。

图9.2.16

**2. 走步抬膝（扳腿）（图9. 2. 17、图9. 2. 18）**

（1）直立，双脚平行，同肩宽；

（2）左腿向前迈，屈右髋和右膝，提右大腿向胸部；

（3）抱住右膝前部/胫骨上部，以双手拉右膝尽力向上，挤压大腿向胸部贴近；或以左手抓右脚踝上抬，右手下按右膝；

（4）右脚背屈；

（5）直立，稍停，以右脚迈步着地；

（6）交替重心腿，以左腿重复以上动作；

（7）向前的每一步，需要逐渐提高速度和关节活动幅度。

动用肌群：臀大肌、腘绳肌。

图9.2.17

图9.2.18

### 3. 弓步转腰（图9.2.19）

（1）直立，双脚平行，同肩宽；

（2）左腿跨一大步向前，左脚平放于地面，脚尖指向正前方；

（3）左髋左膝慢慢弯曲，左膝置于左脚正上方；

（4）微屈右膝，降低至离地3～5厘米，脚尖指向正前；

（5）左臂向上伸，并向左侧弯曲躯干；

（6）回到躯干直立位，然后通过伸展左髋左膝推地；

（7）向左脚方向抬起右脚，身体保持稳定；

（8）直立，稍停，然后迈右脚，重复以上步骤，并逐渐提升幅度。

动用肌群：臀大肌、腘绳肌、梨状肌、背阔肌、腹内斜肌、腹外斜肌、腹直肌。

图9.2 19

4. 直腿俯卧伸臂（图9. 2. 20）

（1）直立，呈向前或向后行走姿势；

（2）左腿后摆，右腿伸直保持支撑与平衡；

（3）躯干前倾平行于地面，左腿伸直绷脚尖，脚跟与臀、背保持直线；

（4）慢慢向左右水平或向前打开双臂或伸直双臂，手与肩、背保持相同高度；

（5）达到最大伸展幅度后，肢体缓慢收回，左脚着地呈直立位；

（6）直立，稍停，然后右脚后摆，重复以上动作；

图9.2.20

动用肌群：臀大肌、腘绳肌。

5. 分腿下蹲与对抗（图9. 2. 21、图9. 2. 22）

（1）直立，双脚平行同肩宽，双手空抱拳置于胸前；

（2）同伴将手置于练习者左侧肩、肘部位，突然用力推动；

（3）练习者被推动的同时，右腿迅速右跨，伴随右腿屈曲，完成分腿下蹲动作；

（4）膝关节下蹲幅度不超过脚尖，迅速回位；

（5）左右侧交替进行；

（6）练习过程中上肢保持空握拳置于胸前。

图9.2.21

图9.2.22

### 6. 分腿弓箭步与对抗（图9. 2. 23）

（1）直立，呈向前或行走姿势；

（2）同伴将手至于练习者上背部，突然用力向前推动；

（3）练习者被推动的同时，左腿迅速前跨，伴随右腿屈曲，完成弓箭步动作；

（4）左膝关节下蹲幅度不超过脚尖，迅速回位；

（5）左右侧交替进行；

（6）练习过程中上肢保持左右水平伸展。

图9.2.23

### 7. 肘固定的上臂与肩关节旋转（图9. 2. 24、图9. 2. 25）

（1）直立，双脚分开，两臂侧平举；

（2）两前臂内收与上臂保持90度角，掌心向下；

（3）肩部主动外旋，两前臂向上并向后旋转，保持肘关节90度并与肩平行；

（4）放松、稍停，恢复到准备姿势，做反向动作；

（5）外旋结束后，放松、稍停，恢复到准备姿势；

（6）两前臂尽力向下旋转；

（7）放松、稍停，恢复到准备姿势，做反向动作。

动用肌群：三角肌、肱桡肌、肱二头肌、肱三头肌、大圆肌。

图9.2.24

图9.2.25

### 8. 肘撑屈膝团身（图9. 2. 26）

动作：双臂屈肘与肩同宽，双腿屈膝以足尖为支撑，收腹团身。膝盖与垫面尽量保持较近距离。

低头收腹缩臀，保证膝盖与垫面距离。

**9. 仰卧挺身（图9. 2. 27）**

动作：呈仰卧位置于垫上，双臂自然外展，双腿屈膝并拢。以肩胛骨及双脚为支点，髋关节主动上抬并保持该姿势。

逐渐减少双臂外展幅度以提高躯干稳定的难度。

图9.2.26

图9.2.27

**10. 俯卧超人四肢交换（图9. 2. 28、图9. 2. 29）**

动作：双臂屈肘与肩同宽，双腿并拢屈膝，以双手、双膝为支点呈俯撑位置于垫上。异侧手臂与腿交换做超人动作。

腰背部保持水平以检验动作的稳定程度。

图9.2.28

图9.2.29

## （三）专项准备活动

**1. 下肢交叉左右移动（图9. 2. 30）**

（1）下蹲，双脚分开，双手放松置于髋关节；

（2）左腿屈膝向右前斜向移动，身体重心向右侧移动；

（3）至最大活动范围后，两腿保持下蹲姿势；

（4）放松、稍停，恢复到准备姿势，做反向动作。

### 2. 橡皮带抗阻左右移动（图9.2.31）

（1）下蹲，双脚分开，双手放松置于髋关节；

（2）根据强度要求，橡皮带可佩戴于脚踝、小腿、膝关节、大腿处；

（3）右腿向右侧移动，带动左腿同时右移，上肢保持直立，避免借力；

（4）放松、稍停，恢复到准备姿势，做反向动作。

图9.2.30

图9.2.31

### 3. 上下行走（图9.2.32）

图9.2.32

（1）直立，双脚平行，同肩宽；

（2）屈左髋左膝，外展左大腿直至平行于地面；

（3）向左横迈入跨栏动作；

（4）左脚平稳放置于地面，转换重心至左腿，直立、稍停，像跨栏一样提起右脚；

（5）右脚平稳放置于地面，直立、稍停，屈髋屈膝，背屈踝关节（翘脚尖），呈全蹲姿势；

（6）侧向伸展左腿，如同做侧弓步；

（7）保持身体低重心，身体横移低头弯腰通过想象中的栏架一样；

（8）直立、稍停，反方向重复以上动作。

动用肌群：髋内收肌、髋外展肌、腓肠肌、臀大肌、腘绳肌、梨状肌、股直肌、比目鱼肌。

**4. 跟尖行走（图9. 2. 33）**

（1）直立，双脚平行，同肩宽；

（2）右脚先向前一小步，脚跟先着地，而后右脚背屈（垫起）；

（3）重心通过脚跟向脚尖滚动，且重心逐渐提升；

（4）摆动左腿迈步，以左腿重复以上动作；

（5）每个步子需要逐渐增加幅度。

动用肌群：腓肠肌、比目鱼肌、胫骨前肌。

**5. 信号启动（图9. 2. 34）**

（1）直立，双脚平行，同肩宽；

（2）听到信号后，右腿迅速向左提膝；

（3）同时左腿蹬地，完成连续右腿提膝移动；

（4）听到信号后回到起始位置；

（5）直立、稍停，反方向重复以上动作。

图9.2.33

图9.2.34

## 五、整理活动

在整理活动中，通过使用虎尾棒、泡沫轴、扳机点、牵拉带等工具辅助拉伸，改善特定区域的血流量和血液循环，降低肌肉筋膜紧张程度，帮助淋巴液排除，达到降低肌肉粘滞性、降低延迟性肌肉酸痛、帮助机体恢复的效果。（图9.2.35~图9.2.39）

图9.2.35

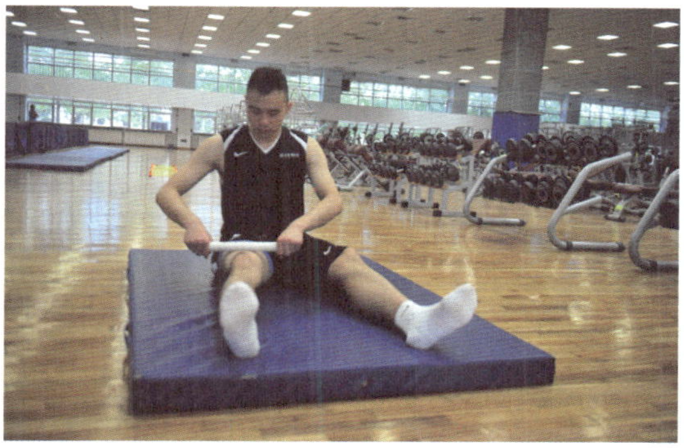

图9.2.36

图9.2.37

图9.2.38

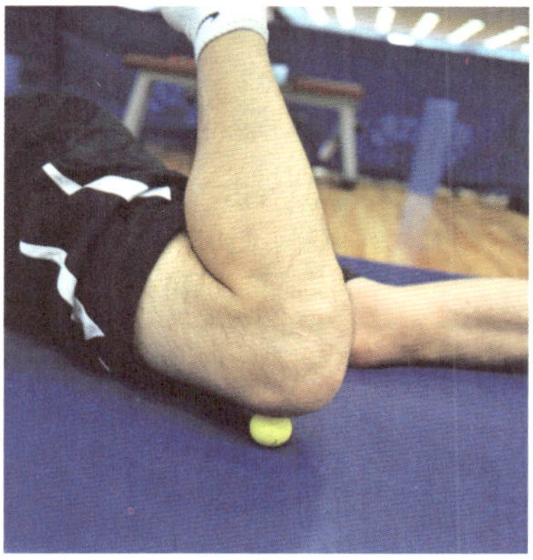

图9.2.39

# 第三节　篮球运动员的力量训练

## 一、训练频率

训练频率是指在一定时期内完成的训练课次数。当决定训练频率时，体能教练必须考虑运动员的训练状态、运动季节、训练负荷、训练动作形式以及目前同时进行的其他训练或活动。

**表9-1 周抗阻训练安排**

| 训练状况 | 频率准则（次/周） |
|---|---|
| 初级 | 2～3 |
| 中级 | 3～4 |
| 高级 | 4～7 |

针对相同肌群实施训练，安排训练课的一般准则是在两次训练课之间至少休息或恢复1天，但是不得超过3天。抗阻训练经验较高的运动员，可以采用分隔法在不同时间训练不同肌群，以增加训练次数。将身体某些部位或后协肌群的训练动作，结合成训练组可以使运动员在两次内容相似的训练课之间获得足够的休息机会。

**表9-2 周抗阻训练安排（分隔法）**

| 训练日 | 训练的身体肌群/部位 | 日 | 一 | 二 | 三 | 四 | 五 | 六 | 总训练频率 |
|---|---|---|---|---|---|---|---|---|---|
| 1 | 下肢 | 休息 | 下肢 | 躯干 | 休息 | 下肢 | 躯干 | 休息 | 每周4次 |
| 2 | 躯干 | | | | | | | | |
| 1 | 胸部、肩部、肱三头肌 | 休息 | 胸肩/三头肌 | 下肢 | 背/斜方肌/二头肌 | 休息 | 胸肩/三头肌 | 下肢 | 每周5次 |
| 2 | 下肢 | | | | | | | | |
| 3 | 背部、斜方肌、肱二头肌 | | | | | | | | |
| 1 | 胸部与背部 | 胸背 | 下肢 | 肩臂 | 休息 | 胸背 | 下肢 | 肩臂 | 每周6次 |
| 2 | 下肢 | | | | | | | | |
| 3 | 肩部与臂部 | | | | | | | | |

**表9-3 不同周期的抗阻训练频率**

| 运动季节 | 训练频率的准则（训练课/周） |
|---|---|
| 季外 | 4～6 |
| 季前 | 3～4 |
| 季中 | 1～3 |
| 季后（动态休息） | 0～3 |

## 二、训练程序

### （一）训练安排

训练课开始部分安排爆发性训练动作，紧接着进行其他非爆发性核心训练动作，最后是辅助训练动作。如果没有安排爆发性训练动作，建议顺序是先进行核心训练动作，后进行辅助训练动作。

### （二）上下身的交替

能够使运动员在两个训练动作之间获得更充分的恢复机会。这种训练方法对初级训练者非常有用；若训练时间有限，交替训练可以将练习间的休息时间压缩到最低，而身体相同部位的训练之间的休息时长增加到最大；如果各个训练动作是以最短休息时间（20～30秒）连续进行，亦可称为循环训练，对于心肺功能的改善也有效果。

### （三）推与拉的交替练习

连续的两个或两组训练动作，避免耗竭相同的肌群，对于肌群的协调发展和肌肉力量的平衡能够起到积极的作用；推与拉的交替动作也可以应用于循环训练中，对于初学者或康复训练中的运动员，推与拉的交替练习也是理想的安排方法。

### （四）超级组和组合组

超级组包含两个训练动作用于训练两种对立的的肌肉或肌群（同时包含主动肌和拮抗肌）；组合组是同一肌群连续进行不同的训练动作。两种安排方法具有时间效率，但是对于初学者可能并不适宜。

## 三、负荷与休息

一个训练动作所能重复的次数，与所举的负荷呈反比关系，负荷越重，重复次数越少。如果在连续两次的训练课中，某一训练动作的最后一组都能做到比设定的重复次数多出两次时，则下次训练课就应增加重量。依据不同的负荷与训练次数组合，可将抗阻训练目标设定为发展肌肉力量、提升爆发力（单次与多次重复）、促进肌肉增粗与提升肌肉耐力等方面。不同训练目标的负荷、训练负荷、训练量、强度及间歇时间如表9-4所示。

**表9-4　负荷与休息量表**

| 训练目标 | 负荷（%1RM） | 目标重复次数 | 组数 | 休息时长 |
|---|---|---|---|---|
| 肌力 | ≥85 | ≤6 | 2～6 | 2～5分 |
| 爆发力 | | | | |
| 单次努力项目 | 80～90 | 1～2 | 3～5 | 2～5分 |
| 多次努力项目 | 75～85 | 3～5 | 3～5 | 2～5分 |
| 肌肉增粗 | 67～85 | 6～12 | 3～6 | 30秒～1.5分 |
| 肌耐力 | ≤67 | ≥12 | 2～3 | ≤30秒 |

## 四、训练技术

### （一）具体的利用器械与克服自身体重的抗阻训练技术[2]

### （二）核心部位肌群训练

**1. 俯卧手撑（图9.3.1）**

动作：双臂伸直与肩同宽，双腿并拢。以双手掌、双足脚尖撑地，呈俯卧姿势。

评注：颈、背、腰、臀呈一条直线，可抬头向前平视。

**2. 单脚单手超人（图9.3.2）**

动作：双臂伸直与肩同宽，双腿并拢。以双手掌、双足脚尖撑地，呈俯卧姿势。抬起一侧手臂与异侧腿至水平位置，保持该姿位。

评注：手腕、肘、颈、背、腰、臀呈一条直线，可抬头向前平视。

图9.3.1

图9.3.2

**3. “X”型肘撑大腿屈伸（图9.3.3）**

动作：侧卧以同侧肘和踝关节为支点，向上抬起身体。对侧手臂向头前伸出，对侧腿主动抬高，身体呈“X”型。抬高腿向身体前后做缓慢大幅度的屈伸运动。

评注：减缓屈伸腿的速度，增加屈伸的活动范围以提高躯干稳定的难度。

**4. 球上俯卧撑（图9.3.4）**

动作：两臂伸直，双手置于瑞士球上，双腿伸直并拢，躯干保持正直，并保持该姿位。连续在球上完成俯卧撑。

评注：双肘夹紧躯干，以保持肩带稳定。

[2] Thomas R. Baechle, Roger W. Earle.体能训练概论[M].朱学雷，译.上海：三联书店，2011.

图9.3.3

图9.3.4

### 5. 坐姿持球俄罗斯转体（图9. 3. 5）

动作：呈坐姿置于垫上，双手持球，双脚离开垫面并保持该姿位。以腰腹为动力带动双臂持球左右转体。

评注：可采用屈臂、直臂的动作改变运动强度。头颈与躯干的转动速度应保持一致，腹肌主动收缩以保证脚不沾地。

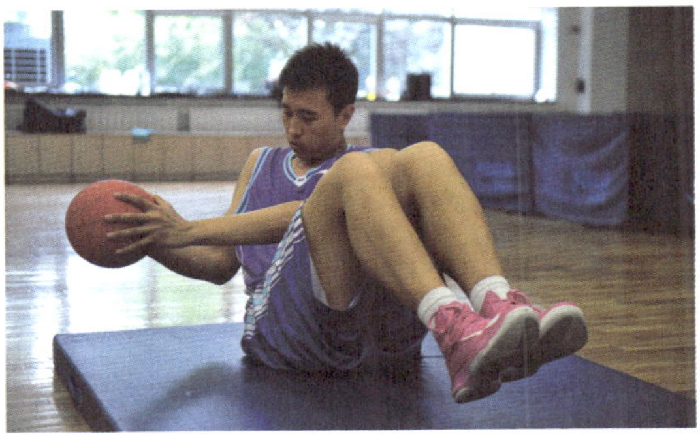

图9.3.5

### 6. 土耳其起立（图9. 3. 6~图9. 3. 9）

动作：单侧手持哑铃呈侧卧位置于垫上。以肘撑—手撑—站立的顺序完成持铃起立，并按照相反顺序回到初始动作。

评注：在起立与侧卧过程中始终保持持铃侧手臂竖直上举。

图9.3.6

图9.3.7

图9.3.8

图9.3.9

### 7. 助力持球仰卧起坐（图9. 3. 10~图9. 3. 12）

动作：队员持球做仰卧起坐，教练在队员起身的同时给予不同方向的推力，队员克服推力并成功完成仰卧起坐。

评注：教练需固定队员的支撑脚，以保证队员用力。

图9.3.10

图9.3.11

图9.3.12

### 8. TRX双臂俯卧撑（图9. 3. 13、图9. 3. 14）

动作：呈前倾站姿位，直臂胸前水平外展，双手握杆，随后完成俯卧撑动作。

评注：保证俯卧撑过程中躯干没有过度倾斜，下肢保持原位不可移动。根据难度需要选择适宜的倾斜角度，避免因过度负荷造成肩带部位损伤。

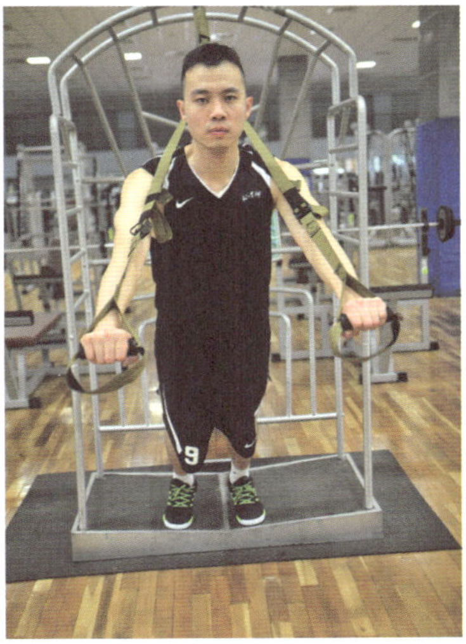

图9.3.13

图9.3.14

### 9. TRX单臂十字侧倾支撑（图9. 3. 15）

动作：单手握杆，呈十字侧倾姿位，保持该姿位若干秒。

评注：在静力侧倾过程中避免双脚发生移动，目光前视，双臂水平外展。

图9.3.15

### 10. TRX卧拉（图9.3.16、图9.3.17）

动作：面向TRX站立，双臂伸直拉紧TRX悬吊绳。随后上肢主动用力将躯干拉向TRX悬吊绳。

评注：躯干在动作过程中保持直立。

图9.3.16

图9.3.17

### 11. TRX仰卧分腿（图9. 3. 18）

动作：呈仰卧位，双脚悬吊，以上背部为支撑点，完成双腿的开合动作。

评注：躯干在练习过程中保证悬空稳定，避免髋关节部位的晃动以至触地。

图9.3.18

### 12. TRX侧卧转体（图9. 3. 19、图9. 3. 20）

动作：呈肘撑侧卧位，双脚悬吊，异侧臂在肩关节处水平伸直。随后保持单臂肘撑，双脚悬吊，躯干主动用力，完成转体动作，异侧臂主动向身体对侧伸展。

评注：避免猛烈地转体动作，避免颈部的过度用力扭转。

图9.3.19

图9.3.20

## （六）爆发力训练

### 1. 保加利亚式箭步蹲（图9. 3. 21、图9. 3. 22）

目标肌群与作用：提升单腿股四头肌爆发力。

动作：站于训练凳前约1、2步远，屈右膝使右脚脚背搭于平凳上。躯干挺直，左膝弯曲使身体下降直到左膝几乎触及地面，伸左膝站直左腿记作完成一次动作。

图9.3.21

图9.3.22

训练频度：每次训练3组，每组每条腿训练8次，组间休息180秒。

### 2. 网球引体向上 Tennis Chin-up（图9. 3. 23）

图9.3.23

目标肌群与作用：小臂屈指肌群，小臂屈腕肌群，背阔肌，肱二头肌，提升全身性爆发力与协调性。

动作：双手抓握网球握杠，完成引体向上动作。身体向上、向下移动过程中保持躯干的垂直与稳定。

### 3. 臀部冲刺 Hip Thrust（图9. 3. 24、图9. 3. 25）

目标肌群与作用：提高臀部爆发力和腰部的支撑能力。

动作：坐姿背靠瑞士球，双脚平放于地面从杠铃杆下穿过，杠铃向上滚动到腰际处；收紧臀部、双脚发力并向上挺腰，使杠铃杆位于小腹上，臀部离地，膝关节成直角，躯干保持水平。

图9.3.24

图9.3.25

### 4. 杠铃后退箭步提膝（图9. 3. 26~图9. 3. 28）

目标肌群与作用：增强臀大肌、股二头肌、股四头肌爆发力与躯干稳定性。

动作：训练者肩负杠铃站于举重台上；以弓箭步姿势右腿向后退步的同时下降右膝贴附于地面；向前上方收右腿完成一次抬膝动作。

图9.3.26

图9.3.27

图9.3.28

5. 反向砍举（Reverse Wood Chops）（图9. 3. 29、图9. 3. 30）

将弹力带或绳索调至与脚同高的高度，双手握住手柄；以半蹲为起始姿势，躯干向弹力带一侧转体；核心区肌肉绷紧，右腿爆发用力，侧拉向对侧肩的侧上方；有控制地回到起始姿势，重复进行下一个动作或进行对侧练习。

图9.3.29

图9.3.30

6. 砍举（图9. 3. 31、图9. 3. 32）

将弹力带或绳索调至肩膀高度，双手握住手柄；以半蹲为起始姿势，身体先向弹力带一侧转体；核心区肌肉绷紧，右腿爆发用力，侧拉向对侧脚的上方；有控制地回到起始姿势，重复进行下一个动作或进行对侧练习。

图9.3.31

图9.3.32

7. 哑铃高拉（图9. 3. 33~图9. 3. 35）

以半蹲为起始姿势，膝关节微屈，背部保持平直，挺胸；直臂，手握哑铃，哑铃置于膝上；向上爆发性地伸髋、膝、踝，在保持直臂的同时耸肩；将哑铃上拉，动作结束时肘高于手；在整个动作的过程中，哑铃应尽可能地靠近身体。

图9.3.33

图9.3.34

图9.3.35

**8. 实心球扣篮（图9. 3. 36）**

图9.3.36

## 五、增强式训练的设计

增强式训练动作是指利用含有伸长–缩短周期的预伸展或反向动作，能够使肌肉在最短时间内发挥最大力量的动作。增强式训练的技术动作与篮球专项技术较为接近，通过利用肌肉与肌腱的自然弹性成分与牵张反射，增加后续动作的输出功率。

### （一）增强式训练的设计

**1. 模式（下肢、上肢、躯干）**

（1）下肢增强式训练

篮球运动要求运动员做出水平移动或侧向移动动作，需要在水平面做出快速有力的变换方向动作和反复跳跃争抢篮板球。下肢增强式训练能够使篮球运动员具备较短时间产生较大力量的能力，因而可以跳得更高。

如原地跳、立定跳、重复反向跳、跳跃前进、跳箱、跳深。

（2）上肢增强式训练

包括投掷、接实心球、俯卧撑。

（3）躯干增强式训练

躯干的一般性抗阻训练动作稍加修整，也可采用增强式的方法进行。训练动作必须小而快，才能诱发并利用牵张反射。

**2. 强度**

增强式训练的强度是指参与肌群、结缔组织与关节的总压力，主要是受训练方法的形式所控制。增强式训练方法的强度控制范围很广，如原地蹦跳的强度较低、双脚蹦跳的强度较低，而跳深和单脚跳的强度很高。在特定的训练周期需要根据运动员的具体需要，选择恰当的增强式训练方法。

### 3. 频率

设计增强式训练计划时，两次训练课间相隔48～72小时是典型的休息时间准则。依照此准则，运动员一般每周进行增强式训练2～3次。实际训练中也可以每天安排不同部位（上下肢、躯干）的增强式训练，以保证正常训练强度刺激和神经兴奋性，而在赛季中减少增强式训练强度。

### 4. 休息

增强式训练的供能系统为三磷酸腺苷和无氧糖酵解，改善的是无氧爆发力，因此需要完全而足够的休息时间（组间、组内、训练课之间）。下肢增强式训练组内的休息时间是5～10秒、组间达到2～3分钟。适当的训练休息比在1/5～1/10范围内浮动，以防止过度训练。同时，相同的身体部位不能连续训练两天。根据NSCA的研究综述，增强式训练的休息时间与训练频率无关，因而如何处理在组内、组间、课间的休息时间成为体能教练把握运动员训练的关键和今后的研究热点。

### 5. 训练量

| 增强式训练经验 | 开始训练量（与地面/器械接触次数） |
| --- | --- |
| 初级（没有经验） | 80～100 |
| 中级（已有经验） | 100～120 |
| 高级（精英运动员） | 120～140 |

### 6. 渐进性原则

增强式训练采用的是重复训练的模式，必须遵循循序渐进的原则。在篮球运动员的非赛季期间，增强式训练强度从低或中量的低强度，渐增到低或中量的中等强度，然后达到高强度。

### 7. 热身

增强式训练课必须从一般的热身活动、伸展、运动链加固和专项热身活动开始，热身中必须包含低强度的、动态性的动作。

| 动作 | 说明 |
| --- | --- |
| 快走 | 模拟跑动；强调移动的正确技术动作<br>为高强度增强式训练做准备 |
| 慢跑 | 脚尖慢跑：脚踵不着地，强调快速动作<br>直腿慢跑：腿部尽可能地略微弯曲，为增强式训练的冲击动作做准备<br>提踵触臀：屈腿，以脚跟叩击臀部 |
| 轻跳 | 加大上下肢的协调，模拟增强式动作的快速起跳与落地 |
| 步法 | 变换方向的脚步动作：折返、拖拽、跨步 |
| 箭步 | 多方向箭步，加固核心环节稳定性，保证力量的传导 |

8. 增强式训练与其他形式训练的协调

传统的力量训练可以与增强式训练结合，不仅在技术动作的改进上，而且在训练内容的交叉、训练小周期的安排等方面也应考虑采用复合式的训练。

| 星期 | 重量训练 | 增强式训练 |
| --- | --- | --- |
| 一 | 高强度的躯干训练 | 低强度的下肢训练 |
| 二 | 低强度的下肢训练 | 高强度的躯干训练 |
| 四 | 低强度的躯干训练 | 高强度的下肢训练 |
| 五 | 高强度的下肢训练 | 低强度的躯干训练 |

有氧训练可能会对爆发力产生负面影响，因此建议将增强式训练安排在有氧训练之前。

## （二）安全实施

预先评估运动员，为了能够安全有效地进行增强式训练，在练习前应关注：

1. 技术

保证运动员有正确执行技术的能力，才有可能发挥训练的最大效益并将伤病的危险降至最低。

2. 肌力

如果运动员没有具备足够的肌力基础与体能水平，增强式训练必须延后直到运动员达到最低标准。举例：运动员下肢增强式动作的蹲举1RM重量至少是其体重的5倍。

3. 速度

为满足上下肢增强式训练，运动员必须能够承受60%的体重重量在5秒内完成蹲举或仰卧推举。

4. 平衡性

许多下肢增强式训练动作需要运动员以异于惯用模式的动作完成移动，这些训练方式都需要稳固的支撑。采取相应平衡性测验。

| 测验 | 变项 |
| --- | --- |
| 站立 | 双脚 |
|  | 单脚 |
| 5/4下蹲 | 双脚 |
|  | 单脚 |
| 半蹲 | 双脚 |
|  | 单脚 |

### （三）设施与设备

**1.训练场地与地表**

为了防止受伤，下肢增强式训练的地面必须具有足够的吸震特性，草地、木地板或橡胶地垫都是较好的训练场地。但是具有弹性的地面，如体操垫可能增加缓冲阶段的时间，无法有效利用牵张反射。跳箱、跳深架都是占地面积较大的训练器械，因此需要保证增强式训练的使用面积，保证具备足够的垂直高度，6～15米即可。（上抛的动作）

**2.训练设备**

跳箱高度是15～107厘米；落地地面面积至少保证46×16平方厘米。跳箱和地面必须具备防滑保护功能。

**3.适当的鞋子**

**4.跳深**

跳深的高度并非无限制提高，超过1.2米的高度就会对下肢运动链及肌肉造成超载。跳深的建议高度是41～107厘米，正常高度是76～81厘米，体重超过100公斤的运动员，跳深的高度应低于46厘米。

考虑到篮球运动的特殊性，可以采用跳箱练习作为跳深的补充，在允许的条件下，可以大幅度提升跳箱的练习高度。注意，在连续跳箱的增强式训练中，跳箱脚踏面与地面的垂直高度也应遵循跳深的建议高度。跳箱间的宽度依据训练强度与运动员特殊性灵活调整。

### （四）运动技术

具体的增强式训练技术可参照 Thomas R. Baechle, Roger W. Earle.体能训练概论[M].朱学雷译.上海：三联书店，2011.

# 第四节　速度、灵敏和速度耐力的发展

## 一、速度、灵敏概述

篮球运动员的速度与灵敏综合能力可以被概括为功能性移动速度，是一个运动员以力量素质为基础的篮球专项综合能力的体现，功能性移动速度包括加速度、灵敏协调、运动时间和速率的应用，技术动作最终以时间的概念体现。功能性移动速度中的移动部分，包括了力量，特别是爆发力与超等长能力在不同情境下的应用。因此可以认为篮球运动员的速度与灵敏训练应遵循以下流程：反应是诱因、力量为基础、灵敏作为条件、速度是最终表现、评判的标准为时间截点。

灵敏分为闭式灵敏和开式灵敏；速度的变化有启动速度和运动方向、移动中的加减速和重新移动定向以及一过性的加速与运动方向。根据人体运动的方向，可以将移动模式分为前移、后移、对角线运动、侧面运动，以及任意组合的移动模式。

篮球运动员的身体姿势在加速期间，如从防守端过渡到进攻端时，运动员从防守区域迅速变换到进攻位置，运动员的动作从背对篮筐转为面向以及接近进攻位置。过程中，运动员的身体产生倾斜，倾斜角度随着运动员加速的速率增加而增加，此时支撑点必须远离中心以保持动态稳定性；移动方向改变时，运动员的身体水平轴与预期的运动方向也需要尽可能地保持一致，但是受到惯性和向心力的作用，很难达到。

在进行速度或灵敏素质训练时，运动员应将头自然处于身体中间位置且眼睛直接聚焦向前；当身体发生前进或后退动作时，运动员视力应集中于移动方向；而在侧向移动时，应使用周围视觉。另外篮球技术动作本身带有大量的突然启动、突然加减速环节。一般来说，从减速过渡到再次加速，需要运动员做出更大幅度的步频和步长。多方向的移动在篮球场上极为常见，在执行战术、假动作、无球跑动或摆脱工作时，所发生的多向任务需要有效运用手臂，在方向改变、折返、转弯时，手臂需要配合完成强有力的摆动或减速动作。

## 二、制动技巧与练习

制动技巧能够帮助篮球运动员有效发挥速度与灵敏素质水平，分为以下3种不同阶段的练习：

1. **初级水平** 指示运动员向前跑并且达到最大速度的50%，然后减速并在三步内停止；
2. **中级水平** 指示运动员向前跑并且达到最大速度的75%，然后减速并在五步内停止；
3. **高级水平** 指示运动员向前跑并且达到全速，然后减速并在七步内停止。

## 三、速度和灵敏素质的训练

根据从一般到篮球专项的标准，发展速度和灵敏素质的方法有三个层次：初级、二级、三级。

### （一）初级方法

包括脚在身体重心下方着地、减小制动、减少着地时间、发挥最大后蹬等，这些都与肌肉爆发力和运动效率密切相关。在训练初期，这些练习可以在速度达到中上等的强度下完成，以便掌握完善的训练技术。当运动员的速度达到中上等的强度和掌握了灵敏性练习技术之后，就要以最大强度来完成练习。

跑是一种天然的动作，运动员个人的跑步经验不能简单地被判断为是对或是错，而是需要评定其是否符合专项运动需要，是否有受伤的可能性。一方面，篮球技术训练可以完善移动动作或纠正错误；另一方面，许多不好的移动习惯，需要通过改善动作模式与动力结构来解决。

## （二）二级方法

采用阻力跑和助力跑发展速度和灵敏性，目标在于发展技术与素质水平。

### 1. 阻力跑

包括上坡跑、牵拉跑和其他增加阻力的方法。在增加运动阻力的同时，保持原有技术，以提高速度——力量，提高步幅。在安排超负荷的原则上，阻力的递增递减必须考虑人体运动链的变化，强度控制在10%。

### 2. 助力跑

包括下坡跑、高速牵引跑以及其他辅助手段。帮助运动员以超出自己最大速度的10%的速度进行练习，以达到提高步频的效果。如果超出了10%，会导致运动员身体产生保护性抑制，造成躯干后倾、跨大步、主动制动等现象。

## （三）三级方法

包括活动范围能力、力量和耐力训练，以发展篮球基础技术和能力。

### 1. 活动范围能力

采用定期拉伸训练，避免因活动范围不足而导致的落地位置不足、避免脚与地面接触时间过长造成制动力大和拉长——缩短周期过长，从而保证增强式运动技术形式的有效发挥。

### 2. 力量

爆发力与增强式训练是发展篮球运动员速度与灵敏素质的必须条件，能够使速度和灵敏发挥效益最大化。体能教练应根据篮球运动技术的动力特征优化训练目标，分析目标动作的动力学特征、选择相应的训练动作、区分专项性和模仿性运动。举例：长时间的增强式训练，如反向练习或蹲跳可提高动作速度和加速度；短时间的增强式训练，如跳深或下落跳多作用于提升跑动的最大速度。

**表9-5　跑动形式的分类**

| 类别 | 指标 | |
|---|---|---|
| 长时间反应 | 与地面接触大于0.25秒 | 大角度位移 |
| 短时间反应 | 与地面接触小于0.25秒 | 小角度位移 |

## 四、速度耐力与速度灵敏训练方法

| 比赛/计时法 |
| --- |
| 超强度训练 |
| 较比赛强度大、持续时间或运动距离较比赛短 |
| 最大强度训练 |
| 强度与比赛相同或略小于比赛，距离或持续时间与比赛时间相同 |
| 次最大强度 |
| 强度较比赛低，距离或持续时间较比赛长 |
| **距离/持续时间法** |
| 持续训练法（75%～90%的比赛速度/力量比） |
| 变化训练法（按事先设计好的强度变化、时间变化、运动量变化等进行训练） |
| 法特莱克训练法（按无规则的强度变化、时间变化、运动量变化等进行训练） |
| **间歇训练** |
| 大运动量训练 |
| 强度为中——低水平（比赛水平的60%～80%） |
| 持续时间/距离为短——中（精英运动员以14～180秒跑100～1000米，初级运动员以17–100秒跑100～400米） |
| 运动量要大，精英运动员可重复8～40次，初级运动员可重复5～12次 |
| 密度高，间歇时间短，恢复不完全，精英运动员心率恢复到125～130次/分即可，初级运动员心率恢复到110～120次/分即可（完全恢复所需时间的1/3以下） |
| 精英运动员可恢复45～90秒，初级运动员恢复60～120秒 |
| 高强度训练 |
| 强度大，相当于比赛强度的80%～90% |
| 持续时间/距离要短：精英运动员以13～180秒跑100～1000米，初级运动员以14～95秒跑100～400米 |
| 运动量要小，精英运动员可重复4～12次，初级运动员可重复4～8次 |
| 密度中等，间歇时间延长，但仍不能完全恢复，心率恢复到110～120次/分即可。 |
| 精英运动员需要90～180秒，初级运动员需要120～140秒 |
| **重复训练** |
| 强度很高，90%～100%比赛强度 |
| 持续时间/距离很短，2～3秒至几分钟 |
| 运动量很小，重复3～6次 |
| 密度很低，间歇时间较长，接近完全恢复，心率恢复到100次/分以下，控时3～45分钟 |
| 注：重复训练适合于速度和灵敏性训练；比赛/计时法和间歇训练法适合于速度耐力素质的提高 |

## 五、运动技术

### （一）初级

#### 1. 平跑、静止启动加速跑

运动员以静止状态站立，听到信号后完成给定路线的最快速度移动（图9.4.1）。站立的方向、身体姿势（直立、屈膝、甚至趴地）根据教练的指示可以灵活变换。

图9.4.1

## 2. 培养反应能力

利用不同种类的训练器材，以改善反应能力，提升手眼协调性以及首步敏捷性，达到提升速度与灵敏素质的目标。（图9.4.2~图9.4.4）

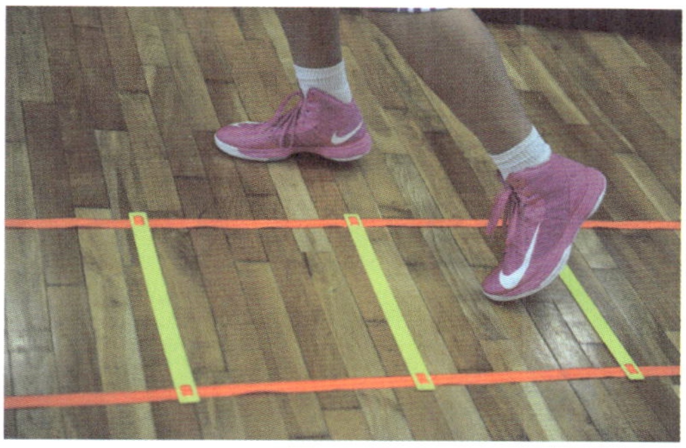

图9.4.2

图9.4.3

图9.4.4

**3. 角球**

可以保证球向各个方向弹开，将其掷于地面，弹起后开始追逐。（图9.4.5）

图9.4.5

**4. 场地移动**

通过利用篮球场地的各个标志线（物），以折返跑的形式进行移动训练，根据移动距离的长短与移动时间的多少，训练目标定位于发展篮球运动员的绝对速度素质或速度耐力水平。

## （二）二级与三级训练方法

**1. 助力跑（图9. 4. 6）**

图9.4.6

**2. 训练栏架(图9. 4. 7)**

**3. 利用跑步机发展速度**

通过跑步机的加减速功能与上坡跑、下坡跑变化组合，给予练习者不同程度的强度刺激。（图9.4.8）

图9.4.7

图9.4.8

## 六、篮球运动员的有氧耐力训练

篮球运动不属于长距离耐力运动项目，但科学的有氧耐力训练能够帮助篮球运动员发展完整的体能，提升与保持竞技状态，加快机能恢复。下文将简要介绍篮球运动员的有氧耐力训练手段及评定方法，以改变运动员对有氧耐力训练单调枯燥的印象。

### （一）有氧耐力训练的评定方法

测定心率是最为便捷、有效评定有氧耐力运动强度的手段。虽然采用以卡尔沃宁法为代表的心率测定公式会存在误差，但其仍然可作为实践操作中最为便捷、低廉的即刻心率评定方法。

| |
|---|
| 用年龄预估最大心率=220–年龄 |
| 储备心率=预估最大心率–休息心率 |
| 目标心率=（储备心率×运动强度）+休息心率 |
| 利用本公式计算两次，决定目标心率的范围 |

卡尔沃宁法（Kaevonen Method）公式

### （二）篮球运动员赛季有氧耐力的目标与设计安排

| 运动赛季 | 目标 | 频率（每周） | 时间 | 强度 |
|---|---|---|---|---|
| 赛季外（基础训练） | 发展完整的体能基础 | 5～6 | 长 | 低–中 |
| 赛季前 | 改进影响有氧耐力表现的重要因素 | 6～7 | 长–中 | 中–高 |
| 赛季中 | 维持影响有氧耐力表现的重要因素 | 5～6（训练与比赛） | 短（训练）比赛距离 | 低训练高比赛 |
| 赛季后（动态休息） | 比赛赛季的恢复 | 3～5 | 短 | 低 |

## （三）篮球有氧训练计划

| 训练形式 | 每周次数 | 时间（运动部分） | 强度 | 备注 |
|---|---|---|---|---|
| 远而慢的长距离法（LSD） | 1～2 | 长跑或更远（30～120分） | 70%$VO_{2Max}$ | 两次的LSD要均匀分布在1周内的两天，使两次训练课间获得最大的恢复天数；运动员需要较低的强度或训练速度，不需要太高的呼吸压力 |
| 速度/节奏法 | 1～2 | 20～30分 | 在乳酸阈值或稍高部分 | 两个训练日要在1周内均衡分布，能在两次训练课之间获得恢复；要求持续时间和距离较比赛短，但训练强度高；为接近比赛需要高强度训练，高呼吸压力 |
| 间歇法 | 1～2 | 3～5分（训练/休息比1:1） | 接近$VO_{2Max}$ | 两个训练日要在1周内均衡分布，能在两次训练课之间获得恢复；对于精英运动员，训练部分的总距离和总时间要接近比赛；完成间歇训练中每回合部分时，运动员的跑步强度要接近$VO_{2Max}$ |
| 重复法 | 1 | 30～90秒（训练/休息比1:5） | 大于$VO_{2Max}$ | 1周只安排1天训练；对于精英运动员，训练部分的总距离和总时间要接近比赛；当完成反复训练中每回合的部分时，运动员的跑步强度要接近$VO_{2Max}$ |
| 法特莱克法（变换训练法） | 1 | 20～60分 | 强度在LSD及逗度/节奏法之间变化 | 1周只安排1天训练；对于精英运动员，训练部分的总距离和总时间要接近比赛；当完成反复训练中每回合的部分时，运动员的跑步强度要接近$VO_{2Max}$ |

（引自Thomas R. Baechle, Roger W. Earle.体能训练概论[M].朱学雷译.上海：三联书店，2011.）

## （四）有氧耐力训练计划的形式

在篮球场和田径场进行有氧耐力训练，受到固定环境与长时间训练等因素的影响，运动员易产生疲劳与倦怠感，甚至对有氧耐力训练产生抵触情绪。而在长期的跑动状态下，篮球运动员的下肢各关节长期处于紧张的做功状态，在跑动后易产生疲劳甚至加大受伤的风险。

有经验的体能训练师能够通过改变有氧耐力训练的环境、训练方法，在提升运动员素质的同时，降低运动风险，并激发运动员训练热情。

### 1. 沙地训练

利用沙滩、人造沙坪完成有氧耐力训练（图9.4.9）。利用沙地天然的减震与吸震功能，降低地面对高大运动员下肢的反作用力，巩固篮球运动员下肢运动链，降低下肢运动损伤的发生概率。

图9.4.9

### 2. 使用功率自行车或跑台

使用此类训练器材，模拟自行车、跑步的单一周期运动技术动作，完成规定时间或规定距离的长时间运动，以提升有氧耐力素质（图9.4.10）。相对跑道与篮球场地，功率自行车与跑台能够减少篮球运动员下肢与地面接触的时间甚至次数，通过设定程序降低脚底受到的地面反作用力冲击。

图9.4.10

### 3. 水中训练

篮球运动员在开放性水域或封闭性水域完成长时间的游泳、划水或借助器械的练习动作。借助水的浮力降低运动技术对人体各关节、跨关节肌肉可能产生的副作用，以全身性的运动为主要练习手段。

### 4. 涉水训练

涉水训练是有氧耐力训练的高级形式，与水中训练不同，篮球运动员只有髋关节以下甚至膝关节以下肢体浸没在水中，在浅滩、泳池浅水区等区域进行。涉水训练的运动强度要高于水中训练，但是对于下肢关节与肌肉的保护要优于其他训练形式。以膝关节以下浸没水中训练为例，在增加下肢移动阻力的同时，避免由身体负重造成的膝关节过度受力，在进行有氧训练的同时避免高大篮球运动员的关节过度磨损。

## 思考题

1. 体能训练前的准备有哪些内容？
2. 体能训练的保护都有哪几种方法？
3. 运动员体能测试都包括哪些内容？
4. 篮球专项准备活动的内容有哪几种？详细描述专项准备活动的方法。
5. 详述整理活动的内容和方法？

# 第十章
# 篮球科研教练基本原理与实践操作

## 内容概述

篮球科研教练是在高水平篮球竞技领域的一门新兴的职业，在美国称其为球探或者视频分析师，二者侧重各有不同。在国内视频分析师已经在国家队和部分CBA和NBL球队增加了这一岗位。在本章节中将视频分析师和球探的内容结合在一起进行讲解，将详细地阐述篮球科研教练的定义及分工，篮球科研教练所需要掌握的篮球技战术视频分析、球探的基本要素和工作原则等多项内容。

# 第一节　综　述

现代篮球教练的分工已经变得非常细致，以职业化程度最高的NBA为例，主教练背后都有一个团队为球队和比赛服务，包括助理教练、进攻教练、防守教练、战术教练、内外线技术教练、体能教练、队医。除此之外，康复师、营养师、视频分析师、数据分析师以及球探也是职业篮球俱乐部的常规配置。我国目前各个职业篮球俱乐部以及各级国家队的教练团队配置也日趋成熟，但由于职业化程度有限，专业人才供应匮乏，出现了一人兼任多个职位的情况。科研教练从传统意义来讲，主要负责球队的科研工作，这里所说的科研工作主要包含以下几个方面的内容。

第一，篮球技战术分析的核心是科研教练要辅佐主教练对我方和对手的技战术进行深入细致地研究与分析：研究我方的技战术是否适合我队球员的特点，是否符合现代篮球发展的规律，是否在实战中能取得想要达到的效果等，并根据实际情况进行调整和改良，藉此提高球队训练和比赛的技战术水平；了解对手技战术打法是一支球队备战一场比赛的重要前提，美国篮球名宿约翰·伍登曾经说过，“准备不好就准备失败”，除了平时扎实的训练外，在赛前根据对手特点进行针对性的布置，是高水平篮球比赛中必不可少的一环。

第二，球探主要负责获取对手信息，选援等工作，比赛期还要准备详尽的球探报告，供球队参考。这也要求科研教练具备一定的计算机和英语水平，因为如今的互联网技术非常发达，有众多的球探及相关网站可供使用。

第三，视频分析。科研教练应该精通电脑软件的操作，包括视频分析软件、篮球专业制图软件等。利用现代科技，结合专业知识，能更好地将比赛细节展现给教练与球队，帮助球队提高。

第四，篮球技术统计数据对于球队来说非常重要，但官方的、单纯的，如投篮、命中率等数据已经不能满足高水平篮球比赛的需要，许多数据统计分析手段，比赛细节的技术统计是科研教练必须掌握的技能，令数据更加有针对性，有说服力。

综上所述，篮球科研教练就是集篮球技战术、视频、数据分析、球探等工作为一体，精通计算机、互联网、英语等工具，为主教练提供大量有效信息，辅助球队训练及比赛的综合型人才。

# 第二节　篮球技战术分析

篮球运动进入新世纪以来，无论从技术、战术还是球员的身体素质都有了一个本质的改变，篮球技战术从以往的“百家争鸣”到如今的“同一种篮球”，比赛的攻守转换节奏加快，战术机会也由以往的空位投篮改变为制造错位（Mismatch），甚至制造出一对一的机会就算成功。世界顶尖水平的球队的防守压迫性，让以往按照固定线路跑位跑出空当投篮成为历史，后卫线全场领防非常常见，防守的区域已经扩大到10米线，让对方控卫不能从容地组织战术，破坏对方的节奏。随之而来的就是进攻理念的变化，高位挡拆和双高位的战术逐渐成为主流，这也要求持球队员具备运球进攻、利用挡拆的能力。篮球的技战术分析也由以前单纯的看对方路线，转变为对方的习惯攻击方式、战术打哪个点、战术设计出的机会、攻方的优势是什么等方面。

本节将从两个方面来阐述篮球技战术分析的理念和方法，第一个方面是球员个人的技术特点；第二个方面是球队的整体战术和风格的分析。

## 一、球员个人技术特点分析

篮球是5个人的运动，如何发挥场上球员的特长，用我方的强点打对方的弱点是现代篮球所追求的最重要的目标之一。掌握每个球员的个人特点，无论是我方还是对手的，是一名科研教练的必修课，这对于战术的设计和调整，以及针对性的布置防守策略尤为重要。

球员的个人特点包括以下几个方面。

### （一）得分方式和区域

得分的方式可以包括：跳投、背身单打、利用无球掩护、挡拆、综合、空切、挡拆（掩护人）、手递手、前场篮板二次进攻等。

得分的区域根据需求的不同可以简单地分为近距离、中距离和远距离；也可以细化为得分区域图。（图10.2.1）

通过对得分区域的分析可以研究出对手主要的得分点在什么地方，在赛前准备的布置时可以更具针对性。当然可以根据自己的需求绘制不同的得分区域图。例如，2012—2013赛季CBA新疆队科研教练采用简化的得分区域图（图10.2.2），来分析对方球队重点得分队员的得分区域，通过视频和数据的分析可以看出约什的主要攻击区域是在场地右侧。

### （二）团队配合能力

包括其助攻能力，与球队的化学反应（可以用+/-值，即上场净胜分量化），补防协防能力等。

图10.2.1　NBA得分区域图

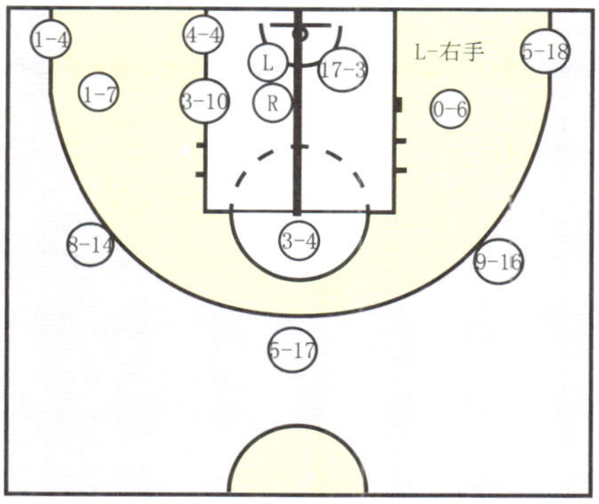


图10.2.2　辽宁队约什的得分点统计图

## （三）篮板球能力

现代篮球每次球权的获得都要经过场上5个人百分之百的投入，篮板球则是获得球权最有效的方式，一名队员的篮板球能力的好坏直接影响着人们对他的评价，如前场篮板球好的运动员，表示打球的积极性更强。

## （四）防守能力

包括后场篮板球保护、盖帽、抢断、干扰投篮、卡位、一对一防守和轮转换位等都体现球员对防守的理解。

## （五）积极性

进攻的跑位是否积极有效，回防是否到位，防守的侵略性如何，篮板球的拼抢是否积极等都体现了球员在场上的积极性，包括在替补席专注于比赛，随时关注场上情况，随时准备上场，给队友加油鼓励等都是场下积极性的表现。

## （六）心理和经验

关键时刻是否能承担球队的责任，比分落后时进攻的坚决、积极的防守，永不放弃的精神等，都是队员心理素质的体现；细节的处理，犯规的时机和方式，投篮机会的把握等都体现了球员是否有丰富的经验，将多年的球场经历上升到经验的高度也是一个好球员必须具备的素质。

我们节选2012—2013赛季CBA联赛新疆队对辽宁队季后赛球探报告的内容，作为球员技术分析的示例：

注：其中有一些内容要结合视频和数据的分析结果来提出。

**资料链接**

对约什的评价：

个人特点：辽宁队第一得分手，攻击欲望非常强烈；出手速度快，在任何角度都可能出手投三分球，防守他时要时刻保持注意力集中，提前控制；运球突破速度和节奏结合得比较好；身高较矮。

个人习惯：体前变向过人时左手变右手；主要在场地右侧活动。

通过数据分析可以看出，约什主要的攻击方式是外线的三分球和右手突破，他习惯在场地右侧活动，弧顶附近的三分球出手较多，运球后投篮命中率高，利用挡拆出空间就投。

对郭艾伦的评价：

个人特点：更倾向于2号位，攻击欲望强，行进间的突破速度很快，遇到防守转身速度比较快、冲击能力强；突破后上篮或抛投，右手为主；突破后分球找点能力较以往有所增强；空点三分球，出手速度比较慢；防守好，不怕对抗，有一定的国际比赛经验；球在手中的时间相对比较长。

## 二、球队的整体战术和进攻落位的分析

对我方和对手整体战术及打法特点的分析，是篮球科研教练必须具备的专业素质。每支球队都有自己擅长的打法和风格，战术的设计也是根据球队的人员特点来确定的。拿NBA球队来说，20世纪90年代的芝加哥公牛队和近10年的洛杉矶湖人队，都是采用三角进攻（Triangle Offense）体系，新世纪的国王队的普林斯顿也是闻名遐迩；CBA球队如广东队（尤纳斯时期）则主要采用挡拆和弗莱克斯（FLEX）体系，北京队则是围绕上1-4（1-4 High）体系来进攻。所以说作为一名科研教练，要分析一支球队的整体战术，不能光看简单的战术路线和战术暗号，熟知各种体系的基本站位和路线会让你的分析更加清晰、有效。

下面我们就将常见的进攻基本落位一一举例说明。

### （一）弗莱克斯（FLEX）

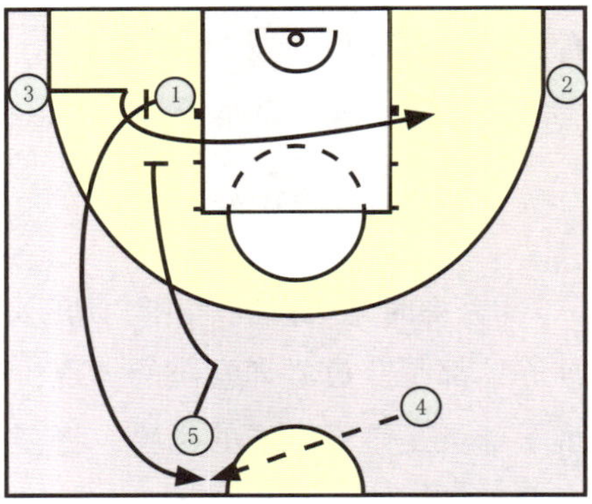


图10.2.3　FLEX战术

注：加重一侧（Overload）；给掩护者掩护（Screen the Screener）；重点是给外线队员两种掩护，背掩护和下掩护；阅读防守，根据防守选择移动的方向。

## （二）1-4高位（1-4 High）

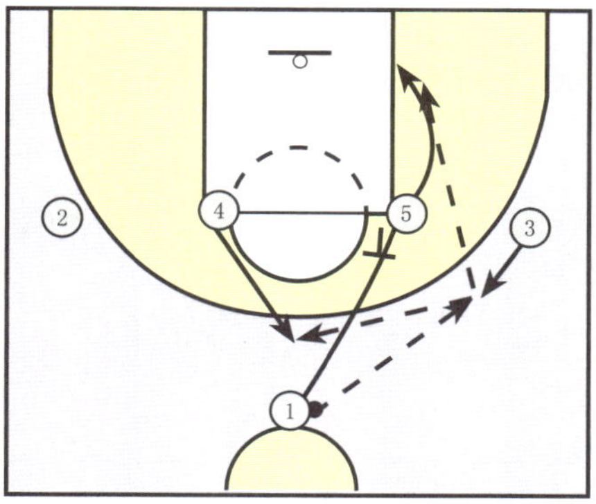


图10.2.4　1-4高位战术（1）

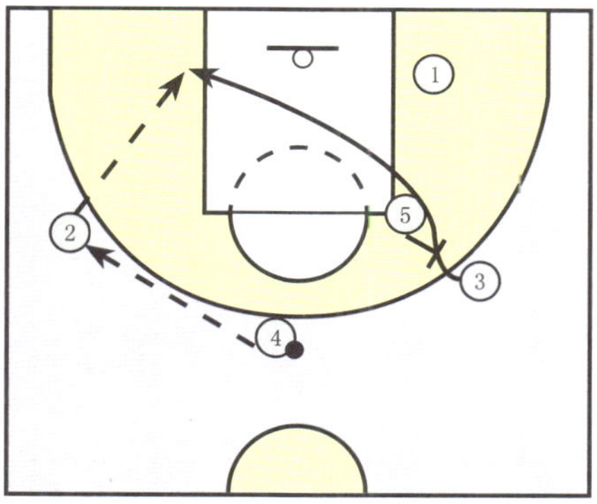


图10.2.5　1-4高位战术（2）

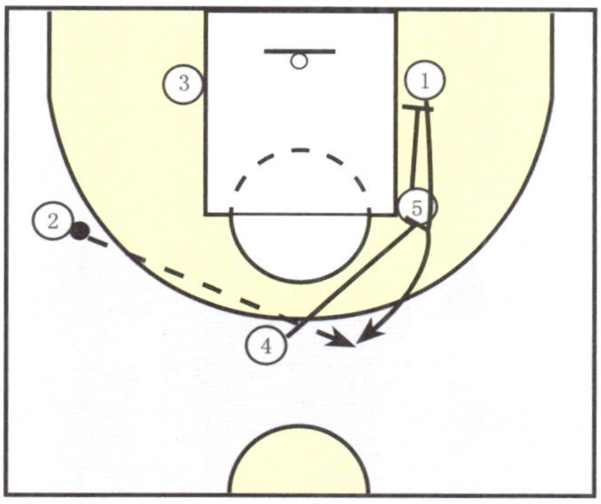


图10.2.6　1-4高位战术（3）

注：4号位弹出接球；3号位借助背掩护低位进攻；1号位借助双掩护绕出投篮

## （三）Floppy

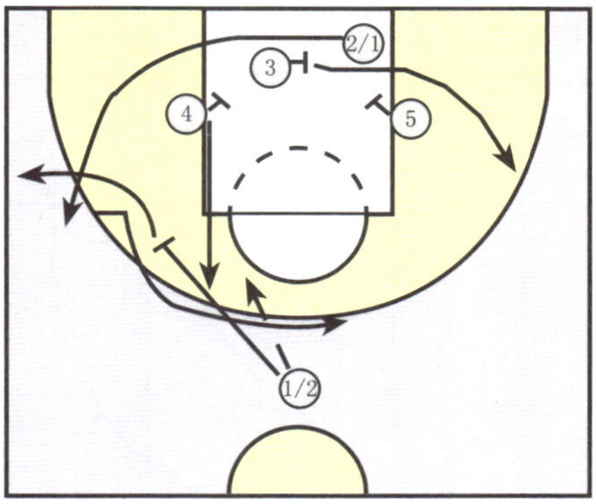


图10.2.7　Floppy战术

注：二号位和三号位埋在内线，二、三号位之间掩护后，再各自利用四、五号位的掩护绕出接球。

## （四）钻石（Diamond）

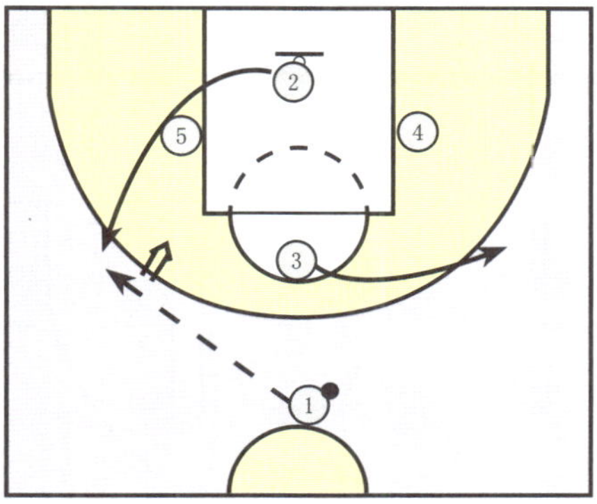


图10.2.8　“钻石”战术

注：西班牙国家队比较喜欢用的配合。

## （五）拉链（Zipper）

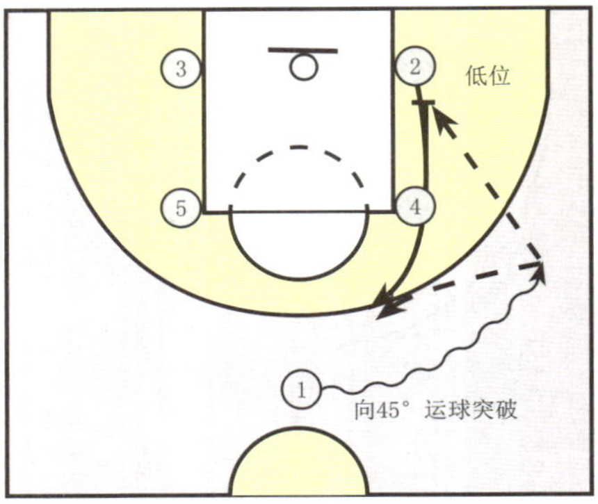


图10.2.9 “拉链”战术（1）

图10.2.10 “拉链”战术（2）

最难做出分析的就是移动进攻体系（Motion Offense）和三角进攻。球员利用空切，无球掩护，保持空间等行动制造机会，没有完全固定的路线，依靠阅读防守来进攻，这些体系对于战术分析来说是一个难点，需要丰富的经验来判断和识别。

进攻趋势主要是球队的风格，如CBA的辽宁队就是喜欢打攻守转换的球队，利用约什和郭艾伦的速度和突破，在守转攻时撕破对手防线，对于一些攻转守速度比较慢的球队来说，这样的转换速度会让其焦头烂额。进攻趋势还包括球队是否喜欢打挡拆，是高位挡拆还是边路挡拆；是否有很多的固定配合等等。

防守趋势主要是球队的防守策略，包括是否有联防，是什么样的联防；罚球后或进球后的全场防守，采用什么样的策略，是包夹还是延缓对方节奏；防挡拆的策略，像广东队防挡拆基本采用交换的策略，因为易建联具备防小个子球员的能力。

### 资料链接　新疆 vs 辽宁 季后赛球探报告示例

固定配合（举例）

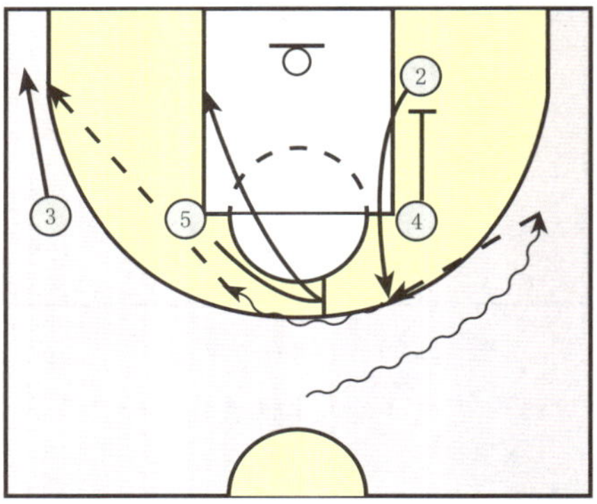

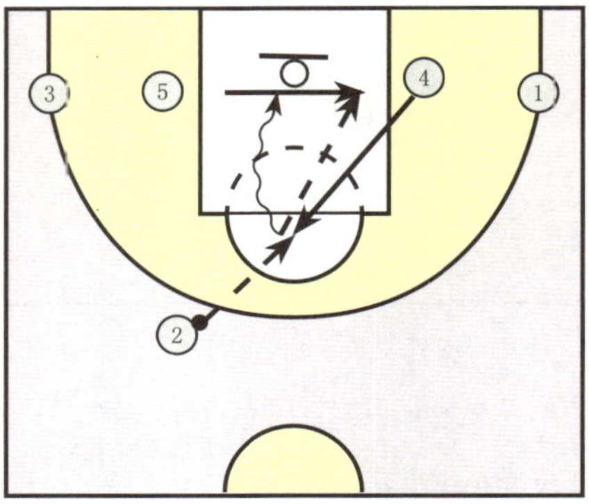

说明：主要目的是利用约什弹出造成的威胁，可以投三分球，也可以利用掩护突破；打李晓旭面框的突破；②利用掩护突破后给底线③的投篮。

边底线球：

大个子球员弹出接球，发球的小个子球员（多为约什），跑过来手递手（Handoff）接球投篮。

进攻趋势：

1. 阵地进攻的套路主要以挡拆和手递手体系为主，进攻的延续性不是很好，个人持球结合挡拆配合的情况比较多，运球多，所以对持球队员一定要有压力，球一举起来就全力封堵传球路线。

2. 行进间把握机会的能力不错，主要行进间的运球突破。

注意：我们防守突破时注意掐底线，犯规必须果断干脆，不能让对方打2+1。

防守：

1. 防突破的能力一般；

2. 内线有一定的封盖能力，篮板球保护得不错；

3. 所罗门在场上会采用2-3联防。

## 第三节　球探的相关理念

球探“Scouting”，在英语中是“刺探，侦查”的意思。这种刺探与侦查越来越多地体现在篮球各个级别的赛事中。

北京奥运会中国队与立陶宛队在八强相遇，时任的主教练尤纳斯就派自己的球探萨宁去观看立陶宛最后一场小组赛，因为他认为自己打立陶宛队更有心得，更愿意以小组第四的身份去碰立陶宛。萨宁负责提供中国队对手详细的球探报告，所以在“侦查”过程中，把对手每一次进攻、得分以及各项细节数据都记录在案。但立陶宛队由于也提前确定了小组第一的身份，在最后一场小组赛中保留了实力，导致了萨宁的“侦查”结果不尽如人意。但比赛中立陶宛队仍然泄露了一些蛛丝马迹，被嗅觉灵敏的萨宁记录下来。这可谓是立陶宛队主教练和中国队球探之间的斗智斗勇。除此之外，中国队不仅分析了立陶宛队奥运会的比赛录像，还将2007年欧锦赛的录像找出来作为球探分析报告的重要参考。虽然中国队在八强赛仍然以大比分落败被淘汰，但从这届奥运会来看，中国队展现了能力范围之内的较高的技战术水平，这与对比赛对手充分的了解和针对性的布置是分不开的。因此，当球队实力偏弱时，充分地了解对手的情况并制订针对性的打法，经常会取得出其不意的效果。

球探除了要搜集对手的比赛资料之外，还要负责分析我方和对手的各项数据。这些数据除了常规的技术统计之外，还有通过录像分析或现场采集的我方所需要的特殊数据，如对方某位队员的习惯攻击位置，某一战术的使用时机和频率等，并提供细致详实的球探分析报告供主教练参考。

球探的另外一个功能就是在世界各地或全国各地发现有潜力的运动员，对其的表现进行评估：该名球员是否适合球队的风格打法，是否有一定的上升空间，是否具有良好的基本功和正确的篮球理念等等。这也就是球探的“招募（Recruiting）”评估功能。

我们给球探下一个简单的定义：球探是比赛资料的搜集者，比赛细节的分析者和球员、球队的观察者和评估者。球探为球队提供我方和对手实际情况的球探报告，包括视频剪辑、数据分析，以及球员、球队的评估，球探为球队招募新球员提供技术支持和保障。

对于球探这个职业以及他到底能发挥多大的功能，有两种不同的观点：UCLA传奇教练约翰·伍登（John Wooden）笃定地提出，主要的精力应该放在球队自身的准备上，而教练约翰·麦克伦敦（John McLendon）则认为，了解对手情况是准备比赛时必不可少的一环。

“不管你执教的球队是属于哪个级别，球探都是比赛中很重要的一部分。”麦克·伦敦是美国队的专职球探，受雇于美国奥林匹克委员会，因为他们发现美国对世界其他地区的篮球队水平发展情况知之甚少。而现在，他们对世界上其他国家的球队了如指掌，包括球员的个人资料，主要进攻与防守方式，球队的优势或弱点以及任何与之有关的信息。麦克·伦敦提到：“国际比赛中，美国队以往的失败大部分原因就是轻敌，我们必须意识到其他国家的球队都在努力的训练并想把美国队从篮球宝座上拽下来。所以我们必须全面地了解我们的对手。”

美国队在国际赛场上已不再像1992年的梦一队一样砍瓜切菜般地肆虐对手，他们的危机感越来越重，开始重视对其他国家球队资料的收集。对于高水平球队来说，球探的工作也变得越来越重要了。

## 一、球探的基本素质

一名好的球探需要什么样的基本素质呢？

首先，球探必须对篮球运动有深刻的理解，并且保证这种理解是正确的，先进的。在世界篮坛，现有的大部分职业球探都是资深的教练或优秀的球员，他们了解什么是好的球员，好的球队，如何去观察比赛，如何去记录比赛的细节和重点。

其次，球探需要有一定的专业技能，诸如视频资料的采集和剪辑，数据的分析及球探报告的撰写等。

最后，也是最重要的，球探必须有良好的职业精神。这是一项艰难而枯燥的工作，认真细致的态度能够保证球探工作的客观性，并防止得出错误的结论而误导球队。

以上我们简单介绍了球探的功能，定义，重要性和需要具备的基本素质，下面就将球探的主要工作分几个部分来介绍。

## 二、球探的原则和注意事项

### （一）观察对手的原则

**1. 以个人和球队为出发点，了解对手的优势和弱点**

每个球探搜集比赛资料的方式不同，有的通过录像，有的用电脑软件进行记录与评估。其实方式并不是那么重要，只要能得到你想要的信息即可。

**2. 了解对手主要的进攻与防守方式**

每支球队都有主要的进攻与防守方式，如中国队的移动进攻（Motion Offense），洛杉矶湖人队的三角进攻（Triangle Offense）。了解对手的篮球哲学（进攻和防守的主要原则）可以让你的备战事半功倍，更具针对性。

**3. 让球队在心理上做好准备**

好的球探报告会让球员感觉他们准备的很充分，对对手的情况也有了一定的了解，有助于队员建立信心。在报告中应体现对手的特殊动作和打法，队员就不会在对手做出匪夷所思的动作时而感到惊讶。教练和球员需要了解对手在哪个方面比较出众（极快的速度，频繁的跑动，精准的投篮等等）。同样也要了解对手的战术和策略，诸如紧逼防守、拖延时间战术等。了解对手的特殊打法，在特殊时刻对手可能使用的战术，如界外球战术。

**4. 准备克制对手的打法**

必须通过执行特定的打法来阻止对手得分。

**5. 战术策略的制定**

主要的战术策略不应该规定得过于死板，这样你就不能根据你所了解的对手情况作出相应的调整。其实球探报告只是扩大了你的比赛最后的目标的范围，因为你必须为任何比赛可能出现的情况做好准备。

### （二）球探工作时需要做什么

**1. 在体育馆找到一个正确的位置进行观察**

教练的位置往往是最差的，因为他不能看到整个场地发生的所有情况，所以找一个能俯览全场的地方，能够让你看到许多平时看不到的细节。

**2. 做好笔记**

当然用摄像机把比赛拍下来是个好办法，但现场观察会给你一个全景的、更具深度的印象，这一点是摄像机所不能比拟的。所以在录像的同时最好能用自己擅长的方法记录你想要的信息。

**3. 统计学知识**

数据对于篮球运动来说很具说服力，但要用所有比赛的数据来评估球队和球员，永远不要用一场比赛的表现来评估一名球员或整支球队的能力。只有投篮命中率可以用一场比赛的数据来说明。

### （三）注意事项

**1. 合理利用球探报告**

球探报告只是准备比赛的一部分，适当的对球队做出调整，而不是要改变习惯的打法，执行太多的新内容很容易让你的球员迷惑。过度的利用球探报告而不断改变自己球队最初的打法会让整支球队陷入麻烦。

**2. 保证球探报告的信度**

不要盲目悲观，更不要盲目乐观，不能让球员过度自信。可以让球员和教练或球探一起去观察对手，得到直观和客观的对手信息。只写你看到的东西，不要把你猜想的东西作为事实写在球探报告中。当然在不确定的情况下，你可以写他们在这种情况下可能会这么做。

### （四）其他细节

**1. 场地器材情况**

了解球场地面的材质（木地板，塑胶或是水泥）；场地的灯光条件如何；篮筐情况，是松还是紧；观众席、替补席与场地的距离远近；更衣室设备。

**2. 观众的反应**

观众表现的态度和行为。

## 三、球探工作时所采取的方法概述

### （一）直接观察法

到现场看比赛或训练是了解一支球队或一名球员的最好方法之一。在现场你可以得到许多录像中没有的信息，如教练在场下的手势动作，球员之间的呼应，一些小的技术细节、小动作等。而且观察的自由度不受摄像机角度的限制，找到一个好位置就可以发现你想要的信息。例如，观察一名球员在替补席上的表现，可以发现他是否一直专注于比赛，是否是一名团队球员。

**1. 如何观察一名篮球运动员**

任何一名球员都是独一无二的，所以在球场上他们都有自己喜欢的投篮点，习惯做的动作以及弱点。很难从一场比赛就看出一名球员是否优秀，但许多情况下，球探就只有那么一点点时间来做出判断。所以这里有一些观察球员的技巧与大家分享：

（1）他的动作是否流畅且有目的

现在有天赋的球员非常多，让你眼花缭乱，我们要从中挑选出对比赛有感觉的精英：他们没有多余的动作，在拥有良好脚步动作的同时没有一丝多余的动作，所有的动作都是有目的性的。

（2）习惯接球的位置与方式

有的球员喜欢在内线要位接球，有的喜欢上提到弧顶，有的则懂得如何利用掩护找到空位接球，你需要观察该名球员熟悉的投篮点和他习惯接球的方式。

（3）球员运球过程中他能做什么

许多年轻球员只会一个手运球，有的球员用左手（假设其是弱手）运球后由于防守压力经常运两下就跳投了，一旦他们用右手（强手）运球往往就一直运到篮下才罢休。但好的选手需要两只手都能熟练的运球，并连接合理的动作。

（4）投篮

你需要知道某一名球员的投篮是否具有威胁，即使他的动作不堪入目。

（5）防守态度

你会发现许多球员并不热衷于防守，只是等着球回到自己手中；还有一些球员会把更多精力投入盖帽或者抢断当中，而忽略了全队的防守体系，这也是球员的弱点所在。

（6）积极性

“积极可以弥补很多错误”。当球没有在手上时仍然保持高度的注意力，积极的卡位拼抢篮板，总是保持正确的位置，是一名优秀球员应具备的基本素质。

（7）场下行为

要注意球员在板凳上的行为，你可以观察到他的态度，与队友和教练之间的关系，队友进球时他的反应，教练布置战术时他是否在环顾四周。

**2. 如何观察你的对手（球队）**

这在前面的“观察对手的原则”中已经做了相关的阐述。

当然，在观察的同时必须用文字或熟悉的记号将你得到的信息记录下来。迪恩·奥利佛（Dean Oliver）深谙此道，熟悉球员对应的号码，运球（Dribble）简写为D，篮板（Rebound）为R，划分几个主要的投篮区域也用相应的字母代替，将一次攻守转换用数字和字母就全部表示出来了。这种字母符号记录比赛的方法对于现场观察是非常重要的，当你没有录像设备或者是无法录像时，可以很好的回忆和分析比赛的细节。

记录比赛只是一个方面，一名经验丰富的球探都是篮球领域的专家，对于篮球运动都有自己独到的理解。在许多情况下，球探会很注重自己的主观感受，而这种敏锐嗅觉的培养则需要一个漫长的过程。

如果是一名肩负招募潜力球员任务的球探，则需要找机会与球员、教练进行交流，了解他们内心的想法、篮球哲学，才能得到更加立体、全面的评估结果。

### （二）录像分析法

现代篮球运动中，比赛录像已成为球探和主教练分析对手的重要手段。获得录像的方式主要有：现场录像、录像交换、电视转录、网络下载。分析录像的主要方式有：手动统计、视频软件编辑、专业篮球视频分析软件编辑。

**1. 手动统计**

通过对录像的直接观察，利用慢放、回放、快进等手段，将需要的信息编译成数据，用具体的数据来代表运动员的行动或配合，再利用统计学软件如Excel或SPSS对数据进行处理。

**2. 视频软件编辑**

将比赛的要素分割成一个一个小片段，如队员的一次失误，一次掩护的配合或一次衔接段的进攻等，将这些片段有序的做成演示视频，供球队备战时分析对手使用。常用的软件主要有“绘声绘影”，Abode Premiere等。

**3. 专业篮球视频分析软件编辑**

以中国国家队和各个CBA俱乐部目前使用的软件Game Breaker/Sport code为例，它可以将比赛随意分割，并可以在分割的视频上打上具体的标签，如重复出现的固定配合打上一样的标签后，编辑结束时就可以清晰直观地看到对方主要的技战术配合。类似的软件还有瑞士的“黑鱼（Dartfish）”，同样可以对比赛或训练中的所有重要动作和战术事件进行标记，进而发现比赛中自己和对手的特点，进行优劣比较，掌握制胜秘诀；也可以进行各项技术统计，并具有视频反馈、动作技术分析、资料整理归档、传送和共享等强大的功能。

不管是手动统计+视频软件分析，或直接使用专业软件进行分析，球探的目的都是为了将对手或我方的情况更好的展现在队员面前，只要善加利用手头上的资源（录像、软件），加上球探自身对篮球运动的深刻理解，必将起到事半功倍的效果。

总之，一名好的球探可以让球队在准备比赛过程中占得先机，是评估球队表现的有力支撑，也是球队招募球员质量的保证。

## 第四节　视频分析

计算机技术已经全面地应用于各个领域，篮球运动也不例外，专业的视频分析软件、数码摄像设备等已成为职业俱乐部的标准配备，当然这些硬件仅仅是服务于球队的工具，如何让其发挥最大的作用，是篮球科研教练的职责。

### 一、篮球视频分析的理念

两个问题：准备对手还是准备自己？

约翰·伍登的观点：准备对手不如准备好自己。

依然是约翰·伍登的观点：疏于准备就准备失败。

现在的篮球比赛强队之间的实力差距很小，在保证训练质量的前提下，对于自己的对手有深入而客观的了解是非常重要的，在立陶宛教练培训班视频分析课上，欧洲的教练提出：准备对手，7分优势。也就是说，在双方实力相差无几的情况下，球队对对手的体系、风格进行研究后，做有针对性的布置和训练，在比赛中限制对方体系，使之失误或在强干扰下投篮2次或以上，准备对手的工作就没有白费。这里要强调的是，球队本身的训练和比赛质量是最重要的，也不可能在比赛中完全限制对方的体系和得分。利用篮球视频分析的手段可以将对手的攻防体系、战术、个人特点等进行分类，选出具有代表性的片段播放给教练和运动员看，能够加深运动员对对手的认识。

教练想通过视频得到什么？

视频的剪辑、遴选和播放要有导向性，导向性分正、反两个方面，好的视频剪辑会将教练和球员的思维导向正面和客观的角度，对自己及对手的优势和弱点有清晰的认识的同时，又不会迷失自己、畏惧或蔑视对手。科研教练要采取合适的遴选方式，使展现的片段更加客观，并且不会影响教练和球员的赛前心理状态。教练结合视频分析的内容，通过赛前训练针对性的布置，充分的准备，让队员对比赛充满信心，对比赛中出现的困难也会从容应对。

篮球视频分析是辅助教练准备比赛的利器，但不是准备比赛的全部，扎实的、高水平的训练才是比赛最重要的保证，做好自己才能在面对任何对手时处变不惊。

## 二、篮球视频分析软件的原理及指标设定

世界上大部分的职业篮球俱乐部都使用澳大利亚Sporttec公司的Sport code/Game Breaker专业软件来对比赛进行剪辑和分析，也有使用常见的绘声绘影等视频编辑，本文仅选择Sport Code软件的使用原理进行阐述。

Sport Code软件主要采用标记法来剪辑和分析比赛。顾名思义，标记法就是在播放录像的过程中，给想要的视频片段打上标记，以便于分类和分析。软件中可以设置各种按钮，将篮球比赛的各个要素做成按钮，如进攻、防守、投篮、各种固定的配合名称等等。在播放过程中，看到想要的片段，只要在动作或战术开始时点击一下按钮，结束时再点击一下，片段就剪辑好了，同类的片段会自动分栏归类，十分方便。

设计指标是使用软件过程中最重要的一环，除了常用的指标，如两分球、三分球、失误、进攻战术外，一些比赛的细节指标要根据教练和球队的需求来设定，下面就是指标设定图范例，仅供参考。（图10.4.1～图10.4.3）

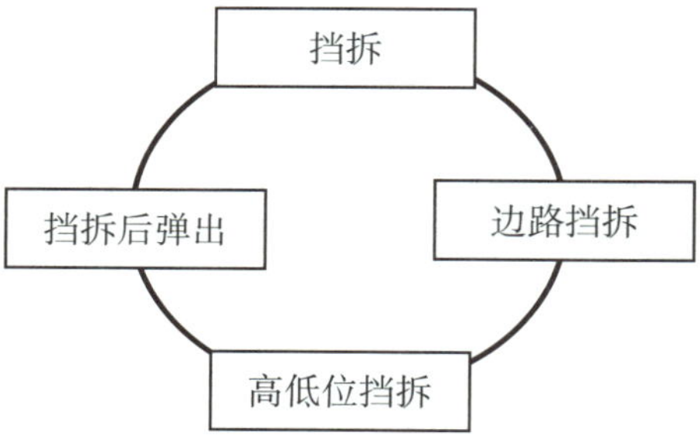

图10.4.1　挡拆统计指标图

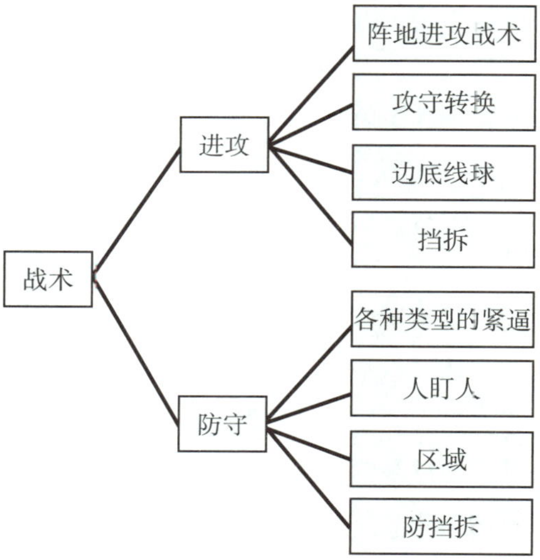

图10.4.2　战术统计指标

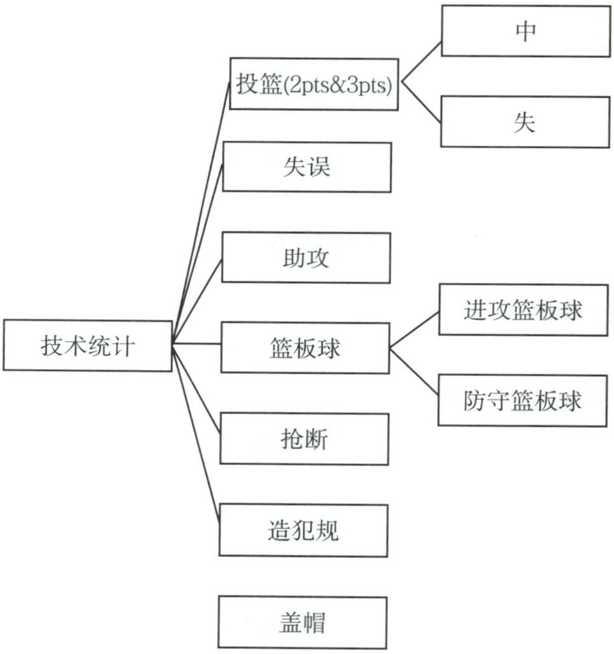

图10.4.3　个人技术统计指标

该比赛分析软件易于操作，剪辑速度快，分类方便，但必须在苹果电脑的OS系统下使用，对于习惯使用Windows操作系统的科研教练来说需要一个熟悉的过程，详细的使用方法可以参考软件提供的中英文说明书，并在不断的实践中总结技巧。

计算机软件和硬件对于视频分析来说固然重要，但科研教练对比赛的理解和洞察力才是视频分析的关键。

## 三、流程

### （一）CBA流程

由于CBA的赛程比较紧（2012—2013赛季，1周3赛），而视频分析人员有限，球队的视频分析师或科研教练会选择性的切下一场对手的比赛，如对阵广东宏远队，除了将广东宏远队最近两场（比分较接近，对抗水平较高）的比赛剪辑外，也会将本队上次与广东宏远队的比赛剪辑，以供教练参考。

视频分析师会在前一天的白天将2～3场比赛剪辑好，包括对方个人的特点、阵地进攻（进攻盯人和联防）、攻守转换、边底线球、防守变化、轮转换位等。球队结束下午的训练后，在晚上有一个20～25分钟左右的视频会，观看对位球员的个人特点，对方主要的战术等内容，以便加深印象。主教练在视频会后观看一场广东队最新的全场比赛，然后提出一些建议以及他想要在比赛前给队员看的内容，如进攻联防、攻守转换片段、对方全场区域发动的时机等。教练组也同时商议防守对方主要球员和进攻方式的策略。比赛日早上适应场地时，教练组根据前一天晚上看视频商议的策略，摆对方的战术和我方的防守策略，让队员更加明确。

晚上准备会时，播放对方主要的阵地进攻配合，教练对防守的策略再一次讲解。队员在更衣室准备比赛时（如打固定，更换球衣，按摩等），会应队员要求播放对手主力的个人剪辑或对方的战术。

赛后教练组将比赛中出现的问题提出来，剪辑好，在下一次视频会上播放，利用视频说明问题，并在训练和比赛中改进。

### （二）NBA流程

得到比赛录像后，视频组（Video Staff）利用软件将比赛切成一个个的片段，每个片段都被归类，如进攻、防守、战术、失误、前场篮板球等等。教练组挑出任何想看的片段，如在准备湖人队的比赛前，将所有包含史蒂夫·纳什的挡拆配合剪辑出来，然后全部教练和队员都看，或者专门给防守纳什的队员看这些片段，以加深印象，找到防守的方法。

比赛的前一天，把包含20～25个固定配合的片段在视频在会上连续播放大约10～15分钟。把一些典型的对手进攻模式了解之后，大家会快速地讨论一下这支球队的风格，然后带着问题和对对手的直观印象去训练。

比赛日的早晨，在摆战术、投篮这样的适应场地内容之前，队伍要看一遍不同于前一天的视频剪辑：

1. 攻守转换的进攻；

2. 阵地进攻；

3. 边底线球；

4. 防守。

比赛前，还要看10～15分钟的视频片段，这里主要包括对手最新的比赛以及我们上一次对阵他们的比赛。还是以准备湖人队的比赛为例，这次的视频剪辑应该包含所有的本队防守纳什的挡拆的片段或是包夹霍华德的片段等，也会包含湖人对我们进攻的防守策略，如暂停后突然变成联防等等。

比赛结束后，全场比赛录像和切好的录像会提供给教练和球员。赛后NBA的教练也喜欢用视频来分析比赛中出现的球队或个人的问题。赛后讨论中视频扮演着非常重要的角色，尤其是在意见出现分歧时，因为“视频不会说谎”。

### （三）欧洲视频分析师的理念

不要给球员太多的信息，一般而言，10～15分钟为最佳，最多不要超过20分钟，否则球员将不能集中注意力；此外，如果给球员太多的信息，他们将不再看，如果少的话，他们反而会反复地看。例如，你讲了20个词，队员可能会记住5个，如果你讲8个词，他们仍然可能会记住5个。某一指标可能会剪切20个片段，但对球员展示4、5个就行了。还有一个问题是球员有时只会对自己的那一部分集中注意力。

## 小　结

篮球科研教练在球队中身兼多职，除了技战术分析、视频与数据、情报搜集等方面的工作外，与教练和球员的沟通能力对于科研教练来说也是非常重要的。建立良好的沟通渠道使科研教练的工作更具有针对性，做出的东西也是教练和球员想看到的。一旦获得了教练和球员的信任，科研教练的各项工作才更有价值，进而帮助球队提高训练与比赛的质量。篮球科研教练在我国还属于职业篮球俱乐部的新兴职位，对高水平科研教练的需求也日益增加，希望能有更多的体育专业人才进入职业篮球俱乐部。

## 思考题

1. 篮球科研教练需要具备哪些素质？
2. 篮球技战术分析主要包括哪几个方面？请举例说明。
3. 球探观察对手的原则是什么？
4. NBA视频组的操作流程。
5. 数据能给球队带来什么？

# 参考文献

[1]National Basketball Coaches Association. NBA Coaches Playbook[M]. Human Kinetic.2008

[2]Dean Oliver. Basketball on Paper[M].Brassey' s Inc..2003

[3]Mike Hughes. Notational Analysis of Sport[M].Routledge London and New York.2004

[4]Jerry Krause. Coaching Basketball[M]. McGraw-Hill.2002

[5]John Hollinger. Pro Basketball Prospectus:2003 Edition. USA ,2003

[6]单曙光. 对篮球比赛技术分析系统的构建研究[J]. 天津体育学院学报，2008，23（2）：123~127.

[7]毕仲春. 2010年中国篮球协会男篮世锦赛调研报告[J]. 中国篮球协会, 2010, 10.

策划编辑：佟　晖
责任编辑：佟　晖
责任校对：未　茗
绘　　图：李　鹤　高　歌
版式设计：佟　晖

**图书在版编目（CIP）数据**

篮球运动教程 / 《篮球运动教程》编写组编.
-- 北京 : 北京体育大学出版社, 2013.8（2024.8重印）
高等教育体育学精品教材
ISBN 978-7-5644-1398-9

Ⅰ. ①篮… Ⅱ. ①篮… Ⅲ. ①篮球运动－高等学校－教材 Ⅳ. ①G841

中国版本图书馆CIP数据核字(2013)第189861号

**篮球运动教程**
LANQIU YUNDONG JIAOCHENG　　**《篮球运动教程》编写组　编**

出版发行：北京体育大学出版社
地　　址：北京市海淀区农大南路1号院2号楼4层办公B-421
邮　　编：100084
网　　址：http：//cbs.bsu.edu.cn
发 行 部：010-62989320
邮 购 部：北京体育大学出版社读者服务部 010-62989432
印　　刷：北京瑞禾彩色印刷有限公司
开　　本：787mm×1092mm　　1/16
成品尺寸：185mm×260mm
印　　张：27.5
字　　数：672千字
版　　次：2013年8月第1版
印　　次：2024年8月第7次印刷
定　　价：90.00元